# 실존치료

The Wiley World Handbook of

## EXISTENTIAL
## THERAPY

Emmy van Deurzen 외 공저

신성만 외 공역

전 세계의 과거, 현재, 그리고 미래의 모든 실존치료자들에게
인간으로 존재한다는 것을 기념하며,
우리보다 먼저 있던 사상가들과
우리 뒤를 이어 도전을 받아들일 사람들에게
감사의 마음을 전합니다.

# Contents
## 차례

## PART I 현존재분석(Daseinsanalysis)
### Edited by *Erik Craig*

## PART II 현상학적 실존치료(Existential-Phenomenological Therapy)
### Edited by *Emmy van Deurzen*

## PART III 실존적 인간중심(Existential-Humanistic)과
## 　　　　실존적 통합 치료(Existential-Integrative Therapy)
### Edited by *Kirk J. Schneider*

## PART IV 로고테라피와 실존분석(Logotherapy and Existential Analysis)
### Edited by *Alfried Langle*

## PART V 실존적 집단심리치료(Existential Group Therapy)
### Edited by *Digby Tantam*

QR코드를 스캔하시면 참고문헌을 확인할 수 있습니다.

# About the Editors
## 편집자 소개

## 편집장

에미 반 덜젠(Emmy van Deurzen)은 철학자이자 심리학자, 심리치료사로 1973년부터 프랑스와 영국에서 존재치료사로 활동해왔으며 1980년대부터 전 세계에서 실존치료에 대한 강의를 해왔다. 그녀는 5개의 대학에서 교수로 재직했으며, 17권의 책과 수백 편의 논문 및 챕터에 기여하였고 그 작업이 여러 언어로 번역되었다. 그녀는 실존분석학회(Society for Existential Analysis), 리젠트(Regent) 심리학 및 심리치료학교, 런던의 실존 학술원에서 뉴 심리치료상담학교(New School of Psychotherapy and Counselling)를 설립했으며 현재 그곳의 교장으로 있다. 그녀의 베스트셀러로는 "일상의 신비(Everyday Mysteries)"(Routledge), "심리치료의 모순과 열정(Paradox and Passion in Psychotherapy)"(Wiley), "실존상담과 심리치료의 실제(Existential Counselling and Psychotherapy in Practice)"(Sage) 등이 있다.

## 편집자들

에릭 크레이그(Erik Craig)는 실존심리학자이자 저자이고, 독립학자 및 치료자이다. 그는 60편 이상의 기사와 현존재분석 및 실존심리치료에 관한 혁신적인 두 편의 논문을 발표했다. 그는 뉴잉글랜드에서 여러 해 동안 치료자로 활동하였고 현재 뉴멕시코주 산타페에서 생활하고 있다. 그는 치료적 관계의 복잡성, 꿈 분석, 인간 정서 및 애착에 높은 관심을 가지고 있다. 여러 대학의 심리학과에서 전임 교수로 재직했으며, 현재는 국제적으로 강의 및 훈련을 제공하고 있다. 그는 또한 여러 심리 협회의 협회장을 역임했으며, 현재 뉴멕시코주 정신분석학회 학회장으로 있다.

알프리드 랭글(Alfried Längle)는 1951년 오스트리아에서 태어나 1982년 이래로 비엔나에서 심리치료, 일반의학, 임상심리 분야에서 활동하고 있다. 그는 1981년부터 1991년까지 빅터 프랭클과 긴밀히 협력했으며, 국제 로고테라피 및 실존분석 학회(비엔나)의 창립자(1983년)이다. 그는 모스크바 HSE 대학(2004년부터)과 비엔나의 지그문트 프로이트 대학(2011년부터)에서 응용심리학 교수로 활동 중이며, 오스트리아 클라겐푸르트 대학 심리학부 강사이다. 그는 실존분석 심리치료의 국가 승인 교육 학교의 창립자이자 국제 심리치료 연맹의 부회장(2002-2010)으로 활동했으며, 2017년까지 국제 로고테라피 및 실존분석학회의 학회장을 역임했다.

커크 J. 슈나이더(Kirk J. Schneider)는 심리학자이자 현대 실존적 인간중심 심리학의 주요 대변인이다. 롤로 메이와 제임스 버겐탈의 제자인 커크는 미국 심리학회의 인간 중심 심리학회(Society for Humanistic Psychology) 전 회장이자, 인간 중심 심리학 학회지(Journal of Humanistic Psychology)의 전 편집장이며, 실존적 인간중심 연구소(Existential-Humanistic Institute) 회장이고, 세이브룩 대학 및 컬럼비아 대학 교육대학원 겸임 교수이다. 그는 미국 심리학회 회원이며 12권의 책을 저술했다. 대표작으로는 『실존적 통합 치료』(Existential-Integrative Psychotherapy)"와 『실존적 인간중심치료』(Existential-Humanistic Therapy)가 있다.

디그비 탄탐(Digby Tantam)은 셰필드 대학(The University of Sheffield)의 명예 정신의학 교수이며, 미들섹스 대학(Middlesex University) 및 뉴 심리치료상담학교의 방문 교수이다. 그는 가족치료, 집단 분석, 인지 행동 치료, 정신역동 심리치료, 그리고 최근에는 실존치료를 전공했다. 그는 1977년부터 이들 양식 중 하나 또는 그 이상의 양식으로 치료사들을 지도하고 감독해왔다. 그는 컨설턴트 심리치료사 및 정신과 의사이며, 딜레마 상담실(Dilemma Consultancy Ltd.)에서 근무한다. 그는 수백 편의 과학 논문과 12권의 책을 저술했으며, 최근 저서로는 『상호적 뇌』(The Interbrain)(Jessica Kingsley, 2018)가 있다.

사이먼 듀 플록(Simon du Plock)은 런던 메타노이아 연구소의 학부 후 과정 및 전문 박사 과정의 학부장으로, 미들섹스 대학과 공동으로 PhD, DPsych 및 DCPsych 연구 프로그램을 운영하고 있으며, 그곳의 교수로 활동 중이다. 그는 국제적으로 강의하며 80편 이상의 글과 저널 논문을 저술했다. 그는 1993년부터 영국 실존분석 학회지(Existential Analysis)를 편집해왔다. 2006년에는 동유럽과 서유럽의 실존치료의 협력 발전에 기여한 공로로 동유럽 실존치료협회 명예 회원으로 최초로 임명된 서유럽의 치료사이다.

# Acknowledgments
## 감사의 글

이 책의 출판에 기여한 모든 분들께 감사를 표합니다. 그들의 전문지식과 실존치료에 대한 헌신이 없었다면 이 책은 만들어질 수 없었을 것입니다. 특히 서문을 함께 작성한 믹 쿠퍼 (Mick Cooper)에게 깊은 감사를 드립니다. 또한 이 책의 초고를 익명으로 검토해주신 분들께도 감사를 드립니다. 그들의 피드백 덕에 우리의 글쓰기 방식을 새로운 시각으로 생각해볼 수 있었고, 이러한 과정이 책의 수준을 높이는 데 도움이 되었다고 생각합니다. 책에서 발견되는 모든 실수의 책임은 전적으로 우리에게 있습니다. 출판 후에도 피드백을 기대하며, 훨씬 더 발전하고 개정된 두 번째 판이 언젠가 출판되기를 기대합니다.

# 머리말[역자]

최근 KoKo라는 정신건강 플랫폼은 4천여 명의 사용자들에게 챗GPT를 통해 상담을 제공하는 실험을 진행하였다. 초기에 챗GPT가 상담 과정에 답변을 작성했다는 사실을 내담자들에게 알리지 않았을 때는 챗GPT의 상담 반응이 인간 상담자들의 것보다 더 적절하고 더 신속하다 평가받았으며 이 서비스를 통해 많은 사람들이 심리적 도움을 받았다고 느꼈다. 그러나 이후 이러한 모든 상담적 반응들이 챗GPT가 생성한 것이라는 사실을 내담자들이 알게 되었을 때는 챗GPT의 상담적 효과가 즉시로 사라졌을 뿐만 아니라 본래성이 느껴지지 않아 불쾌하다고 느끼거나, 이 모든 과정이 비윤리적이고 착취적이라고까지 느껴져 분노하는 내담자들이 나타났다. 왜 이러한 결과들이 나타난 것일까. 상담과 심리치료가 고유의 효과를 발휘하게 하는 중요한 요소가 빠져버렸기 때문이 아닐까 생각한다. 체화되고 체휼하는 몸을 지닌 동료 인간으로서 고통을 공유하는 사실 자체가 치료적 효과의 필수 과정인데, 이것이 포함되지 않은 공허한 말의 오고감이 내적 변화를 일으키지 못하였음이 아닐까 생각된다.

동기가 없어 보이는 내담자를 도우려 할 때, 어디서부터 그 사람의 가치와 동기를 찾아야 할지 고민하는 젊은 상담자들에게 나는 종종 그 사람이 처한 고통의 자리에 가서 같이 앉아 있어 보라고 말하곤 한다. 그 고통의 자리는 그 사람의 가치와 소중한 것들이 있는 자리이기도 하고, 그래서 고통스러운 법이기 때문이다. 고통의 의미와 그 고통의 이면에 있는 소중한 가치는 우리가 지금 여기에 본래성 있게 현존하며 실존할 때 비로소 고통 너머에 있는 의미를 끌어안고 그 호소에 응답할 수 있는 것이 아닐까 생각한다. 인간의 긍정성과 합리성이 극대화되며 탄생한 AI 시대에도 여전히 줄어들지 않는 인간의 고통은 인간으로서의 결함과 실존적 한계들을 더욱 용기 있게 마주하는 실존치료에 그 길이 있다고 역자는 믿는다.

제자들과 함께 이 귀중한 책을 번역할 수 있었음에 특별히 감사한다. 챕터의 배정은 다음과 같으며 역자 대표와 한동대학교 일반대학원 심리학과의 임한나가 다른 부분들의 번역을 담당했고 전반적인 일치성과 완성도를 높이기 위해 노력했다(1장 신정미, 2-3장 오성은, 4-6장 박준영, 7-12장 이상훈, 13-15장 이영희, 16-18장 김향미, 19-24장 김예인, 25-27장 추교현, 28-30장 김병진).

제자들에게 실존치료를 가르치며 항상 즐겨 사용하는 비유가 있다. 실존치료자는 멀리 집을 떠났다가 다시 집으로 돌아오려는 지치고 외로운 여행자인 내담자에게 집으로 돌아가는 길을 함께 걸어가 주는 길동무와 같다고 말이다. 삶의 숭고한 여정에 길동무로, 페이스메이커 (pacemaker)로 초대받았으니 마음을 모아 허락된 길을 잘 걸어가야 할 일이다. 아무쪼록 이 책이 역자들에게 그랬듯이 독자들에게도 아기 예수를 만나러 길을 떠났던 동방박사들의 앞길을 비추어 주었던 길잡이 별처럼 귀중한 역할을 해줄 수 있기를 기도하는 마음이다.

2025년 봄을 기다리며
역자대표 신 성 만

# PREFACE
## 머리말(저자)

마침내 손에 들 수 있게 된 이 책은 실존주의 심리치료자, 교사, 연구자로서 오랜 세월 각자의 문화에서 따로 일해 온 많은 사람들이 공동으로 성취해낸 것이다. 이제, 제1회 세계실존치료학술회에서 영감을 받아, 우리는 삶과 인간의 실존을 더 잘 이해하고자 하는 동일한 열망으로 대가족의 일원처럼 함께 작업해왔으며, 우리는 오랜 세월에 걸쳐 축적된 삶의 지혜와 지식에 더 가까이 다가가서 이를 얻을 수 있는 방법을 찾아 어둠에 꼭 필요한 빛을 비추듯이 이를 우리 자신을 비롯하여, 내담자와 환자, 동료와 학생들에게 이 지혜를 전달하고자 하는 동일한 목표를 가지고 있다.

우리는 함께 이 놀라운 전례 없는 프로젝트를 여러 달 동안 진행하며, 공개된 실존치료의 다양한 맛과 질감 그리고 형태를 음미하였다. 우리는 이 프로젝트가 펼쳐낸 풍부한 국제적이고 다문화적인 전망이 이 분야를 더욱 쉽게 이해할 수 있게 하고, 이 프로젝트의 목적에 더 충실하게 할 수 있기를 희망한다.

우리는 모두 실존치료에 대해 열정적이며, 많은 원전들을 읽고 감명을 받고 영감을 얻었다. 하지만 우리는 각자 서로 다른 여러 실존적 접근 방식을 대표하며, 이 부분에서 우리는 서로 다르다.

진정한 현상학적 전통에 따라, 이 다양한 실존치료의 면모들을 하나로 모아 우리는 이 분야에 대한 더 정확하고 심층적인 그림을 그릴 수 있었고, 우리 중 한 사람이 단독으로 할수 있는 것보다 더 넓고 광범위한 영역을 다룰 수 있었다.

우리는 우리의 다름을 인정함으로써 보다 넓은 관점을 얻었고, 깊은 유사성을 인식함으로써 더 확실한 기반을 찾았다. 전체 프로젝트는 우리 모두에게 매혹적인 탐험이었으며, 우리는 이제 이러한 다양한 관점을 한 권의 책에 담아 기쁨과 즐거움으로 여러분에게 제공하고자 한다.

우리는 이 책이 주는 명료성이 여러분의 상담 방식에 초점과 의미를 더해주기를 바란다. 그러나 우리는 이 책이 실존적 접근의 방식을 제한하고 표준화하기보다는, 역설적으로 서로의 다양한 문화와 배경, 내담자, 상담장면에서 우리 각자가 자신의 방식으로 상담을 하는 데 있어서 더 큰 자유를 제공해 줄 것을 확신한다. 실존치료는 연속적인 변화와 다양성의 치료이다.

우리의 내담자가 겪는 인간의 문제들에 대한 경험에 가까운 철학적 이해에 전념하는 것을 통해 우리가 이 지구상에 잠깐 존재하며 우리가 마주하는 도전과 가능성을 최대한 활용하려는 목적을 갖고 있다는 우리의 공통된 조건을 기념한다.

우리는 이 책이 이를 저술하고 편집한 우리에게 영향을 주었던 것처럼 여러분의 길에도 빛을 비추기를 바라는 마음으로 이 책을 독자인 당신에게 맡긴다.

2019년 1월, 에미 반 덜젠, 에릭 크레이그, 알프리드 랭글,
커크 J. 슈나이더, 디그비 탄탐, 사이먼 듀 플록

# INTRODUCTION
## 서론

Mick Cooper, Erik Craig, and Emmy van Deurzen1

우리에게 주어진 삶으로 우리는 무엇을 해야 하는가? 무(無)에서 태어나 소멸로 향해가는 이 존재들, 우리는 우리에게 주어진 이 덧없고 연약한 존재의 순간들을 어떻게 이해해야 할까? 더 정확히 말하자면, 우리에게 주어진 이 존재를 어떻게 제대로 다룰 수 있을까? 일상의 사소함 속에 묻히기 쉬운 이 이해할 수 없고 경이로운 선물을 말이다.

다양한 치료법들은 각기 다른 것들에 집중하며, 분명 내담자에게 도움이 된다. 예를 들어, 인지적 접근은 우리의 생각과 오해를 탐색하고, 정신역동적 접근은 우리의 과거와 관계 방식을 들여다본다. 그러나 오직 실존치료접근만이 우리의 존재를 복잡하고 전체적인 총체로서 다루는 데 집중한다. 실존치료접근은 존재와 세계의 관계를 통해 우리의 삶을 탐색한다. 즉, 밖에 존재한다는 것(ex-ist), 세계에 존재한다는 것의 의미가 무엇인지 탐구한다. 여기, 지금, 살아 있는 존재로서 존재한다는 것이 무엇을 의미하는지 조사한다. 선택, 딜레마, 한계에 직면하여 실존치료접근은 인간이 된다는 것과 우리의 도전, 장애물, 문제를 어떻게 가장 잘 해결할 수 있는지를 묻는다. 그리고 용기와 개방성, 겸손으로 인간 존재의 근원을 탐구한다.

## 실존치료란 무엇인가?

2014년과 2015년에 걸쳐, 스티븐 다이아몬드(Stephen Diamond)의 주도로 세계실존치료연맹(World Confederation for Existential Therapy) 산하에서 선도적인 국제 실존치료자들이 모여 실존적 접근에 대한 폭넓은 정의를 만들기 위해 협력했다(참조: www.existentialpsychotherapy.net/definition-of-existential-psychotherpy/). 이들은 수많은 토론, 의견 충돌, 수정 과정을 거쳐 2년 후 실존치료의 본질에 대한 합의된 성명을 도출했다. 이는 현재까지 존재하는 접근법에 대한 가장 협력적이고 포괄적인 설명으로, 시간이 지나면서 계속 발전할 가능성이 높다. 그 역사적 중요성 때문에, 그 전문을 여기에 싣는다.

성명서의 내용은 다음과 같다:

실존치료는 철학의 영향을 받은 상담 또는 심리치료 접근법이다. 이는 매우 다양한 이론과 실천을 포함하는 폭넓고 풍부한 스펙트럼을 갖추고 있다. 부분적으로는 그 다양성의 발달로 실존치료를 쉽게 정의하기는 어렵다. 예를 들어, 일부 실존치료자들은 이 접근을 독립적이고 별개의 "학파"로 간주하지 않으며, 오히려 일반적인 치료에 대한 태도, 지향점, 혹은 관점으로 여긴다. 그러나 최근 몇 년 동안, 실존치료는 점점 더 많은 사람들에 의해 하나의 고유한 독자적 접근법으로 간주되고 있다. 어느 경우든, 실존치료는 형식화하고 정의하기 어렵지만, 그 본질에 있어서는 관계성, 자발성, 유연성, 그리고 엄격한 교리나 독단에서의 자유를 강조하는 실천을 통해 특징지어지는 깊이 있는 철학적 접근이라 할 수 있다. 실제로 이러한 주요 특성 때문에, 많은 실존치료자들은 실존치료를 정의하려는 시도가 그 본질에 모순된다고 여긴다.

다른 치료 접근과 마찬가지로, 실존치료는 주로 (하지만 유일한 것은 아님) 고통받고 위기에 처한 사람들을 다룬다. 일부 실존치료자들은 가능한 한 그러한 고통을 완화하거나 경감시키는 방식으로 개입하며, 개인이 삶의 불가피한 도전을 더 의미 있고, 만족스럽고, 본래성 있고, 건설적인 방식으로 대처할 수 있도록 돕는다. 다른 실존치료자들은 증상 중심적이거나 문제 지향적이지 않으며, 인지와 행동을 교정하거나 증상을 경감시키거나 결함을 보완하는 특정 치료 목표나 결과를 전제로 하지 않고 존재에 대한 광범위한 탐색에 내담자를 참여시킨다. 그럼에도 불구하고, 실존치료자들은 이론적, 이념적, 실천적 차이가 크지만, 대부분의 다른 현대의 치료자들과 구별되는 특정한 철학적 세계관을 공유한다.

실존치료는 일반적으로 환자나 내담자의 삶과 경험에 대한 지지적이고 협력적인 탐색으로 구성된다. 이 접근은 지금-여기의 치료 관계의 본질과 질을 최우선으로 하며, 상담실을 넘어 내담자와 그들이 살아가는 세계 사이의 관계를 탐색하는 데 중점을 둔다. 확실한 철학적 기초에 맞춰, 실존치료는 비극적인 것에서 경이로운 것, 끔찍한 것에서 아름다운 것, 물질적인 것에서 영적인 것까지 모든 다양한 측면에서 인간의 조건 자체를 중심 주제로 삼는다. 더 나아가, 실존치료는 인간의 모든 경험을 실존 또는 우리 개개인이 피할 수 없이 항상 관여되어 있는 '세계-내-존재(being-in-the-world)'의 기초로부터 본질적으로 분리할 수 없는 것으로 간주한다.

실존치료는 고유한 개인이 불가피한 한계와 제약 요인 내에서 자신의 존재 방식을 선택하고,

창조하며, 지속해 나가는 방식을 밝히는 것을 목표로 한다. 실존치료는 이론적 지향과 실천적 접근 모두에서 인간의 경험이 가진 끊임없이 나타나고, 전개되며, 역설적인 속성을 강조하고 존중하며, 진정으로 인간이 된다는 것이 의미하는 것에 대한 끝없는 호기심을 제공해 준다. 궁극적으로, 실존치료는 인간 존재에 관한 가장 근본적이고 계속 반복되는 질문들에 직면하고 있다고 말할 수 있다: '나는 누구인가?' '내 인생의 목적은 무엇인가?' '나는 자유로운 존재인가 아니면 결정되어 있는 존재인가?' '언젠가 죽는다는 사실을 나는 어떻게 다룰 것인가?' '나의 존재는 어떤 의미나 중요성을 가지는가?' '나는 내 삶을 어떻게 살아가야 하는가?'

성명서는 실존치료의 실제에 대해 다음과 같이 설명한다.

실존치료자들은 자신들의 상담을 두 명의 고통받는 인간 사이의 상호간의 협력적이며, 지지적이고 탐구적인 대화로 본다. 그 중 한 사람은 도움을 구하고 있으며, 다른 한 사람은 이를 제공하기 위해 전문적으로 훈련된 사람이다. 실존치료는 치료자와 내담자 사이의 진실하고 지지적이며 공감적이면서도 도전적인 관계를 구축하는 데 특히 중요성을 두고 있으며, 이 관계가 치료 과정에서 중요한 역할을 한다는 것을 인정한다.

실제로, 실존치료는 내담자의 현재의 감정, 생각 및 역동적인 상호작용이 이 관계와 다른 사람들과의 관계에서 그들의 과거 경험, 현재 사건 및 미래 기대를 어떻게 조명할 수 있는지를 탐색한다. 이러한 정중하며, 연민적인 그리고 지지적이면서도 매우 실제적인 만남은 현상학적 관점과 결합되어 실존치료자가 내담자의 세계 내에 존재하는 방식을 더 정확하게 이해하고 기술적으로 다룰 수 있게 한다. 실존치료자들은 자신의 세계관과 가치 체계를 내담자에게 강요하지 않기 위해 많은 노력을 기울이며, 내담자의 선택된 습관적인 존재 방식에서 특정 불일치, 모순 또는 부조화를 밝혀내고 지적할 수 있다. 치료의 목표는 이러한 문제들을 더 넓은 관점에서 조명하고 명확히 하여 내담자가 자신의 책임과 자유를 인식하고 수용하며 적극적으로 행사할 수 있는 능력을 촉진하는 것이다. 이를 통해 내담자가 원하는 경우 다르게 존재하거나 행동할 방법을 선택하도록 하거나, 그렇지 않은 경우 자신의 선택된 존재 방식을 인내하고 받아들이며 포용하도록 돕는다.

실존치료는 어떤 사전에 결정된 특정한 기법에 근거해서 그 자신을 정의하지 않는다. 사실, 일부 실존치료자들은 그러한 인위적인 방법이 치료 관계의 본질적 인간성, 진실성 및 정직성을 저해할 수 있다고 우려하여 기술적 개입을 전혀 사용하지 않는다. 그러나 거의 모든 실존치료 상담에 공통적으로 적용되는 하나의 치료적 실제는 현상학적 방법이다. 실존치료에서 치료자는 모든 치료적 만남 동안 그 과정에 대한 모든 선입견을 일시적으로 한켠에 치워두는 것을 통해 가능한 한 온전히 존재하고, 관계 맺으며, 기대로부터 자유롭기 위해 노력한다.

그 목적은 어떤 경험이 자신의 삶의 특정한 시점에서 구체적으로 자신에게 의미하는 것을 맥락 속에서 더 명확하고 심층적으로 이해하고 수용할 수 있도록 하기 위함이다.

따라서, 실존치료의 전반적인 목적은 "내담자가 자신의 삶의 경험을 정직하고, 개방적이며, 포괄적으로 탐색할 수 있도록 돕는 것"이다. 실존치료는 내담자에게 자신의 삶을 깊이 있고 상세하게 들여다볼 기회를 제공하며, 더 만족스럽고 성취감을 주며 보람 있는 방향으로 나아갈 방법을 찾도록 돕는다. 실존치료는 쉬운 답을 제공하지는 않는다. 실존적 관점에서 보면, 빠른 해결책은 없다. 그러나 끈기와 용기, 어둠 속을 들여다보려는 의지를 통해 내담자는 자신에게 주어진 삶을 최대한 활용할 수 있다.

## 역사적 기초

현대 실존심리치료의 유형 대부분은 계통적으로 유럽의 두 가지 주요 사상적 경향의 융합에 그 기원을 빚지고 있다. 그 첫째는 19세기의 실존사상, 해석학, 현상학이라고 하는 사색적 지혜를 따르는 유럽 대륙의 철학적 전통이며 둘째는 심층 심리학의 심리적 치료에 관한 전통이다.

실존심리치료의 가능성에 대한 철학적 토대는, 실존심리치료가 나타나기 훨씬 전부터 고대 그리스와 로마뿐만 아니라 페르시아, 인도, 중국, 일본의 유서 깊은 지혜 전통에 의해 마련되었으며, 계속해서 많은 실존치료자들에게 영감을 주고 있다. 이들 고대 철학은 각기 자신의 방식으로 인간 존재를 설명하고, 문답을 통해 더 나은 삶의 방식을 찾고자 했다. 소크라테스(Socrates), 플라톤(Plato), 아리스토텔레스(Aristotle), 에피쿠로스(Epicurus), 제논(Zeno) 등 서양의 철학자들과 조로아스터(Zoroaster), 부처, 공자, 노자 등 동양의 철학자들은 모두 삶이 무엇인지에 대한 명확한 이해를 통해 사람들이 더 깊이 생각하고 의식적으로 살아갈 수 있도록 돕고자 했다.

심층 심리학의 심리적 치료의 전통 또한 주로 종교적−신비와 의료−과학적 치료의 전통들의 종합에 그 기원을 두고 있으며, 이 둘은 모두 그리스 시대와 그 이전으로 거슬러 올라가는 수 세기 간의 불규칙하지만 끊임없는 진전을 통해 점진적으로 발달해왔다(Ellenberger, 1970). 고대 그리스의 아스클레피온 치료 신전(Askiepion healing temples) 이후 수백 년이 넘도록 과학 이전의 신비한 치유는 주술적이며 종교적인 민간의 치유자들에 의해서 지역에서 지엽적으로 수행되었다. 프란츠 메스머(Franz Mesmer, 1734−1815)에 이르러 몇몇 저명한 의사들은 심리적 고통을 완화시키기 위한 보다 의학적이고 과학적인 접근을 개발하기 시작했다. 메스머의 앞선 의학적 노력은 처음에는 인정받지 못했지만, 거의 한 세기 후 프랑스의 의사 장−마르탱 샤르코(Jean−Martin Charcot, 1825−1893)와 피에르 자네(Pierre Janet, 1859−1947), 독일

신경학자 히폴리트 베른하임(Hippolyte Bernheim, 1840-1919), 그리고 궁극적으로 현대 심층 심리학의 창시자인 지그문트 프로이트에 의해 다시 채택되었다.

실존치료자들에게 있어 지혜와 치료의 차원에서의 실제를 말할 때, 심오함의 개념은 인간 존재에 대한 근본적인 질문에서 드러난다. 우리는 누구인가? 우리는 왜 고통을 받는가? 삶에게 "죽음"을 빚진 채 살아간다는 사실을 알고 있으면서 어떻게 잘 살아갈 수 있는가? 이러한 질문들에 대한 부분적인 답변마저도 대부분 눈에 띄지 않게 감추어져 있으며 접근하기조차 어렵다. 유진 블로일러(Eugen Bleuler, 1910)는 이 감춰진 것에 대한 과학적 관심을 처음으로 "심층심리학"(Tiefenpsychologie)이라고 지칭했다(p.623). 그러나 현상학을 지향하는 실존심리치료자들에게 심층심리학이라는 용어는 실질적이거나 지형적인 의미보다는 영적이거나 비유적으로 이해된다. 심층의 해석학적 의의는 인간의 실존이 유한하면서 이해하기 어렵다는 존재론적 조건에 대한 언급에 있다. 하이데거는 인간의 존재함에 현상학적으로 주어진 세계성을 동시에 드러내고 감추는 밝힘(Lichtung)이라고 불렀다. 실존 사상가들이 인간의 실존에 대한 근본적인 질문을 제기했을 때, 그들은 이제 인간의 타고난 유한성과 헤라클레이토스(Heraclitus)가 주장한 것과 두 가지 피할 수 없는 존재론적 조건에 직면하는 것임을 알고 있었다(2001, p.9).

위에서 언급한 고대로 거슬러 올라가는 실존심리치료의 토대는 수세기 동안 거의 방치되다가, 19세기 유럽에서 일어난 세 가지 기적적인 지성의 발달, 즉 초기의 실존사상과 실존문학, 해석학 그리고 현상학에 의해서 새롭게 경작되었다.

## 실존사상과 문학

실존사상은 낭만주의와 계몽주의의 뒤를 이어 19세기 철학과 창작 문학에서 다시 등장했다. 철학적으로 말하자면, 아서 쇼펜하우어(Arthur Schopenhauer, 1788-1860), 쇠렌 키르케고르(Søren Kierkegaard, 1813-1855), 프리드리히 니체(Friedrich Nietzsche, 1844-1900)의 철학은 하이데거(Heidegger), 카뮈(Camus), 사르트르(Sartre), 야스퍼스(Jaspers), 부버(Buber), 틸리히(Tillich)와 같은 20세기의 실존사상가들에게 다채롭고 유의미한 영향을 미쳤다. 쇼펜하우어, 키르케고르, 니체는 철학자, 심리학자, 그리고 일반 대중에게 인간의 조건의 일상성, 특히 일상성의 문제적이고 역설적인 속성에 더 많은 주의를 기울일 것을 은연중에 요청했다. 쇼펜하우어에게 이는 의지, 운명, 욕망, 사랑, 성, 인간의 고통을 강조하는 것이었고, 키르케고르에게는 개별성, 주관성, 불안, 선택, 책임, 절망, 영적 헌신에 초점을 맞추는 것이었다. 니체에게 중요한 주제는 운명, 비극, 권력, 초월, 개별성, 도덕, 그리고 의지였다.

이 철학자들과 동시에, 요한 볼프강 폰 괴테(Johann Wolfgang von Goethe, 1749-1832), 표

도르 도스토옙스키(Fyodor Dostoyevsky, 1821–1881), 헨리크 입센(Henrik Ibsen, 1828–1906)과 같은 위대한 19세기 철학적이고 심리적인 소설가, 시인, 극작가들은 자신들이 창조한 인물들에 이와 같은 생각을 담았다. 파우스트(Caust), 베르테르(Werther), 라스콜니코프(Raskolnikov), 미시킨(Paince Myschkin) 공작, 이름 없는 주인공(『지하로부터의 수기』), 브란(Brand), 페르 귄트(Peer Gynt), 헤다 가블러(Hedda Gabler), '건축가' 할바르 솔네스(The Master Builder, Harvard Solness)는 모두 독자들이 공감할 수 있는 인간의 비극으로 고통받는 실존적 "영웅"이었다. 이들은 새로운 철학적 이해를 삶으로 가져와 일상 생활에 적용했으며, 이는 고대 그리스 철학자들이 유명한 그리스의 비극에 반영되었던 것과 동일한 것이다. 이 철학자들과 작가들의 결합은 20세기, 넓게는 실존철학으로 명명되는 인간의 조건에 관심을 갖는 철학의 집합으로 이어질 서양문화를 배양했다.

그러나 과학과 철학에서 생각만으로는 충분하지 않다. 그 결과 인식론과 같이 탐구하고 인식하며 이해하는 새로운 방식이 필요했다. 실존심리치료의 발전에 결정적인 역할을 하게 된 두 가지 새로운 "이해와 인식의 학문"은 해석학과 현상학이었다.

## 해석학

해석학은 해석의 기술, 과학, 실제로서, 실존심리치료의 주요 방법인 현상학보다 수천 년 앞선다. 그리스어 동사 '헤르메뉴에인(hermēneuein)'은 해석하거나 번역한다는 뜻으로, 사물의 암시된 의미를 이해하려는 과정이나 방법을 가리킨다. 이는 단순히 첫인상에서 나타나는 것일 뿐만 아니라 지속적이고 개방적인 반성적 시선으로 시간이 지남에 따라 점차 드러나는 것을 이해하려는 것이다. 해석한다는 것은 의미, 특히 사물 그 자체에 동면하고 있는 숨겨진 의미를 파악하고, 이해하며, 번역하는 것과 관계된다. 이 용어는 올림푸스의 신 헤르메스(Hermes)의 이름에서 유래한 것으로 널리 알려져 있다. 헤르메스는 신들의 사자로서 신들 사이, 그리고 신과 인간 사이에서 메시지를 전달하고 번역하는 역할을 했다. 팔머(Palmer, 1969)는 "그리스어 단어 헤르메오스(hermeois)는 델포이 신탁의 사제를 가리킨다"고 언급했다(p.13). 하이데거도 1923년 『존재론 – 사실성의 해석학』(Hermeneutics of Facticity)에 대한 여름 학기 강의에서 이 단어가 헤르메스의 이름과 관련이 있음을 지적하면서도, 그 어원의 궁극적인 불명확성을 인정했다(1988/1999). 어쨌든, 이 단어가 신의 이름에서 유래했는지, 아니면 신의 이름이 이 단어에서 유래했는지는 알려져 있지 않다. 아주 적절하게도 헤르메스는 '사기꾼'으로도 알려져 있다.

오늘날의 해석학의 실제는 사물의 의미, 특히 숨겨진 또는 소위 '깊은' 의미를 이해하는 과정을 가리킨다. 이는 암시된 것을 명확히 하고 텍스트를 그 맥락에 맞게 배치하며, 소위 '숨은 이유'를 드러내는 방법이다. 처음에는 밀봉된 것처럼 보이는 것에 주의를 기울여 숨겨진 메시지의 깊이를 읽어내어 이를 인식과 이해로 가져오는 것이다. 해석학은 우리의 인식을 확대하는 과정으로 신비에서 의미로, 침묵에서 언어로, 감추어진 것에서 드러난 것으로 이동시키는 것이라고 할 수 있다.

해석학이라는 용어의 초기 사용은 아리스토텔레스(Aristotle)의 『해석학』(Peri hermeneias, On Interpretation)'로 거슬러 올라간다. 비록 일반적으로 성서 주해와 관련이 있지만, 역사적으로 이 용어는 문헌학, 법학, 언어학, 철학에서의 해석에도 적용되어 왔다. 19세기 초 독일 철학자 프리드리히 슐라이어마허(Friedrich Schleiermacher, 1768–1834)는 해석학을 어떤 특정 학문과는 별개의 독립된 학문으로 확립하고, 인간에 대한 이해에 있어서 부분과 전체, 단어와 문장, 현상과 그 맥락의 계속되는 상호적인 기여를 명명하기 위해서 '해석학적 순환'이라는 용어를 만들었다. 슐라이어마허의 찬미자이자, 전기 작가인 빌헬름 딜타이(Wilhelm Dilthey, 1833–1911)는 해석학을 더욱 널리 알렸다. 딜타이는 그의 저서 『인문학 입문』(Introduction to the Human Sciences, 1883/1989)'에서 자연과학(Naturwissenschaften)과 인문과학(Geisteswissenschaften)을 구분한 것으로 가장 널리 알려져 있다. 다음 해에 출간된 『묘사 및 분석 심리학을 위한 생각』에서 그는 실제적인 삶에 초점을 맞추고, 해석학이 인간에 대한 학문(인문과학)에 적합한 유일한 접근법임을 제안하며 특히 그는 이해의 심리학(Verstehens–Psychologie)이라고 불리는 심리학에 대한 자신의 묘사적 접근을 언급했다. 딜타이는 삶이 그 삶 그 자체 그리고 실제적인 삶의 경험(Erlebnis), 예를 들면, 실제로 삶을 살아가는 개인을 통해 나타나는 경험의 의미를 이해하는 데 전념했다. 딜타이에게 삶의 외적 요소에 대한 객관적인 측정과 범주화는 삶 그 자체의 생동감 넘치는 현실에 비해서 부차적인 것이었다. 그의 사상은 한스–게오르그 가다머(Hans–Georg Gadamer, 1900–2002), 칼 야스퍼스(Karl Jaspers, 1883–1969), 마르틴 부버(Martin Buber, 1878–1965)와 같은 20세기 철학자들에게 영향을 미쳤지만, 다음 세기의 철학과 인문과학에 가장 큰 영향을 미친 것은 마르틴 하이데거에게 미친 영향이었다. 여기에서부터 결과적으로 현존재분석이라는 정신의학 및 심리치료에 대한 특정 접근이 나오게 되었고, 이로부터 전반적인 실존심리치료의 발달이 이어졌다. 존재와 인간의 실존(현존재)에 대한 하이데거의 혁명적인 존재론적이고 해석학적 이해는 20세기 심리학을 포함한 철학과 인문 과학에서 '해석학적 전환'이라고 불리게 된 것의 직접적인 원인이 되었다.

## 현상학

현상학은 실존심리학과 실존심리치료의 전형적인 철학적 방법으로, 일상생활에서 우리가 마주하는 현상을 묘사와 명료화를 기반으로 인식하고 이해하는 접근이다. 이는 우리를 세계에 대한 즉시적 경험으로 돌아가게 한다. 현상학은 편견과 선입견으로부터 근본적인 자유를 추구함으로써, 신념, 신조, 개인의 습관과 역사, 정치, 문화적 관습, 숨은 동기 등에서 우리의 지식을 끌어내고 후설이 자연적 태도라고 부른 오류를 피하고자 한다. '현상학'이라는 용어는 '나타나다' 또는 '드러나다', 문자적으로는 "빛나다"라는 의미를 가진 그리스어 '파이노메논(phainómenon)'과 '말', '담론', '연구'를 의미하는 '로고스(logos)'에서 유래되었다. 따라서 현상학은 철학, 과학, 예술, 인문학에서 경험하는 것 그 자체가 직접적으로 보여주는 것이 가능한 변치 않고 신뢰할 수 있도록 검증되지 않은 가설, 편견, 신념, 개념 또는 이론의 영향을 최소화해서 현상을 연구하는 방법이라고 할 수 있다. 모란(Moran, 2000)이 말했듯이, "현상학의 과정은 철학을 살아 있는 주체의 삶으로 되돌림으로써 철학에 새로운 힘을 불어넣는 것이었다… 구체적이고 생생한 인간의 경험의 풍부함으로 돌아가자는 호소였다."(p.5) 해석학에서의 슐라이어마허와 딜타이와 같이, 실존심리치료와 현존재분석의 현상학적 창시자로는 철학자이자 묘사적 심리학자인 프란츠 브렌타노(Franz Brentano, 1838-1917)와 순수 현상학자이며 초월적 현상학자인 에드문트 후설(Edmund Husserl, 1859-1938)을 꼽을 수 있다.

프란츠 브렌타노는 철학자이자 심리학자로 한때는 성직자였으며, 빈 대학교(University of Vienna)에서 교수로 재직하면서 지그문트 프로이트와 에드문트 후설을 포함한 많은 학생들을 가르쳤다. 브렌타노가 빈 대학교에서 첫 해를 보내는 동안 당시 의대생이었던 지그문트 프로이트는 미래의 생리학자인 친구 요제프 파네트(Joseph Paneth)와 함께 철학과 수업에 참석했다. 브렌타노는 두 학생을 좋아하여 자신의 집으로 초대해 자신의 철학에 대한 그들의 반론에 대해 논의했다. 훗날 정신분석을 창시한 젊은 프로이트는 브렌타노의 영향으로 인해 철학 박사 학위를 받는 것을 고려했으며, 비록 잠시였지만 유신론적 신념으로 갈등하기도 했다. 프로이트는 정신분석의 발달에 있어 브렌타노의 영향을 인정하지 않았지만, 묘사와 지향성에 대한 브렌타노의 강조는 프로이트의 사상에 암시적으로 나타나 있다.

브렌타노가 프로이트와 정신분석에 미친 확실히 알 수 없는 영향과 상관없이 철학과 현상학에 미친 그의 영향, 특히 칼 슈툼프(Carl Stumpf), 알렉시우스 마이농(Alexius Meinong), 마르틴 부버(Martin Buber), 특히 에드문트 후설을 통해 미친 영향은 의심할 여지가 없다. 브렌타노의 저서 『경험적 관점에서 본 심리학』(*Psychology from an Empirical Standpoint*, 1874/2015)에서 그는 발생적 심리학과 기술적 심리학(정신진단, psychognosis)을 구분했으며, 나중에는 이를 현상학적 심리학이라고 불렀다. 비록 브렌타노의 기술적 심리학은 현상학의 결정적인 전신이었지만, 스피겔버그(Spiegelberg, 1972)는 이를 그저 "현상학의 형성 과정"으로 간주했다(p.5). 그럼에도 불구하고, 정신 현상에 관한 과학으로 나아가는 과정에서 브렌타노는 중세 스콜라 철학의 개념인 지향성을 재도입하여 인간의 의식의 모든 행위 그 자체에 대상이 포함되는 사태를 명명했다. 브렌타노는 "모든 정신 현상은 그 자신 안에 대상이 되는 무언가를 포함한다…

발표에는 발표되는 대상이 있고, 판단에서는 긍정되거나 부정되는 대상이 있으며, 사랑에는 사랑의 대상이 있고, 증오에는 증오의 대상이 있고, 욕망에는 욕망의 대상이 있다"고 말했다 (Brentano, 1874/1973, pp.88-89). 브렌타노의 지향성 개념의 도입과 함께, 자기와 세계 사이의 데카르트식 이분법의 극복은 시작되었으며, 이는 하이데거가 현존재(Dasein), 문자 그대로 거기-있음으로, 세계-내-(단 하나의)존재로 인간의 실존을 이해하는 것으로 이어져 궁극적으로 완성되었다. 실제로, 하이데거가 예수회 신부 준비를 하던 1907년, 브렌타노의 박사 학위 논문을 읽고, 당시 18세였던 하이데거는 존재의 의미를 탐구하는 평생의 길을 시작하게 되었다.

브렌타노의 초기 현상학적 심리학의 발전에 대한 기여를 바탕으로 그의 제자인 에드문트 후설은 "현상학 운동"의 아버지로 널리 인정받게 되었으며 스피겔베르그(Spiegelberg, 1972)는 현상학이 "1910년경 후설에 의해 시작된 것"으로 간주하였다(p.xxxii). 후설은 프로이트에 이어 10년간 브렌타노와 함께 연구하며 브렌타노의 생철학(Lebensphilosophie), 특히 지향성, 기술 심리학(descriptive psychology), 그리고 의식에 관한 연구에 크게 영향을 받았다. 후설은 브렌타노 사상의 기초 위에 우리의 생생한 삶을 구성하며 인식속에서 우리에게 나타난 것으로서만 알려질 수 있는, 현상의 전체적이며 역동적이고 존재적인 지평인 삶의 세계(Lebenswelt)에 대한 자신의 이론을 발달시켜 나갔다. 데카르트의 이분법을 극복하기 위해 후설(1913/1931)은 인식 주관(의식)에 의한 모든 의식적 행위의 구성을 묘사하기 위해 노에시스(noesis)와 노에마(noema)라는 용어를 대신 사용함으로써 데카르트의 주체와 대상의 간격에 다리를 놓았다. 심리치료라 불리는 사회적 실존의 형태를 포함한 사회적 삶의 맥락에서의 예를 들어 설명하면 노에시스는 타자를 인식하는 과정을 의미하며, 노에마는 인식된 타자를 의미한다. 따라서 모든 사회적 의식에 의한 행위는 인식된 타자를 인식하는 것으로 구성된다. 이러한 방식으로 모든 의식 행위를 통합하는 것은 인간의 존재를 그 세계와 심지어 더 가까워지게 했다. 후설의 초월적 현상학은 마치 현상이 경험으로 그 자신을 직접적이고 즉시적으로 나타내듯이 현상에 가능한 가깝게 유지하고자 했다. 후설의 선험적 환원으로 우리는 외양이 아닌 본질을 목표로 하는 인식 과정이 일어나는 공간을 찾을 수 있다. 사물의 본질(eidos) 또는 의미에 대한 이와 같이 순수한 인식을 얻기 위해, 후설은 고대 그리스 회의론자의 에포케(epoché), 또는 현상학적 환원 간단히는 괄호안에 넣기로도 불리는 원칙을 되살렸는데, 이는 믿음이나 판단의 중지를 의미한다.

후설에게 현상학적 환원은 "사물 자체로" 돌아가기 위한 필수적인 첫 단계로(1900/2001, p.168) 이는 사물이 자신의 생생한 즉시성을 가지고 스스로 말하게 하는 것이다. 이 첫 번째 단계는 각각의 경우에서 가능한 범위에까지 의식의 과정을 필터링하고 명료화하며 심지어 정화하는 것이다. 이 단계는 이어서 상세한 묘사(minute description), 상상적 변형(imaginative variation), 가설검증(verification)을 통해서 대상의 가장 본질적인 현시에서 노에마에 대한 인식을 얻는 형상적 환원(eidetic reduction)으로 이어진다. 궁극적으로 이는 우리의 주관적 의식이 일반적인 의식과 연결되는 상호주관성에 이르게 되는 선험적 환원이 가능하게 한다. 20세기 철학의 중심에 있는 마르틴 하이데거는 가장 유명한 후설의 제자로, 만약 후설에 의해 준비된 기반이 없었다면 자신의 연구는 "불가능했을 것이다"라고 저술했다(Heidegger, 1927/1962, p.62).

## 현상학적 및 실존적 정신의학

1890년에서 1910년 사이 전환기에 "현대" 정신의학 및 심리치료 분야의 급성장은 정신의학적 증후군에 대한 에밀 크레펠린(Emil Kraepelin)의 기술적 분류, 베르니케의 신경생물학적 뇌 기반 결정론, 그리고 지그문트 프로이트의 자연주의적 정신분석 고찰과 같은 자연 과학적 접근에 의해 주도되었다.

20세기가 시작되면서 많은 유럽의 정신의학자들은 당시의 실증주의적인 자연 과학적 접근에 불만과 환멸을 느끼고 철학으로 눈을 돌려 그 한계를 극복하려 했다. 이들 정신의학자들은 인간과 여러 정신적 고통의 유형에 대한 설득력 있고 포괄적인 이론을 확립하고자 했다. 비록 프로이트의 정신분석이 분석심리학과 심리치료에 대한 그 초점이 많은 사람들에게 덜 거슬리는 것일 수 있지만, 이 접근 또한 이론적 고찰에 지나치게 의존한다는 평판을 받았다. 독일의 정신의학자인 칼 야스퍼스(Karl Jaspers, 1883-1969)는 1909년에 후설의 『논리 연구』(*Logical Investigations*)를 읽고, 1912년 정신병리학의 현상학적 경향에 관한 논문을 통해 현상학의 가능성을 주장한 최초의 인물 중 하나였다. 이어서 그는 1913년 출판한 자신의 대표작인 『정신병리학총론』과 함께 자신의 경력 전반에 걸쳐 정신병리학을 지속적으로 발전시키고자 했으며 정신 질환의 전통적인 정신의학적 정의를 각 정신병리의 형태에 대한 현상학적 경험 연구로 대체하고자 시도했다. 비록 야스퍼스는 현상학에 대해 양가적이었고 자신을 현상학자라고 부르는 것을 거부했지만, 철학사학자 허버트 스피겔버그(Hervert Spiegelberg)는 현상학이 이 분야에 그 자리를 구축하게 된 것에 있어서 이 독일 정신의학자의 업적을 절대 빼놓을 수 없는 요인으로 여겼다(Spiegelberg, 1972). 야스퍼스는 정신분석의 "거짓 설명"에 대해 호소했을 뿐만 아니라(Jaspers, 1913/1963, p.363), 뇌와 정신분석적 "신화" 모두에서 밝혀진, 후에 그가 "불안정한 기초", "상상된 통찰의 군립"이라고 불렀던 것에 도전했다(1941/1956, p.170).

야스퍼스의 배타적인 자연 과학적 심리학에 반대하는 유일한 사람은 아니었는데, 특히 동시대를 살아간 재능 있는 네 사람과 함께했다. 그들은 모두 1881년과 1891년 시기에 태어났으며 또한 10년(1966~1976) 기간에 죽음을 맞이했는데, 이들은 스위스의 정신의학자 루트비히 빈스방거(Ludwig Binswanger, 1881-1966), 독일의 정신과의학자 빅토르 폰 게브사텔(Viktor von Gebsattel, 1883-1976), 프랑스의 정신의학자 유진 민코프스키(Eugene Minkowski, 1885-1972), 그리고 독일(훗날 미국인이 된) 신경의학자 에르빈 슈트라우스(Erwin Straus, 1891-1975)였다. 이 네 사람으로 구성된 강력한 "4인조"(Spiegelberg, 1972, 251)는 영향력 있는 현상학적 정신병리학자 모임을 결정하고 함께 생물학이나 생리학적 요소에 기반하지 않고 생생한 경험에 대한 사실에 의거한 엄밀한 연구를 근거로 인간을 이해하고자 하는 철학적 인류학(문자 그대로 인간에 대한 설명)을 추구했다. 비록 이들은 다양한 경로를 통해 현상학에 이르기는 했지만, 서로 간의 교류와 인간이 속한 세계와 관련해서 인간 존재의 전체성을 이해하려는 공통된 헌신으로 묶여 있었다. 빈스방거는 주로 후설과 하이데거를 통해 현상학에 도달한 데 비해서, 다른 사람들은 인간의 경험에 대한 자신의 연구나 또는 폴 나토르프(Paul Natorp, 1854-1924), 테오도르 립스(Theodore Lipps, 1851-1914), 앙리 베르그송(Henri Bergson, 1859-1941), 막스 셸러(Max Scheler, 1874-1928)와 같은 철학자들을 통해서 직간접적으로 도달했다.

인간 존재 전반에 대한 과학을 확립하고자 하는 이들의 관심으로 이 최초의 4인조는 결국, 몇 사람의 예를 들면, 생물학자 프레데릭 뷰이텐디크(Frederick Buytendijk, 1887-1974), 독일의 신경학자이자 생리학자인 빅터 폰 바이체커(Viktor von Weizsäcker, 1886-1957), 그리고 스위스의 정신의학자 롤랜드 쿤(Roland Kuhn, 1912-2005)과 같은 유럽의 다른 지식인 동료들을 만나기에 이르렀다.

오늘날 전 세계의 실존심리학자와 심리치료사들은 이러한 유럽의 현상학적 실존 사상가와 실천가들 중 한 명 이상에게서 자신의 기원을 찾을 수 있다. 현대 실존심리치료를 지탱하고 있는 연구 업적을 가진 약 12명의 초기 현상학적 철학자들 중에서(Spiegelberg, 1972), 최초의 체계적인 현상학자인 에드문트 후설과 한때 그의 가까운 제자였던 마르틴 하이데거는 의심할 여지 없이 새로운 패러다임을 만들어낸 가장 두드러진 인물이었다. 그러나 특히 실존정신의학, 실존심리학, 실존심리치료와 관련하여 마르틴 하이데거는 그 이론과 실제에 가장 크게 영향을 미친 철학자로 손꼽을 수 있을 것이다(Cohn 1997, 2002; Correia, Cooper, and Berdondini 2015). 하이데거의 공헌을 논하기에 앞서, 그가 자신의 사상을 발달시키는 데 영향을 준 19세기의 철학자, 쇠렌 키르케고르와 프리드리히 니체의 업적을 먼저 고려하지 않을 수 없다.

## 쇠렌 키르케고르(1813-1855)

"실존주의의 아버지"로서 쇠렌 키르케고르의 지위는 인간의 존재에 대한 세심하고 개인적인 관찰을 통해 힘들게 얻어졌으며, 이는 19세기 철학 사상에 새롭고 보다 주관적인 통찰을 가져왔다. 키르케고르는 개인이 되기 위한 개인의 투쟁을 기록하며, 어떻게 이 투쟁이 역사적, 발달적, 발전적인 과정인가를 보여주었고, 이를 통해 실존심리치료의 청사진을 제공했다. 유럽 대륙 철학은 정확한 과학만이 인간의 실존에 대한 유일한 권위임을 받아들이지 않기 때문에 대개 과학주의를 거부한다. 키르케고르의 접근은 이를 누구보다도 잘 보여주었으며, 쇼펜하우어가 이에 매우 근접해 있다. 키르케고르는 우리 삶의 이야기에 대한 역사적 이해가 중요함을 보여주었다. 그의 역사적, 발달적 접근은 미적 즐거움에서부터 윤리적 올바름을 거쳐 보다 주관적인 의심과 의문을 향해 나아가서, 결국 영원한 진리를 찾는 데 도움이 되는 믿음의 도약에 이르기까지 여러 단계를 거쳐야 함을 인식했다. 이 점에 있어서 자신이 걸었던 발자취에 대한 키르케고르의 끈기 있는 추적은 많은 실존치료사들에게 영감을 주었다. 우리가 나락을 경험할 때 느끼는 불안과 몸부림치며 나아가는 법을 배워야 하며, 당면한 도전을 마주하는 책임에 있어서 우리가 혼자라는 사실을 깨달아야 한다는 것은 키르케고르의 독창적인 생각이었다. 키르케고르는 "불안해하는 올바른 방식을 배운 사람은 궁극의 것을 배운 것이다"라고 말했다 (Kierkegaard 1844/1980, p.155).

삶이 완전히 역설적이며 우리가 함께 살아가고 마주해야만 하는 긴장으로 가득 차 있음을 이해했던 사람 또한 키르케고르였다. 그는 이와 같이 심오한 방식으로 절망을 묘사했으며 우리가 우리 자신이 되지 못하고, 우리 스스로 우리의 깊은 내면의 가치를 배신할 때 우리는 우리 자신에게 절망을 선고한다고 여겼다. 키르케고르는 자신의 삶에서의 투쟁을 묘사하는 것과 관련해서 특히 과거 아버지의 악한 행동으로 인해 자신이 저주를 받았으며 따라서 자신의 삶이 길지 않을 것(실제로 그렇게 되었다)이라는 신념과 그가 살았던 시대의 종교, 문화, 사회와의 투쟁, 그리고 고독과 철학적 행동을 선택하면서 그가 포기한 사랑으로 인한 슬픔을 사용했다. 그의 저서 『사랑의 실천』(*Works of Love*)은 삶에 대한 이 모든 반성에서 그가 얻은 지혜를 보여주는 증거이며, 이는 우리가 인간을 초월한 보편적 법칙을 사랑함으로써 진정으로 온전한 인간이 될 수 있다는 믿음을 그가 갖게 된 과정을 보여준다. 키르케고르는 실존치료자들에게 높은 기준을 부과했는데, 그는 우리가 자기-기만을 점검할 것과 수월한 일시적인 삶의 편안함 속에 살거나 또는 부모로부터 전해받은 가치로 살아가기보다 궁극의 심연에 마주할 것을 목표로 해야 한다고 요구했다. 그는 모든 훌륭한 실존치료자들이 매우 개인적인 영역일 수 있는, 자신의 상담에 적용하려고 애써야 하는 깊은 자기 반성을 요구한다.

## 프리드리히 니체(1844-1900)

니체(Nietzshe) 또한 키르케고르와 마찬가지로, 고정된 이론을 만들어내도록 요구하는 기존 철학의 틀을 깨고, 매우 정서적이며, 개인적으로 의미있는 서정적이고 시적인 방식으로 인간의 실존에 대해서 기술했다. 니체가 하이데거(그리고 프로이트)에게 미친 영향은 잘 알려져 있으며, 실제로 하이데거는 니체에 대해 많은 강의를 하고 글을 썼다. 철학에서 니체의 업적이 가진 결정적인 열정은 유일무이한 것으로 이 때문에 니체는 극심한 논란의 주인공이 되었는데, 그는 젊은이들을 현혹시켰다는 비난과 무신론자이며 나치주의의 선구자라는 공격을 받기도 했다. 니체의 업적에 대한 이러한 해석들은 나치를 옹호하는 글과 행적이 기록으로 남겨져 있는 하이데거에 대한 비판과는 달리 그의 말이나 글에 대한 피상적이고 왜곡된 이해에 기반한다.

니체가 "권력에의 의지"라는 극적인 표현을 사용했던 것과 그가 인간이 자신의 동물적 속성을 넘어서서 현재의 곤경을 초월하여 신과 같이 되기를 열망했던 것은 사실이다. 그러나 그는 이 과정을 영적 계몽, 진리의 추구하는 용어로 묘사했으며 지배나 우월성을 향한 정치적 시도로 묘사하지 않았다.

니체에게 인류를 깨우는 것은 고통을 통해 힘들게 얻어지는 깨달음에 이르는 과정을 통해서만 이룰 수 있는 것이었다. 그는 "고통의 훈련, 위대한 고통의 훈련 – 당신은 이 훈련이 지금까지 인간의 모든 상승을 만들어왔다는 것을 아는가?"라고 말했다(Nietzsche 1886/1990, p.225). 니체에게 인간은 항상 경계를 넘나들며, 떠돌아다니는 존재이다. 우리의 과제는 삶에서 동물적 기원과 신적 가능성 사이를 연결하는 다리가 되는 것이다. 우리는 위험을 무릅쓰는 문제와 때로는 고통의 심연 속으로 두려움 없이 나아가는 것을 통해 이 심연을 가로질러 던질 수 있는 로프가 되는 법을 배운다. 니체의 말에 따르면 사람들은 우여곡절을 겪으며 삶을 배운다. 그는 실존치료자들에게 과도하게 내담자의 응석을 받아주거나 과잉보호를 하고 지지하려고 안달하기보다 오히려, 내담자가 고통받을 때 내담자 스스로 견뎌낼 수 있는 능력과 용기를 발견할 수 있도록 하면서 내담자와 어깨를 나란히 하기를 촉구한다.

키르케고르가 학습을 일련의 연속된 단계로 구성된 과정으로 보았다면, 니체는 도전과 모순을 우리의 고유한 극복하고 초월하는 능력을 불러일으키는 자극제로 보았다. 두 사람 모두 현상학 운동의 발달에 새로운 배경음악을 제공해주었다. 실존치료자의 토대가 된 하이데거와 사르트르 같은 철학자들은 이 두 사람의 실존철학으로부터 큰 영감을 얻었다. 그들은 또한 카뮈(Camus), 헤밍웨이(Hemingway), 머독(Murdoch)과 같은 소설가와 베케트(Becket), 아누이(Anouilh), 브레히트(Brecht)와 같은 극작가들에게도 영향을 미쳤다. 많은 실존치료자들이 소설, 연극, 영화, 예술 전반에서 큰 영감을 받는다는 것을 기억할 필요가 있다.

## 마르틴 하이데거(1889-1976)

마르틴 하이데거는 1889년 9월 26일 독일 남서부의 작은 마을 메스키르히의 독실한 가정에서 태어나, 1976년 5월 26일 86세의 나이로 사망할 때까지 그 마을을 떠나지 않았다. 인간으로서도 철학자로서도 그는 슈바벤 지역의 문화와 풍경, 그곳 농민들의 소박하고 신앙 깊은 삶, 그리고 시골의 가톨릭의 깊이 있는 영성과 철학에 강하게 영향을 받으며 성장했다. 비록 어린시절부터 예수회 성직자가 될 소명으로 인도되었으나, 20세에 심장 질환으로 인해 그 운명이 거부되었고, 이로 인해 5년 후 군 복무의 의무를 모면하게 되었다.

철학자로서의 그의 진로는 17세 때 읽은 프란츠 브렌타노(Franz Brentano)의 박사 학위 논문(1862)인 『아리스토텔레스가 보는 존재가 가진 몇 가지 의미에 관하여』와, 2년 뒤 접한 가톨릭 교조주의자, 칼 브라이그(Carl Braig)의 논문 『존재에 관하여: 존재론 개요』(아리스토텔레스와 토마스 아퀴나스의 확장된 논쟁을 포함한 연구)에 깊은 영향을 받았다. 당시에 하이데거는 몰랐겠지만 이 연구들은 그에게 그의 남은 생애 동안 그를 사로잡게 될 존재물음(Seinsfrage)을 소개했다. 비록 그가 존재의 의미를 찾는 과정에서 딜타이(Dilthey), 니체, 키르케고르, 헤겔, 셸링의 초기 저서들과, 도스토옙스키(Dostoevsky)의 문학, 횔덜린(Hölderlin), 트라클(Trakl), 릴케(Rilke)의 시에 도움을 받았으나 그가 프라이부르크 대학교에서 객원강사로 있던 중, 1916년 초 봄 무렵 에드문트 후설과의 개인적인 관계는 그가 인생의 진로를 바꾸는 계기가 되었다. 후설의 지도 아래, 하이데거는 존재의 의미를 찾는 탐구를 위한 본질적 인식론에 대한 보완책을 찾았는데, 이는 현상학과 "사물 그 자체로"에의 철저한 복종이었다(Heidegger 1927/1962, p.30). 몇 년이 지나지 않아 두 사람은 가장 영향력 있는 현상학의 대변자가 되었으며, 후설은 종종 "당신과 나는 현상학이다"라고 선언하며 이를 공표했다(Sheehan 2010, p.7).

처음에는 프라이부르크에서 두 사람은 생산적인 철학적 대화를 즐겼지만, 1923년 마르부르크에서 직위를 맡으면서 상황이 변하기 시작했다. 인간 존재와 현상학의 과제에 대한 하이데거의 개념은 진화하기 시작했고, 두 사람의 만남은 점차 줄어들었다. 마르부르크에서 하이데거는 그의 대표작 『존재와 시간』(1927/1962)을 완성하기 위해 고군분투했으며, 이 저서에서 그는 존재물음을 펼치며, 인간 존재에 대해서 분석하며, 그 자신을 포함해서 이해하는 능력을 가진 종을 의미하는 현존재(Dasein)라는 개념을 제시했다. 현존재분석(Daseinsanalytik)은 약 20개에 해당하는 현존재의 변치 않는 존재론적 특성을 밝히고 설정하며 근본적으로 인간 존재를 이해하는 새로운 철학적 기초를 제공했다. 하이데거는 이러한 근본적인 존재적 특성을 실존범주(Existentials)라고 불렀다.

이러한 존재론적 특성 중 다수가 하이데거 본인에 의해서 다양하게 명명되는데, 몇 가지 예를 들면 현사실성(Faktizität), 내던져져 있음(Geworfenheit), 세계ー내ー존재(In-der-Welt-Sein), 존재이해(Seinsverständnis), 염려(Sorge), 기분에ー젖어ー있음(Befindlichkeit, 처해있음), 일상성(Alltäglichkeit), 시간ー속ー존재(Zeitlichkeit, 시간성), 공간ー내ー존재(Räumlichkeit, 공간성), 태어난ー존재(Geborensein), 죽음을ー향한ー존재(Sein zum Tode), 체현된 존재(Leiblichkeit, 신체

성), 그리고 타인과−함께−있음(Mitsein, 공동존재) 등이 있다. 이 모든 실존범주들은 근본적으로 근원적이며, 현존재가 존재하는 일상에 실재하며 공동으로 결정된다. 전체적으로 볼 때 이러한 근본적인 존재적 특성들은 현존재분석적 심리학 및 심리치료뿐만 아니라 전체 실존심리치료의 많은 부분의 철학적 기반을 구성한다. 스피겔베르그(1972)는 심리학과 정신의학 전반에 있어서 하이데거 사상이 가진 중요성을 다음과 같이 요약했다:

"존재, 현존재, 세계, 시간, 그리고 죽음과 같은 주제를 도입함으로써 하이데거는 인간과 그의 정신에 심리학이 이전에는 한 번도 고려하지 않았던 방식으로 광대한 우주적 배경을 제공했다. 이제 이러한 포괄적인 환경과 관련해서 인간을 관찰함으로 인간과 정상 또는 이상에 대한 진정한 이해가 가능해졌다는 것이다. 인간은 어떻게 자기 자신과 존재를 연결하는가? 그의 세계는 무엇이며 그 세계 안에서 그는 어떻게 자리하고 있는가? 인간은 시간을 어떻게 경험하는가? 하이데거의 현상학적 해석은 그 깊이가 돋보이는 인간의 정신에 지평을 제공해 준다. 그 점에 비추어볼 때 인간은 궁극적으로 다른 존재와의 관계뿐만 아니라 존재 그 자체와 그 존재의 근본적인 특성과의 관계로 정의되는 존재이다. 결국 심리학과 정신의학에 혁신을 일으킨 것은 하이데거의 새로운 존재론이다." (pp.20−21)

하이데거가 제안한 현존재의 근본적 존재론이 단순히 인간의 속성에 대한 추측에 근거한 또 하나의 추상적인 이론이 아님을 강조하는 것은 중요하다. 오히려 이는 인간으로 존재하는 평범한 일상적 경험에 철저히 기반해서 현상학적으로 발견한 것이었다. 인간 존재를 현존재, 즉 '거기−있음', '밖에−있음'으로 해석한 것은 가장 혁명적으로 존재를 몸과 마음, 자기와 세계, 주체와 객체로 나누는 데카르트의 이분법을 마침내 극복하는 데 기여했다. 이는 브렌타노와 후설의 초기 노력들을 기반으로 완성한 궁극적인 철학적 통찰이었다. 현존재라는 용어를 통해 인간 존재는 더 이상 세계라는 물리적 공간에 위치한 존재로 이해되지 않으며, 오히려 현존재 자체가 세계이며, 그 자체로 세계화(Worlded)되며 세계화(Worlding)한다.

비록 『존재와 시간』(*Being and Time*)이 거의 보편적으로 하이데거의 가장 경이롭고 영향력 있는 저술로 여겨지지만, 그는 전 생애에 걸쳐 존재와 현존재의 관계에 대한 그의 사상을 계속해서 발전시켜 갔다. 1930년대 초부터 40년대로 이어지는 시기에, 특히 하이데거는 현상학에서 사상으로의 전향(Die Kehre, 전회)으로 알려진 경험을 했는데, 이는 존재에 대한 현존재의 관계로부터 현존재에 대한 존재의 관계로의 전환으로, 존재의 재−인정 또는 생기(Ereignis, 존재사건)로서 알려진 현존재와 존재의 상호의존이 공동으로 발생한 사건이라고 할 수 있다. 1949년부터 1972년까지 메다드 보스(Medard Boss)와 함께 연구하고 협력했던 것은 이른바 "두 번째 하이데거"였다. 한편, 또 다른 철학자인 프랑스의 장 폴 사르트르 또한 후설과 하이데거의 연구에 큰 관심을 갖고 자신의 고유한 실존철학을 발전시켰으며, 그의 동료 모리스 메를로-퐁티(Maurice Merleau-Ponty)와 시몬 드 보부아르(Simone de Beauvoir)의 철학과 함께 독자적인 반향을 일으켰다.

## 장 폴 사르트르(1905-1980), 메를로-퐁티(1908-1961), 시몬 드 보부아르(1908-1986)

이 프랑스 철학자들은 '실존주의'로 알려진 대단히 대중적인 변화를 만들어냈다. 실존주의는 종종 실존철학 전체와 잘못 혼동되기도 하며, 일부 사람들은 '실존치료'를 '실존주의 치료'로 잘못 부르기도 한다. 우리는 현상학자들이나 키르케고르나 니체와 같이 자유를 중시한 철학자들, 또는 고대 그리스나 로마의 철학자들이 '실존주의'나 '실존주의자'라는 용어를 받아들이지 않았을 것이라는 사실에 주목할 필요가 있다. 실존주의는 사르트르와 그의 평생의 동반자 시몬 드 보부아르와 그의 친구 모리스 메를로-퐁티를 포함한 그의 동료들과, 그리고 알베르 카뮈(Alvert Camus, 1913-1960)와 가브리엘 마르셀(Gabriel Marcel, 1889-1973) 같은 철학자들에 의해 시작된 프랑스 철학에 국한된다. 반면에, 실존치료에 영향을 미친 다른 프랑스 철학자인, 에마뉘엘 레비나스(Emmanuel Levinas, 1905-1995)나 폴 리쾨르(Paul Ricoeur, 1913-2005)는 여기에 포함되지 않는다. 실존주의 또한 실존철학(인간의 실존에 관한 철학)이지만, 실존주의는 매우 특정한 관점으로 세계를 바라보며, 이는 극도로 개인주의적이며, 자기중장적인 철학이 될 수 있기 때문에 실존치료자들, 특히 동양이나 남아메리카에서 활동하는 많은 실존치료자들에게 일반적으로 받아들여지지 않는다.

실존주의는 하이데거와 후설의 현상학 이론에서 그 영감을 얻었으며, 또한 키르케고르, 니체, 그리고 야스퍼스와 셸러 같이 철학자들에게 영향을 받았다. 실존주의는 자체적으로 널리 영향을 미쳤고 구조주의, 후기 구조주의, 해체주의뿐만 아니라, 미국의 인본주의 심리학에도 영감을 주었다.

사르트르의 사상은 그의 철학 논문, 소설, 희곡, 정치적 선언문 등 다양한 형태로 표현되었다. 그의 대표작인 『존재와 무』(Being and Nothingness, 1943/1956)에서 그는 인간은 근본적으로 순수한 자유와 순수한 무라고 주장하였으며, 우리는 스스로를 보다 더 사물과 같이 더 실체적이고, 더 고형적으로 만들 방법을 찾도록 운명지어졌다고 말한다. 우리의 주관적 의식은 우리를 "나쁜 믿음(bad faith)"으로 살아가도록 기울어지게 할 수 있는데 이는 사실상 우리가 항상 유동적이며 결코 어느 것 하나로 고정되지 않음에도 불구하고, 우리를 속임으로써 우리가 고정되어 있거나 결정되어 있다고 믿게 하는 것이다. 이에 대한 사르트르의 유명한 삽화는 카페의 종업원에 대한 묘사로, 이 삽화에서 종업원은 사실은 공허한 삶과 많은 모순과 가능성

속에서 고심하고 있지만, 종업원 역할을 수행하기 위해 조심스럽게 그의 수건과 쟁반을 다루는 모습을 보여주고 있다. 사르트르는 『진지한 사람』(l'homme serieux), 즉 이 역할 수행을 과도하게 심각한 것으로 받아들이거나 경직되어 있는 사람에게 매우 집중했다. 이런 생각은 실존치료자의 마음의 전경에 매우 일반적으로 자리하고 있는데, 실존치료자는 내담자의 이야기를 들을 때, 결코 사실이 아닐 뿐 아니라 사람들을 화석화시키고 고정되게 하며 확정짓는 잘못된 상상이나 자신에 대한 생각으로 자기 스스로를 구속하는 여러 방식들에 귀를 기울인다.

사르트르는 사람들이 나쁜 신앙으로 살아가는 이 잘못된 방식으로 인해 가로막히는 많은 상황들을 탐구했다. 처음에 그는 이를 자유를 향한 사람들의 역량을 여는 열쇠로 바라보았으며, 사람들은 순수하게 자유로우며 우리가 선택할 수 없는 유일한 선택은 선택하지 않는 것이라는 말로 유명해졌다. 실존주의에 과도하게 열광하는 초보실존치료자들은 이를 글자 그대로 받아들이고 지나치게 단순화하여 적용하는 실수를 범할 수 있다. 하지만 보다 더 숙련된 실존치료자들은 일반적으로 삶의 복합적이며 해결이 곤란한 모순적인 속성을 예리하게 인식한다. 같은 맥락에서, 사르트르는 자신의 후기 연구(예: Sartre 1960/1976)에서 인간의 존재에 수반된 많은 제약과 한계, 특히 모든 인간이 다루어야만 하는 부족과 결핍의 조건에 대해 훨씬 더 현실적으로 다루었다. 개인적 삶과 정치적 삶 그리고 윤리적 결정 사이의 교차점에 대한 그의 시각은 점점 더 정교해졌으며, 그의 후기 연구는 이러한 관점에서 매우 유용하다.

실존주의자와 유사한 길을 걸었던 시몬 드 보부아르는 삶의 제약에 대한 개인의 경험을 세밀히 관찰하는 것에 연구의 초점을 맞췄다. 그녀는 여성의 특정 조건에 대한 연구로 잘 알려져 있는데 그녀는 자신의 대표작 『제2의 성』(The Second Sex, 1948/1997)에서 이를 매우 자세하게 설명하였다. 그녀는 사르트르와 마찬가지로 사회적 억압과 소외를 넘어서기 위한 정치적 각성의 중요성을 주장했다. 그녀는 또한 사르트르가 언급했던 타인을 상대하는 것의 어려움을 강조했다. 사회는 때때로 우리가 자신의 원칙에 진실할 수 있는 능력을 제한한다. 그녀는 자서전 소설 『레 만다랭』(Les Mandarins, 1954/2005)에서 "구부러진 공간에 직선을 그릴 수 없네", "옳지 않은 사회에서 옳은 생활을 할 수는 없는 법이지. 이곳 아니면 저곳에서 항상 다시 붙잡히게 되어 있어"(p.625)라고 말했다.

그녀는 자신의 저서, 인간의 존재가 가진 모순과 모호함을 『애매성의 윤리학』(The Ethics of Ambiguity, 1948)과 그녀의 철학 논문들(2004)에서 매우 명확하게 드러냈다. 모호함이라는 주제는 그녀의 친구이자 동료인 모리스 메를로-퐁티와도 공유되었는데, 메를로-퐁티는 주변에 있는 후설 기록보관소에서의 후설의 논문 연구를 통해서 현상학 적용에 관한 영감을 얻었다. 그는 자신의 주요 저서 『지각의 현상학』(Phenomenology of Perception, 1945/1962)에서 우리가 항상 세계를 향해서 무엇인가를 하는 동시에 세계도 우리를 향해서 무엇인가를 하는 신체적 실존의 모호함을 통해서 세계가 우리에게 드러나는 방식을 보여주며 보다 심리적이며 현상학적으로 인간의 체현에 대한 이론을 설명했다. 메를로-퐁티는 인간의 실존과 세계 사이의 밀접한 관계의 중요성을 알고 있었으며, 우리가 세계와 맺는 관계적이며 따라서 모호한 특성을 이해하기 위해 후설의 상호주관성 개념을 사용했다. 이는 메를로-퐁티를 진리와 시간의 속성 그리고 인간의 실존이 가진 많은 특성들에 대한 질문으로 이끌었다. 그의 연구로부터 많은 실존치료자들은 우리를 감각을 통한 세계에 대한 경험으로 항상 돌아가게 하는 근거를 찾는다. 세계 속에서 나의 지각은 창조력을 가지며 사물을 변화시키지만 나의 경험은 항상 매우 구체적인 현실에 묶여 있는 몸을 통해 감지된다는 것을 기억하는 것이 도움이 된다.

## 마르틴 부버(1878-1965), 칼 야스퍼스(1883-1969), 막스 셸러(1874-1928), 폴 틸리히(1886-1965), 폴 리쾨르(1913-2005), 에마뉘엘 레비나스(1906-1995)

이 밖에도 실존치료와 관련이 있는 여러 실존철학자들이 있으며 이전에 스치듯이 언급했지만, 그들 중 일부를 좀 더 구체적으로 소개할 필요가 있다. 부버, 야스퍼스, 틸리히, 셸러, 리쾨르, 레비나스는 모두 하이데거나 사르트르와 다른 방식으로 인간관계에 대한 우리의 생각에 중요한 기여를 했다. 이들만이 우리가 반드시 이해해야 하는 유일한 실존철학자들인 것은 아니다. 이들이 글을 썼던 시대만큼이나 오늘날에도 가브리엘 마르셀(Gabriel Marcel)이나 한나 아렌트(Hannah Arendt)를 포함한 중요한 다른 철학자들이 있으며, 또한 현재는 잘 알려지지 않았지만 의심할 여지없이 이러한 여러 철학적 사상에 기반해서 실존치료자로서 자신의 업적을 쌓아서 향후에 더 유명해질 철학자들도 있으며 실존에 관한 자신의 의견을 강하게 밝히지 않는 세계 여러 지역의 철학자들이 있다. 이들의 철학의 일부는 이 책의 제6부에서 찾을 볼 수 있을 것이다. 이 분야는 매우 광범위하며, 난해하므로 실존치료를 수련하는 사람들은 다양한 인류의 문화와 관점으로부터 인간의 실존에 대해 배워야 한다. 이 내용들은 이 분야에서 보통 기초적인 것으로 간주되는 사상의 일부이다.

막스 셸러(Max Scheler, 1874-1928)는 나치에 의해 그의 연구의 출판이 금지되었기 때문에 덜 알려진 현상학자로, 그는 인간의 실존을 정확히 묘사하는 데 있어서 정서적 이해의 중요성을 강조했다. 셸러는 경험이 지식의 출발점이며, 따라서 우리는 항상 검증의 고리 안에서 다시 경험으로 마쳐야 한다는 후설의 생각을 뒤따랐다. 이는 셸러로 하여금 인간의 관계가 타인의 세계와 그 존재에 참여하는 하나의 형태라는 이론에 이르게 했다. 이는 공감을 나타내거나 느끼는 것을 통해 타인의 경험에 참여하는 것과는 다르기 때문에 실습 훈련의 중요한 부분이라고 할 수 있다. 셸러는 실제로 공감(empathy)보다는 동감(sympathy)을 이야기했으며, 이는 타인의 경험을 통해 타인과 진심으로 함께하는 것을 의미한다. 우리는 타인을 객관적으로 보기 위해 분리되기보다 주관적으로 연결된다. 이는 우리가 타인에 대해 주관적이 되고, 자신에 대해서는 객관적이 되는 법을 배워야 한다는 키르케고르의 권고와 다르지 않으며, 우리는 분리되어 있기보다는 항상 관계 속에 있다는 후설의 상호주관성 개념과 직접적으로 연결된다.

마르틴 부버(Martin Buber, 1878-1965)도 우리의 상호연결성에 관한 이러한 생각을 자세하게 설명했으며, 인간의 존재가 항상 관계의 '사이'에 있다는 인식으로 잘 알려져 있다. 관계는 너에 관한 것도, 나에 관한 것도 아니며 우리 사이의 연결에 관한 것이고 또한 우리가 분리되어 있는 공간 내에서 함께 만들어낸 것에 관한 것이기도 하다. 부버는 '나-너'와 '나-그것' 관계를 구분하며, 우리가 다른 사람을 객체, 즉 '그것'으로 대하거나 주체, 즉 '너'로 대할 수 있음을 포착했다. '나-그것' 방식으로 관계를 맺을 때 우리 자신은 대상이 되며, '나-너' 방식으로 관계를 맺을 때 우리는 온전해지고 연결된다. 관계성을 우선하고 자기를 넘어서서 타인을 소중히 여긴다는 점에서 부버는 실존철학자들 중에서 매우 혁명적인 것이었다. 부버는 자신의 길을 찾는 과정에서 "자신으로부터 시작하되 자신으로 끝나지 않기 위해, 즉 자신으로부터 출발하지만 자신을 지향하지 않아야 하며, 자기 자신을 이해해야 하지만 자신에 집착하지 않기 위해 분투해야 한다"고 주장했다(Buber, 1963, pp. 31-32). 부버에게 모든 삶은 관계였다.

칼 야스퍼스(1883-1969)는 앞서 언급했듯이 정신 건강 문제에 대한 현상학적 모형을 목표로 한 정신병리학 영역에서 연구 업적을 이루었고 또한 매우 개인적인 실존철학을 제시했다. '한계 상황'과 이를 피하거나 부정하려는 경향을 가진 인간의 실존 방식에 대한 그의 사상은 매우 큰 영향력 가진다. 유대인 아내와 결혼한 것으로 하이데거와 그 밖에 다른 사람들에게 조소의 대상이 되었던 그의 생애는 실존적 한계에 있어서 매우 흥미로우며, 이는 그에게 한계뿐 아니라 사랑에 대한 충성의 중요성에 대해서도 말하게 했다. 그는 삶에 대한 열정, 존재에 대한 열망, 사랑할 수 있는 능력을 회복하고자 사람들이 치료자에게 온다는 것을 기억하는 것이 실존치료자에게 매우 중요하다고 여겼다. 야스퍼스(1938/1971)는 이를 다음과 같이 매우 간결하게 표현했다:

"견고한 실체가 없는 삶이나 이 실체가 결코 영향을 미치지 않는 삶과는 대조적으로 오직 열정적인 태도만이 삶을 깨어있게 하고, 온전하고 진정하게 만든다. 열정은 자기 자신을 헌신하는 행위를 통해서 자기 자신이 되는 것이다"(p.119)

폴 틸리히(1886-1965)는 인간 경험의 한계를 결정하는 궁극적인 문제를 우리가 어떻게 마주할지를 고려하는 데 있어 현상학 사상에서 영감을 얻었다. 그는 제2차 세계대전 당시 미국으로 이주한 독일 출신의 신학자이자 철학자로, 인본주의 심리학의 탄생에 지대한 영향을 미쳤다. 틸리히는 어떤 의미에서는 실존주의의 무신론을 넘어서서 사람들이 삶의 영적인 측면을 재발견할 수 있도록 하면서 신에 대해 이야기하는 방법을 찾았다. 그의 저서 『존재의 용기』

(*The Courage to Be*, 1952)는 그의 박사과정 학생이었던 롤로 메이(Rollo May)가 폐결핵에 걸려 불안과 의미의 문제로 힘든 시간을 보낸 이후에 쓴 논문인, 『불안의 의미』(*The Meaning of Anxiety*, 1950)에 대한 그의 응답이었다. 이 두 사람의 연구는 삶의 모순에 압도되어 자살 충동을 느끼거나 무기력한 사람들을 만나야 하는 실존치료자들에게 영감을 주고 있다.

에마뉘엘 레비나스(Emmanuel Levinas, 1906-1995)는 유대인 철학자로, '타자'의 실존은 우리 자신의 실존에 우선하며 항상 더 중요하다고 주장함으로써 인간 관계에 대한 우리의 이해를 뒤집었다(Levinas, 1961/1969). 그는 후설과 하이데거에게 배웠지만, 윤리와 함께 세계와 특히 타자와 관련해서 도덕적으로 어떻게 행동해야 하는지에 깊이 뿌리를 두고 있는 자신만의 고유한 존재론을 확립했다. 이 도덕적 질문은 윤리를 재고한 사르트르의 연구에 어느 정도 반향을 일으켰지만, 사르트르가 도덕적으로 반응하는 개인적 책임을 지속적으로 장려했던 반면, 레비나스는 보다 영적이고 신학적인 태도로 다뤘다. 레비나스는 우리와 이질적으로 타자를 바라보는 관점을 취했기 때문에, 타자를 무한의 위치에 있는 것으로 대변한다고 보았다. 그는 탈무드를 공부하면서 큰 영감을 받았는데, 이는 여러 실존사상가들이 각기 다른 종교적 배경을 가지고 있으며, 사람들이 종종 잘못 가정하는 것처럼 모두가 무신론자는 아니라는 사실을 보여준다.

프랑스 철학자 폴 리쾨르(Paul Ricoeur, 1913-2005)의 해석과 담론에 대한 연구는 치료자가 내담자와 나누는 일종의 대화와 매우 유사하기 때문에 직접적으로 실존치료자들에게 의미가 있다. 리쾨르는 치료자가 누군가의 말과 경험을 분석하기 위해 치료자가 오랫동안 사용해왔던 특정한 이론적 틀을 적용한 해석에 이의를 제기했다. 그가 제기한 '의심의 해석학'(예: 프로이트학파)과 '믿음의 해석학'(예: 로저스학파) 사이의 결정적 차이점은 드러난 것과 숨겨진 것 사이의 경계 공간에서 항상 머물러야 하는 실존주의자들에게 매우 중요하다. 리쾨르는대화에서 얻고 있는 의미를 확인하는 데 있어서 대화 참여자들 사이의 자유로운 상호작용을 위한 공간을 허용하는 해석학적 설명의 중요성을 우리에게 상기시켰다. 리쾨르가 대화를 통해서만 진정한 의미를 찾을 수 있다고 주장한 것을 생각하면, 대화에 대한 그의 업적은 실존치료자들에게 특히 중요하다. 실제로, 다양한 관점에서 의미에 접근하고, 이를 이해하기 위해 다른 사람과 우리의 생각이 이해될 때까지 이야기하는 시간이 필요하다. 실존치료에서 이야기가 수행하는 역할을 이해하는 것은 다른 사람의 경험을 충실하게 이해하는 데 무엇보다 중요하며, 이야기는 감정이나 음악 또는 그림뿐만 아니라 언어나 제스처 그리고 목소리톤 등 여러 가지 다른 방식들로 표현될 수 있다.

## 실존치료 학파

대부분의 실존치료 학파는 위에서 설명한 철학사상 중 일부를 사용하지만, 이 책이 보여주고 실례를 들어 설명한 것과 같이 각각의 학파는 이를 매우 다른 방식으로 적용한다. 초기의 현존재분석에서 시작하여 실존심리치료는 동시대의 수많은 실존철학자들의 영감과 함께 다양한 학파와 방식 그리고, 접근으로 발전했다. 이는 본서의 구조를 형성했으며 이어서 소개될 것이다.

## 현존재분석(Daseinsanalysis)

현존재분석(Daseinsanalysis)은 실존심리학과 심리치료에 대한 최초의 체계적 접근으로, 스위스의 정신과 의사인 루드비히 빈스방거(Ludwig Binswanger)와 메다드 보스(Medard Boss)에 의해 개발되었다. 이들은 지그문트 프로이트의 정신분석 접근과 마르틴 하이데거의 기초존재론을 결합시켰다. 빈스방거의 주된 염원은 정신의학과 정신병리학에 대한 현상학적 접근을 발달시키는 것이었던 반면에, 보스의 목적은 심리치료 이론과 실제를 위한 보다 탄탄한 철학적 기초를 제공하는 것이었다. 그는 프로이트의 치료 접근이 독보적이라고 생각했지만, 빈스방거의 초점은 널리 퍼져있는 인간을 자연과학적으로 보는 관점(자연적 인간, homo natura)을 역사적으로 하나의 통일체로 존재해온 전인적 존재로 인간을 이해하는 인문과학적 관점(실존적 인간, homo existentialis)으로 대체하는 것에 있었다. 반면, 전통적인 방식으로 수련받은 정신분석가였던 보스는 프로이트의 정신분석적 접근에 현상학적으로 접근하는 방법을 알리고 설명하기를 시도했다.

예를 들어, 보스(1963, 1979)는 카우치의 사용과 자유연상에 대해서 개인이 자신을 드러내는 것에 대한 긴장을 풀고 자신에게 집중할 수 있도록 잠이 들고 꿈을 꾸는 것이 아닌, 실존의 전인성을 적절한 여건하에서 자유롭게 자신을 드러낼 수 있는 기회로 보았다. 보스는 프로이트의 "무의식" 개념에 대해 특히 비판적이었으며, 그것이 인간으로 존재하는 것과 존재의 미스터리, 즉 우리 안과 주변에 내재되어 있는 존재의 기초존재론적 은폐나 숨김에 대한 불필요한 객관적 구체화에 불과하다고 단언했다. 보스는 또한 프로이트의 전이 개념, 특히 치료사와 내담자 사이에 생기는 감정은 진짜가 아니며 단지 유아기의 관계 시나리오의 거짓되고 왜곡된 기계적 복제라는 생각에 이의를 제기했다. 오히려 보스는 치료적 관계를 전이와 역전이가 아닌 두 개인 간의 진짜 만남 뒤에 세워진 실제적인 만남으로 간주했으며, 치료사를 향한 한 개인의 진정한 사랑과 한 개인을 향한 치료사의 진정으로 상호호혜적인 "치료적 에로스"로 특징을 묘사했다. 최종적으로, 보스는 내담자, 특히 과거에 묶여 있거나 과거에 자신의 실존적 가능성을 포기했던 사람들에게 가장 중요한 것은 미래이며 세계-내-존재로서 개인이 가진 모든 실존적 가능성을 실현할 수 있는 자유임에도 불구하고 "왜 그런지" 질문함으로 과거를 해석하는 정신분석가의 기술적 습관에 이의를 제기했다. 따라서 보스는 왜 그런지 묻는 대신에 "왜 그렇지 않은지", "왜 두려움을 떨쳐버리지 않는지", "왜 보다 더 자유롭게 행동하지 않는지" 질문하려 했다.

정신분석에 대한 보스의 이론적 비판의 중심에는 자아(ego), 원초아(id), 초자아(super ego)와 같은 내면의 정신적 실체가 있다는 생각과 소위 정신(psyche)과 같이 고립되어 있는 마음이라는 개념에 대한 거부가 자리하고 있다. 보스에게 인간의 존재는 하나의 분리될 수 없는 전체로서 항상 세계의 관계적 가능성의 전체 영역으로 전개되며 존재한다. 우리의 본질은 우리의 머릿속에 있는 것이 아니라 우리의 밖에 있음(ex-istence), 문자적으로는 세계 속에 나와 있음에 있으며 세계화된 또는 세계화로서 존재한다.

보스의 현존재분석은 하이데거와 당대의 저명한 정신분석학자들과의 연구 및 관계뿐만 아니라, 카슈미르 계곡에서 힌두의 현자이자 지도자인 스와미 고빈다 카울(Swami Govinda Kaul)과 함께 제자로 지내는 기간 동안 받은 영적 영감에도 기반을 두고 있다.

## 현상학적 실존치료

현상학적 실존치료의 출현은 현존재분석과는 상당히 다르게 이루어졌으며, 주로 R.D. 랭(R.D. Laing)과 그의 동료들의 업적을 통해 영국에 등장했다. R.D. 랭은 비록 논란이 많고 다소 개성이 강한 스코틀랜드의 정신과 의사이기는 하지만 매우 많은 사랑을 받았고, 그가 살았던 그리고 우리 배부분이 살고 있는 시대의 정신의학적 가정을 비판하는 다양한 실존적이며 현상학적 학설의 기초를 놓았다. 그는 현존재분석의 토대가 되는 하이데거의 시장보다는 사르트르, 카뮈, 메를로-퐁티와 같은 후기 실존철학에 더 큰 영향을 받았다. 랭(1965)은 "객관적"이고 거리를 두는 정신의학적 관점과는 대조적으로, 정신과 의사는 환자가 살아가는 세계 속으로 들어갈 필요가 있으며, 그곳에서 그들이 이전에 상상했던 것보다 환자의 '광기'를 훨씬 더 잘 이해할 수 있다고 주장했다. 랭은 자신의 잘 알려진 저서, 『분열된 자기』(The Divided Self, 1965)에서 조현병과 같이 겉보기에는 이해할 수 없는 상태 또한 환자의 관점에서 이해하고자 한다면 어떻게 이해할 수 있는 것이 되고 유의미한 것이 되는지 보여주고자 했다. 예를 들어, 그는 "편집적인" 사람은 어린 시절 자신을 둘러싼 사람들의 믿을 수 없는 말과 행동에 달려있다는 사실을 알게 되는 매우 혼란스럽고 모순되는 메시지를 경험했기 때문일 수도 있다고 주장했다.

랭은 치료 체계와 기법을 거부했으며, 이 점에서 그는 "랭"의 치료 접근을 정립하려는 어편 시도도 하지 않았다(하지만 내담자들의 보고에 따르면 그는 매우 주의 깊고 목표가 분명하며 도전적인 경청자였다, Resnick 1997). 그러나 1980년대 중반에 영국에서 시작된 실존분석학파는 현재 더 넓은 범위에서 "현상학적 실존치료" 접근의 일부로 간주되며, 많은 부분에서 랭의 글과 사상에 기반하고 있다(Cooper 2017; van Deurzen and Adams 2016). 이 발달의 이면에 있는 주요 원동력은 네덜란드 출신의 임상 심리학자이자 철학자, 실존심리치료자인 에미 반 덜젠(Emmy van Deurzen, 2010, 2012, 2015)이었다. 반 덜젠의 접근은 실존주의와 현상학의 경계를 넘어서는 폭넓은 철학적 통찰에 기반하여 내담자가 "어떻게 더 나은 삶을 살 수 있는가?"라는 실존의 기본질문을 다룰 수 있도록 돕는다.

반 덜젠의 출발점에서 삶은 "평안하고 행복한 순간이 일반적이기보다는 예외적인 끝없는 투쟁"이며(van Deurzen 1998, p.132) 삶의 문제는 사람들이 자신의 불완전하고 모순이 가득하며 그리고 도전적인 실존적 현실을 마주하기를 꺼릴 때 일어난다. 따라서 반 덜젠(1997)에게 실존치료의 목적은 내담자가 "자기기만" 또는 "정신이상"에서 깨어나 삶의 도전에 정면으로 마주서서 자신의 재능과 가능성을 발견하도록 하는 것에 있다.

랭과 반 덜젠과 같이 현상학적 실존치료 학파에 속하는 대부분의 실존치료자들은 기본적으로 묘사적이고 현상학적인 치료 접근을 채택하며, 내담자의 어려움을 정신 질환이기보다는 삶의 문제로 본다(du Plock 1997 참조). 그러나 영국 학파는 가장 느슨한 의미에서만 학파로 간주될 수 있는데 반 덜젠의 글에 의하면 "이 학파는 그 자체의 분열과 다툼의 역사를 가지고 있으며, 실존치료가 어떤 모습이어야 하는지에 대한 건강한 의견의 충돌이 있다"(2012, p.xi). 특히 반 덜젠의 "철학적인 현상학적 실존치료"와는 달리, 스피넬리(Spinelli, 2005, 2006, 2015)는 보다 더 탐구적인 "관계적 현상학적 실존치료" 접근을 주장했으며, 치료자들에게 자신의 신념과 가정을 괄호로 묶고 "알지 못함(unknowing)"의 태도로 내담자와 관계를 맺도록 권장했다.

## 실존적 인간중심치료와 실존적 통합 치료

실존적 인간중심 접근은 롤로 메이(Rollo May)의 주도 아래 미국에서 등장했다. 메이는 원래 목사로서 교육을 받았으며, 그의 멘토인 실존신학자 폴 틸리히(Paul Tillich)의 가르침에 크게 영향을 받았다. 1958년, 메이는 유럽의 실존 및 현상학적 정신의학자들의 저술과 접근을 최초로 미국에 소개하는 역사적인 실존심리치료 안내서인 『실존』(Existence)의 공동 편집을 맡았다. 실존적 인간중심 접근의 또 다른 핵심 인물로는 제임스 부젠탈(James Bugental), 어빈 얄롬(Irvin Yalom), 커크 J. 슈나이더(Kirk J. Schneider)가 있으며, 이들은 모두 메이와 긴밀히 협력했다.

현존재분석과 현상학적 실존치료 접근과는 달리, 실존적 인간중심치료는 정신분석의 주요 이론적 가설을 일부 채택했다. 특히, 이 접근은 사람들이 무의식적인 불안감으로부터 자기 자신을 방어하려고 할 때 심리적 어려움을 경험한다고 가정한다. 하지만 실존적 인간중심치료자들이 볼 때 우리에게 가장 근본적인 두려움을 일으키는 것은 부모와의 관계나 본능적 추동 간의 갈등이 아니라 피할 수 없는 삶의 조건들, 특히 죽을 수밖에 없음, 자유, 혼자 있음, 의미 없음을 우리가 알고 있다는 사실이다(Yalom, 1980). 또한 이는 존재의 근거 없음에 대한 언급으로 이해될 수 있다(Schneider and Krug, 2017). 이런 이유로 우리는 이러한 실존적 현실에 대한 인식을 우리의 무의식으로 밀어 넣으려고 하는데, 예를 들어 우리는 상처입지 않으며 영원히 살 수 있다고 스스로를 설득한다. 그러나 이러한 방어 전략은 유익하기보다는 결국 더 해가 된다. 따라서 실존적 인간중심치료의 목표는 내담자가 문제가 되는 방어(또는 "보호")를 극복하고 개방적이지만 단호하고 결단력 있는 태도로 존재의 불안에 마주하게 하는 것, 즉 "삶의 폭풍에 맞서 맨몸으로 서도록 하는 것에 있다"(Becker, 1973, p.86). 치료 전략은 부드러운 탐색에서부터 매우 직면적인 방법에까지 다양하며, 보통 "지금-여기"에서 경험되는 맥락 내에서 치료적 관계의 역동을 탐색하는 데 초점을 둔다. 최근 몇 년 동안 실존적 인간중심치료는 통합적 치료로 확장되었다(Schneider, 2008; Shahar and Schiller, 2016). 이 통합적 실존치료로의 동향은 다양한 주류 및 교차 문화권의 치료 방식에 점점 그 영향력을 높이고 있다(Wolfe, 2016). 이는 또한 개인뿐만 아니라 공동체의 안녕과 관련된 접근을 포함하는 영적 차원에서의 접근을 명백하게 포괄한다(Schneider and Krug, 2017).

## 로고테라피와 실존분석

로고테라피는 실존치료의 한 형태로 구체적으로 내담자가 자신의 삶의 목적과 의미를 발견하고 의미없음과 절망감을 극복하도록 돕는 것에 그 목적을 두고 있다. '로고스'(Logos)는 그리스어로 의미를 뜻한다(Frankl, 1984). 이 접근은 1929년 비엔나 출신의 정신의학자인 빅터 프랭클(Viktor Frankl)에 의해 개발되었으며, 그가 나치 수용소에 있었던 기간 동안 테스트되었다. 수용소에서 그는 무엇이라도 의미와 희망을 가졌던 수용자들은 무망감과 허무감에 굴복한 사람들보다 더 잘 살아남았다는 것을 발견했다(Frankl, 1984).

프랭클에 따르면, 인간의 쾌락이나 권력의 추구보다 더 깊은 주요 동기는 삶의 의미를 찾는 것이다(Frankl, 1984, 1967/1985, 1986). 이를 찾지 못하면 인간은 깊은 좌절감과 공허함, 그리고 우울감을 경험하게 되며, 이는 더 심각한 실존적 신경증과 자살 충동으로 발전할 수 있다(Frankl, 1986). 이러한 상태에서 개인은 실존적 공백을 채우기 위한 시도로 일종의 중독, 강박 행동 또는 공포증과 같은 자기 파괴적 패턴에 의존할 수 있다. 실제 치료 장면에서 로고테라피 치료자는 소크라테스식 대화에서부터 내담자가 삶의 의미와 목적을 찾을 수 있도록 강하게 도전하는 무엇이 내담자에게 만족감과 보상이 되는지를 탐색하는 부드러운 방식에까지 비교적 교육적인 여러 가지 기술들을 사용한다.

로고테라피의 전통을 이어서 1983년 알프리드 랭글(Alfried Längle)은 현상학에 기반해서 임상적 장애에 대한 구체적인 치료에 필요한 역량을 갖춘 심리치료를 개발하기 위한 폭넓은 시도로서 실존분석(Existential Analysis)을 교육하기 시작했다(Längle, 2015). 실존분석의 실천적 목표는 내담자가 자신이 하는 것에 내적으로 동의하며 살아가도록 하는 것이다. 이 개인적으로 느끼는 동의("yes")는 복합적이며, 존재의 모든 층위 또는 근본적인 차원의 네 부분에 동의 ("yes")한 결과이다. 이들은 네 가지 "기본적 실존 동기"라고 불리며 각각은 주어진 조건을 수용하기, 가치관에 집중하기, 자신과 타인을 존중하기, 실제 삶의 의미와 일치하게 살아가기로 이 동기들이 좌절되거나 불안정해질 때 구체적인 정신병리적 어려움으로 이어질 수 있다.

최근 몇 년 사이 신체 질환이 있는 사람들을 위한 의미 중심 치료가 등장했다. 다른 형태의 로고테라피와 실존분석과 같이, 이러한 치료들은 비교적 목적중심적이며 지시적이며 다양한 치료 기법을 포괄하는 경향을 띤다. 그러나 항상 그런 것은 아니지만 이러한 치료는 대개 개인보다는 집단의 형태로 제공된다(예: Henry et al., 2010). 최근 이러한 구조화된 의미 중심 접근은 완화 치료 간호사(Fillion et al., 2009), 가족을 사별한 유족(MacKinnon et al., 2014), 암환자의 심리치료(Breitbart et al., 2016)와 같은 내담자 집단으로 확장되고 있다. 모든 실존치료 접근들 중에서, 이 접근들은 최상의 효과성을 잘 보여준다(Vos, Craig, and Cooper, 2014).

## 실존 집단 치료

우리 주변의 세계와 우리의 인간 관계에 초점을 맞추는 실존심리치료는 집단 치료 접근의 개발에 매우 유력한 후보이다. 얄롬(Yalom)의 집단상담은 처음에는 대인관계 상담의 형태로 시작되었으며, 말기 암 환자들과의 상담에서 주목할 만한 두각을 드러냈다. 얄롬은 집단상담의 실존적 측면이 당면한 문제와 매우 관련성이 높으며, 사람들이 집단상담에서 실존에 관한 대화가 문제를 다루는 자신의 능력을 크게 향상시킨다고 여긴다는 사실을 발견했다. 얄롬의 작업은 실존 집단 치료의 한 형태로서 주목받는다.

로고테라피와 의미 중심 치료 또한 한계 상황에 구체적 중점을 두고 말기 환자들과의 집단상담에 성공적으로 적용되었다. 비록 의도적으로 실존적 요소를 포함시키지는 않았으나, 집단 분석은 다양한 실존적 개념을 집단상담의 방식으로 담아냈으며 이는 특히 폴크스(Faulkes)와 엘라이어스(Elias)의 상담에서 두드러진다. 본집단분석가로 훈련을 받던 한스 콘(Hans Cohn)은 집단상담에 대한 명확한 실존 이론을 발달시켰으며, 현상학적 실존치료학파와 연합해서 자신의 상담과 이 전통적인 방식을 연결했다. 반 덜젠(van Deurzen)과 같은 다른 치료자들은 집단상담이 본질적으로 사람들이 서로의 현실에 대한 인식을 활용하여 자신의 문제에 대한 더 나은 관점을 찾기 위한 현상학적 접근임을 보여주었다.

## 실존적 접근의 차원

살펴본 바와 같이 실존적 접근법들 사이에는 상당한 다양성이 존재한다. 이를 개념화하기 위해 쿠퍼(Cooper, 2017)는 실존치료의 9가지 기본 차원을 제안한 바가 있다. 실존적 접근과 치료자들은 이 차원의 한쪽 편 또는 다른 쪽 편에 끝에 모양 좋게 맞지 않으며, 시점과 내담자, 치료자에 따라 지대한 차이점을 보인다. 그러나 이 9가지 차원은 실존치료의 형태가 얼마나 다양한지에 대해서 생각하고 또한 실존이라는 동일한 범위 안에서 그 접근 방법이 얼마나 다양할 수 있는지를 보여주는 데 유용한 방법이 될 수 있다.

- **알고 있음 대 알지 못함**: 실존치료자는 여러 가정과 신념(해석)을 멈추고 내담자를 만나거나 또는 "알지 못함"의 개방적인(현상학적인) 태도로 내담자를 만나는가?
- **지시적 대 비지시적**: 실존치료자가 치료 과정을 주도하는가, 아니면 내담자가 보다 더 선두에 서게 하는가?
- **설명 대 묘사**: 실존치료자는 내담자가 경험한 대로 자신의 경험을 "풀어내도록" 하는가, 아니면 드러나지 않고 기저에 있는 내용이나 의미를 확인하기 위해 애쓰는가?
- **병리화 대 비병리화**: 실존치료자가 내담자의 어려움을 부적응적이거나 역기능적인 존재 방식(고정된 존재 방식)의 관점에서 이해하는가, 아니면 내담자의 증상이 명료한 정도와 목적성에 초점을 맞추는가?
- **기법 대 비기법**: 실존치료자는 비교적 비구조적이고 격식에 얽매이지 않은 대화에 참여하는가, 아니면 특정 치료 방법을 중심으로 하는 대화를 지향하는가?
- **즉시성 대 비즉시성**: 실존적치료자는 내담자가 지금 그리고 여기에서의 치료사와의 관계를 탐색하도록 권장하는가, 또는 그렇지 않은가?
- **심리적 대 철학적**: 실존치료자는 정서, 인지, 행동 과정에 초점을 두는가? 또는 삶의 광범위한 이슈들과 그 의미를 내담자와 논의하는가? 다시 말해서, 상담의 초점이 "치유"에 있는가 아니면 "지혜"에 있는가?
- **개인화 대 보편화**: 실존치료자는 내담자 개인의 독특한 심리적 과정의 측면에서 내담자의 문제를 이해하는가, 또는 모든 인간에게 보편적인 문제의 측면에서 이해하는가?
- **주관적 대 상호세계적**: 실존치료자는 내담자의 정신 "내면"의 심리적 과정에 초점을 맞추는가, 또는 세계와 내담자의 관계에 초점을 맞추는가?

이 차원들을 보다 축약하면 실존적 접근은 대략적으로 강-약의 축을 따라, 예를 들면, 보다 지시적이고, 병리학적이며, 해석적인 기법 중심의 엄격한 접근인 반면, 보다 현상학적이고, 묘사적이고, 관계적인 유연한 방식으로 개념화할 수 있다. 강도가 강한 엄격한 실존 접근은 내담자가 구체적인 실존의 조건들을 직시하도록 도전하는 반면, 강도가 약한 유연한 실존 접근은 내담자가 자신이 세계를 경험하는 방식을 탐색하고 이해하도록 지원한다. 크게 보면 이 강-약 축은 인간 조건들에는 사람들이 직면해야 할 필요가 있는 어떤 진리가 있다는 입장을 유지하는 실존철학에서부터, 실존의 조건들을 포함한 모든 진리는 궁극적으로 세계가 어떻게 존재하는지에 대한 특정 관점이나 견해일 뿐이라는 보다 유연한 실존적 입장에 이르기까지 현상학적 장에서의 폭넓은 긴장을 대변한다.

## 이 책에 관하여

이 책은 현재 우리가 알고 있는 실존치료의 모든 분야 전체를 총망라하는 목적을 가진다. 이는 지난 세기 동안 전 세계에서 실존치료의 다양한 갈래들이 어떻게 발전해왔는지를 살펴보는 것을 포함한다. 이 책을 발간할 계획은 1950년대 롤로 메이와 그의 동료들이 역사적인 저서인, 『실존』(Existence)을 출간하고(May, Angel, and Ellenberger, 1958), 그 이후로 많은 것이 달라지고 발달해 온 이래로 처음 시도된 것이다.

이 책의 발간이 가능해지고 또 바라게 된 계기는 2015년 런던에서 열린 제1회 세계실존치료학회로 실존치료를 대표하는 사람들은 그들의 서로 다른 접근 방식을 공유하기 위해 이 학회에 모였다. 전 세계로부터 실존치료자들이 우리의 접근 방식과의 차이점과 유사점을 탐구하기 위해 함께 모였을 때 모두가 생생하게 열정적으로 경험했던 것을 글로 기록할 필요성은 이내 명확해졌다. 나흘 동안 우리는 이전에 그렇게 비옥했음을 깨닫지 못했던 이 분야의 풍부함을 만끽했다. 우리는 서로의 이야기를 들으며, 각기 다른 실존적 접근이 어떻게 발전하고 꽃피우기 시작했는지를 알게 되는 것에 큰 기쁨을 느꼈다. 우리는 동일한 철학을 공부했고 동일한 과거의 치료자들의 접근에 친숙했기 때문에 많은 부분에서 공통점을 찾을 수 있었다. 그리고 또한 실존치료에 대한 서로의 고유한 해석에서 배울 수 있는 것이 수없이 많다는 사실에 놀랐다. 우리의 논의는 신나고 활기찼으며 마치 우리가 떨어져서 상담을 해왔던 지난 시간들을 수확하는 것과 같은 열망을 느낄 수 있었다. 우리는 세계 각지에 우리와 같은 마음으로 같은 이슈를, 때로는 다른 방법으로 고민하면서 다른 생각, 해결책을 생각해내는 수많은 동료들이 있다는 사실에 기쁘고 흐뭇했다. 이는 큰 깨달음을 주었고, 우리는 이 풍부함과 깨달음을 붙잡고 싶었다. 예상했던 대로 런던에 오지 못한 많은 동료들은 이 역사적인 만남에 대한 기록을 요청했으며, 그 자리에 참여했던 여러 실존 접근들에 대한 정보를 얻을 수 있기를 원했다. 이 책의 목적은 이렇게 탄생했으며, 우리는 이 책이 이 학회에서 이룬 바탕 위에 그 이상의 것을 쌓아올릴 수 있는 새로운 프로젝트가 되길 원했다. 이 학회의 자료는 이보다 이른 시기에 『실존 분석』(*Existential Analysis*) 학회지에 발표되었다.

독자 측면에서, 이 책은 실존치료를 이해하고 실천할 수 있는 다양한 방법을 배우는 것에 관심을 갖고 있는 모든 실존치료자들과 실존적 기반을 갖고 있는 치료자들을 대상으로 하며, 또한 교육생과 숙련된 치료자들을 위한 것이기도 하다. 비록 실존치료 모두를 묶어주는 역사적 기원과 철학적 주제의 측면에서 일부 내용이 불가피하게 반복되기는 하지만, 각 접근의 세부사항은 실존적으로 생각하고 접근하는 다양한 방식을 보여주고 있다. 이는 자유와 독창성을 즐기며, 각 내담자와 각 실존치료 회기에 따라 다르게 접근하기를 치료자에게 요청하는 실존치료의 철학과 완전히 일맥상통한다. 이 책을 읽는 독자는 누구나 내담자의 어려움의 측면에서뿐만 아니라 우리 자신의 매우 개인적이고 사적인 존재 방식의 측면에서도 삶의 의미에 대해 생각하고 반성하고자 하는 새로운 자극과 동기를 경험할 것이다. 실존치료가 그렇듯이, 이 책은 기술적 처방을 담고 있는 책이 아니며, 자기 자신을 이해하고 자기 자신으로 살아가는 새로운 방식을 탐색하고 발견하며, 이에 집중하고 몰입하도록 초대하는 초대장과 같다.

구조적으로, 이 책은 총 6부로 구성되어 있으며 1부에서 4부까지는 현존재분석, 현상학적 실존치료, 실존적 인간중심치료와 실존적 통합 치료 그리고 로고테라피와 실존분석에 이르는 실존치료 이론과 실제의 기본 형식을 다루고 있다. 5부에서는 집단 형태의 실존치료를 살펴볼 것이며, 각 부분들은 1) 역사, 2) 철학과 이론, 3) 방법과 실제, 4) 치료 사례, 5) 주요 도서, 6) 도전과 새로운 과제로 이루어진 6개의 장으로 구성되어 있으며, 각 장은 해당 영역의 선두에 있는 여러 전문가들이 집필했다. 마지막 부분에서는 스칸디나비아, 러시아 그리고 발트해의 국가들, 남부유럽, 라틴 및 중앙아메리카 그리고 아시아를 포함한 세계 각지에서 새롭게 발달하고 있는 실존치료의 형태와 연구에 대한 내용을 다루었다.

## 결론

오늘날 실존적 접근은 전 세계 42개국의 교육 기관들과 함께 번성하고 있다(Correia, Cooper, and Berdondini, 2014). 실제로 실존적 접근이 성장하고 있다는 주장이 실재하며(e.g., Barnett and Madison, 2012; Shahar and Schiller, 2016), 실존과 관련된 출판물, 협회 그리고 교육 과정의 급격한 확산이 이를 증명하고 있다(Correia et al., 2014). 아마도 이러한 성장의 그 이유 중 하나는 실존적 접근의 다소 무정부적이고 반−순응적인 속성(Cooper, 2015), 즉 범주화되거나 한정되기를 거부하는 특성에 기인하는 것으로 보인다. 근거중심의 접근과 매뉴얼화된 "치료"가 지배하는 시대에, 실존치료는 심리치료자들이 "하나"로 정의된 "최고의 접근"을 따르기를 거부하며 창의성과 독립성을 표현할 기회를 제공한다. 실존치료는 어떤 형태로든 존재가 진정으로 드러날 수 있도록 장애물을 제거해준다.

# PART I

현존재분석(Daseinsanalysis)

Edited by
*Erik Craig*

# 서론

인간은 항상 스스로의 문제에 대해 관심을 가져왔다. 밤하늘을 바라보거나 풍경을 응시할 때, 배고프고 추워서 음식이나 피난처가 필요할 때, 쇼핑을 하거나 춤을 추거나 게임을 하거나 교통 체증에 시달릴 때, 다른 사람들을 관찰하거나 자연을 바라볼 때, 친구나 사랑하는 사람과 상호작용할 때, 출생이나 죽음을 목격할 때, 꿈에서 깨어날 때, 이를 닦거나 사랑을 나눌 때, 또는 단순히 무엇을 원하거나 느끼지만 무엇 때문인지 모를 때, 우리는 항상 우리 자신, 우리 세계, 그리고 존재 자체에 대해, 특히 우리가 현재 존재하고, 한때 존재하지 않았으며, 생각보다 빨리 다시 존재하지 않게 될 것이라는 사실에 대해 걱정한다.

이 세상은 무엇인가? 나는 이 세상에서 누구인가? 이게 무슨 의미가 있는가? 무엇이 의미가 있는가? 프로이트(Freud)는 플라톤(Plato)처럼 이러한 질문이 우리의 원시적인 에로스적 충동이 더 숭고한 활동인 과학과 철학으로 재방향됨으로써 발생한다고 말할 것이다. 미국의 실존 심리학자 롤로 메이(Rollo May)는 이러한 질문이 자신의 존재에 대한 감각, 즉 "나는 존재한다"라는 경험을 찾는 데서 비롯된다고 말하였다. 통합적 실존주의자인 커크 J. 슈나이더(Kirk J. Schneider)는 이러한 경이로움이 단순히 경외감에서 비롯된다고 제안하였다. 프랭클(Frankl)은 인간이 의미를 찾는 과정에서 이러한 질문이 발생한다고 생각할 가능성이 크다고 하였고, 신경과학자들은 이러한 질문이 뇌의 "탐색 체계"의 산물이라고 주장한다. 현존재분석학자들은 이것이 존재의 의미에 대한 우리의 어렴풋한 인식과 비존재에 대한 불안에서 비롯된다고 제안할 수 있다. 그러나 오해하지 말라. 실존주의자들에게 가장 중요한 것은 우리의 일상생활을 설명하는 것이 아니라, 먼저 그리고 가장 중요하게는 그것을 사는 것, 즉 자신이 되는 것, 인간이 되는 것이다. 이러한 가장 기본적인 질문들과 함께, 실존치료자들은 매일 번영과 고통, 제한과 자유, 거짓과 진실이 무엇을 의미하는지 궁금해 하고 다른 사람들과 함께 이러한 질문들을 다룬다. 이는 실존심리치료자들이 각자의 독특한 언어, 초점, 목표를 가지고 있으며, 이는 특정한 가설, 이론, 실천, 그리고 무엇보다도 삶의 경험에 뿌리를 두고 있다는 점을 나타낸다.

모든 형태의 실존치료가 보통 이상의 학습, 집중, 그리고 삶의 경험을 요구하지만, 현존재분석(Daseinsanalysis)은 특히 까다롭다. 특히 영어가 모국어자 유일한 언어인 학생들과 예비 상담자들에게 더욱 그렇다. 현존재분석과 관련된 모든 주요 도서 원문은 독일어로 작성되었으며, 철학자 한 명과 두 명의 정신의학자에 의해 작성되었다. 이들은 직선 거리로 100km 이내에 살던 사람들이다. 철학자 마르틴 하이데거(Martin Heidegger)는 그의 거의 모든 생애를 독일 남동부에서 보냈다. 그의 스위스 출신 정신과 의사 제자인 루드비히 빈스방거(Ludwig Binswanger)는 콘스턴스 호수(Lake Constance) 기슭의 스위스 크로이츨링겐(Kreuzlingen)에서 태어나 대부분의 생애를 보냈다. 또 다른 스위스 정신과 의사인 메다드 보스(Medard Boss)는 거의 모든 생애를 취리히(Zurich)에서 보냈다. 이 세 명의 현존재분석 사상가들은 오늘날의 기준으로 두 시간 거리에 살았으며, 정기적인 방문뿐만 아니라 풍부하고 오래 지속된 서신 교환을 즐겼다. 이러한 비교적 작은 중앙 유럽 세계에 접근할 수 없는 대부분의 영어 사용자들은 현존재분석이 탄생한 역사적, 지리적, 문화적, 관계적 맥락을 경험할 수 없다. 더욱 도전적인 것은, 영어만 사용하는 독자들이 가장 중요한 도서 원문을 부적절한 영어 번역을 통해서만 접근할 수 있다는 점이다. 이러한 번역은 이미 난해한 하이데거의 독일어를 더욱 당혹스러운 하이픈이 많은 영어 번역으로 변환한 것이다.

그러나 모든 것을 잃어버린 것은 아니다. 이들의 특유의 난해함에도 불구하고, 번역본에는 빈스방거가 한때 말했듯이 "습관적인 사고의 백내장"을 제거하고 우리가 한 번도 생각해 본 적이 없거나, 아마도 생각은 했지만 말할 용기나 단어가 없었던 것을 밝혀주는 많은 빛나는 명확한 구절들이 포함되어 있다. 이러한 조명 구절 중 많은 것들은 평생 동안 머무르며, 우리가 보는 방식, 사는 방식, 실천하는 방식, 그리고 생각하는 방식을 영원히 바꿔 놓는다. 현존재분석 사상의 진정으로 놀라운 점은 우리가 그토록 확신해왔던 모든 것을 완전히 뒤집어 놓고, 플라톤의 동굴에 갇힌 사람들이 익숙한 한계를 벗어나 태양을 직시할 용기를 가졌듯이 우리가 결코 예상하지 못했던 우주를 눈앞에 열어준다는 것이다.

이보다 더 유망한 관점에서, 우리는 가능한 한 하이데거의 혼란스러운 용어 사용을 최소화하고 구체적인 일상 언어로 작성하려고 노력했다. 독일어 현존재분석 용어의 사용이 필요할 때마다, 우리는 철학적 순수성보다 접근 가능한 소통이 우선한다는 생각으로 이를 명확한 영어로 표현하기 위해 최선을 다했다. 이는 보스의 분석 대상자이자 가장 생산적인 학생이었던 기온 콘드라우(Gion Condrau)가 굳게 유지한 입장이기도 하다.

마지막으로, 우리는 현존재분석 치료의 핵심 개념, 원칙 및 실천을 제시하려고 노력했을 뿐만 아니라, 가능한 한 그 뒤에 있는 상황과 개인들의 이야기를 전하려고 노력했다. 이 이야기들이 독자에게 아이디어 자체를 생생하게 전달해주기를 바란다.

제1장은 실존적 심리치료의 최초의 체계적 접근법으로서의 현존재분석의 탄생과 발전에

대한 자세한 설명을 제시하며, 이와 함께 잘 알려지지 않은 여러 이야기와 관점을 포함한다. 여기에는 20세기 두 명의 뛰어난 "잠에서 깨어난" 창시자인 정신분석학자 지그문트 프로이트(Sigmund Freud)와 철학자 마르틴 하이데거의 이야기와, 정신과적 현존재분석가인 루드비히 빈스방거 및 심리치료적 현존재분석가인 메다드 보스의 삶과 작품이 다뤄진다. 제2장에서는 해석학적 현존재분석가인 앨리스 홀츠헤이-쿤츠(Alice Holzhey-Kunz)가 현존재분석의 이론과 철학에 대한 그녀의 뛰어난 역사적 및 철학적 이해를 제시하며, 빈스방거와 보스의 관점을 검토한 후, 정신적 고통의 의미에 대한 새로운 해석학적 이해에 기반한 그녀만의 새로운 세 번째 접근법을 제시한다. 제3장에서는 초기 현존재분석 심리치료 교육의 역사를 비판적으로 검토하고, 메다드 보스와 직접 일한 세 명의 고위 현존재분석가들의 공헌을 간략히 요약한다. 이들은 이 분야의 영어 교육과 문헌에 중요한 기여를 했다. 제4장에서 페리클레스 카스트리니디스(Perikles Kastrinidis)는 심각한 정신과적 증상을 보이는 환자와 자신의 사망에 대한 본질적인 실존적 우려를 가진 환자의 두 가지 흥미로운 사례 연구를 제시한다. 마지막으로 제5장은 선택된 현존재분석 작품의 주석이 달린 참고 문헌과 독자가 스스로 공부를 계속할 수 있도록 돕는 방대한 참고 문헌 목록을 제시한다.

끝으로, 오늘날의 조급하고 야심차며 목표 지향적인 치료 환경에서는 긴 대화 치료가 종종 폄하된다. 이는 엄격히 정의된 근거 기반 실천을 주장하는 사람들에 의해 더욱 그렇다. 현존재분석가들은 "언어는 존재의 집"이라는 하이데거의 말과 "단어는 우리 감정을 전달하고 다른 사람들에게 영향을 미치는 수단"이라는 프로이트의 경고를 상기시키며, 그러한 관점에 문제를 제기한다. 프로이트는 그의 비판적인 대화 상대에게 다음과 같이 말했다:

> "단어를 경멸하지 말자; 그것은 우리가 감정을 서로에게 전달하고 다른 사람들에게 영향을 미치는 수단이다. 단어는 엄청난 선을 행할 수 있으며 끔찍한 상처를 입힐 수도 있다. 틀림없이 '처음에는 행위가 있었다'고 하고 단어는 나중에 왔다고 하지만; 어떤 상황에서는 행위가 단어로 완화되었을 때 문명이 진보했다는 의미가 있었다. 하지만 원래 단어는 마법이었다 — 마법적 행위; 그리고 그것은 여전히 많은 고대의 힘을 유지하고 있다." (Freud, 1926/1959, pp.187-188)

따라서 현존재분석가들은 두 가지 방식으로 "단순한 대화"를 경멸하지 말라고 상기시킨다. 단어가 있는 곳에는 감정과 의미가 있으며, 그것은 듣고 기다릴 인내만 있다면 태어날 준비가 되어 있는 삶이다.

# 01

## 현존재분석의 역사

Erik Craig

1940년대 초기에 등장한 현존재분석은 최초의 체계적인 실존 치료 접근법으로, 오늘날까지 실존주의 사상가 및 실무자들 사이에서 가장 포괄적이고 확고한 존재론적 접근법으로 평가되고 있다. 현존재분석의 창시자는 스위스 정신과 의사인 루드비히 빈스방거(1811-1966)와 메다드 보스(1903-1990)로, 두 사람 모두 정신분석가 지그문트 프로이트(1956-1939)와 철학자 마르틴 하이데거(1889-1976)와 개인적 친분이 있었다. 이 접근법의 존재 자체가 이들에게 크게 의존하고 있음은 두말할 나위 없다. 빈스방거와 보스 각자 하이데거의 현상학적, 해석학적 인간 존재 분석인 현존재분석(*Daseinsanalytik*)을 토대로 프로이트의 정신분석을 실존적-존재론적으로 재구성하여 자신들만의 현존재분석 버전을 만들었다.

### 예비 개요

현존재분석이라는 용어는 인간에 대한 분석, 즉 인간이다(*to be*)라는 것이 무엇인지를 분석하는 것을 말한다. 하이데거는 일상 독일어 중 현존(presence), 존재(existence), 또는 있음(being)을 의미하는 다자인(*Dasein*)을 인간 존재를 지칭하는 데 사용하였다. 하이데거는 다자인(*Dasein*)을 문자 그대로 "거기-있음"(there-being)이라고 해석하면서, 자신의 있음, 존재함(being)을 포함하여 있음, 존재함(being)을 이해할 수 있고 세계-내-존재이자 그로부터 분리

---

*The Wiley World Handbook of Presential Therapy*, 초판. 에미 반 덜젠, 에릭 크레이그, 알프레드 랭글, 커크 J. 슈나이더, 디그비 탄탐, 사이먼 뒤 플록이 편집했다.
© 2019 John Wiley & Sons Ltd. John Wiley & Sons Ltd.에 의해 2019년에 출판되었다.

될 수 없는 존재로서 존재하는, 독특한 종류의 존재로 해석하였다. 영어 사용자들에게는 매력적이지 않은 용어일지 모르지만, "다자인(Dasein)"이라는 용어는 "인간 존재"(human being)라는 표현에 내포된 숨겨지고 굳어진 편견과 가정을 없앨 수 있는 잠재적 이점을 가지고 있다. 복합어의 두 번째 부분, "분석(analysis)"은 자연 과학에서처럼 사물을 더 작은 단위로 해체하거나 축소하기 위해 수행되는 것이 아니라, 오히려 사물의 본래 의미를 느슨하게 풀어내거나 (그리스어 analyein에서 유래) 인간 존재의 더 넓고 진정한 가능성을 해방하려는 목적으로 수행되는 것이다. 하이데거(1987/2001, p.115)가 언급했듯이 이 용어는 처음에는 페넬로페(Peneloope)가 직물을 풀어 헤치는 모습을 묘사하는 데 쓰였다가 심리치료에도 그리고 죄수나 노예가 풀려날 때 밧줄을 푸는 모습을 묘사하는 데에도 사용되었다. 이를 이해하면 해방적, 해석학적 과정인 현존재분석의 성격과 목적이 분명해진다. 즉, 현존재분석은 인간이 자신의 존재 권리를 취하고 세계에서 더욱 충만하고 자유롭고 더 참되게 존재할 가능성을 받아들이도록 하는 것이다.

현존재분석을 가장 먼저 체계화한 사람은 빈스방거이다. 그는 정신의학과 정신병리학을 위한 과학적 토대를 마련하고자 했다. 1907년 지그문트 프로이트를 처음 만난 이후, 그의 동료이자 친구, 추종자가 된 빈스방거는 심리학과 정신분석학의 인간 이해에 철학적 기반을 제공하기 위해 현상학에 주목하였다. 초기 에드문트 후설(Edmund Husserl)의 영향을 받은 빈스방거는 이후에 마르틴 하이데거의 인간에 대한 분석, 즉 현존재분석으로 전환하여 "존재적-인류학적 차원의 현상학적 해석학 주해"(Binswanger 1958a, pp.269-270)를 제시하였고, 말년에는 다시 후설로 돌아갔다.

빈스방거와는 달리, 메다드 보스는 치료 실제를 위한 현존재분석적 기반을 발전시키는 데 관심을 가졌다. 원래는 예술가가 되려는 포부가 있었다가 낙심한 보스는 의학으로 전향했다. 비엔나에서 지그문트 프로이트와의 예비 분석 회기를 시작으로 그는 취리히에서 오이겐 브로일러(Eugen Bleuler)의 슈퍼비전을 받고 런던(London)과 베를린(Berlin)의 정신분석연구소에서 정통 슈퍼비전과 연구, 융과의 10년간 연구 등 고전적으로 훈련을 받은 정신분석가가 되었다. 1930년대 후반, 보스는 선배 빈스방거로부터 현상학과 하이데거의 작품을 소개받고, 1947년 여름 하이데거와 연락을 취하였다. 1949년 하이데거를 직접 만난 보스는 이 철학자를 유일한 권위 있는 스승으로 받아들였고 그와 더불어 1950년대 수련받을 당시 동양의 현자들에게서도 깊은 영향을 받았다.

다음에 제시된 간략한 역사적 설명은 필자의 경험과 관점, 현존재분석 용어를 사용하자면 필자의 '던져짐'에서 비롯된 것으로, 이로 인한 편견과 누락은 있을 수밖에 없으며 이는 전적으로 필자가 책임져야 할 일이다.

## 실존 심리치료의 기원

　심리치료(psychotherapy)라는 용어가 출현한 것은 19세기 말경이지만(Shamdasani, 2005) 그 어원은 고대 그리스어의 영혼을 뜻하는 프쉬케(*psyche*)와 참여하다, 봉사하다, 기다린다는 뜻의 테라퓨에인(*therapeuein*)에서 유래했다. 오늘날 우리가 심리치료라고 부르는 것의 고대 전신은 기원전 400~500년경 그리스의 아스클레피오스(Asclepian) 신전에서 찾을 수 있으며 그 시기에 질병, 꿈 그리고 치유 사이의 연결이 확고히 확립되었다. 이후 수 세기 동안 종교, 미신, 철학, 과학에 관계없이 다양한 분야에서 각각의 방법을 통해 인간의 고통을 완화하려는 노력이 있어 왔다(Ellenberger, 1970). 14세기부터 19세기까지 르네상스, 계몽주의 그리고 낭만주의는 믿음과 의심에서 과학과 이성으로의 점진적인 진보를 해 왔다. 르네상스의 말미에는 르네 데카르트(Rene Descartes, 1596-1650)와 윌리엄 셰익스피어(William Shakespeare, 1564-1616)라는 두 명의 탁월한 지성과 인도주의자가 등장하였다. 셰익스피어가 인간 정열의 힘, 그들의 승리, 비극과 희극을 드러내어 오늘날까지 인류에게 감동과 영감을 주는 반면, 데카르트는 인간 지성에 대한 최고의 믿음을 고수하여 서구 과학과 철학의 미래 전반을 위한 기초를 마련했다. 데카르트의 사상이 인류의 진보에 기여한 바가 크지만, 그의 사상에 기반한 이원론은 인간을 사유하는 것(res cogitans)과 육체적, 물질적인 것(res extensa), 이 두 가지 양립할 수 없는 실체로 나누어 분리하였다. 인간 개개인을 다른 인간과 그들의 세계로부터 떼어내 고립된 마음으로 나누고, 감정적 경험의 세계 또한 서로로부터 완전히 분리된 것으로 만들었다. 동양의 통합적인 철학과는 달리, 서양의 철학과 과학은 이 같은 해로운 이원론에 시달렸다.

　데카르트의 발자취를 따라 계몽주의는 열정, 욕구, 개인보다는 객관적인 과학, 이성, 지성 그리고 문화적 성취에 우선순위를 두었다. 낭만주의는 19세기 초에 이르러서야 창의성과 예술, 열정과 비합리적인 것, 신비와 순간적인 것을 강조함으로써 과학과 확실성 그리고 정의 가능한 것에 대한 계몽주의의 편파성에 균형을 맞추었다. 낭만주의자들은 자연과 인간과의 관계에 대한 깊은 감정을 수용하고 꿈, 초자연적 현상, 광기, 창의성, 천재성 등 신비롭고도 수수께끼 같은 인간 영혼의 비밀을 이해하고자 했다.

　계몽주의와 낭만주의의 여파로 탄생한 19세기는 괴테(Goeth), 키르케고르(Kierkegaard), 도스토예프스키(Dostoyevsky), 입센(Ibsen), 니체(Nietzshe), 슐라이에르마허(Schleiermacher), 딜타이(Dilthey), 브렌타노(Brentano)와 같은 작가와 사상가들의 작품을 탄생시켰다. 이들 모두는 서문에 논의한 실존주의사상, 해석학, 현상학이라는 19세기 3대 지적 발전에 기여한 인물들이다.

## 1900년: 기념비적인 해

19세기 말은 철학과 정신의학이 인간의 본성 연구 및 이해와 관련하여 위기에 봉착한 때이다. 앞서 열거한 철학자들은 당시 인간 본성을 순전히 물질적이고 생물학적 관점으로 보는 시각에 불만족을 느끼며, 더 본질적인 관점, 즉 인간으로 존재하는 경험에 더욱 가까운 관점으로, 인간이라는 것이 진정으로 무엇을 의미하는지 알기를 열망했다. 그런가 하면, 40대 중반의 정신과 의사였던 지그문트 프로이트는 신경생물학적 분석과 기술적 행동 분석의 한계를 극복하기 위해 정신분석학이라는 자신의 새로운 "영혼의 삶에 대한 과학"(*Wissenschaft vom Seelenleben*)을 통해 인간의 고통과 결함의 숨겨진 의미를 찾으려 했다.

1900년은 니체가 사망한 해이자 실존 심리학의 발전 전망에 중요한 계기가 되는 해이기도 했다. 이 해에 지그문트 프로이트의 『꿈의 해석』(1900/1953), 에드문트 후설의 현상학적 『논리 연구』(1900/2001), 빌헬름 딜타이(Wilhelm Dilthey)의 『해석학의 기원』(1900/1996)과 같은 정신분석학, 현상학 그리고 해석학 저서가 출판되었고, 이를 통해 현존재분석의 가장 근본적인 세 가지 기반이 마련되었다. 하지만 지그문트 프로이트가 아니었다면 현존재분석은 존재하지 않았을 것이다. 빈스방거와 보스 각자의 현존재분석 여정이 바로 프로이트의 작품에서 시작되었기 때문이다.

## 지그문트 프로이트: 마지못해 의사가 된 불행한 철학자

프로이트가 현대 심리치료에 없어서는 안 될 공헌을 한 것이 사실이지만, 독자들은 현상학적 정신과 의사인 루드비히 빈스방거와 메다드 보스가 왜 모든 것을 의심하고 상상 속의 심리적 실체로 이루어진 지하 세계를 발명한 이 사상가에게 이토록 심취하는지 의아해할 수 있다. 그러나 많은 측면에서 지그문트 프로이트는 불안하고 의지가 강한, 헌신적이며 자의식이 강하고, 의미를 추구하며, 절망하고 낙담하고, 모든 생물의 무상함과 덧없음을 인식하면서도 죽음을 두려워하는 등 여러 면에서 본질적으로 실존적인 인간이었다.

과학과 이성을 강조하는 계몽주의 그리고 신비와 비합리적인 것에 매료된 낭만주의의 영향을 받은 프로이트는 젊은 시절부터 세계, 특히 인간 세계에 대한 지식 욕구가 남달랐다. 철학자가 되길 간절히 바랐지만, 그의 재정적 어려움과 당시의 정치적 상황은 불행하게도 의학을 선택하도록 압박했다. 해석학적 정신분석가 폴 리쾨르가 말한 바와 같이, 프로이트는 항상 "의미의 담론과 힘의 담론이라는 두 가지 담론의 세계"(1970, p.92) 사이에서 갈등하는 자신을 발견했다.

## 프로이트의 인간에 대한 전-존재론적 이해

빈스방거와 보스는 프로이트가 자연과학적 훈련과 가정으로 인해 제약을 받았다는 것을 인식했지만, 때때로 터무니없어 보이기도 하는 그의 이론의 근간이 되는 직관적 통찰에는 깊은 감명을 받았다. 즉 우리가 프로이트의 전-존재론적 이해라고 부를 수 있는, 인간 존재에 관한 의미, 숨겨짐, 그리고 인간 존재의 역사적 및 관계적 맥락 속 처함에 대해 이해하는 것이 그 통찰의 핵심이었다.

**의미에 관하여**    프로이트는 인간 본성에 대한 자연주의적 이론을 제시했음에도 불구하고, 모든 꿈에는 "깨어 있는 삶의 정신적 활동의 특정 지점에 삽입될 수 있는 의미가 있다"(Freud 1953/1900, p.1)라고 선언하고, 증상, 농담, 일상적인 실수 등에 대해서도 동등한 확신을 표현함으로써, 본질적으로 자신의 "영혼의 삶에 대한 과학"을 인문과학(*Geisteswissenschaft*)으로, 의미의 과학으로 규명했다. 보스의 말대로, 지그문트 프로이트는 "의미는 ... 모든 것에 만연해 있다"(1963, p.85)는 것을 주장할 용기를 가진 첫 번째 사람이었으며, "모든 정신 현상의 철저한 의미"를 보여준 인물이다. 프로이트는 단 한 번도 그 단어를 사용하지는 않았지만 본질적으로는 모든 정신분석을 해석학적, 즉 의미에 대한 탐구로 규정했다.

**숨겨짐에 관하여**    의미를 찾는 과정에서 프로이트는 인간 존재와 우리 자신의 상당 부분이 가려져 있고 숨겨져 있으며 직접적인 지각과 인식으로는 접근할 수 없다는 것을 곧바로 깨달았다. 이로 인해 그는 "우리가 아무것도 알지 못하지만 어쩔 수 없이 가정해야 하는"(1933/1964, p.70) 무의식적 과정의 존재를 상정하게 되었다. 이에 대해 보스는 "지칠 줄 모르는 무의식의 탐구에서 프로이트는 은폐된 것, 은폐 그 자체로 나아가고 있었지만... 은폐를 숨겨진 비밀 그대로 둘 수는 없었다"(1963, p.101)라고 썼다. 보스에 따르면 프로이트는 "은닉된 것을 빛 속으로 끌어내어 유용하게 만들기 위해서는, 이를 주관적이고 심리적인 대상으로 만드는 것이 필요하다고 생각"했다(1963, p.101). 빈스방거와 보스는 둘 다 프로이트의 사고방식에 있는 이 결함을 인정했지만, 빈스방거는 무의식의 개념을 수용했다. 다만 "다른 방식으로" 즉, "현상학적으로 증명 가능한 세계─내─존재의 다양한 방식과 구조"의 관점에서 무의식을 이해했다 (Binswanger 1957, p.64). 반면, 보스는 프로이트의 무의식적 정신생활에 대한 가정, 심지어 의식이라는 개념 자체도 전혀 불필요하다고 여기며 이를 강경하게 반대했다(1963, pp.85–101). 이러한 차이에도 불구하고 두 사람은 프로이트가 인간 존재의 본질적인 존재론적 불투명성을 파악했다고 인정했다.

**처함에 관하여**  프로이트는 인간 발달에 대한 이해, 추동 이론, 신경증의 원인에 대한 설명, 전이 개념 등을 통해 인간이 그 자신의 세계와 시간 속에 처해 있음을 설명했다. 프로이트는 추동과 신경증 증상의 의미를 이해하는 데 있어, 과거에 의해 형성됨과 동시에 미래를 향하여 노력하고 있는 것의 중요성을 말했는데, 즉 추동과 신경증 증상이 어디에서 왔고 어디로 향하는지 그 출처와 목적 모두의 중요성을 강조했다. 마찬가지로, 프로이트의 정신 또는 영혼(Seele)에 대한 이해는 근본적으로 이원적이었지만, 추동 이론에서 추동이 그 목표를 달성하기 위해 인간이든 아니든, 다른 존재, 즉 '대상'을 필요로 한다는 것과 같이 개인은 자신의 세계와 불가분의 관계에 있다는 점을 직관적으로 이해하고 있었다. 다시 말해, 프로이트는 인간이 그 자신의 세계와 밀접한 연결 없이는 존재할 수 없다고 보았다.

### 요약

프로이트의 이러한 근본적인 통찰을 바탕으로 보스는 프로이트가 "인간에 대한 깊은 이해"(1963, p.78)와 "인간의 기본 조건에 대해 명료하지는 않으나 깊은 인식"(1963, p.62)을 가지고 있다고 확신했다. 이러한 발언으로 보아 보스가 인간 현상에 대한 프로이트의 사변적이고 자연과학적인 설명을 지지하는 것이 아니라, 오히려 인간이라고 불리는 존재에 대한 그의 암묵적이고 전-존재론적인 이해를 지지하고 있음을 알 수 있다.

## 철학적 반란: 현존재분석을 위한 토양 경작하기

새로운 세기의 첫 수십 년 동안, 유럽의 많은 정신과 의사들은 당시 지배적이었던 실증주의적이며 자연과학적인 그리고 사변적이며 이론적인 인간관에 대해 실망하고 불안해했다. 독일의 정신과 의사 칼 야스퍼스는 두뇌와 정신분석의 "신화"에서 발견되는 '불안정한 기초'와 '상상된 통찰의 지배'(Jaspers 1941/1956, p.170)에 도전한 최초의 인물 중 하나이다.

그는 곧 루드비히 빈스방거, 빅터 폰 게브사텔(Viktor von Gebsattel), 유진 민코프스키(Eugene Minkowski), 에르빈 슈트라우스(Erwin Straus) 등 네 명의 다른 재능있는 유럽 동시대 학자들과 합류하여 정교하고 선구적인 현상학적 정신병리학자 집단을 구성하였다. 그들은 실제 경험을 철저히 조사하고 철학적 인류학에 대한 보다 적절한 이해를 추구하였다. 이 네 사람은 폴 나토프(Paul Natorp), 테오도르 립스(Theodore Lipps), 앙리 베르그송(Henri Bergson), 막스 셸러(Max Scheler), 마르틴 부버(Martin Buber)와 같은 20세기 초 철학자들과도 초기에 상당한 지적, 과학적 교감을 나눴다.

현대 실존 심리학자와 심리치료자들은 이들 사상가, 실천가들 중 한 명 또는 그 이상으로부터 유산을 이어받았을 테지만, 현존재분석으로 가는 길은 의심할 여지 없이 정신분석가 지그문트 프로이트와 철학자 마르틴 하이데거를 거쳐 갔다. 프로이트와 하이데거는 서로 전혀 다른 분야에서 출발했고 다른 목적을 가졌지만, 보스와 빈스방거는 이들이 인간이란 무엇인지 그 본질을 발견하고 이해하려는 점에서, 특히 그 본질적 진리가 보이지 않게 숨겨져 있는 방식을 이해하기 위해 전념한다는 점에서 그들이 공통점을 가지고 있다고 보았다. 보스와 빈스방거 둘 다 하이데거의 해석학적 현상학이 "이전에 감춰져 있던 것, 덮여 있던 것을 드러내며, 열린 상태로 만드는데"(Heidegger 1988/1999, p.8) 이상적인 연구 방식이라고 보았다. 프로이트가 자신의 추론적이고 자연과학적인 사상에 기인하여 했던 말, "원초아가 있는 곳에 자아가 있게 하라"(Freud 1933/1964, p.80)라는 말을 하이데거는 해석학적으로 "우리 각자의 현존재를 그 존재의 특성과 관련하여 그 자체에 접근 가능하게 만드는 작업... 그 자체로부터 소외된 것을 찾아내는 것"(Heidegger 1988/1999b, p.11)이라고 표현했다. 하이데거에게 있어서 "해석에서 발생하는 이해"는 다름 아닌 "현존재 그 자체로 깨어나는 것"(p.12)이다.

## 마르틴 하이데거: 의식에서 실존으로

1889년 9월 26일 독일 메스키르히 마을에서 태어난 마르틴 하이데거, 그의 생애와 사상은 스와비아(Swabia)의 목가적인 풍경과 산새, 그 지역 사람들의 소박한 성실함으로 가득 차있다. 그의 세계에는 시골 가톨릭교의 질서정연한 존재감과 더불어 그리스어, 라틴어, 독어를 월등히 잘했고 "지속적인 가치를 지닌 모든 것을 습득했던" 예수회 교육도 포함되어 있다(Heidegger 1957/2010, p.21). 10대 때조차도 하이데거는 신학과 철학의 근본적 관심사에 깊이 빠져있었다. 1907년 고작 17세의 나이에 프란츠 브렌타노의 박사 학위 논문 아리스토텔레스의 존재의 여러 의미에 대하여를 읽었다. 이것은 『존재와 시간』을 위한 "끊임없는 추진력"이 되었고 한평생 존재의 의미에 대한 물음에 몰두하게 하였다(Heidegger 1957/2010, p.21). 이듬해인 1908년에는 횔덜린을 발견했고, 다음 해에는 후설의 『논리 연구』를 읽기 시작했다.

하이데거는 1913년에 철학박사 학위를 받고 1915년 여름에 무급강사 프리바트도젠트(Privatdozent)로서 파르메니데스(Parmenides), 아리스토텔레스(Aristotle), 칸트(Kant) 등을 강의했다. 1916년 봄, 에드문트 후설이 프라이부르크(Freiburg)의 철학 교수진에 합류하면서 하이데거는 그의 조교가 되었고 이후 서로 긴밀하게 협력하며 우정을 나누었다. 몇 년 안에 두 사람은 칸트의 격언, "사물 그 자체에게로"를 기반으로 한 새로운 탐구 방식인 현상학에서 가장 영향력 있는 목소리를 내기 시작했다(Heidegger 1927/1962, p.30). 하이데거에게 있어 현상학은 존재의 질문에 접근하기에 가장 적절한 방법이었다. 그러나 현상학에 대한 그의 이해는 후설의 초월적 태도에서 해석학적 태도로 서서히 진화해 나갔다. 하이데거는 훗날 이를 "그 자체가 스스로를 드러내는 방식 그대로 그 자체를 보이게 하는 것"이라고 기술했다(Heidegger

1927/1962, p.58).

1923년에 마르크부르크(Marburg) 대학에서 직책을 맡게 된 시점에는 하이데거의 인간에 대한 개념과 현상학의 역할이 이미 진화하고 있었던 때이다. 후설에게 있어 경이가 인간의 초월적 의식에 대한 경이라면 하이데거에게 가장 큰 경이는 존재 그 자체였다. 즉, "무(無)가 아니라... 유(有)"(Heidegger 1929/1977b, p.112)라는 것이다. 그에게 현상학은 의식의 내용에 대한 연구가 아니라 현존재의 일상 전체를 연구하는 것, 현존재의 세계 속, 세계와의 체험적 관계를 연구하는 것이었다. 이러한 차이가 있었음에도 하이데거는 "에드문트 후설에 의해 토대가 마련되지 않았다면 자신의 연구가 불가능했을 것"이라는 점을 인정하고 후설에게 "우정과 존경의 마음으로"『존재와 시간』을 헌정했다. 그러나 안타깝게도 이후 몇 년 동안 옛 스승에 대한 하이데거의 행동과 태도는 한때 사랑했던 스승이자 사랑하는 친구에 대한 제자의 배신이라는 슬프고도 고리타분한 이야기로 이어졌다. 이 배신은 하이데거가 국회의사당(나치스)과 연계되면서 더 깊은 고통을 안겼다. 이 문제에 대해서는 6장에서 간략히 다루고자 한다.

38세에 이미 『존재와 시간』을 통해 성숙하고 매력적인 강연자가 된 하이데거는 자신의 가장 중요한 혈통을 그리스인과 아리스토텔레스에게서 찾으며 존재에 관한 탁월한 철학자로서 자리매김하였다. 그에게 있어 철학의 첫 번째 질문은 존재에 대한 물음(Seinsfrage), 즉 존재한다는 것이 애초에 무엇을 의미하는가와 같은 물음이었다. 이러한 질문은 오직 인간이라는 존재, 다자인, 즉 이해할 수 있는 존재(동사)이자 존재자(명사)인 현존재(Dasein)에 의해서만 고려될 수 있는 것이었기에 그의 두 번째 질문은 "인간 현존재의 존재 방식은 무엇인가"가 되었다. 어떻게 인간은 존재를 이해할 수 있고, 또한 존재에 대해 고민하는 존재인 것인가? 하이데거는 『존재와 시간』을 첫 번째 질문을 제기하며 시작했지만, 현존재의 기초존재론을 통해 두 번째 질문에 답하는 데 책 대부분을 할애하였다.

하이데거의 현존재분석은 20여 가지 불변적이고 보편적인 구조 또는 존재론적 특성을 발견하고 명확하게 설명하는데, 이 중에는 다음과 같은 것들이 포함된다. 1) 우리가 존재한다는 사실; 2) 우리 스스로가 선택하지 않은 시간과 문화 속으로 던져졌다는 사실; 3) 결과적으로 우리는 우리의 시간과 문화에 떨어질 수밖에 없으며 대부분은 진실하지 않은 "그들 자신" 또는 "무리 자체"로 존재한다는 사실; 4) 우리가 시작부터 끝까지 항상 타인과-함께 사회적 존재로 존재한다는 사실; 5) 우리는 그저 존재하는 것이 아니라 세계-내-존재로 존재한다는 사실; 6) 우리는 출생으로부터 7) 죽음을 향해 가는 존재로 8) 출생과 죽음이라는 두 가지 매우 개인적이고 피할 수 없는 순간들 사이의 시간 속에 늘어져 있다는 사실; 9) 우리는 피할 수 없이 육체적으로 존재하며, 따라서 쇠퇴와 죽음을 향해 가는 운명에 처해 있다는 사실; 10) 우리는 우리 자신을 포함하여 존재를 이해할 수 있는 능력을 지니고 태어난다는 사실; 11) 이 능력으로 인해 우리는 또한 인간적인 연약함, 유한성 및 불가피한 죽음을 인식하고 이러한 인간적 상황에 불안을 느끼며 도망친다는 사실; 12) 우리는 우리의 세상, 우리와 함께 있는 다른 사람들, 그리고 우리 자신에게 관심을 가지지 않을 수 없다는 사실이다.

전체적으로 볼 때, 이 12가지 외 이와 동등한 근본적, 존재론적 특성은 현존재분석 심리학과 심리치료에 철학적, 존재론적 토대를 제공한다(Craig 2015). 우리의 근본적인 상태를 직면시키는 방식은 "종전의 심리학은 전혀 고려하지 않았던 방식"으로, 이렇게 함으로써 하이데거는 "궁극적으로 심리학과 정신의학에 혁명적 변화를 일으켰다"(Spiegelberg 1972, pp.20-21). 폴 틸리히(Paul Tillich)는 "인간 본성에 대한 존재론적 이해에 비추어야만 심리학이 제공하는 자료들을... 일관되고 포괄적인 이론으로 조직화할 수 있다"(1952, p.65)고 했고, 롤로 메이는 현존하는 인간에 대한 이러한 존재론적 분석이 "우리의 심리치료에 구조적 기초를 제공할 수 있다"고 생각했다(May 1961, p.83).

영어권 독자들은 종종 하이데거의 생소하고 난해한 언어를 지나치게 전문적이라 여겨 어려워할 수 있으며, 이로 인해 그의 근본적인 존재론 전체가 실제로는 일상생활에서 사물들이 어떻게 단순하고 구체적으로 나타나는지에 대한 현상학적 분석에서 비롯되었다는 점을 간과하기가 쉽다. 하이데거는 밑바닥부터 시작했다고 할 수 있는데 즉, 우리 매일의 평범한 일상적(존재론적) 인간 존재에 대한 주의 깊은 현상학적-해석학적 분석을 한 것이다.

하이데거의 『존재와 시간』은 가장 큰 영향력을 지닌 저작으로 간주됨에도 불구하고 하이데거는 평생에 걸쳐 존재와 현존재의 관계에 관한 사상을 계속 발전시켜 나갔다. 그의 두 번째 대표작인 『철학에의 기여』(존재로부터)(Heidegger 1989/1999a)를 위시하여 특히 1930년에서 1941년 사이에 발표된 다수의 저작이 중요한 의미를 지닌다. 이 저작들은 종종 "전회"(Die Kehre)라고 불리는 것, 즉 현상학에서 사유로 또는 존재에 대한 현존재의 관계에서 현존재에 대한 존재의 관계로의 전회, 그리고 에레그니스라고 알려진, 존재와 현존재가 서로에게 의존하며 공동으로 발생하는 사건을 보여준다. 사실 메다드 보스가 1949년부터 1972년까지 직접 연구하고 협력한 인물은 이른바 "제2의 하이데거"(후기 하이데거)[2]였다.

## 현존재분석: 실존적 정신의학, 심리학 그리고 심리치료의 탄생

현존재분석을 공부하는 영어권 학생들의 주된 어려움은 빈스방거와 보스 모두 각자의 접근법을 똑같이 현존재분석이라고 칭했다는 점에서 온다. 이것이 인간 존재에 대한 하이데거의 존재론적 이해에 대한 둘의 공통된 애정을 보여주기도 하지만, 그들 각자의 현존재분석 저작은 다른 프로젝트를 대표하며, 각자가 고유한 목표, 포부 및 현존재분석에 대한 별도의 이

---

2) 괄호는 번역자 해석

해 방식을 갖고 있었다는 점에서 같은 용어 사용은 학생들을 어렵게 만든다.

빈스방거가 자신의 현존재분석을 정신의학에 더 적합한 과학적 기초를 제공하기 위한 연구 방법으로 설계하고 이해했다면, 보스는 자신의 현존재분석을 기존의 정신분석을 급진적으로 재구성함으로써, 심리치료 실제를 현상학적으로 접근하고자 했다. 이 두 접근 방식을 두고 적절하고 일관된 영어식 용어를 찾는 것이 메이나 엔젤(Angel), 엘렌버거(Ellenberger, 1958) 그리고 스피겔버그(Spiegelberg)와 같은 2차 출처 저자들에게는 혼란스러운 난제였다. 아쉽게도 메이와 엔젤, 엘렌버거는 빈스방거의 현존재분석을 "실존분석"이라고 번역했고, 스피겔버그 (1972, p.333)의 경우는 하이데거의 독일 용어 현존재분석을 보스의 접근을 지칭하는 경우에만 사용하였다. 본서에서는 두 현존재분석가 작업을 언급할 때 모두 현존재분석이라는 용어를 유지하고, 그것이 빈스방거의 정신의학인지 또는 보스의 심리치료 접근인지는 맥락에 따라 구분하고자 한다.

다른 실존심리치료와 비교했을 때 현존재분석의 두드러지는 점 중 하나는 프로이트에 대한 확고한 인식이다. 오늘날 다수의 실존치료자는 전이, 저항 그리고 반복과 같은 프로이트적 구성에 민감한 반응을 보인다. 보스와 빈스방거는 이러한 개념들이 생물-기계적 용어로 지나치게 단순화되어 부적절하게 설명된 면도 있지만, 모두 실제적이고 구체적인 인간 현상을 가리킨다고 보았다. 오늘날에도 여전히 현존재분석가들은 프로이트를 단순히 무시하는 것은 그의 사상을 교리적 진리로 받아들이는 것만큼이나 잘못된 것이라고 주장한다. 필요한 것은 오히려 정신분석가의 놀라운 통찰을 사유적이고 열린 마음으로 하는 현상학적 해석학적 재해석이다. 이는 더 이상 인간을 자연적 인간(*homo natura*)의 언어에 가두지 않고 실존적 인간 (*homo existentialis*), 즉 인간으로서의 그리고 전체로서의 인간 이해의 방향으로 해방시키는 것이다. 프로이트에 대한 비판적 인식을 보스와 빈스방거만 한 것은 아니었다. 롤로 메이(Rollo May), 제임스 부젠탈(James Bugental), 헨리 엘킨(Henry Elkin) 그리고 폴 스턴(Paul Stern)과 같은 미국의 실존분석가들도 프로이트의 사상과 실천의 핵심 요소를 다양한 현상학적 비판과 재평가를 통해 받아들이고 있다.

## 루드비히 빈스방거: 현존재분석 정신의학과 정신병리학

루드비히 빈스방거는 1881년 4월 13일 스위스의 저명한 정신과 의사 집안에서 태어났다. 그의 할아버지 루드비히 빈스방거는 크로이츨링겐에 있는 벨뷰 사나토리움(Bellevue Sanatorium) 이라는 유명한 인도주의 정신병원을 설립했으며, 그의 삼촌인 오토 빈스방거(Otto Binswanger) 는 독일 예나(Jena)의 정신병원에서 프리드리히 니체(Friedrich Nietzsche)를 치료한 바 있다. 청년 시절에 가족의 대를 잇기로 결심한 루드비히 빈스방거는 취리히, 로잔(Lausanne), 하이델베르크(Heidelberg)에서 의학 공부를 한 후 부르크휠즐리(Burghölzli) 병원에서 오이겐 브로일러와 칼 융(Carl Jung) 아래서 교육과 수련을 받기 위해 취리히로 돌아왔다.

　프로이트가 융과 그의 부인을 비엔나로 초대했을 때, 융은 빈스방거에게 함께 가자고 했고 그들은 1907년 3월 2일 저녁, 비엔나에 도착했다. 다음 날 오전 10시, 첫 만남에서 프로이트와 융은 13시간 동안 쉼 없는 대화를 이어갔다. 융과 빈스방거는 3월 6일 수요일 저녁, 비엔나 정신분석학회에 처음으로 참석했다. 며칠 후 융 내외는 휴가차 비엔나를 떠났고, 프로이트의 인격과 그의 사상에 매료된 빈스방거는 한 주간 더 머물게 되었다. 이로써 프로이트의 생이 다할 때까지 수십 년에 걸친 두 사람의 우정이 시작되었다. 서로에 대한 존경심이 항상 상호적이었던 것만은 아니었지만, 빈스방거는 프로이트에게 변함없는 '개인적인 애정과 경외심'(Binswanger 1957, p.99)을 가지고, 프로이트의 "위대함과 그의 인격에서 나오는 불굴의 영적 도덕적 힘"을 인정하지 않을 수 없었다(Fichtner 2003, p.219). 그도 그럴 것이, 1927년 방문 이후 빈스방거의 일기에는 "다른 누구와 함께 있을 때와는 달리, 나 자신이 매우 작게 느껴진다"라고 쓰여있다(Fichtner 2003, p.238).

　빈스방거는 프로이트와의 우정과 그의 "기념비적인" 정신분석 기법을 높이 평가하면서도, 이와 별개로 그와의 의견 차이도 보였다. 인간 본성에 대한 프로이트의 자연과학적 이해에 대한 불만과 심리학 및 정신분석에 더 적절한 철학적 토대에 대한 열망이 있었던 빈스방거는 곧 현상학적 인류학을 개발하는 프로젝트를 착수하였다. 이것은 "정신의학적-현상학적 연구 방법"을 통해 인간을 전체적으로 바라보는 것이다. 빈스방거는 프로이트의 자연적 인간이 아니라 실존적 인간(또는 역사적 인간; Binswanger 1963a, p.150), "정신적으로 아픈 인간에 대해 관심이 있는 것이 아니라 인간 그 자체"(Binswanger 1956, p.144)에 관심이 있었다.

　빈스방거의 과학적 현상학은 1927년 하이데거의 『존재와 시간』이 출판되면서 급진적인 전환을 맞이하게 된다. 후설을 통해 하이데거의 저작을 처음 접한 이 정신과 의사는 1929년 1월 드디어 하이데거를 만났다. 빈스방거가 현존재라는 용어를 쓴 것은 1930년 자신의 신화적 시적 연구인 『꿈과 실존』(Binswanger 1930/1963a)에서였다. 1936년 빈스방거는 프로이트 80주년 기념 논문집에 인류학에 비추어 본 프로이트의 인간 개념이라는 제목으로 논문을 발표했다. 여기에서 그는 인간을 자연적 인간(homo natura)으로 이해한 친구이자 멘토인 프로이트의 이해에 도전하는 과학적 인류학적 비평을 제기했다. 빈스방거는 특히 물리적 세계가 아니라 의미 있는 관계와 가능성의 지평으로 이해된 세계, 세계-내-존재(In-der-Welt-sein)로서의 현존재에 대한 하이데거의 해석학적 이해에 깊은 감명을 받았다. 빈스방거에게 있어 인간에 대한 이러한 이해는 "모든 심리학의 암적인 악... 이른바 세계의 주체-객체-분열의 도그마"를 최종적으로 파괴하는 것을 의미했다(Binswanger 1958, p.193).

　현존재의 세계성에 대한 하이데거의 이해는, 건강하든 질병이 있든 상관없이 인간의 존재를 단순히 세계-내에 존재하는 다양한 방식이나 모드로 이해할 수 있다는 것을 의미했다.

하이데거를 따라 빈스방거는 이를 "세계 설계"(World Designs) 또는 "세계 기투"(World Project)라고 불렀다. 빈스방거는 현존재의 세계가 서로 다르면서도 상호 연관된 세 개의 일상 세계로 구성되어 있다고 제안하는데 그 각각은 움벨트(Umwelt)로, "주변 세계"(around−world) 또는 "하나의 세계"(One−World)를 의미하며, 이는 몸을 포함한 주변 환경을 의미하며, 미트벨트(Mitweit)는 "공존 세계"(with−world)로 사회적 또는 인간적 관계의 세계를, 아이겐벨트(Eigenwelt)는 "고유 세계"(own−world) 또는 "자기 세계"(self−world)로 "내면" 세계를 의미하고, 이는 성찰적이며 자기와의 관계 세계를 말한다. 이 3차원적 관점은 현존재의 원시적인 통일성을 어떤 식으로든 어긋나지 않는다는 것을 전제한다.

프로이트와의 차이를 주저하지 않았던 빈스방거는 하이데거에게도 의문을 제기했는데, 하이데거가 사회적 실존, 특히 사랑의 "이중적 양상" 관계, 즉 인간 실존의 우리성(we−hood)이라는 특성을 희생시키면서 현존재를 지나치게 개인주의적으로 특성화했다는 점을 문제 삼았다. 그는 개인적으로 알고 지내며 수십 년간 편지를 주고받았던 관계적 실존주의 철학자인 마르틴 부버로부터 깊은 영향을 받고 인간의 사랑이 "하이데거의 실존의 그림 밖에서 추위에 얼어붙은 채 방치된" 것에 대한 반응으로 "사랑의 현상학"을 전개했다(Spiegelberg 1972, p.206 참조). 빈스방거의 사랑의 현상학은 그의 크로이츨링겐 가족 요양원의 애정 어린 분위기에는 완벽하게 부합했으나, 하이데거의 현존재의 기초존재론과는 상충했다. 하이데거의 존재론에서 돌봄(Sorge)은 타인과−함께−존재(Mitsein)할 수 있는 자신의 존재론적 능력을 수행하는 방식으로서, 사랑의 존재론적 가능성을 자연스럽게 포함하는 것으로 이해되었다. 하이데거는 빈스방거의 작업을 칭찬하며 현존재의 근본적 존재론을 통해 정신병리학에 대한 그의 이해를 계속 발전시키도록 격려했지만, 동시에 이 정신의학자가 『존재와 시간』을 넘어섰으며 자신의 전체적인 존재론적 의미를 제대로 파악하지는 못했다고 평했다. 빈스방거는 결국 자신의 실패를 인정했고 그것을 도리어 생산적인 착오로 삼았다. 그럼에도 빈스방거와 하이데거는 메다드 보스가 정신의학, 심리학 및 심리치료 분야에서 하이데거의 공인 대변인이 된 후에도 1950년대까지 사려 깊은 서신을 주고받으며 계속 교류를 이어갔다. 보스와 달리 빈스방거는 독립적인 사상가로 자신의 성향을 계속 따랐고 결국에는 이전 스승이었던 에드문트 후설로 돌아가 경험의 중요성을 강조하는 현상학적 연구를 진행했다. 그 시점에, 경험의 중요성이 강조되면서 이전의 '세계'라는 용어는 대체되었다.(Holzhey−Kunz 2006, p.286).

안타깝게도 빈스방거의 실제 일상적인 심리치료에 대해서는 알려진 바가 거의 없다. 잘 알려진 사례 연구들조차 그의 특정하고도 구체적인 심리치료 활동에 대한 설명이 없는데, 이는 아마도 그가 "현존재분석만으로는 우리가 심리치료를 수행할 수 없다. 필요한 것은 정신분석학이 우리에게 제공한 엄청난 지식과 기술이다."(Binswanger 1969, p.254, 저자 의역)라고 발언한 것으로 설명할 수 있을 것이다. 빈스방거가 심리치료의 실제에 대해 몇 가지 언급한 것은 사실상 주로 태도적인 것이었다. 예를 들어, 그는 현존재분석을 존재하는 동반자들 간의 사랑에 기반한 만남으로 보면서, 추상적이고 이론적인 담론을 피하고 사람과 사람, 현존재와 현존재 사이로 만나 개인의 일상 언어로 소통하는 것을 중시했다(Binswanger 1960, p.253). 이러한 광범위한 통찰을 넘어 심리치료에 대한 체계적인 현존재분석 접근법을 개발하고 명료히 하는 일은 메다드 보스에게 맡겨졌다.

## 메다드 보스: 현존재분석 심리치료

메다드 보스는 1903년 10월 4일, 스위스의 상트 갈렌(St, Gallen)에서 태어났다. 보스가 두 살 때 부모님과 취리히로 이사했고, 그곳에서 평생을 살았다. 빈스방거와 달리, 보스의 부모님은 의사가 아니었기 때문에 의학 분야로 접어드는 것이 그리 순탄하지는 않았다. 본래 화가가 되고 싶었던 보스의 꿈은 그림을 그리는 것이 '먹고 살기 힘든 직업'이라고 말하는 아버지의 반대에 부딪혔다. 보스의 아버지는 아들의 예술가로서의 꿈을 치료하기 위해 뮌헨에 있는 피나코테크 미술관에 데려가 유럽 거장들의 작품을 아들에게 보여주었다. 보스는 자신의 재능을 과대평가했다는 점을 어쩔 수 없이 인정했고 아버지의 '치료법'에 굴복하였다. 하지만 그의 그림 그리기는 평생 지속되었다.

**정신분석으로 가는 길**  조금 더 실용적인 포부로 돌아선 보스는 취리히 대학 의과대학에 등록하였다. 우연히 프로이트의 『정신분석학 입문 강의』(Freud 1916-1917/1961)를 읽게 된 그는 프로이트를 직접 만나고자 1925년 여름 학기를 비엔나 대학에서 보내기로 결심했다. 보스의 아버지는 비엔나에서의 의학 공부는 지원하기로 했으나 프로이트와의 분석료 부담은 거절하였다. 보스는 단념하지 않고 프로이트에게 편지를 보내 분석 예약을 요청했고, 69세의 정신분석가 프로이트는 감면된 분석료로 그를 만나주기로 했다. 보스는 끼니를 거르고 아버지가 주신 식비를 아껴 분석료를 충당했다. 이런 연유로 자유연상 중에 보스의 배에서는 종종 꼬르륵 소리가 났고 프로이트는 22세의 학생이 배고프지 않으면 좋겠다며 보스가 갈 때면 주머니에 몇 푼의 실링을 가끔 넣어주는 것으로 응대하기도 했다. 보스는 이러한 행동이 치료 수행에 관해 프로이트가 권고하는 기술적 권장 사항과 거의 맞지 않다는 사실에 충격받았다.

취리히로 돌아와 의학 공부를 마친 보스는 이후 스위스 정신분석협회 소속인 한스 벤-에센부르크(Hans Behn Eschenburg)와 자신의 정신분석을 이어갔고, 빈스방거와 마찬가지로 부르크휠즐리에서 오이겐 브로일러를 도왔다. 이후에 베를린 정신분석연구소에서 카렌 호나이(Karen Horney)의 감독하에 수련하였다. 보스는 호나이를 두고 교수진 중에 가장 인간적이라고 표현한 바 있다. 그 외에도 오토 페니첼(Otto Fenichel)과 하랄트 슐츠-헨케(Harald Schultz-Hencke)에게 수련을 받았다. 또한 빌헬름 라이히(Wilhelm Reich), 한스 작스(Hanns

Sachs), 지그프리트 베른펠트(Siegfried Benfeld)와 수업을 들었고 뇌 손상 연구소에서 커트 골드 슈타인(Kurt Goldstein)의 조교로도 한동안 일하였다. 매우 정통적인 베를린 연구소에서의 교육 과 훈련은 보스로 하여금 정신분석의 미래가 절망적으로 경직되어 있고 19세기 물리과학의 가정에서 벗어날 수 없다는 견해를 갖게 만들었다. 보스는 또한 6개월간 런던 정신분석연구소 에서 수련을 받고 국립 신경 질환 병원에서 어니스트 존스(Ernest jones)를 도왔다. 취리히와 부르크횔즐리로 돌아와 마침내 개인 병원을 개업하고 1936년에는 슐로슬리 정신과 클리닉 (Schlössli Psychiatric Clinic)의 원장이 되었다.

2년 뒤인 1938년, 보스는 칼 융으로부터 키스나흐트(Küsnacht)에 있는 호숫가 자택에서 주 2회 열리는 세미나에 참여해달라는 초청을 받았다. 심층 심리치료에 대한 융의 "현상학적" 접근과 프로이트의 인과─발생적 사고에 대한 그의 비판에 감동했으나, 십 년 후 융이 세미나 를 끝냈을 때 보스는 그와의 관계를 정리했다. 그럼에도 불구하고 꿈 해석과 관련해 융의 영 향력이 남아있다는 점에서 일부 꿈 학자들은 보스를 융 학파로 간주하고 있다.

**현상학으로 가는 길**   보스는 사변적이고 환원주의적인 정신분석의 이론에 점점 더 불만을 품게 되는데, 특히 꿈이나 깨어 있는 일상의 현상을 프로이트의 추동 또는 융의 원형을 위한 표상적 상징으로 대체한다는 것이 불만스러웠다. 보스에게 그와 같은 가상의 개체는 우리가 직접 만 나거나 경험할 수 있는 것이 아닌 "단순히 가정된 추상적 개념"에 불과했다(Boss 1953/1958, p.58). 보스는 치료자에게 이론적으로 "지루한 곡예"를 수행하도록 요구하는 미로 같은 상징적 인 해석에 특히 분개했다(Boss 1963, p.234). 이것이 물론 환자들의 초기 증상을 치료하기도 한 다는 점은 인정했으나 "'정신분석증'이라고 부르는 새로운 신경증"을 생기게 할 수도 있다고 보았다(Boss 1963, p.236). 그러한 자연과학 이론에 불만이 있었으나 융을 만나기 이전부터 이미 빈스방거의 작업에서 심리학적 과학에 대한 보다 존중하는 인간적 접근 방식을 발견했기에 꽤 안도할 수 있었다. 빈스방거는 1930년대 후반에 젊은 동료인 보스에게 체계적 현상학을 소개 했다. 보스는 자신의 초기 출판물에서 정기적으로 빈스방거와 에르빈 슈트라우스, 빅터 폰 게 브사텔, 한스 쿤츠(Hans Kunz)를 포함한 여타 현상학 심리학자들의 이름을 인용하였다. 무엇보 다도 의미심장한 일은 빈스방거가 보스에게 하이데거의 『존재와 시간』을 소개했다는 점이다.

**현존재분석으로 가는 길**   보스는 제2차 세계대전 당시 알프스의 군사 벙커에 갇혀 있는 동안 본격적으로 하이데거를 연구하기 시작했다. 초반에는 한 문장도 이해할 수 없어 재미도 없고 실망스러웠지만, 구절을 반복해 읽고 끈질기게 노력한 결과, 훗날 친구 폴 스턴이 말했듯이 보스는 점차 "이해할 수 없는 광활한 바다에서 의미의 작은 섬을 붙잡기"(Stern 1797, p.xiii.) 시 작했다. 이 섬들에서 가장 중요한 것으로는 인간이 다른 인간을 돌보는 두 가지 다른 방식에 대한 하이데거의 해석인데, 말하자면, 개입적 돌봄(*intervening care*)과 예견적 돌봄(*anticipatory* *care*)이 그것이다(Heidegger 1927/1962, pp.158-159). 여기서 보스는 하이데거가 예견적 돌봄이라고 부른 것이 프로이트의 치료자와 환자의 관계에 대한 기술적 권고를 철학적으로 완벽하게 설명한 것임을 깨달았다. 개입적 돌봄은 조언, 약물 제공, 물질적 지원 등을 통해 다른 사람을 대신해 "뛰어들어" 도와주는 것을 의미하며, 이는 그들이 스스로 할 수 없는 부분에 대한 책임을 대신 지는 것을 말한다. 그러나 이러한 돌봄은 그들을 의존적으로 만들고 심지어 지배당하고 의욕을 잃게 만들 위험도 있다. 이와 대조적으로, 예견적 또는 "앞서 뛰어가는" 돌봄은 다른 사람들이 자신을 위해 상황을 명확하게 볼 수 있도록 인식과 지각을 열어주고, 스스로 책임질 수 있도록 그들을 자유롭게 하는 것이다. 보스는 훗날 이에 대해 기록하기를 치료자는 "환자의 실존적 전개보다 앞서가"(Boss 1963, p.73) 기다린다고 했다. 보스에게 이 구분은 정신분석가들이 해야 할 것과 하지 말아야 할 것에 대한 프로이트의 권고를 가장 예리하게 설명한 것이었다.

자신의 정신분석적 실천을 더 풍부하고 철학적으로 기반이 있는 이해로 발전시킬 가능성을 본 보스는 전쟁 후 하이데거에게 본인의 관조적 또는 "성찰적 사고"(*Besinnliche Denken*)에 대한 도움을 얻기 위해 개인적으로 만날 수 있는지 요청하는 편지를 썼다. 1947년 8월 3일에 하이데거는 보스를 토트나우베르크(Totnauberg)에 있는 자신의 산장에 초대하는 답장을 보내면서 "자신의 작업과 생각을 지탱해 줄 스위스제 초콜릿"을 부탁하였다. 그러나 전쟁 후 국경 상황으로 인해 이 둘은 2년이 넘게 손 편지만 주고받았을 뿐 직접 만나지는 (초콜릿을 받지도) 못했다. 보스와 하이데거가 직접 만난 것은 1949년 한여름이 되어서였다. 그때로부터 이 둘의 관계는 점차 복잡하게 펼쳐졌다. 1950년대 초반까지 보스는 철학자와의 도제 관계에 거의 전적으로 헌신했으며, 그의 현존재분석이 심리학, 심리치료, 정신분석에 미치는 함의에 전념했다. 하이데거는 현존재분석에 대하여 빈스방거의 버전이 아닌 보스의 버전이 철학자의 생각에 가장 충실한 것이라고 승인함으로써 보스의 헌신에 보답했다. 그 후 몇 년 동안 그들의 관계는 약 256통의 서신왕래뿐 아니라 이탈리아, 그리스, 터키로의 개인 방문과 가족 여행을 통해 더욱 깊어갔다. 프라이부르크와 토트나우베르크에 있는 하이데거의 집과 취리히와 렌처하이데(Lenzerheide)에 있는 보스의 집을 자주 방문하였다. 그러나 두 사람의 관계와 심리학과 심리치료에 있어 가장 중요한 사건은 보스의 학생들과 동료들을 위해 취리히에서 열린 세미나, 촐리콘(Zollikon)에 있는 보스의 집에서 대부분 열려서 『촐리콘 세미나(Zollikon Seminars)』(Heidegger 1987/2001)라고 알려진 일련의 세미나의 설립이었다. 운 좋게도 지금의 현존재분석가들은 그들의 우정과 협력에 대해 완전하지는 않더라도 비교적 상세한 기록을 갖고 있다. 저명한 철학자와 의학적 훈련을 받은 정신분석가 간 이토록 우호적이고 협력적인 관계가 처음부터 가능했다는 점은 주목할 만하다. 보스에 따르면 하이데거는 "자신의 철학적 통찰이 단지 철학자의 영역에만 국한되지 않고 더 많은 사람에게 도움이 될 가능성을 보았는데, 특히 고통당하는 사람들에게 그럴 것이라고 보았다"(Boss 1987/2001, p.xvii). 심리학과 의학 분야에 인간 존재에 대한 견고한 철학적 이해를 제공하고자 했던 하이데거의 관심과 "철학적으로 견실한 하이데거의 기초존재론을 완전히 새로운 심리학과 정신병리, 심리치료의 이론적 기반으로 삼고자 했던, 또 다른 진정한 기초 과학으로 삼고자"(Boss 2002-2003, p.26) 했던 보스의 전문적인 포부가 서로 잘 들어맞았다.

하이데거를 만나기에 앞서 보스는 먼저 심리치료 실제에 현상학적 관점을 가져오는 데에 있어 빈스방거의 출판물과 개인적 지도에 신세를 지고 있음을 공개적으로 인정했다. 보스의 첫 주요 작품에서 강조하는 것은 성적 "일탈"에 대한 관점이었는데 이는 "실존적 사랑의 이중 모드"와 성적 일탈을 의학적 질병이 아닌 "실존적 아픔"으로 보는 빈스방거의 이해에 근거한 것이다. 그러나 이 책이 『성적 일탈의 의미와 내용』이라는 영문판으로 출판된 1949년 무렵은 보스가 이미 자신의 새로운 멘토인 하이데거의 현존재분석에 기반하여 빈스방거와 다른 현상학자들을 비판하기 시작하던 때였다. 보스의 두 번째 주요 독일 저작인 꿈 해석에 관한 논문은 1953년에 발표되었고 5년 후인 1958년에는 『꿈 분석』(1958)이라는 제목으로 영문판이 출간되었다. 여기에서 보스는 꿈에 대한 정신분석적, 신-분석 및 비-분석적 관점을 비판하고 꿈 자체로의 회귀를 강조하는 현상학적 접근을 소개했다. 꿈의 현실성은 깨어 있을 때 못지않게 유효하게 고려되어야 함을 강조했다. 3년의 분석 동안 823개의 꿈을 보고한 보스의 40대 엔지니어 사례는 꿈 분석 분야에서 즉시 고전으로 자리 잡았다. 1954년에는 아직 번역되지 않은 심신의학이라는 독일어 입문서를 출판하여 엄격한 생물학적 관점에서 벗어나 개인의 구체적이고도 체화된 경험으로 초점을 옮겨갔다.

보스의 현존재분석 심리학과 심리치료에 대한 포괄적이고 체계적인 첫 번째 주해는 『정신분석과 현존재분석』(*Psychoanalysis and Daseinsanalysis*)(1963)이다. 이것은 1957년에 독일어로 나온 같은 제목의 책에서 훨씬 더 확장된 것이다. 이 책에서는 하이데거와 15년에 걸친 연구와 협력의 영향이 체계적으로 드러났다. 이 첫 번째 주요 저작은 인간 존재에 대한 정신분석적 관점과 현존재분석 관점의 기저에 있는 철학적 체계와 가정을 세세하게 비교하고, "전이", "저항", "무의식", 꿈과 같은 임상적 현상을 이해하기 위한 현존재분석적 대안을 제시하였다. 이어 2년 후에는 자신이 좋아하는 책 『정신과 의사가 발견한 인도』(1959/1965), 영어 번역본을 냈다. 이 책은 그가 인도와 인도네시아에 머물면서 영적 스승들과 함께 지낸 두 차례의 긴 체류를 묘사하고, 그들의 사상을 하이데거의 사상과 비교한 것이다. 보스는 꿈 주제로 돌아와 『어젯밤 꿈에...』(1975/1977)와 같이 설명(*explication*)이라고 불리는, 현상학적으로 접근하는 꿈 분석을 하여, 연상에 기반하는 프로이트의 상징적 해석과 자신의 접근을 뚜렷하게 구분하였다. 꿈과 깨어있음에 대한 분별력 있는 현상학적 논의에서 보스는 말하기를 "깨어있기와 꿈꾸기"는 "하나의 동일한 역사적 인간 존재를 실현하기 위해 수행하는 두 가지 다른 방식일 뿐이다"(1975/1977, p.190)라고 했다. 자신의 대작, 『의학과 심리학의 실존적 기초』(1971/1979)에서 보스는 정신분석과 의료계의 객관적이며 자연과학적인 이상에 동의하는 미숙한 경향성을 무자비하게 비난했다. 이것의 대안은 마르틴 하이데거의 현존재분석(Daseinsanaytik)에 바탕을 두고, 사유와 실천을 위한 새롭고도 적절한 현상학적 기초로서 인간 존재를 엄격하게 철학적으로 탐구하는 것이었다. 보스는 하이데거의 "인내와 세심한 돌봄"(Boss 1978, p.12)에 자부심을 느끼며 감사했다. 보스가 오랜 세월에 거쳐 작업한 현존재분석 프로젝트에서 가장 만족스러워하는 점은 아마도 자신과 하이데거가 나눈 대화와 편지, 그리고 『졸리콘 세미나』(Heidegger 1987/2001)에서 받아 쓴 기록 및 메모를 편집하는 작업이었을 것이다.

이어지는 장에서는 현존재분석 심리치료의 철학, 이론, 실제, 방법을 보다 명시적으로 다룰 것이다. 현존재분석 이론과 치료에 대한 현대적 관점으로 이동하기에 앞서, 현존재에 대한 하이데거의 기초존재론에 관하여 비판적으로 고려해 볼 점을 개요하고 마무리하고자 한다. 특히 존재와 존재론은 현존재분석을 이해하는 데 있어 필수적이며 실존 심리학 및 심리치료 전반에 중요하기 때문이다. 다음은 보스가 저자에게 직접 가르친 것으로, 이후 자신의 마지막 글, 현존재분석에 대한 최신 고찰(1988)에 제시되었던 내용을 기반으로 한다. 기초존재론에 대한 관점은 의심할 여지없이 보스가 알고 있던 "전회" 이후의 하이데거에 의해 형성된 것이다.

## 기초존재론: 현존재분석의 철학적 기반

기초존재론이라고 불리는 현존재에 대한 하이데거의 현상학적 해석에 따른 분석(현존재분석)은 세기의 전환기에 널리 퍼져 있던 자연적 인간(homo natura)에 대한 과학−생물학적 관점과 추측에 의한 정신분석적 관점 모두에 이의를 제기하는 심리치료적 현존재분석의 철학적 기초를 제공했다. 앞서 말한 대로, 이러한 해석학적 존재론은 실존 심리학 및 심리치료 분야에서 수십 년 동안 지배해 온 계산적(양적) 사변적(이론적) 심리학에 대한 혁명적인 인식론적 대안을 제시한다(Craig 2015, p.84).

존재론(ontology)이란 용어는 존재를 뜻하는 그리스어 on(ov)에서 유래한 어근 ontos−와 담화, 이성 또는 과학을 의미하는 그리스어 logia(λογία)에서 나온 logos의 합성어로, 존재론은 존재(동사 is)의 과학이자 현존재분석의 탁월한 개념이며, 다른 많은 형태의 실존 심리치료에서도 필수적인 개념이다. 한때 롤로 메이가 말한 것과 같이 "실존분석의 독특한 특징은 존재의 과학인 존재론에 관심이 있다는 것"(May 1958, p.37)이다. 존재(being)라는 단어는 실존 상담 및 심리치료에서는 매우 중요하다. 덜젠과 켄우드(2005)의 사전에는 존재라는 단어 자체 외에도 존재(being)로 시작하는 13개의 다른 합성어가 나온다. 존재가 이 분야의 중요한 주제이긴 하지만, 그 의미와 중요성에 대한 포괄적인 합의는 없으며, 어빈 얄롬의 접근법과 같이 일부 실존 심리치료 접근법은 존재론을 전적으로 회피한다.

보스 자신이 하이데거를 처음 접한 후 철학자의 사상을 이해하는 진정한 초심자처럼 느껴지기까지 12년이 걸렸다고 인정한 것을 본다면 존재론을 고려하기가 꺼려지는 이유를 쉽게 이해할 수 있다. 이 외에도 하이데거의 주요 관심사가 철학이었지, 우리의 가장 익숙한 존재 방식, 즉 대부분의 사람들이 심리치료를 받으러 오게 만드는 일상적 인간 존재의 구체적 존재 양식을 주로 다루는 심리학이 아니었다는 점 또한 존재론을 고려하기 어렵게 하는 장애물이다. 하이데거가 그의 존재론적 실존분석을 존재적(ontical) 또는 실존적(existentiell)이라고 불리는 이러한 일상적 존재 양식으로부터 시작했지만, 그의 궁극적인 관심은 존재(명사)의 존재(동사) 의미, 즉 존재한다는 것이 무엇을 의미하는가, 다시 말해 모든 것이 존재할 수 있도록 하는 존재의 있음(is-ness of being)에 있었다. 그럼에도 불구하고 보스가 직감했듯이 이러한 존재론적 분석은 인간이라는 존재의 의미를 이해하는 데 필수적인 것으로 입증될 것이다. 인간 자체를 이해하지 않고는 어떻게 치료자가 자신의 상담실에 구체적으로 나타나는 특정 인간을 이해하리라고 기대할 수 있겠는가.

## 인간, 현존재

하이데거는 자신의 존재를 포함하여 존재를 이해하는 인간의 능력을 인간의 지배적인 특성일 뿐만 아니라 "『존재와 시간』의 유일한 관심사"로 보았다(Heidegger 1987/2001, p.188). 하이데거에 따르면 현존재는 "그 존재 자체가 자신에게 문제로 다가오는 존재라는 사실에 의해 존재적으로(ontically) 구별된다" 그리고 "현존재는 존재론적이라는(ontological) 점에서 존재적으로 독특하다"(Heidegger 1927/1962, p.32). 현존재로서 우리는 일상의 존재 의미를 반추할 겨를도 없이 그저 하루하루의 분주함에 빠져 살아간다. 그러나 이렇게 성찰하지 않는 일상적 존재 방식 속에서도 우리는 존재한다는 것이 무엇을 의미하는지 이에 대해 사고되지 않은, 무언의 전-존재론적 인식을 항상 유지하며, 때때로 혼란스럽기는 하지만 막연하게나마 존재론적 본성을 인식하고 있다. 우리가 좋아하든 싫어하든, 우리는 모두 우리의 더 근본적인 인간성을 어렴풋하게나마 인식하면서 존재한다. 이는 벗어날 수 없는 존재 방식이며 인간으로서 우리가 존재해야만 하는 방식이다(zu sein haben; Heidegger 1927/1962, pp.32-33, p.173).

현존재분석을 가능하게 하는 두 번째 주요 존재론적 특성은 현존재가 세계 내에 존재하는(In-der-welt-sein), 거기(Da)로서 구성된다는 점이다. 현존재의 이 '거기-있음'(there-ness)은 종종 존재론적 특성에서 가장 먼저 거론되는 점이기도 하지만 거기(Da)에는 일반적으로 인식되는 것 이상으로 더 많은 의미가 있다. "『존재와 시간』에서... '거기'는... '열려 있음'으로 규정된다"(das offene 1987/2001, p.225). 『존재와 시간』 자체에서는 거기가 "터" 또는 "세계 개방성 또는 세계 조명의 영역"으로 더 자주 언급된다. "거기", "세계 내 존재", "열림" 또는 "터", 이 세 가지 해석 모두는 어떤 물리적 공간의 위치가 아니라, 현존재가 본래적으로 존재하는 의미 있는 참여, 관계, 가능성의 전체 지평을 일컫는 것이다.

현존재에 대한 이러한 존재론적 성찰이 추상적이고 벅차게 보일 수 있지만, 결코 심리치료와 무관하지 않다. 다른 어떤 종류의 존재가 아닌 인간으로서 이 세계에 던져진 우리는 이러한 방식으로 존재해야만 한다. 현존재분석가에게 우리 존재의 근본적 특성과 우리 자신과의 관계는 우리 고통의 궁극적이고도 실존적인 원천이 된다. 혼란스럽고도 예측할 수 없는 세계의 한가운데에서, 존재한다는 것이 무엇인지를, 연약하고 유한하며 상처 입기 쉽고 불확실하고 일시적이며 항상 죽음을 향해 가는 중임을 우리는 깨닫고 있다. 도움을 받으러 오는 사람들만큼이나 치료자의 실존 또한 마찬가지이다.

요약하자면, 현존재분석은 현존재의 세 가지 근본적인 존재론적 특성에 기반하고 있다: (1) 자신의 존재를 포함한 존재에 대한 이해 (2) 존재의 거기, 세계성 또는 개방성 (3) 존재적−존재론적(ontico−ontologic) 본질, 이와 함께 인간으로 존재해야 한다는 것이 무슨 의미인지를 아는 일상의 전−존재론적 이해이다.

## 현존재분석에서 존재(being)라는 말의 세 가지 기본 의미

하이데거는 자신의 전집에서 존재(sein)라는 용어를 너무나 다양한 방식으로 사용하여 독자는 물론이거니와 조예가 깊은 학자들조차도 이 단어가 무엇을 의미하는지 알기 어려워 난처한 경우가 잦았다. 하이데거 학자 톰 쉬한(Tom Sheehan, 2015)은 현존재 단어를 쓰는 수많은 복합어를 제외하고도 60개가 더 되는 다양한 용도를 확인하였다(pp.5−8). 이러한 당혹스러움에 직면한 보스는 하이데거에게 편지를 보내 『정신분석과 현존재분석』에 나오는 가장 기본적인 용어를 영문판에서는 어떻게 번역하는 것이 최선인지 물었고 하이데거는 다음과 같이 답했다:

(a) *das Seiende or Seiendes*는 "존재자(being)" 또는 "특정 존재자(particular being)"로 번역하고 (b) *Seiendheit*는 특정 종류의 사물이나 생명체의 존재 방식을 말할 때 소문자 "존재함"(being−ness)으로 하고, (c) *Seyn*은 대문자 "존재"(Being−ness)로 하는 게 좋은 것 같습니다. 확신컨대, b)와 c) 사이의 구별 안에 내 생각의 모든 길이 숨어 있습니다(Boss 1963, 36ftn).

다음은 조밀하고 빛나지만 널리 간과되고 있는 구절에 대한 논의이다.

**특정 존재자(Particular being)**   현존재가 자신을 발견하는 첫 번째이자 가장 친숙한 방법은 특정 세계의 일상에 있는 특정 인간으로서의 자신이다. 예를 들어 지금 나는 특정한 문장을 쓰고, 특정한 고양이를 보며 특정한 나무 아래에 앉아있는 특정한 남성(사람)으로 존재한다. 이러한 구체적인 존재 방식은 우리가 구체적인 삶을 살아가는 방식이며, 일반적으로 우리가 살아가고 숨 쉬고 존재한다는 것을 알게 되는 방식이다. 그러나 아이러니하게도, 이러한 일상 세계에서 우리는 우리 자신과 "존재론적으로 가장 가깝게" 느낄 수 있지만, 동시에 "존재론적으로 가장 멀게" 느낄 수도 있다(Heidegger 1927/1962, p.37). 일상적인 존재적 세계에서 존재론적으로 우리가 무엇인지, 즉 불가피한 우연성, 한계, 가능성을 지닌 인간이라고 불리는 그런 존재 유형이라는 것을 희미하게만 알고 있을 뿐이다. 존재의 일상성에 몰두하다 보면 우리는 인간성, 우리를 구별해 주는 특유의 인간다움에는 낯설게 된다. 그럼에도 이 구체적이고도 특정한 존재 방식이 없었더라면 우리는 전혀 존재하지 않았을 것이다. 심리치료는 존재적 방식으로 수행되지만, 매일 매일의 실전을 위해서는 애초에 인간으로 존재하는 것이 무엇인지, 즉 우리를 찾아오는 이들과 공유하는 바로 그 인간다움(human-ness) 또는 존재함(being-ness)이 무엇인지를 이해해야 한다.

**존재(Being-ness)**  존재함(being-ness)에 대한 존재론적 관심은 각 자연과학의 중심 관심사이다. 예를 들어 고양이학은 모든 특정 고양이의 고양이다움에, 수상학은 각 특정 나무의 나무다움에 관심을 가진다. 심리학과 심리치료는 모든 특정 인간의 인간다움, 존재함(being-ness) 그리고 애초에 인간을 인간으로 만드는 것이 무엇인지에 관심이 있다. 현존재분석가에게 그리고 희망하기로는 실존치료자들에게도 해당하는 전형적인 물음은 우리를 다른 종의 존재가 아닌 인간으로 구분해 주는 보편적이며, 불변하는, 존재론적으로 주어진 특성은 무엇인가?와 같은 질문이다. 존재론적인 특성이 되려면, 그 특성은 모든 개별 인간이 존재하는 모든 순간의 특성으로 나타나야 한다(Craig 2015, p.84). 이러한 기준은 최상의 분별력을 요구하고, 가능한 주장의 수를 사전에 제한시킨다. 처칠(Churchill)에 따르면(2013, p.220) 하이데거도 『존재와 시간』에서 실존이라고 불리는 불변의 특성을 약 20여 개 정도만 확인했을 뿐이다. 이러한 전체적인 특성이 인간을 인간, 현존재의 존재함으로 결정짓는 특징이다. 앞서 말했듯이, 보스는 현상학적으로 도출된 이러한 존재론적 특성이 "완전히 새로운 심리학의 탄탄한 이론적 토대, 진정한 기초 과학"을 제공해 줄 수 있다고 확신했다(Boss 2002-2003, p.26). 전체적으로 볼 때, 실존적 측면들은 인간에 대한 해석학적 현존재분석적 이해를 구성하며 우리 분야를 지배하는 계산적이고 생물학적이며 사변적, 이론적인 인식론적 근거를 대체한다. 인간의 근본적인 존재론적 특성에 대한 관심이 바로 현존재분석 과학을 정의한다.

현사실성, 존재에 대한 이해, 세계 내 존재, 감정적 존재, 사회적 존재, 던져진 존재, 유한한 존재, 자유로운 존재, 탄생을 향한 존재, 죽음을 향한 존재와 같은 20여 가지의 특성 중 많은 부분이 이 장과 서문에서 이미 언급되었다. 단, 이러한 특성들이 인간을 인간으로 결정하기는 하나, 우리 개개인의 삶의 방식을 결정짓는 것은 아니라는 점에 유의할 필요가 있다. 인간이라는 이유만으로 선험적으로 주어지기는 했지만, 각 보편적인 인간 특성의 가능성을 어떻게 성취할지(또는 성취하지 않을지), 즉 어떻게 이해하고, 어떻게 사회성을 지니고, 어떻게 자유로울 것이며, 어떻게 죽음을 향해 가고 있음을 알고, 어떻게 살아갈 것인지 등을 선택하는 것(또는 선택하지 않는 것)은 우리 각자에게 맡겨져 있다. 다시 말해, 이러한 특성은 존재에 대한 실존 가능성의 휴경지, 열린 장으로 우리에게 주어지며, 일상의 맥락에서 각자가 성취해야 할 책임으로 남아있다. 현존재분석치료자의 필수적 임무는 상대방이 존재의 자유를 깨닫고 받아들이고 누릴 수 있도록 그와 함께하고 그에 참여하는 것이다.

이러한 현상학적이고 해석학적인 기초존재론은 네 가지 장점을 제공한다. 첫째, 이러한 발견은 우리 자신의 직접적인 경험에서 직관적으로 확인될 수 있다. 둘째, 인간으로서의 인간 그리고 전체로서의 인간 그 의미에 대한 우아하고도 심오한 구조적 이해를 제공한다는 점이다. 셋째, 이 의미 있는 구조적 이해, 즉 존재론적 발판은 심리학 연구 전반의 가능성과 결과를 조직하고 유지할 수 있다, 마지막으로, 존재론적 골격은 치료자에게 한 개인을 이해하고 관여하는 데 생동감 있는 관점을 제공하는데, 그 가능성에 대해서는 다음의 세 장에서 자세히 논의될 것이다.

**존재 그 자체(Beingness-as-such)**　　하이데거는 프라이부르크에서의 유명한 취임 연설을 다음과 같은 질문으로 마무리했다: "왜 존재는 무(無)가 아니고 유(有)인가?"(1929/1977b). 많은 사람은 이를 절망적인 허무주의로 읽으려 할 수 있지만, 실제로 이 물음은 어떤 것이든 존재한다는 기적, 우리 자신이 존재한다는 이 기적을 가리키고 있다. 하이데거의 원래 존재에 대한 질문(Seinsfrage)은 특정한 존재나 존재함(being-ness)에 대한 것이 아니라, 오히려 이러한 존재(명사)들의 존재(동사)에 관한 것이다. 존재한다는 것은 무엇을 의미하는가? 우리가 존재자라고 부르는 이 사건, 애초에 모든 존재를 가능하게 하는 그 공유된 있음은 무엇인가? 하이데거는 존재라는 용어의 이 특별한 의미를 대문자로 표기한 존재(Being-ness) 또는 존재 그 자체(Beingness-as Such)로 지정하고, 존재(명사)와 존재(동사)의 이러한 구별을 존재론적 차이라고 불렀다. 이른바 전회 이후, 하이데거는 이 차이를 어떻게 강조할지 고민하며 독일어 Sein을 Seyn으로 철자를 바꾸거나, Sein에 X를 그어 표기하기도 했는데, 이는 존재 그 자체가 실은 어떠한 개체나 존재가 아니라 무(無)라는 사실을 나타내기 위한 것이다. 하이데거는 존재 그 자체에 대한 질문이 심리학을 비롯한 지역학의 영역을 넘어 전적으로 철학적 존재론의 관심사라는 점을 분명히 하였다. 그러나 재미있게도 하이데거 그 자신도 이 질문에 대한 답을 내리지 못했음을 인정해야만 했다.

그럼에도 불구하고 우리는 평범한 인간으로서나 심리치료자로서 존재 그 자체에 대한 경이로움을 전제한 채 살아가고 있다. 크레이그(Craig, 2015)의 말처럼 "비록 존재 그 자체의 의미는 심리학을 포함하여 지역학의 손이 닿지 않는 곳에 있지만, 마치 가장 강력한 과학적 함대가 그 표면을 따라 항해하도록 허락하는 바다처럼, 존재 자체는 그 모든 것 아래에서 전율하며 존재한다"(p. 85)고 할 수 있다. 가장 단순하지만 위대한 단어인 '있다'와 '존재하다'의 의미에 대한 답은 심리치료자의 이해 범위를 넘어선다. 그러나 순수한 실존의 문제, 즉 우리가 무엇인가라는, 하이데거가 '현사실성'(*Faktizitat*)이라고 부른 것은 우리에게 유용한 치료적 성찰의 기회를 준다. 여러분이 존재하지 않는다면 어떠했겠는가? 여러분의 바로 그 어머니, 아버지, 형제, 자매, 연인 또는 선생님이 아예 존재하지 않았다면 어떠했겠는가? 이런저런 일이 아예 일어나지 않았다면 어떠했겠는가? 이러한 비존재에 대한 질문은 종종 이전에는 생각하지 못했던 뜻밖의 존재 의미를 가져온다.

## 하이데거의 "전회"(Kehre): 기초존재론에서 존재와 현존재의 상호 개방성으로

1930년대 하이데거는 그의 관심을 현존재의 현상학에서 존재와 현존재의 상호 개방성으로 전환했다. 후기 하이데거에 따르면, 존재 그 자체의 개방성은 인간이라는 존재, 즉 현존재가 애초에 존재할 수 있는 가능성을 제공했으며, 현존재의 인식과 이해의 개방성은 다시 존재(Being)가 나타나고 이해될 수 있는 가능성을 제공한다고 보았다. 보스는 이를 다음과 같이 설명했다:

> 무언가가 현전하거나 존재하기 위해서는 인간의 개방성이 필요하다. 그러나 현존재의 개방성 자체 또한 그것[현존재]이 존재하기 위해서는 다시 존재(Being)가 필요하다. "인간 실존의 빛"과 "존재하는 그 밖의 모든 것"은 서로를 필요로 하며, 서로 통합되고 분리할 수 없는 사건 "e-vent"[에레그니스, Ereignis] 속에서 서로를 "부른다." 에레그니스는 존재가 현존재에 호소하고 현존재가 이 호소에 응답하는 불가분의 통일성이다(Boss 1988, p.61, [ ]는 저자의 괄호).

많은 정신분석가와 심지어 일부 현존재분석가들은 이러한 전회를 불행한 일로 여긴다. 왜냐하면 이로 인해 하이데거가 기초존재론뿐만 아니라 해석학적 현상학에 대한 원래의 창의적인 이해도 포기했다고 보기 때문이다. 그럼에도 하이데거 자신은 이러한 전회 또는 역전으로 인해 존재와 시간의 근본적 질문을 포기한 것은 아니라고 부인했다(Heidegger 1963, p.xviii). 이에 대한 물음은 오늘날 현존재분석가들 사이에서 활발히 논의되고 있다.

그럼에도 후기 하이데거에게 배운 메다드 보스는 자신의 현존재분석 심리치료를 위해 하이데거의 현존재에 대한 이해를 전적으로 수용했다. 그것은 곧 현존재가 "존재의 목자"(Shepherd of Being)(Heidegger 1947/1977a, p.210)로서의 존재론적 소명을 가진 존재라는 이해이다. 하이데거는 이를 다음과 같이 기술한다.

> 인간은... 존재 자체에서 존재의 진리 안으로 "던져지며", 이런 방식으로 존재(ek-sisting)함으로써 존재(대문자)의 진리를 지키고, 존재자들이 그들의 존재(대문자)의 빛 속에서 있는 그대로의 존재자로 나타날 수 있도록 합니다(1947/1977, p.210).

언제나 치료자이면서도 치료적 현존재분석의 철학적 기반에 관심을 가진 보스는 말년에 하이데거의 후기 사상을 심리치료 실제에 적용했다. 그는 다음과 같이 말했다; "존재와 현존재의 관계는 심리치료를 가능케 할 뿐만 아니라, 심리치료의 가장 근본적인 목적을 제시한다. 그것은 바로 환자가 존재하고자 하는 호소에 치료자가 응답하는 것이다"(Boss 1988, p.61).

# 02

## 철학과 이론
### 현존재분석
#### - 마르틴 하이데거의 철학에 기반한 정신적 고통에 대한 존재론적 접근

Alice Holzhey-Kunz

## 서론

### 현존재분석에서 철학의 역할

현존재분석은 철학을 중시한다는 점에서 독특하다. 다른 심리치료 운동에서는 오직 심리이론과 치료방법에 대한 철학적 근거를 제공하기 위해 철학을 언급한다. 현존재분석만이 철학에서 직접 개념과 방법을 도출하는데, 주로 마르틴 하이데거의 철학에서 그 개념과 방법을 도출한다. 따라서, 현존재분석에서는 심리학과 철학 사이의 일반적인 구분이 사라진다. 보통 인간존재의 특정 현상에 대한 설명은 특정 심리학 이론의 안내를 받기 때문에 "심리적"인 반면, 현상에 대한 현존재분석적 설명은 인간에 대한 철학적 이해의 안내를 받기 때문에 "철학적"이다.

언뜻 보면, 이러한 공유된 철학적 지향은 현존재분석적 사고와 실천에 견고한 공통기반을 제공하는 것처럼 보인다. 그러나, 그 반대의 경우도 있다. 이전 장에서 살펴본 바와 같이, 1946년 루드비히 빈스방거가 처음으로 자신의 작업을 "현존재분석"이라고 부르기 시작했지만, 현존재분석은 하나의 기원으로 거슬러 올라갈 수 없다. 1952년 초에 그의 제자였던 메다드 보스는 근본적으로 다른 접근법을 제시했는데, 그 역시 자신의 접근법을 "현존재분석"이라고 불렀다(1952). 1957년 메다드 보스는 빈스방거의 작업이 하이데거 철학의 근본적인 오해에 기초하고 있으며, 하이데거 용어인 "현존재분석"을 그 명칭으로 사용할 자격이 없다고 주장하면서 자신이 현존재분석의 유일한 대표자임을 주장하기도 했다(Boss, 1963).

보스의 주장은 2차 세계대전 직후부터 시작된 하이데거와의 개인적인 우정과 협력, 그리고 철학적 지도를 받았다는 사실에 의해 뒷받침된다. 그러나, 이것이 "현존재분석"의 두 학파 사이에 좁힐 수 없는 간극이 생긴 유일한 이유는 아니다. 결정적인 이유는 1930년대에 시작된 하이데거 사상의 근본적인 변화 또는 '전회'이다. 빈스방거가 초기 걸작인 『존재와 시간』(1927년 출판)에만 의존한 반면, 보스는 1950년대와 1960년대에 하이데거가 『존재와 시간』의 초기 입장을 포기한 지 오래인 후기 하이데거로부터 철학적 가르침을 받았다. 따라서, 현존재분석의 두 학파 사이의 좁힐 수 없는 간극은 주로 빈스방거가 『존재와 시간』에 의존했기 때문에, 그리고 보스가 하이데거 사상의 '전회' 이후 존재에 대한 후기 하이데거의 개념을 고수했기 때문에 생겨났다.

그러나, 빈스방거가 존재와 시간을 해석한 것에 대한 보스의 비판은 비록 그것이 주된 문제를 정확히 짚어내지 못했을지라도 근거가 없는 것은 아니었다. 빈스방거는 하이데거 철학의 핵심인 인간을 "현존재"로 이해하는 진정한 실존적 접근법이 부족했다. 만약 당신이 『존재와 시간』을 현존재의 실존적 분석에 의존한다면, 정신적 고통에 대한 제3의 현존재분석적 접근을 위한 철학적 기초를 제공하는 것이다. 이것은 내가 보스의 접근 방법뿐만 아니라 빈스방거의 접근 방법에 대해서도 실존적 – 해석학적 대안으로 발전시킨 것이다.

### 현존재분석에서 정신병리학의 역할

현존재분석은 모든 심리치료가 환자의 고통에 대한 적절한 이해를 바탕으로 이루어져야 한다는 깊은 신념을 가지고 있다. 이는 현존재분석이 정신분석과 공유하는 신념이고, 정신적 고통에 대한 이해 없이 삶을 의미 있고, 성취감 있게 만드는 것에 일방적으로 초점을 맞추는 심리치료 운동과는 거리를 두는 것이다. 그러나, 프로이트 정신분석이 초기 아동 발달의 심리적 관점에서 정신적 고통에 접근하는 반면, 현존재분석은 하이데거의 인간에 대한 존재론적 이해에서 도출한 철학적 관점에서 이를 탐구한다. 이는 현존재분석의 세 가지 학파 모두에 해당되는 것이므로, 나는 세 가지 대안적 정신병리학적 개념에 초점을 맞추고, 하이데거의 철학에 대한 세 가지 상반된 언급의 결과로서 그것들의 독특한 특징들을 설명하는 것이 가장 유익하다고 생각한다.

## 루드비히 빈스방거: 초월적-존재론적 관점에 따른 현존재분석 의학 연구

빈스방거가 현존재분석을 일종의 심리치료가 아닌 정신의학 연구의 한 형태로 개념화했다는 사실을 아는 것이 중요하다. 현존재분석은 보스를 통해서만 정신분석 치료의 대안이 되었고, 특별한 심리치료 학파로 여겨지기 시작했다. 따라서, 빈스방거의 연구 방법은 연구자와 환자 사이의 개인적인 치료 관계에 의존하지 않는다. 빈스방거는 연구 대상자인 환자에게 공감조차 요구하지 않을 정도로 연구자의 개인적인 편견에 오염되지 않고, 철저히 과학적 연구 방법을 개발했다는 자부심을 가졌다. 이 점에서 그는 "엄격한 과학"이라는 에드문트 후설의 현상학에 대한 이상을 따랐다.

### 빈스방거의 현존재분석 연구의 핵심 용어인 '세계 기투'

빈스방거의 하이데거 철학에 대한 언급이 얼마나 문제적일 수 있는지는 별개로, 이러한 언급은 매우 생산적이었다고 판단할 수 있다. 이러한 언급이 빈스방거에게 정신질환에 대한 완전히 새로운, 매우 독창적인 이해 방식의 아이디어를 제공해주었기 때문이다. 이러한 이해는 빈스방거가 하이데거의 강연 "이성의 본질"에서 가져온 "세계-기투(world-project)"라는 용어의 지도 아래 이루어진다(Heidegger 1929/1995; Binswanger 2004 참고, 191ff.; Hollzhey-Kunz 2006). 나는 이 용어를 가능한 간결하게 설명하고자 한다. "세계(world)"라는 말은 물질 세계나 개인의 내면 세계, 외부 세계를 지칭하기 위해 사용되는 것이 아니라, 개인의 모든 경험, 사고, 행동이 일어나는 광범위한 "의미의 지평"을 의미한다. 이 지평은 개인마다 결코 동일하지 않기 때문에 자신만의 '세계' 또는 '세계-기투'가 각 개인을 독특한 존재로 만든다. 빈스방거가 이 용어를 정신의학에 도입한 이유는 이 용어가 정신적으로 건강한 사람과 그렇지 않은 사람을 비판적이지 않은 방식으로 구분할 수 있게 해주기 때문이다. 논리는 다음과 같다: 모든 남녀가 자신만의 세계-기투 속에서 살아간다면, 정신 질환을 가지고 있는 사람들도 마찬가지일 것이다. 즉, 그들은 건강한 사람과는 다른 세계-기투 속에서 살아가는 것으로 구분된다(Binswanger 2004, p.198 설명 노트 9 참조).

### 해석학적 도구로서의 개별 '세계 기투'의 개념

현존재분석 연구의 목표는 정신과적 진단을 받은 사람의 개인적 세계-기투를 조사하는 것이다. 정신질환에서 근본적인 세계-기투를 탐구하는 데는 두 가지 주요 이점이 있다. 첫째, 신경증 또는 정신질환자를 그들의 완전성 속에서 바라볼 수 있다. 둘째, 현존재분석가가 환자가 겪고 있는 분명하게 무의미해 보이는 증상들 속에서 숨겨진 의미를 찾을 수 있게 해준다. 어떤 사람이 느끼거나, 생각하거나, 행동하는 모든 것이 그 사람 고유의 개인적 세계-기투의 일부로서 의미를 지니고 있다면, 정신질환자의 감정, 생각, 행동도 마찬가지일 것이다. 따라서, 그들의 숨겨진 의미는 정신질환자의 근본적인 세계-기투가 밝혀짐으로써 발견될 수 있다(Binswanger 2004, p.202). 현존재분석의 해석학적 도구는 정신적으로 건강한 사람과 비교하여 환자의 정신적 결함을 찾는 것 외에는 아무것도 하지 않는 전통적인 정신과적 설명에 비해 큰 이점이 있다. 이 개념에 기반한 증상 해석은 정신분석적 해석과 전혀 다름을 주목할 필요가 있다. 프로이트와 그의 제자들은 증상을 억압된 아동기 경험과 연관지어 유아기적 혹은 심리발생적 의미를 찾아내는 반면, 빈스방거는 증상을 특정 세계-기투와 연관지어 "본질적" 의미를 찾아낸다. 빈스방거에 따르면, 이 세계-기투는 궁극적으로 우리에게 주어진 것이고, 심지어 정신분석학의 "무의식"에도 근본적으로 작용하는 것이다.

### 선험적 개인으로서의 '세계 기투'

이를 통해 우리는 세계-기투의 본질적 지위에 도달하게 되는데, 이는 정신적 고통에 대한 심리적 개념 대신 본질적 개념을 생성한다. 빈스방거는 세계-기투를 "사전에 주어진 것 또는 선험적 형식"이라고 부름으로써 자신의 접근법의 독특함을 강조한다(Binswanger 2004, p.205). 선험적이라는 표현이 사전에 주어진 것으로 간주될 때, 세계-기투는 단지 환자가 처음부터 살아가는 제한 조건을 담고 있는 선천적 "전제조건"일 뿐이다. 즉, 개인적 세계-기투는 어린 시절에 형성되지 않고, 오히려 유아기 경험뿐만 아니라 심지어 프로이트의 무의식조차도 결정한다는 것을 의미한다(Binswanger 2004, p.203).

### 비판적 관점

빈스방거가 세계-기투를 "초월적 형식"이라고 부를 때, 그는 『존재와 시간』에서 제시된 현존재의 존재론, 즉 실존적 존재론이 아니라 칸트와 후설의 전통에 따른 초월적 존재론으로 어떻게 읽고 채택했는지를 밝힌다(Binswanger 2004, p.194). 다시 말해, 그는 이 작품을 걸작으로 만드는 실존적 전회를 놓치고 말았다. 나중에 나의 현존재분석적 접근에서 정신적 고통을 설명할 때 이 차이점을 설명하고자 한다. 여기서 나는 이 잘못된 해석의 매우 문제가 되는 두 가지 결과를 언급하고자 한다. 첫째, 정신질환은 심리치료가 성공할 가능성이 거의 없는 결정론적 측면을 가지고 있지만, 빈스방거 자신은 이 결과를 인식하지 못한 것처럼 보인다. 둘째, 세계-기투 자체도 -선험적인 것으로서- 더 이상 해석학적으로 설명될 수 없다. 이제 주된 문제는 정신질환에 근본적인 세계-기투의 구체적인 구조에 관한 것이다. 즉, 세계-기투에 대한 현존재적 탐구는 해석학적 연구로 시작하지만, 그 다음에는 전통적인 정신의학 담론으로 되돌아가 "규범으로부터의 일탈"을 찾고, 정신질환자의 세계-기투를 "제한된", "빈곤한", "단순화된", "고갈된" 것으로 판단한다(Binswanger 2004, pp.205, 209).

## 메다드 보스: 데카르트 철학의 소유적 주관주의를 극복하기 위한 노력으로서의 현존재분석: 의학과 심리학 분야

앞서 언급했듯이, 보스는 빈스방거와 달리 처음부터 현존재분석을 심리치료의 실천이라고 이해했다. 그러나, 그의 주장은 이미 그의 주요 이론 저작인 『의학과 심리학 개요(Grundriss der Medizin und Psychologie)』(1971; 1994년 『의학과 심리학의 실존적 기초(Existential Foundations of Medicine and Psychology)』로 미국에서 번역 출간)의 제목에서 이미 알 수 있듯이 그의 주장은 이를 훨씬 뛰어넘는 것이었다.

### 최초의 후기 데카르트 사상학파로서 현존재분석에 대한 보스의 주장

이 훨씬 더 포괄적인 야망은 하이데거가 보스의 현존재분석 발전에 직접 참여한 결과이다. 하이데거는 1959년부터 1969년까지 "촐리콘 세미나"를 열었을 뿐만 아니라 보스를 개인적으로 지도하기도 했다. 사실 하이데거는 정신병리학과 심리치료 분야에 기여한 바가 별로 없었지만, 응용 자연과학으로서 현대 의학의 철학적 토대에는 많은 공헌을 했다. 하이데거가 촐리콘 세미나를 진행하고자 했던 이유는 과학적으로 오도된 의사들에게 직접적인 영향을 미치고자 하는 의도에서였다. 그는 의료 활동의 근간을 이루고 있는 주관성 철학, 특히 르네 데카르트의 이름으로 대표되는 철학에 대해 알려주고자 했다. 하이데거는 이 세미나에 참석한 의사들에게 데카르트가 현대에 "정신의 독재"를 일으켰고, 의학 전반도 이에 복종하고 있음을 보여주고자 했다(Heidegger 2001, p.107). 그는 의사들이 프로이트의 정신분석을 포함하여 의학과 심리학을 지배하는 과학적 패러다임을 극복할 필요성이 얼마나 절실한지 깨닫기를 바랐다(Heidegger 2001, p.7, p.207).

하이데거에게 데카르트의 주관성 철학에 대해 말하는 것이 중요했던 이유는, 이 철학이 모든 현상들 – 심지어 인간 존재마저도 – 측정 가능하고 계산 가능한, 착취 대상으로 전락시킨 현대의 가치 절하를 초래했다고 확신했기 때문이다. 그는 이러한 단순히 기술적인 세계 접근의 최종 결과로 "인간 존재의 자기파괴"를 예견했다(Heidegger 2001, p.94). 그래서 그는 촐리콘 세미나(1959년 9월, Heidegger 2001, p.4)의 시작과 함께 데카르트주의를 극복하는 "인간 존재의 기본 구성에 대한 새로운 견해"를 다음과 같은 그림으로 설명했다.

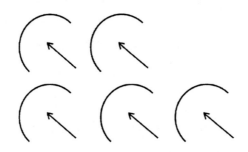

하이데거는 이 그림을 다음과 같이 설명한다: "이 그림은 오직 인간이 본질적인 근거에 존재한다는 것을 보여줄 뿐, 결코 단순히 자기 자신으로 완결된 객체가 아님을 보여주어야 한다. 그 대신, 이러한 존재 방식은 '순수하고' 눈에 보이지 않는 무형의 능력으로 이루어져 있으며, 소식(Vernehmen)이 마주치는 것을 받아들이고 그것을 해결하는 능력으로 이루어져 있다."(1987/2001, pp.3-4). 이 그림이 전통적인 인간 이해와 얼마나 반대되는지는 하이데거의 설명 속에서 "오직"이라는 부사의 위치를 바꿔보면 분명해진다: "이 그림은 인간의 존재가 오직 '순수한', 즉 보이지 않고, 만질 수 없는 수용하고, 지각하는 능력으로 구성된다는 것을 보여주어야 한다." 그렇기 때문에 이 그림은 전통적으로 "자아"라고 불리는 중심이 없으며, 훨씬 더 중요한 것은 소식이 자기 자신, 자기 존재가 아닌 세계로부터 다가오는 것만을 가리키고 있다는 점이다. 자기 자신과의 관계를 생략하는 것은 데카르트보다 키르케고르에게 더 반대된다고 할 수 있다. 실존 철학의 아버지인 키르케고르는 "자아"를 "자기 자신과 관계 맺는 관계"라고 정의했다(Kierkegaard 2004, p.43).

보스의 현존재분석은 이러한 사고의 변화를 의학과 심리학에 처음 도입한 것이기 때문에, 정신질환에 대한 근본적으로 탈주관화된 접근 방식을 확립한 최초의 시도이다. 또한, 정신분석학의 "주관성 간 전환"이 데카르트적 세계관을 극복한다고 주장하는 한(Stolorow, Atwood, and Orange 2002 참조), 보스의 현존재분석은 이 운동의 선구자로 볼 수도 있다.

## 존재에서 존재감으로

하이데거는 인간 현존재의 비-주관적 성격을 표현하기 위한 새로운 용어를 찾지 않고, 고대 그리스어인 '존재감(ek-sistence)'을 활용하여 '존재'라는 용어를 탈주관화한다. 이제 '존재한다'는 것은 '공개적으로 드러남'과 '개방성의 영역을 유지한다'는 것을 의미한다(Heidegger 1987/2001, p.218). 보스의 정신질환 개념을 고려하기 전이라도 주관주의를 피할 수 있는 단 하나의 질문이 남았음을 쉽게 예상할 수 있다. 따라서, "정신질환자는 어떻게 존재감을 형성해 나가는가?", "그들은 어떻게 자신과 마주치는 것을 수용하고 지각하는가?"라고 묻는 것이 허용된다.

### 정신적 고통에 대한 보스의 존재감(Ek-sistential) 접근에 대한 비판적 관점

어떤 접근법을 사용하든 신경증적 혹은 정신병적 현상의 핵심 문제는, 그것들이 명백히 이해할 수 없는 것으로 나타나는데, 그 이유는 그것들이 속해 있는 명백한 현실과 분명히 어긋나기 때문이다. 따라서, 보스(Boss)가 제기한 "정신적으로 고통받는 사람이 어떻게 존재하는가?"라는 질문은 필연적으로 "정신적으로 고통받는 사람이 어떻게 그리고 얼마나 자신에게 맞닥뜨리는 것을 수용-인지하는 능력을 잃었는가?"라는 질문으로 바뀌게 된다. 보스는 "장애" 혹은 "침해"에 대해 언급한다. 현존재분석의 과제는 누군가가 자신에게 맞닥뜨리는 것을 진정으로 개방적이고 자유로운 방식으로 수용-인지하는 것을 방해하는 어떠한 장애들을 세심하게 묘사하는 데에 있다.

존재론적 용어를 사용하는 것을 제외하면, 정신적 고통에 대한 이러한 접근은 새로운 것이 아니며 정신의학과의 주요 접근법과 동일하다. 정신의학적 관점에서, 정신질환자는 정신이 건강한 사람이 갖추고 있는 특정 능력이 결여된 사람으로 정의된다. 따라서, 현존재분석적 치료 목표는 결핍을 제거하고 정상성이나 정신건강을 재확립하려는 정신의학적 목표와 일치한다.

이것이 정신분석적 접근법과 어떻게 다른지를 이해하는 것이 중요하다. 프로이트가 정신분석을 자연과학의 지위로 주장했음에도 불구하고, 실제로 그는 정신적 고통에 대한 해석학적 접근법을 발견하고 발전시켰다. 반면, 보스의 정신적 고통에 대한 철학적 접근법은 모든 해석을 거부한다. 왜냐하면 모든 해석이 현상에 인위적인 의미를 강요한다고 보기 때문에, 해석학적 접근법이 자연과학적 접근법만큼이나 해로운 것으로 간주된다. 따라서, 보스의 현존재분석은 정신적 고통의 정신분석학적 해석학에 대한 철학적으로 근거한 대안을 제공할 수 없으며, 대신 정신분석보다 덜 발전된 "침해"의 단순한 설명으로 되돌아간다.

그러나 이 후기 데카르트 접근법에는 정신적 고통을 바라보는 데 있어 또 다른 문제가 존재한다. 하이데거와 보스 모두 데카르트의 신체-정신 이원론을 극복할 필요성을 강조하기 때문에, 보스는 더 이상 신체질환과 정신질환을 구분하지 않는다(Boss 1994, pp.100-106). 『의학과 심리학의 실존적 기초』(1994)에서 그는 신체적이든 정신적이든 모든 형태의 질병을 "우리가 마주하는 것을 받아들이고 인식하는 데 있어 방해"로 보는 "일반적인 현존재분석적 현상학적 질병론"을 제시한다. 예를 들어 다리가 부러졌다면, 현존재분석가는 우울증의 경우와 마찬가지로, 다리가 부러진 고통을 받아들이고 인식하는 데 어떤 방해가 있는지 묻는다. 이렇게 신체질환과 정신질환을 구분하지 않는 것은 도움이 되지 않고, 다소 모호한 설명을 조장한다.

요약하자면, 데카르트적 접근법을 채택한 보스의 현존재분석에 대해 세 가지 주요 비판이 있다: 첫째, 오로지 "침해"에만 초점을 맞추고 있기 때문에 환자의 개별성을 통합적으로 파악할 수 없다는 점, 둘째, 침해에 대한 설명은 주관성을 배제해야 하므로, 고통받는 사람에 대해 매우 단조로운 인상을 준다는 점, 셋째, 우리가 세상으로부터 마주치는 모든 것에 무조건적으로 개방되어야 한다는 이상에 따라 침해에 대한 설명이 극도로 규범적이고 판단적으로 된다는 점 등이다. 이러한 이상적인 규범은 유한한 인간이 접근할 수 없을 뿐만 아니라, 논리적으로도 모순된다.

## 앨리스 홀츠헤이: 실존적 해석학으로서의 현존재분석 정신적 고통에 대한 접근

나의 주된 철학적 이견은 현존재분석의 창시자인 빈스방거와 보스에 대한 것으로, "존재와 시간"의 "실존적"이라는 핵심어에 대한 나의 충실함에서 비롯된다. 따라서, 나는 빈스방거의 "초월적" 해석과 보스의 "존재적" 해석을 모두 거부한다. 이를 통해 정신적 고통에 대한 해석학적 접근을 채택함으로써, 그것의 매우 의심스러운 형이상학적 전제를 받아들이지 않고도 정신분석과 일치하는 방향으로 나아갈 수 있다.

### 존재와 시간에 매료되는 세 가지 핵심 포인트

내가 정신적 고통을 이해하는 데 있어 "존재와 시간"에서 기본적으로 중요하다고 생각하는 세 가지 주요 포인트가 있다. 이 세 가지는 모두 쇠렌 키르케고르(1813–1855)로부터 가져온 것이지만, 하이데거만이 그것들에 정확한 존재론적 의미를 부여하고, 인간 조건에 대한 새로운 접근법에 그들의 관련성을 보여줄 수 있었다.

**(1) 주관성에 대한 실존적 이해:** "존재와 시간"에서 하이데거가 현대적 인간 정의를 "주관"을 넘어서려 하지 않고, 실존적 방식으로 개념화하려 한다는 것을 인식하는 것이 매우 중요하다. 다시 말해, 그는 아직 주관성을 세계를 착취하려는 의지와 동일시하지 않고, 다른 생명체들처럼 자연스럽게 "철저하게 설계된" 존재가 아닌, 자신의 삶을 "있어야만 하는" 존재로서의 "존재하기"와 동일시한다. 인간의 주관성은 다름 아닌 "있어야만 하는" 것에 있고, 이 기본적인 노력에 대한 개방에 있다. 이것은 약하지만 그럼에도 불구하고 근본적인 주관성의 개념이다.

**(2) 인간의 자기-개방성에 대한 철학적(존재론적) 차원:** 이것은 "존재와 시간"에서 인간의 자기 개방성이 이중적임을 알아차리는 것과 마찬가지로 중요하다. 우리는 개별적인 인격체로서 우리 자신에게 드러낼 뿐만 아니라 우리의 인간적 조건을 다른 사람들에게도 공유한다. 따라서, 하이데거는 우리의 "존재론적－실존적" 관계와 우리 자신과의 "존재론적－실존적" 관계를 신중하게 구분한다. 즉, 인간 생활 자체에 철학을 하는 기본적 형태가 포함된다는 것을 의미한다.

**(3) 우리 자신의 존재를 드러내는 기분의 탁월한 역할:** 마찬가지로, 중요한 것은 기분에 대한 철학적 재평가이다. 하이데거는 본래 지각도 생각도 아닌 오직 우리의 기분만이 우리의 존재를 드러낼 수 있다고 주장한다.

## 세 가지 핵심 사항을 설명하는 예시

첫 번째 핵심 요점의 예 이것은 『존재와 시간』에서 주관성에 대한 하이데거의 실존적 이해와 관련이 있으며, 이는 키르케고르의 "존재"라는 용어와 깊이 얽혀 있다. 전통적으로 "존재"라는 용어는 어떤 것이 단순한 환상이 아니라 "실재"임을 나타내는 데에만 사용되었기 때문에 철학적으로 무의미했다. 따라서, 하이데거가 『존재와 시간』에서 "현존재의 본질은 그 존재에 있다"(Heidegger 1927/1962, p.40)라고 말한 것은 이러한 전통을 완전히 거스르는 것이다. 이제 '존재'는 인간의 본질을 정의하기 때문에 핵심적인 철학적 용어가 되었다. 따라서, 그것은 인간에게만 국한되어 우리 인간만이 "존재"한다. 그리고 이제 "주관적"으로 된다는 것은 한 개인으로서 자신의 삶을 주도하고 이끌어야 한다는 의미에서 "존재한다"는 것을 의미한다.

**예 1: 기본적인 생물학적 욕구를 충족해야만 하는 것** 인간은 동물처럼 단순히 배고프거나 피곤하거나 성적으로 흥분하는 것이 아니라, 모든 기본적인 욕구를 충족시킬 방법을 찾아서 '존재'해야 한다. 물론 이에 대처하는 방법과 관련하여 사회적으로 통용되는 관습이 항상 존재하지만, 관습은 우리를 결정하는 것이 아니라 우리 각자가 적응해야 하며, 관습에 대해 공개적으로 또는 은밀하게 반항할 가능성도 항상 포함되어 있다.

**예 2: 우리의 사회적 지위를 가져야만 하는 것** 내가 부유하다면, 그것이 상속을 통해서든 내 스스로의 노력을 통해서든, 이 사회적 지위는 단지 나에게 속하는 것이 아니라, 나 자신이 되어야 한다. 이는 내가 그것에 대해 자세를 취해야 한다는 것을 의미하며, 그것이 자랑스러울 수도 있고 부끄러울 수도 있으며, 내가 그것을 받을 자격이 있는 이유를 찾거나, 죄책감을 덜기 위해 자선단체에 기부하는 등의 행동을 취해야 함을 의미한다.

**예 3: 우리의 과거이자 미래가 되어야 한다는 것** 중요한 것은 "존재해야 한다"는 것이 현재에만 국한되지 않고, 과거와 미래를 모두 포함한다는 사실이다. 과거에 행했거나 하지 않았던 일에 대해서도 우리는 여전히 "존재해야 한다." 이는 잊으려고 하거나, 희석시키려고 하거나, 그것에 대한 설명을 끊임없이 찾는 등의 방식으로 나타난다. 미래에 대해서도 마찬가지다. 우리는 더 나은 변화를 기대하거나, 어떠한 변화도 두려워하거나, 예측할 수 없고 통제할 수 없는 것을 예측하고 통제하려고 시도함으로써 우리의 미래에 "존재"한다.

두 번째 핵심 요점의 예로는 모두의 일상생활에 포함된 기본적인 철학 형태와 관련이 있다. 나중에 우리는 정신적 고통이 바로 이 요소와 정확히 관련이 있다는 것을 알게 될 것이다. 다음의 예시들은 왜 일상생활에서 항상 존재론적 경험이 존재하는지를 보여준다.

**예시 1: 배고픔을 느낄 때**  배고픔을 느낄 때, 보통 이 필요를 언제, 어떻게 충족시킬지에 대해 관심을 가진다. 즉, 배고픔이라는 존재론적 구체적 의미에 집중하고, 내가 사는 한 내 몸은 음식을 필요로 하기 때문에 외부 세계와 타인에게 깊이 의존하고 있다는 존재론적 메시지는 무시한다.

**예시 2: 시계를 볼 때**  시계를 볼 때, 현재 시간이 몇 시인지에 대한 구체적인 정보만 얻는 것이 아니라, 시간이 흐르고 있으며 나 자신이 끊임없이 늙어가고 있다는 기본적인 진실에 대한 정보도 함께 얻게 된다. 따라서, 시계를 볼 때마다 내 존재가 시간적이고 유한함에 대한 메시지를 포함하고 있다.

**예시 3: 사소한 결정을 내려야 할 때**  예를 들어 저녁 식사 초대를 수락할지 말지 결정해야 한다면, 구체적인 장단점에 초점을 맞출 수 있지만, 이러한 일상적인 결정 속에서도 두 가지 매우 기묘한 존재론적 메시지가 있다: 첫 번째 메시지는 어떤 결정을 내릴 때마다 다른 가능성을 희생해야 한다는 것을 알려주고, 두 번째 메시지는 모든 결정이 미래에 어떤 결과를 가져올지 예측할 수 없기 때문에 "불확실성으로의 도약"이라는 것을 알려준다.

세 번째 핵심 요점의 예 이것은 우리가 우리의 존재론적 조건, 즉 "이해"가 아니라 "기분 속에 있음"에 직면하는 방식을 다룬다(Heidegger 1927/1996, p.126). 이 가정은 전통적인 철학에 완전히 반대되며, "인간의 본질은 그 존재에 있다"는 출발점에서 시작할 때만 이해할 수 있다. 이것은 우리 인간의 본질이 더 이상 우리가 어떤 사람인지, 예를 들어 이성적, 사회적, 정치적, 이기적 존재에 있는 것이 아니라, 우리가 어떤 사람이든 되어야 한다는 순수한 사실에 있다는 것을 의미한다. 이 순수한 "그것"은 어떠한 이해에 의해서도 파악될 수 없으며, 특정한 기분 속에 있음으로써만 파악될 수 있다. 이해는 항상 무엇이 있는지, 어떻게, 왜 존재하는지와 관련이 있다. 오직 기분만이 하이데거가 말하는 우리 존재의 "벌거벗은" 혹은 "순수한" 사실성을 드러낼 수 있다.

기억해보면, 제시된 예시들의 존재론적 메시지는 우리의 존재 조건에 대한 '순수한 그것'과 관련이 있다. 즉, 우리는 자급자족할 수 없으며, 시간적 존재이며, 가능성을 희생할 수밖에 없다는 등의 적나라한 것에만 관심이 있다는 것을 알 수 있다.

## "현존재의 탁월한 드러냄"으로서의 불안에 대한 실존적 이해

당신이 불안(불안이나 공포)에 특별한 지위를 인정하지 않을 때, 당신은 좋은 현존재분석적 동반자와 함께 있는 것이다. 빈스방거와 보스는 적어도 이 한 가지 점에 동의했다. 그들은 모두 하이데거의 존재와 시간에서 불안에 대한 해석이 이 작품의 기본적인 결함으로 보았다. 그리고 둘 다 하이데거가 신경증적이고 미숙한 감정을 기초존재론적 감정으로 오해했다고 생각했다. 그러나, 인간의 존재에 대해서 실존적 관점을 취하면 이러한 비판이 지속 가능하지 않다는 것을 깨닫게 될 것이다.

하이데거가 키르케고르로부터 차용한 실존적 개념인 '불안'은 우리가 대체로 그리고 대부분의 시간 동안 우리의 존재해야 하는 '그것'을 밝혀내는 방식, 즉 그것으로부터 외면하는 것을 통해 접근할 수 있다(Heidegger 1927/1996, p.128 참조). 따라서, 불안을 제외한 모든 다른 기분은 우리 존재의 이해할 수 없는 '그것성(thatness)'을 다양한 방식으로 드러내는 것으로 볼 수 있으며, 이는 우리가 실제로 그것에 완전히 노출되는 것으로부터 우리를 보호하는 방식이다. 이러한 '외면'은 흔히 일어나는 것일 뿐만 아니라 의미가 있다. 왜냐하면 우리 자신의 존재를 그것의 적나라한 현사실성에 무방비 상태로 직면하는 것은 깊이 위협적인 경험이기 때문이다(Heidegger 1927/1996, p.177).

이러한 존재론적 경험이 왜 이렇게 위협적인지 이해해 보자. 그 이유는 이 경험이 말로 표현할 수 없는 경험이기 때문이다. 그러므로 이것은 다른 사람들과 공유될 수 없으며, 결과적으로 우리 각자를 완전히 혼자만의 상태로 남겨두고, 견딜 수 없어 보이는 최종적인 고독을 드러낸다(Heidegger 1927/1996, p.176).

키르케고르는 늘 그의 독자들에게 '불안'이 "공포와 같은 개념들과는 전혀 다른 독특한 감정"이라고 경고했다(Kierkegaard 1980, p.42). 주요 차이점은 '공포'가 구체적인 위험들을 대상으로 하는 실제적(ontical) 감정인 반면, '불안'은 우리가 인간의 조건에 던져진 현사실성(facticity)만을 대상으로 하는 존재론적(ontological) 감정이라는 점이다. 그러므로, 공포는 종종 비합리적이고 속임수일 수 있지만, 불안은 결코 속임수가 아니며 변하지 않는 인간의 조건에 대한 진실만을 우리에게 알려준다.

## 불안으로부터의 끊임없는 도피로 방해받지 않는 일상성

어제 당신은 불안(Angst)을 경험한 적이 있는지 궁금할 것이다. 하이데거는 거의 양립하기 어려워 보이는 두 가지 진술을 한다. 한편으로 그는 불안이 "가장 해가 없는 상황에서도 발생할 수 있다"고 말하면서도, "'진짜' 불안은 드물다"고 언급한다. 이것은 우리가 일상생활에서 경험하는 불안이 대체로 일시적이며 특정 상황에 의해 유발된다는 것을 의미한다. 그러나, 하이데거는 이러한 불안의 순간이 사실은 우리 존재의 근본적인 측면과 관련이 있음을 지적한다. 예를 들어, 아무것도 두려워할 이유가 없는 상황에서 극도의 두려움을 느끼거나, 부끄럽거나 죄책감을 느낀다면, 이러한 감정은 표면적으로는 과장된 반응처럼 보일 수 있다. 그러나, 이러한 반응들은 실제로 우리의 일상생활에 갑자기 침입한 불안의 순간을 나타내며, 이 불안은 예상치 못한 상황에서 실제적(ontically)으로 해가 없는 상황이 우리에게 갖는 존재론적

(ontological) 메시지에 의해 유발된다. 하이데거에 따르면, 이러한 불안은 우리가 자신의 존재와 세계에 대한 근본적인 관계를 인식하게 만든다. 불안은 우리에게 삶의 불확실성과 자신의 가능성에 대한 인식을 강요하며, 이는 우리가 자신의 존재를 더 깊이 이해하고, 궁극적으로는 더 충실하게 살아가는 데 도움이 될 수 있다. 따라서, 하이데거는 불안을 단순히 부정적인 감정으로 보지 않고, 우리 존재의 근본적인 진실에 대한 깨우침의 순간으로 해석한다.

그러나, "진짜" 불안은 드물다는 다른 의견도 사실이다. 첫째, 우리가 일상성과 평균적 정상성이라고 부르는 것은 불안으로부터 "그것들의 상식"(Heidegger 1927/1996, pp.258, 156)으로 성공적으로 도피한 결과이며, 둘째, 불안이 발생할 때 그것은 보통 공포로 잘못 해석되기 때문이다. 따라서, 두려움은 종종 "… 그 자체로 비본래적이고 은폐된 불안"(Heidegger 1927/1966, p.177)이다.

## 엄격한 존재론적 용어로서의 본래성과 비본래성

『존재와 시간』에 대해 잘 아는 사람이라면 내가 왜 지금까지 '본래성'과 '비본래성'이라는 두 가지 유명한 용어를 피했는지 궁금해할 것이다. 그 이유는 이 용어들이 대부분 하이데거의 의도와는 완전히 반대되는 심리적 의미로 이해되기 때문이다. 『존재와 시간』에서 비본래적으로 산다는 것은 "그들"의 공통된 감각에 참여함으로써 대부분 불안으로부터 보호받으며 산다는 것을 의미한다. 따라서, '비본래성'은 우리가 극복해야 하거나 극복할 수 있는 미성숙한 정신 상태가 아니라 평균적이고 정상적인 삶의 방식이다. 본래성도 마찬가지이다. 본래성은 가면 뒤에 숨지 않고 있는 그대로의 자신을 타인에게 보여주는 것과 무관하고, 인간 존재에 대한 존재론적 진실을 향해 나아가고 불안감을 견뎌낼 준비가 되어 있는 것과 관련이 있다. 하이데거에 따르면, 이러한 준비성은 결코 지속되지 않으며, 항상 비본래성 속에서 다시 살아가는 것으로 이어진다는 점이 마찬가지로 중요하다(Heidegger 1927/1996, pp.41, 204).

## 자신의 존재로 인한 고통으로서의 정신적 고통

하이데거의 존재론적 분석에서 나의 정신적 고통의 개념이 어디에 위치해야 하는지 묻는 것은, 나에게 본래성과 비본래성이라는 용어를 언급할 기회를 준다. 키르케고르(1949/2004)와 사르트르(1943/2003)의 작업에서와는 달리, 『존재와 시간』에서는 병리적 현상이 아무런 역할을 하지 않는다. 그렇기 때문에 병리적 현상은 자신의 존재와의 관계가 본래적이거나 비본래적인 것으로 보이는 한, 어떠한 실존적 중요성도 가질 수 없다. 정신적 고통은 비본래적이거나 본래적이지 않은, 자신의 존재에 대해 드러내는 제3의 방식으로서 실존적으로 이해되어야 한다.

정신적 고통을 제3의 방식으로 이해하는 것은 소위 정신 장애를 겪는 사람들이 자신의 존재에 대한 특별한 민감성(감수성)을 가지고 있음을 인정하는 것이다. 이러한 특별한 감수성으로 인해, 그들은 일상적인 문제들의 존재론적 메시지에 개방되어 있다. "민감성"이라는 단어는 고통받는 사람이 평균적인 사람보다 더 많이 듣고 보아서 고통받는다는 것을 긍정적인 용어로 표현하는 데 유리하다. 즉, 그들은 존재론적 진리에 더 가까워진다. 이러한 특별한 민감성은 정신적으로 고통받는 사람을 "망설이는 철학자"로 만든다. 그는 인간의 조건에 대해 합리적으로 성찰하는 일반적인 의미에서 철학을 하지 않을 때에도 철학적으로 존재한다. 그는 자신의 존재론적 조건의 불안 가득한 진리를 그것의 적나라한 현사실성에서 경험함으로써 철학적으로 존재한다. 그러나, 고통받는 사람은 자신의 민감성을 선물로 사용할 수 없다. 그래서 나는 그를 망설이는 철학자라고 부른다. 정신적 고통을 받는 사람은 자신의 의지와는 상관없이 철학적 경험에 노출되며, 이는 그를 과부하시키고 심지어는 트라우마를 유발한다.

## 정신적 고통에 대한 실존적 해석학적 접근의 두 단계

첫 번째 단계에서는 고통받는 사람이 무엇 때문에 고통받는지 묻는다. 이것은 중립적인 질문이고, 그가 특히 민감한 것이 무엇인지에 대한 질문과 동일하다. 이 질문에 대한 일반적인 대답은 항상 동일하다. 정신장애로 고통받는 것처럼 보이는 사람은 자신의 존재로 인해 고통받고 있다. 이것은 신경증, 조현병, 심지어 정신적 고통에도 해당된다. 그러나, 특정 증상을 가진 개인을 대할 때는 그 사람이 어떤 존재론적 진리에 특히 민감한지 물어봐야 한다.

두 번째 단계에서, 우리는 고통받는 사람이 자신이 특별히 민감한 것에 어떻게 반응하는지 묻는다. 이 질문에 대한 일반적인 대답은 항상 같다: 존재론적 경험이 위협적이거나 심지어 충격적이기 때문에, 그는 그 메시지를 극복하려는 환상적인 목표를 가지고 그것과 싸우려고 시도하거나, 항복하고 우울증의 상태로 후퇴하는 반응을 한다. 두 단계 모두에 대한 예시를 다시 살펴보기 위해, 우리의 예시들로 다시 돌아가고자 한다:

**설명 1:** 거식증이나 폭식증을 가지고 있는 사람이 살아 있는 한 매일 먹어야 한다는 생물학적 욕구에 지배당하는 것이 존재론적으로 어떤 의미인지에 대해 특별히 민감하게 반응하는지 물어볼 수 있다. 우리는 이 사람에게 배고픔이 그를 불가피하게 신체적 필요에 의존하게 만든다는 것을 상기시키는 존재론적 경험이 되었다고 추측할 수 있다. 이는 단지 위협적인 경험일 뿐만 아니라 자급자족의 이상에 어긋나기 때문에 모욕적으로도 경험된다.

**설명 2:** 누군가가 시간 관리에 심각한 문제를 겪고 있다면, 그 사람이 시간의 법칙에 본질적으로 얽매여 있다는 것에 특별히 민감하다고 추측할 수 있다. 그리고 시계를 보는 것처럼 보이는 무해한 행동이 이 사람에게는 엄청난 위협이 될 수 있다고 추측할 수 있는데, 그것이 그의 유한함을 상기시켜주기 때문이다.

**설명 3:** 어떤 사람이 결정을 내려야 할 때마다 마비되는 느낌을 받는다면, 그 사람이 결정을 내린다는 것은 항상 다른 기회를 포기해야 한다는 존재론적 진리 또는 잘못된 결정을 내리지 않으면 나중에 깊이 후회할 수 있다는 존재론적 진리에 특히 민감하다고 추측할 수 있다. 두 가지 진리 모두 우리를 마비시키는 효과를 가져올 수 있다.

**설명 4:** 누군가가 건강염려증을 겪고 있다면, 우리는 그 혹은 그녀가 사소한 신체 증상, 예를 들어 가벼운 두통에서조차 존재론적 메시지에 특별히 민감한지 물어볼 수 있다. 왜냐하면 가벼운 두통조차도 우리의 신체적 취약성과 하이데거가 말한 바와 같이, 우리의 "죽음을 향한" 존재를 존재론적으로 나타내기 때문이다.

우리의 두 번째 질문은 모든 심리적 증상에 숨겨진 욕망에 관한 것이다. 이 욕망은 병리적 증상의 한계로부터 벗어나 정신적 건강을 회복하고자 하는 '정상적인' 소망과 양립하지 않는다는 점에서 매우 특별하고 충격적이다. 만약 우리가 정신적 고통이 우리 자신의 존재로부터 오는 고통이라고 가정한다면, 그것의 내재하는 욕망의 성격은 다를 수 없이 존재론적일 것이다. 존재론적 조건에 지나치게 민감한 사람은 그것들을 피하거나 그것들과 싸우고자 한다. 하지만, 우리가 적어도 원칙적으로는 고통의 존재론적 이유를 극복할 수 있는 반면, 인간 조건을 없애는 방법은 없다. 따라서, 모든 정신적 고통에 내재하는 욕망은 환상적인 것이다.

더 정확히 말하자면, 우리의 두 번째 질문은 실제 증상에서 드러나는 존재론적 욕망의 구체적인 "행동화"와 관련이 있다. 우리는 이러한 증상들을 단순히 결핍으로 보는 대신, 이제 그것들을 환상적인 존재론적 목적을 가진 존재적 행동으로 이해한다.

**설명 5:** 우리는 거식증을 가지고 있는 사람은 음식을 충분히 먹지 않으면 신체 법칙의 지배를 받지 않을 수 있다고 믿는 것처럼 보인다고 추측할 수 있다.

**설명 6:** 우리는 시간 관리에 심각한 문제를 겪고 있는 사람이 모든 구체적인 시간표에 반항하고, 모든 시간적 배치를 무시함으로써 시간성으로부터 자신을 해방시킬 수 있다고 믿는 것처럼 보인다고 추측할 수 있다.

**설명 7:** 결정을 내리지 못하는 사람은 미래를 위해 모든 가능성을 저장할 수 있다고 믿거나, 더 자주 결정을 내리지 않음으로써 죄책감을 피할 수 있다고 생각하는 것 같다.

**설명 8:** 우리는 건강염려증을 겪고 있는 사람이 자신의 몸을 끊임없이 관찰함으로써 자신의 몸을 완전히 통제할 수 있다고 믿고, 자신의 실존적 수단으로 그 근본적인 취약성을 극복할 수 있다고 생각한다고 추측할 수 있다.

물론 이 모든 예는 단순한 추측에 불과하다. 이보다 더 많은 것은 환자와의 적극적인 대화를 통해, 그리고 환자가 자신의 고통에 대해 이야기하는 것을 주의 깊게 들어야만 얻을 수 있다.

서로 연결된 두 가지 질문이 남아 있다. 두 가지 모두 중요하지만, 여기서 답하지 않으면 안 된다. 첫 번째는 존재론적 과민성의 기원에 관한 것이고(Holzhey-Kunz 2016, pp.16-27 참조), 두 번째는 정신적 고통에서 어린 시절의 경험의 역할에 관한 것이다(Holzhey-Kunz 2014 참조).

## 현존재분석 치료와 현존재분석 치료자에 대한 마지막 말

분명히, 현존재분석 치료의 목표는 환자들의 특별한 민감성을 치료하는 것이 될 수 없다. 왜냐하면 이는 결함으로 보지 않고, 그들의 긍정적인 특징으로 여기기 때문이다. 그러므로 치료 과정은 주로 해석학적인 작업이다: 환자와 함께 그가 특별히 민감한 것이 무엇인지, 그리고 그가 포기해야 할 증상들의 환상적 목적이 무엇인지 이해하는 것이다.

현존재분석 치료자들은 특별한 민감성을 지닌 사람들에게 부과되는 불안으로 가득 찬 존재론적 경험을 대면하고 받아들일 가능성에 대해 단순히 이성적으로 알고 있는 것이 아니라, 적어도 이상적으로는 자신의 불안을 대면하고 참을 수 있는 경험도 갖추고 있기 때문에, 환자와 함께하는 치료의 길에서 존재론적으로 경험 많은 동반자가 된다.

# 03

## 방법과 실천
### 현존재분석 구조, 과정, 그리고 관계

Erik Craig and Perikles Kastrinidis

## 서론

심리치료적 현존재분석의 창시자이자 최초의 실천가는 스위스 정신과 의사인 메다드 보스(Medard Boss)로, 그는 정신분석 훈련을 받았다. 처음에 그는 칼 융(Carl Jung)과의 연구, 그리고 1930년대 후반과 1940년대 초반에 루드비히 빈스방거(Ludwig Binswanger)의 지도 및 연구를 통해 현상학적 관점에 더욱 깊이 끌렸다. 1940년대 후반, 마르틴 하이데거(Martin Heidegger)와의 첫 교류를 시작으로, 보스는 하이데거의 사상과 인간관에 큰 영향을 받았다. 몇 년간 그는 하이데거의 『존재와 시간』(1927/1962)의 현상학적 – 해석학적 접근을 따라 고전적 정신분석을 거의 혼자서 재검토하였다. 그러나, 하이데거와 협력하면서, 특히 촐리콘 세미나가 시작된 후, 보스는 하이데거의 소위 '전회'적 사고, 즉, 존재와 현상학의 관계를 뒤집는 사고에 몰입하게 되었고, 이는 보스의 심리치료 실천에 대한 이해를 혁신적으로 변화시켰다. 해석학을 대부분 뒤로 하고, 하이데거는 존재와 현존재의 상호 개방성에 초점을 맞추며 "존재의 목자"로서 현존재의 '소명'을 강조했다(Heidegger 1947/1977, p.210). 따라서, 하이데거의 생애 말년에 보스는 "존재와 현존재의 관계는 초기에 심리치료를 가능하게 할 뿐만 아니라 심리치료에 가장 근본적인 목적, 즉 치료자가 환자의 존재에 대한 호소에 응답하는 것"이라고 기술했다.

# 현존재분석 심리치료 및 훈련의 초기 단계

　　성공적인 수련생에게 현존재분석 심리치료자로서 공인된 학위를 수여하는 최초의 체계적인 현존재분석 심리치료 교육은 1971년 메다드 보스의 가장 영향력 있는 제자이자 초기에 촐리콘 세미나에 참가자였던 기온 콘드라우(Gion Condrau)의 주도 아래 설립되었다. 이 교육은 현존재분석 심리치료와 정신신체학 연구소에서 진행되었고, 심리학과 철학에 관한 심화 수업, 개인분석과 집단 및 개인 수퍼비전 과정을 포함한다. 이 훈련에 참여한 분석가 중에서는 엘리스 홀츠헤이-쿤츠(Alice Holzhey-Kunz)와 페리클레스 카스트리니디스(Perikles Kastrinidis)와 같은 저자도 있었고, 이들은 보스의 현존재분석적 접근을 통해 해석된 프로이트(Freud)의 임상 정신분석과 마르틴 하이데거의 현존재분석학에 기반한 심리학 및 심리치료의 철학적 토대를 체계적으로 배웠다.

　　이 연구소의 출판물, 강의, 세미나, 사례 회의, 수퍼비전은 이전의 임상 주제와 관련하여 프로이트의 정신분석 이론과 실천을 현존재적 관점에서 새롭게 해석하는 독특한 시도가 이루어졌다. 이러한 현존재적 관점은 보스가 확신한 바와 같이, 프로이트가 "정신분석의 발견과 실천을 통해 인간에 대한 핵심적인 통찰을 얻었지만, 이후 자신의 이론적 체계를 도입하는 과정에서 이러한 핵심적 인식을 극히 파국적인 방식으로 훼손시켰다"는 데 기초하고 있다(Boss 1963, p.78). 예를 들어, 보스는 프로이트의 전이와 저항 개념이 "인간관계의 실제 양상을(비록 가려진 방식이지만) 분명히 반영하고 있기 때문에 인간에 대한 깊은 통찰을 보여준다"라고 보았다(Boss 1963, p.79). 보스에게는, 프로이트 자신이 신화(Freud 1933/1964a, p.95)라고 불렀던 프로이트의 욕망 이론은 실제 관계 현상 자체의 정당성을 은폐하고 비판하는 역할을 했을 뿐이며, 보스는 종종 프로이트의 이론을 순수한 "공상 과학 소설"이라고 조롱하기도 했다.

1. 회기 빈도, 소파 사용, 각 치료적 파트너의 역할(환자에게는 자유 연상, 치료자에게는 고른 주의 집중)을 포함한 치료적 환경과 틀
2. 전이와 역전이라는 정신분석적 개념에 대한 비판적 평가와 치료적 관계, 치료적 에로스 및 진정한 사랑에 상응하는 현존재분석적 이해
3. 꿈, 정신 신체 증상 및 기타 정신분석학에서 퇴행, 억압, 반복 등 "오해의 소지가 있다"고 언급되는 치료 현상에 대한 비판적 평가와 그에 상응하는 현존재분석적 이해와 이를 다루는 방법

　　정신분석적 원리, 개념, 과정에 대한 보스의 현존재분석적 견해는 현재에도 그가 출판한 영문 저서 곳곳에 흩어져 있으며, 가장 체계적으로는 그의 대표작인『심리학 및 의학의 실존적

기초』(Boss 1971/1979) 제16장에서 찾아볼 수 있다. 특히, 이 장에서는 정신분석적 실천의 핵심 내용과 과정들을 현존재분석학의 관점에서 재조명해볼 수 있다.

철학적 주제에 관해서는 출판물, 강의 및 수퍼비전을 통해 후기 하이데거 사상을 따랐으며, 특히 촐리콘 강의에서 표현한 바와 같이, 환자의 존재에 대한 극적인 개방성을 권장했다. 보스와 콘드라우는 모두 분석적 훈련을 받았고, 연구소 수련생 교육에 이것을 포함시켰지만, 하이데거가 강조한 개방성과 현존에 따라, 수련생들은 환자를 위해 "그 자리"에 있고, 환자의 존재를 개방적이고 수용적으로 받아들이라는 권고를 반복적으로 받았다. 보스는 자신의 저서에서 "침묵 속 경청을 통해 분석가는 아직 감춰진 환자의 온전성에 자신을 개방하고 거기에 속하게 되며, 이 침묵만으로 환자에게 필요한 인간 간의 개방성을 제공함으로써 자신의 세계를 위해 자유로워질 수 있다"(Boss 1963, p.64)라고 말한 적이 있다. 이는 환자의 고통과 가능성의 의미가 단순히 마음을 열면 바로 '직관적으로' 드러나고, 개인에게 새로운 본래성과 자유의 길을 보여줄 수 있다는 것이다. 이처럼, 보스가 진실하게 단순한 인간 힘과 효능에 대해 절대적인 믿음을 가졌기에 학생들은 치료자의 역할이 "휴가를 주는 것"과 같다는 말을 자주 들었다.

보스에게 구체적인 임상 상황에서의 대처 방법에 대해 질문했을 때, 그는 종종 "손끝에서 느껴야 한다."는 놀랍도록 간단한 조언으로 대답했다고 한다(Craig 1988a, p.33). 보스에게 치료의 가장 기본적인 목적과 목표는 "타인이 자신의 존재 즉, 자신의 최고의 충만함을 갖도록 돕는 것"이었다(Craig 1988a, p.27). 이러한 개방적이고, 돌보며, 직관적으로 분별할 수 있는 치료적 관계 속에서 펼쳐지는 인간 능력에 대한 믿음은 보스 학파라는 독특한 제안으로 이어졌다. 기존의 정신분석학이 "왜?"라고 물어 과거를 근거로 현재의 증상을 설명하는 것과 달리, 보스는 "왜 안 될까?" "도대체 왜 안 될까?"라고 질문함으로써 개인이 두려움을 극복하고, 더 자유롭게 행동할 수 있는 미래의 가능성을 향해 나아가도록 권장했다. 따라서, 환자 곁에 있어주고 "왜 안 될까"라고 묻는 것만으로도 궁극적으로 개인이 자신의 억압을 극복하고, 잃어버린 자유를 되찾을 수 있다는 것이 당시에 받아들여지는 규칙이었다.

이러한 임상적 권고가 전적으로 가치가 없는 것은 아니며, 하이데거의 존재와 시간 이후를 충실히 따르고 있지만, 연구소의 초기 수련생 중 다수는 심리치료에 이보다 더 많은 것이 있다는 것을 인식했다.

후대의 하이데거에 대한 강조와는 반대로, 주요 현존재분석가들은 "현존재분석은 엄격한 현상학적-해석학적 방법론에 의해 인도된다"고 일관되게 주장했다(Condrau 1998, p.26). 불행하게도 현상학과 해석학이라는 용어가 실제로 무엇을 의미하는지에 대한 자세한 설명이나 검토는 없었던 것 같다. 사실, 보스의 주요 체계적 저작물(1963, 1971/1977)에는 해석학에 대한 언급조차 없었다. 하이데거를 계승한 보스는 현상학과 관련하여, 현상이라는 단어가 "그리스어 *phainesthai*에서 유래한 것으로, 빛을 발하고, 나타나고, 스스로 드러나고, 은폐나 어둠에서 스스로 나오는 것"이라고 말한다(Boss 1963, p.28). 이는 하이데거의 현상에 대한 해석학적 이해를 "근접하게 그리고 대부분 자신을 보여주지 않고" "숨겨져 있는 것"이면서 동시에 "... 자신을 보여주는 것에 속하고, 그런 방식으로 그것에 속하며... 그것의 의미와 근거를 구성할 정도로 본질적으로 그것에 속하는 것"(Heidegger 1927/1962)으로 암시할 수 있지만, 현존재분석 치료자가 따라야 할 구체적인 해석학적 과정을 명확히 밝히지는 않았다. 현상학에 대한 보스의 이해도 역시 모호했다. 1963년 하버드 강의에서 그는 "현상학적 접근은 결코 수동적 태도가 아니다"(Boss 1964, p.63)라고 말했지만, 능동적인 현상학이 무엇인지는 설명하지 않았다. 같은 강연에서 그는 "사물 자체로 돌아가라"는 후설과 "사물 뒤에서 찾지 말고 사물 자체가 가르침을 한다"는 괴테의 격언을 인용하여 자신의 현상학적 접근을 설명하는 데 그쳤다(Boss 1964, p.62). 이 외에도 그는 이러한 충고만 했다.

> 우리 세계의 현상이 우리에게 직접 말하도록 허용하고, 세계가 개념적 왜곡 없이 우리에게 자신을 드러내도록 허용하고, 모든 것을 강요하지 않도록 우리 자신을 지키기 위해 우리가 강요하고 싶은 모양을 취하기 위해 우리의 길을 가로 지르는 것, 그래서 우리는 가능한 한 많은 에너지를 빼앗을 수 있는 것(Boss 1964, p.62).

『존재와 시간』(1927/1962) 출간 이후, 하이데거가 현상학이나 해석학에 대해 거의 언급하지 않았던 지난 수십 년 동안, 현존재분석의 현상학적-해석학 과정에 대한 구체성의 결여는 전적으로 이해할 수 있다. 그러나, 이것은 현존재분석가가 현존재로써 자신의 존재의 청명(*Lichtung*) 안에서 존재의 메시지를 경건히 받아들이는 것 외에, 진정한 현상학적-해석학 과정을 구현하는 방법을 정확히 이해하는 데 도움이 되지 않는다.

메다드 보스가 자신의 현존재분석 치료에서 발견했다고 주장한 단순함과 용이함과 함께, 그가 깊이 있고 철저한 훈련을 받은 정신분석가였고, 현존재분석 심리치료의 선구자로서 어려운 임상 상황에 직면했을 때에도 이러한 훈련은 그에게 큰 도움이 되었음을 기억해야 한다. 실제로, 많은 보스의 제자들은 심리치료가 휴가와 거리가 멀다는 점을 지적한다. 오히려 심리치료는 어려운 질문, 장애물, 갈등, 그리고 지속적이고 성실한 주의와 어려운 치료적 결정 및 행동에 대한 요구로 가득 차 있다고 말한다. 따라서, 현존재분석가를 지망하는 사람들은 "현존재분석만으로는 심리치료를 할 수 없다"는 빈스방거의 경고에 귀 기울여야 한다(Binswanger 1960, p.254). 실제로, 이 장의 나머지 부분에서 알 수 있듯이, 많은 진정한 현존재분석가들은 다른 관점과 실천을 보완하기 위해 다른 자료들을 참고했다. 이러한 다양성은 "제자로만 남는다면 스승의 은혜를 갚지 못한다"는 니체의 조언이 얼마나 현명한지를 보여준다.

그럼에도 불구하고, 보스가 인간의 고통과 심리치료에 대한 이해에 현상학적—해석학 관점을 도입하고자 집중적으로 노력한 것은, 비록 그가 이를 발전시킬 시간이나 성향이 없었더라도, 그의 제자들과 후학들에게 현존재분석적 사고와 실천을 계속할 수 있는 중요한 토대를 제공했다.

## 현대 현존재분석 심리치료

촐리콘 세미나(Heidegger 1987/2001)가 끝난 지 반세기가 지난 지금, 현존재분석 심리치료에 대한 하나의 포괄적 관점을 제시하는 것은 더 이상 불가능하다. 현존재분석의 창시자인 루드비히 빈스방거와 메다드 보스가 서거한 지 오래되어 현존재분석을 대표하는 목소리도 사라지게 되었다. 현재 7개국에 교육 및 훈련 기관이 있고, 전 세계에 현존재분석을 지향하는 독립적인 실무자들도 퍼져 있다. 특정한 직업적, 문화적 맥락의 우발적 상황에 민감한 현대의 현존재분석가들은 자신의 지속적인 연구와 각자의 개성, 그들이 속한 특정한 사회문화적 환경, 서비스 대상자의 고유한 요구와 성격에 맞게 자신의 실무를 조정하고 있다. 변화하는 법률, 윤리, 제도, 정부 정책 및 규제도 심리치료 관행에 영향을 미치기 때문에 끊임없는 재고와 적응이 필요하다. 새로운 과학적 발견과 연구, 이론 및 실무의 동향은 모든 종류의 심리치료 접근법을 계속 형성하고 있고, 현존재분석가도 이러한 거대한 사회적, 과학적, 제도적, 정치적 변화의 영향에서 결코 자유로울 수 없다. 일부 현존재분석가들은 대인관계 및 대상관계 정신분석, 집중적 단기 심리치료, 동양 명상 정신치료, 인지 및 발달 심리학, 애착 이론, 정서 조절 과학, 신경과학 등 다른 학파에서 집중적인 연구와 훈련을 받아 자신만의 독특한 현존재분석적 사고와 실천에 통합하고 있다.

현존재분석 심리치료에 대한 현대적 접근법의 다양성을 고려할 때, 오늘날 대다수의 실무자가 동의할 수 있는 단 하나의 응집력 있고 통일된 접근법이 존재하기는 어려울 것이다. 그러나, 정신분석의 역사에서 알 수 있듯이 의견의 불일치는 번성하는 철학과 과학에 있어서 필수적이고, 독단과 오만의 적이라는 점에서 이는 자연스럽고 바람직한 발전이라고 볼 수 있다. 다행히도, 앞 장에서 보스의 가장 재능 있는 2세대 제자 중 한 명인 엘리스 홀츠헤이—쿤츠의 사례에서 살펴볼 수 있듯이, 이견은 현장에서 살아 숨 쉬고 있다. 현존재분석 심리치료가 무엇인지, 그 목적과 목표는 무엇인지, 어떻게 진행되는지에 대한 합의가 부족하다는 점을 고려하여, 우리는 현존재분석 심리치료자들 중 영어로 중요한 저서를 출판하고, 실제로 메다드 보스를 알고, 그와 집중적으로 작업했던 세 가지 현대적 현존재분석 실무의 접근 방식을 살펴보고자 한다. 보스와 협력하고, 연구하고, 작업했던 정도로 나열해 보면, 엘리스 홀츠헤이—쿤츠, 페리클레스 카스트리니디스, 에릭 크레이그(Erik Craig)가 그들이다.

## 현존재분석 실무에 대한 세 가지 현대적 접근법

비록 현존재분석과 현존재분석 치료에 대한 관점, 배경, 접근 방식은 상당히 다르지만, 현재 현존재분석을 추구하는 세 명의 치료자 및 저자는 모두 다섯 가지 기본적인 태도를 공유하고 있다. 첫째, 보스와는 달리 이들은 무의식이라는 개념을 단호하게 거부하기보다는 "전혀 드러나지 않는", "숨겨져 있는"(Heidegger 1927/1962, p.59) 것에 대한 실존적 이해를 발전시키려고 노력했다(Craig 2008; Holzhey-Kunz 2014, pp.113-121). 둘째, 보스와는 달리 이들은 프로이트의 사상과 실천을 단순히 '공상 과학'으로 치부하기보다는 프로이트 자신도 인정한 것, 즉 프로이트가 "인간의 기본 상태에 대한 깊은, 비록 명료하지는 않지만, 인식"을 가지고 있었고(Boss 1963, p.62), 왜곡된 방식으로나마 다양한 실제적이고 뚜렷한 인간 현상을 인식하고 이해했다는 점을 진지하게 받아들였다. 이들은 전이, 저항, 반복 등과 같은 개념을 거부함으로써 이론적으로 사변적인 목욕물에 정신분석적 아기를 던져 버리는 것보다 어느 정도는 그러한 비밀을 간직한 현상을 해석학적으로 재해석하려고 노력했다. 셋째, 이들은 각자 보스가 버렸던 프로이트의 원래 치료적 실무에 대한 구체적인 권고 사항의 특정 측면을 다양하게 수용하고 있다. 넷째, 그들은 각자 하이데거의 근원적 존재론인 존재와 시간(1927/1962)으로 돌아가 실존과학뿐만 아니라 인간의 고통을 이해하는 데 있어서도 현존재의 존재론적 특징의 중요성을 강조했다(Holzhey-Kunz 2014, pp.133-156). 다섯째, 마지막으로 세 사람 모두 보스가 보다 엄격하게 적용한 현상학적 분석과 달리, 하이데거가 포기한 현상학적 해석학으로 돌아갔다는 점이다. 이러한 간략한 공통 관심사 개요는 이 세 명의 현대 현존재분석가들 사이의 사고가 동일하다는 것을 시사하는 것이 아니라, 오히려 이들은 다섯 가지 영역의 여러 측면에서 의견이 일치하지 않는 경향이 있다는 것을 보여준다.

우리는 홀츠헤이-쿤츠의 해석학적 접근에서 시작하여 크레이그의 인본주의적, 관계적 접근으로 이어지고, 4장에서는 카스트리니디스의 실제 사례 두 가지를 소개하고자 한다. 그렇게 함으로써 현대에 더욱 주목되고 있는 단기적 접근으로 결론을 내리고자 한다.

### 엘리스 홀츠헤이-쿤츠: 해석학적 현존재분석

엘리스 홀츠헤이-쿤츠는 1971년 취리히 대학교에서 철학과 역사학 박사학위를 받았으며, 현존재 정신분석 심리치료 및 정신신체학 연구소에서 첫 번째 분석 수련생 중 한 명이었다. 그녀는 1975년에 졸업장을 받았고, 그 이후로 현존재분석의 심리치료자, 수퍼바이저, 강사, 저술가로 활동했다. 홀츠헤이-쿤츠는 메다드 보스의 『심리학 및 의학의 존재론적 기초』(1971/1979)에 대한 비판을 발표한 최초의 현존재 분석가로, 존재와 현존재분석 사이의 관계를 뒤집는 하이데거의 후기 "존재의 사유"에 대한 의존과 이로 인해 "자아"로서의 현존재가 사라진 것에 대해 의의를 제기했다. 홀츠헤이 쿤츠는 보스에게 있어 현존재는 세계와만 관련되며 결코 자기 자신과는 관련이 없다고 주장했다. 그녀는 인간에 대한 이러한 철학적 개념으로는 환자의 고통의 의미를 이해할 수 없다고 주장한다. 그녀는 하이데거의 초기 저작인『존재와 시간』(Heidegger 1927/1962)에서 현존재에 대한 하이데거의 독창적인 해석학적 이해를 고수하는데, 이는 정상적인 일상성을 "존재의 근거에 놓여 있는" 불안으로부터 현존재가 끊임없이 도피한 결과로 해석하고, 정신적 고통의 은밀한 의미를 드러내는 것을 가능하게 한다. 여기서 우리는 홀츠헤이-쿤츠의 작업이 정신적 고통에 대한 새로운 해석학적 개념에 그 핵심을 두고 있다는 점에 주목해야 한다. 심리치료의 해석학적 과정에 대한 생생한 이해를 제공하는 그녀의 접근 방식도 여기에 포함된다.

다시 말해, 홀츠헤이-쿤츠는 메다드 보스의 접근방식과 존재와 현존재와의 관계에 대한 후기 하이데거의 이해를 따르기 보다는 현상학적으로 접근한 해석학을 통해『존재와 시간』에 대한 하이데거의 원래의 사유(1927/1962)로 돌아가 키르케고르와 사르트르의 사유의 측면을 보완한다. 또한, 그녀는 지그문트 프로이트가 인간 고통에 대한 해석학적 이해를 위해 기울인 노력을 높이 평가하지만, 인간에 대한 자연주의적 관점, 욕구 이론 등에 유도된 그의 특별한 해석학적 접근 방식을 따르지는 않는다. 그럼에도 불구하고, 그녀는 프로이트의 가장 핵심적인 기술적 권장 사항을 심리 치료 실무에 채택한다. 이름하여 (1) 자유 연상, 적어도 어떤 상황에서는 소파 사용, (2) 치료자에게 고르게 주의를 기울이는 것, (3) 내담자-치료자 모두에게 절제의 원칙, 이 규칙과 고르게 주의를 기울이는 것에 대한 실존 존재론적 해석을 제공하지만 그녀는 철학적 귀로 경청이라고 부른다.

이러한 선택을 뒷받침하는 것은 홀츠헤이-쿤츠가 대화적, 친교적, 전문적, 과학적 등 다양한 유형의 대화를 구분한 것들이다(Holzhey-Kunz 2014, pp.203-208). 그녀는 이들 각각을 분석적 대화와 명확하게 대비를 이루는데, 오직 후자만이 잘못된 증상들 뒤에 숨겨진 정서적, 본질적 진실에 접근하기에 적합하다고 여긴다. 어떠한 다른 종류의 대화도 공동의 치료적 노력을 위해 필요한 자유, 안정, 위험, 보호를 위해 필수적인 완전한 협력과 비대칭의 목적 및 과정을 동시에 갖춘 구조로 이루어져 있지 않다.

보스가 모든 종류의 해석을 깊이 의심하고 있었고, 주요 영문 출판물 어디에서도 해석학이라는 용어를 언급하지 않은 것과는 대조적으로, 홀츠헤이-쿤츠에게 있어서 현존재분석 치료는 철저하게 해석학적인 것이다. 그녀 자신의 말을 인용하면, "현존재분석 과정은 모든 면에서 해석학적인 과정이다. 그 방법은 해석학적이고, 그 대상은 해석학적이며, 그 목표 또한 해석학적이다. 따라서, 극단적인 해석학을 현존재분석 과정의 본질이라고 할 수 있다."(Holzhey-Kunz 2012, p.200) 사실 그녀는 "현존재분석은 해석학적인 것으로서만 분석 치료일 뿐"이라고 단언하기도 했다(Holzhey-Kunz 2012, p.200).

해석학적 순환을 부분과 전체 사이의 변증법으로 보는 홀츠헤이-쿤츠는, 분명하게 비이성적인 증상들의 숨겨진 의미를 폭로하는 도전이, 그렇지 않으면 비이성적인 것을 이해 가능하게 만드는, 아직 밝혀지지 않은 전체의 그 어떤 측면을 발견하는 것과 관련이 있다고 본다. 현존재가 실체-본질적 존재로서 구성되어 있다고 보는 홀츠헤이-쿤츠는, 심리적 고통의 숨겨진 의미들이 개인의 실체적 생애 역사, 즉 프로이트가 '회상'이라 부른 것뿐만 아니라, 자기 자신의 존재에 대한 특정한 본질적 감수성(Hellhörigkeit)에서도 발생한다고 이해한다(Holzhey-Kunz 2014, pp.203-204).

이러한 심리적 고통의 "이중 양식"하에서, 해석학적 청취의 한 과제는 개인 자신의 개인사(실체적) 역사의 밝혀내기다. 그러나 모든 심리적 경험은 인간으로서 자기 자신의 존재에 대한 사전적 본질적 이해를 동시에 담고 있기에, 홀츠헤이-쿤츠에게 있어서 심리적 고통의 증상은 환자의 현존재로서 자기 자신의 근본적 존재적 조건과의 관계 측면에서도 의미를 지닌다. 현존재분석이 정신분석과 다른 점은 고통의 숨겨진 의미에 대한 실체적(현존재적) 이해를 통과하여 본질적(존재적) 이해에 도달한다는 것이다. 홀츠헤이-쿤츠에 따르면 이를 위해 자유연상과 단지 불안, 본질적 죄책감, 인간다움의 본질적 수치심에 의해 원초적으로 경험되는 본질적(존재적) 조건들에 대한 철학적 파악 둘 다가 필요하다. 홀츠헤이-쿤츠의 사고 전반은 치료 실천을 포함하여 실체적인 것과 본질적인 것의 차이에 의해 유도되며, 본질적인 것이 구체적 실체적 현상 속에서 어떻게 나타나는가를 끊임없이 문제 삼고 있다.

홀츠헤이-쿤츠에게 이러한 전체적 현존재분석 과정은 단지 진정한 해석학적 분석의 가능성 뿐 아니라 두 치료 당사자의 특수한 성격에도 의존한다. 홀츠헤이-쿤츠에 따르면, 심리치료를 가능하게 하는 것은 바로 정신병적인 자의 특별한 감수성(Hellhörigkeit)인데, 이는 "고통 받는 정신병자로 하여금 비자발적인 철학자가 되게 한다"(Holzhey-Kunz 2014, p.146). 이러한 영적 고통을 겪는 사람의 이 특수한 감수성을 파악하기 위해, 현존재분석 치료자 또한 자신의 개인적 삶의 경험과 역사뿐 아니라, 피할 수 없는 인간 존재로서 이 세상에 내던져짐에서 오는 자신의 갈등과 불안으로부터, 그러한 고통의 숨겨진 본성에 대한 감수성을 동시에 지니고 있어야 한다.

## 에릭 크레이그: 인간중심적, 관계적 현존재분석

이 장에서 소개한 다른 두 명의 현존재분석 심리치료자와는 달리, 에릭 크레이그는 1986년 여름까지 보스나 그의 스위스 동료들이나 제자들을 만나지 않았다. 그가 보스와 다른 취리히 현존재분석가들과 함께 짧지만 유익했던 3년 동안의 협력을 통해, 『심리학과 정신분석에서의 자유를 위한 심리치료: 현존재분석의 길』(Psychotherapy for Freedom: The Daseinsanalytic Way in Psychology and Psychoanalysis)의 출판을 계기로 "취리히 현존재분석학파"에 대한 소개가 최초로 영어로 이루어지게 되었다(Craig 1988b).

크레이그가 현존재분석을 듣지 못했던 수년 전부터, 그의 현존재분석으로의 경로는 1968년 실존주의 아동 심리치료자 클라크 무스타카스(Moustakas, 1956, 1966)와의 12년 간의 학습과 협업에서 시작되었다. 오토 랑크의 영향을 받은 무스타카스는 자신의 접근법을 "관계 치료"라고 칭했는데, 이는 행동보다 경험을, 행위보다 존재를, 사고보다 감정을, 과거 탐구보다 본래성 있는 즉각적 관계맺음을 강조하는 것이었다. 1978년, 크레이그는 우연히 다른 인본주의 심리학자이며 실존주의 정신분석가인 폴 스턴(Stern, 1964, 1972, 1979)을 만났는데, 스턴은 오랫동안 보스의 취리히에서의 가까운 친구였고, 미국으로 이민을 간 후 보스의 주요 옹호자가 되었다. 어떤 면에서 스턴은 무스타카스의 실존주의적 반대편에 있었는데, 더 철학적이고 사색적이며 정서적 표현보다는 신중한 접근을 보였다. 스턴이 1962년 62세로 일찍 세상을 떠난 후, 크레이그는 1985년 봄에 직접 보스에게 연락을 취했고, 이듬해 8월 취리히 잘리콘 집에서 처음 만났다(Craig, 1988a).

크레이그가 최초로 출판한 실천에 대한 논문인 『신성소와 현전』(Sanctuary and Presence)은 보스를 처음 만나기 몇 달 전에 나왔다(Craig 1986/2000). 이 논문은 실존주의 치료자의 심리치료에 대한 기여에 초점을 맞추고, 아직도 그를 이끄는 기본적인 치료적 가치, 태도, 관점 및 실천을 제시하고 있다. 그곳에서 크레이그는 치료(그리스어 어근 therapeúein에서 유래, 돌보다, 보살피다, 돌보다의 의미)를, 치료자 스스로의 급진적 자기초월을 요구하는 것으로 특징지었다. 즉 개인적 욕구, 이해관계, 야망을 일시적으로 유보하여, 자신의 경험을 사용하여 다른 사람에게 더 명쾌하게 주의를 기울일 수 있게 해주는 것이다. 신성소(sanctuary)라는 용어로, 크레이그는 프로이트가 치료적 계약이라고 부른 것의 환자가 실제로 느끼는 감각을 가리키고 있다. 즉 시간, 금전, 기대, 목표 및 책임에 대한 명확하고 신뢰할 수 있는 "틀"을 수립함으로써, 개인이 "자신을 알고 진정한 자기 자신이 될 수 있는 안전과 자유"를 구체적으로 경험할 수 있게 하는 것이다(Craig 1986/2000, p.271). 틀을 정의하는 합의는 구체적인 치료 상황과 치료 당사자에 따라 다를 수 있어서 비대칭적인 대화이지만, 환자의 이익과 사용을 위해 존재한다. 크레이그에 따르면, 불가피하게 애매한 상황을 지속가능하고 생산적인 것으로 만드는 것은 보스가 "치료적 에로스"라고 불렀던(Boss 1963, pp.259-260) 지속적인 치료자의 기민하고, 명료하며, 배려하는 현전(presence)이다. 그럼에도 불구하고, 현전(presence)이라는 용어와 달리, 보스의 환자를 위해 "단지 있기만 하라"는 조언으로 특징지어지는 "순수한" 현전과 대조적으로, 크레이그는 "훈련된 본래의 현전"을 강조한다(Craig 1986/2000, p.272). 크레이그에 따르면, 이러한 현전은 인간 존재와 인간 고통의 다양성과 의미에 대한 깊은 이해를 바탕으로, 지속적인 성실한 학습과 실천, 비판적 자기성찰 없이는 대체할 수 없다. 오직 이러한 훈련된 학습과 실천만이 치료자에게 매 순간 새로운 즉흥적 본래의 현전을 가져올 수 있는 자유를 준다. 이는 레이 찰스가 일주일 내내 하루 8시간씩 화음을 연습함으로써 야간 콘서트에서 곡을 스스로 연주할 수 있는 자유와 기술을 허용했던 것과 같다.

크레이그 접근법의 핵심은 즉각적이고 상호 경험된 사람과 사람 사이의 연결을 바탕으로, 심리적 성장과 개인의 존재와 고통에 대한 가장 신뢰할 수 있는 이해가 일어날 수 있다는 것이다. 이러한 즉각적으로 펼쳐지는 관계적 만남의 "놀이터" 안에서(Freud 1911-1915, 1958, p.154; Boss 1963, p.239), 치료자는 환자의 실제 삶의 현실을 치료자 자신의 존재 안에서 경험할 수 있다. 크레이그에 따르면, 심리치료 과정은 상호 경험된 느낌의 연결의 질에서 시작되며 지속적으로 전적으로 의존한다. 즉, 암묵적 비언어적, 언어 이전의, 또는 트레바슨(Trevarthen, 2005)과 후에 쇼어(Schore, 2012, p.331)가 "원시-대화"라고 부른 것에서부터 시작되는 정서의 공동 조절이 그것이다. 치료자의 가장 중요한 임무는 연결의 일치와 불일치를 주의 깊게 추적하고 수리하는 것이다. 다니엘 스턴(Stern, 1985)은 이 과정을 정서적 공명이라고 처음 부른 바 있는데, 이는 독일어 동사 "stimmen"(조정하다, 기울다, 처분하다의 뜻)과 명사 "Stimmung"(조정, 기분, 성향, 마음가짐의 뜻)에서 유래한 현존재분석용어 Gestimmtsein와 그 의미가 유사하다. 일단 연결이 일치하거나 조정되면, 그 순간에 무슨 일이 일어나고 있는지, 그리고 이것이 환자의 확립된 존재 방식 및 고통과 어떻게 관련되어 있는지에 대한 상호 공개적인 이해를 위해 노력할 수 있고, 바라건대 발전할 수 있다. 현존재분석에서 이러한 이해는 연결(일치)이나 단절(불일치 또는 파열)을 느꼈던 것을 추적하고 복구하는 과정과 동시에 발생하는 존재론적 의미에 대한 사려 깊은 해석학적 경청을 통해 주어진다. 정신분석학자이며 애착이론가인 피터 포나기(Peter Fonagy)는 자신과 다른 사람의 마음과 행동을 이해하는 이러한 성찰적 과정을 다소 어색하게 "정신화(mentalization)"라고 묘사한다(Fonagy 2001, pp.165-170; Fonagy et al., 2002).

최근 몇 년간 크레이그는 애착이론, 발달심리학 및 신경과학의 연구로부터 점점 더 영향을 받고 있는데, 이는 현존재분석의 분석적, 철학적 관점의 많은 부분을 입증하는 것으로 보고 있다. 특히, 심리치료 실천에 있어 중요한 것은 발달심리학과 정신분석학의 연구가 지속적으로 보여주는 바와 같이, 정서적 자기조절과 이해는 언제나 부모, 치료자 또는 다른 중요한 애착 대상과의 공동조절로부터 시작한다는 것이다. 현존재분석 심리치료의 특징적인 것은 이 자기 조절과 이해가 개인의 고유한 일상(실체적) 경험과 역사뿐 아니라, 인간으로서의 존재와 모든 다른 사람과 같이 존재한다는 것이 본질적으로 무엇을 의미하는가에 대해서도 발생한다는 것이다.

## 페리클레스 카스트리니디스: 단기 현존재분석 치료

빈 대학교 출신의 스위스 정신과 의사 페리클레스 카스트리니디스는 1970년대에 정신치료 및 정신신체 학회를 떠난 첫 번째 학위자 중 한 명이었다. 그는 나중에 스위스 현존재분석 학회라는 이름의 새로운 교육 프로그램을 창설하였다. 카스트리니디스는 현존재분석가로서의 훈련 외에도 발린트 공동 작업에서 훈련을 받았고, 남미의 선임 정신분석가의 지도를 받기도 하였다. 1980년대 하비브 다바넬루(Habib Davanloo)와의 집중단기역동치료(ISTDP) 연구는 그의 현존재분석 치료에 대한 자신의 접근법에 중요한 전환점이 되었다. 오늘날 카스트리니디스는 정신건강의학 개인 실습을 유지하고 있으며 취리히에서 현존재분석 치료자 및 강사로 활동하고 있다. 다음 장에서 카스트리니디스는 훈련 초기와 약 30년 후에 발생한 두 가지 사례를 제시하여, 치료 방법의 중요한 변화에도 불구하고 현존재분석적으로 남아있기 위한 자신의 방식을 찾아가는 과정을 설명한다.

카스트리니디스의 경력에서 결정적인 시기는 현존재분석학회에서 훈련을 받던 비교적 초기에 왔다. 그는 부과된 기본적인 정신분석의 지침뿐만 아니라 학회의 긴 다년간 치료에 대한 기대로 인해 치료적으로 제약을 받고 있음을 알게 되었다. 수련생으로서의 처음 몇 년 안에 그는 더 집중적이고 강도 높은 방식으로 작업함으로써 과정을 단축시키는 방법을 고려하기 시작했다. 특히 현존재분석에서 시간에 대한 강조와 함께, 우리 모두가 죽음을 향해 가고 있다는 인식이 그 근거였다. 즉 우리에게 있어 모든 삶의 순간은 대체 불가능할 뿐만 아니라 소중하기까지 하다. 카스트리니디스는 유한성이 우리가 가장 강렬하게 투쟁하는 본질적 조건 중 하나라면, "왜 누구든지 분석 속에서 이런 귀중한 자원을 이렇게 많이 소모해야 하는지" 의문을 품었다. 이러한 이런저런 의구심으로 인해, 이 젊은 분석가는 현존재분석가가 되었고, 그 상태를 유지할 수 있는 자신만의 방법을 찾기 시작했다. 그의 탐색 기준은 철학적이거나 이론적 기준이 아니라, 오히려 환자들과의 실제 생활 경험 속 증거에 기초를 두었다. 즉 자신의 성격과의 적합한 느낌과 환자들이 그들 고유의 과정과 관계에 대한 반응 등이 그 기준이었다.

카스트리니디스는 다른 학회 동료들과 함께 곧 보스의 무비판적 보스 수용에 대해 의문을 제기하기 시작했다. 즉 "후기" 하이데거 사상의 도식적 수용과 "그(보스)가 할 수 있는 곳마다 자신의 현존재분석을 프로이트의 정신분석과 구분지으려 했다"는 상황을 문제 삼았다(Kastrinidis 2005, pp.95-96). 결과적으로, 보스에 대한 첫 주요 철학적 비판을 담당한 스위스 동료 앨리스 홀츠헤이-쿤츠를 따라, 카스트리니디스는 『존재와 시간』(1927/1962)의 하이데거와 정신분석과의 공통점이 많은 숨겨진 의미에 대한 해석학적 탐구로 돌아가기 시작했다. 다만 "인문과학적, 즉 해석-서사적 방식"으로 읽을 때가 그랬다(Kastrinidis 2005, p.96). 또한 그는 프로이트의 정신분석 기법의 다양한 요소를 실험하며 어떤 것을 포함시키고 어떤 것은 제외할 것인지를 결정하려 했다. 이는 결국 단기 현존재분석 심리치료가 되었다. 카스트리니디스는 소파 사용과 이에 따른 자유연상과 고르게 띄워져 있는 주의 요구를 배제한다. 그리고 다바넬루의 집중단기역동치료(ISTDP)의 기본 실천을 따라, 회기의 시청각 녹음을 도입했다. 이 움직임으로, 그는 심리치료자의 참여를 순수한 현상학적 청취와 대조되는, 고도로 집중된 능동적 해석학적 청취의 하나로 해석하게 되었다. 즉, 개인의 독특한 발달 역사와 경험의 본질적 또는 본질적 이전 내용 모두에 대한 숨겨진 또는 인정되지 않은 의미를 꾸준히 찾고 적극적으로 조사하는 것이다. 여기서 역설적으로, 능동적 해석학적 질문과 청취에 대한 강조에도 불구하고, 카스트리니디스는 양쪽 치료 당사자의 절제 원칙을 단호히 고수했다. 이 절제를 통해 그는 현존재분석적 치료 과정에 대한 꾸준하고 강도 높은 초점을 유지하며, 이 강도 높은 상호작용이 일상적인 친교 대화나 지적 담론의 만족으로 미끄러지지 않도록 했다.

　　카스트리니디스에 있어 그의 단기 현존재분석 심리치료의 첫 번째 요구사항은 상호 참여적 역동적 치료관계의 수립이다. 여기서 단기는 대략 3개월에서 3년 사이, 일반적으로 일주일에 한 번 기준을 의미한다. 결과적으로 역동적 치료 과정의 수립 또한 요구된다.

**치료 관계** 현존재분석 심리치료 접근법을 실천하는 데 있어, 카스트리니디스는 치료동맹과 절제의 두 가지 핵심 요소에 초점을 맞춘다. 그의 견해로 모든 깊이 있는 심리치료 관계는 환자와 치료자 간의 치료동맹에 기반을 둔다. 다바넬루의 집중단기역동치료(ISTDP) 연구와 실천에서 얻은 통찰을 바탕으로, 카스트리니디스는 치료동맹을 의식적 및 무의식적 구성요소를 모두 가진 것으로 이해한다. 여기서 후자가 치료 생산성과 효과성 측면에서 훨씬 더 중요하다 (Abbass 2015; Davanloo 1980, 1990, 2000).

**의식적 치료동맹**은 환자와 치료자 간에 수립된 고의적 합의를 의미한다. 프로이트가 치료적 "계약"(Vertrag, 합의 또는 계약의 의미; 1940/1964b, pp.173-179)이라고 부른 이것은 본질적으로 그들을 "묶어"주고 실제로 "분석 상황을 구성"한다(Freud 1940/1964b, p.173). 이러한 동맹은 상호 경험된 정보에 기초한 동의를 필요로 하는데, 여기에는 개인이 특정 치료자와 일하기로 하는 자유로운 선택이 포함된다. 따라서, 카스트리니디스는 전체 과정을 1~4회기의 시범 기간으로 시작한다. 이 의식적 동맹 없이는 어떠한 의미있는 작업도 불가능하며 관계는 붕괴의 지속적 위협에 노출된다. 그럼에도 이 의식적 동맹만으로는 생산적인 치료관계를 위한 충분한 것이 결코 아니다. 카스트리니디스는 생산적인 치료 경험을 위해서는 다바넬루가 무의식적 치료동맹이라고 부른 것 또한 필요하다고 주장한다. 이것은 관계의 미묘하고 암묵적 역동성에 크게 의존한다. 신체와 얼굴 제스처, 억양, 생생한 자발적 연상, 예측하지 못한 새로운 통찰 등을 관찰함으로써 이러한 동맹의 발전을 추적할 수 있다. 치료자로서 이들과 기타 구체적 증거가 가장 일찍 나타나는 것에 주의를 기울이고 발생함에 따라 그 의미를 찾아내어 탐구하는 것이 중요하다.

치료 관계의 다른 필수적인 구성요소는 치료적 절제다. 이는 프로이트(Freud 1911–1915/1958, pp.163–16)가 처음 주장하고 규정한 바와 같다. 카스트리니디스는 이를 역동적 과정의 실존적 도전을 헤쳐 나가는 데 있어 필수 원칙이라고 본다. 이는 어느 한 쪽 치료 파트너에게도 쉬운 일이 아니다. 환자들은 종종 삶에서 박탈당한 만족을 치료자로부터 경험하기를 갈망한다. 치료자 또한 한 환자가 표현한 바와 같이 이 "불가능한 가능성"에 유혹을 받을 수 있다. 하지만 여기서 자신의 교육분석의 이점을 가진다. 반면, 환자들은 그러한 이점이 없기에, 오랫동안 묻어왔던 감정, 갈망, 충동, 환상 등이 적대적이든 애정적이든 부상하기 쉽다.

절제에 대한 상호 약속은 구체적 경험과 행동을 통해 강화되며, 환자들에게 동일한 종류의 반응을 받지 않을 것이라는 필요한 보호의 확신을 제공한다. 단기 현존재분석 심리치료는 치료자의 강렬한 감정을 자주 불러일으킬 뿐만 아니라, 그들 자신의 정서 조절 능력에 심각한 도전을 야기하기도 한다.

치료자는 단순히 현상학적 수준에서 환자의 문제를 대신 해결할 수 없다. 따라서, 치료자는 타자의 극심한 고통이 불러일으키는 불안을 견디는 법을 배워야 하며, 개인의 현상학적 및 본질적 갈등의 의미를 이해하는 일차적 분석적 기여에 만족해야 한다.

**역동적 치료 과정** 치료 과정은 보통 심리적 및/또는 심신의학적 증상으로 고통받는 사람이 이러한 고통을 경감시키기 위해 전문가의 도움을 처음으로 구할 때 시작된다. 이 시점에서 개인은 종종 이러한 어려움이 현재나 과거의 삶의 경험과 어떻게 관련될 수 있는지에 대한 희미하고 종종 오해의 소지가 있는 감각을 가질 뿐, 이러한 증상의 의미나 해결책에 대해서는 전혀 아이디어가 없다. 따라서, 현존분석가의 초기 작업은 먼저, 사람을 실제로 치료로 이끄는 것이 무엇일지에 대한 명확한 공통의 이해를 도출하는 것과 둘째, 함께할 구체적인 초기 목표를 찾는 것이다.

현존재분석적 치료 과정은 하나의 고통이 아닌 두 가지 종류의 고통을 다루어야 하는 데에서 그 독특성이 있다. 하나는 일상생활에서 오는 현상학적 고통이고, 다른 하나는 인간으로서의 존재 그 자체에서 오는 본질적 고통이다. 후자는 그 종류의 존재일 수밖에 없는 모든 피할 수 없는 우연성으로 인한 고통을 포함한다. 카스트리니디스의 단기 현존분석에서 이러한 이중 초점은 치료자의 기본적이고 일반적인 자세와 함께 상황 특정적 개입의 의도적 실행을 모두 필요로 한다.

**기본 자세(Haltung)**는 환자를 향한 확고하고 균일한 해석학적 조율이다. 이는 개인에 대한 진정한 그러나 편향되지 않은 관심과 수용을 보여준다. 이는 시간을 함께 보내는 동안에 그 사람이 말하거나 "있는" 모든 것을 향한 능동적 해석학적 청취일 뿐만 아니라, 그들의 표면적 발화와 존재 "중간"에 있는 것에도 동일하게 초점을 맞추는 것이다. 그리고 이 생각과 관찰을 개인의 주의에 제시한다. 일반적으로 이러한 환영받는 해석학적 자세는 환자에게 완전히 놀라운 동시에 익숙하지 않다. 이를 통해 치료자에 대한 신뢰와 애착이 조성된다. 이는 보통 무의식적 치료동맹의 첫 신호가 나타나기 시작할 때다.

**상황 맞춤형 중재**는 개인의 자기 이해 촉진, 특히 그들의 갈등과 관련된 측면에 초점을 맞춘다. 이는 치료의 그 측면이 알고 알려지는 것에 대한 전술적 및 성격적 방어기제를 동시에 드러내며, 대화의 어조가 매일의 익숙한 위장 대화에서 심각하고 친밀하며 진실된 깊은 감정, 새로운 생각, 환상의 경험으로 극적으로 전환됨을 보여준다. 카스트리니디스(Kastrinidis)에 따르면, 보통 여기에서 강렬한 갈망, 분노, 애도 등이 활성화되고, 이와 함께 극심한 성격적, 전술적 자기 보호, 방어, 저항이 나타난다. 궁극적으로, 치료자는 환자의 고통스러운 문제를 회피하거나 우회하려는 시도와 이러한 노력의 결과를 차분하고 자신있게 지적하며 고통받는 측면을 옹호한다. 또한 치료자는 해당 습관을 의문시하고 그 의미를 숙고하도록 부드럽게 초대한다. 항상 환자의 동의하에, 현재와 과거 사이의 연결고리가 드러나고 및 탐구되며, 개인의 자기제한적이고 심지어 자신을 해치는 존재 방식을 이해하고 변화시킬 수 있는 새로운 가능성이 제시된다. 대부분의 환자에게 이러한 새로운 유형의 관계는 종종 새로운 결정과 행동을 점진적으로 감행할 용기를 찾는 가장 중요한 원천이 된다. 그리고 결국 그들의 삶 속에서 자신감과 만족감을 가지고 더 자유롭게 나아간다.

현존재론적으로 이해하자면, 이 전체 과정의 결과는 하이데거가 존재와 시간에서 표현했듯이, 한 개인의 "완전한 존재의 가능성"과 한 개인의 "본연적 존재 가능성"을 실현하는 것으로 설명할 수 있다. 이를 위해 가장 중요한 것은 "선제적 결단"의 현존적 자세이다. 단기 현존분석치료에서, 이와 같은 선제적 결단은 개인이 구체적으로 어떤 존재이고, 보편적으로 단순히 인간이라는 것에 대한 상호 이해에서 비롯된다. 하이데거가 지적했듯이, "존재에 대한 우리의 개별화된 잠재성과 대면하게 하는 냉정한 불안(n üchternen Angst)과 함께, 이 가능성 안에는 흔들리지 않는 기쁨(ger üstete Freude)이 있다(Heidegger 1927/1962, p.358)." 여기서 하이데거의 논평은 단기 현존재분석치료에서 흔히 나타나는 영향들, 즉 한편으로는 불안과 절제와 관련하여 특히 적절한데, 카스트리니디스는 여기에 깊은 자기 성찰과 함께 오는 애도를 덧붙이고, 다른 한편으로는 오랫동안 미뤄왔던 이해의 자유와 진정한 자기 자신이면서 깊은 인간이 되는 데서 오는 심오한 해방감과 깊은 기쁨을 덧붙인다.

결국, 심리치료와 같이 복잡하고 본질적으로 독특한 것에 대한 일반화는 오해의 소지가 있고 어떤 한 개별 심리치료의 과정을 포착할 수 없다는 것을 인정하면서, 카스트리니디스는 치료 과정의 네 가지 광범위한 측면을 구별하는 것이 유용하다고 보았다: 과정에 들어가기; 깊은 감정의 경험과 탐구; 실존적 역사적 삶과 본질적 갈등에 대한 해석학적 이해; 치료 과정의 해소와 이별, 애도, 수용. 분명히 이러한 측면들은 대략적인 순차적 순서로 발생하는 경향이 있지만, 고정된 시간 순서로 발생하는 것이 결코 아니라, 오히려 종종 중복되고, 서로 둘러싸며 심지어 한 회기에서 모두 발생할 수도 있다. 그럼에도 불구하고, 돈과 시간을 아끼면서 개인과의 작업을 강화하고 단축하고자 하는 현존재분석 치료자는 필수적인 측면들을 마음에 새기고 있는 것이 도움이 될 수 있을 것이다.

# 04

## 사례연구
### 상담자의 현존재분석: 자기의 실존을 찾아가는 여정

Perikles Kastrinidis

## 서론

이 장은 현존재분석 접근이 심리치료의 실제에서 구체적으로 어떻게 나타나는지 보여주는 두 사례 연구에 대해 소개하고 있다. 첫 번째 사례는 내가 초심 상담자로서 현존재분석 심리치료를 갓 배우고 취리히에 있는 현존재분석 연구소와 스위스 정신분석 학회 소속의 숙련된 남미 정신분석가로부터 수퍼비전을 받을 때의 일이다. 내담자는 실비아라는 젊은 여성으로, 뇌전증 때문에 힘들어하고 있었으며, 이후에는 신경증적 우울도 겪고 있었다. 실비아와의 심리치료는 3년 동안 매주 세 시간씩 카우치에 누워 전통적인 분석 환경에서 이루어졌다. 두 번째 사례는 가장 최근에 내가 60대일 때 보았던 내담자로 우울과 심각한 죽음 불안을 호소했던 70대 남성인 "어니스트"였다. 어니스트와 나는 3년 동안 회기를 점점 줄여가면서 심리치료를 진행하였다.

이 사례들을 소개하면서 나는 상담자로서 나 자신에 대한 자각, 반응, 행동들에 대해 초점을 맞출 것이다. 이것은 독자들이 전통적으로 훈련받은 현존재분석 상담자의 심리치료가 실존적인 질문을 40년 동안 어떻게 발전시켰는지 이해할 수 있도록 도와줄 것이다. 현존재분석 기법에 너무 집착할 필요는 없는데, 나는 처음부터 나만의 방법을 찾으려는 시도와 함께 현존재분석으로 내담자들을 만났다.

내가 배운 것 중 가장 중요했던 것은 바로, 현상학적, 해석학적 정신분석의 전제는 상담자 자신의 생생한 인간성을 통해서만 드러난다는 것이다. 나에게는 이러한 상담자, 즉 자기 삶과 심리치료에 대한 현존재분석적 이해를 추구하지 않는 상담자가 수행하는 현존재분석 심리치료는 환상에 불과하다. 현존재분석은 유일무이한 탐색을 하는 두 인간 존재간의 독특한 관계이며, 그렇지 않은 경우에는 결코 현존재분석이라 할 수 없다.

## 특발성 뇌전증을 호소하는 젊은 여성 사례

24살 실비아가 취리히의 신경정신과 클리닉에 외래 내담자로 나에게 의뢰되었을 때, 나는 막 현존재분석 심리치료 수련을 받기 시작한 28살의 젊은 정신과 의사였다. 그녀는 심리치료 초기에 지적이고 사려 깊어 보이긴 했지만, 그녀는 그렇게 보이지 않으려고 노력하는 것 같았다. 다소 건장한 체구에 작은 목소리로 말했으며, 내성적인 태도와 어울리는 단정하고 엷은 색의 차림을 하고 있었다. 그녀가 클리닉에 의뢰되었을 당시 노동자 계층 가족의 두 딸 중 첫째였으며, 교육치료사가 되기 위해 수련을 받고 있었다.

초기 회기에서 실비아는 가슴 통증을 호소했고, 이는 그녀의 속 전체를 도려내고 말려버리는 듯한 하나의 큰 상처같이 느껴진다고 했다. 그녀는 일 년 반 동안 이러한 고통이 지속되었으며 최근에는 복부 경련으로 병원 응급실을 찾았지만, 병원에서는 신체적인 원인을 발견하지 못했다. 심지어, 실비아는 주기적으로 현기증과 해리성 장애를 경험했다. 해리성 장애의 경우 특히 갈등이 있는 사회적 상황에서 일어났는데 처음 이 증상이 일어난 후 며칠 동안은 불안과 우울감을 느꼈었다. 결국, 실비아는 14살 때 대발작 뇌전증 증상이 나타나기 시작했다. 그녀는 그 당시 항경련제를 처방받았는데, 나를 만나기 전에는 4년 동안 약을 중단한 상태였고, 증상이 재발하고 몇 년 뒤에 다시 약물 복용을 시작하였다. 실비아는 그녀의 신경과 의사가 그녀의 증상을 특발성 뇌전증과 불특정한 심리적 요인들의 합병 증상으로 진단하여 약물 복용을 지속해야 한다고 말했다고 한다.

이러한 모든 신체적 불안 증상에도 불구하고, 실비아는 내게 꽤 자기성찰적인 젊은 여성이라는 인상을 주었다. 그녀는 심각한 행동문제를 보이는 아동·청소년을 위한 장기 수용시설에서 교육치료사로 수련받고 일했는데, 얼마 지나지 않아 그녀는 전문가로서 겪었던 문제의 사건에 대해 말해주었다. 일반적으로 그녀는 이런 문제가 있는 아동들에 대해 크게 공감하고 있었음에도 불구하고, 그 아이들에게 심하게 화가 나고 경멸과 분노를 느꼈던 몇몇 상황들에 대해 수치심을 느끼고 있었다. 가끔은 부정적이고 침투적인 환상이 나타나기도 했으며 심지어 아이들을 때리고 싶은 충동도 일어났다. 한번은 실제로 그녀가 한 아이의 이마를 때렸었다. 이 일은 어릴 때 자신에게 자주 버럭 화를 내고 때렸던 어머니를 떠올리게 하였다. 그녀는 충동을 조절하지 못하고, 보호 대상 아이들을 난폭하게 때렸다. 그리고 그녀의 어머니가 자신에게 했던 것과 같이 아이들에게 행동했다는 생각에 매우 놀랐다.

## 실비아와의 심리치료 초기 단계

실비아와 심리치료 초기 단계에서 정서적으로 직접적인 소통을 하는 데 어려움이 있었다. 일반적인 심리치료에서 초기에 흔하게 나타나는 문제이긴 했지만, 실비아와의 심리치료에서 경험한 어려움은 더 두드러졌다. 첫 회기부터 실비아는 눈 맞춤을 하는 것이 거의 불가능했으며, 그녀의 불안은 너무 눈에 띄어서 경동맥이 두근거리는 것이 보일 정도였다. 실비아는 보통의 목소리 톤에 가까운 소리를 거의 내지 못했다. 심지어 나는 그녀의 숨소리를 듣는 것조차 안간힘을 써야 했다. 그녀는 자주 문장을 온전하게 끝마치지 못했고, 목을 긁듯이 마른 입으로 몇 단어를 속삭였다. 첫해는 우리 각자에게 쉽지 않은 시간이었다. 특히 그녀의 해리 경향성은 내가 현재에 머무르며 개방하고 깨어 있게 하는데 어렵게 만들었다. 나는 실비아의 강한 불안, 발화에 대한 거리낌과 해리 경향성을 마주할 때 집중을 유지하는 것이 어려워 자주 자책하곤 했다.

운이 좋게도, 실비아는 그녀의 꿈에 대해서는 빠르고 적극적인 관심을 보였다. 맨 첫 회기 때 그녀는 전날 밤 꿈에 관해 이야기를 해줬는데, 꿈에서 그녀는 광활한 바다 위의 18미터쯤 되는 탑 위에 서 있었다. 바닷속으로 뛰어들어야 한다는 것을 알고 있었음에도 불구하고 그녀는 그렇게 할 용기가 없었다. 그런데, 갑자기 그녀의 아버지가 나타나 바로 바다로 뛰어들었고, 그녀도 그렇게 할 수 있다고 용기를 주었다. 우리는 모두 그 꿈이 심리치료에 뛰어드는 것에 대한 그녀의 불안과 관련이 있다고 생각했다. 이것은 또한 아버지가 현실에서 그녀에게 든든하고 지지적인 역할을 잘하고 있다는 것으로 나는 생각했다. 만약 그렇다면, 그녀는 나와의 관계에서도 비슷한 것이 필요할 수 있겠다는 생각을 하였다. 이것은 우리가 함께할 때 나타난 많은 이디오스 코스모스(idios kosmos), 즉 독특한 꿈의 세계에 접근했던 첫 번째 사례였다. 처음 시작부터 실비아는 매주 세 개에서 네 개의 꿈들에 대해 40분 동안 자세하게 설명해 주었다. 나는 단순히 경청하며 부드럽게 반응했고, 이끌어내기 위한 질문을 조심스럽게 하였다. 잠시 침묵하는 동안, 이 꿈에 대한 질문은 든든하게 우리의 치료동맹을 지지하고 유지해 주었다. 반면에, 나는 꿈에 대해 이야기할 때 그녀의 자유로움과, 현실에 관해 이야기할 때 보이는 그녀의 어려움 사이의 괴리가 마음에 걸렸다. 내가 초심 상담자였음에도 불구하고 그녀의 깊은 불안과 다른 사람들과의 관계에서 친밀감에 대한 양가감정이 드러나는 이러한 패턴을 발견할 수 있었다. 이 양가감정은 다른 사람들이 자신을 알아봐 주었으면 하는 소망과 다른 사람들로부터 피하고 싶은 두려움이다. 마침내 나는 이러한 상황에 관해 이야기하게 되었고 그녀는 이것을 정확하게 자각하였다. 나는 우리의 대화에서 그녀가 처음으로 이완되었다는 것을 알 수 있었다. 실비아는 불안에 대해 힘들어하지 않고 이해하고 자각할 수 있다는 것을 알 필요가 있었다. 꿈 작업과 같이, 불안과 양가감정을 초기에 직접적으로 다루는 것이 현존재분석 심리치료의 중요한 특징이다.

이 심리치료의 초기 단계는 몇 개월 정도 지속된다. 나는 그때 현존재분석 초심 상담자로서, 프로이트(1912/1958)의 자유연상과 정신분석의 개념을 활용하는 현존재분석의 권고사항을 꽤 충실히 따랐다. 그리고 내담자가 심리치료 시간에 이야기하는 모든 것에 대해 마음을 열고 함께 존재하기 위해 일정하게 주의를 기울였다. 하지만 이러한 상태는 그렇게 길게 지속되지는 못했다. 실비아는 그녀의 현실에 대해 잘 이야기하지 않으려고 하는 양가감정이 있었고, 나의 소극적이고 수용적인 태도를 취해야 한다는 현존재분석적 요구가 같이 섞여 나에게 실망하고 있다는 것을 발견하였다. 그래서 나는 다소 빠르게 배웠던 현존재분석의 개념으로부터 조심스럽게 벗어나 보기로 다시 결정하였다. 그리고 다른 치료적 태도와 주의집중 방식을 실험해 보기로 하였다.

## 심리치료의 두 번째 단계

내가 대화에 더 적극적으로 참여하기 시작했을 때 실비아와의 심리치료 두 번째 단계가 시작되었다. 점진적으로 실비아가 이야기를 더 명료화할 수 있도록 더 많은 주도권을 내가 가져왔고, 그녀의 경험과 상황에 대해 초점이 있는 질문들을 더 하게 되었다. 이것은 다시 나로 하여금 그녀가 말하고 느낀 것 그 이상으로 말하지 않고 느끼지 않았던 것들도 경청할 수 있게 해주었다. 나는 곧 "대화의 행간을 읽는 것"이 우리 모두에게 어떻게 도움이 되는지를 볼 수 있었는데, 그녀가 세상에서 존재하는 방식에 대해 자각하지 못했던 자세한 이야기들, 특히 그녀가 나와 존재하는 방식도 포함되어 있었다. 명백하게 드러난 이야기에 대한 단순히 설명적이고 현상적인 경청으로부터 적극적으로 탐구하고 해석학적 경청을 추구하는 것으로의 급진적인 변화는 우리 관계뿐만 아니라 상담자로서 나의 발전에도 중요한 변화를 불러왔다.

실비아의 경우 현상학적 내용을 듣는 극단적으로 소극적이고 수용적이었던 방식에서, 경험과 의미의 숨겨진 차원을 적극적으로 탐구하는 해석학적 방식으로 전환하면서 거의 바로 몇 가지 흥미로운 것들을 발견하였다. 예를 들어, 우리의 대화에서 내가 더 적극적으로 참여하는 것은 내가 그녀를 오해하고, 판단하거나 심지어 거절할 수도 있다는 그녀의 특정 공포를 가중했다. 따라서, 진정한 친밀감에 대한 그녀의 어려움을 우리는 더 깊게 이해할 수 있었고, 이것이 나와의 관계를 포함한 그녀의 관계에 어떻게 영향을 미쳤는지도 이해하게 되었다.

실비아가 어떤 성난 여자가 밝은 빨간색의 옷을 입고 그녀의 앞에 나타나 큰 칼을 휘두르는 꿈을 이야기했을 때 치료적 관계의 본질이 나타났다. 그때, 나는 여전히 그녀를 부끄러움이 많고, 꽤 피해의식이 있는 젊은 여성으로 바라보고 있었다. 그리고 그녀의 꿈을 현실에서 관계의 본질이 위협을 받는 것으로 해석했었다. 놀랍게도 실비아는 내가 그녀에 대해 온전히 이해하지 못하고 있었고 나로부터 버림받을 것 같은 느낌을 받았던 것에 관해 이야기하였다. 왜냐하면 나는 꿈속에서 나타난 폭력적인 여인과 그녀의 충동성 및 살인적 분노를 연결하지 못했기 때문이다. 나도 그녀 자신의 힘과 공격성을 인정해 주지 못한 나의 실수를 발견하자마자, 나의 실수뿐만 아니라 나를 직면한 그녀의 용기에 대해서도 인정하였다. 이러한 공감적 단절(empathic rupture)에 대해 다루는 것은 어머니로부터 경험한 폭력적이고 가학적인 행동의 기억이 분출하도록 도와주었는데, 그중에는 단순히 신체적인 폭력뿐만 아니라 실비아로부터 악마를 내쫓도록 교구사제를 불렀던 수치스러운 일도 포함되어 있었다. 실비아의 어린 동생에게는 어머니가 그런 학대를 가하지는 않았다. 운이 좋게도, 사제는 순수한 아이에 대해 퇴마의식 같은 시도를 하는 것을 거절했었다. 대신에 교회 주일학교에 참석하도록 초대하였고, 실비아는 이전에 느끼지 못했던 다른 사람들과 있을 때 편안함과 행복을 느끼는 자신을 발견하였다.

더 많이 해석학적으로 참여하는 상담자의 변화에 대한 자신감과 함께, 실비아는 그녀의 과대한 이상적 아버지와의 관계에서 실망스러운 점들에 대해 고민하는 것이 자유로워졌다. 공감적이고 지지적으로 아버지가 그녀를 대한 것과 같이, 어머니의 학대로부터 그녀를 전혀 보호하지 않았던 것도 같이 바라보기 시작했다. 그래서, 상담의 첫해가 끝날 때쯤에, 내가 지금-여기의 관계에 더 초점을 맞추었던 것이 열매를 맺기 시작했고, 그녀의 삶에서 더 복잡하고 모순적인 현실의 측면들에 대해 열린 대화를 하게 되었다. 이 지점에서 우리는 대략 심리치료의 세 번째 단계로 접어들게 되었다. 초기 두 단계는 좀 더 자유롭고 자연스럽게 치료적인 이야기들을 위한 길을 열어주었는데, 첫 번째 단계는 좀 더 수용적인 경청의 태도이며, 두 번째 단계는 좀 더 주도적이고 해석적인 경청의 태도라고 할 수 있다.

## 심리치료의 세 번째 단계

위에서 우리의 함께 있음(Miteinandersein), 즉 상호적으로 함께 존재하는 방식으로의 전환은 그녀와 심리치료의 세 번째 단계로 나아갈 수 있는 길을 닦아 주었다. 이 단계는 협력적 관계의 감각을 느끼는 것으로 특징지을 수 있고, 빈스방거는 진실한 "현존의 협력적 관계(Daseinparters)"가 되는 감각으로 정의했는데(Binswanger 1960, p.253), 심리치료 세 번째 단계의 전형적인 특징이다.

그녀는 아버지의 죽음에 대한 꿈을 이야기하기 시작하였는데, 우리의 작업이 이 단계까지 오는 데 6개월의 시간이 걸렸다. 이것은 내가 그녀와 상담하는 동안 처음으로 일어난 일이었다. 꿈에서, 그녀는 아버지의 눈을 계속 응시하였는데, 혹시 그가 생명이 없이 딱딱하고, 차가운 금속으로 된 관 속에서 아직도 누워있어 실제로 죽었는지를 확인하려고 하였다. 고통스럽게 비탄에 빠진 채로, 그녀는 급히 영구차를 정리하고 준비시켰다. 이와 동시에 그녀는 우리의 심리치료 시간을 빠지면 안 된다고 생각하였다. 다음날 이 꿈에 대해 같이 이야기하면서, 우리는 공통으로 이해할 수 있는 부분에 도달하였다. 그것은 그녀가 과거의 관계들을 정리하고 현재 심리치료 과정과 미래의 가능성으로 돌아가는 것이었다. 그녀의 오랜 불안과 양가감정은 사라졌고 미래의 가능성에 대한 현재의 필요와 결심을 위한 준비를 시켜주었다.

우리의 새로운 치료적 친밀감과 자유로움으로 인해 실비아가 특수 아동과 함께 일하고자 하는 직업적 소망에 좀 더 초점을 맞출 수 있었다. 그리고 이것을 넘어 남성과의 관계에 대한 개방적인 소망에도 초점을 맞추게 되었는데, 이 소망은 아버지의 죽음에 대한 꿈을 꾸었을 즈음에 점점 더 명확해졌다. 이 일은 2년 동안 신경검사(neurological test)에서 뇌전증과 관련한 뇌의 영역이 활성화되지 않으면서 실비아가 항경련제를 중단했던 중요한 변화의 시점과 동일한 기간에 일어났다. 이 일은 단순한 우연이 아니었는데, 그녀는 여성으로서 모든 기본적인 욕구, 소망, 취약성에 대해 이해하게 되었고, 자기 자신이 되는 것이 그녀에게 어떤 의미인지도 깨닫게 되면서 가슴 부위의 고통과 복부 경련도 사라져갔다. 그러나 이 깨달음은 더 이상 그녀의 일상적인 현존재의 변화와 관련되지는 않았지만 이제 존재론적으로서, 즉 인간이 되고 자신이 되는 것이 무엇인지와 관련하여 결정적으로 존재론적일 수 있는 새로운 종류의 "고통"과 함께 왔다.

예를 들어, 실비아는 그녀의 초기 고통이 단지 현실에 대한 실망감이나 짜증과 관련되었을 뿐만 아니라 인간존재에 의해 공통으로 공유되고 있는 기본적인 인간의 감정, 욕구와 소망에 대한 그녀의 개인적인 반응들과도 관련이 있다는 것을 점점 자각하게 되었다. 좀 더 구체적으로, 그녀는 자신의 과민함과 개인적인 어려움이나 전문 직업인으로서 경험하였던 사회적인 어려움의 많은 부분들이 갈등이 없는 인간관계에 대한 그녀의 비현실적인 환상과 소망에 대한 반응으로 일어났다는 것을 보게 되었다. 이뿐 아니라 다른 사람들로부터 이해받고 받아들여지고 진정으로 가치 있는 존재로 인정받고자 하는 욕구에서 비롯되었다는 것도 깨닫기 시작했다. 점차 그녀는 어렸을 때 이미 이러한 기본적인 인간의 문제에 직면했다는 것을 알게 되었다. 또한 이러한 문제에 직면했을 때 그녀의 경험에 직면하고 자신의 성격으로 발달시키는 데 도움을 줄 수 있는 공감적으로 지지해 주고 돌봐주는 사람이 부재했다. 결국 그녀의 아동기와 청소년기에 어머니로부터 경험한 좌절을 심각하게 자각하게 되면서, 그녀는 어머니의 오래전 익숙했던 모습, 즉 폭력적이고 잘난체하는 태도로 행동하는 꿈을 꾸기 시작했다. 그러나 실비아는 스스로 자신이 더 이상 위협과 복종에 반응하고 있지 않다는 것에 놀랐다. 오히려 점점 자신감 있게 자기주장을 하고 반대하는 자신을 볼 수 있었다. 그럼에도 불구하고 그녀는 자주 철저하게 혼자된 느낌을 경험하였다. 특히, 아버지가 꿈에서 약하고 겁먹은 모습으로 나타나기는 했지만, 적어도 실비아는 자신을 어머니로부터 분리하려는 모습을 보이고 있었다. 다시 말하지만, 비슷한 갈등이 일상생활에서 일어났을 때, 그녀가 자기를 발견하고 점점 그녀의 어머니에 대해 자유롭게 반대할 수 있게 되었다. 어떤 시점에서 그녀가 어머니의 성격을 바꾸는 것은 불가능한 것이라는 것을 깨달았을 때, 그녀는 그 관계가 무심하고, 무미건조한 소통을 기반으로만 유지될 수 있다는 것을 수용하기로 하였다.

운이 좋게도, 어머니와의 관계에서 이 성숙하고 실제적인 변화와 함께, 실비아는 그녀가 일할 때 만나는 아동들을 향한 공격적인 감정, 환상, 반응들이 어머니에 대한 분노의 표현으로, 단순히 전치(displaced)됐다는 것을 이해할 수 있었다. 특히, 아동들이 어머니가 그녀를 대했던 것과 똑같은 방식으로 그녀를 무시하거나, 무례하고 폭력적으로 행동할 때 그러했다. 이러한 통찰은 그녀가 전적으로 전문적인 태도를 취하면서 아동들을 돌볼 수 있을 정도의 비교적 건강한 정서적 거리를 유지할 수 있도록 도와주었다.

마침내 실비아는 그녀의 고향으로부터 떠나 사람들과 새로운 관계를 형성했던 더 큰 도시로 이사를 하였다. 이때 그녀는 삶에서 강한 친밀감의 욕구에 관해 이야기하는 것이 편해졌는데, 특히 남성과의 성적 친밀감에 대해서도 이야기할 수 있게 되었다. 스스로를 좋지 않게 보는 그녀의 관점으로 인해 친밀감에 대한 욕구가 있음에도 남성이 조금이라도 관심을 보이면 그녀는 수치스러운 거절감을 경험하였다. 이 거절감으로부터 자신을 보호하기 위해 그녀는 친밀한 관계를 피하려는 경향을 보였다. 이러한 대화의 일부로, 실비아에게는 자위행위와 그 행동을 하고 난 후 느껴지는 수치심과 외로움에 대해 개방하고 이야기하는 것 또한 쉬운 일은 아니었다. 그녀는 일찍이 어머니에 대한 파괴적인 분노의 긴장감을 줄이기 위해 자위를 했지만, 나중에는 친밀한 성적 만족의 욕구가 충족되지 않아 생긴 긴장감을 풀어주기 위해 자위를 했다. 이윽고 그녀는 이러한 전략들이 그녀가 도움을 요청해야 할 동기를 감소시켜 지독한 외로움과 고립감을 더욱 심화시킨다는 것을 깨달았다.

실비아와 함께했던 마지막 시간을 뒤돌아보면서 나는 그녀가 심리치료 중 적극적으로 관계를 맺고, 탐색하고, 수용하는 참여자로서의 나를 경험했던 것이 얼마나 도움이 되었고 중요했는지를 깨달았다. 심리치료 초기 나의 소극적이고 수용적인 자세는 단순히 그녀가 감정을 혼자 내버려두고 그녀의 삶에서 가장 친밀한 부분에 대해 객관화시킬 수 있었을 뿐이다. 이처럼 독특하고 부드러우며 친밀했던 대화를 통해, 실비아와의 상담은 그녀가 심리치료를 시작하고 3년이 조금 지나 스위스로 떠나게 되면서 결국 종결하게 되었다.

거의 10년이 지난 후, 나는 실비아로부터 단회기 심리치료를 요청하는 전화를 받아 놀랐었다. 그동안 실비아는 결혼하여 세 명의 아이를 키우고 있다는 것을 알게 되었다. 한때 수줍고, 혼란스럽고, 소극적이며 미성숙했던 여성은 이제 진실한 소망과 자기 주체적인 방향성을 통해 세상에서 자신만의 방식으로 판단하며 자신감 있는 성인으로 성장한 모습이었다.

## 일부 결론적 고찰

두 번째 사례로 넘어가기 전에, 나는 실비아와의 작업에서 있었던 두 가지에 대해 매우 간략하게 되돌아보고자 한다. 그것은 특발성 뇌전증에 대한 역동적인 해석학적 이해와 치료적 동맹의 중요성이다.

우리가 실비아를 통해 보았던 것과 경험적인 연구에서 제안하는 것에 따르면(Torda 1977), 특발성 뇌전증은 무의식에서 통합되지 못한 초기 아동기 애착대상에 대한 죽이고 싶은 분노와 관련이 있을 수 있다. 뇌전증을 호소하는 60명 이상의 사람이 참여한 토다(Torda)의 연구에서, 사람들은 무의식의 분노가 의식으로 나오는 것에 대해 위협을 느끼고 압도되어 해리가 되거나 의식을 잃고 대발작 뇌전증을 경험하였다. 이렇게 현상학적으로 나타나는 역동은 정신분석 문헌에서 논의되었었지만, 토다의 연구에서 흥미로웠던 것은 그러한 사람들이 여기 실비아와의 상담에서 보았던 것과 묘하게 유사한 패턴을 보이는 방식이었다.

실비아와의 치료 동맹과 관련하여 나는, 우리 관계의 성향과 질에 대해 내가 지금은 분명하게 보고 이해한 많은 것들이, 심리치료 당시에는 순전히 직관적인 수준에서 모호하게만 파악했었다. 경험이 상당히 부족한 현존재분석 상담자 수련생으로서 내가 실비아와 상담을 시작할 때 정신분석, 현존재분석과 같은 그 어떤 이론적 이해를 통한 것보다 우리의 실제 작업 관계에 대한 내가 느꼈던 감각을 통해 더 많은 정보를 받았던 스스로를 발견하였다. 따라서, 그녀가 나와의 관계에서 경험하는 감정들을 꽤 조심스럽고 잠정적으로 탐색을 하였는데, 항상 나와의 관계에서 갑작스러운 친밀감으로 인한 불안이 그녀가 수용할 수 있는 정도를 초과하지 않도록 주의했다. 나와의 친밀감이 증가한다고 내가 더 많이 느낄수록, 그녀가 불안해하는 문제들을 탐색하는 데에 나는 점점 대담해졌다. 특별히 그녀가 관에 누워있는 아버지에 대한 꿈을 꾸었을 때와 나와의 심리치료 시간을 빠지면 안 된다는 생각이 떠올랐을 때, 나는 마침내 치료적 관계의 느낌을 경험하게 되었다. 이것이 그 당시에 우리 사이에서 무슨 일이 일어났는지에 대해 내가 말 할 수 있는 전부이긴 했지만, 지금의 나는 더 풍부하고, 분명한 분석적 이해를 하게 되었다. 그 이후로 나에게는 정신분석 사상과 실제를 접할 기회가 주어졌었다. 나는 당시에 어느 정도만 알고 있었던 1967년에 출판된 그린슨(Greensons)의 정신분석 기법에 관한 고전을 접하였다. 특히 나에게 가장 중요했던 경험은 집중 단기역동 심리치료(intensive short-term dynamic psychotherapy, ISTDP)를 개발한 하빕 다반루(Habib Davanloo) 등의 연구를 접한 것이었다. 이 접근은 "무의식적 치료 동맹"이라는 것을 분석 작업의 핵심으로 보았다. 지금 실비아와의 심리치료를 돌아보면, 특히 두 번째 단계에서 나의 태도 변화를 볼 때, 내가 긍정적인 신호들을 찾고 있었다는 것을 자각하였다. 비록 겉으로 드러나지 않은 치료적 관계였지만, 지금은 내가 ISTDP 이론과 실제를 바탕으로 무의식적 치료 동맹이라고 부르는 것이다. 아바스(Abbass 2015)는 이러한 동맹이 분석 과정의 고통스러운 측면에서 내담자와의 협력에 중요할 뿐만 아니라 저항에 대한 강력한 정신역동적인 반작용이라고 설명했다. ISTDP는 무의식적 치료 동맹과 의식적 치료 동맹이 어떻게 반복적으로 상담자에 의해 자각이 되고,

이해되며, 수용되는지에 대한 구분을 분명하게 하고 있다. 이것은 근본적으로 치료적 과업에 대한 공동의 결심을 강화하는데, 가장 고통스러운 문제를 다루고 밖으로 드러내 치료적 대화를 하도록 한다.

## 두 사례 사이 30년 동안 경험한 것들

다음 사례를 시작하기 전에 30여 년간 현존재분석 심리치료를 수련했었다. 이후 나는 60대 중반이 되었고, 한 사람으로서 그리고 한 상담자로서도 상당히 변화했었다. 나만의 심리치료 경험을 쌓으면서 현존재분석에 대한 더 다양한 이해뿐 아니라 현존재분석 자체도 개발할 수 있었다. 또한, 나는 나라는 인간 존재와의 30년간 피할 수 없는 인생의 굴곡들을 다루었다. 이를 통해 상담자와 한 사람으로서의 지금의 나도 존재할 수 있었다.

이 30년의 기간은 내가 다양한 심리치료의 체계, 관점, 실제에 대해 전문적으로 고민해 보고 공부할 기회를 주었다. 이는 내가 현존재분석 심리치료에 대한 나만의 생각과 이해, 실제를 형성하게 했다. 위에서 언급하였듯이, 내가 1980년 중반에 처음 수련을 받았던 하빕 다반루의 ISTDP에 대한 연구와 실제가 가장 큰 영향을 주었다. ISTDP의 두 가지 구체적인 면은 특히 내가 진짜 현존재분석 심리치료 실제의 가능성에 대한 경험과 이해를 형성하도록 도움을 주었다. 그중 하나는 내가 이미 언급하였듯이, 치료 동맹에 대한 ISTDP의 관점이다. 특히 드러나지 않고, 언급되지 않은 무의식적 치료적 동맹이다. 나에게 영향을 준 ISTDP의 두 번째 측면은 매우 실제적이고 구체적인 치료 과정에 대한 이해와 구조이다. 특히 불안과 방어에 적극적으로 개입하는 것과 관련이 있는데, 구체적으로 강렬한 정서를 초청하고, 그러한 감정적 경험에 대한 방어를 차단하며, 불안의 다양한 경로를 모니터링하는 방식을 포함한다. 그러나 나는 30년 이상의 심리치료 연구와 실제에 대한 중요성에도 불구하고 이 두 사례 사이의 또 다른 중요한 변화는 나의 매우 개인적인 인간 실존의 과정을 발견하는 것을 통해 나타났다는 것을 강조하고 싶다. 따라서, 현존재분석 심리치료를 바라보는 나의 관점은 분명하게 한 사람으로서 나 자신의 가장 실존적인 변화를 포함하고 있다.

## 연옥, 지옥이거나 아무것도 아니거나

실비아와 만나고 30여 년이 지난 이후, 나는 어니스트라고 불렀던 70대 남성으로부터 전화를 받았다. 그는 폐색전(pulmonary embolism)으로 진단을 받은 이후 우울 증상으로 병원에 의뢰했다. 당연한 소리이지만 어떤 사람이든지 70대의 남성은 20대의 젊은 여성과는 전혀 다른 고민을 한다. 이러한 차이는 심리치료 목표와 관계 맺는 방식을 포함한 전체적인 임상적 맥락과 상황에 영향을 미치게 된다. 또한, 그 당시 60대 중반으로서 이전에 언급했던 것과 같이 나는 전통적인 현존재분석에서 사용하는 카우치 환경보다는 서로의 얼굴을 마주 보고 앉는 것을 선호하고자 하는 마음이 있었다.

심지어 병원에서 진행한 어니스트와의 첫 인터뷰에서, 그는 아무것도 아닌 존재가 될 것이라는 생각, 즉 죽은 뒤에는 유골을 제외하면 아무것도 남지 않을 것이라는 생각에 사로잡혀 있다는 얘기를 자유롭게 이야기했다. 나중에 드러난 일이지만, 어니스트는 70대가 되면서 부터 임박한 죽음의 가능성과 노화에 대한 생각에 사로잡혀있었고, 그는 자기 생명력이 다시 회복하기에 충분한지 확인하기 위해 자주 심박 소리를 듣거나 숨을 참는 것을 자주 하기 시작했다. 특히, 아버지가 정확하게 현재 그의 나이일 때 폐색전으로 죽었다는 사실로 인해 겁을 먹고 있었다. 최근에 그가 경험한 죽음과 관련된 두 사건들은 그의 불안을 더 가중했다. 먼저, 그의 친한 친구 중 한 명이 얼마 전에 죽었던 사건이 있었다. 최근에 그는 친구의 아내를 보러 그 집에 방문을 했었다. 그곳에 방문하는 동안 그는 그 친구의 흔적이 여전히 거실에 남아 있다는 것을 알게 되었다. 그 순간의 황망함은 강하게 불안을 촉발했고, 집에서 빨리 탈출하고 싶을 만큼 공포스러웠다. 또한, 어니스트의 친구들 중 또 다른 한 명은 그가 죽은 후에 그의 유골을 강가에 뿌려지길 원하는 것을 자주 얘기하곤 했었다. 이 대화는 좀 더 견딜 만하긴 했지만, 그는 여전히 그 이야기에 대해 겁을 먹고 있었다. 그리고 이것은 도망칠 수 없는 소멸에 대한 강박적 사고의 강도를 강하게만 할 뿐이었다. 현존재분석가로서 나는 하이데거가 설명한 인간존재의 근본적인(존재론적인, ontological) 초자연성이 계속 떠올랐는데, 그는 이를 '집으로부터 떠나 있는'(Unheimlichkeit, not-at-home)이라고 명명하였다. 나는 이것에 대해 아무것도 이야기한 것이 없지만, 그 당시 어니스트의 경험은 죽음에 대한 존재론적인 접촉의 표현(expression of an ontological encounter)은 아니었다. 오히려 그만의 독특하고 일상적인 존재론적 공포-강박 증상이었다.

## 첫 번째 해

면대면 심리치료를 하면서, 어니스트와 나는 거의 3년 동안 만났다. 처음에는 거의 매주 만났지만, 마지막 1년 동안은 만나는 횟수가 줄어들었다. 어니스트는 처음 1년간 진행된 35번의 심리치료 회기 동안, 자신이 소멸하게 될 것 같은 불안을 지속적으로 경험했다. 언제든지 자신의 존재를 빼앗아 가려는 죽음이 오면, 완전히 아무것도 아닌 존재가 되어버릴 것 같아 두려워했다. 그는 형체가 없고 무의미한 먼지만이 그의 몸에 남을 것이고, 살아있는 사람으로서 그에 관한 어떤 기억도 기껏해야 한두 세대 동안만 남아있을 것이라는 생각을 멈추는 것이 불가능해졌다. 그는 몇 십 년 안에 그의 존재에 대한 사소한 사실조차 남지 않을 것이라는 생각을 멈출 수 없었다. 그의 완전한 소멸에 대한 생각은 즉각적이고 뚜렷한 불안과 공포를 촉발했다. 나는 그의 죽음과 유한성이라는 피할 수 없는 현실을 인정하는 동시에 그가 성숙할 때까지 아동 및 청소년기와 긴 성인기를 포함하여 그의 삶 전체(*his life as a whole*)를 회상하고 성찰하도록 격려함으로써 그의 두려움에 반응하였다.

어니스트는 자신의 오랜 과거가 현재의 삶과 무관하고, 그것이 끊임없이 견딜 수 없는 불안이라고 생각했기 때문에 내 제안을 즉시 무시했다. 나는 단념하지 않고 자기 삶 전체를 성찰하는 것에 대한 초기의 주지화적인 저항에 대해 의문을 제기했다. 그리고 얼마 지나지 않아 그가 교회의 교리와 정경을 종교적으로 고수하지 않으면 영원한 고통을 겪게 될 것이라는 위협과 함께 자신이 받았던 가톨릭 교육을 회상하게 되었다. 현재의 딜레마 이면에는 비합리적인 무언가가 있다는 것을 깨달은 그는, 어느 날 자신이 더 이상 신앙인이 아님에도 불구하고 죽음 이후에 지옥으로 바로 보내지거나 기껏해야 연옥으로 보내질까 봐 두려워하고 있는 것을 매우 이상하게 여겼다. 예를 들어, 그는 성찬식에서 성체인 그리스도의 몸을 완전히 녹을 때까지 입안에 머금지 않고 씹어 먹음으로써 영원한 저주를 받을 수 있는 "대죄"를 저질렀다고 느꼈던 것을 회상했다. 그는 70대에 접어든 합리적이고 세속적인 성인임에도 불구하고 자신이 천국에 갈 자격이 없다고 생각하고 한쪽에는 지옥이나 연옥이, 다른 한쪽에는 아무것도 없다고 생각하는 것이 이상하다고 생각했다. 하지만 그의 절망이 비합리적이라는 것을 인지적으로 이해한다고 해서 절망이 완화되는 것은 아니었다.

의도적으로 어니스트의 극심한 죽음에 대한 불안에 초점을 맞춰 대화를 이어가면서 어릴 적 기억이 더 많이 떠오르기 시작했다. 어느 날 어니스트는 어린 시절 작은 가톨릭 마을의 관습이었던 말이 끄는 장례 행렬을 떠올렸다. 그는 특히 그 행렬이 자신을 지나갈 때 시체가 관에서 갑자기 일어나 다시 살아날까 봐 무서워했던 기억이 났다. 그리고 그는 화장하는 장면을 목격했었는데 그때 죽은 사람의 시체가 불길에 휩싸이는 순간에 일어나는 것을 본 적이 있다고 회상했다. 이러한 기억을 통해 그는 삶과 죽음, 죽음 이후의 삶에 대해 정서적으로나 근본적으로 자신이 진정으로 믿고 있는 것이 무엇인지 의심하기 시작했다.

그의 인생사를 치료적으로 재구성하는 과정이 계속되면서 어니스트는 죽음과 관련된 더 큰 갈등과 불안의 복잡성을 깨닫기 시작했다. 그는 더 이상 가톨릭의 교리를 받아들이지 않는 한 유일한 대안은 자신이 피할 수 없는 무(無)에 도달할 수밖에 없다는 사실을 직시하는 것뿐이라는 것을 깨닫기 시작했다. 이는 생각만으로도 극심한 고통이었다. 어니스트는 과거 기억에 대한 재구성을 통해 자신이 지금까지 실제로 어떻게 살아왔는지 의문을 품게 되었다. 그는 성인이 된 후에도 바로 앞에 놓인 관계와 성취에만 집중하며 매일의(존재적인, ontic) 삶에 자신을 던짐으로써 오래된 도덕적, 종교적, 철학적 질문을 피할 수 있었다는 사실을 깨달았다. 이를 통해 그는 성공적인 학업 경력, 두 번의 결혼과 세 자녀, 그리고 두 전처와 훌륭하게 성장한 자녀 모두와 긍정적이고 지지적인 관계를 유지할 수 있었다는 사실을 인정하고 감사하기 시작했다. 또한 최근 폐색전증을 앓기 전까지 생명을 위협하는 심각한 질병을 앓은 적이 없었다는 사실에 감사해했다. 아이러니하게도 이러한 긍정적인 경험에도 불구하고 그의 극심한 죽음공포증, 즉 아무것도 아닌 존재가 될 수 있다는 생각에 대한 공포는 조금도 완화되지 않았다.

이 무렵 어니스트는 존재와 허무(nothingness), 공허(emptiness)에 관한 대중적이면서 난해한 책을 읽기 시작했다. 저자들은 학자가 아니었지만, 저자들은 자기 생각을 매우 설득력 있게 표현하며 그를 따라다니던 불안에서 벗어날 수 있다고 약속했다. 그럼에도 불구하고 어니스트가 그들의 이해하기 어려운 사상으로 인해 실망하였다. 그러나 그의 개인적인 탐구는 중요하면서도 긍정적인 측면이 있었는데, 그것은 그가 우리 관계에 더 감정적으로 몰두하게 되었고, 허무(nothingness)의 신비를 받아들이게 되었다는 점이다. 그는 또한 애초에 인간이 된다는 것의 더 깊은 의미와 이 의미가 자신에게 불러일으킬 수 있는 감정의 종류에 대해 궁금해하기 시작했다.

## 두 번째 해

심리치료를 시작한 지 1년이 되어갈 무렵부터 2년이 되어가기까지 나는 빈스방거를 따라 "현존의 협력적 관계(Daseinpartnership)"라고 불릴 수 있는, 실비아의 사례에서 언급된 종류의 상호관계에 어니스트와 함께하기 시작했다. 이 관계에서 우리는 그의 독서에 의해 자극된 정서와 생각을 함께 성찰했다. 그가 내 경험과 고민에 관해 물었을 때 나는 내 생각, 지식, 철학뿐만 아니라 나의 개인적인 감정, 경험, 인간으로서의 의미, 나이 들어가는 과정, 죽음에 관한 고민을 솔직하게 털어놓았다. 이러한 대화를 통해 어니스트는 무(無)에 대한 근본적인 불안과 그와 관련된 많은 물음에 대해 깨닫게 되었다. 또한, 불안이란 인간적으로 헤아릴 수 없고, 오직 있는 그대로 깨닫고 받아들일 수 있는 것에 관한 것이기 때문에 해결되지 않은 채로 남아 있어야 한다는 것도 깨닫게 되었다.

이처럼 존재론적 함의(ontological implications)가 분명하게 드러나는 다소 심오한 대화에도 불구하고 우리는 일관되게 그의 일상 경험에도 직접적으로 집중했다. 이것은 세미나나 교육이 아닌 심리치료였다. 우리는 위대한 작품과 아이디어를 읽고 토론하기 위해 함께한 것이 아니라 어니스트의 중요한 일상의 경험, 질문, 고민들을 발견하고 이야기하기 위해 만난 것이다. 우리의 치료적 목표는 피할 수 없는 인간의 유한성이 어니스트에게 정서적으로 어떤 의미가 있는지, 그리고 결과적으로 현재와 미래의 삶을 어떻게 선택할 수 있는지를 발견하고 살펴보는 것이었다. 이를 통해 어니스트는 노화와 죽음에 직면한 실제적인 고민과 관련된 일상의 존재적 불안을 다루는 법을 배울 수 있었지만, 무(無)에 직면한 개인적인 불안은 결코 피할 수 없다는 것을 알게 되었다. 따라서 그의 문제는 다른 모든 인간과 마찬가지로 무(無)에 대해 아무것도 알 수 없는 고통스러운 상황을 받아들이고, 헤아릴 수 없는 무(無)에 직면하여 불안에 맞서기로 결심하는 것이었다.

우리는 어니스트 자신의 경험과 질문에 꾸준히 초점을 맞추었지만, 분명히 나 역시 노화와 다가오는 죽음을 겪고 있었으며 이 사실을 어니스트에게 숨기지 않았다. 예를 들어, 심리치료 회기 중 한번은 유머러스한 순간에 내 생각을 개방했다. 우디 앨런(Woody Allen)이 죽음 이후의 삶에 대한 질문을 받았을 때 "문제는 사후 세계가 존재하느냐의 여부가 아니라, 그곳이 도시에서 얼마나 멀리 떨어져 있고 얼마나 늦게까지 운영되는지가 더 중요한 문제입니다." 라고 재치 있게 답했다고 이야기하였다. 이러한 유머를 공유하는 순간은 우리만의 독특한 치료적 대화가 되었고, 우리 각자가 책이나 다른 사람의 조언이나 지혜가 아니라 우리 자신의 개인적인 성향, 경험, 확신, 선택에서 자신의 신념을 찾아야 한다는 현실을 재확인시켜 주었다. 이러한 궁극적인 고민 앞에서 어떤 선택을 할지는 우리 자신에게 달려 있다.

이 시점에서 우리의 치료적 대화는 진지한 사색에서부터 슬픔, 상실, 고통스러운 애도, 비꼬는 듯한 유머에 이르기까지 다양한 분위기를 보였다. 이제 우리는 그의 일상적인 불안뿐만 아니라 피할 수 없는 인간의 조건에 직면한 그의 절망과 무력감에도 초점을 맞추었다. 이제 나의 치료적 노력은 어니스트가 자신의 불안, 죄책감, 슬픔, 무력감을 제거하는 것이 아니라 이해하고 받아들이도록 돕는 것임을 분명하게 깨달았다. 어니스트가 자신의 증상을 점차 받아들이면서 역설적으로 그 증상은 점점 희미해지기 시작했고 심지어 사라지기도 했다. 어니스트는 이러한 일상적인 존재론적 고통의 근원을 잃게 되면서 자신의 고통, 즉 인간의 조건과 관련된 정서적이고 경험적인 이해와 수용을 넘어 고통스러운 존재론적 괴로움을 더욱 온전히 경험하고 받아들이기 시작했다.

### 세 번째 해

심리치료를 시작한 지 3년째가 되자 어니스트의 기분은 눈에 띄게 가벼워졌고 한 달에 한 번만 내원하게 되었다. 해가 지날수록 어니스트는 이전보다 훨씬 더 적극적으로 일상생활에 임하게 되면서 우울증, 공포증, 대인기피증에 대한 생각은 거의 언급되지 않았다. 어니스트는 한때는 좋아했지만 오랫동안 잊고 지냈던 취미로 다시 그림을 그리기 시작했다. 얼마 지나지 않아 어니스트는 심리치료를 종결하기로 했다. 종결 회기에서 어니스트는 3년 동안 함께한 것에 대해 감사를 표했고, 나 역시 어니스트와 함께 심리치료를 할 수 있는 기회를 얻게 된 것에 대해 감사를 표했다. 그렇게 우리는 서로에게 작별 인사를 전했다.

## 논의

이제 나는 이 두 가지 사례를 통해 30년 동안 현존재분석 심리치료를 찾기 위해 노력하면서 경험한 가장 중요한 변화 중 몇 가지에 대해 언급하고자 한다.

약 35년 전, 나는 프로이트의 기법에 관한 논문에서 주로 차용한 독창적인 현존재분석적 틀과 방식을 활용하기 시작했다. 그러나 전통적인 현존재분석 수련과 교육을 시작한 지 불과 몇 달 만에 나는 이러한 고전적 방식의 일반적인 지침에 의문을 품게 되었다.

실비아를 만나기 시작한 지 몇 달 후 나는 그녀에게 자유연상만 하라고 고집하는 것을 그만두었다. 나는 또한 그녀와 함께 있는 방식을 바꾸어, 고르게 주의를 기울이는 것(Gleichschwebende Aufmerksamkeit)에서 좀 더 의도적으로 주의를 기울이는 것(Fokussierende Aufmerksamkeit)으로 전환하여 문제와 의미를 더 적극적으로 상호 탐색하는 데 그녀를 참여시키기 시작했다. 실비아와는 카우치를 활용한 심리치료 환경을 계속 활용했지만, 면대면 환경이 지속적으로 더 생동감 있고 참여적인 대화로 이어지면서 심리치료 안팎에서 개인의 태도와 행동에 더 눈에 띄는 변화를 불러왔기 때문에, 얼마 지나지 않아 이후 내담자들과는 카우치를 활용하지 않는 실험을 했었다. 따라서 어니스트를 만났을 때 나는 카우치 사용, 회기 빈도, 자유연상과 고르게 주의를 기울이기라는 현존재분석 심리치료 환경의 세 가지 전통적인 특징들을 모두 버렸다. 내가 절대 포기하지 않았던 것은 현존재분석의 현상학적 태도, 해석학적 이해, 존재론적 관점이었다. 따라서 오늘날 나에게 현존재분석의 특징은 다음의 세 가지 본질적인 특징들을 보인다. 첫째, 우리 각자가 우리 자신과 서로 관계하는 방식에 현상학적으로 주의를 기울이는 것, 둘째, 사려 깊은 해석학적 분석을 통해 무엇이 나타나는지 이해하는 것, 셋째, 존재론적 관점을 키우는 것, 즉 존재론적인 내용에 꾸준히 주의를 기울이는 것이다. 요컨대, 두 치료적 관계는 내담자의 존재론적인 고통의 일상적인 방식을 드러내어 이해하고, 완화하는 데 전념하는 것이다. 다른 한편으로는 유한하고 '집 없는' 역사적 인간의 결과로써 존재론적으로 취약한 모든 인간의 고유한 고통의 방식을 드러내고, 이해하여 수용하는 데 전념하는 것이다. 하이데거(Heidegger, 1927/1962)가 말했듯이, 우리는 "존재 자체가 문제라는 사실에 의해 존재론적으로 구별되는"(p.32) 그런 종류의 존재인 현존재이기 때문이다.

# 05

## 현존재분석의 주요 도서

Loray Daws and Erik Craig

### 영문으로 출판된 현존재분석 문헌 개관

현존재분석과 현존재분석 심리치료는 현대 정신분석에서 독특하고 정교한 임상적, 철학적 접근을 대표한다. 안타깝게도 지리적, 언어적 한계로 인해 그 핵심 원리와 독특한 실천이 활발하게 전파되는 데 어려움이 있다. 이전 장에서 논의했듯이 현존재분석의 탄생과 발전은 정신분석 운동의 시작과 현존재분석의 기둥인 루드비히 빈스방거(Ludwig Binswanger)와 메다드 보스(Medard Boss)의 다양한 지적 공헌으로 거슬러 올라갈 수 있다. 영어권 독자들을 위해 독일의 주요 정신분석학 서적들을 영문화하려는 다양하고도 과감한 시도들이 있었지만, 안타깝게도 그렇게 성공적이지는 않았다.

하이데거의 『존재와 시간』(*Being and Time*, 1972/1962) 자체는 풍부하고 다양한 문화 및 언어 유산의 맥락에서 존재와 인간으로 존재하는 것을 설명하는 존재론적 계층을 설명할 수 있는 적절한 영어 개념을 찾아야 하는 문제가 있다. 하이데거의 밀도 있고 상징적인 독일어 개념과 묘사, 예를 들어 현존재(Dasein), 생활세계(Lebenswelt), 돌봄(Sorge), 던져짐(thrownness, 비선택적 세계 참여), 확립된 사회적 질서(Mitwelt 또는 운명 세계), 자생적−타자적 변증법, 물리적 세계(Umwelt)와의 관계에서의 타락, 사회적 세계(Mitwelt), 자기 관련성의 개인적 세계(Eigenwelt) 등은 독일어로도 전달하기 어려운 내용들이며 영어로는 더욱 어렵다.

메이(May), 엔젤(Angel), 엘렌버거(Ellenberger)의 고전 선집인 맥쿼리와 로빈슨(Macquarrie and Robinson)의 『존재와 시간』의 첫 번째 영문 번역본이 출간되기 불과 4년 전, 『실존: 정신의학과 심리학의 새로운 발견』(*Existence: A New Dimension in Psychiatry and Psychology*, 1958)은 영어

권 독자들에게 현존재분석적 정신의학, 심리학, 심리치료의 세계를 처음으로 엿볼 수 있게 해주었다. 이 선집에는 빈스방거의 작품 중 가장 중요한 세 편, 즉 "실존적 사상 학교"(The Existential School of Thought)와 "엘렌 웨스트의 사례"(The Case of Ellen West, 1958)가 포함되었다. 실존(Existence)에 이어 제이콥 니들먼의 『세계-내-존재』(Being-in-the-World)가 1963년 빈스방거의 선집으로 출간되었다. 빈스방거 자신의 논문을 포함하여 편집된 두 저작은 빈스방거의 실존적 관심사뿐만 아니라 다양한 정신장애의 어려움과 관련하여 현존재분석적 개념의 인류학적-임상적 적용에 대한 개관을 제공한다. 그의 생생한 사례 연구는 정신분열증, 구두굽 공포증(heel phobia), 섭식 장애(신경성 식욕 부진), 양극성장애, 정신증에 대한 상세한 현상학적 설명을 제공하며, 정상이나 병리라는 구분과 무관하게 문제가 있는 개인의 세계 설계(world design)를 표현하는 데 대한 그의 현상학적 관심을 날카롭게 설명한다. 안타깝게도 빈스방거의 주요 저서 중 그 어떤 것도 영문으로 번역되지 않았다.

빈스방거는 또한 메다드 보스가 현상학과 하이데거의 근본적인 존재론을 심리치료적 현존재분석의 철학적 토대로서 궁극적으로 수용하는 데 초기 원동력을 제공했다. 원래 고전적 방식으로 훈련받은 정통 정신분석가였던 보스는 수년에 걸쳐 프로이트의 형이상심리학(metapsychology)에 점점 더 불만을 느끼게 되었다. 따라서 보스는 빈스방거의 연구를 깊이 있게 받아들일 수 있었다. 그러나 보스와 마르틴 하이데거의 긴밀한 관계는 하이데거의 현존재분석학을 더욱 신중하게 읽고 고수하게 된 계기가 되었다. 보스의 작품과 공헌은 풍부하고 다양하다. 처음에 『존재와 시간』에 의존했던 보스는 의학 분야를 '인간화(humanizing)'하고 인간 현상에 대한 정신분석적 해석을 새롭고 급진적인 현상학적 토대 위에 세우겠다는 희망으로 심리학 및 심리치료에 대한 현상학적 기초를 마련하기 시작했다. 그의 『정신분석과 현존재분석』(*Psychoanalysis and Daseinsanalysis*, 1963)은 이 시기 현존재분석을 가장 체계적으로 표현한 책이자 가장 유명하고 널리 읽힌 책이기도 하다. 보스가 하이데거와 점점 더 가까워지면서 그는 존재와 현존재를 상호의존적인 관계로 생각하는 철학자의 제2기 사상에 더욱 편안하게 동화되었다. 여기서 존재의 기적과 같은 개방성은 현존재가 처음부터 존재하기 위해서도 필요했고, 현존재의 개방성 또한 존재(being)와 존재자들(beings)이 그 자체로 이해되고 드러나기 위해서도 필요했다. 하이데거의 후기 사상과 그것이 보스의 현존재분석에 미친 영향은 그의 촐리콘 세미나(Zollikon Seminars, 1987/2001)에서 가장 확실하게 드러난다. 이 두 사람 관계의 마지막 시기에 보스는 그의 두 번째 주요 체계론적 저작인 『의학과 심리학의 실존적 기초』(*Existential Foundations of Medicine and Psychology*, 1971/1979)를 출판했는데, 이 책에서 보스는 하이데거의 "인내와 세심한 배려"(Boss 1971/1979, p.12)를 통해 지원을 받았다. 빈스방거의 주요 저작과 달리, 보스의 주요 저작 6권 중 5권이 영어로 번역되어 아래에 소개되어 있다.

빈스방거, 보스, 그리고 그들의 철학적 스승인 마르틴 하이데거의 저작은 의심할 여지 없이 영어권에서 가장 중요한 현존재분석 저작을 구성하고 있다. 그 후 여러 현존재분석학 관련 저자들이 다양한 출판물에 영어 논문을 게재했다. 아래에서 살펴볼 네 명의 저자도 많은 논문 과 더불어 단행본에 해당하는 분량의 저작물들을 출판했다. 시간 순서대로 살펴보면, 1988년 에릭 크레이그(Erik Craig)는 『자유를 위한 심리치료(심리학 및 정신분석학의 현존재분석적 방법)』 (*Psychotherapy for Freedom(The Daseinsanalytic Way in Psychology and Psychoanalysis)*)라는 제목 으로 약 300페이지 분량의 The Humanistic Psychologist 특별판을 편집했다. 이 특별판은 취 리히에서 메다드 보스와 그의 제자 및 동료들의 연구에 대한 최초의 광범위한 영문 개론서이 다. 이 책에는 편집자가 메다드 보스와 직접 인터뷰한 두 개의 원문뿐만 아니라 보스와 그의 동료 스위스 현존재분석가들의 원본 저작이 처음으로 영어로 번역되어 포함되어 있다. 이 작 업은 10년 후 기온 콘드라우(Gion Condrau)의 『마르틴 하이데거의 심리치료에 대한 영향』(*Martin Heidegger'sImpact on Psychotherapy*, 1998)의 출판으로 이어졌는데, 이 책은 하이데거와 현존재 분석을 보다 접근하기 쉬운 언어로 제시하기 위해 과감한 시도를 했다. 이러한 노력을 뒷받침 하기 위해 몇 가지 상세한 사례 연구도 함께 제시했다. 세 번째로 주요 영문 저작에 대해 중 요한 기여를 한 사람은 영국의 현존재분석학자 한스 콘(Hans Cohn)으로, 그의 2002년 저서 『하이데거와 실존치료의 뿌리』(*Heidegger and the Roots of Existential Therapy*)는 하이데거의 근본 적인 존재론(fundamental ontology)에 대한 도전과 심리치료와의 관련성에 대해 명쾌하면서도 접근하기 쉬운 개요를 제공했다. 마지막으로, 철학자이자 현존재분석가인 앨리스 홀츠헤이 ‒ 쿤츠(Alice Holzhey-Kunz)는 2014년에 현존재분석이라는 제목의 영문 저서를 출간하여 빈스방 거와 보스의 접근에 대한 세 번째 대안을 제시했는데, 그녀는 이를 "해석학적 인류학 (hermeneutic anthropology)"이라고 명명했다. 위에서 언급한 네 명의 저자 외에도 스위스 현존 재분석학자 페리클레스 카스트리니디스(PeriklesKastrinidis), 헝가리의 타마스 파제카스(Tamàs Fazekas), 영국의 앤서니 스타들렌(Anthony Stadlen), 북미의 토드 듀보스(Todd DuBose), 로저 프리(Roger Frie), 마일스 그로스(Miles Groth)가 각각 보스의 현존재분석 문헌에 대한 영어 논 문을 출판했다. 마지막으로 보스의 절친한 친구이자 1963년 하버드 대학교에서 보스의 강연 을 주선하고 이듬해 이상심리 증후군에 대한 현상학적 관점과 정신분석학적 관점을 비교한 『비정상적인 인간과 그의 세계』(*The Abnormal Person and His World*)의 저자 폴 스턴(Paul J. Stern) 을 특별히 언급하였다. 스턴은 또한 보스의 『어젯밤에 꾼 꿈...』(I dreamt last night…, 1975/1977) 과 『실존적 기초』(*Existential Foundations*, 1971/1979)에 관한 간략히 소개하는 글을 썼다.

# 참고 문헌

## 『꿈 분석』

Boss, M. (1958). The Analysis of Dreams (trans. A.J. Pomerans). New York: Philosophical Library. (Original work published 1953.)

보스는 꿈분석에서 독자에게 꿈의 중요성을 문화적이고 정신분석적으로 면밀하게 재해석한다. 보스는 또한 취리히 학파의 꿈 이론과 비교하여 프로이트의 꿈 이론을 비판적으로 논의하고, 슐츠-헨케(H. Schultz-Hencke)의 『신분석적 꿈 이론』(the neo-analytical dreams theories)과 에리히 프롬(Erich Fromm)의 『신프로이트 꿈 이론』(the neo-Freudiandream theory)에 대해서도 비판적으로 논의한다. 이 논의는 보사드와 클라게스(R. Bossard, & L Klages)의 현상학적 연구를 포함함으로써 더욱 깊어졌다. 이러한 기초적인 연구를 통해 보스는 2부에서는 정신분석학적, 현상학적 정점에서 꿈("항아리에 대한 이상한 꿈")에 접근할 수 있었다. 3부에서는 충격적인 꿈, 꿈속의 반성적 행동, 꿈속의 의식적 사고, 꿈속의 거짓말, 꿈속의 도덕적 평가 등에서 볼 수 있는 꿈 꾸는 자의 존재 가능성, 꿈에서 신과 꿈꾼 자와의 관계, 꿈속의 꿈 경험, 비감각적이고 역설적인 꿈의 경험 등을 탐구한다.

## 『정신분석과 현존재분석』

Boss, M. (1963). Psychoanalysis and Daseinsanalysis (trans. L.B. Lefebre). New York: Basic Books. (Original work published 1957.)

보시안 현존재분석(Bossian Daseinsanalysis)의 주요 문헌인 메다드 보스의 이 책은 정신분석 이론과 실천에 관해 비판적이고 현존재분석적으로 재해석한다. 보스는 인간에 대한 현존재분석적 관점의 철저하고 개인적인 설명으로 현존재분석적 접근을 소개한다. 이어서 현존재분석의 개요와 흔한 오해에 관해 설명한다. 그다음에는 현존재분석 및 실제와 관련된 정신분석에 대한 평가가 이어진다. 현존재분석의 재해석에서는 신경증(전환 신경증, 기관신경증, 심신장애, 불안증, 강박증, 도착증)과 자기애적 신경증(우울증 및 정신분열증)에 대한 세부적인 논의를 볼 수 있으며, 보스는 현존재분석이 전통적인 정신분석 기법에 미치는 영향에 관한 비판적 토론으로 작업을 마무리한다. 이 장에서 보스는 전이와 역전이를 보는 현존재분석적 관점, 행동, 관계에서의 허용과 좌절, 꿈 해석, 틀의 수정, 심리치료의 목표, 심리치료에서의 현존재분석적 교정, 정신분석적 "why"와 현존재분석적 "why not"에 대해 논의한다.

『정신과 의사가 발견한 인도』

Boss, M. (1965). A Psychiatrist Discovers India (trans. H. Frey).
London: Oswald Wolf. (Original work published 1959.)
Review by Charles McArthur, with permission.

1950년대에 메다드 보스는 인도와 동남아시아를 두 차례 여행했다. 그곳에서 그는 여러 현자와 긴 대화를 나누었는데, 그 대화가 이 책의 주된 내용이다. 일부 여행기와 약간의 인류학적 관찰을 거친 후, 보스가 인도 대학의 객원 교수로서 인도 내담자를 만나는 특이한 위치에 있었던 덕분에, 이 책은 힌두교 "현자"들과의 두 차례에 걸친 교류 중 첫 번째 이야기로 절정을 맞이한다. 첫 번째 만남에서 현자는 브라만 존재론(Brahman ontology)의 입장을 능숙하고 장황하게 설명한다. 이 교리는 우리가 대상이 아니라 과정인 세상에서 존재한다는 것을 강조한다. 존재의 근거는 무에서 유가 생겨나는 브라만이다. 이 존재의 기적은 일차적으로 '내용 없는' 깨달음으로 이해된다. 모든 것과 모든 사람은 브라만의 일부이다. 그러므로 사물, 특히 우리 주변의 사람들을 밝히는 것은 우리의 본성이며, 우리로부터 출현하는 빛은 '자유롭고' '구속적인' 개방이다. 이 행위에 참여할 수 있는 가능성에 우리 자신을 개방함으로써 우리는 또한 많은 오해를 받아온 힌두교의 "축복(bliss)"상태에 들어간다. 보스는 이 교리가 선포되는 것을 들었을 때 "그 힌두교 현자로부터 서양에서 철학자 마르틴 하이데거의 입에서 자주 들었던 표현과 단어 하나하나가 일치하는 것을 들었기 때문에 내 귀를 의심할 수밖에 없었다."(p.128)고 말한다. 현자와 철학자의 차이점을 주의 깊게 경청했지만, 보스는 "지구의 다른 곳, 독일의 어두운 숲에서도 그와 같은 깊은 통찰이 솟아나려고 하는 것은 아닐까?"(p.129)라는 의문을 품게 되었다(보스는 이러한 발견이 문화적 확산의 한 사례일 수 있다는 점을 고려하지 않은 것 같다. 이 문화적 확산의 한 가지 결론은 문화 특성의 가장 오래된 형태를 찾고자 한다면, 그 기원의 중심에서 가능한 한 멀리 떨어진 곳에서 찾아야 한다는 것이다). 하이데거와의 유사점은 보스가 현자를 찾아다니면서 계속해서 나타났다. 그가 이들에게서 들은 강론과 그의 반문에 대한 그들의 답변(거의 매번 말을 줄이고 침묵 속에서 지혜를 키우라는 경고가 담겨 있음에도 불구하고 인내심을 가지고 대답한 답변)에서 독자들은 1천 년~4천 년 전에 예상했던 현존재분석학의 놀라운 아이디어를 하나씩 들을 수 있었다. 그러나 힌두교 현자들은 더 단순한 언어를 사용했다. 실제로 보스의 브라만 존재론에 대한 설명은 게르만 존재론 체계의 핵심을 이해하는 데 중요한 핵심적 역할을 할 것이다.

『어젯밤 꿈에...』

Boss, M. (1977) "I Dreamt Last Night..." (trans. S. Conway). New York: Gardner Press. (Original work published 1975.)

보스의 두 번째 꿈에 관한 책에서는 이전에 언급된 다양한 주제로 다시 돌아간다. 이는 심리학과 현대 의학의 꿈 해석을 위한 다양한 전형적인 방법과 전략을 따르는 경향을 포함한다. 상징주의(프로이트 또는 융), 꿈에 관한 통계적 연구(C.S. Hall, & L. Van de Castle), 또는 신경학 및 뇌파(EEG) 연구 중 그 어떤 방법도 분석 대상자를 각성시켜서 자기 잠재력을 깨닫게 할수는 없다. 보스는 프로이트와 융의 해석에서 직면한 어려움과 방금 인용한 다른 접근 방식을 제시한다. 보스는 깨어난 꿈을 꾼 내담자에게 "꿈에서 나타난 현상의 특징적인 의미와 일치하는 자신의 실존적 가능성을 느낄 수 있는지를 단순하게 물어보는 것이 가장 좋다. 올바른 통찰은 내담자의 마음에서 드러나고 수용될 것이기 때문이다."(p.26)라고 말한다.

『심리학과 의학의 실존적 기초』

Boss, M. (1979). Existential Foundations of Psychology and Medicine (trans. S. Conway and A. Cleares). New York: Jason Aronson. (Original work: Grundriss der Medizxn. Bern: Hans Iluber, 1971.) Review by Frederick Burrage, with permission.

신경증, 정신증, 박테리아 감염, 선천적 결함, 골절 등 모든 '질병'은 세상과 관계 맺는 방식이 제한을 받거나 자신이 마주하는 것과 관계 맺을 수 있는 가능성을 발휘할 자유가 제한된다는 공통 분모를 가지고 있다. 메다드 보스는 그의 정점이라 할 수 있는 체계적 문헌 연구 논문에서 이렇게 설득력 있게 주장한다.

보스는 인간 존재에 대한 심리학 및 의학의 가장 핵심적인 가정에 대한 놀라운 비판을 제공한다. 그는 하이데거의 현존재의 존재론을 바탕으로 경험에 나타난 현상만을 고수함으로써 무의식, 동기, 방어기제, 욕구, 기억, 정신, 신체, 의식, 스트레스, 인공두뇌학 등과 같은 핵심적인 개념들을 무의미하게 만들거나 새롭게 정의한다. 그는 추론하고 수정하거나 증명할 수 없는 모든 정신적 실체를 없애고 그 사람의 다양한 관계 방식 또는 세계-내-존재 방식으로 대체한다. 보스는 자신의 이론을 설명할 때 소위 심신 및 정신증적 증상을 겪은 사람에 대해 자세히 설명하는 '실험적 사례'를 본문 곳곳에 교육적으로 제시하고 있다.

질병 현상에 대한 보스의 입장을 이해하는 데 있어 핵심은 인간 존재가 근본적으로 인식적이고 반응적이며 세계 전반에 개방되어(world-spanning openness) 있다는 주장이다. 개방성은 존재의 특성이나 속성이 아니라 존재 그 자체이다. 모든 심리학은 존재가 '정신' 안에 있는 것이 아니라 마주치는 바로 이 순간, 즉 관계성에 있다는 점을 놓치고 있다. 보스는 우리의 전문적 훈련과 언어에 널리 퍼져 있는 유전적이면서 데카르트적인 사상에 의해 생겨난 모든 이론과 신념을(훌륭한 현상학자가 해야 하는 것처럼) 버리라고 요구하고 있기 때문에 이는 많은 사람들에게는 받아들이기 어려운 '문제'이다. 그러나 이러한 도전은 다른 탐구 방식으로는 접근하기 어렵고 이해할 수 없는 특정 현상에 대한 명료한 이해를 가져다준다. 예를 들어, 보스는 의학에서 '정신'과 '신체'와 같은 이질적인 두 범주를 하나로 묶어서 상호작용을 한다고 어떻게 말할 수 있는지 의문을 제기하였다. 대신에 이러한 이원론적 사고에 반하는 접근 방식을 제안하며 인간 존재가 지속적으로 보여주는 총체적인 행동을 반영하고자 하였다.

보스에게 질병은 건강 상태의 관점에서만 이해할 수 있으며, 이는 실존적 "기질"이 어떻게 발현될 수 있는지를 자세히 살펴봐야만 파악할 수 있다. 이러한 존재의 기질에는 시공간적 특성, 기분, 신체성, 공유된 세계에서 다른 사람들과 함께 존재하는 것, 역사성, 죽음, 내재한 잠재력의 전개 등이 포함된다. 질병은 다른 사람에 대한 특정 기질 또는 기질의 "지배" 또는 "철회"(제거는 아님)를 포함한다. 보스는 의사이든 상담자든, 무엇보다도 "자유가 어떻게 손상되었는가?"라는 본질적이고 비교적 간단한 질문을 던져야 한다고 생각한다.

보스의 강점은 "사물 자체로 돌아가는 것"(Husserl)과 각 인간 존재의 고유성을 강조하는 데 있다. 제목에서 알 수 있듯이 보스는 의학과 심리학 모두에 특별한 영향을 미치는 새로운 토대를 제시한다.

## 『하이데거와 실존치료의 뿌리』

Cohn, H.W. (2002). Heidegger and the Roots of Existential Therapy.

London: Continuum Books.

콘의 『하이데거와 실존치료의 뿌리』는 하이데거를 한 인간, 철학자, 지적인 원로로서 사려 깊고 진솔하게 다루고 있어 매우 개인적인 책이다. 콘의 명쾌하고 간결한 논의는 하이데거의 다양한 업적과 독특한 철학, 그의 멘토인 에드문트 후설(Edmund Husserl)의 작업과의 차이점을 비교한다. 또한 주체(subject)/객체(object) 분리와 서구 문명의 데카르트 증후군(Cartesian malaise)을 다루며, 빈스방거, 보스, 현존재분석 연구와 중요한 하이데거의 관계를 설명한다. 이러한 논의는 실존 영역에 대한 하이데거의 다양한 기여를 중심으로 다루어진다.

또한, (a) 두 가지 형태의 고독(solicitude), (b) 함께하는 존재로서의 언어(laguage as be-ing-with), (c) 몸-마음으로서의 존재(existence as body-mind), (d) 존재의 "기분"(existence' "attunement"), (e) 유한함을 가진 존재(existence as temporality), (f) 현상의 우선순위(the priority of the phenomena), (g) 존재와 존재자(Being and beings), (h) 던져짐과 선택(thrownness and choice), (i) 인간의 특별한 위치(the special position of human beings), (j) 실존치료를 "지향하

는" 것("towards" an existential therapy)과 같은 실존적 영역도 다룬다.

콘은 그의 작업을 개인적인 후기로 마무리하며 중요한 실존적 태도에 관해 우리 모두를 상기시켜 주는 말을 한다. "하이데거는 존재가 우리에게 주어진다는 것을 '모든 경이로움의 경이로움(the wonder of all wonder)'으로 보며 '선물'이라고 말한다. 이는 당연한 것으로 받아들일 수 없으며, 우리에게 참여와 반응을 요구한다."(p.127).

## 『심리치료에 대한 하이데거의 영향』
Condrau, G. (1998). Martin Heidegger's Impact on Psychotherapy.
Vienna: MOSAIC.

보스의 가장 오래된 제자인 기온 콘드라우의 연구는 현존재분석학계에서 막대한 영향을 미쳤다. 그의 많은 저작이 영어로 번역되지 않은 것은 정말 안타까운 일이다. 콘드라우 박사는 그의 저서 『심리치료에 대한 하이데거의 영향』(Heidegger's Impact on Psychotherapy)에서 이론적으로나 임상적으로 (a) 인문 과학과 심리치료에 대한 전체론적 접근으로서 현존재분석을 설명하고, (b) 정신병리에 대한 현존재분석적 접근을 제공하며, (c) 심리치료로서의 현존재분석을 논의하고, (d) 스위스 정신의학에 미친 하이데거의 막대한 영향을 탐구했다. 또한 콘드라우는 빈스방거의 정신분석학, 메다드 보스의 심리치료적 현존재분석학, 분석에 대한 현상학적 접근의 필요성, 언어의 중요성, 정신병리 치료(사례 연구 포함), 심리치료적 측면, 꿈 분석의 역할, 죽음과 죽어감의 관리, 마지막으로 현대 현존재분석 수련을 둘러싼 다양한 문제(수련 분석, 교육 분석, 수련의 어려움, 자기 분석)에 대해 논의한다.

## 『자유를 위한 심리치료: 심리학과 정신분석의 현존재분석적 접근』
Craig, E. (1988). Psychotherapy for freedom: the daseinsanalytical way
in psychology and psychoanalysis, a special issue of The Humanistic
Psychologist, 16 (1-3).

에릭 크레이그가 저술한 이 선집은 영어권 독자들에게 보스와 취리히의 여러 주요 현존재분석 학자들의 글을 통해 구체화한 메다드 보스의 심리치료적 현존재분석을 소개하기 위해 함께 엮어졌다. 아직 번역되지 않은 촐리콘 세미나(Zollikon Seminars)에서 발췌한 두 개의 짧은 장도 포함되어 있다. 보스를 위해 쓰인 이 책은, 실존치료에 관한 최초의 포괄적이고 체계적인 접근을 창안한 보스의 40년간 노력을 근거와 함께 다양하게 설명하고 있다. 당시로서는 획기적인 출판물이었던 이 책은 총 네 부분으로 구성되어 있다. '역사적, 철학적 탐구(Historical and Philosophical Inquiries)'라는 제목의 1부에서는 1986년 여름에 편집자와의 대화 내용을 그대로 옮긴 녹취록을 통해 독자들이 메다드 보스를 그의 집에서 만날 수 있는 흔치 않은 기회를 제공한다. 그다음에는 보스가 직접 하이데거의 근본적인 존재론과 심리치료의 실제에 대한 그의 최근 견해와 관점을 설명하는 글이 이어진다. 보스의 글 다음에 위에서 언급한 하이데거의 글이 이어진다. 이 책의 2부는 "심리치료적 탐구(Psychotherapeutic Inquiries)"에 초점을 맞추고 있으며 기온 콘드라우, 알로이스 히클린, 페리클레스 카스트리니디스(Gion Condrau, Alois Hicklin, and Perikles Kastrinidis) 같은 주요 현존재분석학자들의 논문으로 구성되어 있다. 3부 '분석적 탐구(Analytic Inquiries)'에는 페리클레스 카스트리니디스의 자기애적 신경증에 대한 현상학적 해석학적 연구, 앨리스 홀츠헤이-쿤츠의 욕망의 의미, 편집자 크레이그의 꿈 분석 등 세 가지 현존재분석 연구 사례가 실려 있다. 4부 '계속되는 탐구(Continuing Inquiries)'에서는 이 책의 1부에서 논의된 주요 개념을 더욱 명확히 하고, 주요 현존재분석 저작에 대한 주석이 달린 참고 문헌을 제공하며, 공식적인 현존재분석 교육(의료 및 비의료 임상가를 위한)에 대해 논의하는 두 개의 특별호와 취리히에 기반을 둔 두 개의 현존재분석 교육 프로그램(현존재분석 심리치료 및 심신 연구소와 현존재분석 실습에 관한 스위스 현존재분석 학회이다)에 대한 논의로 끝을 맺는다.

## 『프로이트와 빈스방거의 서신』

Fichtner, G. (1992/2003). The Sigmund Freud-Ludwig Binswanger Correspondence (trans. A. J. Pomerans). New York/London: The Other Press.

게르하르트 피히트너(Gerhard Fichtner)의 책에는 1908년 1월부터 1939년 프로이트가 사망할 때까지 프로이트와 빈스방거가 주고받은 서신들이 담겨 있다. 또한 빈스방거, 마르타, 안나 프로이트가 주고받은 편지(1940년 1월 11일자)도 포함하고 있다. 독자들은 30년 이상 지속된 두 위대한 인물의 따뜻하지는 않지만 친밀한 관계를 엿볼 수 있다. 프로이트가 빈스방거의 벨뷰 요양병원에 많은 내담자를 의뢰한 것은 잘 알려져 있으며, 이러한 의뢰는 많은 아이디어를 교류하는 데에 기초가 되었다. 빈스방거의 이론적 관심과 사상은 프로이트와 근본적인 면에서 매우 달랐지만, 프로이트와 빈스방거는 서로의 일, 가족생활, 정치 및 제도적 갈등, 심지어 개인적인 상실과 직업적 좌절까지도 서로를 지지하며 존중하였다. 프로이트는 이렇게 말했다. "다른 사람들과는 다르게, 당신은 내 영향력에서 벗어나 자신만의 지적 발전을 추구하려고 하면서, 우리의 관계를 단절하지 않았어요. 이렇게 세심한 마음이 다른 사람들에게 얼마나 좋은 영향을 미치고 있는지 당신은 모를 거요."

『존재와 시간』

Heidegger, M. (1962). Being and Time (trans. J. Macquarrie and E. Robinson).
New York: Harper & Row. (Original work published 1927.)
Review by Joseph J. Kockelmans, with permission.

많은 사람들에 따르면 『존재와 시간』은 20세기에 쓰인 철학 서적 중 가장 중요한 공헌을 한 책이라고 한다. 이 책은 크게 두 파트로 구성되어 있으며, 두 파트는 다시 각각의 세 파트로 나뉘어져 있다. 그러나 이 책은 불완전한 형태로 1927년에 출판되었다. 현재 이 책에는 첫 번째 파트에서 처음 두 개의 주요한 영역만 포함되어 있다.

하이데거는 『존재와 시간』에서 인간의 존재 방식에 대한 분석에 "해석학적 현상학"을 적용하려고 시도하며, 해석학적 현상학을 어떤 의미로 이해해야 하는지에 대해 주의 깊게 설명한다. 하이데거에 따르면 철학의 주된 관심사는 존재의 의미에 관한 질문에 있다. 이 질문은 인간의 존재 방식을 세계-내-존재로 이해하기 위한 실존적 분석의 형태인 기초존재론을 바탕으로 다루어져야 한다. 특히 이 기초존재론에서 해석학적 현상학의 방법이 사용되어야 한다. 하이데거는 『존재와 시간』에서 해석학적 현상학을 후설의 초월적 현상학(transcendental phenomenology)과 동일하지 않음을 명확히 한다. 그러나 하이데거는 후설의 현상학이 그 후 발전에 있어서 필수적인 기초가 된다는 점도 밝히고 있다.

첫 번째 장에서 하이데거는 인간의 본질이 그의 현존(ek-sistence)에 있다는 사실을 지침으로 삼는다. 즉, 인간이 향해 있는 것은 세계이므로, 인간의 본질은 '세계-내-존재(Being-in-the-world)'라고도 할 수 있다. 이제 이 첫 번째 장의 주요 과제는 이 복합적 표현의 정확한 의미를 밝히는 것이지만, 그렇게 함으로써 존재의 의미에 관한 질문에 대한 답을 준비하는 것이 최종적인 목표이다. 이 질문을 던지는 것 자체가 인간의 존재 방식 중 하나이며, 따라서 이 질문은 질문하는 대상, 즉 존재 자체로부터 그 본질적 성격을 부여받는다. "우리 각자가 바로 그 자신이며 그 존재의 가능성 중 하나로서 탐구하는 그 실체를 우리는 '현존재'라는 용어로 표현할 것이다." 따라서 일반적으로 번역되지 않은 채로 남겨진 현존재라는 전문 용어는 본질적으로 존재와 관련이 있는 한 정확하게 인간을 지칭한다. 현존재의 존재 방식에 대한 선행적 분석은 이 존재의 본질을 설명하는 역할을 할 수 있을 뿐, 그 의미를 존재론적으로 해석할 수는 없다.

선행적 분석은 존재를 해석하는 가장 원초적인 방법의 한계를 드러내려고 할 뿐이다. 이 한계에 도달하면 선행적 분석은 진정한 존재론적 해석으로 대체되어야 한다. 여기서 말하는 한계는 시간성이며, 따라서 현존재의 존재 의미(the meaning of the Being of Dasein)를 결정한다. 이것이 첫 번째 장에서 나타난 인간 존재의 모든 구조가 두 번째 장에서 시간성의 양상으로 재해석되어야 하는 까닭이다.

따라서 현존재의 특징은 존재에 대한 이해이다. 이는 현존재가 존재를 초월하여 자신을 포함한 모든 존재를 그들의 존재 속에서 이해하는 과정을 의미한다. 이것이 현존재의 본질을 초월로 정의할 수 있는 이유를 설명한다. 그러나 여기서 강조해야 할 것은 초월의 과정은 본질적으로 유한하다는 것이다. 그 이유는, 첫째, 현존재는 자신의 기원에 대한 주인이 아니라 그저 존재들 사이에 던져진 존재(던져짐, thrownness)일 뿐이기 때문이다. 둘째, 존재들 사이에 던져진 현존재는 이들 존재에 관심을 가져야 하며, 따라서 존재들 사이에서 자신을 잃어버리고(타락, fallenness) 자신의 존재론적 "운명"을 잊어버릴 수 있는 경향을 가지고 있다. 마지막으로, 초월은 본질적으로 현존재의 종말, 죽음에 이르는 과정이다. 이러한 양상에서 나타나는 부정성의 근거는 하이데거가 "죄책감"이라고 부르는 것인데, 여기서 죄책감은 도덕적 의미로 이해되어서는 안 된다.

유한한 초월의 기본 구조는 이해(*Versteben*), 현존재가 세계를 투사하는 요소, 존재론적 성향 또는 마음의 상태, 현존재의 던져짐(thrownness), 타락(fallenness), 세계의 비−존재(world's non−Being)가 드러나는 요소, 언어(Rede), 즉 현존재 이해와 본래의 분위기(original mood)가 드러내는 것을 "언어로" 나타내고 표현할 수 있는 요소로 구성되어 있다. 이러한 요소들은 초월이 본질적으로 돌봄(Sorge)이라는 점에서 하나의 통일성을 구성한다. 즉, 세계 안에서 만나는 존재들과 함께 존재로서 이미 세계 안에 있는 자기 자신보다 앞서 있다. 이 일치(unity)를 전체로 간주할 때, 그것은 그 끝, 죽음에 이르는 것으로 이해된다. 마지막으로, 현존재가 자신의 초월성 및 유한성과 "죄책감"을 이해하게 하고, 따라서 자신의 자아를 성취하도록 촉구하는 것은 하이데거가 양심의 목소리라고 부르는 것이다. 현존재가 자기 자신을 성취하기 위해서는 진정한 자아, 유한한 초월의 과정을 향해 스스로 부름을 받아야 한다. 현존재가 본래성을 성취하는 행위를 결단(*Entschlossenheit*)이라고 한다.

하이데거는 마침내 돌봄의 기본 구성요소인 존재(*ek−sistence*), 던져짐(thrownness), 타락(fallenness)이 본질적으로 미래, 과거, 현재라는 세 시점(*ek−stases*)을 지칭한다는 점에서 돌봄 자체가 시간 속에서 어떻게 근거를 갖는지를 보여준다. 존재를 향해 존재를 초월함으로써 현존재는 미래(Zukunft, future)에 도달하지만, 이 자아는 항상 이미 던져진 상태(과거)이며, 존재와 관계를 맺음으로써 존재를 드러내고 현존하게 한다(현재). 시간성의 관점에서 해석하면, 결단은 반복적으로(*Wiederbolung*) 나타나며, 유한한 초월의 과정을 역사적 과정으로 드러내게 한다. 현존재는 반복해서 자신을 되찾음으로써 자신의 자아를 진정한 과거로 존재하게 하고, 또한 진정한 자아(미래)를 향해 끊임없이 나아가는 존재이기도 하다. 따라서 이 복잡한 과정을 통해 현존재는 자신의 유산을 스스로에게 넘겨주며 진정한 자아를 '발견'한다.

『기초 저술』

Heidegger, M. (1977). Basic Writings. (ed. D.F. Krell).

New York: Harper & Row. Review by Albert Pacheco, with permission.

데이비드 크렐(David Krell)이 편집한 마르틴 하이데거의 『기초 저술』은 1927년부터 1964년까지 37년에 걸친 하이데거의 저작 중 수십 편을 선별하여 소개한다. 이 컬렉션은 하이데거의 주요 저작인 『존재와 시간』에서 시작된 사유의 여정을 보여주는데, 하이데거가 자신의 주요 질문인 존재의 의미에 대한 질문에 답하기 위해 수행하게 될 작업을 개괄적으로 설명하는 『존재와 시간』의 서론이 포함되어 있다. 이 과제의 선행 조건은 "존재에 대한 이해는 그 존재 자체의 본질"인 존재에 대한 근본적인 존재론을 제시하는 것이다. 그리고 하이데거에게 그 존재는 인간 현존재이다. 현존재의 본질을 밝히는 것은 하이데거에게 있어서 "과학"에 대한 적절한 개념을 제시하는 데 중요한 의미를 가진다. 하이데거는 과학을 현존재가 존재하는 세계와 그 자체에 대해 말하는 구체적인 가능한 존재 방식에 불과하다고 생각하기 때문이다. 중요한 것은 하이데거가 "현상학적 탐구 방법"에 대한 자신의 이해를 설명하는 것으로 이 서문을 마무리한다는 점이다.

인간과 과학의 관계에 대한 하이데거의 관심은 1930년대의 유명한 "전회" 이후에도 계속 그를 사로잡았는데, 이 전회는 기초 저술(basic writings)에 실린 작품 중 다섯 번째 작품인 "인간론에 관한 편지(letter on humanism)"라는 제목의 에세이에서 드러난다. 하이데거는 "편지"에서 자신의 사유가 여전히 형이상학적이고 과학적인 사물의 본질에 대한 사고에서 사물의 본질에 대한 비형이상학적이고 반성적인 사고방식으로 전환하는 "반전"을 겪었다고 보고한다. 이러한 "전회"의 결과로 하이데거는 특히 "철학"과 구별되는 과학이 무엇인지를 더 면밀히 살피기 시작한다.

하이데거는 이 반성적 또는 명상적 사고방식이 시인의 사고와 언어에서 가장 잘 드러난다고 믿는다. 시를 통해 시인은 사물의 본질적 속성을 드러내어 존재의 진리를 계시할 수 있다. 따라서 유한한 인간으로서 그리고 하늘과 땅의 모든 것들과 관계하는 존재로서 인간의 본질적인 속성도 드러나게 된다.

이 컬렉션에 수록된 에세이 "기술에 관한 질문(The Question Concerning Technology)", "건축, 거주, 사유(Building, Dwelling, Thinking)", "사유를 요구하는 것(What Calls for Thinking)"에서 하이데거는 보다 시적인 사유 방식을 우리가 살고 있는 시대를 특징짓는 기술과학적 사유 방식과 지속적으로 대조한다. 또한 저자는 사물의 본질, 특히 인간의 본질에 대한 이러한 기술과학적 사고방식에 내재한 "위험"을 제시한다. 이 위험은 자연과학적 사고방식이 인간에 대한 의학적 이해를 어떻게 제한하는지를 보여주는 메다드 보스의 작품에서 명확하게 드러난다.

05 현존재분석의 주요 도서  83

『졸리콘 세미나: 프로토콜-대화-서신』

Heidegger, M. (2001). Zollikon Seminars. Protocols
- Conversations - Letters(trans. R. Askay and F. Mayr).

Northwestern University Press: Evanston, IL.(Original work published 1987.)

의무 복무 기간 동안 보스는 『존재와 시간』을 접하고 그 내용을 연구하기 위해 다양한 시도를 했지만, 혼란스러우면서도 영혼을 울리는 내용에 감동하였다. 하이데거를 읽으면서 겪은 어려움은 "나를 쉬지 못하게"(p.viii)했고, 보스가 하이데거에 대한 추가 연구를 고민하게 된 주요 원동력이 되었다. 2차 세계대전 이후 하이데거를 둘러싼 다양한 정서를 고려할 때, 보스는 하이데거에게 개인적으로 연락하는 것을 자주 거절당했지만 결국 "의사로서 나는 철학자에게 편지를 써서 성찰적 사고를 위한 도움을 요청했다."(p.ix)고 한다. 이 편지는 창의적인 두 사람이 1949년에 만나게 되는 계기가 되었으며, 하이데거의 생애 말까지 256통의 편지를 추가로 더 보냈었다. 1959년 보스는 하이데거의 사상을 다른 의사들과 공유하는 것이 중요하다고 생각했고, 이에 따라 한 학기에 2~3회씩 50~70명의 동료를 하이데거의 세미나에 초대했다. 보스에 따르면, 이 세미나에서 하이데거는 "다른 인간 존재보다 앞서서 자신의 자유를 가지고 자신에게 되돌아가는 이타적이고 사랑스러운 고독의 전형적인 모습을 보여주었다(p.xi)." 졸리콘 세미나는 본질적으로 1959년부터 1969년 사이에 하이데거와 의사 집단이 다룬 다양한 분야를 녹취록으로 보여준다. 또한 하이데거와 보스(1961 – 1972)의 개인적인 대화와 1947년부터 1971년까지 보스가 하이데거에게 보낸 편지들도 포함되어 있다. 이 졸리콘 세미나의 번역자인 리차드 아케이와 프란츠 메이어(Richard Askay and Franz Mayr)는 하이데거의 철학과 그것이 심리학, 프로이트와 실존 정신분석학에 미친 영향뿐만 아니라 존재, 언어, 번역의 문제에 대해 논의하는 두 개의 장을 추가로 수록했다.

『현존재분석』

Holzhey-Kunz, A. (2014). Daseinsanalysis (trans. S. Leighton).
London: Free Association Books.

이 책은 앨리스 홀츠헤이 – 쿤츠의 해석학적 인류학(the hermeneutic anthropology)과 현존재분석을 통해 이해되는, 노련한 철학자이자 현존재분석 전문가의 저술을 보여준다. 영어를 사용하는 현존재분석가와 현존재분석 및 현존재분석 심리치료에 관심이 있는 사람들이 이용할 수 있는 온전한 저서가 제한되어 있다는 점을 고려할 때 홀츠헤이 – 쿤츠의 교과서 같은 접근 방식은 환영받을 만한 기여를 하고 있다. 홀츠헤이 – 쿤츠의 저술 목적은 하이데거의 『존재와 시간』(1947/1962)과 프로이트의 인간 고통에 숨겨진 의미를 발견하는 것으로 다시 돌아가서 현존재분석에 대한 해석학적 접근을 소개하는 것이다. 철학자이자 임상의인 홀츠헤이-쿤츠는 자신의 해석학적 현존재분석의 기초를 지그문트 프로이트의 정신분석학적 연구, 마르틴 하이데거의 현상학적 해석학적 접근인『존재와 시간』, 루드비히 빈스방거의 정신분석학적 현존재분석, 메다드 보스의 심리치료적 현존재분석에 두었다. 그리고 이를 키르케고르, 사르트르의 핵심 개념과 이보다는 비교적 덜 중요하게 여겨지는 맥락적 현상학자(the contextual phenomenologist) 로버트 스톨로로우의 개념으로 보완하였다. 저서의 핵심은 정신적 고통에 대한 현존재분석적 이해와 치료에 대한 새로운 세 번째 접근 방식을 제시하고 설명하는 것이다. 홀츠헤이-쿤츠는 인간 존재를 이해하는 중심적인 방법으로서 초기 하이데거 철학의 중요성을 명확하게 설명한다. 홀츠헤이-쿤츠에게 철학적-심리학적 측면(the philosophico-psychological aspects)에는 구체성, 시간성과 역사성, 인간의 사회성, 불안, 수치심, 죄책감 등의 감정이 포함된다. 후반부에서는 기분 및 불안장애, 성격장애, 정신증 등 다양한 임상적 실제를 통해 탐구하고, 정신분석적 틀에 대한 비판적 검토, 역사적으로 형성된 개인의 존재론적 실존과 그 안에 담긴 숨겨진 존재론적 의미에 귀 기울이는 현존재분석적 해석학적 경청을 통해 살펴본다. 그녀는 존재론적 공감의 함양, 관계적 노력으로서의 절제하는 태도, 현상학적 해석학적 해석, 그리고 자신의 존재, 피할 수 없는 인간의 조건에 대한 특정한 존재론적 감수성(*Hellhörigkeit*)을 가진 내담자들의 삶에서 존재론적 진리의 영향력(pp.203-204)이 철학자를 주저하게 만든다고 주장한다.

## 『실존: 정신의학과 심리학의 새로운 차원』

May, R., Angel, E., and Ellenberger, H.F. (eds.) (1958). Existence. A New
Dimension in Psychiatry and Psychology. New York: Basic Books.

편집자 롤로 메이(Rollo May)와 그의 동료들은 빈스방거의 작품에 대한 세 가지 중요한 장을 모았다. 7장 "실존분석 학파"(pp.191-213)(The Existential school of thought)에서 빈스방거는 실존분석과 그 현상학적 인류학의 본질과 목표, 인간 존재와 동물 존재의 차이, 일반적인 정신의학적 설명이 아닌 내담자의 독특한 세계 설계에 초점을 맞춘 정신의학에 대한 실존분석 학파의 공헌을 주의깊게 살펴보고 있다. 빈스방거는 실존분석적 접근을 설명하기 위해 발뒤꿈치 공포증(heel phobia)을 가진 내담자, 정신분열증 증상을 경험한 내담자, 롤라 보스(Lola Voss)라는 내담자 등 다양한 사례에 관해 설명했다. 그러나 이 장에서는 롤라 보스의 사례를 중심으로 논의한다. 니들맨의 책(1963)의 2부에서는 보스에 대한 더 자세한 논의가 이루어진다. 8장에서 빈스방거는 '삶의 역사적 현상과 정신 질환으로서의 광기: 일세의 사례'(pp.214-236)(Insanity as life historical phenomenon and as mental disease: the case of Ilse)를 독자에게 소개한다. 일세에게는 "천사 같고 자기애가 강하며 친절한 어머니"와 "극도로 이기적이고 딱딱하고 폭군 같은 아버지"가 있었다. 행복한 결혼 생활을 하던 39세의 일세는 〈햄릿〉을 본 후 아버지가 어머니에게 더 잘할 수 있도록 자신이 변화시킬 수 있다는 망상에 걸린다. 셰익스피어의 비극에 걸맞은 행동으로 일세는 불타는 난로에 팔을 강제로 집어넣은 후 아버지에게 "봐요, 내가 당신을 얼마나 사랑하는지 보여주기 위해서예요"라고 말하며 팔을 내밀었다. 이 행위 이후 일세의 삶은 점점 더 자기 지시적이고 자기중심적이며 개인화된(슈레버 박사와 유사한) 세계로 변해갔고, 결국 요양시설에 머물다가 빈스방거의 보살핌을 받게 된다. 이 장에서는 일세의 질병과 광기를 생애사적 현상으로 바라보는 비판적 논의가 이어진다. "엘렌 웨스트의 사례 – 인류학적 – 임상 연구"(9장, pp.237 – 364)(The case of Ellen West – An anthropological-clinical study)는 빈스방거의 가장 잘 알려져 있고 자주 인용되는 현존재분석 사례이다. 서양의 이디오스 코스모스(Eigenwelt, idios kosmos)와 운명 세계(the Mitand Umwelt, fate – world) 사이 평생의 균열 – 연결 이원론(a lifelong rift-connection duality)을 세심하게 기록한다. 특히 미묘한 세계의 시간성(temporality of the ethereal world), 죽음(death), 무덤 세계의 시간성(the temporality of the tomb world), 실천적 행동 세계의 시간성(the temporality of the world of practical action) 등과 같은 다양한 실존에 대한 연구가 주목할 만하다.

## 『세계-내-존재: 빈스방거의 주요 저술』

Needleman, J. (ed. and trans.) (1963). Being in the World: The Selected Papers of Ludwig Binswanger. London: Souvenir.

이 정교하게 편집된 저서에서 니들먼(Needleman)은 두 가지 측면에서 현존재분석 독자들의 이해를 돕고 있다. 1부에서는 칸트, 하이데거, 후설 등 다양한 철학자들을 통해 본 실존적 선행 개념의 전반적인 특징에 초점을 맞추고 있다. 이어서 정신분석에서 체계적인 설명과 과학의 역할, 고전 정신분석과 현존재분석에서 상징의 중요성, 무의식과 던져짐, "정신병리학"의 의미에 대해 살펴본다. 1부는 빈스방거, 칸트, 하이데거, 사르트르의 관계라는 중요한 논의로 마무리된다. 2부 '세계 – 내 – 존재(Being in the World)'에서는 빈스방거의 다양한 논문 중에서 엄선한 그의 주요한 현존재분석적 관심사, (i) 프로이트의 호모 나투라 사상, (ii) 인류학에 비추어 본 호모 나투라 사상, (iii) 하이데거의 실존분석과 임상 정신의학 영역에서의 중요성, (iv) 꿈의 역할, (v) 정신분열증에 대한 현존재분석적 이해, (vi) 상세한 현존재분석적 사례 연구(롤라 보스에 대한)를 살펴보고 있다.

## 『비정상적 인간과 그의 세계』

Stern, P. (1964). The Abnormal Person and His World. Princeton, NJ: D. Van Nostrand. Review by Charles McArthur, with permission.

폴 스턴은 3개 국어에 대한 풍부한 독해력과 두 대륙에서 받은 대학 교육을 바탕으로 친숙하면서도 낯선 정신분석학 및 실존분석학 문헌을 모두 활용하여 비정상적인 인간(abnormal person)에 대한 심리치료적 접근을 집필했다. 이 저서에 대한 아이디어는 원래 하버드 신학교 학생들에게 정신병리학 연구에 대한 실제적이면서도 동시에 인문학적 실존적 입문을 제공할 수 있다는 가능성에서 영감을 얻었다. 이 책이 '이상심리학 교과서(Abnormal Psych Text)'처럼 보였으면 좋겠다는 출판사의 요구에 따라 스턴은 잘 알려진 진단 범주 각각에 대해 한 장씩 할애했다. 그는 이러한 필수 주제에 앞서 불안에 대한 중요한 논의로 시작하여 고전적인 장애와 20세기의 문제인 불쾌감과 불안(ennui and angst)의 치료에 관한 결론적인 에세이로 마무리하였다. 각 진단에 대해 그는 정신분석과 실존주의 이론을 나란히 배치하여 기술하였다. 때때로 그는 정신장애에 대한 생물학적 치료 방식이 어리석다고 논의하거나, 정신증적 망상의 실제 가치(the Truth Value of Psychotic Delusions)에 관한 장에서와 같이 본질적으로 스턴의 입장을 발전시키고자 하였으며, 그의 재미있는 장편 에세이인 『광기를 찬양하며』(1972)의 탁월성을 소개해 주었다.

철학 교육을 받은 스턴은 빈스방거와 메를로퐁티(Merleau-Ponty) 같은 사상가들을 좋아했다. 보스가 자주 인용되었는데, 그의 두 가지 사례를 참고하였다. 스턴은 정신분석과 실존주의라는 주요하고 체계적인 임상적 이론을 넘어서는 개념에 대한 결핍이 있었다.

스턴은 실존주의에 대해 감탄했지만 비판 없이 받아들이지는 않았다. 그는 "정신분석이 현대적으로 확장된"이 철학을 이해하는 "열쇠"는 빈스방거와 그의 영향을 받은 사람들(보스, 발리, 베네데티, 스토치, 와이르쉬)이라고 생각했다. 스턴이 보기에 실존주의가 심리치료에 기여한 점은 다음과 같다. 심리치료의 정신역동적 구조를 탈피하여 전이를 지금 여기에서 일어나는 일로 바라보았으며, 빈스 방거의 말을 빌리자면 "정확히 이 상담자와 함께"하는 새로운 관점으로 이해하였다. 그 결과 "자신을 드러내지 않는 분석적인" 상담자의 역할에서 "적극적인 보호자"의 역할로 변화하였다. 그리고 보스의 말을 인용하여 내담자가 자신을 "존재의 신비에서 나오는 빛 안에서 모든 사물과 다른 존재들이 그들의 본성에 따라 나타나도록 허용하는 존재"로 보는 법을 배우는 것으로 꿈과 심리치료의 목표를 재해석하였다. 스턴은 "정신분석보다 더 근본적으로 실존치료가 엄격한 의학적 행위의 한계를 초월한다."고 생각했고, 의학과 달리 실존치료는 "궁극적인 관심사를 다룰 수밖에 없을 것"이라고 예상했다. 그럼에도 불구하고 스턴은 실존주의의 위험성에 대해 "경험적 심리학을 형이상학적 사유의 안개 속으로 휘발시키는 경향"이라고 지적하였다.

# 06

## 도전과 새로운 발전

Erik Craig, Loray Daws, Thanasis Georgas, and Robert D. Stolorow

1990년 12월 21일 스위스 취리히에서 메다드 보스가 사망하면서 현존재분석은 새롭고 도전적인 국면에 접어들게 된다. 빈스방거는 이미 오래전 1966년 2월 5일에 사망했고, 그의 가족이 운영하던 크로이츨링겐의 유명한 벨뷰 요양병원(Bellevue sanitarium in Kreuzlingen)은 1980년에 문을 닫았다.

몇 년 전 현존재분석의 미래에 대한 질문을 받았을 때, 보스는 혼잣말로 "나는 현존재분석의 미래는 생각하지 않는다. 만들 수 없는 미래를 생각하는 것은 어리석은 짓에 불과하기 때문이다. 가치가 있는 것이라면 성장해 남을 것이고, 가치가 없는 것이라면 사라지고 말 것이다. 하지만 이는 현존재분석가 혹은 받아들이는 사람에 따라 변할 것이다. 사람들이 현존재분석이 무엇인지, 마르틴 하이데거가 관찰하고, 발견한 것의 의미에 대해 열린 마음을 갖지 않을 때가 올 수도 있다. 그들의 마음이 닫힐 수도 있고 더 개방적으로 변할 수도 있다. 그것은 나에게 달려 있지 않다. 나는 하이데거로부터 받은 것을 전수하기 위해 내가 할 수 있는 일을 했을 뿐이지만, 현존재분석은 이제 그 자체의 미래와 운명을 가지고 있다."라고 답했다. 이어서 그는 "이제 현존재분석은 스스로 길을 만들어야 한다. 나는 이제 나이를 먹어 죽음이 얼마 남지 않았지만, 취리히에는 현존재분석학 연구소가 있고 콘드라우와 히클린, 카스트리니디스 등이 있다. 현재 상파울로와 예루살렘, 인도 등에도 학회가 있다."(Craig 1988, p.36에서 인용).

이 장에서는 보스가 이 말을 한 지 정확히 30년이 지난 지금, 그 미래가 어떤 모습으로 다가왔는지 살펴보고자 한다. 먼저 보스가 생존해 있던 지난 20년 동안의 발전을 요약하는 내용을 다루어 보고자 한다.

## 1971~1990년까지의 발전

보스의 생애 마지막 20년 동안 현존재분석에는 여러 가지 중요한 제도적 발전이 있었다. 보스의 가장 중요한 제자이자 동료였던 기온 콘드라우는 1971년 취리히에 현존재분석 심리치료 및 심신 연구소(the Daseinsanalytic Institute for Psychotherapy and Psychosomatics)(메다드 보스 재단)를 설립하는 데 중요한 역할을 했으며, 1983년에는 현존재분석 학술지를, 1990년에는 국제 현존재분석학회(IFDA)를 설립했다. 또한 1970년에는 취리히에서 보스와 함께 연구하고 일했던 사람들이 옛 스위스 현존재분석 학회를 재가동하여 향후 10년간 공식적인 회의를 개최했다. 1981년, 이 학회는 현존재분석적 질문과 관심사에 관해 토론하는 월간 프로그램을 시작했다. 그리고 1983년에 취리히에서 현존재분석 심리치료 수련을 위한 교육위원회와 두 번째 공식 교육 프로그램을 설립했다.

취리히와 전 세계에 소재하고 있는 IFDA 공식 지부 외에도 수많은 독립적인 현존재분석을 지향하는 상담자들이 보스와 연락을 주고받았다. 이 다양한 사람 중 영어권의 실존치료 상담자들에게 특히 중요한 인물은 포틀랜드 대학교(오리건주)의 철학 교수인 프란츠 메이어와 리처드 아케이, 그리고 미국 심리학자인 에릭 크레이그였다. 크레이그는 보스의 취리히 현존재분석학파를 영어권에 처음으로 소개한 사람으로, 278페이지에 달하는 『자유를 위한 심리치료: 심리학 및 정신분석의 현존재분석적 방법』(Psychotherapy for Freedom: The Daseinsanalytic Way in Psychology and Psychoanalysis, Craig 1988)이라는 제목의 인본주의 심리학 특별호를 통해 현존재분석을 소개했다. 이 호에는 마르틴 하이데거, 메다드 보스, 기온 콘드라우, 알로이스 히클린(Alois Hicklin), 홀츠헤이-쿤츠, 페리클레스 카스트리니디스의 논문이 영어로 번역되어 실렸다. 크레이그의 선집은 30년 전 메이, 엔젤, 엘렌버거의 『실존』((Existence, 1958) 출간 이후 처음으로 현존재분석 저자들의 글을 모은 선집이자 보스의 심리치료적 현존재분석만을 다룬 첫 번째 선집이다. 한편, 메이어와 아케이는 1987년부터 1990년까지 보스와 긴밀히 협력하여 하이데거의 1987년 졸리콘 세미나(Zollikoner Seminare)(Heidegger, 2001) 완역본을 완성했다. 보스는 이 프로젝트가 완전히 실현되기를 바랐지만, 1990년 12월에 사망하면서 서문조차 완성하지 못했다. 메이어와 아케이는 결국 10년 후 여러 저명한 하이데거 학자들의 도움을 받아 하이데거의 『졸리콘 세미나』(1987/2001) 영어 번역본을 출간했다.

## 빈스방거와 보스 이후 현존재분석가들

빈스방거와 특히 보스의 죽음은 현존재분석 심리치료 분야에 잠재적으로 메울 수 없는 공백을 남겼다. 다행히도 몇몇 인물들이 개인적으로 지속적인 연구 및 수련 프로그램에 참여했다. 현재 전 세계에서 활동하고 출판하고 있는, 특히 IFDA의 일부인 여러 국가 지부와 관련된 현존재분석가들이 있지만 여기서는 영어로 현존재분석 논문이나 책을 출판한 저자에 초점을 맞추고자 한다. 먼저 보스와 함께 집중적으로 작업한 다섯 명의 현존재분석가들부터 소개하고자 한다.

## 기온 콘드라우(Gion Condrau, 1919-2006)

보스의 죽음 이후 가장 중요한 목소리를 낸 사람은 그의 동료 현존재분석가인 기온 콘드라우였다. 1919년 1월 9일 스위스 그라우뷘덴의 로만슈 지역(the Romansch region of Graubünden, Switzerland) 깊은 산속 디센티스(Disentis)에서 태어난 콘드라우는 베른에서 의학 학위를 받고 1944년 철학 박사 학위를 취득한 후, 유겐 블룰러(Eugen Bleuler)의 아들인 만프레드 블룰러(Manfred Bleuler)의 지도 아래 부르크횔즐리 병원(Burghölzli Hospital)에서 정신의학을 수련했다. 그는 신경학, 정신의학, 심리치료 전문가로 로드아일랜드 프로비던스의 버틀러 병원(Butler Hospital in Providence, Rhode Island)에서 그레고리 질보르그(Gregory Zilboorg)와 함께 정신분석에 대한 독립적인 수련을 받음과 동시에 같은 도시에서 융 분석(1951－1952년)을 이수했다. 취리히로 돌아온 콘드라우는 당시 의학 심리치료 연구소(Institute for Medical Psychotherapy)라고 불리던 곳에서 메다드 보스에게 분석과 수련을 받기도 했다. 이후 콘드라우는 보스의 가장 중요하고 활발한 활동을 하는 제자가 되어 촐리콘 세미나에 참석하였고, 나중에 현존재분석 관련 주요 기관의 관리자가 되어 현존재분석 심리치료 및 심신 연구소(the Daseinsanalytic Institute for Psychotherapy and Psychosomatics), 현존재분석 학술지, IFDA를 설립했다. 특히 하이데거 특유의 난해한 전문 용어 없이 현존재분석을 소개하는 데 관심이 많았던 그는 철학, 정신분석, 아동 발달 및 가족생활, 부인과학, 실존적 주제에 관한 12권의 책과 100편이 넘는 논문을 발표하는 등 다작을 했다. 그가 가장 좋아하는 책 중 하나는 죽음을 주제로 한 아름다운 삽화가 있는 책이었다. 콘드라우는 처음부터 '하이데거어'라는 복잡한 언어적 표현을 사용하는 것을 꺼렸고, 대신 모국어로 현존재분석적 사고와 실제를 제시하는 것을 선호했다. 그는 현존재분석에 진정으로 관심이 있었던 많은 재능 있는 상담자들과 정신분석가들이 스스로 "끔찍한 언어"라고 묘사한 것 때문에 현존재분석을 조기에 포기했다고 확신했다. 콘드라우는 많은 논문을 발표했고, 그중 일부는 영어로 출판되었으며(Condrau 1988/1993/ 1996; Condrau, & Boss 1967), 여러 권의 책을 출판했지만, 가장 행복한 업적은 그의 영문 저서 『마르틴 하이데거의 심리치료에 대한 영향』(*Impact on Psychotherapy*, 1998)이었다. 강인하고 스키를 즐기며, 운동선수이자 정치인이었던 콘드라우의 건강은 2000년대 초부터 나빠지기 시작했다. 2006년 11월 21일 취리히에서 그가 세상을 떠났을 때, 반세기 이상 현존재분석을 이끌어온 역동적이고 지속되었던 강력한 리더십의 연결고리가 흔들렸다.

## 폴 스턴(Paul J. Stern, 1921-1982)

미국의 심리학자이자 하버드 대학교의 유명한 임상심리학 박사 과정의 마지막 졸업생 중 한 명인 폴 스턴은 1921년 6월 6일 독일 개혁파 유대인 가정에서 태어났다. 어린 시절의 끔찍했던 제2차 세계대전 경험은 그에게 평생에 걸쳐 영향을 미쳤다. 그는 17세 때 나치에게 크리스털나이트(Kristallnacht)와 관련하여 체포되어 부헨발트(Buchenwald)에서 잠시 수감되었다가 가족이 몸값을 지불하여 풀려났다. 프랑스 비시 정부(Vichy France)로 도주한 그는 계속해서 체포되어 프랑스 수용소에 수감되었다가 탈출하기를 반복했다. 한 번은 장교의 요청에 따라 저녁에 장교 숙소 "수아레(soirées)"에서 스턴이 서양 고전을 발표하고 낭송할 때 그의 온화하고 지적인 정신을 높이 평가한 동정심 많은 친위대 장교의 도움으로 탈출에 성공할 수 있었다. 이 친절한 행동 덕분에 스턴은 전쟁이 끝난 후 파리의 유명 출판물에 "나치 장교의 눈으로 본 제2차 세계대전"이라는 제목의 글을 기고하게 되었다.

스턴은 어린 시절 위험과 불확실성으로 인해 지울 수 없는 영향을 받아 낯선 사람과 지나가는 사람을 경계하게 되었고, 생애 마지막까지 선글라스를 쓴 사람에 대한 혐오감을 품고 살았다. 결국 스턴은 삼촌과 함께 한겨울 알프스산맥에서 몰래 빠져나와 프랑스를 완전히 탈출하는 데 성공한다. 이후 그는 취리히로 향했고, 대학 과정에서 메다드 보스를 만났다. 두 사람은 유별나게 돈독한 관계를 발전시켰으며, 1982년 스턴이 암으로 일찍 생을 마감할 때까지 둘의 관계는 지속되었다. 스위스에 있는 동안 그는 두카스 부인(Mrs. Dukas)이라는 동정심 많은 여성 언론인으로 이름을 바꿔 게재한 기사를 쓰면서 익명으로 스스로를 지지하기도 했다. 프랑스로 돌아온 스턴은 미국으로 이주한 후 1950년대 초 UCLA에서 부젠탈(J.F.T. Bugental)과 함께 심리학 공부를 계속했다. 이후 하버드의 임상심리학 박사 과정에 등록하여 로버트 화이트, 고든 올포트(Robert White and Gordon Allport)와 특히 긴밀하게 연구했다. 이 기간에 그는 보스의 1963년 하버드 강연을 주선했을 뿐만 아니라 이듬해에는 인간의 고통과 심리치료에 대한 실존주의(현존재분석적) 접근과 정신분석적 접근을 비교한 책『비정상적 인간과 그의 세계』(*The Abnormal Person and His World*, Stern 1964)를 하버드 신학교에 출판하는 등 보스와의 개인적인 관계와 직업적인 관계를 이어 나갔다. 그의 짧지만 눈부신 걸작인『광기를 찬양하며... 자아를 되찾다』(*In Praise of Madness The Self Reclaimed*, Stern 1972)에서는 그가 '현실성 치료(Realness Therapy)'라고 불렀던 심리치료에 관해 소개한다. 이 책은 광기, 꿈, 심리치료에 대한 인상 깊은 장들로 구성되어 있는데, 다음과 같은 짧은 글귀들이 곳곳에 숨은 보석처럼 담겨 있다. "온화한 상담자는 지나치게 단순해질 필요는 없지만, 명료하고 솔직해야 한다."(Stern 1972, p.116). 그는 또한 1976년에 "유령의 예언자(The Haunted Prophet)"라는 칼 융의 수정주의 전기를 썼으며, 유럽과 미국의 일반 학술지에 심리학 논문을 지속적으로 발표했다. 현존재분석 문헌에 대한 스턴의 마지막 공헌은 보스의 꿈에 관한 두 번째 책(Stern 1977)의 서문과 보스의 『의학 및 심리학의 실존적 기초』(*Existential Foundations of Medicine and Psychology*, Stern 1979)에 대한 그의 소개에서 찾을 수 있다.

## 앨리스 홀츠헤이-쿤츠(Alice Holzhey-Kunz, 1943-)

메다드 보스의 제자이자 동료였으며 해석학적 현존재분석의 창시자인 앨리스 홀츠헤이-쿤츠는 1943년 3월 20일 취리히 근교에서 태어났다. 김나지움(gymnasium)을 졸업한 직후 스위스 마을의 '원룸 스쿨하우스(one-room schoolhouse)'에서 한동안 학생들을 가르치다가 1964년 취리히 대학교에서 역사와 철학을 공부하기 시작했다. 그녀는 "기억과 망각(Remembering and Forgetting)"에 관한 논문을 써서 1971년에 박사 학위를 받았다. 그 직후 그녀는 취리히에 새로 설립된 현존재분석 심리치료 및 심신 연구소에 입사했다. 그녀는 보스와 계속 협력했지만, 1975년 보스의 주요 저작인 『의학과 심리학의 실존적 기초』(Boss 1971/1979)에 대한 첫 번째 비평을 발표한 바로 그해에 연구소를 떠났다. 연구소에 불만을 품은 다른 많은 졸업생은 그녀와 함께 구 스위스 현존재분석 학회의 후원으로 현존재분석에 대한 새로운 교육 및 수련 프로그램을 구성했다. 2003년에 이 학회는 현상학적 해석학자인 하이데거의『존재와 시간』(Heidegger 1927/1962)으로 되돌아가고자 해석학적 인류학 및 현존재분석학회로 이름을 변경했다. 홀츠헤이-쿤츠는 자신의 가르침과 저술을 통해 지그문트 프로이트의 결정적인 발견에 존재론적-실존적 의미를 부여하고, 이에 따라 인간을 "우리 자신의 존재로부터 고통받는 존재"라는 존재론적 해석학을 통해 정신병리학에 접근한다. 정신증적 고통의 존재론적 해석에 대한 그녀의 제안은 하이데거가 실체적인 자기 이해와 존재론적 자기 이해(ontic and ontological self-understanding)를 구분하고 존재하는 인간으로서 자신의 존재에 대한 전존재론적 인식(pre-ontological awareness)을 발견한 것에 기초하고 있다.

홀츠헤이-쿤츠는 진정한 해석학적 현존재분석으로 돌아간 것 외에도 정신분석학의 폭과 깊이를 이해하고 실존철학과의 교류를 위해 계속 노력했다. 2012년 그녀는 인간에 대한 정신분석적 접근과 실존철학적 접근을 통합하고 개인의 고통을 이해하는 데 있어 현존재분석에 새로운 전환을 가져온 공로로 취리히 대학교에서 마그리트-에그너 상(The Margrit-Egner Price by the University of Zürich)을 수상했다. 홀츠헤이-쿤츠의 현존재분석 개념은 두 가지 질문을 던진다. 첫 번째는 지그문트 프로이트의 현상학적 해석학적 고찰과 겉보기에 부조리하고 무의미해 보이는 증상과 현상에는 항상 숨겨진 의미가 내포되어 있다는 그의 발견으로 다시 돌아간 것이고, 두 번째는, 초기 하이데거와 그의 걸작『존재와 시간』(1927/1962)으로 되돌아간 것이다. 홀츠헤이-쿤츠는 세계 최고의 빈스방거 학자 중 한 명으로 꼽히지만(1994년 빈스방거 선집 2판의 공동 편집자), 빈스방거나 보스의 현존재분석에 관한 이해 어느 쪽에도 편승하지 않고 자신만의 제3의 독특한 접근을 제시한다.

홀츠헤이-쿤츠는 다수의 현존재분석 논문(영어 논문 여러 편 포함)과 세 권의 현존재분석 저서를 출판했으며, 마지막 저서도 영어로 출판하였다(Holzhey-Kunz 1988, 2006, 2012, Holzhey-Kunz와 Fazekas 2012). 이 주요 신작, 『현존재 분석: 정신증적 고통과 그 치료에 대한 실존적 관점』(Daseinsanalysis: An Existential Perspective on Psychic Suffering and its Therapy) (Holzhey-Kunz, 2014)은 정신증적 고통에 대한 존재론적 이해를 "자신의 존재"로 인한 고통의 개념을 바탕으로 여러 가지 현존재분석 문제를 다룬다. 현재 홀츠헤이-쿤츠는 취리히에서 개인 클리닉을 운영하며 내담자를 만나는 동시에 강의와 저술 활동을 활발히 이어가고 있다. 또한 수년 동안 러시아와 리투아니아에서 정신병리 현상에 대한 새로운 접근을 가르치고 있다.

## 페리클레스 카스트리니디스(Perikles Kastrinidis, 1946-)

페리클레스 카스트리니디스(Perikles Kastrinidis)는 1946년 8월 20일 오스트리아 빈에서 태어났으며, 빈의 김나지움을 졸업한 후 빈 대학교에 입학하여 1970년 의학 학위를 받았다. 처음에는 오스트리아에서, 나중에는 스위스에서 정신의학과 심리치료에 관해 전문적으로 연구하고 수련을 하였다. 1975년에는 현존재분석 심리치료 및 심신 연구소에서 정신과 및 심리치료 전문의 수료생이 되었고, 1979년에는 현존재분석 심리치료 학위를 받았다. 그 이후로 정신과 및 심리치료 분야에서 활동을 이어오고 있다. 1983년에는 앨리스 홀츠헤이-쿤츠를 비롯한 다른 불만을 품은 연구소 졸업생들과 협력하여 스위스 현존재분석학회의 현존재분석 심리치료 교육 프로그램을 공동 설립했으며, 수년간 교육위원회 위원장을 역임했다. 1993년 취리히에서 스위스 의학 학위를 받았으며, 그전에는 주로 스위스 클라루스주(the Canton of Glarus, Switzerland)에서 심리치료를 했다. 1981년부터 취리히와 인근의 여러 정신의료 기관에서 정신과 의사 및 심리 치료사로 교육 및 수련감독 업무를 수행하였다. 최근에는 정신의료 기관의 다학제 의료팀 수련감독으로 근무하고 있다. 또한 의사, 성직자, 변호사, 교육자를 위한 발린트 그룹(Balint Group)의 리더이기도 하다. 그는 여러 유럽 국가와 미국에서 전문가들을 대상으로 강의하고 교육하였다. 가장 최근에는 2004년 듀크대학교의 제22회 사이먼 실버만 현상학 심포지엄(Twenty-second Annual Simon Silverman Phenomenology Symposium)에서 강연을 하기도 했다.

1984년 집중 단기역동 심리치료(intensive short-term dynamic psychotherapy, ISTDP)의 창시자인 하빕 다반루(Habib Davanloo)를 처음 만난 후 유럽과 미국에서 일련의 과정을 이수한 것이 현존재분석 심리치료의 수련과 실습에 결정적인 전환점이 되었다. ISTDP에 대한 그의 연구와 실천은 특히 방어기제에 도전하고 회기 내내 지속적인 불안 수준을 모니터링하는 효과적인 방법과 관련하여 심리치료에 대한 자신의 접근 방식에 상당한 영향을 미쳤지만, 근본적으로 현존재분석적인 자신만의 특별한 방법을 찾으려는 그의 노력은 절대 변하지 않았다. 그는 현존재분석 관련 주제에 관한 독일어 저서 한 권과 영어 논문 여러 편을 출판했다 (Kastrinidis 1988a/1988b/2005/2008).

## 에릭 크레이그(Erik Craig, 1944-)

에릭 크레이그는 심리학자, 작가, 학자로서 현재 뉴멕시코주에 거주하면서 글을 쓰고 심리치료를 하고 있다. 이와 동시에 유럽과 아시아에서 상담자들을 대상으로 강의하고 가르치며 수련을 실시하고 있다. 1944년 12월 8일 메인주 포틀랜드에서 태어난 크레이그는 뉴햄프셔주 해안 지역 끝자락에 있는 인구 500명의 작은 마을에서 자랐다. 중서부 지역에서 교육을 받은 그는 뉴잉글랜드로 돌아와 매사추세츠주 우스터에 있는 어섬션 칼리지(Assumption College)에서 강의하고 보스턴 대학교에서 박사 과정을 밟아 1978년 학위를 받았다. 크레이그는 클락 무스타카스, 폴 스턴, 찰스 맥아더, 메다드 보스(Clark Moustakas, Paul Stern, Charles MacArthur, and Medard Boss) 등과 각각 수년간 협력하고 멘토링을 받는 등 독특한 경력을 쌓았다. 그는 40년 이상 인본주의 및 실존주의 심리치료를 가르치고 실천해 왔으며, 어섬션 칼리지, 뉴멕시코 대학교, 퍼시피카 대학원(Assumption College, University of New Mexico, and Pacifica Graduate Institute)에서 전임 교수직을 역임했다.

크레이그는 1940년대부터 메다드 보스의 친구이자 미국인 지지자였던 폴 스턴에게 실존주의 정신분석을 배우면서 현존재분석과 처음 인연을 맺게 되었다. 스턴이 갑작스럽게 사망한 지 2년 반 후, 크레이그는 스위스로 건너가 메다드 보스를 직접 만났고, 이후 취리히에서 보스 및 그의 제자들과 수년간 협력하여 『자유를 위한 심리치료: 심리학 및 정신분석의 현존재분석적 방법』(*Psychotherapy for Freedom: The Daseinsanalytic Way in Freedom*)(Craig 1988)을 출간했다. 그 이후로 크레이그는 "영혼"과 소위 "무의식"(Craig 2008), 꿈(Craig 1987, 2017), 저항(Craig 1995), 전이와 반복(Craig 2005), 실존심리학 및 심리치료에서 근본적인 존재론의 역할(Craig 2015) 등 고전적인 정신분석적 문제와 실존주의 현상학적 해석에 관한 일련의 논문을 발표했다. 크레이그는 홀츠헤이-쿤츠와 마찬가지로 정신분석학과의 활발한 교류를 유지하는 것을 특히 중요하게 생각하며 현재 뉴멕시코 정신분석학회 회장을 맡고 있다. 2004년부터는 보스의 전 동료이자 지인인 한국 정신과 의사이자 타오 심리치료의 창시자인 이동식 박사(1921-2014)와 함께 연구하고 협력하기 시작했다(Craig 2007). 크레이그는 6개의 학술지 운영위원으로 활동하고 있으며, 2015년에는 APA의 인본주의 심리학회(APA's Society for Humanistic Psychology)에서 수여하는 롤로 메이 헤리티지상(the Rollo May Heritage Award)을 수상했다.

## 기타 영어권 현존재분석 저자들

위의 다섯 명의 주요 영어권 현존재분석 저자들의 공헌 외에도 이 분야에서 가치 있는 저작물을 출판한 여러 사람이 있다. 미국의 경우, 시카고에 있는 일리노이 전문 심리학과(the Illinois School for Professional Psychology)의 토드 듀보스(DuBose 2009, 2013)는 전문가 학회에서 현존재분석적 아이디어를 자주 발표하고 있으며, 현존재분석을 핵심 요소로 하는 실존주의 심리학 박사 학위를 취득했다. 듀보스 현존재분석적 관점을 바탕으로 평가, 진단, 윤리, 심리치료 실천 등 전통적인 치료 규범과 기준을 비판하며 심리학자를 "영혼 돌봄(soul care)"을 실천하는 "영성 상담자(Seelsorge)"로서의 새로운 이해를 제안한다. 이러한 동일한 주제 중 다수는 듀보스와 마찬가지로 심리치료 분야에서 "받아들인" 지식과 언어의 다양한 측면을 일관되게 겨냥하면서 "현존재-심리치료"라고 부르는 독창적인 현존재분석 지향의 심리치료를 발전시킨 마일즈 그로스(Miles Groth 1987/2008/2017)에 의해서도 명확히 표현되고 있다.

캐나다 심리학자이자 빈스방거 학자인 로저 프리(Roger Frie 1999/2000/2004)도 포스트모더니즘 심리학, 특히 상호주관성 이론(inter-subjective theory)의 주요한 공헌자로 높은 평가를 받고 있다. 마지막으로 남아프리카 출신으로 매스터슨(Masterson)의 교육을 받은 정신분석학자 로레이 도스(Loray Daws 2015, 2018)는 캐나다에서 정신분석과 현존재분석에 대한 현상학적 해석학적 관점에 집중하여 정신건강 윤리와 실천, 누적 외상 장애(Dasein-icide), 자기에 대한 경험 등의 영역에서 원리들을 개정하는 데 주력해 왔다.

심리학자 앤서니 스타들렌(Anthony Stadlen 2003/2005/2007)은 심리학의 역사, 이론, 실천에서 종종 간과되는 부분을 살펴볼 수 있는 독특한 '진실 추구(truth-seeking)'의 장으로서 매월 '이너 서클 세미나(Inner Circle Seminars)'를 영국에서 개최해 오고 있다. 현재 현존재분석학 분야에서 가장 활발한 발표자이자 저술가 중 한 명인 스타들렌은 런던 프로이트 박물관의 전직 연구원이기도 하다. 그의 글은 프로이트, 하이데거, 보스, 빈스방거, 랭 등의 생애와 저서에 초점을 맞추고 있다. 현존재분석에 대한 그의 지적이고 철저하게 연구된 비판적 연구와 출판물은 현존재분석의 언어, 역사, 실천에 대한 예리한 분석을 높이 평가하는 현존재분석가들에게 필수적인 자료이다.

## 국제 현존재분석학회(The International Federation of Daseinsanalysis, IFDA)

현재 현존재분석적 개념과 실제의 개발, 홍보, 출판, 보급에 전념하는 유일한 국제 조직은 IFDA이다. 현재 IFDA는 유럽과 남미에 위치한 8개의 지부로 구성되어 있다. 이러한 국가별 IFDA 회원은 각각 아래에 명시된 인증 기준을 충족하는 교육 프로그램을 수립했다. 현재 지부는 오스트리아, 벨기에, 브라질, 체코슬로바키아, 그리스, 헝가리 그리고 스위스에 2개 지부가 있다. 한때 프랑스, 인도, 일본, 캐나다, 이스라엘에도 지부가 있었으나 지금은 사라진 지 오래되었다. 또한, 벨기에, 브라질, 체코슬로바키아, 그리스, 헝가리, 스위스에서 자격증 응시자가 교육을 받고 있다. 8개 지부로 구성된 전체 학회는 4년에 한 번씩 이틀간 열리는 현존재분석 국제 포럼에 모여 아이디어, 논문, 토론을 공유하고 학회의 사업을 수행한다. 각 지부는 현존재분석 학위를 취득하고 공인 현존재분석가가 되고자 하는 현존재분석 후보자의 교육에 대한 구체적인 기준이 포함된 학회의 부칙을 따라야 한다. 이러한 교육 기준에는 다음의 내용이 포함된다.

1. 심리치료와 관련된 과목에서 대학 학위 또는 이에 상응하는 전문 자격증을 취득한 경우 사전 자격이 주어짐
2. 최소 400시간의 이론 학습(250시간은 반드시 현존재분석 이론 학습 시간이 포함되어야 함), 250시간의 개인 심리치료, 130시간의 임상 수퍼비전, 450시간의 수퍼비전 임상 실습을 포함한 4년의 기초 현존재분석 수련이 포함되어야 함
3. 현존재분석 분야의 과학적 논문 또는 발표 1개 이상
4. 자격을 갖춘 공인 현존재분석가의 인증을 받은 심사를 수료

IFDA에 소속된 8개 단체는 모두 현존재분석적 관점과 이론을 가르치고 전파하는 데 전념하고 있다. 이 중 6개 기관은 IFDA 규칙과 표준을 준수하는 공식 교육 프로그램을 활발히 운영하고 있다. 브라질에는 현재 15명의 회원과 1명의 후보자가 있으며, 벨기에에는 4명의 수련 분석가와 9명의 수련생이 있고, 체코슬로바키아에는 약 50명의 공인 현존재분석가가 있으며, 헝가리에는 현재 3명의 후보자를 위한 수련 분석가 5명을 포함하여 약 50명의 공인 현존재분석가가 있다. 그리스 학회의 타나시스 게오르가스(Thanasis Georgas) 학회장은 5명의 수련 분석가, 현존재분석 상담자로서 수련 및 정식 인증을 받은 14명의 후보자, 현재 17명의 수련생을 포함하여 36명의 회원을 보유하고 있다고 보고했다. 스위스 취리히에 있는 두 학회에는 모두 60여 명의 훈련 및 인증 분석가가 있지만 현재 수련 중인 후보자는 없다.

현재 IFDA의 스위스 지부가 두 개 있다는 사실을 명확히 할 필요가 있다. 이전 현존재분석 심리치료 및 심신 연구소는 현존재분석 심리치료 학회(SFDP)라는 이름으로 개편되었고, 이전 스위스 현존재분석 학회는 현재 "현존재분석 세미나"(DaS)라는 이름으로 개편되었다. 2016년에는 스위스 당국으로부터 심리학자를 현존재분석 심리치료 자격증을 취득할 수 있는 교육 기관으로 인가받았다. DaS에서 가르치는 현존재분석은 홀츠헤이-쿤츠의 해석학적 현존재분석을 기반으로 하며, 이는 하이데거의 『존재와 시간』(Heidegger, 1962)에 나타난 현존재에 대한

존재론적 분석에 기초하고 있다. 2000년부터 스위스에서 현존재분석 심리치료자를 양성하는 유일한 기관으로 자리 잡은 DaS는 현재 여러 지부와 협력하기 위해 논의하고 있다.

세계적으로 약 200명의 공인된 현존재분석가들이 활동하고 있는 것 외에도, 독립적으로 개인 클리닉을 운영하며 강의, 세미나, 수련 프로그램을 진행하고 있는 다수의 현존재분석 지향의 상담자들도 있다. 안타깝게도 현재 현존재분석 또는 현존재분석 심리치료에 대한 공인된 영어권 지부나 교육 프로그램은 없지만, 앤서니 스타들렌은 영국에서 이너 서클 세미나를, 에릭 크레이그는 미국과 해외에서 독립적인 교육을 제공하고 있다. 또한 현상학적이고 현존재분석 지향의 상담자들로 구성된 소규모 학회가 주에서 결성되었다. 시카고의 토드 듀보스, 산타페의 에릭 크레이그, 뉴욕의 마일스 그로스, 캘리포니아의 켄 브래드포드가 참여하고 있는 이 그룹은 미국 실존분석 학회로서 비공식적으로 협력하고 있다. 이 학회는 현재 IFDA의 회원은 아니지만, 4명의 공동 연구자는 여러 국제 현존재분석 포럼에 참석하여 발표했으며 독립적인 교육, 수련 및 감독을 제공하고 있다.

Hallenic Society의 학회장인 타나시스 게오르가스가 그리스 아테네에서 개최한 제9회 국제 포럼에서 그는 "현존재분석가가 된다는 것은 무엇을 의미하는가?"라는 질문에 초점을 맞췄다. 게오르가스에 의하면 이 질문은 세 가지 기본 주제를 가지고 주말 동안 라운드 테이블 방식으로 진행되었는데, 그는 현상학적 해석학적 방법인 현존재분석과 소크라테스적 방법의 밀접한 관계를 지적했다. 특히 모호하고 신비스럽고 당혹스럽고 혼란스러운 것을 의미하는 그리스어 "아포리아(aporia)"에 표현된 것처럼 "모르는 것(not knowing)"에 대한 급진적인 개방성을 기반으로 두고 있다고 설명했다. 현존재분석적 실제는 사물이 "스스로 말할 수 있도록" 하는 데 초점을 맞추고 있다. "과학기술적 방법에 대한 '긍정적인 사고'가 점점 더 지배하는 문화 속에서 우리는 침묵의 내면적 의미와 단절되었다."(Georgas 2016, p.431)고 게오르가스가 지적하였다. 그는 이어 우리가 다른 사람을 알아가고 소통하는 데 언어를 사용하는 것이 익숙해졌다고 하면서 "만약 그것이 사실이 아니라면 어떨까? '모르는 것(not knowing)'과 '아포리아(aporia)'의 침묵 속에서 우리는 자신의 존재를 타인의 존재와 진정으로 관계를 맺는다면 어떻게 될까?"(Georgas 2016, p.431)라고 의문을 제기한다. 하이데거(Heidegger)에 따르면 인간 존재의 현상은 항상 숨기는 동시에 드러내는 것이기 때문에, 그러한 현상의 완전한 존재론적 의미는 처음부터 분명하지 않다. 따라서 우리는 여전히 숨겨져 있는 것이 스스로 드러나기를 기다리면서 '사물 그 자체'를 계속 바라보아야 한다. 이를 위해 게오르가스는 '모르는 것(not knowing)'과 '아포리아(aporia)'의 침묵이 필요하다고 주장한다. 따라서, 첫 번째 답변은 현존재분석은 사물 자체에 내재한 숨겨진 의미를 현상학적-해석학적으로 경청하는 과정이다.

이를 계기로 두 번째 라운드 테이블에서는 현존재분석을 다른 형태의 실존치료와 구별하는 것이 무엇인지에 대한 논의가 이어졌다. 여기서도 현상학적 해석학적 분석으로 돌아가는 것, 특히 기존 인간의 불변하는 존재론적 구조에 대한 우려가 있었다. 실존치료가 다른 접근과 구별되는 것은 전적으로 현존재분석가가 현존재의 수수께끼 같은 존재론적 존재 방식(ontico-ontological way of being)과 구성을 이해하는 데 달려 있다. 이 방식은 "존재론적으로 존재 자체가 문제라는 사실에 의해 구별되는" 것이며, "존재에 대한 이해(Seinsverstandnis)가 현존재의 명확한 특성"(Heidegger 1927/1962, p.32)이라는 것이다. 이러한 기본 이해를 공통으로 하여 라운드 테이블이 진행되었다. 이 라운드 테이블에서는 다양한 의견 불일치, 논쟁 및 수렴을 통해 정신분석과의 대화 가능성을 확인하였다. 또한, 지지적 접근의 인본주의적 실존치료와의 비교 및 수렴, 동양 철학의 영향 및 관계 그리고 "자아의 퇴색(fading of Selfhood, Selbstsein)"(Georgas 2016, p.432)에 대해서도 고려하였다. 이와 같은 각각의 관심사는 현재와 미래의 현존재분석가들이 해결해야 할 주요 과제이다.

영국의 앤서니 스타들렌(Anthony Stadlen)이 사회를 맡은 세 번째 라운드 테이블에서는 하이데거의 촐리콘 세미나(1987/2001)와 그것이 현존재분석의 자기 이해에 주는 역사적 함의를 과거, 현재, 미래와 관련하여 집중적으로 논의했다.

현대의 현존재분석가는 하이데거의 존재론과 급성장하고 있는 현대 정신분석의 접근 및 증거기반치료 사이의 복잡한 임상과 이론의 변증법(clinical-theoretical dialectic)에 대해 탐색해야 한다는 것은 분명하다. 의학, 심리학, 정신의학, 심리치료의 이론 및 실천과 관련된 하이데거의 존재론과 현상학을 신중하고 철저하게 읽는 데 계속 투자해야 하는 현대의 현존재분석가에게는 상당한 훈련과 인내가 필요하다는 점이 강조되었다.

## 미래 현존재분석의 도전과제들

오늘날 현존재분석이 직면한 과제 중 하나는 현재 다양한 접근이 시행되고 있는 상황에서 현존재분석이 무엇인지 정확하게 말할 수 있어야 한다는 것이다. 빈스방거의 정신분석학적 현존재분석의 관심사를 따르는 사람들이 있다. 그들은 크레이그, 홀츠헤이-쿤츠, 카스트리니디스처럼 하이데거의 『존재와 시간』(1927/1962)을 충실히 따르는 사람들이며, 그리스의 콘스탄틴 게메네치스(Konstantin Gemenetzis)와 벨기에의 아도 후이겐스(Ado Huygens)처럼 보스 자신이 그랬듯이 후기 하이데거의 에레이니스(Ereignis, 사건)와 이전에 논의한 존재와 현존재 사이의 반전된 관계에 이끌린 사람들이다. 마지막으로 홀츠헤이-쿤츠의 새로운 해석학적 현존재분석을 전적으로 따르는 사람들이다. 현대의 현존재분석가들이 지그문트 프로이트의 정신분석 이론과 실제를 재해석하는 정도와 방식에 대해서도 상당한 의견 차이가 존재한다. 이러한 다양성은 하나의 현존재분석적 도그마로 발전하는 것을 막고 자기 성찰과 비판을 촉진하기 때문에 현존재분석을 강화하는 데 도움이 될 수 있다.

## 언어적 도전

오늘날 현존재분석은 두 가지 측면에서 언어적 도전을 받고 있다. 우선, 현존재분석 문헌의 대부분은 여전히 독일어로 되어 있고, 현재 번역된 것조차도 충분하지 않다. 빈스방거와 보스의 독자들은 그들의 작품이 영어로 번역된 방식에 불만을 가지고 있다. 홀츠헤이-쿤츠의 『현존재분석』(Holzhey-Kunz 2014)은 예외적으로 환영을 받았다. 그러나 의심할 여지없이, 현존재분석과 현존재분석 지향 또는 영향을 받은 심리치료의 영어권 학생과 실무자들이 이용할 수 있는 훌륭한 문헌이 부족하다는 것은 분명하다.

또 다른 언어적 도전은 하이데거 자신의 언어가 모호하다는 점인데, 독일어로도 이미 어려운데다 영어권 독자들에게는 좌절감만 주고 전혀 이해가 되지 않는 경우가 많다. 서양 철학과 사회과학을 뒤집고 철학적, 사회적 영역의 과학(social regional sciences)에서 우리가 하는 모든 일에 대해 새로운 유형의 깊은 사고로 이끄는 그 작업의 중요성에 대해서는 의심의 여지가 없지만, 현존재분석의 언어는 시간이나 인내심이 부족한 대부분의 일반 상담자와는 다른 수준의 사고와 철학적 친숙성을 요구한다.

## 인지심리학과 증거기반치료의 도전

오늘날 인지심리학은 미국 대학 심리학 프로그램에서 가장 널리 사용되는 교육 모형이다. 이 접근 방식과 증거기반치료에 대한 엄격한 과학적 강조 사이의 동맹관계가 의심 없이 받아들여지고 있다. 몇 가지 중요한 문제들이 제기되고 있는데, 그중 한 가지는 대부분의 인본주의 및 심층 심리치료는 과학적 근거가 전혀 없는 것으로 간주하는 실증주의자들에 의해 무시되고 있다는 것이다. 실제로 미국 학생들은 종종 임상 업무를 완전히 고려하지 않는 대신 연구 및 대학 교육 분야에서 경력을 쌓도록 권유받는다.

다행히도 브루스 왐폴드(Bruce Wampold)와 같은 영향력 있는 인본주의자들과 조나단 스케들러(Jonathan Schedler)와 같은 정신분석가들은 심층심리학 및 인본주의 심리학의 과학적 토대를 더욱 견고하게 만들고 인정받기 위한 노력을 멈추지 않고 계속하고 있다. 하지만 실존주의 심리치료 전반과 특히 현존재분석은 이 점에서 앞으로 해야 할 일이 훨씬 더 많다.

## 인간으로서 하이데거의 도전

일반적으로 실존치료 상담자들은 말할 것도 없고, 현존재분석가들에게 특히 중요한 도전은 많은 철학자들과 사회과학자들이 20세기의 가장 중요한 철학적 저작으로 간주하는 『존재와 시간』(1927/1962)을 쓴 하이데거의 사상에 의존할 수밖에 없다는 것이다. 그러나 1980년대 후반부터 이 철학자가 독일 국가사회당에 가입한 사실, 특히 이후 침묵으로 일관하고 가입 및 관련 행위에 관해 설명하거나 정당화하지 않은 사실로 인해 수많은 비난 보도가 나오면서 그를 강하게 지지했던 학자들로 하여금 혐오감을 불러일으켰다. 하이데거라는 인물의 성격은 심하게 타협적인 인물로 널리 알려져 있다. 그는 자신은 물론 현존재분석 심리치료 상담자인 제자 메다드 보스를 포함한 다른 사람들에게도 정직하지 못했다. 이제 현존재분석 학자들과 상담자들은 철학자의 사고와 글이 그의 인격 및 정치와 분리될 수 있는지 의문을 품게 되었다. 스톨로로우는 "정서적 트라우마라는 주제를 포함한 하이데거의 개인적 세계"라는 관점에서 이 문제를 고찰했다(Stolorow 2011, p.81). 다른 사람들은 이 문제를 철학적, 정치적, 역사적으로 접근했다. 유감스럽게도 여기서 자세히 다루는 것은 불가능하지만, 콘(Cohn), 파리아스(Farias), 젠들린(Gendlin), 모엘링(Moehling), 오트(Ott), 락모어(Rockmore), 마골리스(Margolis), 포겔러(Pöggeler), 세한(Sheehan) 등 다양한 학자들의 저작을 통해 이 문제를 직접 탐구하고자 하는 사람들을 위한 상당한 양의 문헌이 존재한다. 오늘날의 현존재분석가들은 더 이상 하이데거의 삶에서 이 혐오스러운 시기의 증거를 부정할 수 없으며, 메다드 보스가 생애 마지막까지 그랬던 것처럼 그를 한 인간으로 이상화할 수 없다. 이제 그들은 하이데거의 삶을 연구할 때 예리하고 분별력 있게, 그러나 열린 마음으로 자신들에게 계시적이면서 의미 있고 중요한 것들을 찾아야 한다.

## 정신분석에서 대상관계로의 전환: 도전과 가능성

또 다른 도전 과제는 프로이트 및 정신분석과 현존재분석의 관계인데, 현존재분석가들 사이에서도 상당한 견해 차이가 있는 분야이다. 예를 들어, 인본주의이든, 현존재분석이든, 정신분석이든 간에 특정 실천 방법에서 어떤 엄격한 규칙을 따르는 것에 대한 인식이 점점 더 커지고 있다. 에릭 크레이그와 엘리스 홀츠헤이-쿤츠를 비롯한 많은 현존재분석가들은 로버트 스톨로로우(Robert Stolorow) 등의 연구에서 상당한 공통점을 발견했다. 이에 대한 자세한 설명과 함께 정신분석의 현대적 관계론적 전환에 대한 몇 가지 언급으로 마무리하고자 한다.

여러 면에서 현존재분석은 현재로부터 미리 결정된 전이적 반응의 분출이 아닌, 서로 다른 존재와 함께 있는 일반적 존재(a sui generis being-with-one-another(Miteinandersein))를 강조함으로써 정신분석의 관계적 전환을 예견했다. 안타깝게도 데이비드 스미스(David Smith)가 언급했듯이, 보스의 천재성은 "현존재분석의 개혁적 본질과 심리치료를 재구성하는 것에 대한 자신의 기여가 중요한 점을 완전히 파악하지 못함"(Smith 2010, p.10)으로 인해 인정을 받지 못했다. 아이러니하게도, 현존재분석이 예견한 현대의 대상관계적 정신분석(relational psycho-analysis)은 효과적이고 독특한 치료적 관계를 발전시키는 데 있어 여러 면에서 현존재분석을 능가했다.

오늘날 대상관계적 정신분석(relational psychoanalysis)의 두 가지 접근은 분석적 실천에 변화를 일으키고 있다. 두 접근 모두 광범위하게 "이인칭 심리학(two-person psychology)"으로 간주하며, 인간을 쾌락 추구(즉, 내적 욕구 충족)가 아닌 "대상 추구"(즉, 상대방과의 관계 지향)를 하는 존재로 바라보는 페어베언(Fairbairn)의 급진적인 이론에 근거하고 있다(Fairbairn 1952, p.210). 한 가지 접근은 스티븐 미첼(Stephen Mitchell), 제이 그린버그(Jay Greenberg), 루이스 아론(Lewis Aron), 제레미 사프란(Jeremy Safran) 등의 대상관계적 정신분석으로, 설리반(Sullivan)의 대상관계 이론뿐만 아니라 페렌치(Ferenczi)와 그의 분석가이자 학생인 마이클 발린트(Michael Balint)의 초기 이론에 기초하고 있다. 또 다른 접근은 원래 상호주관성 이론으로 알려진 로버트 스톨로로우와 조지 앳우드(George Atwood)의 현상학 연구(Atwood, & Stolorow 1984)에서 비롯되었으며, 현재는 현상학적 맥락적 정신분석(phenomenological-contextual psy-choanalysis)이라고 불리며, 스톨로로우와 앳우드의 연구와 함께 버나드 브랜드샤프트(Bernard Brandchaft), 도나 오렌지(Donna Orange), 로저 프리(Roger Frie) 등의 연구도 여기에 포함된다. 두 접근 모두 관계에 중점을 두지만, 관계를 이해하고 접근하는 방법에는 몇 가지 중요한 차이점이 있다.

그럼에도 불구하고 앳우드와 스톨로로우의 접근 방식은 특히 현존재분석가들과 관련이 있다. 2000년에 스톨로로우 자신이 정신분석적 현상학적 맥락주의(psychoanalytic phenom-enological contextualism)보다 급진적인 철학적 토대를 위해 하이데거의 "존재론적 맥락주의(ontological contextualism)"에 눈을 돌리기 시작했기 때문이다. 스톨로로우는 최근 하이데거로 눈을 돌린 이유를 다음과 같이 설명했다.

첫째, 하이데거의 중요했던 초기의 시도는 자기 스스로를 존재에 대해 탐구할 대상으로 선택했다는 것이다. 하이데거는 우리 존재에 대해 명료화되지 않은 철학 이전의 이해가 인간 존재를 구성하기 때문에, 우리 인간은 그 존재에 관한 우리의 이해를 탐구함으로써 인간 존재를 탐구할 수 있다고 추론했다. 따라서 『존재와 시간』의 탐구 방법은 우리 존재에 대한 이해의 근본 구조를 밝히는 것을 목표로 하는 현상학적 탐구 방법이다. 『구름 속의 얼굴들』(Faces in a Cloud, Atwood, & Stolorow 1993)이 정신분석 이론가들의 개인적 현상학을 조사하여 정신분석을 현상학적 탐구의 한 형태로 재구성하는 것으로 시작하는 것처럼, 『존재와 시간』은 존재론이 현상학으로서만 가능하다는 주장으로 나아가는 탐구자의 현상학으로 시작한다.

둘째, 하이데거의 존재론적 맥락주의, 즉 우리의 존재는 항상 이미 세계 속에서 존재하는 것이라는 주장으로, 데카르트적 주체/객체의 구분(the Cartesian subject/object split)을 수정하는 방식으로 이해할 수 있다. 이는 프로이트 이론의 근간을 이루는 데카르트적 고립된 마음을 대체하는 정신분석적 맥락주의의 견고한 철학적 기초를 제공한 것으로 나에게 깊은 인상을 주었다.

셋째, 내가 『존재와 시간』에서 하이데거의 불안에 대한 실존적 분석의 구절을 읽었을 때, 의 자가 뒤로 넘어갈 만큼 놀랐었던 점이 나에겐 중요했다! 불안에 대한 그의 현상학적 설명과 존재론적 설명은 내가 약 2년 전에 정서적 외상의 현상학과 의미에 대해 결론을 내렸던 것 과 놀라울 정도로 유사했다(Stolorow 1999). 예컨대, 하이데거의 불안, 세계 붕괴, 불가해성, 죽음을 향한 존재로 던져짐에 대한 분석은 정서적 트라우마의 실존적 의미를 파악하는 데 탁월한 철학적 도구를 제공했다. 이 발견은 내가 철학 박사 과정을 시작하고 하이데거, 앳우 드와 함께 후기 데카르트 정신분석학이라고 부르는 것에 관한 여러 논문과 두 권의 책 (Stolorow 2007/2011)을 쓰게 된 동기가 되었다. 이 작업에서 나의 두 가지 목표는 하이데거 의 실존철학이 어떻게 데카르트 이후의 정신분석을 풍요롭게 하는지, 그리고 데카르트 이후 의 정신분석이 어떻게 하이데거의 실존철학을 풍요롭게 하는지를 보여주는 것이었다.

하이데거의 실존분석은 독립적인 '정신 구조'라는 프로이트의 관점과는 달리, 인간의 실존은 항상 세계 내에 이미 존재해 있었으며, 그 세계 안에서만 이해할 수 있다고 가르친다. 맥락 의존성과 죽음은 하이데거가 대담하게 부각한 인간 유한성의 두 가지 차원으로, 정신분석학 연구에 많은 도움이 된다. 정서적 트라우마는 불안에 대한 하이데거의 실존적 해석의 핵심 요소와 매우 유사한 특징을 지닌 정서적 상태를 만들어내는데, 이는 트라우마를 입은 사람을 진정한 죽음을 향한(즉, 회피하지 않는) 존재의 형태로 몰아넣음으로써 이루어진다. 데카르트 이후의 정신분석은 인간의 유한성에서 오는 충격적인 정서적 영향을 견디고 그 안에 머물 수 있게 하는 관계적 맥락을 설명함으로써 진정한 존재의 풍부한 관계성을 조명한다. 하이데 거의 실존철학은 데카르트 이후의 정신분석을 만나면서 더욱 풍성해졌다(Stolorow 2016, NP13−NP15).

정신분석에 대한 스톨로로우의 현상학적−맥락적 관계적 접근(phenomenological− contextual relational approach)이 하이데거(Heidegger)의 존재론적 맥락주의(ontological contextualism), 특히 시간, 유한성, 불안, 죽음에 대한 강조에 의해 풍부해졌다는 것은 위의 내 용에서 분명하게 나타나지만, 그의 접근은 현존재분석적 심리치료의 실천에 무엇을 가져다 줄 수 있을까? 이와 관련하여 적어도 네 가지의 제언을 할 수 있다.

첫째, 현존재분석은 오늘날에도 정신분석의 여러 접근 중 하나이기 때문에, 스톨로로우 의 관계적 접근은 지그문트 프로이트의 고전적 정신분석과 현존재분석적 애착에 대한 또 하나의 도전으로 받아들여지고 있다. 카스트리니디스(Kastrinidis)가 카우치 사용을 피하고, 자유연상을 하며, 조용하고 고르게 주의를 기울이는 것과 마찬가지로, 스톨로로우의 접근은 면대면 만남과 사려 깊은 해석학적 경청을 강조한다. 그러나 카스트리니디스의 접근 방식과 달리, 스톨로로우는 치료적 관계에서 중립성과 금욕에 대한 고전적인 이해가 가능하다는 것을 거부한다. 인간의 편견이나 선입견과 같은 피할 수 없는 본질에 대한 가다머(Gadamer)의 해석학적 이해는 스톨로로우에게 중립성(Neutrality)에 대한 가능성을 시사한다. 하지만 공교롭게도 프로이트 자신은 독일어로 Indifferenz(중립성)를 사용했으며, 표준판에서 이 용어가 Neutralität(중립성)으로 번역되었지만, 프로이트 자신은 이 용어를 사용한 적이 없었다. 상담자의 금욕과 익명성과 관련하여, 스톨로로우는 소위 중립성이라는 측면은 고전적 의미에서 불가능할 뿐만 아니라 심리치료 과정과 상담자 개인에게도 잠재적으로 해가 될 수 있다고 간주한다.

둘째, 우리는 이러한 견해가 인간 존재를 피할 수 없이 던져진 것으로 보는 하이데거의 이해와 일치하며, 따라서 상담자로서 우리는 결코 중립을 추구할 수는 없지만 항상 중립적인 관점을 가지려는 자세가 필요하다. 하이데거의 용어에 따르면, 정신분석적 상황을 포함한 모든 살아있는 인간 상황에 대한 우리의 이해는 명확한 "선-구조(fore-structure)"를 가져야 한다고 제안한다. 다행히도 그러한 선-이해(fore-understanding)에서 벗어날 수는 없지만, 하이데거가 해석학적 원으로 묘사한 것에는 우리가 "올바른 방식으로 그 안에 들어올 수 있는 가능성", 즉 "사물 자체의 관점에서 이러한 선-구조를 해결함으로써" 과학적 주제를 현상학적으로 안전하게 만들 수 있는 가능성이 있다(Heidegger 1927/1962, p.195).

셋째, 정신분석에 대한 스톨로로우의 현상학적 – 맥락적 접근(phenomenological-contextual approach)은 "존재론적 관계 치료적 이해의 해석학적 원(hermeneutic circle of ontical relational therapeutic understanding)"으로 나아가는 유망하고 실용적인 방법을 제시한다. 이를 통해 역사적으로(발달적으로) 구성된 치료적 관계에 대한 스톨로로우의 치료적 접근이 어떻게 활용될 수 있는지 충분히 설명할 수는 없지만, 주관적이고 현상학적 맥락적 정신분석 문헌(예: Buirsk, & Haglund 2001; Stolorow, & Atwood 1979; Stolorow, Atwood, & Orange 2002)은 구체적인 사례들을 다수 포함하고 있다.

마지막으로, 역사적이고 역동적으로 재구성된 친밀한 인간관계의 특성에 대한 스톨로로우의 깊이 있는 이해는 보다 생동감 있고 이해하기 쉬운 일상의 영어로 현존재분석가들에게 종종 난해하고 불쾌감을 주는 하이데거식 독일어를 대체할 수 있을 것이다. 임상적으로 말하면, 스톨로로우의 치료적 접근 방식은 실제로 보스의 고전적이고 프로이트적인 분석 기법보다 현존재로서의 인간에 대한 깊은 인본주의적 이해에 더 부합할 수 있다. 따라서 스미스가 "심리치료를 재구성하는 것에 대한 자신의 기여가 중요"하다고 말한 것을 잠재적으로 포용할 가능성이 있다(Smith 2010, p.10). 우리는 모든 분석적 심리치료 접근 중에서 현존재분석이 진정으로 깊이 있게 관계적이어야 한다고 확신하며, 스톨로로우의 접근이 이를 실현할 수 있는 잠재력을 가지고 있다고 믿는다.

# PART II
현상학적 실존치료(Existential-Phenomenological Therapy)

Edited by
*Emmy van Deurzen*

# 서론

현상학적 실존치료는 실존치료의 한 형태로 유럽에 깊이 뿌리를 내리고 성장해왔으며, 지난 수십 년에 걸쳐 눈부시게 발전해왔다. 그 근원은 현존재분석(Daseinsanalysis)과 마찬가지로 유럽 대륙에 있지만, 오히려 영국에서 크게 융성했는데, 현상학적 실존치료 디아스포라들을 통해서 유럽 전역과 이를 넘어선 지역들로 퍼지고 있다. 현상학적 실존치료는 이제 세계 전역에서 확고히 자리 잡고 있으며, 더 설명할 것 없이 많은 치료자들에게 실존치료와 동일한 것으로 받아들여지고 있다. 이제부터 다루게 될 이러한 특정 형태의 실존치료는 처음에는 "런던 실존치료"로서 알려졌으며 후에는 "영국 실존치료"로 알려졌다.

만약 우리가 지리적 용어를 계속 사용한다면, 지금은 아마도 "유럽 실존치료"라는 이름이 보다 더 정확하겠지만, 유럽에는 다른 여러 형태의 실존치료들이 있으며, 유럽을 넘어 세계 도처에 여러 새로운 갈래의 현상학적 실존치료들이 있기 때문에 이 이름 또한 정확하지 않으며 혼란을 주게 될 것이다(1부와 4부 참조). 게다가 많은 현상학적 실존치료의 저자들은 영국 사람이나 유럽 사람이 아니다. 이러한 이유로 우리는 다른 형태의 실존치료와 구별하기 위해서 이러한 실존치료 접근을 현상학적 실존치료(Existential Phenomenological Therapy), 줄여서 EPT로 부르기로 결정했다. 이러한 사실에도 불구하고 많은 저자들은 단지 내담자와 다수의 대중들에게 훨씬 더 쉽다는 이유로 계속해서 실존치료로 명명하고 있다(Deurzen and Arnold-Baker 2018).

EPT의 뿌리는 약 2천 500년 전 아테네에서 발달한 철학에까지 거슬러 올라갈 수 있으며(Deruzen 2012; Deurzen and Arnold-Baker 2018), 인간의 실존에 대한 체계적인 탐색으로 이어진 지혜에 대한 사랑(philo-sophia)이라는 학문 분야를 창조한 소크라테스와 그 이전의 철학자들(pre-Socratics), 그리고, 플라톤(Plato), 아리스토텔레스(Aristotle)에 이르게 된다. 이런 의미에서 서양의 고전 철학은 현상학적 실존치료를 학습하고 훈련하기 위한 첫 번째 기항지라 할 수 있다. 그러므로 이 훈련에서는 이 접근 방식을 뒷받침하는 주요 철학 체계와 사상을 항상 충분히 다루어야 한다. 예를 들어, 여기에는 여러 관점을 주의 깊게 탐색하기 위해서 가설에 의문을 제기하고 상호적인 문답 방식을 사용하는 연습이 포함된다. 또한 잘 정립된 변증법과 아테네인들이 처음 사용했던 연역적 사고도 포함된다. 그 다음으로는 이전에는 내재되어 있던 것을 명시적으로 드러나게 함으로써 어떤 사람이 이미 가지고 있는 생각이 태어나게 하는 방법이라는 의미를 가진 소크라테스의 산파술이 있다. 소크라테스는 일련의 영리하고 지능적인 질문들로 자신의 문하생들이 논쟁하고 있는 용어를 분명히 하도록 하면서 어떤 특정 주제에 대해서 말하게 하고, 문하생들이 스스로 결론에 이르도록 이끄는 것에 대가였다. 이 방법은 플라톤의 대화편, 메논(Meno)에서 묘사되어 있는데, 여기에서 소크라테스는 젊은 노예에게 주의 깊게 질문하는 것을 통해서 그를 지식과 지혜의 발견에 대한 혼란과 의심을 떨어뜨리고 그에게서 지혜를 이끌어내는 것을 보여준다(Plato and Bereford 2005).

실존치료자는 소크라테스가 사용한 다른 방법들도 사용한다. 예를 들어, 소크라테스식 질문은 궁금해하고 알지 못한다는 태도에서 시작해서 개방적이고 비판적으로 생각하는 것을 배우도록 하는 당혹감, 즉 아포리아(*aporia*)로 사람들을 인도하는 방법이다. 소크라테스와 마찬가지로 현상학적 실존치료자는 피상적인 지식을 멀리하고, 특히 수사학자나 소피스트들에 의해서 자주 나타나는 가식적이고 거짓된 지식을 주장하는 것에서 멀찌감치 벗어나기 위해 애쓴다(Plato 2003). 우리가 얼마나 아는 것이 없으며, 주의 깊게 반성하는 것을 인식하고 배우는 것이 얼마나 중요한지를 깨닫는 지혜를 추구하는 것은 이 상담 방법에서 필수적인 부분이다. 이는 용감하게 안전의 사슬을 벗어던지고, 현실로 여겨지는 그림자에 의문을 제기함으로써 탈출해야만 하는 무지의 동굴 비유에 담긴 플라톤의 생각에도 포함되어 있다. 동굴 밖으로 기어나가는 것은 어둠으로부터 빛을 향해 다시 되돌아가는 것과 같다. 우리는 숨겨진 것, 잃어버린 것, 알려지지 않은 것, 도둑맞은 것 또는 잊혀진 것이 무엇인지 면밀히 검토하기 위한 주의 깊은 반성과 자기 반성을 통해서 이를 이룬다(Plato 2007).

그러므로 강력한 정신력과 결의로 존재하는 것과 인식할 수 있는 모든 것을 탐색하는 것은 EPT를 실행하는데 필수적인 부분이라 할 수 있다. 이로써 우리는 사람들이 가진 가정과 개념의 정의에 의문을 제기하는 철학자의 습관을 따른다. 현상학적 실존치료자가 대화에 적극적으로 참여하는 것은 세계관을 탐지하고 이를 세심하게 탐색하고자 하는 진심 어린 시도이다. 이렇게 하는 것은 이전에는 이해하기 힘들고 혼란스러웠던 것들을 명료하게 하고 정리하면서 생각할 수 있는 안전한 공간을 만들고 삶의 여유를 갖도록 하는 데 있다. 우리는 소크라테스에 의해서 촉진되고 후에는 현상학적 개념을 최초로 소개하기도 했던 헤겔(Hegel)에 의해서 발달하게 된 변증법적 방법을 통해서 대개는 이를 실행한다. 세계를 향한 변증법적 관점은 삶을 보다 더 복잡하고 복합적이며 다채롭게 한다. 이는 이데아가 역설이고, 모순, 딜레마, 갈등과 함께 우리에게 다가온다는 것을 수용한다. 이러한 긴장은 양쪽 편 모두에 동일하게 주의를 기울임으로서 문제를 풀어낼 수 있을 때까지 심각하게 다루어져야 한다. 그리고 나면, 우리는 여전히 역사적 역설로 인한 긴장을 인식하고 신경 쓰고 있다고 하더라도 삶의 모순들을 새로운 체계로 통합하는 높은 수준에 이르게 함으로써 문제를 초월하게 하는 상승효과를 사용할 수 있다.

EPT는 인간 실존의 이러한 생성적이고, 역사적이며, 기원적인 움직임을 강조하며, 태어날 때부터 죽을 때까지 인간됨을 이끄는 변화의 존재론적 역동 과정을 기리기 위해 노력한다. 우리가 이러한 변화 과정의 유동적인 부분을 허용하고 이를 관리하는 법을 배우고 이를 책임질 때 우리의 삶은 우리의 것이 된다. 우리는 강바닥 어딘가에 걸리고 침체되어서 결국 광물화되고 고정되어 버린 침전된 태도와 반복되는 행동으로 귀결되기보다, 인생의 강을 따라 흘러가고 그 흐름을 즐기게 된다.

또한 모순에 대한 이러한 관점의 중요성은 실존치료의 바탕으로 인정되는 수많은 저서를 기록한 키르케고르(Kierkegaard)에 의해서 제기되었다(Kierkegaard 1844, 1845, 1846). 개인으로서 자신의 지위를 주장하기 위해서는 대중 앞에 서는 용기를 필요로 한다는 키르케고르의 주장은 우리에게 실존치료의 청사진을 제시한다. 그는 인간의 실존을 물질적 단계, 단지 살아있는 단계, 미적 단계, 윤리적 단계, 이성적 단계, 그리고 영적 단계로 구분하였고, 이는 진화적이고 역동적인 특성으로 인간을 이해하는 그의 이론의 근거를 형성한다(Adams 2018). 그는 모순을 초월하고 자신의 운명과 싸우는, 보다 더 깨어있고 헌신된 삶의 방식으로의 믿음의 도약이 필요하다는 점을 특히 강조했다. 불안의 역할이 우리에게 깨달음을 가져다주는 것이라는 통찰은 천재적인 것이었는데, 이는 하이데거(Heidegger 1927)에 의해서 채택되었다. 따라서 실존치료자에게 불안은 두렵거나 피해야 하는, 또는 치료해야 할 어떤 것이 아니라 오히려 우리로 하여금 이 세계에서 도덕적인 방식으로 행동할 수 있는 우리의 가능성을 일깨우고 이를 마주하게 하기 때문에 우리의 의식과 책임감을 불러일으키는 것으로 여겨진다. 불안은 에너지와 인식이 혼합된 것이다. 만약 우리가 가치 있는 목적으로 불안에 집중한다면, 이는 우리의 행동으로 흡수될 것이다. 마찬가지로 수치심과 죄책감은 우리가 해야 한다고 생각하는 것과 삶이 우리에게 요청하는 것을 인식하기까지 이르게 하는 중요한 기능을 가지고 있다. 이러한 모든 감정들은 우리가 우리의 실존을 보다 더 책임지게 한다. 이는 모두 우리가 동물적 본성을 초월하고 일시성과 영원성 사이에서의 긴장을 인식하면서 살아가기 위한 인간이 가진 도전의 일환이다.

긴장을 초월하고 유지한다는 것과 동일한 개념을 니체의 연구(Nietzsche 1964, 1971, 1990)에서도 발견할 수 있는데, 그는 인간을 동물과 초인 사이의 밧줄과 다리로 묘사한다. 우리를 더 강한 마음의 상태로 발전하도록 몰아가는 권력에의 의지와 삶의 방식에 대한 그의 사상은 그의 니힐리즘(nihilism)과 직접적으로 연관되어 있다. 그의 경우 이는 인간이 신을 죽였으므로 인간은 이제 홀로 자신의 길을 찾아야만 하며 우리가 선택하고 행동하는 모든 것에 대한 책임을 져야 한다는 깨달음에 기반하고 있다. 그는 이 도전을 동물적 본성을 갖는 신체로 완전히 체현되어 존재하면서 동시에 더 위대한 무엇인가를 지향하는 우리의 기본적인 본성을 탐색하고 정복하는 것으로 바라보았다. 인간은 산을 오르며 넘어가고, 또 내려간다. 니체는 우리의 고통이 우리의 가장 큰 역량이라고 주장했다. 극복과 유머가 인류가 앞으로 나가는 최선의 길이라는 그의 사상은 역경과 순교의 중요성에 대한 그의 인식과 항상 대비된다.

19세기의 이러한 두 명의 고무적인 실존철학자 이후에, 이 분야는 이를 설명하기 위한 강력한 실존적 방법론을 필요로 했고 20세기 초반 현상학은 좋은 방법론이 되었다(Husserl, 1925, 1931, 2001). 또한 현상학은 다양한 다른 방법들을 제공해주었는데, 이는 19세기와 20세기 초반에 브렌타노(Brentano)와 후설(Husserl)의 업적으로 우리에게 남겨졌다. 현상학적 방법론은 인간의 경험과 의식을 체계적으로 연구하는데 특화되어 만들어졌으며, 사회과학과 정밀과학 사이의 다리를 연결해주었다. 흥미롭게도, 이는 우연히도 정신의학 및 정신분석의 발달과 동시에 일어났다. 현상학적 실존치료의 역사는 이들과 여러 가지 면에서 교차하지만, 이 책의 1장에서 우리가 살펴보았듯이 결국 자신만의 궤도를 찾았다. 수년간 현상학적 실존치료는 예를 들면, 사르트르(Sartre, 1939, 1943, 1946), 드 보부아르(de Beauvoir, 1970, 2004), 그리고 메를로-퐁티(Merleau-Ponty, 1962)와 같은 다른 많은 철학자들에게 의지해왔고 실존치료의 근거를 철학의 실제에 두기를 지속해왔는데 왜냐하면 이러한 철학적 기초가 전 세계에서 인간의 실존에 대한 새로운 관점들을 발달시키고 만들어내기 때문이다.

이 책에서 현상학적 실존치료를 다루는 이 부분에서 우리는 이 모든 실존적 접근들 중에서 가장 철학적인 접근에 대해서 살펴보고, 이 분야에 주요 저자들의 연구도 일부 살펴보려한다. 또한 이 특정한 형태의 실존치료에 속해 있다고 하더라도 다양한 상담 방식 간에 어떤 중요한 차이점들이 있고, 어떻게 다른지를 설명하고 있다. 역사를 다루는 장은 현상학적 실존치료의 복합적인 유래를 소개하고 이를 상세히 다루고 있으며, 이론과 실제를 다루는 장은 이 접근의 철학과 방법의 핵심을 제공하고 있는데, 핵심 문장들로 요약해서 표현하였다. 이 부분에는 다소 긴 분량의 사례 연구가 담겨 있는데, 이는 실존치료, 특히 현상학적 실존치료에서 사례 연구의 중요성을 대표하고 있으며, 이는 한 개인으로 하여금 새로운 방식으로 자신의 실존과 재접촉할 수 있도록 하는 역동적 변화와 치료적 상호작용을 보여주는 것을 목적으로 하고 있다(Du Plock 2018). 이는 이 책에서 가장 긴 사례 연구인데, 이는 실존적 상담의 반성적 넓이와 폭을 측정할 수 있게 해주며, 치료자와 내담자 사이의 탐색 과정을 보다 전체적이고 직접적으로 보여준다. 미래의 과제에 대한 마지막 장은 이 영역에서 이미 일어난 많은 발전을 보여줄 것이다. 매우 생산적이고 인기 있는 이 접근은 모든 대륙으로 매우 광범위하게 퍼져나가고 있다. 또한 이미 차례를 기다리고 있는 실존치료의 미래 과제들도 다룰 것이다. 현상학적 실존치료는 세계로 퍼져가고, 여러 다른 문화권에서의 수 없이 많은 다양한 도전들을 마주하면서 변화하게 될 것이다. 그러나 의미를 찾는 것(Deurzen 2008; Vos 2018)과 인간 실존의 신비를 더 깊이 이해하고자 하는 탐구는 항상 강조될 것이다(Deurzen 2010).

# 07

## 현상학적 실존치료의 역사

Simon du Plock and Digby Tantam

## 서론

실존치료의 핵심에는 지극히 철학적인 활동이 자리하고 있다. 대부분의 실존치료자들은 보다 현명한 삶을 위한 이러한 철학적 탐색이 소크라테스(Socrates), 플라톤(Plato), 아리스토텔레스(Aristotle), 에피쿠로스(Epicurus), 키케로(Cicero), 루크레티우스(Lucretius), 에픽테토스(Epictetus), 마르쿠스 아우렐리우스(Marcus Aurelius) 그리고 플로티노스(Plotinus)와 같은 아테네와 로마의 철학자들에 의해서 수천 년 전에 시작되었다는 것과 실존적 지혜에 관한 탐구가 공자, 노자 그리고 부처와 같은 철학자들에 의해서 전 세계에 걸쳐 반복되었음을 인정한다. 몇몇 실존치료자들은 이 유산들에서 더 많은 것들을 얻기도 한다. 실존철학은 인간의 실존에 초점을 맞추는데, 실존이라는 용어는 라틴어 엑시스테레(existere)에서 유래한 것으로 '밖에 서 있다'는 의미를 갖고 있다. 또한 실존철학자는 대개 현상학적 방법을 사용하는데, 이는 실존적 사상과 세계를 탐색하는 실제적인 방식을 제공해준다. 실존치료는 (오늘날에 알려진 것과 같이) 현상 그 자체가 "보여주는" 것을 묘사하고 탐색하기 위해서 내담자가 제시한 "현상"을 주의깊게 고려하는 심리치료 접근이다. 실존치료자들은 실존치료의 기본 전제와 설명, 그리고 이론의 독립성을 유지하기 위한 공동의 노력을 해 왔다. 콘(Cohn 1997, p.22)이 지적했던 것과 같이 프로이트(Freud)가 자신의 『정신분석 입문 강의』(*Introductory Lectures*)에서 "인식된 현상은 오직 가정일 뿐인 경향에 중요성을 넘겨주게 된다"라고 말했을 때 그가 겨냥한 목표는 현상학과 정확히 반대되는 것이었다.

고전 철학의 활용 여부와 관계없이, 모든 실존치료자는 일상에서의 딜레마와 씨름하는 방식으로서 비교적 현대의 실존철학자들로부터 영감을 얻는다. 덴마크의 철학자 쇠렌 키르케고르(Søren Kierkegaard, 1813－1855)는 일반적으로 공식적인 현대 실존철학의 최초 선구자로 인정된다. 그는 진실은 궁극적으로 소위 과학적 객관성으로부터 나타나는 것이 아니라, 오직 존재함에서 나타나며, 사람들에게 가장 부족한 것은 존재의 깊은 데에서부터 나오는 열정과 헌신을 갖고 살아갈 용기라고 주장했다.

프리드리히 니체(Friedrich Nietzsche, 1844-1900)는 이 삶의 철학을 한 단계 더 진보시키며, 신은 죽었기 때문에 궁극적인 규칙－제정자(law－giver)가 부재한 상황에서 각 개인은 스스로 어떻게 살아가야 할지 결정해야 한다고 말했다. 그는 자유의 철학을 만들어냈는데, 이는 사람들에게 기존의 이성적인 또는 보편적인 도덕률을 거부하고 그들 스스로 살아갈 의지와 힘을 발견하기를 요청한다.

실존주의의 정서적 원동력은 키르케고르와 니체의 삶과 연구에서 찾아볼 수 있는 반면에, 그 방법론은 에드문트 후설(Edmund Husserl)의 현상학이었는데, 이는 현상을 설명하고 분석하는 대신 체계적으로 묘사하고 이해하는 것으로 실존주의의 지성적 원동력을 제공해 주었다. 인간과 정밀한 과학 사이를 잠재적으로 연결해주는 이 가교는 마치 정신과학과 정신분석이 주목받았던 것과 같이 등장했다.

정신과학은 19세기부터 시작되었고, 이는 정신 건강 분야의 큰 업적임에 분명했다. 정신이상자에게서 일반적인 마비 증상이 발견되었고, 세기가 바뀔 무렵 그 치료법 또한 발견되었다. 이 마비증상의 원인이었던 말라리아의 치료법을 발견한 빈 대학의 연구자들은 유감스럽게도 당시 그 학과의 선임교수였던 지그문트 프로이트(Sigmund Freud)의 심리학적 업적을 무색하게 만들었다. 뇌의 작용을 이해하는 것에는 보다 정신의학적인 부분이 있을 것이라고 믿었던 사람들에게 베른하임(Bernheim)과 샤르코(Charcot)의 최면은 매우 효과적인 치료법이었다. 프로이트는 이 방법에 흥미를 가졌고, 이러한 생각을 보다 더 발달시켜 개인의 자유를 막고 있는 것으로 보이는 개인 내면의 억압된 정서와 생각들의 분석에 관해서 주목받게 되었다. 브렌타노(Brentano)의 현상학 사상과 지향성에 관한 세미나에 후설과 마찬가지로 프로이트 또한 참석했는데, 이 둘은 매우 다른 방식으로 브렌타노의 생각을 받아들였다. 프로이트가 사람의 내면에 주목하고 정서적 무의식이라는 니체의 개념을 정교화한 반면에 후설은 주관적인 방식과 객관적인 방식 모두에 있어서 의식 그 자체를 전체적으로 다루기 위해서 현상학적 방법을 발달시켰다. 후설은 한편으로는 자기－반성과 숙고의 간극을 메우기 위해 노력했으며, 다른 한편으로는 엄밀한 과학을 추구하였다.

1차 세계대전이 진행되는 동안에 정신과학을 생각하는 사람들의 방식이 변화하게 되었다. 1차 세계대전은 알려진 대로, 전 세계를 전복시켰다. 세 명의 황제, 즉 독일의 카이져, 러시아의 차르, 그리고 오스크리아의 황제는 몰락했다. 비록 카를 1세(Charles Ⅰ)는 황제의 호칭을 유지했지만 제국 그 자체는 1918년에 해체되었다. 오스만 술탄국도 이내 종말을 맞이했고, 중국 청나라의 마지막 황제도 1912년에 폐위되었다. 비록 처음에는 중국이, 그리고 그 후에는 소비에트 사회주의 공화국(소련)이 공식적으로 종교와 결별했지만 이러한 제국의 몰락과 함께 제국의 국교 또한 몰락하게 되었다.

실존적 현상학의 큰 특징 중 일부는 1차 세계대전의 영향을 깊이 받았다. 1917년 마르틴 하이데거(Martin Heidegger)는 젊은 시절 장교로 복무하면서 언제, 어디서 화생방 가스 공격이 시작될 지를 알리는 기상학자와 같은 일을 하게 된 결과로 아마도 자신이 믿고 있던 종교를 잃은 것으로 보인다. 처음에는 정신건강 분야에서 의사로서 보장된 직업을 얻기 위해서 노력하던 칼 야스퍼스(Karl Jaspers)는 심리학을 가르치는 것으로 삶의 방향을 전환하였다. 에디트 슈타인(Edith Stein)은 철학 학위를 받은 직후, 장티푸스나 다른 감염병들을 가진 군인들을 돌보는 자원봉사 간호사로 1년간 봉사하였다. 그 경험으로 그녀는 다시 종교적 믿음을 갖게 되었는데 이번에는 양육 받았던 유대교의 믿음이 아닌 테레사 성녀가 가졌던 믿음이었다. 이는 또한 그녀의 박사 학위와 그녀의 수퍼바이저, 에드문트 후설에게 영향을 미친 공감을 통한 인간 공동체의 실제적 경험을 제공해 주었다.

후설 그 자신은 선형 대수학(linear algebra)연구로부터 현상학을 연구하기를 사실상 선택했다. 총 3부작으로 이루어진 그의 저서 중 1부인, 『이념들』(Ideas)은 1913년에 출간되었고(Husserl 1913/1962) 버클리(Berkeley)의 관념론(idealism)과 칸트(Kant)의 초월주의(transcendentalism)와 맥을 같이 한다. 물질적 세계와 사회적 세계의 분명한 현실을 다루기 위해 계획된 2부는 후설이 근본적인 것으로 생각했던 의식이 아닌 상호주관성(inter-subjectivity)(또는 공감)을 세계를 이해하는 시작점으로 삼고 싶어 했던 에디트 슈타인의 노력에도 불구하고 후설이 살아있는 기간 중 완결되지 못했다. 아마도 후설은 인식할 수 있고 인식해야 하는 것에 대한 자신의 개념을 잔혹한 전쟁의 기간 동안 사회적 삶의 보기 흉한 무질서한 파괴보다 수학적 논리의 영원한 구조가 더 잘 보여준다고 여겼을 것이다.

마찬가지로 2차 세계대전은 실존적 현상학 사상과 방법의 발달에 중요한 영향을 미쳤다. 나치는 초월주의에 동조했으며 또한 인종과 순수성에 대한 초월주의적 사상에 동조했다. 처음에는 후설의 연구 조교였다가 후에 그의 후계자가 된 하이데거는 이 새로운 사상의 철학자로 스스로를 간주하였으나, 몇 년 후 수치심과 침묵으로 이를 철회하였다. 나치는 억제되지 않은 지성적 질문에 적대적이었으며, 특히 유대인이나 공산주의자들에 의해서 이러한 지성적 질문이 실행될 때 더욱 적대적이었다. 많은 현상학자들은 나치의 박해를 피해 미국으로의 탈출을 선택했다. 잘 알려진 것과 같이 후설은 대학에 출입하는 것을 거부당했으나, 그의 사상들은 에마뉘엘 레비나스(Emmanuel Levinas)와 모리스 메를로 퐁티(Maurice Merleau-Ponty)와 간접적으로는 현상학의 적용에 있어서 실존주의라고 불리는 완전히 새로운 관점을 발달시킨장 폴 사르트르(Jean-Paul Sartre)와 시몬 드 보부아르(Simone de Beauvoir)를 포함한 프랑스 현상학자들에게 이미 전달되었다. 야스퍼스는 하이델베르그에 머물며 그의 유태인 아내와 함께 가난과 무시를 견뎠으며, 이 시기에 자신만의 고유한 정신 건강 분야에서의 현상학적 접근을 발달시켰다.

정신분석은 19세기의 과학 혁명에 편승하여 비상하였는데, 지그문트 프로이트는 자신이 새로운 과학을 발견하고 있음을 예상했다. 정신분석의 현저한 성장과 상위 중산층 계급에서의 인기는 문학과 문화 속으로 정신분석의 침투를 보장해 주었다. 하지만 독일, 오스트리아, 그리고 미국의 정신 건강 기관들에서는 거부되었다. 그 이유는 이 접근이 주요 정신병들에 대해서는 거의 말하고 있지 않았기 때문으로 보인다. 이 접근은 상호관계적인 문제들을 명확히 설명하는 데 있어서 한계를 지니고 있었으며, 가장 중요하게는 이 접근이 일상의 문제들, 걱정, 절망 그리고 착취의 문제를 무시한다는 데 있었다. 환자 엠마 에크슈타인(Emma Eckstein)의 계속되는 비염에 직면해서 프로이트가 친구 플리스(Fliess)를 변호한 것은 이러한 전조를 나타내는 것이었다. 히스테리는 그녀의 증상과는 거리가 멀었으며, 플리스가 그녀의 비강에 부주의하게 남겨두었던 치료용 습포로 인한 염증에 기인한 것이었다(Masson, 1984), 그러나 그들의 심리적 해석은 이러한 현실을 가렸다.

상호관계적 차원은 페어베언(Fairbairn)을 포함한 대상관계학파, 에리히 프롬(Erich Fromm)과 해리 스택 설리반(Harry Stack Sullivan)의 상호관계적 접근들, 그리고 최근에는 관계 심리치료를 포함한 이후 세대의 정신분석학자들에 의해서 정신분석 분야에 복원되었다. 그들의 연구 중 일부는 특정 형태의 실존치료, 특히 어네스토 스피넬리(Ernesto Spinelli)의 관계적 접근과 어떤 지점에서는 서로 교차한다. 그리고 현대의 가장 잘 알려진 실존치료자인, 어빈 얄롬(Irvin Yalom)은 설리반에게서 많은 부분 영향을 받았다. 프롬은 자신의 저서에서 인간의 자유의 중요성을 강조했으며 1차 세계대전 이후에 프로이트가 그의 저서에 진술했던 죽음에 대한 집착을 명확히 설명하지 못한 것에 대해서 비난했다(Fromm 1980). 그러나 이러한 저자들 중 누구도 미국에서 실존적-인간중심-통합적 방법이 발달하기 이전에는 후설의 현상학에 심각하게 이의를 제기하지 않았다. 이는 이 책의 3부 전반에서 다루고 있다.

부버(Buber)와 마찬가지로, 프롬은 현상학이 아닌 자신이 공부했던 탈무드(Talmud)의 영향을 받았다. 그는 자신의 생각을 정신 건강이 아닌 일반 사회에 적용하는 것에 관심이 있었다(당시에는 실제 현장에서 임상심리학이 거의 없었고, 상담심리학은 전혀 존재하지 않았으며, 정신건강 간호사는 전문가가 아닌 "간병인/시중드는 사람" 정도로 간주되었다).

블로일러(Bleuler), 빈스방거(Binswanger), 그리고 보스(Boss)가 정신분석의 영향을 받게 되었던 스위스에서는 정신 건강의 실제에 있어서 심리치료의 중요성에 관심이 있었는데, 블로일러는 이미 융(Jung)이 프로이트를 공개적으로 지지하기 이전에 융과 함께 협력하여 실험을 진행했었으며 빈스방거는 야스퍼스와 하이데거의 영향을 받았고, 보스는 촐리콘(Zolikon, 취히리주에 속한 작은 마을: 역자주)에 하이데거를 초청하여 자신의 학생들을 가르쳐 달라고 요청하였다. 빈스방거와 보스는 모두 『존재와 시간』(Being and Time, 1927/1962)에서 현존재분석론(Daseinsanalytik)이라고 불리는 하이데거의 기초 존재론에 근거한 심리 접근을 발전시키고 있었다. 이런 이유로 그들이 전적으로 다른 것을 기획하고 만들고 있었다고 하더라도, 빈스방거와 보스는 모두 인간에 대한 하이데거의 용어인 현존재(Dasein)에 기반해서 모두 자신의 접근을 현존재분석(Daseinsanalysis, 또는 Daseinsanalyse)으로 명명하였고, 따라서 기존의 정신분석에서 단지 내면의 정신이 아닌 세계와 인간의 경험 전반에 대한 분석을 강조하였다. 그렇다고 하더라도, 빈스방거의 현존재분석은 현존재분석적 정신건강 또는 정신병리학의 과학적 작업(scientific project)을 언급했던 반면에, 보스의 현존재분석은 현존재분석적 심리치료의 임상적 작업(Clinical project)에 초점을 맞추었다. 보스의 심리치료적 현존재분석은 이 책의 1부 전반에서 다루고 있다. 이러한 특정한 형태의 실존이론과 치료의 역사는 현상학적 실존 치료의 발달과는 다소 차이가 있으나 때로는 서로 교차한다.

이는 유럽의 현상학자들의 새로운 생각과 많은 부분에서 연결되어 있는 정신분석 집단의 특성들로 이는 특히 영국에서의 현상학적 실존치료의 발달로 이어졌다. 정신분석의 다양한 학파와 상담자들에 의해서 설립된 권위적 구조에도 불구하고, 정신분석은 루 안드레아스 살로메(Lou Andreas-Salome)와 에릭 에릭슨(Eric Erikson)과 같이 관습에 얽매이지 않는 인물들의 제공해 주었다. 범죄 청소년을 위한 치료 공동체를 만들고, 그 후 빈(Vienna)에 여러 개의 아동 상담소를 설립했던 아우구스트 아이크혼(August Aichorn) 또한 이러한 초기 인물 중 하나였다. 미국의 트리건트 버로우(Trigant Burrow)는 치료 공동체를 만들었고, 페렌치(Ferenczi)가 유럽에서 시도했던 것과 같이 그의 정신분석을 받고 있는 내담자들 중 한 명과 역할을 바꾸어서 자신이 환자의 역할을 하는 동안 분석자의 역할을 수행하도록 하였다. 버로우는 미국 정신분석학회의 학회장이었으나 제명되었다. 이러한 급진적이고 혁명적인 형태의 정신의학은 프랑스의 세인트 알반(Saint Alban)에 위치한 프랑수아 토켈(Francois Tosquelles), 라 보르드(la Borde) 지역의 장 우리(Jean Oury), 그리고 영국의 토마스 메인(Thomas Main)의 정신병원 심리치료 운동(institutional psychotherapy movement)을 포함한 다른 여러 나라들에서 비옥한 기반을 마련했다. 이는 결과적으로 영국의 맥스웰 존스(Maxwell Jones), 네덜란드의 아리 케리도(Arie Querido) 그리고 십년 뒤 이탈리아의 정신과 의사이자 현상학 연구자인, 프랑코 바자리아(Franco Basaglia)에 의해서 구체화된 '탈시설화'에 자극제가 되었던 지역사회 심리치료 운동을 만들어냈다.

치료 운동으로서 공동체와 전반적인 집단 심리치료는 2차 세계대전이 있었던 20세기의 거대한 대격변으로부터 매우 큰 자극을 받게 되었다. 개인과 공동체에 대한 슈타인(Stein)의 논문에 따르면 초기 단계의 실존치료에는 선구자가 있었다(Stein, 1922). 후설의 후기 연구가 호르크하이머(Horkheimer)에 의해서 거부되지 않았다면 이는 현상학적 실존치료의 확실한 시작점이 되었을 것이다. 한스 콘(Hans Cohn)과 같은 논평가에 따르면 호르크하이머는 영국의 실존치료와 많은 부분 연관되어 있는 접근인 '집단 분석(group analysis)'의 창립자인 마이클 포크스("Michael" Foulkes)가 영국으로 이주하기 이전에 연구했던 프랑크푸르트 학파(Frankfurt school)의 공동설립자이다. 이러한 실존적 집단 상담은 이 책의 5부에서 논의하였다.

만약 1차 세계대전이 폐허를 남겼다고 하더라도, 그 전쟁의 생존자들은 여전히 그 전쟁을 명예로운 전쟁이었다고 믿을 수 있을 것이다. 2차 세계대전은 전쟁에 참전했지만 점령을 당하지 않았던 나라들의 경험적 철학과 점령을 당했던 나라들의 해석학적 철학으로 철학을 분열시켰다. 프랑스의 새로운 움직임은 환멸감으로부터 태동하였는데, 무(nothingness)는 사르트르의 시작점이었고, 카뮈(Camus)의 시작점은 "부조리"였다. 과거 질서의 전복은 필연적이었다. 정신과 의사, 프랭클(Frankl)은 이는 사회적으로 의미를 구성하지 못한 것에 따른 문제라고 주장했다. 이후로, 우리는 세계가 우리를 위해서 무엇을 할 수 있는가가 아니라 우리가 세계를 위해서 무엇을 할 수 있을지에 대해서 질문해야 했다. 그리고 그 첫 번째 과제는 살아가야 할 의미를 찾는 일이었다. 프랭클의 생각은 의미치료(logotherapy)와 실존분석(existential analysis)이라고 불리는 다른 모든 갈래의 실존치료자들에게로 이어졌다. 이 책의 4부는 이와 관련된 내용을 담고 있다. 5부에서는 이러한 사상가들의 의미치료와 실존분석을 집단에 적용한 상담에 대해서 다루었다.

이러한 프랑스와 오스트리아의 사상은 강제수용소나, 고문, 또는 타국의 부대에 의해서 점령되는 등의 직접적인 영향을 받지 않았던 (채널 제도를 제외한) 영국으로 바로 견인되지는 않았다. 영국의 경우 실용적인 이유로 정신병원은 보다 더 개방적이었고, 입원 환자의 수도 감소하였으며, 1959년 정신과 의사를 보조하기 위해서 안전보호사가 도입되었다. 그 점에도 불구하고 1960년대에는 정신과학에 대한 인식과 관련된 위기가 찾아왔다. 정신분석은 다시 한 번 반란의 지도자인, 랭(R. D. Laing)에게 정신건강에 대한 접근법을 제공했는데, 이는 프로이트의 이론이 아닌 정신분석에 영감을 주었던 프랑스의 실존주의자들의 재발견이었다. 정신과 의사에 반대하게 된 (데이비드 쿠퍼가 동료들에 대한 짜증이라고 불렀던) 극단적인 경험은 전쟁에 의해서가 아니라, 약물에 의해서 일어났다. 처음에 랭과 데이비드 쿠퍼(David Cooper)는 사르트르가 결집을 요청하려고 사용했던(Cooper & Laing 1964) 과거 질서의 타도 요구에 동일하게 반응했다. 그러나 그들의 경우 재산을 빼앗긴 사람들은 프롤레타리아가 아니라, 정신이상자들이었는데, 그들의 극단적인 경험들은 그들 자신 혹은 그들의 친구들이 환각을 일으키는 약물에 취한 동안에 하는 경험과 유사해 보였다. 또한 미국에서는 헝가리계 정신분석학자이자 정신과 의사인, 토마스 사즈(Thomas Szasz)가 정신분석학자들이 우위를 점하고 있는 정신의료기관의 지나친 진단 권한에 대해서 문제를 제기했다.

이러한 미국과 영국의 움직임은 정신 질환에 대한 푸코(Foucault)의 연구에 의해서 고무되었다(Foucault, 1961). 초기에 이러한 영국의 움직임은 약물에 대한 것이었지 새로운 통찰을 제시해 주었던 현상학에 대한 것은 아니었다. 로널드 랭과 데이비드 쿠퍼가 반-정신의학운동(anti-psychiatry movement)을 시작했을 때, 그들은 이를 실험적인 것으로 보았다. 그들은 사람들을 무(nothingness)와 저항으로 이끄는 새로운 실존주의자이자, 해방자였다. 그들은 온전한 정신에 도달하기 위해서 고장난 인간의 실존과 투쟁하고 있는 개인을 격려하고자 했다. "정신의학"으로부터 "반-정신의학"으로의 관점의 전환에 있어서 쿠퍼는 정신이상자들은 실제로 정상일 수도 있으며, 서로 연대하고 있는 정신과 의사와 가족들은 착각하고 있는 것일 수도 있다고 주장했다. 로널드 데이비드 랭과 그의 동료들은 런던에서 필라델피아 협회(Philadelphia Association, PA)를 설립하였다. 1960년대 킹슬리 홀에서 혁신적 치료 공동체를 만들었을 때, 그들은 새로운 신좌익(New Left) 운동가로 간주되었다. 비록 랭은 정신과 의사였고, 타비스톡(Tavistock)에서 수련을 했으며, 존 볼비(John Bowlby)와 도널드 위니콧(Donald Winnicott) 그리고 찰스 리크로프트(Charles Rycroft)와 다양한 방식들로 교류하고 있었지만, 그의 생각과 방법은 근본적으로 새로운 것이었다. 그들은 주로 사람들에게 자신의 정신이상을 탐색하도록 요청하였고, LSD, 원초요법(primal work) 그리고 환생요법(re-birthing)의 사용을 포함한 다양한 형태의 개입과 함께 정신과 약물을 중단하고 치료 여정을 계속하기를 요청하였다.

킹슬리홀이 문을 닫은 이후에도 보다 작은 여러 가지 치료공동체들이 만들어졌고, 이들 중 대다수는 현재까지도 필라델피아 협회(PA)와 이로부터 갈라져 나온 아르보스 협회(Arbours Assocition)에 속해서 유지되고 있다.

랭의 저서는 얼마간 매우 인기가 있었고, 그의 상담은 런던의 많은 젊은 정신과 의사들과 심리학자, 그리고 치료자들의 마음을 끌었다. 이들 중 한 명은 에미 반 덜젠이었는데, 그녀는 프랑스에서 철학자, 심리학자, 그리고 심리치료사로 수련을 받았고, 세인트 알반(Saint Alban)의 치료공동체에서 일을 했었고, 후에는 프랑스의 도시 아정(Agen)에 있는 심리치료 공동체에서 프랑수아 토켈(Francois Tosquelles)과 함께 일했던 경험을 갖고 있었다. 그녀는 1977년 런던의 아르보스 협회에 가입하였고, 그 중 한 공동체에서 거주하면서 위기 센터에서 일하였으며, 아르보스의 수련 과정에서 현상학적 실존치료를 가르치기 시작했다. 이는 그녀로 하여금 프랑스의 정신분석에 보다 더 흥미를 가지고 있었던 랭과 그의 동료들의 접근보다 치료적으로 더 전략적이고 구조화된 현상학적 실존치료 접근을 확립하게 하였다. 또한 실존치료에 대한 해석에 있어서 반 덜젠의 접근은 신-클라인(neo-Kleinian) 학파의 구조틀에 기반하고 있는 조셉 버크(Joe Berke)의 해석과 정반대의 위치에 자리하고 있다. 반 덜젠은 1982년 안

티오크 대학(Antioch University)의 실존치료 석사 과정을 런던에서 개설하였고, 이어 1996년 리젠트 대학(Regent's College)에서와 2014년 실존학술원(Existential Academy)으로 이동할 예정이었던 뉴 심리치료상담학교(New School of Psychotherapy and Counselling)에서 실존치료학과를 설립하는 과정에서의 많은 저작물들을 통해서 자신의 방법을 확립하였다. 1988년에 그녀와 그녀의 여러 동료들은 또한 필라델리아협회(PA)와 아르보스협회(Arbours)와 공동으로 실존분석학술지와 함께 실존분석학회를 설립하였다. 이러한 수단을 통해서 현상학적 실존치료는 발달하게 되었고 빠르게 유럽의 주변 나라들로 퍼져나갔다. 특히 초기에는 보 야콥센(Bo Jacobgen)과 그의 동료들의 노력을 통해서 덴마크에 알려졌고, 댄 스티우네(Dan Stiwne)를 통해서 스웨덴에 퍼지게 되었다. 유럽에서의 발달과 관련해서는 이 책의 6장에서 보다 자세하게 다루었다. 영국의 현상학적 실존치료 학파는 일련의 분열과 긴장을 겪고 있는데, 그 이유는 어네스토 스피넬리가 리젠트 대학의 학과를 이어받게 되었고, 매우 다른 형태의 현상학적 실존치료(existential phenomenological therapy)를 발표하기 시작했기 때문으로, 그의 현상학적 실존치료는 철학적인 특성은 비교적 적고, 인간중심치료, 인본주의, 구성주의 그리고 관계 이론들에 보다 더 큰 영향을 받았다. 여러 다른 학자들 또한 현상학적 실존치료에 대한 각자의 다양한 해석들을 발달시켰는데, 여기에는 보다 분석적이고 집단 치료 접근의 특성을 가진 한스 콘(Hans Cohn)의 접근이 해당될 수 있다. 시몬 듀 플록(Simon du Plock)과 믹 쿠퍼(Mick Cooper) 그리고 마르틴 아담스(Martin Adams)는 반 덜젠과 스피넬리의 상담 방법과 함께 자신들만의 새로운 해석을 병합하는 형태로 현상학적 실존치료를 발달시키기 시작했다. 시몬 듀 플록은 1993년 이래로 실존분석 학회지를 편집해오고 있으며, 적극적으로 영국의 현상학적 실존치료가 어떻게 다른 치료와 구별되는지에 대해서 국제적 연설(주로 포르투칼, 동유럽과 러시아에서)과 강의를 통해서 적극적으로 알려왔다. 그는 임상적 슈퍼비전, 의존과 중독 이슈와 관련된 상담, 관계치료 그리고 현상학적 실존연구에 초점을 맞춘 출판물들을 포함한 수많은 치료적 실제의 영역에 혁신적인 기여를 해왔다. 리젠트 대학과 뉴 심리치료상담학교 모두에서 수십 년 간 교육해왔던 마르틴 아담스(Martin Adams)는 인간의 발달에 관한 본래의 실존 모형을 강조하는 자신의 연구를 발표했다. 유럽을 중심으로 현상학적 실존치료를 사용하는 여러 다른 학자들도 나타나기 시작했는데, 제6부는 이들이 공헌에 대해서 다른 사람들의 국제적인 공헌들과 함께 다루고 있다.

이제는 구체적으로 랭, 반 덜젠, 스피넬리, 그리고 콘이 공헌한 부분에 대해서 구체적으로 살펴보자.

# 로널드 데이비드. 랭(Ronald David Laing)의 공헌

로널드 데이비드 랭과 데이비드 쿠퍼가 정신질환과 그 치료에 대한 개념을 재고하기 위한 동력으로 사르트르의 사상을 택했을 때(Laing 1960, 1961; Laing and Cooper 1964; Cooper 1967)는 우리가 살펴본 바와 같이 영국이 실존치료가 발달하기에 좋은 토양을 갖게 되었던 시기였다. 랭은 글라스고 대학교(Glasgow Universicy)에서 의학을 공부했고, 또한 세부적인 철학 교육을 시작하였으며, 동시대의 주요 사상가들, 특히 실존주의와 현상학의 대륙적 전통 분야의 사상가들과 교류하였다. 정신과 의사로서 수련을 받는 동시에 그는 바젤에서 칼 야스퍼스와 함께 연구를 계획했으나, 병역의 의무로 이는 이루어지지 않았다. 그는 정신분석자이자 정신과 의사로서, 정신병의 심리학에 관한 두 책의 저자 중 한 명인, 토마스 프리만(Thomas Freeman)이 시작한 연구 프로젝트에 잠시 참여하기도 했다. 랭은 1957년 타비스톡(Tavistock) 병원의 기관장이었던 조크 셔덜랜드(Jock Sutherland)의 권유로 찰스 리크로프트(Charles Rycroft)와 함께 정신분석 수련을 시작했고, 마리온 밀너(Marion Milner)와 도널드 위니콧(Donald Winnicott)에게 지도를 받았다.

랭의 경력 전반은 사르트르의 실존주의, 프로이트의 정신분석, 낭만적 표현주의 문학, 초월명상과 환생요법과 같은 수많은 이질적인 신념들과 철학들 사이에서의 난해한 균형 잡기와 관련된다. 그가 자신의 환자들의 정신병적 행동에 부여했던 의미는 그의 영감이 빛났을 당시의 조합에 따라서 자연스럽게 달라졌다.

그는 자신의 첫 번째 저서인『분열된 자기: 온전한 정신과 조현병에 대한 연구』(1960)에서 크레펠린(Kraepelin)에게서 가져온 용어인 소위 '조현적 상태'에 실존 현상학의 개념을 적용하는 것에 초점을 맞추었다. 랭은 자신이 사용하도록 훈련받았던 정신의학적 용어들이 임상적인 범주로서 이외에는 실제로 그가 환자의 존재의 '의미'를 이해하지 못하도록 방해했다는 사실을 인정했다. 전문적인 용어로 그들을 격리시키거나 또는 그들이 존재하는 단지 한 가지 측면에만 불균형적인 중요성을 부여할 때 환자에 대한 이해에 이르는 것은 불가능하다. 마치 마음/몸, 정신/육체, 심리/신체와 같이 잘못된 이분법과, 자기 또는 성격과 같이 특정 측면에 과도하게 주의를 기울이는 것은 우리로 하여금 개인을 추상적인 모형으로 바라보도록 부추기며, 개인은 이러한 추상적인 과정에 잠기게 된다. 랭은 이에 대해서 다음과 같이 표현했다.

하나의 정신 기관과 다른 정신 기관과의 상호작용의 측면에서 어떻게 하면 나와 당신의 관계를 정확히 말할 수 있는가? 오직 실존적 개념만이 이 전체성을 적절히 반영한 단어를 통해서 자신의 세계 속에서 타인과의 관계에 대한 개인의 고유한 경험을 표현하려는 시도를 해왔다(1960, p.19).

1957년에서 1964년 사이 매우 영향력 있는 책들의 출판이 이어졌다. 1961년에는 『분열된 자기』(The divided Self)의 자매편인 『자기와 타인』(The Self and Others)이 세 명의 공동 저자에 의해서 출간되었고 아론 에스터슨(Aaron Esterson)과 함께 랭은 타비스톡 병원에 있던 "조현병 환자"들의 가족에 대한 현상학적 연구를 진행하였고 그 결과로 『정상과 비정상 그리고 가족』(Sanity, Madness and the Family, 1964)을 공동 저술하였는데 이 저서는 이들 가족이 조현병을 야기한다고 주장한다는 일반적인 오해의 원천이 되었다. 이는 랭과 에스터슨이 주목했던 엄마의 역할에 주의를 쏠리게 했고, 많은 여성주의 작가들이 이 이후로 어떤 의미에서 엄마의 "잘못"이 자녀의 정신 장애를 "야기한다"는 개념을 우려하게 하는 결과를 초래하였다. 일레인 쇼왈터(Elaine Showalter)는 자신의 저서, 『여성의 병』(The Female Maladay, 1985)에서 랭에 대해 "어둠의 심연으로 탐험가들을 이끄는 남자다운 의사이자, 성직자(physician-priest)"라고 비난하며, 그가 "마음의 탐구에서 엄마의 역할을 해야 하는 의무를 마주하는 데" 실패했다고 꼬집었다. 이 저서에 대한 랭의 성격이 담긴 '처음부터 끝까지 다 거짓말'이라는 직접적인 대응은 그 책을 보지 않았다는 그의 이어지는 고백에 의해서 그다지 도움이 되지 않았다.

A. R. 리(Lee)와 H. 필립슨(Phillipson)과 함께 저술한 저서 『대인지각』(Interpersonal Perception, 1966)은 현재는 덜 기억되지만, 그럼에도 불구하고 사회적(또는 대인적인) 현상에 대한 중요한 개념들을 담고 있다. 데이비드 쿠퍼와 함께 쓴 『이성과 폭력, 사르트르 철학의 10년』(1950-1960)(Reason and Violence: A Decade of Sartre's Philosophy, 1950-1960)은 1964년에 처음 출판되었으며, 1960년대 초기 랭의 사상에 주요한 이론적 영향을 미친 사르트르의 후기 연구들을 다루고 있다. 이어지는 강연들과 연구들은 점점 갈수록 격렬한 논쟁을 일으켰으며, 이는 『경험의 정치학』(The Politics of Experience, 1967)에 수록되었다.

『경험의 정치학』에서 "사이키델릭 모형(psychedelic model)"은 정신 장애를 고장이 아닌 돌파구, 즉 "흥분한 온전한 상태(hyper-sanity)"(Laing 1967: 129)의 영역으로 진입할 가능성을 담고 있는 회복 과정의 단계로서, 바라보는 독특한 개념을 소개했다. 랭은 "형제들(the brothers)"로 알려진 동료들(Cooper, Esterson, Briskin, & Sigal)과 전통적인 정신 병원에 입원해야 할 고통을 겪고 있는 사람들을 위한 진정한 의미의 치료시설을 제공하고자 했다. 우리는 인슐린 쇼크, 전기충격, 신체구속 그리고 뇌엽절리술이 (정신과 의사의) 선택에 따라 가능했던 그 시기의 정신과 치료의 현실과 이와 같은 진정한 치료시설의 차이를 과소평가해서는 안 된다. 랭과 그의 동료들에 의해서 설립되었던 치료시설은 적어도 이론상으로는 지지적이고 민주적인 환경을 제공했고, 자신의 정신 이상을 통해서 보다 온전한 정신을 찾고 자기-인식을 높이기 위한 여정을 시작할 수 있었다. 1970년에 그가 설립한 협회인 "아르보스"의 이름에 대한 베르케(Berke)의 설명은 치료개입자의 의학적 목적이 아닌 랭과 그의 주변 사람들이 추구했던 철학적이고 영적인 목표를 잘 보여준다.

이스라엘 민족이 이집트로부터 탈출한 이후에 광야에서 살아갈 때 일시적으로 거주하는 장소를 "아르보스(Arbours)"라고 불렀으며, 그 뜻은 그늘진 장소 또는 피신처이다. 아르보스 공동체는 그것이 환각이든 또는 실제이든 관계없이 내적 격동이나 외적 장애로 고통을 겪고 있는 사람들에게 피난처와 안전한 정박지를 제공하고자 하는 목적을 가진다(Berke 1979, p.116).

필라델피아 협회의 현실은 다소 달랐는데, 직원과 시설 거주자는 명확하게 서로 구분되었으며, 정신과 진료를 받는 것은 대개는 쉽지 않았으며, 갈 곳이 없는 사람들은 절망 중에 자신을 잃어가고 홀로 남겨져 있다는 것을 경험하기도 했다. 이러한 문제를 개선하기 위해서 아르보스 협회는 불안정한 시기를 지나고 있는 사람들을 위해서 안전한 환경을 제공하는 자체 위기 센터를 세웠다.

1970년 R. D. 랭의 명성과 악명은 정신분석 심리치료 정규 교육과정에 참여하고자 모여든 영국과 그 외 국제 학생들에게 마치 자석과 같이 작용했다. 필라델피아 협회의 발달에 대한 보다 더 자세한 설명을 담고 있는 필라델피아협회 학술지(1989)에 수록된 논문, 로빈 쿠퍼와 그의 동료들(Robin Cooper et al.)의 『철학과 심리치료의 경계』(Thresholds between Philosophy and Psychoanalysis)를 독자들에게 추천한다. 1967년 런던의 라운드 하우스(Round House)에서 쿠퍼(Cooper), 베르케(Berke), 그리고 레들러(Redler)로 대표되는 현상학 연구 기관(Institute of Phenomenological Studies)의 후원으로 열린 해방의 변증법 학회(Dialectics of Liberation)에서의 랭의 등장은 그를 분명히 신좌파(the New Left)로 보이게 했으나, 쿠퍼가 그를 공개적으로 자신이 "반-정신의학"으로 부르는 것과 동일시했을 때 쿠퍼와의 불안했던 관계는 이미 되돌릴 수 없이 깨어졌다. 미국의 심리학자인 토마스 사즈(Thomas Szasz)는 "반-정신의학"이라는 용어에 대해서 "모호하며, 오해의 소지가 있고, 값싼 자기-과장적"이라는 근거를 들어 거부했다(1977 p.3). 사즈는 이 용어가 단지 유용하지 않을 뿐만 아니라, 이미 베른하르트 바이엘(Bernhard Beyer)에 의해서 1912년에 이미 사용되었던, 새로운 단어가 아니라는 사실을 지적했다. 쿠퍼와의 의견 차이로 결국 랭은 지금까지의 동료들로부터 거리를 두고, 기대해왔던 정신건강에 대한 정의적 정치(definitive politics)에 대한 글을 계속해서 쓰는 대신에 이 영역에서 물러났다. 그의 관심은 점점 더 자기성찰적이 되었고, 조현병, 가족 그리고 급진적 정신의학에 대한 관심으로 나아갔다. 랭의 후기 연구는 인본주의 심리학에 가깝게 이동하였으며, PA(필라델리아협회)의 동료들과의 거리는 더 멀어졌다. 1981년 그는 결국 의장직을 사임하였지만, 그 후 1987년 에미 반 덜젠이 설립한 실존분석협회의 발달을 지원하였고, 1989년에 열린 실존분석협회의 두 번째 학회에서 실존치료에 대한 자신의 최종적인 진술이 될 수 있었던 "신비함을 제거하고 명확히 설명하는 심리치료(Demystifying Psychotherapy)"라는 제목으로 강연하기를 승낙했다. 이 강연은 그해 여름 프랑스에서 랭이 사망했기 때문에 이루어지지 않았다. 그의 아들, 아드리안 랭(Adrian Laing)은 그를 대신해서 실존심리치료에 자신의 아버지가 기여한 부분에 대해서 강연을 진행했다.

비록 정신의학 학문 분야에서의 그의 경력 대부분의 기간 동안 랭을 향해 쏘아진 집요한 공격과 그에 대한 기억을 둘러싸고 자라난 극단적인 괴담들로 인해서 좀처럼 인정되지 않는다고 하더라도, 영국 내에서 1960년대와 1970년대 정신분석과 실존주의 분야 모두를 관통하는 그의 이론들과 방식은 독보적이다. 초기에 (내부에서부터 기관을 공격하기 위해서) 정신분석가의 지위를 획득하는 것이 유용했을지도 모르나 그의 저서, 『자기와 타인』(The Self and Others)에서 "무의식적 환타지"와의 갈등에서 읽을 수 있듯이 그는 결코 전적으로 정신분석 이론을 포기하지는 않았다. 랭이 떠난 후 비트겐슈타인(wittgenstein)과 치료에 대한 연구로 잘 알려진 존 히튼(John Heaton)의 경우를 제외하고는 PA에서 그를 따르던 사람들의 대다수가 정신분석 방향으로 나아간 것으로 보인다(Heaton 2010).

자신의 아버지에 대한 연구에서 아드리안 랭은 전문가 교육에서 아버지 랭의 가장 중요한 의도는 의료 기관의 구성원으로서 권위적으로 말할 수 있도록 하는 것에 있으며 동시에 정신적으로 장애가 있는 환자들을 이해하는 데 실존현상학적 관점과 관련이 있는 정신분석운동의 구성원들을 설득하기 위한 시도로서 보수적인 정신분석운동에 도전하는 것에 있다고 주장했다. 지노비예프(Zinovieff)는 다음과 같이 질문했다.

R. D. 랭과 그의 연구들(15권의 저서, 다수의 다양한 논문들, 정신과 환자들을 돌보는 대안적 방법으로서 필라델피아 협회의 조성)은 그저 그 시대적 현상일 뿐이었는가? 60년대 혁명의 기준과 정치적 불안과 발맞춘 "반동의 형성"인가? 그렇다면, 인간의 관계와 심리치료의 실제에 대한 연구에 랭이 이룩한 영속적인 기여는 무엇인가?(1995, p.184)

이들은 영국의 실존치료자들이 완수해야만 하는 질문들인데, 왜냐하면 마치 얄롬(Yalom)이 미국의 실존치료자를 대표하듯이 다른 지향점을 가진 수많은 심리학자들과 치료자들에게 랭은 영국을 대표하는 실존치료자이기 때문이다.

정신 장애에 대한 랭의 개념의 어떤 측면들은 지금 보면 지나치게 낙관적인 특성을 보이지만, 1960년대 후반부터 1970년대 갑자기 등장한 급진적이고 혁명적인 정치적 집단의 반-정신의학 운동을 보완해주었다. 세지윅(Sedgwick)은 "랭의 이론은 동시대의 낭만주의와 자유주의의 암묵적인 여러 신념과 분위기와 일치하며, 이에 쉽게 지지와 타당성을 얻어낼 수 있다"라고 서술했다(1982, p.6).

비록 그가 자신의 생애 동안에 의학 기관의 태도에 일부 영향을 미치기는 했지만, 그의 업적은 정신 의학의 접근에 큰 변화를 일으키지는 못했다(Tantam 1991). 현상학적 실존치료의 발달에 그가 기여한 것이 보다 더 유의미할지도 모른다(Cohn 1994).

얄롬과 동일하게, 랭은 이해하기 쉽고, 비교적 전문용어를 사용하지 않는 방식으로(최소한 그가 살아있는 동안에는) 글을 썼으며, 그가 쓴 책의 제목은 잠재적 독자들에게 강한 흥미를 불러일으켰고 많은 학술 저서들이 하지 않는 방식으로 독자들이 오랫동안 생각하도록 권장하였다. 더 중요한 것은 그의 연구가 모든 분야에서 그리고 특히 자본주의체계와 그 체계의 다양한 사회적 억압 및 통제적 요소들로 인정되는 잘못된 것을 바로잡는 것에 관심이 있는 젊은 사람들과 학생들에 의해서 전통적인 지혜에 대한 의문이 제기되는 시기에 나타났다는 것이다. 그의 열정과 깨달음에 찬사를 보내며, 만약 오늘날 영국의 심리학과 학생 또는 심리치료 수련생에게 실존주의의 어떤 영향이 유지되고 있다면 이는 그의 저서인, 『분열된 자기』(*The Divided Self*) 또는 『경험의 정치학』(*The Politics of Experience*)에서 추려진 것이 분명할 것이다.

오늘날에도 높은 가치가 있는 랭의 상담의 특징은 환자에게 단순명쾌하게 말하는 것에 있다. 비록 그가 놀라우리만치 자신의 치료 형태의 실제 방법에 대해서 거의 저술하지 않았지만, 그는 마치 연구의 형태와 같이 치료에 대해서 말했다.

> 우리가 놓친 것, 마치 어떤 사람들은 다른 사람들보다 산소의 결핍을 조금 더 잘 참을 수 있는 것처럼 다른 사람들보다 조금 더 쉽게 견딜 수 있는 모든 것을 끊임없이 거듭 주장하고 재구성하며 찾는 것, 이러한 다시-찾기는 지금 여기에서의 치료적 관계 내에서 그리고 치료적 관계를 통해서 되찾은 경험을 공유하는 경험에 의해서 유효해진다(Laing 1967, p.47).

이는 심리치료를 이해하는 혁명적인 방법이었다. 주류 정신의학 및 정신분석이 환자와 거리를 두거나 또는 환자의 힘을 빼앗는 것으로서 인식되었던 상황에서 한 개인과 고통에 대한 그리고 관계의 중요성에 대한 랭의 헌신은 마치 등불과 같이 돋보인다. 랭학파, 랭의 이론에 근거한이라는 뜻을 가진 "Laingian"이라는 용어는 옥스퍼드 영어사전에 그 자리를 차지하고 있으며, 그의 삶과 업적에 대한 대중과 전문가의 사그러들지 않는 관심을 입증하듯 그의 이름을 둘러싼 수많은 사업들이 세워졌다. 그리고 이 관심은 랭이 자신의 경력 후반부에 구축했던 "구루(guru)" 이미지와 그의 수수께끼 같고 호전적인 성격 그리고 상대적으로 이른 그의 죽음에 의해서 가중되었다.

그의 업적이 구체적인 심리치료와 상담 수련에 미치는 계속되는 영향과 관련해서 그의 핵심 사상의 일부에 대한 충성은 계속 유지되고 있으며, 그의 저서들 중 많은 수가 여전히 출판되고 있다. – 매년 수많은 출판물들이 기하급수적으로 증가하고 있으며, 출판 목록은 엄격하게 가지치기되고 있는 이 분야에서 이러한 사실은 그 자체로 작은 성취가 아니다. 랭에 대한 보다 깊이 있는 고찰은 런던에 소재한 아르보스 협회, 필라델피아 협회, 리젠트 대학교 그리고 뉴 심리치료상담학교에 해당하는 소수의 기관에서 제공하는 훈련과정의 주요 커리큘럼을 구성하고 있다. 랭의 업적에 대한 진가를 인정하는 것은 비교적 적은 수의 치료자, 수련생 그리고 진보적 학생들로 한정된다.

아르보스 협회는 1965년부터 1968년까지 킹슬리 홀 프로젝트에 R. D. 랭과 함께 참여했던 조셉 베르케(Joseph Berke)와 모톤 샤츠만(Morton Schatzman)에 의해서 1970년에 설립되었다. 죠셉 베르케는 대중에게 폭넓은 관심을 받았는데, 왜냐하면 그의 상담은 메리 반스로 불렀기 때문인데, 이는 향후에 메리 반스(*Mary Barnes*):『광기를 통과하는 여행에 대한 두 가지 설명』(1971)이라는 제목으로 출판되었으며 이후에 사례를 바탕으로 한 연극이 1979년 로열코트극장(Royal Court Thertre)에서 초연되었다. 이들과 그의 저서 나비 사람(Butterfly Man, 1977), 그리고 나중에 출간된 저서인『여기서 미쳐 갈 필요가 없었다』(*I Haven't Had To Go Mad here*, 1979)는 R. D. 랭과 그의 동료들의 연구 중 많은 부분을 대중의 영역으로 가져왔다. 랭과의 이러한 연결점들을 고려할 때 단지 10명 미만의 학생만을 받고 4년에서 6년간 지속되는 아르보스 협회의 훈련 프로그램에서 주로 정신분석 이론과 실제를 다루고 있다는 것은 다소 뜻밖이다. 아르보스 협회의 목적은 정신 병원에 입원하는 것의 대안으로서 장기형 커뮤니티 내에서 외래 및 입원 환자 모두에게 심리치료적 도움을 제공하는 것에 있다.

아르보스 협회와 마찬가지로 필라델피아협회 또한 매년 약 15명으로 수련에 참여하는 훈련생의 수를 제한하였고, 전체 수련을 마치는 데는 4년에서 6년이 소요되었다. 이 훈련은 랭뿐만 아니라, 프로이트, 클레인(Klein), 위니콧(Winnicott), 비온(Bion)을 포함한 정신분석가들의 상담과 소크라테스, 플라톤, 헤겔, 키르케고르, 니체, 후설, 하이데거, 사르트르, 그리고 데리다(Derrida)와 같은 철학자들에게도 주목한다.

에미 반 덜젠에 의해서 1990년에 설립된 리젠트 대학에 속해 있는 리젠트 심리치료 및 심리학 학교는 아마도 영국에서 타비스톡과 메타노이아 센터(Metanoia Institute) 다음으로 큰 규모의 기관일 것이다. 이 기관은 처음부터 심리치료가 그 철학적 기원을 등한시하지 않고 수련의 모든 단계들에서 이러한 철학적 기초를 적용하도록 권장하는 것을 확실히 하는 것에 본래 관심이 있었다. 랭에 대한 관심은 여러 교직원들 사이에서 강하게 유지되고 있다. 에미 반 덜젠이 설립한 또 다른 기관인, 실존 학술원에 속한 뉴 심리치료상담학교(New School of Psychotherapy and Counselling)는 전적으로 실존치료에 기반한 석사 및 박사 프로그램을 제공하는 유일한 기관이다. 이 기관은 실존심리와 실존심리치료 분야에 광범위한 훈련 프로그램과 함께 실존코칭과 실존적 목회 돌봄 프로그램 등 실존치료와 관련된 훈련을 제공하는 세계의 중심지로 자리잡았다.

비록 랭과 그 동료들에 의해 야기된 관심과 1960년대의 반-정신의학 운동이 사라지지는 않았으나, 그것의 유행은 지난 20여 년간 영국의 여러 대형 출판사들에 의해서 이루어지고, 또 증거되었는데, 이는 1988년 반 덜젠에 의해 설립된 실존분석학회(the Society for Existential Analysis)의 직접적인 파생물이기도 하다. 이 장에서 우리가 간단히 살펴보았던 서로 이질적인 혹은 다소 유사점이 있는 기관과 개인들은 이 학회에서 현상학적 실존치료에 대한 논의와 발전을 위한 포럼을 열곤 했다. 학회의 학술지는 미국의 제임스 부젠탈(James Bugental)과 토마스 사즈(Thomas Szasz), 그리고 듀케인 대학(Duquesne University)의 댄 버스톤 (Dan Burston)과 영국 필라델피아협회의 존 M. 히튼(John M. Heaton), 그리고 아르보스 협회의 안드레아 사바디니(Andrea Sabbadini)뿐만 아니라, 스위스의 국제 현존재분석 연합 연구소 편집국에 기온 콘드로(Gion Condrau)와 같은 여러 유명한 저자들과 상담자들을 함께하고 있다.

현상학적 실존치료의 보급과 성장은 향후 영국의 정신건강관리 서비스 제공에 역동적인 영향을 미칠 것으로 예상된다. 1993년, 에미 반 덜젠은 영국심리치료위원회(United Kingdom Council for Psychotherapy)의 초대 의장이었던 당시에, 실존치료가 자발적인 심리치료 목록에 등록된 영국 상원에 공인된 방법 중 하나임을 확실히 했다. 실존치료는 영국에서 운영되는 대부분의 심리치료, 상담, 그리고 상담심리분야의 교육 프로그램에서 최소한으로 교육되거나 언급되고 있다. 공공이거나, 사설 여부와 관계없이, 의료시설 내에서의 경력을 쌓기로 선택한 사람들은 진단이나 치료를 자유롭게 비판할 수도 있겠지만, 결국에는 의료모형에 의해 치료 또는 가능하다면 회복이 필요한 사람으로 개념화된 환자와 관련한 자신의 역할의 확실한 기반을 제공해주는 팀의 일원으로 일할 것이 기대된다.

그러나 몇몇 주요 측면에서 실존심리치료는 최근의 정신건강 및 정신질환에 대한 태도 변화에 보조를 맞추고 있을 뿐만 아니라 이 새로운 변화의 선봉에 서 있는 것으로 주목받고 있다. 여러 명의 논평자들 중 사무엘스(Samuels, 1993)와 스메일(Smail, 1993)은 보다 나은 교육을 받았고 정보가 풍성한 현대사회의 일반 대중들도 크든 작든 정신분석이론의 출현을 목격했던 시대의 사람들만큼이나 심리적 문제로 고통받고 있다는 점을 지적했다. 스메일이 주목했던 것처럼 불행의 기원은 현대의 삶의 방식에 만연한 것으로 보이는 불안, 스트레스, 우울의 문제를 가진 사람들과 그렇지 않은 사람들 모두에게서 발견된다. 따라서 우리는 모든 사람이 삶을 보다 더 쉽게 만들기 위해서 혈안이 되어 있을 때 어쩌면 가장 현명하고 가장 믿을 수 있는 방침은 삶을 더 어렵게 하는 것 또는 적어도 이러한 끝없는 "발전"의 사례가 실제로 인간의 실존에 무엇인가 가치 있는 것을 더해 주는지 여부를 생각하는 것이라는 키르케고르의 얻기 힘든 교훈을 상기하게 된다. 삶은 어쩌면 소비지상주의적 문화의 측면에서 대다수의 사람들에게 훨씬 더 쉬워졌을지도 모르지만 자신의 삶을 어떻게 살아갈지에 관한 문제는 3,000여 년 전 고대 그리스에서와 마찬가지로 각 개인이 자신을 지어내는 것에 자유롭다고 말하는 오늘날에도 급증하고 있다. 에우다이모니아(Eudaimonia) 또는 행복한, 성공적인 삶은 우리에게 전에 없이 문제이며, 이러한 문제에 대한 철학적 접근은 여전히 유효하다.

## 반 덜젠의 공헌

영국과 유럽에서 현상학적 실존치료의 가치는 에미 반 덜젠의 연구에 의해서 증대되어왔다. 반 덜젠은 프랑스에서 철학을 공부하였고, 아르보스로부터 초청을 받아 영국에 오기까지 오랜 기간 정신과 병원의 환경에서 임상심리학자이자 심리치료사로 일했다. 그녀는 1년간 아르보스 치료공동체(Arbours therapeutic community)에 거주하면서 근무하였고 동시에 위기 센터에서도 일하였다. 그녀는 아르보스의 수련 프로그램에서 실존 현상학을 가르쳤고, 1978년 이래로 안티옥 대학 인본주의 심리학 석사 과정에서 실존치료 과정을 개설하고 성장시켰다. 이 프로그램은 1982년 그녀의 주도로 실존치료에 기반한 석사 프로그램으로 발전하였고, 1985년에 리젠트 대학으로 옮겨졌다. 이는 그녀가 1990년 리젠트 대학에 만든 심리치료학과의 기반을 형성하였고, 후에 대학에 합병되었다.

반 덜젠은 자신을 중심으로 한 헌신적인 실존치료자들 모임을 만들었고 1988년 실존분석 협회를 구성하기 위해서 필라델피아 협회와 아르보스 협회, 리젠트 대학의 심리치료학과 교직원 및 학생들 및 몇몇 독자적으로 활동하던 치료자들과의 화합을 이루어냈다. 이상의 내용이 영국에서 실존치료와 관련된 주요 사건들이며, 실존치료는 신뢰할 수 있는 다른 심리치료의 대안으로 자리를 확고히 했다.

반 덜젠의 첫 번째 저서, 『실존적 상담과 실제』(*Existential Counselling in practice*, 1988, 2012)는 그 해 초에 출판되었고, 뒤를 이은 다른 많은 저서들의 원동력이 되었다. 프랑스와 런던의 치료공동체에서 그녀가 쌓은 임상 경험은 그녀가 받은 현상학적 실존치료 교육과 함께 그녀의 저서의 시작에서부터 그 기초를 형성했다. 반 덜젠은 프랑스 몽펠리에 대학교(Montpellier University)의 저명한 현상학자이자, 현상학을 심리치료에 적용하는 글을 썼던 미셸 앙리(Michel Henry)와 함께 철학을 수학하였다. 반 덜젠은 다양한 치료공동체에서 거주하면서 경험을 쌓았고, 상실감과 혼란을 느끼는 사람들에게 대단히 힘든 일련의 검사들을 진행하게 하거나, 이론의 미궁에 빠지게 하기보다는 실제적이고 구체적으로 어떻게 상담할지에 대한 뚜렷이 구분되는 개념들을 발달시켰다. 그녀는 자신의 연구를 통해서 랭의 상담 방식이 어떤 면에서 현상학적 원리가 부족했고 모든 인간이 영향을 받는 근본적인 실존적 조건과 한계를 잘못 이해했는지를 보여주었다. 존재적 불안정성은 오직 조현병에 의해서만 경험되는 것이라는 랭의 주장은 모든 인간이 인간의 조건으로 인한 불안정성과 씨름하고 있고 자유와 가능성을 억압하는 쪽으로 적응하는 많은 방식들이 있다는 주장으로 대체되었다. 반 덜젠은 후설의 철학에 대한 깊은 이해와 아테네의 철학자인 스피노자(Spinoza)에 대한 폭넓은 철학적 전문성과 루소(Rousseau)와 데카르트(Descartes)와 같은 프랑스 철학자 및 하이데거, 사르트르, 드 보부아르, 메를로-퐁티, 카뮈, 그리고 여러 다른 실존철학자들에 대해서 더 깊이 이해하고자 하는 갈망을 가지고 있었다. 반 덜젠은 후에 자기기만(self-deception)의 개념에 관한 실존심리치료 연구로 영국에서 박사학위를 받았다. 인간의 실존을 철학적으로 깊이 이해하기 위한 이러한 헌신은 그녀의 임상 영역에도 영감을 주었는데, 그녀는 도움을 요청하는 사람의 실제 경험을 관통하는 것을 목표로 하였다. 그리고 그녀는 이를 통해서 기술은 배경에 있고, 인간의 접촉과 그 영향이 전경에 있는 매우 상호적인 대화를 통해서 새로운 삶의 방식이 천천히 발달하도록 했다.

반 덜젠은 자신의 상담 방식에 대한 논란과 필라델피아협회(PA)와 아르보스협회에 속한 동료 실존치료자들의 정신분석적 방식과의 의견대립에 맞섰으며, 자신의 두 번째 저서, 『일상의 신비』(*Everyday Mysteries*, 2010)에서 심리치료 영역에서 확립된 여러 해석 방식에 대한 현상학적 대안과 함께 주요 실존철학자들과 실존치료자의 공헌을 간단히 요약하였다.

반 덜젠이 학교의 예산 관행에 이의를 제기한 이후, 리젠트 대학으로부터 부당하게 해고된 후에 어네스토 스피넬리는 대학에서와 실존분석협회(Society for Existential Analysis)에서 이 활동을 담당하게 되었다. 반 덜젠과 그녀의 남편 디그비 탄탐(Digby Tantam)은 그녀의 지속적인 활동을 위해서 새로운 재단, 뉴 심리치료상담학교를 설립할 수밖에 없었다.

그녀의 저서, 『심리치료의 모순과 열정』(*Paradox and Passion in Psychotherapy*, 2015)은 훨씬 더 독자적인 버전의 실존치료를 담고 있는데, 이 저서에서 그녀는 보다 철학적이고 독자적이며, 자기-반성, 자기-개방 그리고 이해를 강조하는 현상학의 필요성을 세상에 알렸다. 그녀는 자신의 상담 방식에 갈수록 자신감을 갖게 되었고 인간의 실존적 문제(Deurzen & Arnold-Baker, 2005), 실존적 수퍼비전(Deurzen & Young 2009), 실존적 코칭(Deurzen & Hanaway, 2011), 실존적 관계치료(Deurzen & Iacovou, 2013)와 같은 실존심리치료자들이 전문성을 개발해야 하는 주요 영역들에 초점을 맞추고 공동 편집자와 공동 저자들에게 이를 실례를 들어 설명했다. 그녀는 또한 이 접근의 철학적 근원을 견고히 하고 접근성을 높이기 위해서 레이몬드 켄워드(Raymond Kenward)와 『실존심리치료 용어사전』(*Dictionary of Existential Psychotherapy and Counselling*, 2005)을 함께 집필하였으며, 마르틴 아담스(Martin Adams)와 『실존상담 및 심리치료의 기술』(*Skills in Existential Counselling and Psychotherapy*, 2011)을 공동 집필하였다. 이 저서는 매우 인기가 있어 2016년에 2판이 출간되었다(Deuzen & Adams, 2016).

반 덜젠이 집필한 16권의 도서들은 모두 현재에도 출판되고 있으며, 12개 이상의 언어로 번역되어 왔다. 그녀의 실존적 접근이 널리 알려짐에 따라서 그녀는 많은 책과 논문을 저술하였고 수십 년에 걸쳐서 여러 대륙들에서 강의를 해왔다. 그녀의 연구가 넓은 독자들에게 주목받게 된 것은 아마도 견고한 철학적 관점에 입각해서 인간의 행복 욕구에 대한 사회적인 오해를 다룬 그녀의 저서, 『심리치료와 행복추구』(*Psychotherapy and the Quest for Happiness*, 2009) 때문일 것이다. 그녀는 사람들이 실제로 자신의 실존과 그 광범위한 문제들을 경험하는 방식에 대한 관찰을 기반으로 한 사실주의를 강하게 지지하며, 행복을 넘어서는 의미의 중요성을 제시하였고, 긍정심리학의 새로운 움직임의 특성을 보여주었다.

반 덜젠은 철학적 상담의 발달에 크게 기여했으며, 철학자와 심리학자의 협력을 권장하였는데, 그녀는 깊이 있는 인간 실존에 대한 이해는 오직 철학적 통찰과 심리적 통찰이 종합될 때에만 가능하기 때문에 삶을 치료하기 위해서는 서로가 좋은 관계를 유지해야 할 필요가 있다고 주장했다. 이를 통해서 그녀는 진리를 탐구하면서 과학적 관찰과 정서적 정당성을 통합하는 것을 목표로 했다.

랭이 세상의 이목 속으로 뛰어들어, 논란의 여지가 있는 진술을 함으로써 이 분야에 흥미를 불러일으켰던 반면에, 반 덜젠의 업적은 끈기 있고 세심한 글, 국가의 경계에 제한되지 않은 교육, 그리고 45년간 동안 중단되지 않은 치료 관련 업무로 구성되어 있다는 사실은 흥미롭다. 반 덜젠은 오랜 경력 중 많은 시간을 들여 수천 명의 사람들을 훈련시키고 또 격려해왔다. 그녀의 동료들 대부분은 반 덜젠의 연구를 가르치거나 또는 이를 자신의 통찰의 원천으로서 참조하는 것 대신에 그들 자신만의 근거를 확립할 수 있었는데, 이러한 모습은 그 자체로 실존치료 및 억압, 자유, 인간관계, 사회적 압력, 개성 그리고 젠더 역할에 대한 실존치료 이론과 연관이 있는 흥미로운 실존적 현상이다.

반 덜젠의 연구는 많은 실존적 통찰에 기여했고, 이는 광범위하게 채택되었다. 강의에서 그녀는 다층화된 현상학적 환원, 직관적 환원, 그리고 선험적 환원에 대한 지속적인 추적과 동시에 철학적으로 생각하고 탐색하는 것의 중요성을 특히 강조한다. 그녀는 움벨트(*Umwelt*), 미트벨트(*Mitwelt*), 아이겐벨트(*Eigenwelt*), 그리고 그녀가 나중에 창안한 개념인, 우버벨트(*Uberwelt*)로 알려져 있는 물리적, 사회적, 개인적 그리고 영적 차원에 해당하는 네 가지 실존 세계와 각 단계별 모순된 긴장과 관련된 공헌으로 가장 잘 알려져 있다. 그녀의 감정 나침반과 이 나침반이 개인의 가치관을 선명하게 밝혀주는 방식은 실존치료자들이 널리 사용할 수 있는 도구이며, 이는 감각나침반, 사고나침반, 도덕나침반에 의해 보완된다. 이들은 모두 그녀의 연구가 실존치료자들로 하여금 내담자의 상태를 새롭고 보다 확고하게 표현할 수 있도록 하는 실례가 된다. 이러한 생각들은 또한 그녀의 구조적 실존분석(Structural Existential Analysis, SEA) 방법론에서 꽃피웠는데, 이는 연구와 실제 현장 모두에서 사용될 수 있다. 그녀가 자신의 여러 출판물들에 수록한 사례연구들을 통해서 보여준 상담은 내담자와 깊은 인격적인 관계와 울림을 보여주었으며 이는 10장에서 다룰 예정이다.

반 덜젠은 실천적 철학자로서, 어떻게 실존치료자가 문화적 변화에 대응해야 할지 그리고 푸코(Foucault & Sheridan, 1973)가 포스트모던이라고 명명한 시대의 문제를 다룰 수 있을지를 보여 주었다. 그녀는 우리가 포스트-포스트-모던 시대의 후기를 살고 있으며, 상상과 가상 현실이 새로운 경험의 층이 되는 가상의 시대로 들어서고 있으며, 진리는 분명하게 복합적이고 다채로운 것이지만, 사람이 경험하는 것에 대한 현상적 탐색 또한 자유롭게 사용할 수 있는 새로운 소셜미디어에 의해서 이루어질 수 있다고 주장했다. 반 덜젠은 수많은 기관들을 설립하였고, 디그비 탄탐(Digby Tantam)과 함께 실존치료자들을 위한 온라인 훈련 프로그램인 유럽-와이드(Europe-wide)를 만드는 데 기여했으며, 2015년 제1회 세계실존치료학회를 런던에서 개최하였다. 이는 전 세계의 실존치료자 650명이 4일에 걸쳐 참여한 실존치료의 역사의 또 하나의 획기적인 사건이었다. 이 대회는 실존치료 세계연합(World Confederation of Existential Therapy, WCET)의 설립으로 이어졌고 2019년 아르헨티나에서는 제2회 세계학회가 개최되었다. 그리고 또한 유럽의 실존치료연합(Federation of Exsitential Therapy in Europe, FETE)의 발족의 호된 시련이 되었다.

반 덜젠과 탄탐은 함께 실존 학술원(Existential Academy)을 설립했는데, 이 기관은 비영리 사회적 기업으로서 보통의 사람들이 철학적이고 실제적인 이론을 어떻게 자신의 삶에 받아들일 수 있을지 찾을 수 있는 공간을 제공해준다. 실존 학술원은 반 덜젠과 탄탐의 상담 접근과 연계하여 실존치료를 낮은 가격으로 제공하는 딜레마 상담실(Dilemma Consultancy)을 운영하고 있다.

특히 정신분석을 비롯한 여러 접근들이 문화적 변화에 따라 헤아릴 수 없을 만큼 변화하고 개인이나 집단의 구체적인 병리적 문제보다 사회적 문제들을 더 잘 다룰 수 있게 되는 사이, 실존치료 접근은 리프(Rieff)가 심리적 사람의 시대(Rieff, 1966)라고 불렀던 현 시대를 다루는 데 가장 적절한 접근으로서 더욱 인정받아왔다. 반 덜젠은 다음과 같이 말했다.

> 포스터모던 사회는 많은 고통을 만들어냈으며, 인류는 핵전쟁이나 인구 과잉으로 인한 잠재적 자기 파괴의 자리에 도달했다. 대중매체는 점점 더 갈수록 우리의 삶을 지배하고 있으며, 인간의 가치들을 지켜왔던 과거의 구조들로부터 어떤 위로도 거의 기대할 수 없게 된 사이 개인의 관계는 위험에 빠져 있다. 사람들은 종종 생산 과정에서 그들 자신이 노예와 같은 상품이 되거나, 또는 자신들이 생산해낸 상품을 즐길 시간이 없을 만큼 더 많은 상품을 생산해 내는데 더욱 집중하는 것 사이에서 선택할 수 있다고 느낀다(Deurzen-Smith 1994, p.7).

권고적인 톤의 이 말에 우리는 친숙해져야 한다. 이는 하이데거와 사르트르 그리고 랭을 통해서 키르케고르와 니체에게서부터 전승되어 온 전통이다. 이는 고대 철학에게서도 찾아볼 수 있는데, 이는 여러 철학자들의 연구에 영감을 주었고, 특히 카뮈와 보부아르의 저술에 생생하게 살아있다. 각각은 인간에게 대중을 초월하여 자신의 재능을 최대한으로 사용하고 본래적으로 살기 위해 분투하기를 강력히 촉구한다. 시작부에서의 내용을 다시 떠올려보면, 그렇게 하기 위해서 인간은 자신이 유한하다는 사실과 죽음에 임박해 있다는 사실을 직면해야만 하며, 이러한 사실은 이 세계에서 인간의 행동에 의미를 부여한다. 이러한 논조와 전통은 기술관료적(technocratic) 방식의 영미(Anglo-American) 철학과는 뚜렷한 대조를 이루며, 보다 덜 관념적이고 일상 단위에서 우리가 분투하는 삶의 문제들과는 거리가 있다. 따라서 이는 비록 삶이 야기하는 일들에 항상 노출되어 있지만 연속되는 위기 속에서 앞을 보지 못한 채 비틀거리기보다는 나아갈 길을 결정할 수 있게 하는 영리한 지침을 보다 잘 제공할 수 있다.

현상학적 실존치료 접근이 가치관이나 도덕적 행위에 대해서 발언하는 것에 대해서 반대하지 않고 진단하거나 병리화하는 것을 꺼려하고 이에 유연하게 대응하는 특성은 가장 많이 비판받는 것으로, 사실 이는 이 접근의 가장 강력한 강점이 되며 반 덜젠의 상담 접근에 충분하게 체현되어 있다. 사람들, 특히 서양의 경우에 "행복감"에 얼마나 관심을 갖고 신경쓰는지와 관계없이 이 행복감의 토대가 되는 것이 무엇인지가 중요하다는 것을 점차 깨달음에 따라 다른 사회적 영역에서와 마찬가지로 심리치료에서 중요한 것은 인간이 된다는 것이 의미하는 바가 무엇인지 진정으로 탐구하고 감탄하는 것이다. 중요한 것은 후설이 말했던 것과 같이, "사물 그 자체로" 돌아가는 것 그리고 반 덜젠이 말했을 반성적이고 의미있는 삶의 방식 즉, 우리의 선택과 행동의 결과를 책임지는 것을 생략하지 않으면서 우리의 가치관과 목적을 세심하게 고려하며 우리의 한계를 직면하고 우리의 가능성에 축배를 드는 삶의 방식으로 돌아가는 것이다.

## 스피넬리의 공헌

어네스토 스피넬리는 이견이 있을 수 있지만, 에미 반 덜젠과 함께 영국에서 활동하는 가장 유명한 실존치료자이다. 심리학자로서의 수련을 마친 후 스피넬리는 1989년 리젠트 대학에서 교수로 일하게 되었다. 그는 사례연구나 전통적인 치료 관점을 실존적 현상학으로 재구성하는 형태의 출판물을 상당량 저술하였으며, 최근 몇 년 사이에는 현상학적 심리학의 발달에 대한 연구들을 발표하고 있다.

1992년 그는 그 자신을 "현상학적 경향을 가진" 치료자로 정의했고, 이러한 사실은 실존철학적 통찰을 적용해서 직접적으로 삶의 문제를 다루는 반 덜젠의 방식과는 구분되는 것이었다.

스피넬리에게 실존현상학에 기인한 생각이 치료자에게 주는 주요한 가치는 내담자를 이해하거나 삶의 청사진으로서 어떤 틀을 제공하기보다는 치료자가 구현(스피넬리와 마르쉘의『체현된 이론』(Embodied Theories), 2001 참고)하기 위해 노력할 수 있는 존재 방식을 제공하는 데 있다. 이러한 실존적 현상학에 기반한 태도 중심에는 열린 태도가 있으며 따라서, 스피넬리는 내담자와 함께 존재하는 치료자의 역량을 제한하는 치료자의 가정을 반성하고 이에 의문을 제기하도록 하는 것에 관심을 가지게 되었다. 그는 비록 우리 자신의 선입견과 가정을 완전히 괄호 안에 넣는 것이 가능하지 않다 하더라도, 가능한 집중하고자 하는 우리의 의지를 나타내는 것은 가능하다고 주장했다.

스피넬리는 충분히 고려하지 않은 채 치료자들이 채택하고 유지하고 있는 수많은 가정에 도전해왔다(Spinelli, 1994a, 1994b, 2001). 그는 자신의 저서, 『신비함을 제거한 치료』(*Demystifying Therapy*)에서 전이, 무의식 그리고 사물-같이 고정된 자기(self)의 개념을 근본적으로 비판했다. 부젠탈(Bugental, 1981)과 로저스(Rogers, 1951)와 마찬가지로 스피넬리 또한 개인이 자기에 대한 특정한 느낌을 발달시키는 방식 즉, 그가 '자기-구조(self-structure)'라고 명명했던 것과 그들이 실제로 경험하는 실재를 구분한다. 이러한 이유로, 그는 인간은 자신이 믿고 있는 자기와 일치하지 않는 경험을 부인하거나 분리하고자 하는 경향성을 가진다고 주장한다. 예를 들어, 강하고 결코 약점이 없는 개념의 자기 구조를 형성하고 있는 사람은 자신이 약하다는 느낌을 인정하지 않을 것이다. 개인의 자기-구조가 고정될수록 또는 스피넬리가 메를로 퐁티로부터 인용하여 명명한 대로 "침전(sedimented)"될수록 자신의 것으로 인정하지 않는 경험의 가짓수 또한 많아지게 된다.

현존재분석, 의미치료 또는 실존적 인간중심 접근들을 지지하는 사람들과 달리, 스피넬리는 사람이 세계에 개방적이거나 의미 지향적인 것 또는 주어진 실존에 직면하는 것에 의해서 심리적 건강이 증진된다고 가정하지 않는다. 그와 달리 반 델젠은 삶이 일으킨 도전을 회피하기 위해 애쓰는 것보다 이를 마주하는 것이 더 낫다고 가정한다. 스피넬리는 치료자가 내담자에게 무엇인가를 하기 위해 애쓰는 것보다 현재 내담자가 갖고 있는 삶의 방식을 존중하고 진정으로 수용하는 것을 보다 더 중시한다. 따라서 치료의 목적은 내담자가 자신이 세계-내-존재(being-in-the-world)하는 것을 경험하는 방식을 반성하도록 하는 것에 있으며, 이를 통해서 자신의 현재 존재 방식을 충실하게 선택하거나 또는 바꾸기를 결정하도록 하는 것에 있다.

궁극적으로, 스피넬리(1994b)는 심지어 치료 그 자체의 가치에 대해서 의문을 제기하며, 치료의 '마법'의 많은 부분이 치료 이론과 기법 그 자체보다 치료자 자신이 믿고 있는 이론과 치료기법에 대한 치료자의 신념에 의해서 야기된다고 주장한다. 그는 이에 대해서 날기 위해서는 마법 깃털이 필요하다고 잘못 믿고 있었던 디즈니 만화의 주인공의 이름을 따라서 '덤보 효과(Dumbo effect)'라고 명명했다.

스피넬리(1994b, 2001)에게 자기-구조는 독립체가 아니라, 다른 사람들과의 관계 속에서 구성되고 유지되는 것이다. 그는 개인은 밀접하게 연관된 네 가지 상호-관계적 초점 또는 만남의 영역을 가지며 이는 모든 만남에서 관찰될 수 있다고 주장한다. 사람들은 자신에 대한 인식과 자신이 만나는 타인에 대한 인식을 발달시키고, 두 사람 사이에서 일어나는 일에 대한 인식을 가지며 어떻게 이 세계 내에서 타인이 다른 타인들과 관계 맺는지에 대한 인식을 갖는다. 스피넬리(1994b)는 내담자가 이러한 각각의 영역들뿐만 아니라 치료적 관계 내에서 자기, 타인, 우리, 그리고 그들에 대한 경험이 치료 밖에서의 관계에서 자기, 타인, 우리 그리고 그들을 대표하는 정도 또한 탐색하도록 장려할 것을 제안한다. 스피넬리에게 있어서 치료의 고유한 특수성은 내담자와 치료자의 "관계적 영역" 사이의 다양한 연결점 또는 접점을 탐색할 기회를 제공해준다는 데 있다(Spinelli, 1994b, p.332).

스피넬리의 접근은 관계와 맥락을 강조하는데, 그는 다음의 두 가지 이유에서 이러한 방식에 초점을 둔다. 첫째로, 그는 실존적이고 상호주관적인 관점에서 내담자의 경험과 선택이 내담자의 주변 사람들의 경험으로부터 분리될 수 없다고 말한다. 둘째로, 그는 치료적 관계 밖에서의 내담자의 관계 영역을 무시하는 치료적 접근은 자기의 잇속만 차리는 개인주의 신조를 지지하는 것이며 사회적 책임을 포기하는 것과 같다고 주장했다.

스피넬리의 접근이 실존철학을 명시적으로 거의 언급하지 않으며, 경험된 대로의 자기와 구조화된 자기 사이의 차이, 공감, 일치성, 수용을 강조하는 부분은 실존적이기보다는 관계적인 것으로 간주될 수 있다.

## 한스 콘의 공헌

만약 반 덜젠이 일상의 삶의 문제에 대한 엄밀한 철학적 관점은 영국식 실존치료에 열정적으로 스며들게 했다면, 그리고 스피넬리가 실존현상학적 존재 방식을 구현하는 것의 중요성을 강조했다면, 한스 콘(1915-2004)은 치료적 실제에 대한 확고한 기반으로 우리를 되돌아오게 한 방식으로 주목을 받는다. 그는 특히 마르틴 하이데거와 같은 주요 저술가의 작품에서 실존치료자들이 자신의 철학적 기원을 굳게 잡아야 하는 필요성을 깊이 깨닫고 있었다.

그의 저서, 『실존적 사상과 치료적 실제: 실존 심리치료의 소개』(Existential Thought and Therapeutic Practice: An Introduction to Existential Psychotherapy, 1997)와 『실존적 심리치료의 기원과 하이데거』(Heidegger and the Roots of Existential Psychotherapy, 2000)는 모두 실존치료의 이론과 실제의 세계를 놀라우리만치 간결하고 압축적인 방식으로 제시한다. 그의 생애 동안 많은 치료자와 수련생들은 그의 책이나 논문을 읽을 때, 또는 그를 실제로 만났을 때 실존적 관점의 생명원과 연결된 것 같은 느낌을 받았다. 정신분석과 현존재분석에 대한 그의 세심한 해석은 후대의 치료자들이 실존치료에 제기된 논의를 이해할 수 있게 해주었고 동시에 그는 현상학의 중요성과 실존적 집단상담의 실제에 대한 우리의 견해에 크게 기여했다.

실존철학자들은 개인과 그 개인의 환경 사이의 관계에 항상 관심을 가져왔으며, 실존치료자들은 인간을 그들이 속한 사회와 분리시켜서는 인간에 대해서 의미있게 설명할 수 없다는 생각을 강조하고 연구를 통해서 강화해왔다. 몇몇 다른 접근들의 경우와 같이 인간을 사회로부터 분리하여 설명하려는 시도는 인간이 인간되게 하는 것이 무엇인지에 대한 우리의 이해의 수준을 예외 없이 저하시키며, 개인을 진단하고 병리화하는 막다른 길로 우리를 인도한다. 그들이 속한 사회를 배제시킨 채 인간에 대해서 말하는 것이 이치에 맞지 않는 것 같이, 죽음에 상응하는 깨달음이 없이 삶을 엄밀하게 탐색하고자 시도하는 것 또한 무의미하다. 아무리 잘 기획되었다고 하더라도, 개인의 책임을 재평가하지 않은 채 개인의 자유를 확장하고자 하는 여느 바람은 결정적인 결함을 가진다. "본래성(authenticity)"의 의미에 대한 인본주의자와 실존주의자 사이의 논쟁은 이 지점에서 중요하다. 인본주의자는 본래성을 자기-주장적 삶에 대한 것 즉, 본질적 자기에게 충실한 것이라고 생각한다. 실존치료자들은 본래성을 삶에 개방적이고 진실하게 존재하는 것 즉, 삶의 한계와 범위를 받아들이고 개인 자신의 투명성을 통해 가능한 최선을 다해 삶이 드러나게 하는 것이라고 생각한다.

많은 인본주의 치료 그리고 특히 인간 잠재력 운동에서 사용하는 접근은 모두가 방향을 잃는 결과로 이어진다. 개인 상담에 접근한 사람들은 보다 자기중심적이 되고, 더 넓은 사회와의 연결은 약해지며, 그 결과로 현실로부터 동떨어지게 되며 동시에 무능력한 사람이라는 꼬리표가 붙으면서 도움이 되지 않고 결과가 좋지 않은 상담의 종결을 맞게 된다. 더 심각한 것은 정치적 공정성이 부재하고 침체되어 있는 이 시기에 내담자가 처한 상황의 정치적이고 철학적인 또는 경제적인 현실들을 부정하면서 은인인 체하며 판에 박힌 역할을 수행하면서 내담자에게 실제로는 폭력을 행하는 것이지만, 일종의 부드러운 말로 내담자를 유혹할 가능성이 높다는 것이다.

## 결론

현재 심리치료와 상담은 위기에 처해있다. 심리적 건강을 위해 "기분 좋게 하는" 지름길을 쫓는 사람들과 실용적 특성을 가진 인지 이론들에 집착하는 사람들, 그리고 개인의 창조적 역동을 인정하는 상담의 철학적 기초를 더 깊이 발달시키기를 시도하는 사람들 사이에서의 갈등이 점점 더 분명해지고 있기 때문이다. 고대의 철학자들은 전체로서 세계가 가진 특성의 이치를 밝혀내고 연구함으로써 전체적으로 세계를 이해하고자 했다. 현대의 과학은 세계에 대한 추상적 그림으로 이 세계 자체를 대체하고 과학적 보편성만으로 이 세계를 이해하기 위해서 노력하고 있다. 우리가 살펴본 바와 같이, 실존현상학적 접근은 비록 그 핵심 특성은 유지되지만, 영국과 미국 그리고 유럽대륙에서 서로 다르게 설명된다. 이 접근이 세계의 다른 지역에 퍼져나감에 따라서, 호주와 뉴질랜드, 남아메리카 그리고 중국을 포함한 아시아의 다른 지역들에서 이를 현장에 적용하기 시작하고 있으며 아마도 새로운 내담자 집단의 필요에 따라 전통의 방식 중 어떤 특성은 강조되고 또 다른 특성은 격하됨으로써 새로운 종류의 접근으로 나타나게 될 것이다.

모든 실존치료 이론가들과 치료자들 사이의 만남과 논의를 촉진하는 데 실존분석협회의 공헌은 이 접근이 보다 더 견고히 되는 데 중요한 요인이 되어 왔다. 비록 영국에 위치하고 있지만, 협회의 소임은 철학적이고 심리적인 관점에서 실존을 분석하는 것에 흥미를 가진 사람들 사이의 관점을 표현하고 생각을 교류하는 포럼을 제공하는 것이다. 협회의 업무는 이제 FETE(Federation for Existential Therapy in Europe)의 업무로 이어졌는데, FETE는 의미치료와 현존재분석을 대변하기도 하지만, 또한 유럽에서 현상학적 실존치료를 대표한다. 이러한 모든 발전은 런던과 부에노스아이레스에서 각각 첫 번째 그리고 두 번째로 국제실존치료 학회가 개최된 이래로 만들어진 국제실존치료연맹에 의해서 더욱 활성화되었다.

실존치료에 대한 이러한 전 세계적인 새로운 관심이 영국에서 발달하고 유럽 전역으로 퍼진 현상학적 실존치료에 깊이 뿌리내리고 있는 전통을 크게 향상시키게 될 것이라는 사실은 의심의 여지가 없다. 우리는 이러한 모든 상담 방식들이 앞으로 몇 년에 걸친 과정을 통해서 계속해서 발달하고 변화할 것이라는 사실을 알고 있다.

# 08

## 현상학적 실존치료
### 철학과 이론

Helen Hayes and Martin Adams

## 서론

이전 장에서 살펴본 것과 같이, 현상학적 실존치료는 인간의 경험을 연구하는 방법으로서 현상학을 고수하는 것과 경험의 고유한 특성에 대한 설명으로서의 실존철학으로 그 특징이 묘사된다. 현상학적 실존치료는 그 이론과 실제의 발달에 있어서 심리학이나 의학보다 철학을 고집하면서 다른 많은 심리치료 이론들이 가진 자연과학적 기초에 반박한다. 현상학적 실존치료는 무의식, 단일 자아(unitary self), 그리고 정신병리를 개인의 마음이 병이 드는 준-의학적 현상으로 생각하는 등의 심리치료적 개념을 문제로 간주한다. 정신의학적 담론의 병리적 언어에 대한 저항은 현상학적 실존치료에서 반복되는 주제이다. 영국 실존치료의 발달은 우리가 알고 있다시피, 랭(R. D. Laing)의 업적에 영향을 받았고, 결과적으로 자연과학에 대한 실존치료의 인식론적 도전은 의료 모형의 정신 건강 실제에 대한 윤리적이고 정치적인 저항과 동반한다. 이 장에서 우리는 후설(Husserl), 키르케고르(Kierkegaard), 하이데거(Heidegger) 그리고 사르트르(Sartre)의 업적에 집중해서 영국의 현상학적 실존치료에 영향을 미친 주요 철학적 사상에 대해서 살펴보려 한다. 그리고 이어서 이러한 사상들이 에미 반 덜젠(Emmy van Deurzen)에 의해서 영국의 철학적 치료 모형에 어떻게 구체적으로 적용되었는지에 대해서도 살펴볼 것이다. 또한 한스 콘(Hans Cohn)과 어네스토 스피넬리(Ernesto Spinelli)를 포함한 영국에서 활동하는 다른 실존치료자들이 현상학적 실존치료에 기여한 부분에 대해서도 논의할 것이다.

## 현상학: 후설

에드문트 후설(Edmund Husserl)은 과학과 수학의 엄밀한 인식론적 기초를 확립하기 위한 시도로 현상학을 처음으로 고안했다. 후설은 인간의 이성을 통해 얻은 지식과 결함이 있는 감각 경험에서 얻은 지식을 통합하는 방법에 대한 데카르트(Descartes)의 난제의 해답을 찾고자 했다. 후설의 목표는 주체로서 인간이 인식하고 질문하는 주체와는 독립적인 물질 존재인 다른 개체의 세계에 대한 믿을 수 있는 지식에 이르는 방법을 확립하는 것이었다. 따라서 그는 인간 의식의 속성을 연구하게 했으며, 대상을 인식하고 의미를 만드는 행위에 있어서 의식의 작용에 대한 이론을 발달시켰다.

후설의 초기 업적은 순수 수학과 논리의 범위 안에 머물러 있었다. 하지만, 나중에 그는 인간의 의식과 지식이 형성되는 과정에 대한 설명을 제시하기 위해서 이 영역을 넘어서서 자신의 사상을 발달시켰다. 후설의 설명에 따르면, 인간의 지식의 대상이 오직 인식할 수 있는 대상 즉, 인식하는 주체가 이해한 대로의 대상에만 국한되는 한, 실체의 궁극적 속성에 대한 질문은 답할 수 없는 것으로 남게 된다. 그리고 인간의 인식 밖에 있는 대상의 실체적 실존은 알 수 없이 남아 있게 된다. 하지만, 인식하는 주체에 의해서 인식될 수 있는 것은 오직 인식할 수 있는 대상뿐이라는 주장이 반드시 세계에 대한 유아론적 또는 주관론적인 이해로 귀결되어야 할 필요는 없다. 오히려 인식된 대상의 '본질'을 안다는 주장이 성립될 수 있기까지, 대상에 대한 지식을 지속적으로 확장하고 정제하기 위한 방법론적 과정에 참여하는 것은 그 주체의 직무이다.

이러한 설명은 주체의 속성, 다시 말해서 의식으로 우리의 관심을 기울이게 한다. 현상학적 관점에서 인간의 의식은 지향성(intentionality), 즉 세계 속에서 그 활동의 방향성을 그 특징으로 한다. 의식 그 자체는 어떤 대상을 파악하고 이를 이해하려하고 그 대상을 사용하기까지 텅 비어있다. 이는 매우 능동적인 과정으로, 의식은 자신이 흥미를 갖는 대상을 포착하려 하고, 그 흥미를 표현하는 방식으로 그것을 파악하려 하며, 그 대상에 대한 초기 이해는 의식의 선행지식과 선경험으로 자리잡는다. 또한 후설은 의식이 이러한 초기의 한계나 편견을 넘어서는 것을 통해서 대상에 대한 보다 완벽한 이해에 도달하게 되는 순차적이고 상호적인 과정을 주장했다. 이 과정은 세 가지 환원 또는 에포케(epoché)로 구성되는데 후설은 이를 각각 현상학적 환원(phenomenological reduction), 직관적 환원(eidetic reduction), 선험적 환원(transcendental reduction)이라고 명명했다. 현상학적 환원에서 주체는 순간적인 특정 경험에 보다 온전히 주의를 기울이기 위해서 세계를 인식하고 이해하는 과정에서 자신이 가진 습관적인 편견을 중단시키는 것에 주의를 기울이고 이를 시도하면서 자신의 의식에 집중한다. 직관적 환원에서 주체는 성급하게 결론을 내림으로써 추가적인 탐색을 배제할 수 있는 모든 경향성에 저항하면서 자신이 관찰한 대상에 주목한다. 주체는 그 대상의 본질이 무엇인지 그리고 일시적인 것과 변하는 것이 무엇인지를 이해하기 위해서 다른 상태에서 그 대상을 인식하거나 상상하기 위한 시도를 할 수도 있다. 선험적 환원에서 주체는 자신의 관찰과 지식의 한계 너머로 주의를 이동시키기 위해 노력하면서 인식한 대상에 대응되는 자신의 생각이나 감정에 주의를 집중한다.

후기 연구에서 후설은 자신의 관심을 그가 살았던 세계에서 사회적이고 정치적인 세계로 전환했다. 이는 후설로 하여금 인간으로 존재하는 것, 즉 주도성과 주관성을 가지고 이 세계와 적극적으로 관계를 맺으면서 존재하는 것의 실제 경험에 대해서 단순히 지적이거나 또는 철학적인 이해가 아닌 묘사적인 이해로 현상학을 다시 표현하는 것에 이르게 했다(생활세계, 레벤스벨트 *Lebenswelt*). 그 후 환원을 통해서 불가피한 인식의 오류를 어떻게 제거할 것인가에 대한 질문보다는 우리가 파악하고 있는 세계를 우리가 어떻게 인정하고 살아갈 것인가에 대한 질문에 보다 더 집중하였다. 다음에서 살펴보게 되겠지만, 이러한 강조점의 전환은 인간의 경험을 이해하기 위한 접근으로 현상학을 발달시킨 하이데거(Heidegger)와 메를로 퐁티(Merleau-Ponty)에게로 이어진다.


## 실존 철학: 키르케고르, 하이데거, 사르트르

'실존주의의 아버지'라 불리는 덴마크의 철학자 쇠렌 키르케고르는 계몽철학의 거대한 체계를 세운 헤겔(Hegel)의 합리주의에 대한 저항과 더불어 실제 경험에 주의를 기울어야 한다는 주장과 함께 "존재하는 인간" 또는 "존재하는 주관"의 영적 진리의 탐색을 강조했다는 점에서 그 중요성을 가진다(Kierkegaard 1846/2000, pp.204-205).

키르케고르에게 개인적 진리를 탐색하는 것은 인간이 개인이 될 가능성에 직면하는 순간에 경험하는 무력함과 자기의심 경험, 즉 실존적 불안과 특히 개인의 유한한 속성에 대한 인식으로 항상 굴절되는 것이었다. 즉 자신의 고유한 능력, 가능성, 나약함 그리고 한계를 인식하는 것, 즉 온전한 인간이 되는 과정은 죄에 빠진 후 구원과 믿음을 얻기 위한 개인의 방법을 찾는 것과 동일한 것이었다(Kierkegaard 1844/1980). 개인이 자기자신의 개인적 실존을 주장하는 이러한 전환적 순간은 자신의 죽을 수밖에 없는 속성을 인정하는 것이며, 자신이 스스로의 삶을 선택할 수 있는 자유를 소유하고 있다는 사실의 심각성을 깨달음과 동시에 그것의 시간적 한계를 인정하는 것을 의미한다. 불안은 그 순간의 중요도에 압도되거나 위협을 느낌으로써 우리 자신의 존재가 흐릿해지는 것으로 경험된다. 키르케고르는 우리 자신의 힘을 통제하고, 공허의 심연을 가로지르는 '믿음의 도약'을 위해서 우리의 약함을 수용하면서 불안에 대한 이러한 불한정한 경험을 반성하는 것이 자아의 성장과 영적 성장에 이르는 길이라 보았다.

한 번도 불안해본 적이 없어서나 또는 불안에 굴복함으로 무너지지 않도록 불안하기를 배우는 것은 모든 인간이 통과해야만 하는 모험과 같다. 올바른 방법으로 불안해하는 것을 배운 사람은 궁극적인 것을 배운 것이다(Kierkegaard 1844/1980, p.155).

하이데거는 인간 존재(현존재, Dasein)에 대한 설명을 전개하기 위해서 인간의 실제 경험에 대한 후설의 후기 연구를 자신의 시작점으로 삼았으며, 그는 선험적 실존 구조로서 물질 및 사회적 환경과 인간의 상호-작용을 강조했다. 우리의 실존은 항상 우리의 인식과 이해, 해석 그리고 행동에 의미를 부여하는 관계망 속에 둘러싸여 있다. '함께 존재한다는 것(being-with)은 자기 자신의 현존재의 속성이다'(Heidegger 1927/1996, p.113). 하지만, 우리가 존재하게 된 특정 세계는 처음부터 우리가 선택한 것은 아니었다. 우리는 "현사실적 세계(factical world)"에 "던져졌는데", 우리는 우리가 태어난 환경, 성별, 민족, 신체적 특징, 가족 관계 및 그 밖에 우리가 당면한 여러 환경들의 여러 요소들을 선택하지 않았다. "모든 현존재"는 자신이 존재하게 된 세계에 완전히 잠겨 있으며, 던져진 "타인"들에게 자신의 가능성과 존재를 내맡긴 채 미리 정해진 기준들의 "포로가 된다." 이러한 "타인" 즉, 일반화된 거대 담론, 사회적 기준, 문화적 기대들을 하이데거(Heidegger)는 "군중(the they)"으로 지칭하였다. 불확실한 것에 있어서 현존재는 무엇이 올바른지, 무엇이 허락되고 그렇지 않은지 또한 무엇이 성공으로 인정되는지 아닌지에 대해서 '군중'이 주장하는 것을 받아들인다(Heidegger, 1927/1996, p.119). '군중'으로 에워싸인 삶은 안전하고, 따분하고 나쁘지 않을 뿐이다. '군중'은 근본적으로 평균과 관련된다... 평균에 주목하는 것은... 현존재의 본질적 경향성을 드러내며, 우리는 이를 존재가 가진 모든 가능성의 하향평준화라고 부른다(Heidegger 1927/1996, p.119).

현존재가 자신을 발견하고 그 자신이 되기 위해서는 오직 '군중'의 말만을 듣는 것에서부터 자신의 소리를 듣도록 상기시키는 '양심의 부름(call of conscience)'으로 일상의 삶에 대한 안주로부터 벗어나도록 해야 한다. 양심의 부름은 현존재에게 그 가능성을 상기시키고, "현존재의 자아(self)가 군중 속에서 자신을 상실하는 것으로부터 자아를 일깨운다"(Heidegger 1927/1996, p.253). 만약 현존재가 그 부름에 주의를 기울인다면, 현존재는 죄책감 또는 부채감 즉, 자신의 가능성을 붙잡는 것에 대한 자신의 실패에 직면하게 된다. 자신의 실존적 죄책감과 동반하는 실존적 불안(Angst)을 경험하면서 현존재는 스스로 '결심'하고 자신이 살아가는 이 세계에서 자신이 가진 가능성과 한계를 인정하면서 진정으로 자신의 삶을 책임지게 된다. 키르케고르의 말을 상기하면서, 하이데거는 세계-내-존재로서 개인의 실존을 이해하는 것의 의미를 설명하며, 개인이 관계, 자유, 시간의 제약을 받는, 반드시 죽는 존재로서 자신의 책임을 인식할 때 경험하는 불안감과 고조된 지각의 경험, 즉 실존적 불안을 강조했다. 실존적 불안과의 조우를 통해서 개인은 자신의 삶을 진정으로 이해하고 세계에 대한 자신의 경험에 온전히 자신을 개방하고, 자신의 삶에 대한 소유권을 가질 기회를 가지게 된다.

사르트르는 최초로 '실존주의자'로서 묘사되었던 철학자로, 혈통이나 환경, 타고난 본성 또는 종교적 목적에 의해 삶이 결정되지 않는 존재의 근본적인 자유를 강조하는 인간의 (대자적, for-itself) 실존을 설명하기 위해서 지향성으로 의식을 설명했던 후설의 설명에 다시 주목했다. 인간의 의식은 텅 비어 있는 것으로, 세계 속으로 나아가는 아무것도 없는 한 점과 같다. 이는 결코 속이 채워져 있는 실체가 아닌데, 왜냐하면 인간의 의식은 일련의 인과성으로 포착되지 않기 때문이다. 이는 세계를 향한 열망과 동기, 자발적인 행동으로 형성되어 있는 일종의 주관성으로 의식이 인식할 수 있는 대상과 관계를 맺으면서, 목표를 만들어낸다. 인간 존재의 중심에 있는 모순은 인간이 타고난 고유한 무(nothingness)와 불확실성이 인간 존재의 자유와 고통 모두의 근원이라는 사실에 있다. "고뇌 속에서 나는 완전히 자유로우면서 동시에 나 자신으로부터 온 것을 제외하고서는 세계로부터 어떤 의미도 얻을 수 없는 나 자신을 이해한다"(Sartre 1943/2001, p.40). 키르케고르와 달리, 사르트르는 인본주의자이자, 우리의 비어있음(emptiness), 자유 그리고 책임에 관한 우리의 불안정한 이해를 넘어서는 개인적인 진리를 찾는 데 우리를 뒷받침해주는 어떤 신의 안내나 도움은 없다고 생각한 무신론자이다.

사르트르는 인간이 자유로운 존재로서의 지위를 유지하면서 우리에게 그 근거가 없다는 고뇌를 회피하기 위해서 우리가 추구하는 여러 가지 방법들에 대한 설명을 제시하였다. 인간의 실존의 특징을 묘사한 '쓸모없는 노력(useless passion, Sartre, 1943/2001, p.615)'은 우리 자신을 생명이 없는 대상(즉 자, the in-itself)의 고정성(solidity)과 확실성을 가진 독립체로 만들면서 동시에 인간의 독특한 속성인 자유 의지를 유지하려는 모순된 바람을 담고 있다. '나쁜 믿음(bad faith)', 자기기만(self-deceptions) 그리고 자유의 회피에 대한 그의 묘사는 인간의 핵심에 자리한 근본적 자유와 비어있음으로부터 우리가 도피하는 것의 필연성을 보여준다. 해결할 수 없는 현실의 모순은 패배주의적이며 수동적인 결론이라기보다는 확실성과 고정성을 향한 우리의 불가능한 바람이 인간 활동과 생산, 개인적 정체성 그리고 관계의 원천임을 인정하는 것이다. 우리의 의도된 행동은 계획과 개인의 정체성을 형성하기 위한 일관된 전략, 그리고 목표를 형성하며 이를 통해서 우리는 우리가 누구인지에 대한 감각을 형성하게 된다. 하지만, 우리가 우리의 생산물과 자기 창조를 확인할 수 있는 것은 오직 모든 일이 일어난 이후이기 때문에 이와 같은 자기정의(self-definition)는 항상 불완전하다. 인간이 다른 무엇보다도 먼저 존재하고, 자신과 조우하며, 이 세계에서 특정 방향으로 움직인다. 그리고 그 후에 자신을 정의한다. [...] 그때까지 그는 어떠한 것이 아니며 그 후에 그는 자신이 이해한 자신이 된다(Sartre, 1948, p.22). 동시에, 타인에 의해서 우리의 행동과 계획이 이해된다는 것은 우리가 그들의 현상적 장에서 대상이 되었음을 의미하며, 그런 의미에서 우리는 우리에 대한 다른 사람의 이해로 정의된다. 사르트르는 우리의 과거 활동과 우리에 대한 타인의 인식으로부터 비롯된 우리 자신에 대한 우리의 정의와 우리와의 관계에 있어서 우리가 어떻게 양가적일 수 있는지를 보여준다. 우리는 바라지 않았을 뿐만 아니라, 실제로 우리의 유일한 존재적 기반이자, 결코 도망갈 수 없는 속성인, 자유로부터 고뇌하며 도망친다. '인간은 자유를 선고받았다.'(Sartre 1948, p.29)

이제 우리는 어떻게 후설의 현상학적 방법과 키르케고르, 하이데거, 그리고 사르트르의 실존철학이 에미 반 덜젠(Emmy van Deurzen)에게로 이어져 영국 현상학적 실존치료에 활용되고 있는지에 대해서 살펴볼 것이다. 그리고 한스 콘과 어네스토 스피넬리에 의해 제안된 치료 접근에서의 차별화된 강조점에 대해서도 논의할 것이다.

## 에미 반 덜젠의 실존심리치료: 실존적 불안과 진리의 탐색

에미 반 덜젠(Emmy van Deurzen)의 현상학적 실존심리치료(Existential Psychotherapy) 모형은 광범위한 임상 실습, 교육 그리고 연구를 통해서 발달해왔으며, 1988년 이래로 여러 권의 책으로 기술되었다.

내담자와의 상담에서 덜젠은 내담자의 세계, 딜레마 그리고 어려움을 탐색하는 방법으로서 후설의 현상학을 도입하였다. 현상학적 환원의 체계적인 절차는 심리치료의 맥락에서 적용된다. 가정과 선행지식을 잠시 보류하고, 치료자는 일어난 현상의 묘사적 명료화와 치료자와 내담자 사이의 대화의 진행에 따른 점진적인 이해의 과정을 강조한다(Deurzen 2014; Deurzen and Adams 2016). 치료 장면에서 현상학적 환원을 진행하는 단계와 과정은 뒤에 9장에서 보다 자세하게 다루고 있다.

현상학적 방법의 체계적인 적용은 실존철학의 틀 내에서 덜젠 자신이 이해한 내담자의 경험과 어려움에 대한 설명을 분명하게 한다. 치료에 대한 그녀의 접근은 내담자가 치료 장면에 가져오는 어려움이 인간의 삶에 대한 (근본적으로 철학적인) 질문에서 비롯되었다는 전제 위에 놓여 있다. 사람이 자신의 가치관을 명백히 설명하지 못하고 이에 따라서 살지 못할 때, 삶의 의미를 찾지 못할 때, 타인의 대립되는 요구에 적절히 협의하지 못할 때, 또는 자신이 처한 환경의 제한 내에서 삶의 방식을 생산적으로 발달시키지 못할 때 고통과 어려움이 발생한다. 인간의 삶에 대해서 덜젠은 본래 모순적이고 힘들며, 때로는 비극적이라는 관점을 갖고 있다. 고통은 불가피하며, 우리가 가치 있게 생각하는 모든 것에는 상실의 위협 항상 존재한다. 그리고 그럼에도 우리가 가진 용기와 지혜를 발달시킬 가능성은 위기와 정신적 외상을 초월하고자 하는 투쟁에 있다. 그녀에 따르면 '내담자는 아픈 사람으로 고려되지 않는다. 오히려 내담자는 삶에 신물이 났거나 삶을 잘 다루지 못하는 사람이다'(Deurzen, 2012, p.30).

덜젠은 자신의 상담에서의 철학적 기초를 강조하며, 이는 하이데거나 사르트르의 특정한 실존철학이 아닌 자신의 철학적 전제로 밝히며, 오히려 자신의 상담을 고대 그리스에서부터 이어져온 서양 철학의 맥락에 위치시킨다. 그녀의 흥미는 내담자와의 심리치료에서 고려하는 의미, 가치, 정체성, 정서, 삶의 목표 또는 도덕원리에 대한 의문들에 공헌한 철학자들을 찾는 것에 있다.

덜젠은 특히 키르케고르에게 주목했는데, 그녀는 그의 업적에서 삶의 길을 찾고 의미와 목적을 만들어내고 이를 통해서 자아감을 발달시키고자 하는 개인의 투쟁을 진지하게 받아들이도록 하는 영감을 얻었다. 자아를 필연성과 가능성, 유한성과 무한성, 세속과 영원의 양극 사이에서의 계속되는 변증적 투쟁으로 본 키르케고르의 설명(Kierkegaard, 1849/1989)은 덜젠의 연구에 반영되고 있는데, 그녀는 자아를 고정된 개체가 아닌 통합적 자기실현에 있어서 항상 실존의 양극성을 초월하는 가장 중요한 원리나 의미를 찾는 유동적인 과정으로서 바라본다. 키르케고르가 궁극적인 가치와 의미의 원천으로서 기독교 신앙의 개념을 재구성한 데 반해서, 덜젠의 경우 개인이 자신의 에너지를 동원하고, 삶의 방향을 따르게 하는 가장 중요한 가치를 정의하는 것은 개인의 몫으로 남겨두었다. 인간의 영역을 넘어서는 특정하기 어려운 일종의 초월적 가능성에 대한 신념은 덜젠의 연구를 특징짓는 것이며, 동시대의 다른 실존 접근들과 구별되는 점이다.

덜젠은 실존적 불안을 인간 실존의 기본으로 보았던 키르케고르의 사상을 따른다. 키르케고르와 같이, 그녀는 인간의 활기와 잠재력의 징후로서 불안의 가치를 주장하고 우리 스스로 불안에 의해서 무력해지도록 허용하거나 아니면 불안을 진정시키려고 하기보다는 우리 자신의 불안과 관계 맺고, 불안과 그 에너지의 경로를 이해할 필요가 있다고 주장한다.

덜젠은 불안에 대한 실존적 관점의 중요성이 개인에게 가장 중요한 것 즉, 자신의 실제 실존의 문제, 삶의 방향과 가치관, 목표와 바람과 같은 것들을 드러내준다는 점에 있음을 강조하였다. 불안은 '자유의 현기증(dizziness of freedome, Kierkegaard, 1844/1980, p.61)이자, 가능성의 시작이며 그리고 또한 선천적 불확실성과 인간 실존의 한계를 인정하는 것이다.

> 살아가는 것은 결코 완벽하게 안전할 수 없으며 삶의 모순과 딜레마와의 이러한 관계는 인간의 실존에 흥분과 살아있는 느낌을 준다. 진정한 창조성과 활력의 원천은 이 긴장상태 속에서 얻어진다. 불안은 제거하거나 피해야 할 어떤 장애물이 아니라, 선생과 같다(Deurzen and Adams 2016, p.30).

키르케고르와 같이, 덜젠은 니체가 주장했던 자기반성과 자기초월에 대한 엄격한 기준을 요구했다. 그녀는 실존심리치료에 니체가 기여한 것은 우리가 경건한 정신이나 체념이 아닌 활기와 흥분, 운명애(amor fati)와 같은 고통의 불가피성을 인정하고 수용하도록 요청받는 과정에서 우리의 용기를 내어 우리 자신을 넘어서도록 한 그의 외침에 있다고 보았다. 우리 자신의 가치를 만들어내는 것에 대한 니체의 강조는 또한 덜젠의 관점의 한 부분을 차지한다(Deurzen 2010).

키르케고르와 니체 다음으로, 덜젠에게 주요한 철학적 영향을 미친 철학자는 하이데거(Heidegger)이다. 그녀는 하이데거의 철학에서 능동성, 관계성, 일시성 그리고 죽음을 피할 수 없는 세계 속에 던져진 우리 자신을 깨닫게 되는 섬뜩한 낯섦(Unheimlichkeit)과 함께 존재에 대한 경이로움을 하이데거로부터 받아들였다. 그녀는 하이데거가 강조한 우리의 필연적인 연결됨과 관계성을 키르케고르와 니체의 개인주의에 필수적인 균형추로서 보았다. 동시에 대중 속으로 통합되고자 하는 인간의 경향성을 저항해야 할 것으로 여긴다는 점에서 이 세 철학자의 뒤를 잇는다. 다시 말해서, 개인적 특성이 발달하는 중심에 있는 것은 실존적 불안의 경험으로, 개인은 자신이 예외없이 항상 죽음을 향해 나아가고 있다는 지식을 동반한 자유와 책임과 함께 자신의 삶이 자신의 것임을 깨닫게 된다. 하이데거에게 양심의 소리는 우리 자신을 자유롭게 하고 우리의 독특한 존재를 그 가능성과 한계 내에서 이해하도록 하는 초대와 같다. 불안은 진정한 선택을 가능하게 한다:

실존적 불안은 사람들이 무에서 무엇인가를 창조하면서 자기 자신과 자신의 책임을 깨닫게 될 때 이내 경험하게 되는 근본적인 불안감 또는 불쾌감이다. 이는 자신의 죽음이나 실패의 가능성을 직면하는 순간에 자의식과 자신의 취약성에 대한 깨달음을 동반하는 느낌이며 또한 무로부터 무엇인가를 만들어내기 위해 요구되는 삶의 에너지이다. 그러므로 불안은 삶을 마주하고 자기 자신을 찾는 데 있어서 필수불가결한 조건이다(Deurzen 2012, p.47)

비록 그녀가 본래성(authenticity)과 자기-소유권(self-ownership)을 핵심적인 실존의 문제로 강조하지만, 덜젠은 개인주의적 개념으로 개인의 자유를 진전시키기보다는 개인의 관계와 삶의 상황적 맥락 내에 이를 위치시킨다. 그녀는 실존의 가능성만큼이나 상황의 한계를 고려한다. 그녀는 또한 '인간의 실존은 정반대되는 것 사이에서의 갈등(Deurzen 2012, p.65)이라는 기본 원리'를 유지하면서 인간의 구체적인 모든 딜레마 또는 어려움은 '인간 실존의 경계'(Deurzen 2012, p.64) 내에 위치하고 있는 것으로 고려한다. 모든 경험과 갈등은 예를 들면, 능동성/수동성, 지배/굴복, 포함/배제, 주기/받기와 같은 두 개의 반대되는 양극 사이에서의 연속선에 위치한다. 현상학적 실존치료는 내담자가 피할 수 없는 인간 실존의 역설과 모순을 진정으로 직면할 수 있도록 하는 것을 목표로 한다.

덜젠은 부분적으로 사르트르의 철학으로부터 유래한 자기에 대한 이해를 정교하게 발달시켰다(Deurzen 2015). 그녀는 실존주의 철학의 모토인 '실존은 본질에 선행한다'(Sartre 1948, p.22)는 말을 인간의 공허감은 개인적 실패가 아닌 실존에 주어진 조건이며 우리 자신을 무엇인가로 만들고자 하는 노력 중에 우리는 우리의 자원과 창의성을 발견한다(Deurzen 2010)는 위로로서 제안했다. 비록 보브아르(Beauvior, 1948)가 제안하고 사르트르의 후기 연구에서 확장된 가능성들로『존재와 무』(Being and Nothingness)에서 묘사된 대립적 방식의 관계맺기에 대한 해석과 의미를 완화시키기는 했으나, 진정한 상호성과 호혜성의 발달에 있어서 그녀는 사르트르의 인간관계 이론의 유용성에 주목했다(Deurzen 2010). 그녀는 내담자의 삶의 이야기에 도전하는 것과 관련해서 사르트르의 '원래의 계획'이라는 개념을 참조했으며(Deurzen and Adams 2016) 개인이 일종의 삶의 중심이 되는 계획이나 목적을 발견하는 것이 중요하다고 행각했다. 감정에 대한 사르트르의 초기 현상학적 연구(Sartre 1939/1994)는 그녀가 '감정 나침반'(Deurzen 2010, pp. 306-314)을 체계화하는 데 기여했다. 그녀는 의식에 대해서 반성되지 않은 형태와 반성적 상태로 설명한 사르트르의 설명에서 정신분석 모형의 무의식적 정신세계에 대한 대안이 될 수 있는 가치를 찾았다(Sartre 1943/2001; Deurzen 2010).

## 한스 콘과 어네스토 스피넬리의 기여

한스 콘(Hans Cohn)은 실존치료에 대한 자신의 설명을 에미 반 덜젠(Emmy van Deurzen)과는 독립적으로 발달시켰다. 정신분석에 대한 그의 경험과 환멸로 인해, 그의 모형은 하이데거의 실존현상학에 확고하게 근거하고 있으며, 따라서 현존재분석(Daseinsanalysis)과 다소 공통점을 가진다. 그는 무의식, 자기, 정신, 투사, 전이를 비롯한 정신분석 심리치료의 다른 주요 개념들을 근본적으로 재고한 결과로서, 실존현상학을 치료의 바탕이 되는 근거로서 채택한 이유를 보이는 것에 주된 관심을 갖고 있었다. 그는 하이데거의 관점으로 내담자의 어려움의 기원과 속성에 대한 이해의 틀을 다음과 같이 구조화하였다. "실존적 관점에서 많은 (아마도 모든) 심리적 장애들의 핵심에는 실존에 '주어진 조건들'과 그에 대한 우리의 반응 사이의 갈등이 있다"(Cohn 1996, p.125). 그리고 나서 콘은 하이데거의 관점이 어떻게 불안, 우울, 강박적 상태 그리고 성적 상태를 포함한 구체적인 내담자의 문제와 관련된 치료 작업에 영향을 미칠 수 있는지를 보여주었다.

콘은 삶의 비본래적 방식과 본래적 방식에 대한 하이데거의 설명을 감안해 볼 때 치료자에게 일어날 수 있는 어려움을 다루었다. 우리가 살펴본 것과 같이, 처음에 하이데거는 인간의 실존을 '군중 속에서 현존재를 상실'했기에 비본래적인 것으로 설명했다(Heidegger 1927/1996, p.274). 본래성은 자기 자신에게 개성을 부여하고 실존의 주어진 조건과 진정한 관계 속에서 살아가는 것을 의미한다. 보다 본래적으로 존재하는 방법의 가능성은 불안과 현존재의 만남에 대한 반응에서 유발된다. 하이데거는 하나의 삶의 방식이 다른 것보다 더 우월하다는 식으로 주장하지 않으면서 인간 실존에 대한 묘사적 설명을 제안하기를 주장했다. 그는 인간의 실존을 본래성과 비본래성 사이를 끊임없이 오가는 것으로 묘사했는데, 이는 마치 우리가 반복적으로 우리 자신을 정의하기 위해 애쓰다가도 "군중" 속에 흡수된 상태로 다시 돌아가는 것과 같다. 우리가 보았던 것과 같이 덜젠의 상담에서 본래적 삶은 비록 개인의 관계적 맥락에 대한 현실적 이해에도 불구하고 존중되고 장려된다. 하지만 콘은 "본래성"을 명시적인 치료 목적으로 삼는 것에 대해서 주저한다.

> 내담자의 본래성의 정도를 판단하는 것은 치료자의 과업이 될 수 없다. 하지만 만약 내담자의 고통이 실존 그 자체의 피할 수 없는 특성과 관련한 갈등이나 또는 내담자가 선택할 여지가 없거나 책임을 다하지 못하는 무력감에 뿌리를 두고 있는 것으로 보인다면, 치료자는 그 갈등의 실재적 모습에 스며 있는 존재론적 요소를 드러내기 위한 시도를 할 수 있다. 이는 내담자가 새롭게 해석하고 반응할 수 있는 가능성을 열어준다. 그러나 심리치료의 목적을 결정하는 것은 결국 내담자이다(Cohn 1996, p.127).

치료의 표준 목표로서 본래성을 요구하는 것에 대한 콘의 저항은 어네스토 스피넬리(Ernesto Spinelli)의 일련의 치료에서 거의 30여 년에 걸쳐 이어진다. 스피넬리는 심리학적 연구, 이론 그리고 실제의 다양한 측면에 대한 인식론적이고 방법론적 접근으로서 현상학의 중요성을 강조한다. 그는 실존철학의 선구자인 키르케고르와 니체를 간단히 언급한 것에 비해서, 후설의 현상학적 방법과 하이데거의 실존현상학의 특성은 강조한다. 사르트르의 사상은 '하이데거 사상의 연장'으로 고려되며(Spinelli, 1898, p.116), 메를로 퐁티(Merleau-Ponty)도 다소 언급된다. 자신에게 영향을 미친 치료자를 고려할 때, 스피넬리는 현상학의 적용과 정신의학의 가정을 흔들어 놓은 랭(Laing)에게 강조점을 둔다(Spinelli, 1989). 또한 칼 로저스(Carl Rogers)의 접근(Spinelli 1990)과 부버의 나-너, 그리고 나-그것 관계 개념(Buber 1923/1996)의 공헌을 인정하며 그리고 더불어 빈스방거, 얄롬, 그리고 덜젠의 영향을 언급한다(Spinelli, 1989).

스피넬리의 치료 모형은 세 가지 기본원리 즉, 관계성, 불확실성, 그리고 실존적 불안의 원리에 기반하고 있다. 그는 이 원리들을 후설과 하이데거의 현상학으로부터 이끌어냈다. 스피넬리의 설명에 따르면, 이 원리들은 같은 근원을 갖고 있지 않으며 오히려 서로에게서 순차적으로 유래된다.

스피넬리는 인간에 대한 현상학적 설명에 있어서 관계성이 우선함을 많은 서양의 심리모형들의 개인주의적 초점과 대비시키며 강조한다. 관계성의 세계에서 반성되지 않은 개인의 최초의 존재경험을 스피넬리는 '세계화'로 명명하였고, 그에 따르면 이는 자신의 관계성의 세계에서 살아가는 인간의 경험과 활동의 끊임없는 유동성을 의미한다. 세계화는 인간의 실존에서 상반되는 필요나 가치 사이에서 양극단으로 경험되는 인간의 공통된 딜레마인 실존적 긴장과의 마주침을 포함한다. 개인적 자아가 구성되는 것은 2차 과정으로 이 과정에서 유동적인 경험은 반성되고, 굳어지며, 자신의 세계에서 개인이 이 경험을 정리할 수 있는 가장 적절한 관점인, "구조적 초점(structural focus point, 2007, p.19)"으로 정의된다. 이 유동적인 세계화 경험의 구조화는 자아, 그리고 의미의 창조와 같은 의미를 가진 세계관의 형성이라는 결과를 낳는다. 세계관은 개인이 자신의 삶의 선택과 행동의 근거로 두고자 하는 자기, 타인 그리고 세계에 대한 근본적인 신념의 모음이다. 이는 실존적 긴장에 대한 개인의 깨달음과 절충점을 표현한다.

스피넬리는 인간의 관계성에 대한 불안으로부터 두 번째 원리인 불확실성을 이끌어냈다. '만약 개인의 반성된 경험, 지식 그리고 자기, 타인 그리고 세계에 대한 전반적인 깨달음 전부가 관계성을 통해서 그리고 그 안에서 유발된다면, 그 후에 드러나는 것은 우리가 반성한 것 일부 혹은 전부에서의 필연적이고 피할 수 없는 불확실성 또는 완전함의 결여이다(Spinelli 2007, p.21; italics in original).

불확실성은 실존에 대한 개인의 관점의 불완전한 특성으로부터 발생한다. 불확실성은 또한 일시성과도 관련되는데, 경험의 유동성은 필연적으로 일시적이며, 세계관의 관점이 부정확하고 구식이라는 사실을 표현하고자 계속해서 위협하기 때문이다. 반성되지 않은 세계화 또는 우리의 실존은 우리가 누구인지에 관한 우리의 생각과 세계에 대한 우리의 믿음과 관련한 우리의 2차 구조를 끊임없이 뒤처지게 한다.

세계화와 세계관 사이의 긴장은 스피넬리에게 그의 세 번째 핵심 원리인, 실존적 불안을 떠올리게 했다. 그의 설명에 따르면, 실존적 불안은 늘 변화하는 존재의 유동성에 직면해서 우리의 경험을 고정된 구조로 만들고자 하는, 즉 확실성과 의미를 확고히 하고자 하는 모든 시도가 늘 일시적일 뿐이라는 깨달음으로부터 온다. '다시 말하면 모든 의미는 무의미하게 될 위협의 대상이다(Spinelli 2007, p.26).' 그러므로, 인간의 삶의 근본적인 어려움은 세계화의 유동성을 고정하기 위해 구성하는 이 세계관이 경험의 변화추이에 따라서 완전히 없어질 수도 있는 위태롭고 아슬아슬한 균형을 이루는 상태라는 것을 알면서도 스스로 이러한 구조를 만들어야 할 필요가 있다는 데 있다.

만약 세계관이 존재하는 경험의 의미를 특정 방식으로 이해하게 해주는 근거를 제공한다면, 세계화는 이와 같은 의미에 끊임없이 도전하고 그 한계를 확장하며, 이를 통해서 개인을 무의미의 경험으로 안내한다(Spinelli 2007, p.39).

만약 우리가 실제적인 세계화 경험에 맞춰서 가능한 개방적이고 유연한 세계관을 채택했다면, 우리 스스로 자기, 타인, 그리고 삶의 의미 구조의 안정성을 너무 낮게 허용함으로써 쉽게 무의미함으로 무너지는 취약성을 갖게 된다. 반면에, 우리가 세계관의 구조를 확고히 유지하는 것에 매우 큰 강조점을 둔다면, 그 대가는 우리의 실제 경험에 과도하게 경직된 태도를 갖게 되는 것으로, 증가하는 유동적인 경험이 우리의 인식에 배제된다. 후자의 경우, 우리는 유지하고자 하는 세계관과 일치하지 않는 경험을 인식에서 배제하기 위한 여러 가지 분리 또는 방어 전략에 의지하게 되고 그 결과 방어적으로 유지된 세계관과 실제 세계화 경험 사이의 괴리가 증가하게 된다. 비록 스피넬리가 개인의 삶의 방식에 대한 규범적인 판단을 피하기는 하지만, 그는 실존적 불안과 관계 맺는 보다 더 진실한 또는 보다 덜 진실한 방식들이 있으며, 개인이 선택한 반응은 그들의 심리적, 정서적 그리고 관계적 안녕에 영향을 준다고 생각했다.

> 실존적 불안에 있어서 관계와 불확실성에 대한 경험적 결과를 회피하거나 부인하려는 '진실하지 않은' 반응은 실존적 불안을 '고정'하고 이에 집중하게 함으로써 증상과 장애의 '구조'를 통해서 자신을 나타낸다(Spinelli, 2007, p.29).

스피넬리는 자기, 타인 그리고 세계에 관한 핵심 신념, 가정, 그리고 태도로 구성된 세 가지 구조로 세계관을 묘사하는 개인의 심리적 구조를 도출해냈다. 그는 메를로−퐁티의 연구로부터 비롯된 개념을 활용하여 이를 '침전(sedimentation)' 또는 '침전된 기질적 태도'로서 명명했다. 스피넬리에게 있어서 치료는 내담자의 세계화와 침전된 세계관의 묘사적 명료화를 수반하며, 그 결과 세계화와 세계관 사이의 긴장이 드러난다. 이는 내담자에게 이러한 긴장을 다루는 방식과 수정하고 관계적이며, 불확실한 그리고 본질적으로 불안을 일으키는 실존을 살아가는 자신의 태도를 해석하는 방식을 변경할 기회를 제공해준다.

## 현상학, 진리 그리고 본래성: 현상학적 실존치료의 목적

이 부분에서 우리는 앞에서 논의한 치료 모형들 간의 주요한 철학적 차이점들에 대해서 살펴보려고 한다. 이러한 차이점들은 후설의 현상학적 방법에 대한 이해와 실존철학에 부여한 역할과 관련된다.

덜젠은 현상학을 특정 내담자의 삶에 대한 것이 아닌, 일반적인 인간의 삶에 대한 진리에 접근하는 하나의 방법으로서 고려한다. 9장에서 논의된 것과 같이 그녀는 현상학적 방법의 모든 측면의 체계적인 적용을 통해서 진리를 찾을 수 있다고 확신한다. 이는 내담자와의 상담에서 활용되는 주요한 자원으로서 치료자가 자신의 전문성과 특히 자신의 철학적 이론을 가지고 있어야 한다는 사실을 포괄한다.

덜젠에게 치료란 내담자의 내면세계나 치료적 관계 그 자체를 들여다보는 것이기보다는 내담자의 삶을 향한 것이다. 실존치료는 자신의 실존을 이해하는 것에 내담자의 근본적인 필요가 있다는 기본 가정에 근거해서 내담자의 어려움에 대한 철학적인 탐색을 수반한다.

> 실존상담 및 실존치료의 목적은 삶을 명백히 설명하고, 반성하고 이해하는 것이다. 삶의 문제는 직면되고, 삶의 가능성과 한계는 탐색된다. [중략...] 그러므로 개인의 성격이 아닌 삶 그 자체에 집중한다(Deurzen 2012, p.30).

키르케고르와 하이데거의 영향은 덜젠의 저서 전반에서 분명하게 드러난다. 실존적 불안은 내담자의 실존에 대한 내담자의 책임을 내담자에게 드러내는데 있어서 필수적인 것이다.

근본적인 실존적 딜레마의 모순과 긴장은 심리치료의 실질적인 내용이 된다. 치료자는 내담자가 이러한 딜레마를 인정할 수 있도록 하고 이들과 함께 살아가는 자신의 고유한 방법을 찾아낼 수 있도록 하는 것을 목표로 한다. 덜젠은 이 목표를 달성하기 위해 필요한 자원과 기술을 내담자가 가지고 있다는 확신과 함께 치료자의 철학과 그 이론을 바탕으로 한 격려 인내 그리고 도전을 표현한다. 삶은 도전, 때로는 투쟁으로 인식되지만 이는 내담자가 잘 준비할 수 있는 것이다. '실존치료의 목표는 내담자가 삶의 수완을 발달시키는 새로운 단계로 들어갈 수 있도록 하는 것이다.'(Deurzen 2012, p.35).

콘과 스피넬리와는 대조적으로, 덜젠은 실존적 불안을 마주하는 것이나 어떤 목적에 대한 전적인 헌신으로 삶을 이해하는 것이 바람직하다는 의견에 관해서 자신의 입장을 말하는 것을 피하지 않는다. 쿠퍼(Cooper, 2016)는 내담자가 선택하는 다양한 삶에 방식에 현상학적 개방성을 유지하는 것에 대한 그녀의 의무와 본래적 실존을 위해 노력하는 덜젠의 개인적 신념 사이의 긴장을 알아보았다. 덜젠은 '실존적 접근이 희생할 준비가 되어 있다고 느끼는 것을 지지하고 인간의 능력으로 가능한 최대치로 삶을 살아갈 권리를 주장하는 것을 암묵적으로 장려한다는 사실은 부인하기 어렵다'(Deurzen 2012, p.239)는 말로 이를 인정했다.

앞에서 살펴본 바와 같이, 콘은 치료적 목적으로 본래성을 채택하는 것의 이점에 대해서 비판적이다. 치료에 대한 그의 접근은 하이데거의 묘사를 통한 현상학적 이해와 보다 더 일치한다. 스피넬리에게 있어서, 관계성과 불확실성의 원리는 '알지 못함'이라고 하는 치료적 자세를 요구하는데, 그는 에포케(epoché, 판단중지)를 위한 필수적 태도를 표현하기 위해 이 용어를 사용하였다. 사실, 스피넬리는 실존철학이 치료에 공헌한 부분의 실제적인 사용을 치료자에게 권장하지 않는 묘사를 통한 현상학을 거의 한결같이 사용한다. 묘사를 통한 현상학적 명료화의 과정을 통해서 내담자의 경험과 자기−구조(세계화와 세계관)는 실존적 기본 원리들(관계성, 불확실성, 실존적 불안)과 내담자의 구체적인 만남이 드러난 것으로서 이해된다. 치료는 필연적으로 내담자의 경험과 세계관을 묘사하고 탐색하기 위한 특정한 관계적 공간의 제공을 포함한다. 치료적 관계의 경험에 참여하는 것 그 자체를 통해서 내담자는 세계 속에서 자신의 관계에 대해서 배운다.

치료적 관계에서의 이러한 탐색의 목적은 내담자가 유동적인 세계화에 대한 자신의 경험을 보다 덜 분리시키고 왜곡하면서 살아가는 기회를 가질 수 있도록 하기 위해서 내담자의 세계관을 수정하는 것에 있다.

궁극적으로, 실존치료는 내담자가 자신이 유지해온 세계관과 세계화 경험 사이의 간격이나 불일치를 줄이는 방법을 찾도록 하는 것이다. 이와 같은 방법으로 세계관은 내담자의 직접적인 세계화 경험을 보다 충분하게(여전히 불완전하고 완벽하지 않지만) 표현하게 된다(Spinelli 2007, p.86).

스피넬리는 실존치료가 보다 진정한 실존적 조건들에 대한 이해를 수반한다거나 또는 실존적 긴장을 다루는 보다 숙련된 방식이라고 말하지 않는다. 실존치료의 가능성에 대한 그의 시각은 치료적 목적이나 살아가는 바람직한 방법들에 대한 모든 규범적인 판단을 배제함으로서 만들어졌다. 그는 알지 못함(un-knowing)과 개방성(openness)의 태도에 지속적으로 전념한다. 그의 치료 모형이 비-지시적 묘사적 현상학을 사용한다는 점에 있어서 많은 부분 인간-중심적 접근과 유사하지만, 이 모형은 관계성, 불확실성, 그리고 불안이라고 하는 실존적 기본 원리를 활용하고 있다.

## 결론

치료에 대한 딜젠, 콘, 그리고 스피넬리의 철학적이고 이론적인 접근들을 서로 비교할 때, 이 모형들 간의 차이점은 분명해 보인다. 딜젠의 연구에서 우리는 후설의 세 가지 환원의 체계적 도입으로 삶의 진리를 밝히는 철학적으로 탄탄한 현상학적 실존 모형을 찾아볼 수 있으며, 동시에 실존철학에 대한 통찰은 보다 본래적으로 살아가는 방식의 탐색에 있어서 이러한 진리와 분투하는 과정에 영향을 미친다는 사실을 발견할 수 있다. 콘은 인식론적 기초에 기반해서 치료 그 자체를 확고히 하는 것을 중요시하는 하이데거의 치료 접근과 완전히 일치하는 모형을 제공하였다. 그러나 치료 시 목적에 대한 딜젠의 규범적인 태도에 대해서는 신중한 입장을 가졌다. 스피넬리의 접근에서 우리는 거의 한계가 없는 묘사적 현상학의 개방성과 알지 못함의 특성을 살펴볼 수 있지만, 그의 접근은 상담에 영향을 미친 실존철학적 요소들을 비교적 덜 사용하는 특징을 가진다.

# 09

## 현상학적 실존치료
### 방법과 실제

Martin Adams

말했다시피, 실존적 현상학의 시각 범위는 단지 개인을 넘어서서 삶 그 자체에 닿아있으며 세계-내-존재로서 보다 더 넓은 철학적이고 사회정치적 맥락 내에서 사람을 고려한다. 그러므로 그 초점 즉, 현상학적 실존치료의 초점은 성격이나 질병, 치료에 있기보다는 진리와 현실의 특성 그리고 인간 실존의 한도 내에서 개인의 의미의 생성에 있다. 우리가 이미 살펴본 바와 같이 그 중에서도 빈스방거(Binswanger, 1963), 얄롬(Yalom, 1980) 그리고 덜젠(Deurzen, 2010)은 물리적, 사회적, 그리고 개인적, 영적 또는 도덕적 세계인, 네 가지 실존 세계에 대해서 말해왔는데, 각각은 그들 스스로를 일상의 삶에서 해결할 수 없는 모순과 딜레마로서 드러내 보인다. 그리고 관계성을 우선하는 것으로 고려하는 스피넬리(Spinelli)는 나, 너, 우리 그리고 그들의 네 가지 관계적 영역에 체현되어 있는 우리의 정체성 또는, 그의 표현을 따르자면 자기-구조에 대해서 말해왔다(2015). 덜젠에게 있어서 치료의 과업 중 하나는 스피넬리와 마찬가지로 이러한 네 가지 영역 또는 세계 사이의 관계성을 보다 더 잘 이해하는 것에 있다. 그러므로 현상학적 실존치료는 태어남과 죽음 사이에 삶이 사람들에게 주는 피할 수 없는 도전을 마주하는 방법에 대해서 생각하는 것을 선호한다.

## 현상학적 실존치료와 기술

실존주의자들은 오랫동안 기법과 그 타당성에 의구심을 가져왔다. 기법의 가장 간단한 형태를 보면 이는 주어진 상황 내에서 특정 목적을 달성하기 위한 행동으로, 행동의 실행과 신념 사이에 간격이 있을 때 그리고 우리가 전념하거나 헌신하지 않은 채 무엇인가 행할 때 행동은 기법이 된다.

　　현상학적 실존치료자들은 상호간에 인간성을 말살시키는 기법의 결과에 집중하기보다 자신의 고유한 경험의 권위, 자신의 진실성, 그리고 가치를 신뢰하는 경향을 보인다. 이에 대한 보다 정확하고 일관적인 용어는 '기술' 또는 '실제(practice)'일 것이며, 우리가 우리의 신념을 유지하면서 실행할 수 있을 때 행동은 기술이 된다. 사르트르에 따르면, 랭은 기술을 방식(praxis)으로 지칭했으며(Laing and Cooper 1964; Laing 1967, 2013), 예컨대 하이데거가 상기시킨 바에 따르면, 망치는 우리가 그것을 사용할 기술을 가지고 있을 때에만 오직 유용하다. 그렇지 않을 때 망치는 쓸모가 없거나 또는 위험할 수 있다. 그러므로 기술은 도구이며, 반면에 기술은 존재하는 방식에 의해서 소유된다.

　　성공적인 삶은 기법(technique)의 습득이라기보다 사실, 기술(skills)을 배우는 과정이다(Adams 2018). 심리치료에서 이러한 차이는 중요한데, 왜냐하면 기법의 실재는 상호적이며, 인간성을 파괴하는 전략으로 귀결되며, 많은 제한적 계약 모형에서 매우 쉽게 찾아볼 수 있기 때문이다. 우리의 상담에서 기술이 기법으로 미끄러져 떨어질 위험성은 항상 존재하며 현상학적 실존치료자들은 그것에 확실히 면역되어 있지 않다. 지름길을 찾을 때 오류를 범할 수 있다는 것은 인간의 약점이다. 그러나 만약 우리가 실존적이며 현상학적 원리를 고수한다면, 우리는 위험을 감소시킬 수 있고 또한 그것의 발생에 대한 우리의 깨달음을 증가시킬 수 있다. 뿐만 아니라 내담자를 윤리적으로 대하게 될 것이다.

## 현상학(Phenomenology)

　　이론은 마치 지도와 같은데, 만들어지자마자 구식이 되며, 지도가 담고 있는 지역과 결코 일치하지 않는다. 심리치료에서 추구하는 이론보다 더 유용한 것은 이론을 발전시키는 방법이다. 그러나 연구 방법은 항상 연구 방법의 가설에 준거하여 결과를 생산해내기 때문에, 연구 방법의 가정은 연구되어지는 것의 속성과 짝을 이루어야만 한다.

　　자연과학의 가설인 인과관계, 반복 가능성 그리고 객관적 진리의 실재는 물리적 세계에서 잘 작용한다. 하지만 인간의 세계에서는 그렇지 않다. 왜냐하면 인간의 의미는 맥락, 자유 그리고 개인의 책임에 달려 있기 때문이다. 이러한 이유 때문에 그리고 칸트(Kant)와 헤겔(Hegel)에 이어서, 20세기 초 에드문트 후설(Edmund Husserl)은 인간 과학을 위한 연구 방법으로서 현상학을 발달시켰다. 자연과학이 '이유'에 대한 질문을 하고 답변으로서 항상 '왜냐하면...'을 얻는 것에 비해서 현상학은 추가적인 묘사를 얻을 수 있는 '무엇이' 또는 '어떻게'에 대한 질문을 한다. 이는 '설명하지 말고 묘사하라'는 친숙한 명령의 기원이 된다. 현상학은 자연과학과 같이 객관성에 집중하거나 또는 내관주의에서와 같이 주관성에 초점을 맞추지 않으며 다만 이 둘 사이의 관련성, 즉 의식과 의식의 대상 사이의 연관성을 찾고자 한다. 이러한 관점에서 현상학은 상호주관적 진리와 관련된다. 현상학은 체현된 실제 경험으로 돌아가서 연이은 묘사를 통해 그 풍성함과 신비를 드러냄으로써 인간 개인의 경험을 이해하는 것을 목적으로 한다. 이는 경험 가까이에 머무르는 것이다.

하지만, 상호주관적 의미는 결코 간단하거나 명백하지 않은데, 왜냐하면 우리의 경험에 대해서 우리가 가진 가정은 맥락적이고 항상 우리의 이해를 제한하고 방해하기 때문이다. 후설은 이러한 가정을 우리의 '자연적 태도'라고 불렀으며, 그 영향을 감소시키고 그 영향을 자각할 수 있도록 하는 방법으로 현상학을 제안했다. 다르게 표현하면, 현상학은 '이해한 대상을 이해하는 첫 번째 이해가 없이 어떻게 우리가 무엇을 이해할 수 있는가?'라고 질문하는 것이다. 이는 그의 지향성의 원리를 암시하는데, 우리는 결코 관찰자가 될 수 없으며 항상 참여관찰자(participant-observers)일 뿐이다. '이해한 대상을 이해하는 이해'를 위해서 후설은 우리가 우리의 자연적 태도를 환원시키고, 세계 그리고 우리와 세계의 상호작용을 분명히 볼 수 있게 해주는 세 가지 연결된 방식을 주장했다. 이러한 '환원'은 제8장에서 묘사된 것과 같이, 현상학적이고, 직관적이고, 초월적이다. 그리고 그들은 모두 현상학적 실존치료의 실제에 직접적인 연관성을 가지고 있다.

현상학적 환원은 우리가 주의를 기울이는 모든 것을 향한 우리의 태도에 초점을 맞춘다. 이는 우리가 주의를 기울이는 방버에 대한 것으로, 치료적으로 우리는 이를 과정으로 알고 있다. 우리가 주의를 기울이는 방식, 우리의 감정적 상태 또는 하이데거가 '기분'이라고 불렀던 것(1962)은 항상 우리의 수용성에 영향을 미치고 우리로 하여금 우리가 주의를 기울이는 것의 풍성함보다 필연적으로 우리의 기대와 편견과 관련된 결론에 도달하게 한다.

설명이 아닌 묘사를 통해서 우리는 모호함과 불확실함을 수용하고 우리가 보통 내용이라고 부르는 것을 확인할 수 있게 된다. 우리가 주의를 기울여 확인한 것의 의미를 깨닫게 되는 것이 직관적 환원이다. 이는 또한 우리로 하여금 구체적인 특징에서 일반적인 특징을 보다 정확히 구별할 수 있게 해준다. 비록 지금은 이들을 분리된 것처럼 이야기하지만 이들은 결코 분리된 적이 없으며 떨어져 존재할 수 없다.

반성은 우리의 자연적 태도가 개입하는 여러 방식들을 파악하기 위해서 '방식'과 '대상'이 서로 맞물려 있음을 지속적으로 모니터링하는 방식이다. 이러한 반성이 지속적으로 이루어질 때 이는 세 번째 환원인, 초월적 환원으로 이어진다. 세계와 그 세계에 대한 우리의 반응을 조사하면서 우리는 세계와 우리의 상호주관적인 관계에 대해서 보다 경험할 수 있고 이해할 수 있다. 우리는 (의미가) 세계에 의해서 우리에게 주어진 것으로서가 아닌 세계의 한 부분으로서 우리가 우리의 의미의 원천이라는 이해에 도달하게 된다. 이러한 이해를 얻게 되는 우리는 우리 자신의 관점의 한계를 깨닫게 될 뿐 아니라 대안의 가능성을 깨닫게 된다.

현상학적 실존치료의 목적은 관계성의 경험적 요청과 이론을 제공하는 것을 통해서 이를 이룰 수 있다는 것을 보여주는 것이다. 이는 생생한 상호주관성의 놀랍고도 매우 특별한 연대감으로 치료자와 내담자가 함께 연결될 수 있는 순간으로 이어진다.

## 실존적 현상학의 실천 원리

후설은 철학자였으며, 스스로를 현상학적 실천가로 고려하지 않았다. 그리고 현상학의 철학적 원리는 연구(Giorgi 1970; Langdridge 2007; Smith, Flowers, and Larkin 2009; Finlay 2011)와 마찬가지로 치료에 있어서도 한 묶음의 체계적이고 특징적인 행동과 개입으로 발달해왔고 운용되어왔다(Spinelli 2015; Langdridge 2013; Adams 2001, 2013; Deurzen and Adams 2016).

이는 단기 상담이나 장기간의 기간이 정해진 상담 그리고 기간이 정해지지 않은 상담 모두에 적용될 수 있을 만큼 충분히 유연하다. 그리고 또한 모든 인간의 이슈에도 적용될 수 있다(Deurzen and Arnold-Baker 2005; Deurzen and Hanaway 2012; Deurzen and Iacovou 2013; Milton 2014).

현상학적 실존치료자의 과업은 전반적으로 내담자의 결정과 행동에 영향을 미치는 가정을 발견하고 이해하도록 촉진함으로써 새로운 선택을 하고, 이 선택을 보다 의식적으로 자신의 것으로 인정할 수 있도록 하는 것이다. 우리는 종신토록 이 세계에 타인과 함께 존재하기 때문에, 우리가 가진 가정이 우리의 인식을 어떻게 억제하고 제한하는지를 확인하고 이해하기 위한 반성이 우리 자신에게 요구된다. 이러한 방식으로 우리는 우리의 자율성과 내담자의 자율성 모두를 동시에 인정함으로서 윤리적 실천을 보장한다.

이러한 가정의 존재는 역설을 포함하는데, 왜냐하면 우리는 세상을 이해하기 위해서 뿐만 아니라 우리가 이 세계를 대략적으로 어떻게 이해하고 있는지 즉, 세계를 향한 우리 개인의 자연적 태도가 무엇인지를 우리 스스로에게 상기시키기 위해서 이러한 가정을 필요로 하기 때문이다. 우리는 결코 가정으로부터 자유로울 수 없으며, 가정으로부터 자유롭다고 주장하는 것은 우리의 인간성을 부정하는 것이 된다. 하이데거는 이를 비본래적인 것으로 불렀으며, 사르트르는 나쁜 신념이라 명명했다. 비록 한스 콘은 철학, 그 중에서 특히 하이데거의 철학과 강한 연관성을 유지했지만, 그는 심리치료자였으므로 본래성에 대해서 "그러나 하이데거가 매우 강하게 꺼려했다는 사실은 우리에게 해야 할 일을 말해주는 것일지도 모른다. 그가 '존재를 선택하는 것'을 뛰어난 가치를 선택하는 것으로 여겼다는 사실에 대해서는 어떤 의심도 하기 어렵다(2002, p.124)."라고 말했다. 그러므로 본래성은 첫째, 구체적인 최종 결과물에 대한 기대라기보다는 의도와 방향에 대한 일반적인 진술이다. 둘째, 이는 기준이 아니다. 셋째, 우리는 결코 우리 자신의 비본래성을 제거할 수 없으며, 따라서 비본래성을 제거했다는 주장은 비본래적이다. 넷째, 본래성을 정의하는 것은 치료자가 아니어야 한다는 이상의 네 가지 사항을 우리가 기억하는 한 본래성은 현상학적 실존치료의 목표가 될 수 있다.

치료자의 가설과 관련해서 오직 가설을 통해서 무엇을 할지 치료자가 아는 경우에 한하여 치료자가 가설을 갖는 것은 내담자에게 필요하다. 자기-인식을 위한 시도인, 반성은 우리의 가설이 더 커지고 현상학적 실존치료가 세련된 형태의 주장으로 변하는 것으로부터 내담자를 보호한다.

삶은 계속되며 따라서 우리 안에 진화하는 가설에 대한 반성도 계속된다. 이는 회기 이전에 시작되었고, 회기 중에 존재하며, 회기 이후에도 계속된다. 내담자가 자신의 삶에 대해 가진 의문과 고통은 그들의 가설이 결함이 있으며, 모순되거나 또는 검증되지 않았다는 사실을 시사한다. 내담자의 가설이 옳은지 여부는 그다지 중요한 것이 아니라, 오히려 그 가설이 내담자에게 의미하는 것과 삶에 대한 내담자의 결정에 어떤 영향을 주는지, 그리고 이러한 선택이 내담자의 마음에 드는지 여부일 것이다.

후설에 의하면, 현상학적 실제에는 에포크(epoché, 또는 괄호로 묶기/bracketing) 그리고 가설검증(verification)으로 불리는 두 가지 요소가 있다. 비록 현상학적 실존치료의 전반적인 목적이 이해를 증진시키는 것에 있지만, 이를 위해서 우리는 먼저 주의를 기울일 필요가 있다. 그리고 전체적인 치료 과정은 주의로 시작되어서 주의에 의해서 지속된다. 이러한 종류의 주의는 우리 자신과 또한 모습을 드러내는 내담자의 의미 모두에 대한 개방성을 촉진시킨다. 스피넬리(2015)는 이를 알지 못함(un-knowing)이라고 불렀으나 현상학에서 이는 알고 싶어 하는 태도 또는 알지 못한다는 태도로서 더 잘 알려져 있다. 우리의 주의력은 모호함과 불확실함과 같이 살아가는 능력과 관련이 있다. 만약 우리의 주의가 산만해지거나 또는 우리가 설명이나 어떤 이론을 찾고 있는 우리의 모습을 발견한다면, 이는 아마도 우리가 충분히 집중하고 있지 않다는 것을 의미할 것이다. 그러나 우리가 주의를 기울이는 한 우리는 점차로 우리가 가진 가설들을 깨닫게 될 것이며 환원으로 이어질 것이다.

## 에포케(Epoché, 판단중지) - 명료화를 통한 의미 발견하기

현상학적 실제의 첫 번째 부분에는 두 가지 요소가 있는데 이는 묘사와 평등화이다. 우리는 이를 동시에 사용하고 우리가 사용하는 기술은 명료화이다. 추가적인 묘사를 요청하는 '어떻게(how)' 그리고 '무엇(what)'에 대한 질문은, 예외 없이 방어로 이어져, 시야 범위를 좁히는 '이유(why)'를 묻는 질문보다 훨씬 더 적절하다. '이유'를 묻는 질문은 내담자가 이르러야 하는 탐색에 대한 질문보다는 치료자의 검증되지 않은 가설에 대해서 보다 더 많은 이야기를 한다.

다음은 명료화를 위한 여러 가지 전형적인 묘사적 개입의 예시이다.

- "어떤 의미인가요?"
- "그것은 무엇과 같나요?"
- "예를 들어 주실 수 있나요?"
- "그것에 대해서 좀 더 이야기해줄 수 있나요?"

이 질문들은 현상학적 실존치료자의 상황에 맞는 세심한 언어로 번안되고, 각기 다른 내담자의 관점과 경험에 따라 맞춰질 필요가 있다.

내용과 과정의 각 부분들을 동등하게 고려한다는 것은 다른 말을 들을 때까지 모두에게 평등한 중요성을 부과하는 것이다. 우리는 의미의 순위를 정하려는 우리의 경향성에 저항하고 이를 괄호 안에 묶어두어야 한다. 우리의 듣는 능력은 우리의 삶의 경험에 의해서 항상 영향을 받게 되고, 따라서 우리의 자연적 태도가 나타나는 것은 불가피하다. 다시 말하지만, 반성은 이를 모니터링하는 것이다.

하지만 우리가 이를 우리 자신에게 만이라도 묘사하는 한, 우리는 반성할 수 있을 만큼 충분히 우리의 기분을 깨닫게 될 것이고, 기분으로부터 한걸음 물러나서 그것을 괄호 안에 묶고 나면, 얼마 지나지 않아 확실한 요소들이 눈에 띄기 시작할 것이다.

## 수평화 - 관점의 획득을 통해서 의미 발견하기

현상학적 실존치료의 시작은 대체로 주의와 묘사에 대한 것으로 이는 의미를 설명하고 도전하는 기술인 가설검증으로 연결된다. 수평화에 대해서 후설은 알게 된 것이 맥락 속에서 한계를 벗어나서 위치할 때 둘 사이를 연결하는 다리와 같은 과정으로 설명했다(Moran, 2000). 이때 우리는 특정 관점이나 시각을 이해하기 시작한다. 우리가 세계에 대한 관점을 항상 갖고 있다는 것을 이해하는 것은 우리로 하여금 우리의 현재 관점으로 이해하기 힘든 것, 우리가 알 수 없는 것이 있다는 사실을 이해하게 한다. 경험의 맥락을 이해하는 것은 필수적이며, 내담자는 당면한 문제로부터 물러서서 자신의 과거, 현재 미래, 즉 삶의 전체적인 맥락에서 이를 바라볼 수 있는 방법을 찾을 필요가 있으며, 우리는 이를 촉진한다. 현상학적 실존치료자는 일반적인 것에서 구체적인 것으로 또는 반대로 구체적인 것에서 일반적인 것으로 상담의 초점을 이동시킬 수 있으며, 이를 통해서 내담자는 전체적인 시야로 자신의 삶을 보게 된다. 대개, 충분히 주의를 기울이고, 이해하려고 애쓰는 다른 사람이 되어보는 것은 통찰력을 촉진해준다.

## 가설검증 - 도전과 해석을 통해 의미 발견하기

주의하기와 추가적인 묘사를 요청하는 것은 매우 강력할 수 있으며, 많은 경우 진정한 철학적인 혼란과 개인적 의문을 다시 불러일으킬 수 있지만 경우에 따라서는 충분치 않을 수도 있다. 이는 거의 문자 그대로 아무 일도 일어나지 않고 병적으로 빙빙 맴도는 것으로 이어질 수 있는데, 이 경우 두 방법 모두 이미 알고 있는 것을 찾기에 바쁘다.

실존적으로, 우리는 의미를 만들어내는 생물이기 때문에 항상 해석을 한다. 후설에 따르면(Ihde 1968; Langdridge, 2007), 이는 가설검증이라고 부를 수 있다. 가설검증의 전반적인 목적은 숨겨진 의미를 탐색하고 그들 사이의 연결고리를 만드는 것으로 반복되는 주제를 찾고 그후 이를 자신의 것으로 인정하고, 의문을 제기하며 재평가하는 것, 즉 검증하는 것이다. 이때 우리는 평등화의 원리를 어기게 되는데, 이는 치료가 진전을 보이는 데 필수적인 과정이며, 우리가 명백하게 밝혀낸 실존의 조건, 죽음, 관계성, 자유와 책임 그리고 도덕률과 내담자간의 갈등에 대한 가설검증이기도 하다. 여기에서 우리는 명료화로부터 비롯된 질문들을 다루며, 우리 자신의 갈등으로부터 얻어진 삶의 지식과 우리의 직관을 사용한다.

어떤 의미에서 내담자의 존재에 민감하게 반응하는 가설검증은 효과적인 치료의 정의와 거의 유사하다. 이는 내담자에게 자신의 경험이 중요하며, 진심으로 수용되고 이해될 수 있으며 심지어 초월이 가능하다는 느낌을 준다. 스피넬리(2015)는 이러한 개입을 전략적 질문하기와 묘사적 도전하기로 명명했으며, 개입을 관계의 네 가지 영역 중 하나에 초점을 두고 사용하는 경향을 보인다.

다음은 네 가지 가설검증 개입이다.

- "지금 당신의 역할은 무엇인가요? 이 질문은 현재 개인의 책임을 대화로 끌어들인다.
- "이 느낌이 친숙한가요?" 이 질문은 과거의 경험을 대화로 끌어들이고 반복되는 패턴을 발견하게 한다.
- "이것은 당신이 원하는 것으로 어떻게 당신을 인도하나요?" 이 질문은 미래, 희망 그리고 변화와 관련된 대화를 시작하게 한다. .
- "한편으로 당신은 [...] 라고 느끼지만, 반면에 [...]하게 느끼는군요." 이는 딜레마, 모순 그리고 양극간의 긴장과 관련된 대화를 시작하게 한다.

명료화하는 개입과 마찬가지로 이러한 기술들이 실체가 없는, 즉 자신의 것이 아닌 기술이 아닌 체화된 자신의 기술이 되기 위해서, 현상학적 실존치료자는 이를 자신의 맥락에 맞는 섬세한 언어로 번안할 필요가 있을 뿐만 아니라, 지속적이고 정확한 주의집중을 통해서만 알 수 있는 시기와 상황의 미묘함을 깨닫는 것 또한 필요하다.

## 변화의 촉매제로서의 열린 대화

우리가 세계 속에서 타인과 함께 존재한다는 사실은 불변하기 때문에 좋든, 싫든 우리의 정체성은 타인과 묶여 있다. 따라서, 이는 치료자와 내담자의 관계가 현상학적 실존치료의 핵심이라는 결론으로 이어지게 된다.

현상학적 실존치료는 사회적 세계에서 우선 진행되는데, 실존치료의 과제는 타인의 존재 이유를 이해하고 그들과 함께 살아가는 방법을 찾는 것에 있다. 서로 하는 대화(dialogue)와 협력을 통해서 우리는 서로를 의식할 수 있고, 그 결과 우리의 자기중심성은 감소하게 된다. 열린 대화는 단지 대화 그 이상의 것인데, 이는 보다 광범위한 맥락을 유념하면서 공동으로 함께 의미를 찾는 것이라 말할 수 있다.

실존적 관점에서 대화는 치료자와 내담자가 서로를 얼마나 이해한다고 느끼는 정도와 관계없이 타인이 분리된 자치적 존재임을 항상 인식하고 있다는 것을 의미한다. 내담자는 예를 들면 치료자가 말하는 모든 것에 동화하는 방식의 융합을 통해서나, 또는 치료자가 말하는 모든 것에 반박하는 방식의 분리를 통해서 이러한 긴장을 해소하고자 할 수도 있다.

협력이 어렵다는 사실은 사람들이 얼마나 자주 관계의 어려움으로 치료를 받고 있는지를 보면 알 수 있다. 관계에 내재되어 있는 모순을 참고 견딜 수 있을 때 사람들은 친밀감이 주는 자유를 발견할 수 있다. 관계와 개인의 자율성의 문제에 대한 이러한 모두/그리고(both/and) 방식의 해결책은 "나는 타자의 세계에서 내가 원하는 것을 행하기 위한 책임을 가지고 있다. 하지만 다른 모든 사람들도 마찬가지이며 서로가 서로를 의식할 때 가장 조화로울 것이다."는 말로 요약할 수 있다.

영어에서 대화를 의미하는 단어인, Dialogue는 대화를 의미하는 또 다른 단어인 conversation과는 그 의미가 다르다. 혼자 하는 대화(monologue), 각자 하는 대화(duologue) 그리고 서로 하는 대화(dialogue) 간에는 차이가 있다. 혼자 하는 대화와 각자 하는 대화는 우리의 자연적 태도의 증거가 되는 반면에 서로 하는 대화는 현상학적 환원이 이루어질 때에만 가능하다.

### 혼자 하는 대화(Monologue)

혼자하는 대화는 화자의 주요 관심사가 말하는 것에 있으며 상대방이 어떻게 받아들일지에 대해서는 거의 관심이 없는 경우를 말한다. 청자는 화자가 자신에게 말하고 있다거나 또는 자신과 함께 말하고 있다는 느낌보다 대개 상대방이 일방적으로 말하고 있다고 느낀다.

### 각자 하는 대화(Duologue)

두 사람이 각자 하는 대화는 두 사람이 말하지만 서로 표면적으로만 듣는 경우를 말한다. 이들은 번갈아가면서 대화를 하고 심지어 대답도 하지만 둘 모두 상대방이 하는 말을 실제로 듣지는 않는다. 이는 다른 사람에게서 듣고 싶은 말만 듣는 것에 더 가깝다. 하이데거 (1962, p.211)는 이를 '잡담(idle talk)'이라고 불렀다.

### 서로 하는 대화(Dialogue)

서로 하는 대화는 두 사람이 진정으로 서로에게 집중하며 서로의 이야기를 듣는 것으로, 타인이 말하는 것을 가정하지 않고 상대방이 실제로 말한 것이 무엇인지 그리고 때로 암시된 것이 무엇인지에 주의를 기울인다. 서로가 하는 대화는 상대방과 자기 자신에 대한 반성적 개방성을 수반하며 예를 들어, 치료자와 내담자 사이에는 서로 간의 다름과 차이가 위협으로 느껴지지 않을 것이라는 신뢰가 있다. 하이데거(1962, p.158)는 이를 다소 어색한 관용구인 '앞으로 도약하기(leaping-ahead)'(Karban, 2017)라는 말로 불렀다.

현상학적 실존치료는, 앞으로 어떤 일이 일어날지 알 수 없기 때문에 어느 정도의 불안은 항상 존재한다고 생각한다. 만약 우리가 이러한 불안과 함께 하는 것이 익숙하고 편안하다면, 이는 매우 신나고 흥분되는 일로 느껴질 수 있고, 그렇지 않다면 두렵다고 느낄 것이다. 이런 의미에서 치료자와 내담자는 항상 불안함을 느껴야 하며 그렇지 않다면, 이는 서로 하는 대화를 가장한 혼자 하는 대화거나 또는 각자 하는 대화일 것이다.

현상학적 실존치료자는 격려와 도전 사이의 균형을 유지하는 방법을 아는 것을 통해서 서로 하는 대화의 발달의 책임을 감당한다. 종종 이는 적어도 상담이 시작될 때에는 치료자가 비교적 말을 하지 않는 것을 의미한다. 내담자는 당장 대화 속으로 들어갈 준비가 되어 있지 않을 수도 있으며, 초기에는 혼자 하는 대화나 각자 하는 대화가 다루기 더 쉽다고 생각할 수도 있다.

혼자 하는 대화나 각자 하는 대화에서 서로 하는 대화로 가는 길은 각각의 치료적 관계에 따라서 다를 것이지만, 모든 성공적인 상담은 서로 하는 대화로 마치게 된다.

## 실존적으로 호소문제 다루기

### 딜레마와 역설 다루기

현상학적 실존치료에서, 내담자가 가져온 질문은 탐색이 필요한 인간의 딜레마와 항상 관련되며, 삶의 모든 딜레마와 역설은 하나 또는 그 이상의 실존적 조건들과 연결되어 있을 수 있다. 매순간 어느 것 하나를 선택해야 하는 딜레마를 해결하고자 하는 시도는 실제로 문제를 보다 경직되고 편협하게 만든다. 따라서 그보다는 현상학적으로 이를 드러내어 다룰 필요가 있다.

우리의 목적은 항상 경험이 가진 복합성과 모호성 그리고 연속성을 다루도록 장려하는 것이다. 우리는 소위 변화를 위해서 상담을 하지 않으며, 사람들이 변화를 방해하지 못하도록 하지도 않는다. 따라서 우리는 언제나 현재 시제를 사용하는데, 왜냐하면 이렇게 함으로써 현재-본-과거(past-in-the-present)의 원리를 강화하고, 내담자가 자신의 딜레마가 가진 즉시적 측면에 초점을 맞추도록 하기 때문이다. 내담자의 이야기를 딜레마로 바꾸어 다르게 표현하는 것은 대개 생각보다 더 가치 있는데, 이를 통해서 우리는 내담자의 야야기를 변증법적으로 탐색할 수 있고 해결할 수 있다. 또한 우리는 그 느낌에 따라서 '흥미롭다'보다는 '중요한' 또는 '유의미한'이라는 표현으로 언급한다. '중요한' 또는 '유의미한'이라는 표현은 감정이 존재함을 나타내는 반면에 '흥미로운'은 주목할 가치가 있지만 대단한 의미를 가진 것은 아닌 어떤 것을 시사한다. 우리는 인지뿐만 아니라, 정서적으로 내담자와 연결된다. 추가로, 정당성을 증명하려는 시도 없이 내담자가 가진 상충되는 생각과 감정을 묘사하는 것은 결과적으로 딜레마의 숨겨진 측면을 시야에 들어오게 해준다.

우리는 때로 내담자가 자신에게 도움이 될 수 있는 어떤 이슈를 다루고 싶어 하지 않고 피한다고 느낄 수도 있고, 경우에 따라서 내담자 스스로 결정하지 않고 있는 것처럼 보일 수도 있다. 내담자는 결정을 하지 않음으로 어떤 것을 얻는다. 그들은 어느 것도 포기하지 않아도 되기를 희망할지도 모르고, 선택하지 않음으로써 혹은 그들을 대신해 결정해줄 수 있는 누군가 또는 상황을 택함으로써 선택을 피할 수도 있다.

명백히 반대되는 두 가지 감정이 있을 수 있다는 것을 인정하는 것은 처음에는 혼란스러울 수 있으며, 그 후 이러한 현상이 내내 문제를 일으켜 왔던 감정들 사이의 긴장이라는 것을 깨달을 때 자유롭게 된다. 제10장에서 살펴본 바와 같이, 이와 같은 딜레마는 궁극적으로 오직 선택과 전념에 의해서 해결될 수 있다.

딜레마의 정서적 의미와의 더 깊은 접촉은 종종 감정의 표출 또는 카타르시스로 이어지는데, 이는 그 자체로 끝이 아니다. 그것의 의미가 이해될 수 있으려면 그 전에 가공되어야만

한다. 통찰은 행동에 뒤따르며 행동을 앞서지 않는다.

모든 선택은 희생을 포함하는데, 우리는 그 선택이 무엇인지 알아야 하고, 그 선택으로 인한 딜레마에 주목하고 그 선택의 이점이 무엇인지를 생각함으로써 추가적인 탐색을 격려해야 한다. 이는 종종 해결책을 찾지 못한 이유가 질문이 잘못 제기되었기 때문이라는 사실을 발견하게 해 준다.

역설적인 사실은 우리의 욕구를 알아가고, 선택에 전념하는 위험한 과정 속에서 삶은 이전 그 어느 때보다 훨씬 의미있게 된다는 것이다.

## 실존적 주제와 이슈 다루기

실존적 주제와 이슈가 의미하는 것은 단지 말하는 주제가 무엇인지에 관한 것이 아니라, 한 사람이 실존적 조건과 관계 맺는 방식에 관한 것이다.

내담자는 비록 처음에는 그 세부사항까지 명확하지 않을 수 있지만 항상 자신에게 중요한 것에 대해서 말한다. 실존적 차원에서 내담자의 고민을 듣고, 이를 상담할 수 있는 구체적인 형태의 이슈로 바꾸어 표현하는 것은 현상학적 실존치료자의 의무라 할 수 있다. 이러한 과정들을 통해서 상담자는 주도권을 높여갈 수 있다.

우리는 내담자가 말하는 것이 무엇인지 뿐만 아니라, 말하지 않는 것이 무엇인지에 대해서도 주목하여 부재가 의미를 가지는 것에도 주의를 기울인다. 또한 어떤 것은 내담자가 그 중요성을 알고 있지 않지만 내담자에게 영향을 줄 수도 있는데, 예를 들어, 내담자는 경쟁을 통해서 생존의 우선권이 주어지는 가족 내에서 키워진 내담자는 협력을 약점으로 보고, 협력의 이점을 깨닫지 못할 수도 있다.

현상학적 실존치료자는 다음에 주목한다.

- 현재의 대화에서 그 주제는 어떻게 표현되는가?
- 주어진 조건들은 어떻게 회피되거나 부인되고 있는가?
- 내담자는 살아있기 위해서 그리고 성취하기 위해서 어떤 노력을 하고 있는가?
- 위험요인들은 무엇이며, 어떻게 예방되고 있는가?
- 그 주제는 어떻게 복원되며, 어떤 상황에서 일어나며, 일어나지 않는가?
- 그 주제는 내담자의 세계관과 삶의 경험에 대해서 무엇을 말해주는가?

특정 이슈에 무엇인가 개입하지 않은 채 단순히 이슈를 확인하는 것은 큰 가치가 없을 가능성이 높다. 우리가 그 이슈에 무엇인가 하지 않는다면. 우리는 그 이슈에 내포되어 있는 역설과 딜레마에 주목함으로써 이에 개입한다.

## 가치관과 신념 다루기

현상학적 실존치료는 삶의 가치체계를 발견하고 선택하며 그리고 그 가치체계가 자신에게 중요한 이유를 이해하도록 사람들을 촉진하는 데 그 가치가 있다. 동일한 맥락에서 현상학적 실존치료자는 자기 자신의 가치 체계에 의문을 제기할 수 있어야 한다. 만약 우리가 이를 할 수 없다면, 내담자의 가치 체계에 도전할 윤리적 권리가 없을 것이다. '가치(관)'이라는 용어는 우리가 가치 있게 생각하는 것, 우리에게 중요한 것을 언급하는 것이기 때문에 이를 표현하기에 적절하다.

가치관과 신념은 일반적으로 주제나 이슈에 비해서 덜 명백한데, 왜냐하면 이는 우리가 살아가는 윤리적 원칙과 관련되기 때문이다. 우리가 행동하고 말하는 모든 것은 우리가 가치를 두고 있는 어떤 것을 표현한다. 우리 스스로 자신을 현상학적 실존치료자라고 밝힘으로써 우리는 개방성과 자율성의 원칙에 우리가 가치를 두고 있다는 사실을 말하고 있는 것이다.

우리는 우리의 가치관을 고정된 것으로 생각하는 경향이 있다. 하지만 실제로 가치관은 현재까지의 삶의 경험에 대한 우리의 이해에 근거한 개인적 창조물이며, 가치관이 상대적이라는 깨달음은 불안을 일으키는데, 왜냐하면 이는 우리에게 자신의 가치관을 찾아야 하는 책임이 있다는 의미이기 때문이다. 이는 우리의 가치관이 사건이나 과거의 결과가 아닌 개인의 선택과 반영의 결과일 수 있다는 것을 의미하기 때문에 더 풍성한 삶의 시작점이 될 수 있다.

가치관과 신념은 정서와 밀접하게 연결되어 있으며, 현상학적 실존치료는 우리가 행동하는 것과 우리가 느끼는 것 사이의 연관성을 이해하기 위한 목적을 가진다. 그 결과 우리는 더 큰 주체성을 가지고 보다 더 의도적으로 행동할 수 있다. 내담자의 정서적 삶이 가진 즉시성에 초점을 맞추는 것은 이 연관성과 그들이 그들 자신에게 부과한 한계에 대한 것을 보다 더 명확하게 해 준다. 이는 내담자와 우리의 관계에 초점을 맞추는 대화를 통해서 가장 잘 이루어질 수 있으며 10장에서 보다 분명하게 확인할 수 있다.

새로운 환경에 적응할 만큼 충분히 유연한 일관적인 가치 체계는 우리에게 온전함을 느끼게 하고 가치 있는 삶을 살게 한다. 내담자는 종종 자기 자신의 가치관 사이의 갈등 또는 자신과 사람들의 가치관 사이의 갈등으로 치료자를 찾아온다. 이는 고통스러운 것일 수 있다. 왜냐하면 어쩌면 처음으로 어떤 것을 다른 무언가를 위해서 희생시키는 것이 가치있는지 여부를 결정하도록 강요받는 것일 수 있기 때문이다.

가치관은 직접적으로 표현되기보다 내재되어 있기 때문에 우리는 내담자가 자신의 삶을 살아가는 방식으로부터 내담자의 가치 체계를 발견할 가능성이 높다. 우리의 초점은 항상 내담자의 구체적인 경험과 내담자의 가치관과 신념이 그 또는 그녀의 행동과 그 결과에 연관되어 있는 방식에 맞춰져 있다. 이와 같은 갈등 기저에 있는 모든 가정들을 점검하며 만약 내담자가 자신의 가치관과 신념에 관한 불안을 드러내지 않는다면, 상담자는 내담자가 이에 주목할 수 있도록 도울 필요가 있다.

이 과정에 다음의 사항들을 고려할 수 있다.

- 현재 유용한 가치관은 어느 것인가? 이전의 삶에 속해 있던 가치관은 어느 것인가?
- 각각의 가치관에 의해서 발생되는 감정은 무엇인가?
- 서로 다른 가치관들 사이의 모순점이 있는가?
- 어느 가치관이 반성과 선택없이 받아들여졌으며, 그렇지 않은 가치관은 무엇인가?

또 다른 단서는 내담자가 우리에게 말하는 방식에 있다. 때때로 우리는 내담자가 자신이 받은 처치에 대해서 내담자가 어떻게 말하는지에 대한 판단을 요구받는다. 만약 우리가 내담자에게 동의하고 싶거나 또는 동의하고 싶지 않는다면, 이는 여기에 내담자 또는 수퍼비전에서 드러내고 점검할 필요가 있는 강한 가치관이 있다는 것을 의미한다.

## 선택과 책임 다루기

일상의 삶에서 우리는 어디로 가야할지, 무엇을 구매할지, 무엇을 할지와 같은 선택들에 매몰되어 있으며, 자신이 무엇을 원하는지에 대해서 쉽게 혼란을 겪는다. 그러나 실존적 관점에서 이러한 것들은 결코 선택이 아니며, 다만 옵션일 뿐이다.

실존적 선택은 옵션 중에서 어느 것을 고르는 것과는 전혀 관계가 없는데, 왜냐하면 많은 순간에 단 하나의 선택지만이 제공되기 때문이다. 선택하는 것은 우리가 내린 결정이 무엇이든지 이를 자신의 것으로 인정하고 책임지는 것을 의미한다. 우리는 우리의 결정을 책임짐으로써 실존적으로 살아있고, 우리는 우리의 책임을 부인함으로써 실존적으로 죽게 된다.

그러므로 실존적 선택은 우리가 내린 결정의 결과를 인정할 것인지 여부 또는 이를 부인하고 다른 누군가를 비난할지 여부에 대한 것이다. 사실 우리는 성의없이 행동할 때나 또는 우리가 느끼는 것에 대해서 다른 사람 탓을 할 때 자주 이같이 행동한다. 사르트르(2003, p.55)는 데이트에서 마음에 들지 않는 남성이 손을 잡았을 때 그 손을 뿌리치지 않은 한 여성의 예시를 제시하였다. 수동적으로 선택하지 않는 것은 적극적으로 선택하는 것만큼이나 강력하다. 우리의 행동을 자신의 것으로 인정하지 않는 것의 결과로 우리는 무력감과 우울감을 느낀다. 현상학적 실존치료는 많은 부분에서 실존적 결과의 법칙(Law of Existential Consequence)(Adams,

2013) 즉, 내가 무언가 할 때 내가 책임져야 할 무언가가 그것으로부터 나온다는 것을 이해함으로써 회복탄력성을 확고히 하는 것과 관련이 있다

선택을 하고 책임을 지는 것은 우리가 행동하는 모든 것의 중심이며 삶의 모든 실존적 문제의 뿌리는 우리의 책임이 없는 것을 책임지려 하는 것 그리고/또는 우리의 책임이 있는 것의 책임을 부인하는 것에 있다.

비록 내담자가 상담의 초기에 내담자는 아마도 자신의 자율성을 거의 신뢰하지 않겠지만, 사람들은 자신의 자율성을 활용할 때 가장 잘 배운다. 만약 현상학적 실존치료자가 이를 믿을 수 있다면, 내담자는 이에 반사적으로 이를 믿기 시작할 것이다. 구출, "뛰어들기(leaping-in)"(Karban 2017; Heidegger 1962, p.158)에 의해서 우리는 내담자의 자율성을 약화시킨다. 우리가 누군가를 돌볼 때, 우리가 돌보아야 하는 것은 그 또는 그녀의 자율성이다. 딜레마가 주는 긴장과 함께 머무르는 것은 새로운 해결책을 드러나도록 해 준다.

모든 실존치료의 원리는 내담자가 현재 처해있는 상황에 내담자가 기여했다는 사실뿐만 아니라, 이를 변화시키는 책임도 내담자가 가지고 있다는 사실을 내담자에게 소개 또는 재소개하는 것이다. 이렇게 함으로써 우리는 과거와 현재 그리고 미래를 연결하는데, 말하자면, 이는 우리가 과거의 의미를 발견할 때에야 비로소 우리 자신의 미래를 만들 수 있다는 의미이다.

## 종결 다루기

상당히 많은 글들이 종결에 대해서 상담을 시작하고 치료적 관계를 유지하는 것에 대해서 더 많이 서술하고 있으며, 그 이유를 궁극적 종결인, 죽음에 관한 이슈에 대한 보편적인 기피에 돌리지 않기는 어려워 보인다. 그러나 우리는 마치 죽음과 같이 현상학적 실존치료의 종결도 단지 활동의 중단이 아니며, 잘 통과한다면 우리의 삶에 의미를 줄 수 있는 과정이라는 사실을 기억할 필요가 있다(Adams 2018).

많은 내담자들은 불만족스러운 결말 또는 상실의 이슈를 가지고 상담실을 찾으며, 따라서 상담의 종결이 만족스럽지 못했던 다른 결말과 같이 경험되지 않도록 하는 것은 중요하다. 그러므로, 종결하기 적절한 시점에 상담이 종결에 도달할 수 있도록 상담을 어떻게 진행해야 할지를 아는 것은 현상학적 실존치료자의 책임이다(Deurzen and Adams 2016). 현상학적 실존치료자는 또한 치료자 자신의 이유로 종결 시기를 연장하거나 단축하는 순간을 인지할 필요가 있으며, 수퍼비전은 이러한 사각지대를 밝히는 데 도움이 된다.

상담의 종결시기에 대한 결정은 상담 기간을 정한 계약에 달려 있겠지만, 모든 계약에는 공통적으로 상담을 어떻게 평가하고 종결할지에 대한 내용이 포함되어야 하며, 상실과 종결에 특히 민감할 수 있는 내담자는 이 과정을 보다 더 여유를 가지고 주의해서 지나갈 필요가

있다.

종결은 모두에게 어려운 일이라는 점을 고려하면, 종결 시기에 제한을 두지 않은 상담 계약의 경우, 치료자와 내담자 모두에게 이슈는 삶은 항상 전개되고 있으므로 어떤 치료도 끝났다고 말하는 것(다만 잠시로도 충분할 수 있다)은 의미가 없다는 것을 유념하면서 두 사람 모두에게 적절한 종결 시점을 찾는 것이다.

종결의 순간은 치료자와 내담자가 함께 한 상담에 근거해서 두 사람만 알 수 있는 것이지만, 잘못된 종결의 신호들을 기억해두는 것은 유용할 수 있다. 그 신호들은 다음과 같은 특징을 가진다.

- 내담자가 갑자기 상담을 떠난다.
- 과제의 결과 또는/그리고 관계에 대한 평가가 이루어지지 않았을 때 내담자가 상담을 떠난다.
- 상실감을 부인하며 상담을 떠난다.
- 구체적인 목표를 단지 부분적으로만 달성한 후에 상담을 종결한다.
- 상담이 자리 잡을 기회를 갖기 전에 내담자가 상담을 떠난다.

내담자에게 상담에 머물지 혹은 떠날지를 조언하는 것은 현상학적 실존치료자의 역할은 아니지만, 머무는 이유나 또는 떠나는 이유에 대해서 충분히 이해해야 하는 것은 치료자의 역할이다. 이는 그와 관련된 이슈를 다루지 않는다면 알 수 있는 것이 아니다. 만약 갑작스러운 떠남을 이해하기 위한 논의를 내담자가 꺼려한다면, 종결을 잘 해내는 것은 어렵겠지만, 만약 논의가 이루어진다면 종결을 잘 해낼 가능성은 높아진다. 종결에 대해서 생각하는 무엇인가 새롭게 시작하는 순간 중요해진다.

치료는 상담 목표뿐만 아니라 관계에 대한 것이기도 해서, 내담자는 치료자가 자신을 기억할 것인지를 알고 싶어 할 수 있다. 그리고 이는 상담 전반에 걸친 그리고 특히 종결 시점에 치료자의 관심의 질적 특성에 의해서 강화될 가능성이 높다. 더 나은 종결일수록 더 많은 것들이 가치있게 기억되며, 상담에서 얻은 것은 보다 오래 지속된다. 그리고 그 반대도 마찬가지이다. 그러나 좋은 종결이 모든 느슨한 종결을 끝마무리하는 것을 의미하지는 않는다. 그와는 반대로, 좋은 종결이 의미하는 것은 내담자가 자기반성과 삶에 대한 철학적 이해를 충분히 배웠으며 그 결과로 삶이 필연적으로 던지는 도전에 있어서 치료자나 내담자가 동일하다는 자신감을 가지는 것이다.

## 기술 배우기 과정

말했던 것과 같이 성공적인 살아감은 기술 습득의 과정이며, 이는 치료 경험을 최대한으로 활용하는 데 적용된다(Adams, 2018). 현상학적 실존치료의 모든 원리는 배움에 있어서 내담자가 적극적이어야 하는 부분이 있다는 현실을 소개 또는 재소개하는 것이다. 그러나 삶의 기술을 새로운 상황에서도 잘 활용할 수 있도록 배우는 것과 함께, 내담자는 또한 현상학적 실존치료를 활용하는 기술을 배워야 한다. 치료자는 이 사실을 유념할 필요가 있다.

기술 배우기 과정은 역경의 속성에 따라서 질적인 차이가 있지만 상호간에 연결되어 있는 단계들을 통해서 앞뒤로 발달할 수 있는 특유의 연속되는 생각, 감정 그리고 행동에 의해서 특징지어진다. 여기에 덧붙여서, 각각의 단계는 현상학적 실존치료자로서 우리와는 다른 어떤 것을 요구한다(Adams 2016; Deurzen and Adams 2016).

첫 번째 도전은 심지어 첫 번째 상담 이전에 시작된다. 내담자의 경우, 자신이 살아가고 있는 방식에 대해서 자기 스스로 질문을 던지기 시작할 때 이 도전은 시작된다. 이 시점에서 우리의 과업은 단순히 주의를 기울이는 것인데, 듣기와 명료화를 통해서 내담자가 역경을 어떻게 만났는지에 대해서 알아내기 시작한다. 서서히 내담자는 자신이 모든 것이 함께 연결되어 있는 실과 같다는 사실을 이해하기 시작한다. 이는 겁이 나는 일일 수도 있고, 흥미진진한 일일 수도 있다. 만약 두렵게 느낀다면, 내담자는 상담에서 어떤 좋은 결과가 있기 어렵겠다고 믿을 수도 있고, 상담을 중단하고 싶어질 수도 있다.

이때 우리의 역할은 이러한 감정들을 이해하고 수용하기 위해 노력하면서 내담자가 자신의 경험을 모호성, 딜레마, 역설을 감안하면서 새로운 방식으로 이해할 수 있도록 돕는 것이다. 현상학적 실존치료자에게 있어서 도전은 내담자가 인내할 수 있는 용기를 찾는 동안 내담자와 함께 머무는 것이다. 내담자가 쉬운 해결책을 찾는 일이 생기지 않도록 우리가 지키는 한, 점점 내담자는 이전과는 다른 결과와 함께 역경에 대면하는 새로운 경험에 익숙해질 것이다.

그 후 우리의 과제는 이러한 변화를 하나로 모아 견고하게 하는 것으로 이를 통해서 이 변화는 현재의 자신에 대한 내담자의 생각으로 통합될 수 있다. 우리는 실존의 불확실성은 흥미진진할 뿐만 아니라 무서울 수도 있다는 사실을 자인함과 동시에 내담자가 자신이 배운 것을 확신할 수 있도록 확증해 줄 필요가 있다. 내담자는 지금까지 다른 방식으로 살아가는 것에 익숙해짐에 따라 내담자는 또한 보다 회복탄력적이 된다.

이때 우리의 역할은 내담자가 지나치게 과신하지 않도록 경계하면서 내담자의 역량과 자신감이 부각되도록 격려하는 것이다. 치료자는 자신의 지식과 경험이 치료자를 자기만족과 오만에 빠지게 하는 장애물에 주의해야 한다. 이런 일이 일어나면 한때는 통합적인 기술이었던 것이 단순한 기법으로 변하게 된다. 이는 치료자와 내담자 모두에게 위험하다.

역경을 인내하는 것은 실존의 조건이며 기술 배우기 과정의 각 부분은 피하지 못하고 만나게 된 여러 다른 종류의 역경을 보여준다. 이런 의미에서 치료에서 배운 것은 일상의 삶으로 이동된다.

## 결론

이 장에서는 현상학적 실존치료의 방법과 그 실제가 어떻게 그 근거가 되는 철학과 관련되는지를 묘사하였다. 모든 치료는 고유한 연구 과제가 될 수 있으며, 현상학은 인간이 가진 의미의 속성을 구성하는 맥락적 역동을 인정하고 존중하기 때문에 인문 과학에 사용하기에 가장 적절한 연구 방법이라 할 수 있다.

# 10

## 현상학적 실존치료 삽화
### 라힘의 딜레마(Rahim's Dilemma)

Emmy van Deurzen and Claire Arnold-Baker

## 내담자

라힘은 42세의 페르시아 남성으로, 내가 상담실에서 처음 그를 만났을 때, 그는 매우 신경 쓴 전형적인 유럽 스타일의 옷을 입고 있었다. 나는 그의 매끈한 갈색 피부와 적갈색의 눈동자, 그리고 그가 입고 온 긴 칼라를 가진 흰 셔츠에 매료되었다. 그는 품격이 있었으며, 자신감 있고, 부유한 인상을 주었는데, 이러한 모습은 선명한 네이비블루 색의 조끼를 갖춘 정장과 와인색 타이로 완성되었다. 그는 평균 정도의 키와 체격을 가지고 있었으며, 극히 예의 바르고, 붙임성 있는 미소를 띠고 있었다. 그는 상담실에 들어서면서 나에게 가볍게 목례를 하였고 이내 책임지는 것이 익숙한 사람과 같은 인상을 주며 천천히 우아하게 움직였다. 나는 그의 훌륭한 예절에 맞추기 위해서 노력했고, 본능적으로 보통 때보다 다소 더 정중하게 행동했다. 그가 내가 가리킨 의자에 앉는 동안, 나는 자신이 차지하고 있는 공간을 점유하는 그의 태도에 주목했다. 나는 그제야 그가 얼마나 주의 깊게 몸단장을 했는지 보았다. 깔끔한 면도에 뒤로 넘긴 헤어스타일과 손톱은 누가 봐도 완벽하게 손질되어 있었다. 그는 손가락에 여러 개의 큰 보석이 달린 반지를 끼고 있었는데, 그는 의자의 팔걸이에 그의 손을 올려놓고 이를 내보였다. 이러한 제스처는 어떤 특권 의식을 내비치는 듯 해 보였다.

클레어: 라힘이 물리적으로나 사회적으로 자신을 드러내는 방식은 당신에게 상당한 영향을 미쳤겠어요. 그의 격식이나 특권의식이 당신이 그에게 반응하는 방식에 어떻게 영향을 주

었는지 궁금하네요.

에미: 네, 실제로 영향을 주었죠. 나는 항상 내담자의 모습에 깊이 감응하는데, 그들이 세계
속에 존재하는 방식에 맞춰 나 자신을 바꾼다는 것을 깨달았어요. 나는 각 사람이 나에게
어떻게 영향을 주는지, 그리고 스스로 나의 반응을 반성하기 전에 내가 이를 얼마나 깊이
느끼는지 자각했어요. 라힘의 모습은 처음에 마치 그가 의도적으로 자신감과 몸가짐을 계
획했던 것 같이 상당히 인상적이었어요. 자연적으로 통제하는 듯한 이 인상을 계속해서
유지하기 위해서 그가 헤아릴 수 없는 노력을 계속해 왔다는 사실을 알기 전까지 나는 잠
시 마치 나에겐 이러한 특성들이 결여된 것 같이 느꼈어요, 이를 깨닫게 되면서 나는 그의
용기와 근본적인 불안을 곧 느낄 수 있었죠. 이러한 방식으로 그가 나에게 영향을 미치도
록 시간을 두면서, 나는 그의 존재 방식과 더 잘 공명할 수 있었어요. 그의 존재 방식을
이해하기 시작하면서 내 안에서 이를 느낄 수 있었어요. 그 결과 나는 그의 세계에 함께
할 수 있었고, 심지어 그가 나에게 자신의 문제를 말하기도 전에 그가 말하려는 것을 느끼
기 시작했어요.

잠시 후, 우리가 눈을 맞추고 있는 동안 그의 사회적 겉치레의 가장 상층부가 마치 거울
처럼 갈라졌어요. 그는 다소 힘이 빠진 듯 했으며, 슬픔, 어쩌면 낙담해서 가라앉는 것 같아
보였어요. 내가 그에게 나를 찾아와 말하고자 한 것이 무엇인지 말해주기를 요청했을 때, 그
의 얼굴은 더 창백해진 것 같았고, 불안해 보였어요. 그는 깨끗한 크림색 실크 손수건을 주머
니에서 꺼내서 자신의 이마를 촘촘히 닦았어요. 나는 그의 이마에서 수많은 땀방울이 형성되
고 모이는 것을 볼 수 있었죠. 그의 긴장과 불안을 느끼기 시작했고, 예상과 달리 나의 내면에
서는 엄청난 연민이 솟아올랐어요. 나는 문자 그대로 그의 공포를 느낄 수 있었고, 고개를 끄
덕이며, 가능한 그를 안심시키고 따뜻하고 친절하게 격려했어요. 그리고 그는 지체 없이 감정
이 담겨 떨리는 낮은 목소리로 이야기하기 시작했어요.

클레어: 라힘에 대한 당신의 풍성한 묘사는 당신이 판단하거나 연상하기보다 당신이 본 것에
주목하고 이를 기록했다는 것을 보여주는군요. 대신에 당신은 그의 감정과 그에게서 스며
나오는 불안과 연결된 것 같군요.

에미: 맞아요. 사실이에요. 나는 함께 있는 사람과의 연결과 정서적 공명을 추구해요. 그들
의 취약점과 삶의 리듬을 발견하기 위해서 노력하면서요. 대개 나 자신이 아닌 타인에게
충분히 초점을 맞출 수 있을 만큼 스스로를 진정시키고 나서 나는 관찰을 시작하는 경향
이 있어요. 내가 말을 시작하기 전에 내담자의 핵심 문제를 감지하려고 애쓰고, 세계 속에
서 내담자의 위치와 내담자가 존재하는 방식을 이해하기 위해서 노력하죠. 내담자에 대한

이해는 먼저는 나의 감에서 오고, 그 후에는 나의 감정과 반응에 의해서 정제됩니다. 그리고 나서 나의 반성과 우리가 주고받는 말, 그리고 내가 구성하고 분명하게 표현하는 정신적 이미지에 의해서 조정되고 교정돼요.

그가 나에게 처음으로 말한 것은 그가 경영컨설팅 분야에 전문직에 종사하고 있다는 것이었다. 그는 자신이 이란에 회사를 소유하고 있으며 이를 경영하고 있다고 말했다. 이 진술은 그의 태도의 일부를 설명해주었고, 그는 자신이 이란의 귀족 가문의 성공적인 비즈니스의 일부란 사실을 자랑스럽게 추가함으로써 이러한 자기—확증적 표현을 완성하였다. 그는 잠시 생각하는 것처럼 눈을 감았다가 속눈썹 아래로 나를 응시하였다.

이는 마치 그가 자신의 선조의 기준에 따라 자기의 우수성과 지위를 스스로 상기시키는 것 같았다. 나는 그를 둘러싸고 있는 수많은 가족 구성원들을 보는 듯 했다. 나는 감상적으로 고개를 끄덕이며, 그와 그의 가문을 향한 나의 존중을 담아 가볍게 미소를 지었다. 정확히는 내가 상상하는 그가 나에게 기대하는 행동이었다. 라힘은 고맙다는 듯이 나에게 미소로 화답한 후 잠시 숨을 돌리고 나에게 자신의 이름의 의미가 "자비로운"이라고 이야기했다. 그는 이 이름과 가문이 자신에게 기대하는 것에 부응하기 위해서 평생을 분투해왔다. 나는 이 주제가 나중에 반드시 중요해질 것이라고 생각하며 이를 기억해두었다.

그는 나에게 추가적인 말없이 비록 자신이 자신의 가문에 깊은 실망을 안겨주었고, 수치스럽게 했다는 것을 깨닫고 있음에도 선하고 공정한 사람이 되고자 하는 자신의 딜레마를 해결할 방법을 찾고자 나를 찾아왔다고 말했다. 그는 자신의 가족들을 다시 만나지 못하게 될까 두려워하고 있었다.

클레어: "선하고 공정한 사람"이 된다는 것이 그에게 어떤 의미인지 궁금하네요. 그가 스스로 해결할 수 없는 딜레마라고 느껴지네요. 그리고 그가 당신과 치료에서 기대하는 것이 무엇인지도 궁금하고요.
에미: 나도 몹시 물어보고 싶었던, 정말이지 아주 좋은 질문이에요, 하지만 나는 이를 나중으로 미뤄두기로 결정했어요. 내가 이 시점에서 너무 과도하게 캐묻지 않더라도 그의 이야기가 이러한 의문들에 대한 답을 드러나게 해주기 시작할 것이라고 믿으면서요.

나는 놀람을 표현했다. 나는 흥미와 어리둥절함을 전달하는 나의 전형적인 치료적 반응으로 "아하?"라고 말하는 것으로 그가 말하기 시작한 상당히 극적인 진술에 대한 놀람을 표현했다. 라힘은 그 신호를 받고 그의 온 가족이 고향인, 테헤란에서 살고 있는 방식과 동시에 자신이 생명을 보전하기 위해서 도망쳐야만 했던 일을 묘사하면서 자신의 이야기를 나에게 말하기 시작했다. 나는 다소 당황해하며, 나의 호기심과 자세한 내용을 알고자 하는 열망을 솔직하게 드러내고는 "당신의 생명이 위험에 처했었나요? 어째서죠?"라고 물었다. 나는 내가 내면의 다소 회의적인 태도로 갈등하겠지만, 내가 이내 마음을 낮추고, 마음을 편안하게 해주는 냉소적인 생각을 지우리라는 것을 알았다. 라힘은 나에게 자신이 망명 신청자이며, 영국에 거주하면서, 영국 시민권을 신청하고 싶다고 말했다. 그는 고향에 돌아가게 될 것을 매우 두려워하고 있었다. "하지만 무슨 이유인가요?" 나는 여전히 혼란스러워하면서 나의 단순함과 문화적 통찰력의 부재를 스스로 의식하면서 물었다. 나는 내가 포착한 그의 억눌린 정서의 맹렬함이 걱정되었고, 상황이 매우 심각하다는 사실을 알게 되었다. 나는 충격에 대비하면서 나의 힘과 내면의 유연함을 모두 동원하였다.

라힘은 그와 그의 삶을 완전히 파괴하고 그의 나머지 가족들로부터 소외되게 만든 그 사건을 나에게 말하기 전에 잠시 눈을 감고는 깊이 숨을 들이마셨다. 그는 매우 주의 깊고 천천히 자신의 페이스를 유지하였다. 그는 항상 자신의 감정을 억제했는데, 그럼에도 그는 눈에 띄게 어쩔 줄 몰라 하며 두려워하였고 마치 어떤 알지 못하는 위협이 되는 존재를 확인하듯이, 그리고 숨겨진 카메라나 녹음기가 있는지 의심하듯이 이따금 상담실을 살펴보았다. 처음에 그는 약간 말하기를 망설이다가 누구를 믿어야 할지 확신하지 못하겠다고 말했지만, 내가 그에게 비밀보장의 원칙을 말하며 그를 안심시키고 그를 이토록 두렵게 하고 조국을 떠나야만 하게 했던 것이 무엇인지 말해줄 것을 요청했을 때 그는 믿음의 도약을 결정하고 자신의 끔찍했던 경험의 세세한 내용들을 모두 이야기하였다.

클레어: 라힘은 당신을 믿을 수 있을지 고심하면서 자신의 경험에 대해서 이야기할 필요와 자신을 보호할 필요 사이에서 갈등하는 것처럼 보이네요. '믿음의 도약'은 자신에 대한 키르케고르의 관점을 상기시켜 주네요. 당신도 마찬가지로 이 단어가 떠올라서 이 단어를 사용한 것인지 궁금하네요.

에미: 라힘이 자신을 둘러싼 사회의 세계관에 직면해서 자신의 모습을 긍정하기 위해 분투하고 있다는 것을 직감하면서 내가 믿음의 도약이라고 말했을 때 물론 키르케고르가 떠올랐어요. 하지만 나는 이를 비밀로 했는데, 왜냐하면 내담자에게 너무 일찍부터 나의 심상을 부과하기를 원치 않았기 때문이에요. 특히 나의 개인적인 연상이나 해석이 문화적으로 또는 사회적으로 내담자에게 생경할 수도 있으니까요. 한편 키르케고르의 갈등에 대한 나의 직관적인 이미지는 내가 라힘의 곤경을 이해하는 데 매우 큰 도움이 되었어요.

이 시점에서 라힘은 내 시선을 피하면서 자신이 게이라고 말했다. 나는 그 사실이 그가 표현하고 있는 문제가 아니라고 생각했기 때문에 침묵하고 있었다. 그는 자신의 이마를 다시 닦고서는 나에게 동성애는 이란에서 불법이라는 사실을 나에게 일깨워주었다. 그는 자신의 성적 지향을 서양의 치료자인 나에게 이야기하는 것에는 거리낌이 없지만 이 말을 이란에서는 할 수 없다고 말했다. 그는 나를 분명히 진보주의자로 이해하고 있었지만, 또한 자신의 고국에서는 동성애가 처벌될 수 있다는 사실을 상기시킬 필요가 있었다. 그는 이 두 측면 모두에서 옳았다. 그가 십대였을 때 동성애로 경찰에 체포되었고 그 처벌로 채찍으로 76번을 맞아야 했다고 말했을 때 나는 충격을 받았다. 내가 충격을 받은 모습을 보며 그는 "나를 망가뜨렸던 정말 끔찍한 일이었어요."라고 말했다. 그는 이 폭력에서 회복되는 수개월 동안 성관계를 삼갔다고 말을 이어갔다. 그는 자신의 가족들은 그가 잠시 떠나있는 것을 조건으로 그를 용서했다고 말하며 살짝 미소를 보였다. 그래서 그는 영국에 유학을 오게 되었고, 이러한 이유로 그의 영어는 매우 유창했다. 그는 많은 친구들을 얻게 되었고 자유롭다고 느꼈고 성관계를 갖는 것에 때로는 대담해졌다. 그는 이 모든 것들을 그의 머릿속에서 지워버리도록 하기 위해서 그의 가족이 그를 떠나보내기를 원했던 것은 아닌가 하고 생각했다고 말했다. 30살이 된 이후로는 성생활을 억제할 수 있었고, 그의 아버지가 그에게 다시 이란으로 돌아와 평소 호감을 가졌던 젊고 매력적인 가까운 가문의 자녀와 결혼을 하도록 결정했을 때, 그는 진심으로 자신이 다시 돌아갈 수 있고 인생을 다시 돌이킬 수 있을 것이라고 생각했다고 말을 이어나갔다. 그러나 이란에 돌아갔을 때, 일은 계획대로 이루어지지 않았다. 며칠이 지나지 않아 그는 아버지의 동료이자 자신보다 나이가 훨씬 더 많은 남성인 피루즈(Firouz)와 깊은 사랑에 빠지게 되었다. 그는 그를 이전부터 알아 왔고, 영국에서 거주했을 때에도 종종 생각하곤 했었다. 그는 이 이름의 의미를 '승리를 거둔'이라는 설명했는데, 그는 떨리는 목소리로 이 말을 하며 눈물을 흘렸다. 그는 얼마간 마음을 가다듬고 손수건을 꺼내 코를 풀었다.

클레어: 이름이 가진 의미가 라힘에게는 중요해 보이네요. 마치 단지 이름이라기보다 그에게 더 큰 의미가 있는 것 같아요.

에미: 네, 정말 그래요. 내가 라힘과 피루즈라고 이름 붙인 사람들의 진짜 이름을 사용할 수 없다는 것이 아쉽네요. 그들의 이름은 내가 밝힐 수 없는 방식으로 그 둘을 매우 강하게 연결 해주고 있었어요. 그리고 그 이름들 사이의 연결은 둘의 초기 감정의 일부였어요. 그 둘은 모두 시를 쓰는 것을 자랑스럽게 생각하고, 이름의 연결점을 사이에 두고 서로 시를 쓰기도 했죠. 둘의 관계의 비밀스러운 특성과 이와 같은 종류의 의식이 더해져서 그 마지막과 관련된 희생은 그 둘 사이의 사랑을 아주 로맨틱하게 만들어주었고 세상의 다른 사랑과는 다르게 해주었어요. 그리고 초자연적이고, 종교적인 특성도 부여해 주었지요. 피루즈는 라힘에게 거의 성자와 같은 지위를 차지하고 있었고, 아마도 한때는 그 반대도 역시나 그랬다는 것을 알게 되었어요. 그들은 매우 의미 있는 관계를 함께 만들어왔는데, 나

는 이를 이상화의 한 형태로서 도전할 수도 있었지만, 그렇게 하기가 내키지 않았어요. 왜냐하면 라힘의 전 생애적 목적이 피루즈에게서 느낀 사랑에 몰두되어 있다는 것이 분명했기 때문이었죠. 이상화에 대한 어떤 사소한 언급이라도 아마 이 마음의 가치를 저하시키는 것이 되었을 것이고 그는 나로부터 소외감을 느끼게 되었을 거예요.

라힘은 피루즈와 자신의 사랑을 숨기기 위해 비즈니스를 위장해서 만나며 얼마나 조심했어야 했는지 이야기했다. 비록 관계의 이러한 비밀스러운 특성은 의심할 여지 없이 연애의 한 부분이기는 하지만, 이 두 사람은 보다 자주 함께 할 수 없다는 사실로 매우 고통받고 있었다. 이 관계는 이러한 방식으로 장기간 지속되었다. 그러나 처음 만난 지 10주년을 기념하는 날, 라힘과 피루즈는 각각 호텔에 서로 다른 방을 예약하고 부주의하게 함께 밤을 보냈다. 그들이 같은 침대에서 자고 있을 때 호텔에 불시 단속이 있었고, 라힘과 피루즈는 체포되었다. 라힘의 아버지는 법정과의 관계가 있었기 때문에 그의 아들을 몇 시간이 지나지 않아 감옥에서 빼내 올 수 있었다. 라힘은 나중에 그의 아버지가 피루즈가 가해자고 자신의 아들은 결백하다고 주장해서 그의 석방을 얻어냈다는 사실을 알게 되었다. 라힘은 자신의 자유가 거짓말의 대가로 얻어지게 되었다는 것을 알게 되고 깊은 절망을 느꼈다. 처음에 그는 아버지를 비난했지만, 치료 후기에 그의 삶에서 일어난 일들에 대한 책임을 지는 부분은 그에게 중요한 이슈가 되었다. 그제야, 라힘이 마치 작은 아이처럼 아버지의 행동 뒤에 숨어서 사랑하는 사람을 죽도록 내버려두었다는 사실에 얼마나 큰 수치심을 갖고 있었는지가 분명해졌다. 이는 그에게 더 안 좋은 것이었는데, 왜냐하면 이는 그로 하여금 자신이 사랑하는 사람을 버리게 했을 뿐만 아니라, 페르시아의 전통적 가치에 따르면 매우 존경받는 사람인 자신의 아버지를 경멸하게 했기 때문이었다.

> 클레어: 자유의 개념이 여기에서는 역설적이네요. 감옥에 갇혀 있지 않고 물리적으로 자유로운 것이 그에게는 자유를 경험하지 못하게 하는 것으로 받아들여지고 있군요. 당신은 이 역설을 어떻게 개념화했나요?
> 에미: 그래요. 아주 역설적이죠. 라힘은 죽음과 징역이 아닌 삶과 자유를 선택했지만, 결국 내적 자유의 완벽한 부재로 인해 자신의 삶을 살아갈 수 없게 되었던 것이지요. 물론 이는 반대 방향으로도 작용했지요. 자신의 상황에 대한 책임을 인정하기 시작하면서 그는 이내 자신을 위한 길을 찾기 시작했어요. 그는 피루즈가 감옥에 있었을 동안 그를 생각하는 것이 얼마나 끔찍한 일이었는지에 대해서 나에게 말했어요. 그의 마음은 철장 속에 갇혀 있는 피루즈와 함께 있는 반면에, 다른 한편으로 그는 두려움에 떨며 부모님의 집은 안전하다는 사실에 극도로 안심하고 있었던 것이죠. 그는 갈피를 잡을 수 없었고 자신이 겁쟁이

와 같이 느꼈어요. 그리고 신의가 없다고 느꼈고요. 이제부터 그의 진짜 역경이 시작된 것이죠. 피루즈를 소중하게 생각하면서 동시에 두려움에 그를 포기해야 하는 지독히도 끔찍한 긴장 말이에요.

회기 후반부에 라힘은 자신의 행동에 대한 새로운 해석을 정교하게 말하기 시작했다. 그는 사랑을 넘어서 생명을 선택한 것을 이해할 수 있었다. 그러자 이는 더 이상 견딜 수 없는 것으로 느껴지지 않았다. 그는 또한 고통을 넘어서 살아가기를 선택함으로써 어떻게 스스로 자신에게 깊은 상처를 가했는지도 이해했다. 그는 다시는 진정한 사랑이 불가능한 삶을 그 자신에게 선고했다고 믿었다. 그가 자신의 생명을 지키기 위해서 지불했던 대가는 불쌍한 사람이 되는 것이었다고 말했다. 그는 자신이 버림받는 사람이 되는 것이 자신의 죄에 적절한 처벌이라고 느꼈다. 그는 죽는 것이 오히려 더 쉬웠을 것이라고 말하며 자신도 감옥에 갇혀서 피루즈와 함께 죽음을 맞기를 바랬다고 했다. 그럼에도 그는 자신이 자유로울 수 있어서 매우 기뻐하고 안도하고 있으며 또한 영국에서 비교적 안전한 삶의 기회를 갖고자 한다는 것을 인정하기는 어려웠다. 이러한 모순되는 감정들을 이해하는 것은 그에게 어려운 일이었다. 그는 이러한 감정들이 그를 악하고 무기력하게 만든다고 생각했다.

그는 자신의 모순되는 감정들 사이에서 애쓰면서 자신에게 일어났던 일들에 대한 많은 기억을 떠올릴 수 있었다. 상담 후반부에 그는 피루즈가 처형되는 날에 느꼈던 견딜 수 없는 긴장을 이야기하며 강한 감정과 함께 당시 상황을 묘사했다. 몸을 떨면서 그는 교수형이 집행되는 날 자신이 그 광장에 갔었고 몇 대의 차 뒤에 큰 망토를 입고 숨어 있었다고 말했다. 피루즈를 포함한 4명의 게이 남성들이 모두가 볼 수 있도록 트럭에 설치된 특수 크레인 매달려 있었고 그는 이를 볼 수 있었다. 충격적이게도 많은 사람들이 환호하며 박수갈채를 보내고 있었다. 피루즈는 눈가리개를 하고 있었는데, 라힘은 잠시 이런 상황들을 생각지 못한 채 그를 영원히 사랑할 것이라고 피루즈에게 소리쳤다. 매우 자발적이고 즉흥적인 그의 행동은 적어도 그가 여전히 자신의 유익을 잊을 정도로 피루즈를 사랑했다는 일종의 증거였다. 그러나 그는 이후 피루즈가 죽는 모습을 보지 않고 광장을 급히 빠져나왔다. 다행스럽게도, 그는 자신이 소리치고 도망쳤을 때 경찰의 눈에 띄지 않았다고 말했다. 나는 내내 실제로 그의 생존 본능이 강했음에 주목했다. 그는 또 다른 날을 살아가기를 결정했다. 라힘은 여전히 피루즈와 관련된 이 일이 이기적이었으며 피루즈에 대한 자신의 사랑이 부족했다는 사실을 드러내 준다고 생각하며 이에 대한 수치심으로 갈등하고 있었다.

이어서 일어난 일들은 이 갈등을 더욱 심하게 만들었다. 다음 날 라힘은 고국을 떠났다. 그의 부모는 그가 머물고 있던 안전 가옥으로 전화를 걸어서 그에게 고국을 떠나서 가족들과 모든 연락을 끊을 때까지는 안전을 보장할 수 없다고 이야기했다. 이때가 되어서야 라힘은 그의 아버지가 경찰에게 자신의 동의 없이 피루즈와의 관계를 말했다는 사실을 알게 되었다. 그는 자신의 아버지가 자신의 사랑을 피루즈의 악한 행동의 책임으로 돌리고, 그가 사랑하는 사람을 범죄자, 착취적인 사람, 소아성애자, 변태성욕자로 보이게 만들어버림으로써 목숨을 구할 수 있었던 것이었다. 그는 이 말을 하면서 강한 분노를 표현하였다. 이 부분에 대해서 더 깊이 이야기하면서 그는 틀림없이 아버지가 정부 당국에 그렇게 말했을 것이라는 사실을 자신이 알고 있었다는 것을 인정했다. 이는 너무 고통스러운 일이었기 때문에 그는 자기 자신을 속였던 것이었다. 그는 아버지에 대한 애정을 갖고 있었고, 아버지의 체면을 지켜드리고 있었지만 이제 피루즈가 라힘을 꾀어 내어 강간했다는 이 거짓말로 인해 피루즈가 처형당했다는 생각에 이 모든 것이 산산이 부서졌다고 느낀다는 사실을 인정했다. 그는 심지어 자신이 사랑했던 사람에게 이 빚을 갚기 위해 다시 이란으로 돌아가 자수해야만 하는 것은 아닐까 생각하고 있었다. 그는 이 행위가 추가적인 고통과 수치심과 함께 자신의 가족들을 위험하게 만들수도 있다고 생각했다. 그는 영국에 머무르기를 결정하고 그가 빚으로 생각하는 것을 갚기 위한 다른 방법을 찾고 있었다.

그는 자신의 부모가 그에게 마지막 작별 인사를 건네며 다시는 연락할 수 없을 것이라고 말했던 모습을 떠올리며 눈물을 흘렸다. 그는 가족을 향한 그리움에 고통스러웠지만 이렇게 연락을 끊는 것이 최소한 가족들의 생명을 구할 수 있는 것이라는 사실을 이해했다. 이는 그가 지불해야 할 대가 중 적은 것이었다. 그는 자신으로 인해 부모님이 수치심을 느끼지 않고, 다른 자녀들과 손주들을 위해서 부모님이 이로부터 자유로워지기를 원했다. 우리는 이런 방식은 그가 피루즈에게 뿐만 아니라 자신의 부모님에게 지고 있다고 생각하는 빚의 대가를 치르게 해주기 때문에 전체 가족으로부터 내던져진 슬픔이 그에게 거의 만족감을 주고 있다는 점을 인정했다. 그가 스스로 이 빚을 갚아야 한다고 믿는 것을 멈추게 할 방법은 없었다. 우리는 이 문제에서 더 이상 앞으로 나아가지 못했다. 그는 위선과 오래된 문화적 관습에 직면해서 자신에게 책임이 없다는 사실을 받아들이지 못했다. 그의 가치체계에서는 이것이 당연한 것이었고, 그는 품위 있는 방식으로 이를 해결할 필요가 있었다.

클레어: 라힘은 자신이 이전에는 억제하기 위해 애써왔던 여러 가지 감정들을 경험하고 있군요. 다른 무엇보다도 죄책감을요. 당신이 감정 나침반의 관점에서 이를 어떻게 보고 있는지 궁금하네요.

에미: 흥미로운 질문이네요. 라힘을 만났을 거의 초기부터 나는 서로 상충하는 그의 감정들과 가치관을 알고 있었어요. 하지만 이 모두를 구분하기에는 상당한 시일이 필요했죠. 나를 혼란스럽게 했어요. 그는 수치심, 죄책감, 비탄, 경멸, 혼란, 실망감, 슬픔 그리고 때로는 일종의 분노와 분개와 같은 여러 감정들 사이를 오가며 감정을 전환했어요. 때때로 그

가 무엇인가 옳은 일을 했을지 모른다는 점에서 일종의 희망과 자부심도 있었지만, 제가 이를 그에게 짚어주어야만 했지요. 처음에 그는 압도적이고 심각한 낙심과 절망을 느끼고 있었어요. 내가 그의 경험을 묘사하는 방식은 결국에는 매우 명료한 순간에 도달하는 사후적 통찰을 얻게 하는 유익이 있지만, 초기에 그는 매우 불안해하고 절망하고 있었죠. 당신이 알고 있듯이, 감정 나침반은 개인이 가장 가치 있게 생각하는 것으로 우리를 이끌어주고, 각 감정은 자신에게 중요한 것이 어떻게 위치하고 있는지 우리에게 말해주지요. 피루즈의 죽음에 대한 라힘의 절망은 그의 가장 깊은 헌신이 피루즈에 대한 그의 사랑, 그러니까, 그들이 함께 만들었던 사랑과 그들이 가졌던 친밀감에 있다는 사실을 나타내주었어요. 그리고 이는 지금은 죽은 피루즈 자신에게보다 라힘에게 더 중요해 보였지요. 그 사랑은 신성한 것이었고, 죄책감은 그 사랑을 배신한 것에 대한 것이었어요. 그는 자신이 이런 선물을 받을 자격이 없고 이를 도둑맞았다고 생각하고 있었죠. 하지만 얼마 후 라힘은 그들이 서로를 향한 이 사랑이 여전히 그의 안에 살아있다는 것을 깨달았어요. 잃어버렸던 것이 아니었지요. 이는 그들이 이루었던 것이었어요. 그가 영원히 가치 있게 생각하고 지킬 수 있는 것이었고요. 누구도 그 무엇도 심지어 그 자체가 죽었다고 하더라도, 이를 그들로부터 빼앗아 갈 수 없었어요. 그리고 그때부터 그는 자신이 구원받을 가능성을 볼 수 있게 되었어요. 그를 위한 피루즈의 희생에 의해서 이 사랑은 말살되지 않고 강화되었고, 망명을 통한 그의 개인적인 생존은 이 세속적인 세상에 이 사랑을 영원하도록 만드는 수단이 되었던 것이죠. 이는 비겁한 것이 아니라, 그에게는 심사숙고 끝에 자신의 삶을 계속해서 이어가기를 결정한 선택이었어요. 이는 그에게 피루즈에 대한 기억과 그들이 함께했던 것을 지킬 수 있게 해 주었죠. 이는 그가 인생에서 사랑을 잃은 것에 대한 깊은 슬픔을 느끼는 동시에 이 사랑으로 위험부담을 지는 것에 그가 새로운 자부심을 느꼈다는 것을 의미했어요. 이와 함께 그는 무엇인가를 해야 하는 새로운 의무를 느꼈어요.

물론, 우리가 함께 작업하는 오랜 시간에 걸쳐 더욱 복잡한 것들이 드러났다. 그의 가치관은 단순하거나 간단하지 않았다. 가족에 대한 그의 수치심과 죄책감은 현재에도 여전히 고통스러운 것으로 남겨져 있다. 그러나 다른 갈등들 또한 존재했다. 피루즈를 배신했다는 그의 생각과 자신을 남색의 희생자로 만듦으로써 아버지가 자신을 구했다는 수치심은 그를 지독히 괴롭게 했고 그에게 굴욕감을 주었다. 이는 그가 충성, 진실 그리고 용기에 매우 큰 가치를 두고 있다는 것을 시사하는데, 그는 이 모든 면에서 자신이 실패했다고 느꼈다. 그가 충성과 진실 그리고 용기가 자신에게 얼마나 중요한지를 깨닫게 되었을 때 이는 비록 그를 더욱 수치스럽게 했지만, 다소 도움이 되었다. 이 수치심을 떠나보내는 유일한 방법은 이러한 가치들과 동등한, 그리고 어떤 방식으로든 피루즈를 명예롭게 하는 구체적인 행동을 하는 것이었다. 그는 수년 동안 써왔던 시들을 수집하는 것을 고려하기 시작했고 이는 그의 삶을 좀 더 밝게 해 주었다. 이는 몇몇 숨겨진 문서들에 접근해야 하고, 상당한 노력을 필요로 할 뿐만 아니라 많은 복잡한 문제들을 만들어낼 수 있기 때문에 쉬운 일이 아니었다. 그러나 이는 명예를 되찾는 것에 도움이 되었다. 그러자 수치심은 다른 영역으로 이동했다. 그는 자신이 "좋은 사람" 이 되지 못한 것에 대해서 부정적으로 느끼고 있었다. 이 부분은 다루기 어려운 부분이었는데, 왜냐하면 그의 아버지는 항상 그를 마치 올바르지 않은 사람으로 대했으며, 이는 그에게 굴욕감을 주었기 때문이었다. 약 9개월 간의 상담이 지난 후에 "남성다움"이란 무엇인가라는 생각에 직면하는 것은 매우 중요한 상담 주제가 되었다. 그가 누구였는지 그리고 어떤 삶을 살기를 원했었는지를 정의하기 시작하면서, 그의 종교와 동성애에 대한 그의 모순된 개인적 관점과 같이 그동안 나에게 숨겨왔던 많은 생각들이 표면화되었다.

이제 상담에서 가장 어려운 부분이 시작되었다. 그의 안에 깊이 뿌리내리고 있는 종교와 감정과의 모순은 혼란과 자기 질책(self-recrimination)의 끊임없는 원천이 되었다. 적은 법이나 국가, 또는 종교의 형태로 되어 있는 외부에만 있는 것이 아니며, 스스로에게 죄인이며, 무가치한 사람이라고 말하는 그의 신념 체계의 형태로도 그의 안에 존재하고 있었다. 그는 자신이 틀림없이 사랑하지만, 그 사랑을 위해서 죽을 만큼 스스로 충분히 강하지 않고 사랑하는 사람에게는 자신이 나쁜 사람이라고 생각했다. 어떤 면에서 고통스럽게 그를 비난하는 것은 그의 이슬람 신앙이 아니었다. 이는 자신의 열망과 개인적 가치관 사이의 불일치였다. 실제로 그가 싸워야 하고 다스려야 하는 그의 적은 그의 자기 비난이었다.

클레어: 라힘의 죄책감은 마치 그 자신을 위해서 만든 감옥같네요. 민코프스키(Minkowski)의 시공간과 관련해서 라힘은 후회 또는 죄책감의 공간인, 인접 과거에 붙들려 있었던 것처럼 보이네요.

에미: 맞아요. 하지만 이 지점에서 나는 이것이 단지 과거에 대한 것만은 아니라는 사실을 깨닫기 시작했어요. 왜냐하면 그는 자신의 미래가 불가능할 것이라고 보고 있었거든요, 미래는 그에게 똑같은 죄책감과 절망을 줄 뿐이었으니까요. 라힘을 처음 만났을 때, 그는 일어난 일에 대한 고통과 후회의 순간에 있었어요. 그에게 마음이 많이 쓰였지요. 그는 내 눈빛을 피했는데, 왜냐하면 그는 자신이 말해야만 하는 것에 대해서 매우 수치스러워하고 있었고, 자신이 생각하는 자신의 "연약함과 악한 행동"에 대한 자기 비난으로 가득 차 있었기 때문이죠. 첫 회기에서 그가 한 이야기 전반에서 그의 자기혐오를 분명하게 드러났어요. 이는 후회스러운 과거와 영국에서의 불확실한 현재 사이의 연결점을 만들고자 하는 시도였어요. 그는 이를 자백하는 것을 통해서 과거를 괜찮은 것으로 만들고자 노력하고 있었죠. 거기에서 그가 자신을 위한 새로운 미래를 만들어갈 기회를 가질 수도 있겠다는

희망이 언뜻 볼 수 있었죠. 그러나 나중에 우리는 이 미래가 더 큰 모순과 자기혐오를 포함하게 되리라는 것을 알게 되었죠. 그가 자기 내면의 갈등을 솔직하게 말하고 씨름하지 않는다면요... 그는 처음에 자신이 알고 있거나 자신이 믿는 종교와 관련된 사람이 아닌 나를 찾아온 이유가 비난에서 벗어나고 싶었고, 다른 세계관으로 믿음의 도약을 할 수 있을지도 모른다고 생각했기 때문이었다고 인정했어요. 하지만 이는 불가능한 것으로 밝혀졌어요. 그는 자신의 세계관을 직면해야 했고, 이를 해결해야 했지요.

클레어: 당신이 SEA와 네 가지 차원을 사용해서 그의 딜레마를 어떻게 느끼고 표현할지 궁금하네요.

에미: 나는 서로 상이한 그의 가치관과 감정의 복잡성과 이로 인해 나타나는 혼란을 강하게 느꼈어요. 그가 현재에 존재하지 못하게 하는 장애물과 과거가 어떻게 그의 주의를 온통 사로잡고 있는지를 알 수 있었죠. 왜냐하면 그는 자신이 가치있게 생각했던 모든 것 즉, 자신의 파트너, 부모, 조국뿐만 아니라, 자신의 자부심의 상실로 자신의 미래와는 단절되어 있다고 느끼고 있었기 때문이에요. 네 가지 차원의 세계에 그가 어떻게 존재하고 있는지에 대해서는 바로 알아차리지 못했어요. 이 작업에는 꽤 오랜 시간이 걸렸죠. 이는 또한 라힘의 어려움을 말해주는 것이라고 생각해요. 시작부터 그의 물리적(신체적) 차원에서의 실존에 대해서는 모호한 부분이 있었어요. 왜냐하면 그는 분명히 땀을 많이 흘렸고 스스로 생각하는 것보다 신체적(물리적)으로 더 불안정하고 불안해하는 모습을 보였으니까요. 자신의 신체적(물리적) 자기혐오에 대해서 나에게 말할 만큼 충분히 편안해지기까지 시간이 다소 소요되었는데, 이러한 자기혐오는 그의 외로움과 죄의식에 사로잡힌 자위행위와 동시에 일어났어요. 이는 매우 개인적이었고, 의례적이었죠. 그리고 자해와 교수형과도 연결되어 있었고요. 마침내 그가 이 부분에 대해서 말했을 때 우리는 어떻게 삶과 죽음의 모순이 그의 신체적(물리적) 실존을 만들었는지를 이해하게 되었어요. 그가 가졌던 모든 즐거움은 고통이라는 형벌을 받았음이 분명했고, 그의 성적 취향은 일종의 속죄로서 오직 혼자만의 것이 되었고, 어떤 면에서 이는 피루즈의 죽음과 관련되어 있음에 분명했지요. 그의 삶은 그가 죽음을 기억하고 존중할 때 오직 꽃피울 수 있었어요. 흥미롭게도 그는 이를 스포츠 활동과 연결지어서 체육관에 가고, 거친 축구 경기와 같은 활동에서 즐거움을 느끼기 시작했어요. 이는 그의 수치심과 관련된 이슈에도 도움이 되었고, 그가 덜 힘들고 덜 처벌적인 다른 신체 활동들을 즐기기 시작하게 해 주었어요. 상담 회기에서 괴로워야 한다는 의무감 없이 즐거워하곤 했던 것들을 탐색한 이후에 그는 요리 교실에도 참여하기 시작했어요. 그는 부끄러움 없이 자신의 요리를 자랑스러워하게 되었고, 함께 축구를 하는 동료들에게 유명한 페르시안 요리인, 바갈리 폴로(Baghali-Polo)를 대접하며 자신의 전문성에 대해서 말하기를 즐겨하게 되었어요. 이때가 라힘이 긴장하지 않고 웃는 모습을 처

음으로 봤던 때였어요. 그리고 나는 그의 활력과 삶에 대한 열심을 확신할 수 있었어요.

　　사회적으로 긴장은 더욱 커졌지요. 처음에 그는 여성 친구와 아파트를 공유하였는데, 그는 그녀와 말하는 것을 회피했었어요. 그는 이란에 있는 가족과 전혀 연락을 하지 않았었고 이로 인해 매우 깊이 좌절하고 있었어요. 그러나 그렇게 하는 것이 필요하다고 생각하고 있었죠. 이에 대해서 말하는 것은 그의 문화적 가정의 일부를 명확히 볼 수 있도록 해 주었고 나는 그의 정체성이 어떻게 가족과의 관계와 얽혀있는지 보다 온전히 이해하기 시작했어요. 그는 자신을 가족과 분리할 수 없었지만, 그렇게 해야만 했죠. 이는 그에게는 마치 고문과도 같았고 그의 부모와 형제, 자매 그리고 다른 친척들에게 존중받지 못하는 자신을 스스로 존중하는 것은 그에게 매우 힘든 일이었어요. 그는 영국에서 자신의 사회적 관계를 극도로 최소화했어요. 가끔씩 가벼운 성적인 관계를 가지기는 했지만, 이는 항상 피루즈에 대한 끔찍한 죄책감을 느끼게 했죠. 또한 이는 자기혐오를 불러일으켰는데, 왜냐하면 가족과 종교에 비추어 그는 이 행동을 잘못된 것으로 여겼기 때문이었어요. 직업과 그의 관계는 형식적이었는데, 그에게 직업은 아무런 의미도 없고, 대수롭지 않은 것이었죠. 처음에 그는 치료도 별다르지 않을 것이라고 생각했다고, 그러니까, 달라지지 않은 채 그냥 되돌아오게 되는 직업적 대화 정도로 생각했었음을 인정했어요. 치료적 관계의 깊이와 그 관계 속에서 그가 보인 정직함의 정도는 그에게 새로운 것이었는데, 이는 그와 룸메이트의 관계를 깊어지게 했고, 다른 친구들과의 관계 또한 깊어지게 했어요.

　　개인적 수준에서 라힘은 우리가 보았던 것과 같이 자신의 내적 모순으로 매우 뒤얽혀 있었어요. 그는 자신이 아주 끔찍하고 파멸적인 상황에서 살아남은 것으로 인해서 앞으로 다시 스스로를 존중할 수 있을지 확신하지 못하고 있었죠. 그는 아버지와 같이 자신이 사업가인 사실을 자랑스러워했는데, 다소 부끄러워하며 자기 스스로를 지적이며 공정한 사람으로 생각하고 있다고 시인했어요. 그렇다고 하더라도, 이런 자부심은 이란에서 추방되고 경력이 엉망이 된 사람으로 스스로를 인식하는 것에 의해서 모두 사라졌지요. 그에게 일은 자신이 수용할 수 있는 범위보다 더 큰 긴장을 일으켰기 때문에 직업 영역에서의 상당한 성공에도 불구하고 이는 그에게 그다지 도움이 되지 않았어요. 그는 서서히 일에 대한 자신의 태도가 중요하다는 사실과 자신이 일상의 세계에 존재하는 방식을 스스로 즐기고 있다는 사실을 받아들이기 시작했어요. 그는 일상의 긴장 중 대다수는 자신의 존재 방식을 변화시킴으로써 다뤄질 수 있다는 사실을 깨달았어요. 이란에 있는 그의 부모님과 다른 가족들에 대한 감춰진 모순된 감정들을 해소할 수 있도록 했던 것은 다른 사람들이 그를 대하는 방식에서 그가 느낀 고통이었어요. 그는 그들을 너무나 사랑했지만, 또한 동시에 그들이 자신을 오해하고 판단했던 방식에 대해서 몹시 실망하고 있었어요. 그는 깊은 증오와 배신감을 말할 수 있기 시작했어요. 하지만 그렇다고 하더라도 라힘은 전적으로 자신에게 지워진 모든 잘못들에 대한 고민으로 항상 되돌아가려고 했죠. 그는 나쁜 사람이었고, 모두의 기대를 저버린 사람이었어요. 그는 많은 사람들에게 상처를 주었고, 다시 그들에게 상처를 주고 해를 끼치게 될 것으로 두려워했기 때문에, 다른 사람들로부터 떨어져 있는 것이 그에게는 최선이었어요. 자신의 운명에 대한 그의 깊고 끝나지 않는 슬픔은 그를 고립으로 밀어 넣었어요. 그는 이를 하나씩 바로잡기 시작했어요.

이러한 모든 것들을 통해 우리는 천천히 그의 정신적 신념과 가치관을 탐색했어요. 그가 인생을 진지하게 받아들이며, 그가 독실한 사람이라는 점은 분명했기 때문에, 그가 이 종교적 헌신의 의미로 갈등했던 것은 여러 달 동안 다룰 수 없는 금기와 같은 것이었어요. 그런 이유로 그는 내가 이를 탐색하도록 그를 압박했던 것으로 나에게 강한 감정을 터뜨린 이후에서야 비로소 이 핵심에 도달할 수 있었던 것이었어요.

라힘과 나의 관계 기반은 매우 견고하게 형성되어 있었다. 우리 사이에는 큰 신뢰와 애착이 자리 잡고 있었다. 그러나 그는 종교와 관련된 주제에 관해서는 교묘하게 숨기고 있었는데, 나는 그가 나의 세속적인 태도를 전적으로 신뢰하고 있지 않았고, 나의 철학적 배경을 의심스러워하고 있다는 것을 알고 있었다. 왜냐하면 그는 이와 관련해서 때로 부정적인 비평을 표현하곤 했기 때문이었다. 우리는 그의 감정에 이름을 붙이고 그 감정들의 기원을 이해하는 더딘 과정을 성공적으로 수행했다. 우리는 이 세계에 더욱 몰두하고 그 안에 타인들과 연결되는 것에 있어서는 앞으로 나아가고 있었다. 라힘은 자신의 삶의 어두운 부분을 헤아리고 이름 붙이는 자신의 능력에 더욱 자신감을 갖게 되었다. 자기 이해와 자기 존중을 되찾아오는 그의 투쟁은 대단히 감동적이었다. 라힘이 무엇인가를 서서히 반성하고 또 갑자기 이해하게 되는 순간들은 우리 두 사람 모두에게 빛나는 해방의 순간들이었다. 이 순간들은 항상 그를 담대하게 했고 이 세계와 조금 더 연결되도록 했다.

그렇지는 하지만 금기시되었는 이슈는 여전히 금기시되고 있었다. 상담을 시작한 지 첫 몇 달간은 우리는 라힘이 가진 이슬람 신앙 체계에 대해서는 실제로 전혀 이야기하지 않았다. 만약 그 때 내가 이를 밝혀내고자 했다면, 그는 마치 내가 그의 감정을 상하게 한 것처럼 나를 외면했을 것이다. 우리는 모두 이 유연함의 중요성을 받아들였다. 하지만 우리는 이것이 그의 운명과 인생을 형성해 왔음을 인정하면서도 결코 그 이유와 방식을 이해하고자 하지 않은 채 이를 "그의 종교"로서 명명하고 이를 내버려 두었다. 우리의 철학적 논의가 속도를 낼수록 예를 들어, 그는 개인보다 가족을 우선에 두는 것과 같은 자신의 믿음과 그 믿음의 특정한 문화적 개념들을 수용하는 나의 능력에 대해서 다시 확인하기 위한 질문을 하기 시작했다. 나는 그가 이를 소중히 여기는 것을 알고 있었고, 심지어 그가 내가 이러한 가치들을 공유하지 못하는 것에 대해서 이의를 표현할 때에도 이를 존중하고 타당하게 생각하는 것을 어렵게 느끼지는 않았다. 나는 내가 이러한 가치들을 공유하지 않는다는 것에 라힘만큼 동의하는 것은 아니지만, 그가 영국에서 혼자 살고 있는 반면에 나는 가족들과 조화롭게 잘 지내고 있다는 사실을 언급했을 때 그는 자신이 영국에 머무르지 못할 수도 있었기 때문에 이를 사소한 것으로 일축했다.

이는 라힘과의 상담에 있어서 완전히 다른 영역의 어려움이었다. 본래 그는 영국에 망명을 신청했었는데, 그의 생명이 위협에 처해있다고 받아들여지지 않았기 때문에 그의 요청은 거절되었다. 이제 그는 자신의 경제적 독립을 증명하는 것을 통해서 영국 시민권 문제를 해결하기 위해서 노력하고 있으며 이는 상담 회기에서 그가 가끔 말했었던 것과 같이 상당히 까다로운 일이었다. 영국인이 되기 위해서 애쓰고 노력하는 것은 그에게 더 큰 죄책감을 느끼게 했는데, 다른 나라의 국적을 취득하는 것은 그에게 조국을 배신하는 또 다른 형태의 행위였기 때문이다. 그리고 마침내 그가 영국 국적을 취득하게 되었을 때, 이는 오히려 그로 하여금 더욱 페르시아인으로 느끼게 했다. 그는 나에게 비록 자신이 공개적으로 종교 예식에 참석하고 있지는 않지만, 개인적으로는 예식을 드리고 있다고 말하기 시작했다. 그는 내가 자신의 종교적 신념을 반대할 것이고 자신이 무신론자가 되도록 설득할 것으로 생각했었다고 시인했다. 우리는 신과 종교에 대한 다소 격렬한 논쟁을 했었는데, 그는 자신의 신이 다른 신들보다 우월하다는 것을 내가 받아들이지 않는다며 나를 비난했다. 나는 이전에는 잘 숨겨져 있었던 라힘의 한 측면을 보게 되었다. 그는 서양 여성인 나에 대해서 마치 자신이 우월하다고 느끼는 것처럼 무시하듯이 말했고 적대감을 보였다. 그는 나의 학문적이고 전문가적 지위를 존중했고, 우리는 진보적이고 열린 사회에 대한 동일한 열망을 갖고 있었기 때문에 심리나 정치에 관한 대화에 있어서는 문제가 없었지만, 종교에 관한 대화에서 우리는 매우 힘든 장애물과 접근이 불가한 영역에 이르게 되었다. 이념 또는 영적인 수준에서의 갈등은 해결하기에 매우 어려운 것임이 분명해 보였다.

피루즈와의 성적인 관계의 종교적 성격에 관해서 이야기하기 시작했을 때 이 갈등은 매우 격렬하고 맹렬해졌다. 어느 날 라힘은 나에게 다소 떨며 수줍게 피루즈와의 신체적(물리적) 친밀감이 신을 더 가깝게 느끼게 했다고 말하며, 자신은 이를 이해할 수 없다고 말했다. 이 고백은 그가 실제로 목숨을 걸었었고, 그가 했던 모든 것이 피루즈에게 신의를 지키기 위한 것이었다는 깨달음으로부터 나왔다. 나는 이 말이 마치 피루즈가 이 세상에서 신을 대표한다는 말처럼 들린다고 언급했다. 그리고 이 말은 귀가 먹먹할 정도의 침묵을 남겼다. 라힘은 나의 말이 그에게 두려움과 공포를 불러일으켰으며, 자신이 사랑을 통해서 신에게 범죄를 저질렀을지도 모른다는 의구심을 갖게 했다고 말했다. 그는 자신이 피루즈에게 느꼈던 감정은 신을 거스르는 것이었다고 생각했는데, 왜냐하면 신의 계명에 불복할 만큼 피루즈에 대한 감정이 강렬했기 때문이었다. 현재 그는 자신이 마치 신을 배신하고 버렸던 것과 같이 피루즈를 배신하고 버렸다고 느끼고 있었다. 그러나 피루즈가 죽어갈 때 그에 대한 자신의 사랑을 크게 외치기 위해서 라힘이 편하게 살 수 있었던 삶을 어떻게 실제로 희생했는지 우리가 함께 상기했을 때 갑자기 라힘의 마음에 변화가 일어났다. 오랜 시간 동안 그는 자신이 겁쟁이며 어리석고 자신의 삶의 마지막을 피루즈와 함께 하고자 했던 자신의 노력이 부족했다는 생각에 자신이 했던 희생은 못 본 체해왔다. 그가 피루즈에게 느꼈던 압도적인 사랑과 진심 그리고 그에 따른 희생에 대한 시각을 상기하고 받아들이는 것은 마침내 자신과 사랑하는 사람을 위해 눈물을 흘리게 했다. 그의 삶은 어리석은 짓이나 범죄가 아닌 비극으로 보였다. 그는 잠깐 사이 알라도 다른 사람을 극진히 사랑한 것에 대해서 자신을 용서했을 것이라는 생각을 스스로에게 허용했다. 아마도 그의 희생은 충분했던 것 같다. 처음으로 그는 깨달을 수 있었다. 그는 피루즈가 천국에서 그를 인정하고 칭송하며 그에게 실망하기보다 그를 여전히 사랑하고 있을 가능성을 어렴풋이 이해했다. 그는 사랑하는 사람을 위해서 자신의 생명을 희생한 것으로 신이 피루즈를 용서했을 것이라고 확신했다. 나는 만약 신이 이러한 방식으로 동성애를 용서한다면, 이는 라힘 그 자신에게도 동일하게 적용될 것이라고 말해주었다. 이는 그에게는 마치 계시와 같았다. 피루즈와 다시 재회한 듯한 느낌과 신에게 용서받았을 가능성에 끝나려던 그의 삶은 다시 시작되었다.

구원에 대한 이 첫 받아들임은 라힘에게 마치 새로운 여유를 만들어준 것과 같았다. 그는 이란이 아닌 런던에서 시작하고 있는 사업에 좀 더 흥미를 갖기 시작했다. 그는 더 강인해졌고 더 강렬하고 거침없어졌다. 그가 나에게 다른 남자를 만나기 시작했다고 말한 날 나는 달라진 그를 만났다. 하지만 여전히 나에게 그 부분에 대해서는 말하려 하지 않았다. 이제 그는 흠잡을 데 없는 비즈니스 정장 대신에 청바지에 셔츠를 입고 상담에 찾아온다. 그는 자신이 이룬 변화에 따라 새로운 삶을 살 것이라고 말했다.

클레어: 라힘의 가치관과 자신의 문화에 대한 이해에 변화가 있었던 것으로 보이네요. 종교에 대한 그의 관점에서도 변화가 있었나요?
에미: 좋은 질문입니다. 그리고 제가 과소평가했었던 부분이기도 하고요. 그의 변화된 태도에도 불구하고 내적으로나 외적으로 모순과 긴장이 점점 증가하고 있다는 것이 이내 명확해졌어요. 라힘은 자신의 종교적 관점을 바꾸지 않았어요. 오히려 그 반대였지요. 그는 자신을 시험했어요. 자신의 새로운 유연성과 변화는 그를 다시 동성애 장면으로 돌아가게 했어요. 그러나, 이는 피루즈와 신 그 자신 모두와 관련해서 완전히 새로운 죄책감을 일으켰어요. 이는 우리 사이의 격렬한 대화로 이어졌지요.

라힘이 온 시간을 종교와 관련된 죄책감과 씨름하고 있는 것을 보면서 그가 당면하고 있지 않은 이슈에 대해서 그를 압박할 필요가 있을 수도 있다는 것을 깨닫게 되었다. 이는 나에게 그가 스스로 자신의 목을 계속해서 조르고 있으며, 자기 자신에 대해서 스스로 판단하는 것을 내려놓지 못하는 것처럼 보였다. 그가 더 자유로운 방식으로 행동하면 할수록 그의 죄책감은 증가했고, 그는 자기 자신을 더 곤경에 빠뜨리고 있었다. 라힘은 자신과는 다른 방식으로 종교를 바라보는 무슬림 남성 동성애 집단을 알게 되었다. 그는 나에게 이 남성들은 위선적인 삶을 살고 있다고 말했다. 이들 중 대다수는 어린아이와 결혼을 하고, 거짓 결혼생활을 하고 있었다. 라힘과 달리 그들은 무슬림의 원칙을 어기면서 동시에 무슬림 사원에서 행복하게 예배하고 있었다. 이는 그에게 자신이 피루즈를 생각하면서 아버지와 불편하게 예배하던 과거에 자신의 위선을 떠올리게 했다. 그는 공개적으로 함께 살아갈 수 있는 그런 깊은 관계를 원했다. 그는 무슬림 사원에 예배하러 가지도 않고 또한 거짓 결혼 생활을 준비하지도 않았다. 그는 자신의 성적 파트너에게 질투와 조소를 모두 표현했다. 그러나 어느 날 그는 그들이 종교적 신념을 실제로 심각하게 받아들이지 않기 때문에 죄책감으로부터 자유로울 수 있다는 결론에 도달했다. 그는 결코 이렇게 될 수는 없었다. 그는 억눌린 분노와 분함으로 가득 차 있었다. 그는 "이 사람들은 전혀 진실하지 못해요. 그들은 내가 신과 어떤 시간을 보내왔는지 전혀 모르고 있어요. 그들 대다수는 동성애로 살해될 수 있는 나라가 있다는 사실을 심지어 알지 못하고 있어요."라고 말했다.

"그러나 당신은 알죠." 나는 매우 차분하고 확신 있게 말했다. 나는 어떤 전조가 되는 순간을 느낄 수 있었다.

"그래요. 나는 그러한 기억을 가진 채 일상을 살아가야만 해요. 이러한 위험과 기억들은 나를 지독하게 괴롭혀요. 그 생각들은 내가 18세일 때 맞았던 채찍질보다 더 나에게 상처가 돼요. 여전히 스스로 범죄자처럼 느끼고 나 자신을 괴롭게 합니다. 스스로 악한 사람같이 느껴지고 앞으로도 항상 그럴 거예요. 마치 내 살에 새겨진 문신처럼요. 내가 공원에서 만난 이 사람들은 자신들이 무엇인가 잘못하고 있다는 사실을 심지어 받아들이지도 않아요. 이런 것들이 그들에게는 마치 게임과 같은 거죠. 그들 중 대다수는 영국에서 태어났고, 자신의 가족이 살았던 나라에서는 무슨 일이 일어나는지 전혀 알지 못하죠. 그들 중 누구도 내가 어떻게 느끼는지를 이해하지 못해요"라고 반응할 때 라힘의 목소리는 억압된 분노로 가득 차 있었다.

나는 조심스럽게 "당신은 그들이 결코 알 수 없는 무슬림 동성애자가 된다는 것이 무엇인지에 대해서 알고 있죠."라고 말했다. 이에 라힘은 "그리고 그들은 알고 싶어 하지도 신경 쓰지도 않아요."라고 반응했다.

나는 잠시 기다렸지만 그는 여전히 침묵하고 있었다. 그래서 나는 "아마도 그들은 당신과 같이 죄책감을 느끼기를 원치 않는 것 같군요."라고 말하며 조금 더 탐색해 보았다.

라힘은 고개를 끄덕였고, 나는 그에게 직면하는 것에서 힌트를 얻어서 "하지만 당신은 당신이 이를 알고, 죄책감을 느끼는 것이 더 낫다고 생각하고 있지요."라고 말했다.

라힘: 내 종교가 내가 한 행동으로 나를 나쁜 사람으로 여기고 나의 조국은 내가 범죄자라고 생각한다는 것을 알고 있어요.

나는 고개를 끄덕이며 이와 관련해서 종교와 조국에 동의하는지 여부를 물었다. 이는 라힘에게 너무 큰 도전이었고, 그는 이 일로 나를 맹렬히 비난했다.

라힘은 "물론 동의하죠. 이에 대한 저의 마음은 바꿀 수 없는 거에요. 나는 무슬림을 자유롭게 하는 그런 동성애 영웅은 아니에요. 나는 세계에 대한 당신의 비뚤어진 관점에 동의하진 않아요."라고 말했다.

나는 그의 격렬한 말에 다소 당황했으며, 그는 마치 화가 나고 마음이 상한 듯이 침묵했다. 나는 매우 머뭇거리며 말했다. 나는 그가 공원에서 만난 남성들과 나를 함께 적으로 간주했다고 느꼈다. 그는 다시 숨었고, 다시 홀로 되었다.

클레어: 정말 상당한 도전이었겠어요! 그가 한 말, 그러니까, 당신에 대한 판단을 당신이 어떻게 느꼈을지 궁금하네요. 그리고 이 일이 당신의 관점과 라힘과의 관계에 어떤 영향을 미쳤는지도 궁금해요.

에미: 내담자가 저에게 화를 낼 때면, 설사 내가 이전에는 인정하고 존중했던 경계 너머로 의도적으로 내담자를 압박했다는 것을 알고 있다고 하더라도 항상 힘이 들죠. 그렇게 하기로 마음먹기 위해서는 용기가 필요해요. 하지만 누군가 분노와 격분에 붙잡혀 있고, 이를 표현하기 위한 방법을 찾을 필요가 있다고 느낄 때면 나는 안전한 방법으로 그렇게 해요. 대개는 지나칠 정도로 따뜻하고 친절한 태도로 나와 의견이 충돌하도록 압박할 때면 종종 새로운 진전이 나타나곤 해요. 그렇지만 그 논란에 오랜 시간 머물러 있지는 않아요. 저는 방어적이지 않게 또는 불필요하게 공격적이지 않으면서 진짜 이유를 찾기 위해 노력해요. 무엇보다도 관계를 위태롭게 하기 전에 우리 사이의 신뢰와 친밀함을 충분히 확보해요.

나는 라힘에게 "비뚤어진이요?"라고 말했다.

내 생각에 내 목소리는 다소 머뭇거리며 주저하는 듯 했는데, 왜냐하면 나에 대한 그의 어조의 변화에 충격을 받았기 때문이었다. 나는 의심과 공격을 받고 있다고 느꼈지만, 또한 일어난 일의 중요성을 알고 있었고 동시에 이 일이 우리를 어디로 인도할지를 알고 싶은 매우 강한 호기심을 느꼈다.

라힘은 이내 눈물을 보이면서 동시에 매우 격분하며 말했다. "네, 그럼요! 당신은 자유롭고 관대한, 거의 모든 것을 수용하고 기꺼이 받아들이려고 노력하는 서양의 지식인이죠. 그렇지만 그건 문제가 있어요. 그렇지 않나요? 이 세계는 그렇게 점점 더 혼돈에 빠져들어요. 자유주의 철학자들은 질서, 도덕 그리고 종교의 적이에요." 그는 말을 멈추었지만 이 순간 여전히 그의 눈은 이전에는 거의 보이지 않았던 방식으로 나를 세심히 살피고 있었다. 이는 마치 그가 더 이상 삼가지 않고 나를 더 이상 조심스럽게 대하지 않겠다는 것 같았다. 그는 공격적이었고 적대적이었다.

나는 진실하게 진심을 담아 응답했다. "음, 당신이 그토록 나와 내 인간관에 대해서 의문을 품고 있었는지는 몰랐어요." 나는 틀림없이 내가 실망하고 다소 상처받아 보였다고 생각했다. 그리고 이는 내가 느낀 감정이기도 했다.

이어 라힘은 혼잣말을 하듯이 대화를 이어 나갔다. "그러나, 그건 당신에 대한 것은 아니에요. 당신도 알다시피 나는 신이 나를 저주할 거라 생각해요. 알라는 모든 것을 보고 모든 것을 알죠. 내가 하는 행동을 그에게 숨길 수 없어요. 나는 당신이 나를 용서할 것을 알아요. 심지어 나를 격려하겠죠."

나는 온화하게 고개를 끄덕였다.

라힘은 나를 사납게 바라보며 "하지만 그건 곧 당신도 저주를 받으리라는 것을 의미해요. 어떤 것도 그 사실을 바꿀 순 없어요."라고 말했다.

클레어: 또 다른 도전이군요! 마치 자신이 처해있는 것과 같은 곤경 속으로 당신을 데려오려고 시도하는 것 같네요. 사나운 눈빛을 동반한 상당히 강한 표현으로요. 라힘은 서로 모순되는 두 가지 다른 세계관을 경쟁시키고 있네요. 하지만 두 관점 모두 스펙트럼의 양 끝에 자리하고 있지요. 당신도 이 상황을 이같이 보고 있지 않나요?

에미: 라힘이 난생처음으로 온전한 자신감과 권위를 가지고 자기 자신을 표현하는 것을 보면서 나는 약간의 두려움과 흥분을 느꼈죠. 나는 그가 나에게 맞서고 자신의 진실을 표현하는 것이 긍정적인 반응이라는 것을 직감했어요. 또한 이전에는 금기시되어 왔던 것에 대해서 진실하게 이야기할 수 있는 기회라는 것을 알았지요. 그리고 물론 이슬람에 대해서 전혀 언급하지 않은 채 그를 실존적 탐색으로 이끌어간 것에는 암묵적인 모순이 내재되어 있었죠. 하지만 또한 다른 것도 느낄 수 있었는데, 처음으로 우리가 함께하고 있다는 느낌을 느꼈어요. 나는 더 이상 신이나 타인과 같이 그를 판단하는 누군가가 아니라, 그와 마찬가지로 결점이 있는 사람이 된 것이죠. 어느새 우리는 한배를 타게 되었어요.

나는 그 순간 내가 이해할 수 있는 최선으로 방법으로 내가 감지한 모순을 끌어내고 그에게 다시 도전했다. "만약 정말로 당신의 관점이 그렇다면, 나에게 도움을 요청하기 위해서 찾아왔던 이유가 무엇이었나요?" 실제로 일어나고 있는 일을 탐색할 때 나는 편견 없이 호기심을 갖는 만큼 이해할 수 있다고 생각한다. 그러나 기억은 상당 부분 포장되고 자기 기만적이기 때문에 나는 이 부분에 자신할 수는 없다. 어쩌면 내가 기억하는 것보다 더 강제적이었을 수도 있을 것이다. 지금 이를 읽을 때, 이는 마치 상당히 감정이 상하고 자기방어적인 것으로 들리기도 한다. 그리고 다소 자기에게 유리한 주장만 하는 부분도 없지 않아 있다. 나는 라힘이 나의 차분한 전문성을 넘어서서 처음으로 피의자석에 나와 자신을 나란히 서게 했다고 생각하며, 이러한 이유로 나는 이 일이 중요하다고 생각했다.

나의 질문과 실망은 그를 일깨웠고, 잠시 그로 하여금 자신의 내면을 반성하게 했다.

잠시 생각을 한 후 라힘은 말했다. "당신이라면 당신의 자유주의와 나의 종교 사이에서 조화를 이룰 수 있는 길을 보여줌으로써 고통을 피할 길을 찾아줄 수도 있을 것이라고 기대했던 것 같아요.

내가 우려하던 말로는 들리지 않는다는 안도와 함께 나는 조금 크게 웃었다. 나는 그가 나에게 아주 많은 것을 기대하고 있었다는 사실에 기쁘기도 했지만 내가 그 기대에 부응할 수 없다는 사실을 깨달았다. 그의 믿음은 나에게 매우 큰 영향을 미치고 있었다. 나는 실제로 과도하게 관대할지 모르며, 라힘과 같은 사람과 상담을 하기에는 충분히 신을 두려워하지 않을 수도 있다는 생각을 하기 시작했다. 나는 세계에 대한 나의 가정들과 함께 이 가정들이 그와 어떻게 충돌할 수 있는지에 대해서 깊이 깨달았다. 나는 이에 대한 의문과 함께 죄책감을 느꼈다. 결국 나는 그와 동일하게 느끼고 있었다. 나는 그에게 이보다 더 줄 수 있기를 원했지만, 진솔한 나밖에는 줄 수 있는 것이 없다는 것을 알았다. 라힘은 나의 한계를 도전한 것이다.

클레어: 이제는 종교와 문화에 대해서 당신이 가진 관점에 당신 스스로 의문을 제기하는 흥미로운 방향으로 치료가 나아가는군요. 틀림없이 상당히 불안했겠군요.

에미: 맞아요. 치료가 본론에 들어가게 될 때 흔히 있는 경우지만, 라힘은 분명히 치료를 어렵게 했어요. 나는 내가 불안하게 되었던 이유를 깨닫기까지 내가 문화적 감수성과 인식이 부족했다고 느꼈어요. 나의 도덕성이 문제가 될 수 있다고 느껴졌고, 우리의 사회가 너무 세속적이고 영적인 겸손이 부족한 것은 아닌지 의구심도 들었어요. 나는 항상 나 자신을 영적으로 깨어 있는 사람이라고 생각했었는데, 이 사실이 갑자기 의심스러워진 거죠. 나는 이를 안타깝게 생각하기는커녕, 라힘과 나의 관계를 보다 더 실제적으로 느꼈고 그와 더욱 진실하게 연결된 것처럼 느껴졌어요. 물론, 내가 충분히 안전하다고 느끼고, 새로운 장에 들어갈 준비가 되었다고 느껴질 때까지 이로부터 나 자신을 지켰죠. 대개 그렇듯이 이 일은 우리가 함께하는 방식을 보다 나은 쪽으로 변화시켰어요.

이 언쟁이 마무리되며, 나는 우리가 다시 이 주제로 대화를 나눌 필요가 분명히 있을 수 있다는 사실을 알게 되었는데, 왜냐하면 이 대화는 우리 둘 모두의 불안과 관련되어 있었으며, 이 대화에서 뭔가 매우 중요한 것이 진술되었기 때문이었다. 나는 서양 철학에 몰두하느라 꽤 오랜 기간 소홀히 해왔던 종교 철학과 종교 심리에 관한 공부를 다시 시작해야겠다는 마음이 들었다. 나는 내가 얼마나 배워야만 하는지 인식했다. 나의 세계관과 삶의 방식들 속에 편안히 앉아서 라힘의 안 좋은 경험들에 공감하는 것은 나에게 너무나 쉬운 일이었다. 나는 이 문제에 대해서 내가 옳다는 우월한 신념에 안주하면서 그의 경험에 대한 나의 가정에 대해서는 깨닫지 못하고 있었다. 나는 나 자신을 자유의 대리인으로서 인식하고 있었다. 이제 이 지위는 문제가 되었다.

코란과 다른 경전 및 그 해설 등에 몰입한 이후, 나는 처음으로 라힘이 된다는 것이 어떤 것일지 그리고 나의 신념이 매우 신성시되고 중심이 되는, 그렇지만 이 신념이 나의 안전에 해를 끼친다고 하더라도 이로부터 도망갈 수 없는, 국가와 가정에서 키워지는 것이 어떤 것일지에 대해서 고심하기 시작했다. 나는 라힘이 동성애를 선택할 수 있는 자신의 권리를 받아들이고 이를 주장할 수 있도록 돕는 나의 상담에 대해서 무슬림 지역사회가 알게 되는 것을 상상하는 철학적 실험을 실행했다. 이는 나쁘지 않았다. 하지만 내가 강의를 하기 위해 이란을 방문했을 때 신과 국가의 배신자로서 외부에 알려지는 상상을 하자, 내 마음의 평화는 이내 사라졌고, 처음으로 이를 진정으로 이해할 수 있었다. 나는 덫에 걸려 위기에 빠진 듯 했으며, 두 문화적 현실 사이에서 이러지도 저러지도 못하는 상황에 놓여 있었다. 나는 내가 종교적 자유라는 개념을 너무나 당연한 것으로 여겨왔다는 사실을 깨달았다. 나는 세계에 대한 나의 과학적 관점이 나에게 진리에 대한 확고한 근거를 제공해 주었다고 생각했다. 영적인 진리는 나의 확실성을 인정하지 않았다. 나는 상당히 충격을 받았다.

다음 회기에서 나의 이러한 깨달음을 일부 라힘과 나누었고, 대화는 매우 흥미롭게 이어졌다. 그는 마치 가정교사와 같은 역할을 수행하며 나에게 코란을 어떻게 읽어야 하는지 말해주었다. 라힘이 나에게 영향을 미치고 싶어 하고 있으며 심지어 내가 이슬람으로 개종하기를 바라고 있다는 사실이 명확해졌다. 이제야 나는 마침내 진정으로 그의 곤경을 이해하게 되었다. 그의 종교적 신념은 그에게 매우 중요한 것이었고, 그는 자신의 신에 의해서 유죄선고를 받았고, 죄책감과 후회로 갈기갈기 찢겼다고 느끼고 있었다. 그는 안전한 곳이라고는 없는 괴로운 세계에 살고 있었다. 신과 남성을 향한 사랑 사이의 갈등에서 그는 모두를 잃었고, 서로를 중재하는 것 또한 가능하지 않았다. 나를 개종시킬 수 있을지도 모른다는 생각은 그에게 지금까지 그가 말했던 어느 것보다도 더 큰 희망을 주었다.

클레어: 이 대화는 분명히 당신에게 큰 영향을 미쳤겠군요. 그리고 자신의 가치관에 대해서

도 생각해 보게 했을 것 같네요. 또한 저도 우리의 신념이 어떻게 만들어지는 것인지, 그리고 우리에게 알려지지 않은/우리의 한계를 벗어난 것들에 대한 신념이 어떻게 만들어지고 우리가 이를 어떻게 만드는지 생각해보게 되네요. 자기 반성(self-reflection)으로부터 어떤 결론을 얻었나요?

에미: 나 자신에 대한 나의 주요한 깨달음은 진리를 찾는 나의 신념이 나에게는 근간이 된다는 것이었어요. 종교적 열정과 코란의 요구는 나에게 그리 어렵지 않았어요. 나를 당황하게 했던 것은 이런 종교적 열정에 동반하는 일상적인 신념을 위해서 생명이 위험에 처할 수 있다는 사실이었어요. 나는 사람들이 초월성과의 연결을 추구하는 것에는 많은 좋은 점들이 있지만, 사람들이 마음속으로 상상하는 것일 수도 있다고 생각해요. 그리고 이와 같은 연결에 완전히 결핍되어 있는 사람들은 자신이 무엇인가 특별한 것을 상실했다고 느끼죠. 나는 이와 같은 연결이 이슬람교를 포함한 여러 다른 종교들에서 찾을 수 있다는 것에 동의할 수도 있었어요. 내가 따를 수 없었던 것은 이와 같은 믿음의 세속적인 결론들이었어요. 특히 이러한 결론들이 무엇인가 신성하거나 또는 초월적인 것이 아니라 전통적인 판단에 근거하고 있는 것처럼 보일 때 말이죠. 나는 성적인 사랑의 방식이나 남성과 여성의 평등을 바란다는 이유로 죽임을 당한다는 사실을 결코 받아들일 수 없었지요. 나는 편견이 아주 심해서 피에 굶주려 벌을 내리는 어떤 신도 상상할 수 없었어요. 나는 스스로 이를 곰곰이 따져보면서, 라힘에게 체험적인 난제를 제시할 수 있었고, 그는 매우 심사숙고하며 대답했어요.

그는 "그래서 제가 이맘(Imam, 이슬람 성직자)이 아니라 당신을 찾아온 거겠지요. 당신이 도덕적 갈등을 이해할 것이라 기대도 있었지만, 만약 제가 가진 종교를 당신이 믿게 할 수 있다면, 아마도 이는 나에게 평화와 해답을 가져다 줄 수 있을 거라고 생각했어요."라고 응답했다.

나는 그가 말한 것을 이해하기 위해서 애썼다. "나를 개종시키면 내가 당신이 게이인 것에 대해서 당신을 비난할 것이라는 의미인가요?"

라힘은 머리를 저었다. "아니요, 당신을 신에게 돌아가게 하고 당신을 구원한다는 의미였어요. 내가 그렇게 한다면, 당신이 그 모순 속에서 길을 찾아낼 수 있을 것이라고 생각했어요. 당신이라면, 신과 내 문제에 대해서 해결해 낼 수 있을 것이라고요." 우리는 이런 일이 일어나지 않을 것을 알았기 때문에 서로 미소를 지으며 내심 웃었다. 이렇게 웃었던 순간은 새로운 가벼움을 가져다주었다.

나는 "내가 위험에 처하지 않았고 내가 구원을 필요로 하지 않는다면, 당신이 나를 어떻게 구원할 수 있지요? 그리고 내가 당신과 신 혹은 누군가와 신 사이를 어떻게 중재할 수 있나요?"라고 말했다.

그러나 나는 아직 내가 이를 정확히 이해하지 못했다는 사실을 깨닫게 되었고, 라힘은 확신 있게 내 말을 반박했다. "아마도 종교를 통해서 나는 이해하고 있지만 당신은 이해할 수 없는 것이 있는 것 같군요." 나는 여전히 회의적으로 말했다. "예를 들면 어떤 것인가요?"

라힘은 진심을 다해 말했다. "말하자면, 당신이 신을 다시 찾지 않는다면 구원받을 수 있는 길이 없는 것과 같아요."

나는 "당신은 그렇게 믿고 있군요? 신과 다시 관계를 회복하기까지는 당신의 죄책감과 고통 그리고 자기혐오에서 벗어날 수 없다고요?"라고 말했다.

라힘은 끄덕였고, 나는 그와 함께 있었다. 그는 눈물을 흘렸고, 내 생각에 그는 자신의 문제의 핵심을 정확히 알게 된 것 같았다. 중재가 필요한 것은 내가 아니었다. 직접적으로 남에게 의지하지 않고 신을 만나야 할 필요가 있는, 그리고 자신에게 남겨진 모든 문제를 직시해야 하는 사람은 그였다.

나는 그가 신이 자신을 용서하기까지 기도할 수 없다고 응답할 것이라고 예상하면서 나는 그에게 기도하는지 여부를 물었다. 그는 "내가 나의 성향을 포기할 때까지 신은 나의 기도를 받지 않을 거예요."라고 응답했다. 이 말은 완전히 절망적으로 들렸고 그가 자신의 국가나 가족에 대해서 말했던 어느 말보다 더 그의 곤경에 대해서 나에게 많은 것을 말해주었다. 그의 안녕의 중심에 있는 것은 신과의 관계였고, 믿음이었다. 그리고 이제 그는 자신이 느끼는 근본적인 권위에 다시 마음을 열기 위해 애쓰기 시작했다.

지금 우리는 내가 그에게 상기시켰던 것과 같이 다른 어떤 것보다 그를 신에게 가까이 다가가게 했던 피루즈에 대한 사랑을 포기하지 않은 채 신과 화해할 수 있는 방법에 관해 이야기하고 있다. 자기 자신과 그의 사랑 그리고 그의 신에게 진실한 것은 그에게 중요한 것이었다. 이 대화는 우리 두 사람 모두 서로가 가진 종교에 대한 근본적인 의견 차이를 알아차릴 수밖에 없을 정도로 매우 도전적이었다. 그의 고민의 한 가운데에서 그를 만나는 것과 점차로 신의 사랑을 표현하는 서로 이해할 수 있는 방식을 찾아 나가는 것은 매우 만족스러운 일이었다. 우리는 그가 신이라 부르는 존재가 우주에서 가장 전능하다는 사실에 동의했다. 그리고 이 전능함이 공정하며 정당하며, 개인에게 벌을 주는 것을 좋아하는 존재가 아니라는 것에도 동의했다. 라힘은 이슬람교의 교리를 실천하는 데 있어서 그에게 덜 파멸적이고 서양과 동양 간의 그리고 과학과 종교 간의 조화에 보다 더 열려 있는 새로운 방식을 탐색하기 시작했다. 이는 개인적으로 흥미로웠을 뿐만 아니라 다른 종교와 심지어 무신론에도 모두 적용할 수 있는 탐색이었다.

클레어: 이러한 형태의 논의를 시작할 수 있게 되기까지 큰 변화가 있었네요. 당신과 라힘이

함께 그의 가치관을 재구성함으로써 그는 자신이 믿는 것에 있어서 다소 유연해질 수 있었네요. 자신의 딜레마에 대한 라힘의 해결책은 당신과 긴밀하게 연결되어 있는 것처럼 보여요. 자신과 종교와의 관계를 탐색하기에 앞서 그 관계가 어떤 것인지 경험하기 위해서 그에게 당신이 필요했던 것 같군요.

에미: 네, 모두 다 사실이에요. 그리고 치료는 항상 매우 개인적이라는 것, 그리고 치료가 다른 사람의 실존적 어려움과 철학적 탐색 속으로 완전히 빠져들어갈 수 있는 치료자의 역량에 달려 있다는 것 또한 항상 사실이지요. 우리 각자는 자칫 매이게 되면 우리 자신을 불태워버릴 수도 있는 삶의 난제와 수수께끼를 풀어야만 하죠. 치료자로서 우리는 다른 사람의 옆에서 이러한 삶 또는 죽음, 진실투쟁을 대신하기 위한 준비를 할 필요가 있어요. 그의 종교에 대한 나의 겸손한 탐색이 그에게 자신의 관점을 겸허하게 다시 살펴보게 했던 것이죠.

이 시점이 라힘이 자기비난의 터널의 끝에서 빛을 보기 시작한 결정적인 순간이었다. 그는 자신이 종교를 포기할 수도, 피루즈를 향한 고통스러운 사랑도 포기할 수 없다는 것을 알았다. 이러한 두 헌신 모두가 그에게는 극히 중요한 것이었다. 그는 이를 위해서 아주 많은 것을 희생했지만, 이제는 자신이 바늘귀를 통과할 수 있다는 상상을 할 수 있게 되었다. 그는 새로운 방법을 찾아야만 한다는 것을 알았고, 상당히 빠르게 그렇게 했다. 그리고 다른 사람의 도움 없이 런던에 이슬람교에 헌신적인 다른 게이 모임을 발견했다. 그들 중에는 코란과 하디스(Hadith, 마호메트 언행록/역자주)의 해석에 있어서 훨씬 더 자유주의적인 알바니아, 보스니아, 그리고 튀르키예와 같은 이슬람 국가들에서 온 남성들이 있었다. 그는 동성애에 대한 칭송을 담고 있는 중세 이슬람 시들을 발견했다. 그는 여기에 이내 매혹되었다. 그의 관점이 관대해짐에 따라서 그가 나와 함께 존재하는 방식 또한 관대해졌다.

클레어: 처음 라힘이 당신을 찾아와서 자기 자신을 비난하는 것 이외에는 다른 해결책을 찾을 수 없었을 때 그는 정말이지 아무것도 할 수 없었고, 그의 가치관과 신념은 상당히 침전되어 있어 보였어요. 하지만 일단 그가 이 영역에 대한 탐색을 스스로에게 허용하자, 그는 유연할 수 있는 여지가 있다는 것을 알게 되었고, 자신만의 해결책을 찾아낼 수 있었던 거군요.

에미: 네, 맞아요. 피루즈를 죽음에 이르게 했고, 가문의 체면을 더럽힌 것에 대한 감정을 다루기 위한 그의 첫 번째 방법은 자기 비난이었어요. 이는 자신이 상실한 모든 것에 대해서 그가 슬퍼하는 방식이었던 것이죠. 자기 비난은 그의 신념의 틀 안에서 그가 할 수 있는 유일한 방법이었어요. 이 모든 것들은 단단해졌고, 그의 안에서 광물처럼 굳어갔어요. 저

는 이런 이유로 우리 사이에서의 다소 격렬한 감정의 폭발이 있어야만 했다고 생각해요. 이 돌들을 부드럽게 만들고 다시 조정하기 위해서요. 이제 그는 명예를 다시 찾을 수 있다고 느끼고 있어요. 왜냐하면 자신의 종교에 헌신적이면서 자신를 존중하는 방법을 찾았기 때문이죠. 우리가 이에 대해서 논의할 때 오직 우리가 이 죄책감을 실존적 죄책감으로 해석할 때에만, 다시 말해서 운명이 그의 실험실에 둔 이 과제를 받아들일 수 있을 때에만 이 죄책감이 완화될 것이라는 것이 명확해졌어요. 무엇인가 그 이상이 그에게 요구되었죠. 그는 해야 할 일을 가지고 있었죠. 단지 자기 양심으로부터 편안해지는 측면에서뿐만 아니라, 그와 같은 덫에 빠져 있는 세계 도처에 많은 사람들의 곤경의 측면에서도요.

그는 일단 언젠가 다시 미래를 향해 나아갈 수 있는 새로운 길을 찾는 것에 큰 도움을 필요로 하지 않았다. 그는 경전을 수용하는 새로운 방법을 찾아냈다. 그는 코란(이슬람 경전)의 법적인 측면을 그것의 종교적인 측면으로부터 분리하는 것을 배웠다. 그리고 동성애는 그것이 자애롭고 애정이 담기지 않고, 가볍고, 폭력적이고 압제적일 때에만 비난받게 된다고 결정 내렸다. 그는 자신을 정화하는 새로운 방법을 찾아냈고, 그 결과 자신의 헌신을 드러내고 모스코에 기도하러 돌아갈 수 있었다. 이는 그에게 늘 부족했었던 평화를 가져다주었고, 그로 하여금 피루즈를 위해 눈물을 흘리며 슬퍼할 수 있게 해 주었다. 이는 그가 심한 죄책감을 느꼈을 때는 가능하지 않았던 것이었다. 그가 피루즈를 위해 울 때 그는 또한 자신의 고통을 위해서도 울 수 있었다. 우리는 그의 부모님의 행동과 그의 부모님을 향한 그의 행동을 어떻게 받아들일 수 있을지에 대해서 좀 더 이야기를 나누기 시작했다. 하지만 그가 나아지는 것의 많은 부분은 그가 자신과 생각이 비슷한 새로운 공동체의 일원이 되는 것에서부터 시작되었다. 너무 오래 기다리지 않아 라힘은 자신과 같이 동성애가 가혹하게 처벌받는 국가에서 온, 그리고 자신과 같이 독실한 특별한 친구를 만나게 되었다. 이러한 지지는 가치를 매길 수 없을 만큼 값진 것이었고, 치료에도 많은 영향을 미쳤다. 라힘이 자신을 위한 새로운 삶을 살아갈 준비가 되었다는 것은 명확했다.

나는 라힘과 함께 해온 상담이 얼마나 도전적이었으며 내 스스로 그가 가진 이슬람 문화적 배경에 대한 이해가 부족한 채 그를 공정하게 대하는 나의 능력을 얼마나 자주 의심했었는지 인식했다. 나는 마음이 통하는 그의 새로운 친구가 그의 동반자가 되었을 때 매우 깊은 안도감을 느꼈다. 라힘이 자신이 전적으로 믿는 누군가와 자신이 느끼는 가책과 갈망을 나눌 수 있게 된 것에 기뻐하는 것을 볼 때 나도 기쁨을 느꼈다.

클레어: 나에게 이 사례는 우리가 치료적 관계에서 분리되어 있지 않다는 사실을 강조해 주었어요. 우리는 상호적으로 연결된 존재들이고 그러므로 우리는 내담자의 갈등으로부터

우리 스스로에 대한 어떤 것을 배우게 되죠. 나는 종종 나의 내담자들이 나에게 무엇을 가르쳐야 할지 또는 내가 무엇을 배울 필요가 있을지에 대해서 내담자와 함께 생각해 봐요. 이 사례에서 나는 에미, 당신이 무엇을 배웠는지 혹은 이 내담자가 당신의 세계관을 어떻게 바꿨는지 궁금해요.

에미: 어디서부터 이야기하면 좋을까요? 제가 가진 지식과 종교적 한계에 대해서 아주 많이 배웠죠, 그뿐만 아니라, 또한 내가 종교를 갖고 있지 않다는 사실에도 불구하고 타인의 영적인 선택이 다른 사람에게 가하는 폭력이나 비난을 암시하지 않는 한 이에 깊이 참여하고 이를 전적으로 존중한다는 것을 알게 되었어요. 라힘과 상담을 진행하면서 나는 이에 대해서 매우 확신할 수 있었어요. 그리고 마침내 그는 그 관점을 나와 함께 나누었지요. 우리는 이 방식으로 함께 하게 되었죠. 늘 그렇듯이 치료가 우리가 공유하는 깊은 인간 실존에 닿았을 때 우리 둘은 모두 무엇인가 새로운 것을 배웠어요. 치료 작업에서와 같이 이와 같은 인간의 교감에는 어떤 극도의 만족감이 있죠. 나는 이 교감이 그 자체로 상당히 특별하고 보기 드문 목양적이고 철학적인 깊이를 가진다고 생각해요. 나에게 있어서 이는 마치 이를 경험할 수 있는 완전한 특권과 진귀한 기쁨과 같이 느껴졌어요.

# 11

## 현상학적 실존치료의 주요 도서

Laura Barnett

## 서론

　"주요 도서"를 고르는 것은 생각을 많이 해야 하는 일임과 동시에 마음을 불편하게 하는 작업이기도 했는데, 왜냐하면 하나를 선택하는 것은 다른 것을 배제하는 것과 같기 때문이었다. 영국 실존치료자 모임에 자리를 배정받은 핵심 인물들에는 랭(Laing), 반 덜젠(van Deurzen), 그리고 스피넬리(Spinelli)가 있으며, 또한 이들에게 영향을 받은 많은 사람들이 있다. 예를 들면, 이 책에서 영국과 관련된 부분을 집필한 여러 저자들과 영국실존치료의 요새라 할 수 있는 실존 학술원의 뉴 심리치료상담학교(New School at the Existential Adademy)와 리젠트 대학교(Regent's University)의 영향력 있는 수많은 교육자들이 여기에 해당한다. 또한 힐러리 멘텔(Hilary Mantel)로부터 토마스 사스(Thomas szasz)에 이르기까지의 철학자들과, 작가 그리고 다른 치료자들, 그리고, 실존적 사상과 관련한 특정 견해들을 발달시켜 온 사람들, 또, 예를 들면 메를로 퐁티(Merleau-Ponty)의 체현의 관점과 젠들린(Gendlin)의 포커싱과 함께 토드리스(Todres)와 매디슨(Madison)이 했던 것과 같이 상호적인 발전 과정에서 실존치료와 다른 학문 분야의 경계에 걸쳐 있는 사람들과 이너서클 세미나에서 대화하며 실존적 질문들을 다루었던 치료자이자 심리치료의 역사가인, 앤셔니 스테들런(Anthony Stadlen)과 같은 학식 있는 목소리들 또한 여기에 포함된다.

　그러므로 이 장은 미국과 다른 대륙의 실존치료와 영국의 실존치료를 구분 짓는 핵심적 특성들, 구체적으로 말하면 영국 실존학파 내에 있는 다양한 철학적 뿌리의 중요성, 프로이트 학파의 무의식과 그 과정에 대한 비판 그리고 정신의학적 진단에 대한 기피와 회의적 태도를 강조하면서 양자택일적 방식으로 선택한 "주요 도서"들을 소개하고 있다. 대비를 이루는 각 주제들에 대한 서로 다른 표현들은 영국의 현상학적 실존치료 내에서 발전한 다양한 관점들을 보여주고 있다.

이 선택은 필연적으로 이 저자들이 영국에서 가르치고 상담하는 과정에 드러난 실존치료에 대한 저자들의 개인적인 문답을 대표한다. 그리고 엄밀히 말하면 다른 저자들은 강조하지 않았을지도 모를 도서와 주제가 강조되기도 했다.

## 랭(R. D. Laing)의 글과 비평

### R. D. Laing

다음에 이어지는 내용들은 『분리된 자기, 정상과 정신이상에 대한 실존적 연구』(*The Divided Self, An Existential Study in Sanity and Madness*(1959/1990)). London: Penguin에서 발췌한 것으로, 랭의 정신의학/정신치료적 접근, 특히 그가 조현병 환자 또는 조현병을 앓는 사람이라고 언급한 내담자와의 상담의 토대를 뒷받침하는 논문과 철학적 전제를 강조하고 있다.

질병으로서 조현병 환자를 보고 환자의 말을 듣고 조현병의 '징후'를 살피는 것과 그냥 인간으로 그를 보고 듣는 것은 근본적으로 다른 방식으로..... 보고 듣는 것이다. (p.33)

정신 이상 환자들을 묘사하기 위해서 현재 사용되고 있는 기술적 용어를 반대하는 가장 중요한 이유는 우리가 지금 묘사해야 하는 실존적 분열과 유사한 방식으로 사람을 언어적으로 분리하는 단어들로 구성되어 있다는 사실이다. 정신 이상 환자들을 묘사하기 위해서 현재 사용되고 있는 기술적 용어를 반대하는 가장 중요한 이유는 우리가 지금 묘사해야 하는 실존적 분열과 유사한 방식으로 사람을 언어적으로 분리하는 단어들로 구성되어 있다는 사실이다. 그러나 만약 우리가 전인적 개념에서부터 시작할 수 없다면, 또는 이와 같은 개념이 존재하지 않거나 또는 현재의 정신의학이나 정신분석의 언어 체계 내에서 이러한 개념을 표현할 수 없다면, 우리는 실존적 분열에 대한 적절한 설명을 제시할 수 없다.

현재의 전문 용어들은 한 개인을 타인과 세계로부터 분리되어 있는, 즉 타인과 세계를 근본적으로 서로 "관련되지" 않은 독립체로 언급하거나 또는 이 분리된 독립체의 잘못 실체화된 특성으로 언급한다. 이와 같은 용어에는 예를 들면, 몸과 마음, 정신과 신체, 정신적인 것과 신체적인 것, 개성, 자기 그리고 유기체가 있다. 이러한 용어들은 모두 추상적인 것이다. 나(I)와 너(You)의 기원적 결속 대신에, 우리는 이를 분리된 한 명의 사람으로 받아들이며, '자아(the ego)', '초자아(super ego)', 그리고 '원초아(id)'로 그 사람의 다양한 특성들을 개념화한다. 또한 타인은 내부의 대상이나 또는 외부의 대상이 되거나 아니면 이 내부와 외부가 융합된 대상이 된다. 하나의 정신 기관과 또 다른 정신 기관 간의 상호작용의 관점에서 어떻게 나와 너 사이의 관계의 방식을 적절하게 말할 수 있는가? 고전적 프로이트식 메타심리학뿐만 아니라 인간으로부터, 또는 자신이 속한 세계의 타인과의 관계에서 분리해 낸 인간의 어떤 부분에서부터 시작한 모든 이론은 동일하게 이러한 어려움에 직면해 있다. 우리는 모두 개인적 경험을 통해서 우리 자신이 오직 우리의 세계 안에 그리고 우리의 세계를 통해서만 존재할 수 있으며, 비록 내가 없이도 "이" 세계가 계속된다 하더라도, 어떤 의미에서 "우리의" 세계는 우리와 함께 죽는다는 사실을 알고 있다. 오직 실존 사상만이 이 전체성을 적절히 반영한 용어를 통해서 자신의 세계에서의 타인과의 관계에 대한 개인의 본래 경험과 일치시키기 위한 시도를 해 왔다. 그러므로 실존적으로 구체적인 것(concretum)은 인간의 실존, 즉 그의 세계 내 존재로서 여겨진다. 만약 우리가 타인과 관련한 인간의 개념에서 시작하지 않고 세계 "내"에서부터 시작하지 않는다면, 그리고 인간이 "자신의" 세계 없이는 존재하지 않거나 또는 그가 없이 그의 세상도 존재할 수 없다는 사실을 깨닫지 못한다면, 세계-내-조현병을 앓는 존재의 전체성의 분열과 일치하는 언어적이고 개념적 분열로 조현병과 조현병을 앓는 사람들에 대한 연구를 시작한 것으로 우리는 비난을 받을 것이다. 게다가 산산조각난 것들을 재통합하는 부차적인 용어적, 개념적 과업은 조현병 환자가 자신의 붕괴된 자아와 세계를 다시 통합하고자 하는 절망적인 노력과 유사할 것이다. (pp.19-20)

심리치료는 환자의 존재 양상 및 타인과의 관계 양상을 치료적 목적을 위해서 사용하는 활동이다. 치료자는 관계성은 잠재적으로 모든 사람에게 존재하기 때문에 치료자의 존재를 인정하지 않는다는 여러 신호들을 나타내며 말을 하지 않는 긴장증을 보이는 환자와 오랜 시간 앉아 있는 것이 시간을 낭비하는 것은 아니라는 원리에 입각해서 행동한다. (p.26)

치료자는 그 자신을 세계에 관한 낯선, 심지어 생경한 관점을 가진 또 다른 사람으로 바꾸기 위한 유연성을 가져야만 한다. 이러한 행동으로 치료자는 이전의 온전한 정신을 배제하고 자신의 정신병적 가능성을 이끌어낸다. 이를 통해서 치료자는 환자의 실존적 상태를 이해할 수 있다. (p.34)

그러나 그럼에도 이러한 방식을 통해 존재적으로 불안정한 환자의 세계로 들어가서 이를 이해하는 것은 역효과를 낼 수도 있다.

정확하게 이해된다는 것은 소위 다른 사람의 모든 것을 아우르는 이해로 이에 의해서 압도되고, 둘러 싸지며, 삼켜지고 빠져들며, 먹혀지고, 뒤덮이며, 숨이 막히는 것이다. 오해받는 것은 항상 외롭고 고통스러운 일이지만, 이러한 관점으로 보면 고립되는 것에는 어느 정도의 안전이 존재한다. (p.45)

랭은 "거짓"과 "진실" 사이의 차이가 거의 없는 강인한 "내적" 자기를 조성하기 위해 애쓰는, 즉 자신의 환상의 세계로 접근하는 모든 외부 현실을 통제하고 부정하려고 스스로를 고립시키고 분열시키는 것으로 환자를 묘사하기에 다다른다.

그러나 '내면의' 자기가 이상으로서 간직하고 있는 내적 솔직함, 자유, 전능함과 창의성은 … 공존하는 자기—이중성과 진정한 자유의 결핍, 완전한 무력감의 고통에 의해서… 지워진다.

한편, 거짓된 자기의 표현으로 식별될 수 있는 행동은 대개 완벽하게 정상적이다. 우리는 모범적 어린이와 이상적인 남편, 근면한 점원으로 판단한다. 하지만 이러한 허울(façade)은 점점 더 큰 고정관념을 형성하고 그 고정관념 속에서 기이한 특성들이 발달한다.
…
사실, 소위 정신병이라고 것은 때때로 단지 거짓된 자기의 베일을 제거한 것이다. (p.99)

랭은 다음과 같이 결론을 내렸다.
이 연구의 논지는 조현병이 타인과 함께 전인적으로 존재하는 것의 보통 이상의 어려움, 그리고 세계 내에서 자신을 경험하는 일반적인 사회적 통념(즉, 공동체의 일반적 인식)을 공유하지 않는 것으로 인한 결과일 수 있다는 것이다. 어른들의 세계와 마찬가지로 아이들의 세계는 "주어진 조건과 만들어진 조건의 조화(Hegel, 헤겔)"로, 아이들에게 있어서는 부모, 먼저는 엄마에 의해서 매개된 주어진 조건과 그가 이를 통해서 만들어낸 조건 간의 조화라 할 수 있다. …
그러나 엄마 또는 가족의 상황이 아이가 숨을 쉬며 살 수 있는 상황과 맞지 않는다면 어떤 일이 일어나겠는가? 그 아이는 상황을 간파하는 자신만의 시선을 발달시켜야만 할 것이고, 그것과 함께 살아가야 할 것이다. 마치 윌리엄 블레이크(William Blake)가 성공적으로 해냈던 것처럼 그리고 랭보(Rimbaud)가 글로는 성공적으로 서술했지만 그와 함께 살아가지는 못했던 것처럼, 그도 아니면, 미치게 될 것이다. (p.189)


## 랭에 대한 존 히튼의 고찰

존 히튼(John Heaton)은 치료에 있어서 본래성과 랭 그리고 본래성의 실제적 (불)일치와 모순 전반에 관해서 고찰했는데, 이 내용은 Heaton, J. and Thompson, M.G. (2012) R.D. Laing Revisited: a dialogue on his contribution to authenticity and the sceptic tradition. In: *Existential Therapy, Legacy, Vibrancy and Dialogue* (ed. L. Barnett & G. Madison), 109–126. London: Routledge에서 발췌된 것이다.

존 히튼은 마이크 톰슨(Mike Thomson)과 마찬가지로 랭의 가까운 동료였으며 필라델피아 협회 교육위원회(Training Committee at the Philadelphia Association)의 위원장이었다.

실존치료의 목적이 더욱 본래적이 되도록 하는 것이어야 하는가? 많은 철학자들과 대부분의 실존치료자들은 이러한 교화적인 태도를 본래성으로 채택하였고, 마이크가 보여준 것처럼 대부분의 상황에서 랭 또한 그러했다. 랭의 본래성 모형에 따르면, 우리와 환자는 더 본래적이 되어야만 한다. 나는 이에 동의하지 않으며 본래성과 비본래성 사이의 관계가 단순하고 어리석은 관습적인 도덕의 이분법보다 훨씬 더 포착하기 어려운 것이라고 생각한다. 주의 깊게 읽어본다면, 하이데거는 이 개념에 대해서 매우 미묘한 관점을 취했다. 그는 본래적이 되는 것을 옳은 것이라고 생각하지 않았다.

하이데거는 "자기로서의 본래적 존재(Authentic–Being–One's–Self)"는 주체의 예외적 상태에 기초하는 것이 아니며, '군중'으로부터 분리되어 있는 상태, 이는 오히려 '군중', 즉 본질적 실존(essential existentiale)으로서의 '군중'의 실존적(existentiell) 변형이라고 기록했다. 따라서 본래성은 어떤 방식으로도 비본래성으로부터 분리될 수 없으며 오히려 이는 변형된 비본래성이다.

[…]

우리는 이를 치료의 목적으로 둘 수 없다. 그러므로 예를 들어, 진짜 자기를 찾는 것은 허황된 시도이다.
본래성은 도달할 수 있거나, 소유하거나 배울 수 있는 어떤 상태가 아니다.

[…]

본래성과 비본래성은 서로 원근법적인 차이를 가지는데, 이는 선과 악과 같이 형이상학적 반대 개념이 아니며, 양극단이라기보다 초점의 차이라 할 수 있다. 본래성과 비본래성은 인간의 삶의 구조 내에서의 지향성과 원근적 특성을 가진다. 또한 개인의 삶의 다른 조건과 의미와 마찬가지로 본래성과 비본래성은 서로 의지한다. 그럼에도 본래적인 사람이 비본래적으로 되는 것이 상담 실제의 정수이다. … (p.117)

본래적 "시각의 순간"에 대한 랭의 계층적이고 목적론적 태도, 그리고 세계의 대다수는 지독히도 비본래적이지만 본래적이라는 이유로 몇몇 사람들을 우월한 사람으로서 분류하는 그의 경향성은 그가 언어적인 지지를 보냈던 전통에 극히 상반되는 것이다. (p.118)

히튼은 본래적 인간과 접촉하는 랭의 기괴한 능력을 보여주는 예시를 제시함으로써 결론을 맺는다.

그는 정신 병원을 안내받으면서 방 한구석에서 벌거벗은 채 몸을 흔들며 누구와도 말하기를 거부하는 조현병 진단을 받은 한 젊은 여성을 보게 되었다. 그는 이내 옷을 벗고는 그녀의 방으로 들어가서 그녀의 옆에 앉았다. 곧 그녀는 그에게 말하기 시작했다. 접촉이 이루어진 것이다. (p.123)

## 에미 반 덜젠과 구조적 실존분석

이 구절이 인용된 글에서 반 덜젠은 후설의 현상학적 방법을 설명하며, 도움이 될 만한 예시로 이를 심리치료에 적용하는 자신의 엄밀한 방식을 소개했다. 출처: Structual Existential Analysis, SEA: A phenomenological method for therapeutic work. *Journal of Contemporary Psychotherapy* 44(3): 1–12

현상학에 대해서 말할 때, 나는 에드문트 후설(Edmund Husserl)이 처음 했던 표현으로 되돌아간다. 그의 방법론이 심리치료에 얼마나 기여할 수 있을지 그 진가를 인정하기 전에 우리는 후설의 연구를 읽고 이를 탐구할 필요가 있다. 그의 저서, 『형식과 초월논리』(*Formal and Transcendental Logic*)에서부터 『이념』(*Ideas*)을 거쳐 『현상학적 심리학』(*Phenomenlogical Psychology*)에 이르기까지 이 모두는 현상학적 심리학 또는 현상학적 심리치료를 하려는 사람들에게는 필독 도서이다. 만약 당신이 현상학을 막 탐색하기 시작했다면, 후설의 『데카르트적 성찰』(*Cartesian Meditations*)은 아주 좋은 시작점이 될 것이다. 아니면 입문자들을 위한 모란(Moran)의 책을 시도하는 것도 괜찮을 것이다. 현상학은 단지 양적 연구의 기초, 즉 통계 분석에 필적할 만한 기술일 뿐 아니라, 치료자와 내담자 모두에게 세계를 바라보는 새로운 방식이 된다. 현상학의 실천을 통해서 당신은 체계적 관찰과 자기 관찰을 배울 수 있다. 이는 당신에게 정서적이고 경험적인 삶을 살아갈 것을 도전하며, 당신이 가진 일반적인 가정들과 가치관, 편견을 깨닫기를 요청한다. 이는 다른 말로 하면 당신이 세계를 어떻게 이해하고 있으며, 그 세계 안에 당신이 어떻게 자리하고 있는지를 볼 것을 요구하는 것이다. 이는 현상학적 치료의 필수적 전제조건이다. 우리가 우리 자신의 세계관을 깊이 고찰할 줄 모른다면 다른 사람의 세계관도 이해할 수 없다.

## 현상학은 무엇인가?

오늘날 비록 많은 사람들이 현상학에 대해서 최소한 들어본 적이 있음에도, 많은 경우 현상학을 잘못 이해하고 있다. 현상학은 우리가 경험하는 대로의 현상을 연구하는 학문이며, 많은 사람들이 생각하는 것과 같이 주관성에 대한 학문은 아니다. 이는 모든 의식적 현상에 대한 학문으로 인간의 인식 과정과 우리가 가진 경험을 체계적으로 다루는 학문으로 그 시작점에는 브렌타노(Brentano)의 의도성에 대한 개념이 있다. 브렌타노는 후설과 프로이트 두 사람 모두에게 스승이었는데, 후설은 인간의 의식이 항상 그 자신의 외부에 있는 어떤 것과 관련되어 있고 이를 향한다는 브렌타노의 최초 개념을 섬세하게 정교화하였다.

현상학의 목적은 의도성에서 불순물을 제거하는 것에 있다. 수학자로서 후설은 인간 경험의 본질과 그 대상을 포착하는 데 수학이나 논리와 같은 방법이 적합하지 않다고 생각한 이래로, 수학이나 논리보다 인간의 의식을 더 잘 다룰 수 있는 방법을 규정하고자 했다.

후설은 우리의 말이나 경험은 세 가지 요소 즉, 주체, 서술, 그리고 대상을 포함한다는 사실을 관찰했다. 이들은 분리될 수 없으며 의식의 지향궁(intentional arc)을 구성한다. 의식의 개별 행동들은 주체, 서술(행동에 담긴 우리의 지향성) 그리고 대상을 가진다.

주체 > 서술 > 대상

후설이 여기에 추가한 것을 살펴보자면,

"인식으로 대상은 인식되고, 상상으로 대상은 상상되고, 진술로 대상은 진술되고, 사랑으로 대상은 사랑받고, 미움으로 대상은 미움을 받고, 열망으로 대상은 열망되고…"

현상학은 우리가 가진 가정을 '에포케(Epoché)' 또는 중지(suspension)로 알려진 과정을 통해서 편견과 편향을 한 쪽으로 치워두고(때때로 이는 우리의 가정을 "잠시 고려대상에서 제외하는" 행동으로서 더 잘 이해된다) 의식의 개별적 측면을 깊이 고찰함으로써 진행된다. 현상학은 사전 지식에서 기인한 장애물들을 우리 마음에서 모두 치움으로써 정확한 관찰을 추구하는 것이라 말할 수 있다. 이러한 진리의 추구를 통해서 우리는 진리는 복합적이며, 여러 방향으로 접근될 수 있다는 사실을 인식한다. 현상학적 관찰은 결코 절대적 진리를 주장하지 않는다.

현상학적 치료에서 우리는 개인이 경험하는 것과 이 개인이 세계를 이해하는 방식의 복합적 실체를 이해하는 것을 목적으로 한다. 그리고 실체에 대한 우리의 관찰을 점검하도록 우리를 상기시키기 위한 검증이 순환적으로 이루어진다. 현상학적 치료에서 대화는 이러한 점검의 수단이 된다. (pp.3-4)

진실에 더욱 가까운 그림이 나타나기까지 내담자와 함께 우리는 내담자에 대한 우리의 관찰을 계속해서 검증해야 할 필요가 있다. 우리는 일관성과 단순성을 목적한다. 해석은 항상 설명적인데, 즉, 확실히 의미는 경험의 주체에 의해서 의도된 의미와 일치한다. 우리는 내담자의 경험을 이론적 개념이나 병리적 증상으로 해석하지 않으며 의미를 부과하거나 제안하지 않는다. 이를 판단하고 평가하는 것은 바로 내담자이다. 우리는 내담자의 경험의 본질을 찾으며, 내담자가 전체적이고 단순하며 일관성이 있고 친숙하게 느껴지는 직관적인 옳음의 감각을 얻을 때, 이를 찾을 수 있다는 것을 알고 있다. 우리는 이를 성취할 때까지 검증의 과정을 계속해서 반복한다.

대화를 통해서 우리는 각 현상을 서로 다른 각도에서 관찰하며 투명성과 명료성을 목표로 한다. 우리는 항상 인식의 렌즈를 깨끗하게 유지하고 윤이 나게 닦는다. 우리는 어둠이 있는 곳을 밝히면서 더 넓은 시각을 목표로 나아간다. (p.4)

후설의 현상학적 환원과 직관적 환원 그리고 초월적 환원을 설명하면서, 반 덜젠(van Deurzen)은 시간, 세계, 공간 그리고 감정에 더해 내담자의 네 가지 세계(물리적, 사회적, 개인적 그리고 영적)를 통한 현상학적 상담의 구조틀을 발달시켰다.

구조적 실존분석은 다양한 관점과 단계를 갖고 있으며, 모든 상담 회기에 가능한 모든 것을 반드시 적용해야 하는 것은 아니다. 우리가 하는 것은 언제나 우리의 관찰을 명확하고 체계적인 것이 되게 하는 것이다.

구조화된 방식으로 공간을 다루는 것은 개인의 실제 실존의 모든 것을 다루는 한 가지 방법이다. 인간의 공간은 다차원적이다. 인간은 물리적 세계와 관련해서 사물을 향해 다가가거나 사물로부터 멀어지는 방식으로 움직이고 행동하는데, 이 세계에서 인간은 특정 종류의 상호 작용과 얽힘을 만들어내는 독특한 방식으로 물질적 세계와 상호작용한다. 또한 인간은 상호 개인적이고 상호 주관적인 방식으로 움직이며 타인과 관계를 맺거나 타인으로부터 벗어난다. 그리고 이 세계에서 인간은 일부 사람에게는 개방적이며 다른 사람들에게는 폐쇄적이며, 몇몇 사람들과는 연결되기 위해 애쓰며 다른 사람들과는 분리되려 하며, 동시에 몇몇 사람에게는 환영받고 다른 사람에게는 거부된다. 인간은 또한 내적 세계에 대한 경험을 가지며, 여기에서 인간은 개인적 사생활과 친밀감속으로 들어갈 수도 있으며, 내면세계에 대해서 보다 개방적이거나, 폐쇄적일 수도 있고, 과거를 기억해내고, 현재에 집중하거나 또는 미래를 상

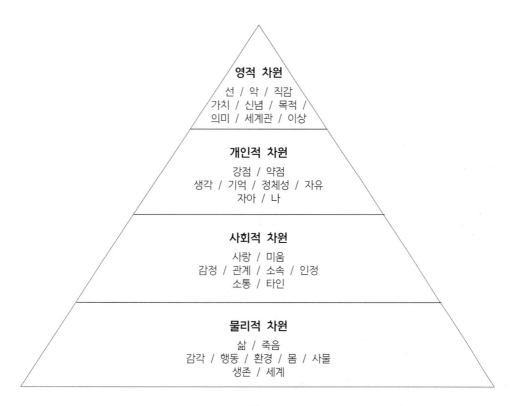

**그림 11.1 실존의 여러 차원(Dimensions of existence)**

상함으로써 시간 속으로 움직일 수도 있다. 인간은 또한 관념의 세계 또는 영적 세계를 가지며, 여기에서 그들은 의미를 만들어내고 세계에 대한 자신의 이해와 목적을 조직한다. 이러한 서로 다른 차원에 주의를 집중하는 것은 우리가 수집한 정보의 첫 번째 구조 체계를 마련해 준다. 우리는 어떤 수준에서 연구된 현상이 일어나며 이와 관련해서 인간의 어떤 행동이 일어나는지 면밀하고 체계적으로 관찰하는 법을 배울 필요가 있다. 이 현상과 행동은 물리적 차원, 사회적 차원, 개인적 차원, 아니면 영적 차원에 위치하고 있는가? 만약에 그렇다면, 어떤 긴장과 욕구 그리고 두려움이 각 단계마다 자리하고 있는가? 그리고 이러한 모든 단계들은 서로에게 어떤 영향을 미치며 서로 연관되어 있는가?

이 네 가지 단계들은 다른 여러 가지 방법으로 표현될 수 있다. 이 단계와 긴장은 각각의 차원에 맞게 접근해야 하는 주요 갈등들과 함께 위계적 방식으로 나타낼 수 있다(그림 11.1).

이 그림은 각 개인이 자신이 몸부림치고 있는 부분을 스스로 관찰하고 이해할 수 있도록 돕는 간단한 도구이다. 그러나 지도를 영역으로 착각해서는 안 된다. 인간의 실존은 이보다 훨씬 더 복잡하며 우리는 모든 단계의 도전에 동시에 직면하고 있다. 그리고 모든 차원은 함께 서로 함께 얽히고 설켜 있다.

[...]

우리는 이 도전을 모순이나 갈등, 또는 딜레마로 경험할 수도 있지만 이를 양극성이 있는 건설적 긴장으로 인식하는 것을 배울 수도 있다. 삶의 역설적 특성은 매우 분명하다. 우리 중 누구도 이 방정식의 양쪽 면 모두를 다루어야만 한다는 사실을 피할 수는 없다. 그리고 부정적인 것을 피하려는 시도를 멈추고 부정적인 것을 효과적으로 다루는 것이 긍정적인 것을 경험할 수 있는 유일한 방법이라는 것을 인정할 때 우리는 더 나은 삶을 살아갈 수 있다. 이러한 역학적 끌림 속에서 즐거움과 만족을 얻기 위해 양극단 사이에서 균형 잡기를 배우는 것은 앞으로 나아가기 위한 변증법적 방법이다.

## 정서, 기분, 조율, 가치관 그리고 행동의 움직임 다루기

모든 인간의 삶은 기분에 젖어 있으며 우리가 자신의 존재를 발견하는 세계와의 어떤 조율을 동반하기 때문에 정서적 이슈에 초점을 맞추는 것은 심리치료의 본질과 같다고 말할 수 있다. 하이데거는 영향받음(affetedness), 또는 처해있음(Befindlichkeit)에 대해서 여러 번 말했는데, 이는 세계와 관련해서 자신의 존재를 발견하는 방식에 관한 것이다. 조율은 근본적인 요소로, 언어에 선행하는 방식으로 일어난다. 우리가 세계와 연결되어 있다는 사실을 인식하게 될 때 정서는 이미 거기에 항상 있다. 사르트르는 가치에 대해서 마치 우리가 세계 내에서 행동하자마자 그 안에서 몸을 솟구치며 날아오르는 자고새와 같다고 말했다. 실제로, 우리는 이러한 가치를 드러내지 않으면서 살아갈 수도, 존재할 수도 없으며, 가치가 우리 안에 불러일으키는 감정을 느끼기를 멈출 수도 없다. 삶에서의 움직임은 가치 있게 생각하는 대상으로의 끌림과 싫어하는 대상으로부터 밀어냄의 뒤를 이어 나타난다. 그러므로 감정의 렌즈를 통해서 대상과 관련된 가치를 분명하게 볼 수 있는 것은 특히 중요하다.

감정 나침반 모형은 감정과 가치 사이의 관련성을 이해하는 데 도움이 된다. 이 모형은 개인이 자신의 가치의 가장 최상부에서부터 절망의 밑바닥까지 움직인다는 것을 보여준다. 이 모형은 간단하지만, 전체를 이해하기 위한 다소 연습이 필요하다. 기본적인 감정 나침반(그림 11.2)은 나침반의 위쪽 즉, 북쪽이 가리키는 행복은 개인이 자신의 가치와 일치할 때 나타난다는 것을 보여준다. 나침반의 바닥은 가장 큰 상실을 가리키며 이는 가치를 저버리거나, 또는 도달하지 못했을 때 나타난다. 나침반의 바늘은 분노로 이어지는 가치의 소유와 가치의 상실 사이의 중간점과 욕구와 사랑으로 이어지는 가치의 성취에 대한 희망을 따라 시계방향으로 움직인다(그림 11.2).

나침반은 가치의 소유와 가치의 상실 사이의 분노로 이어지는 중간점을 지나 가치를 달성하

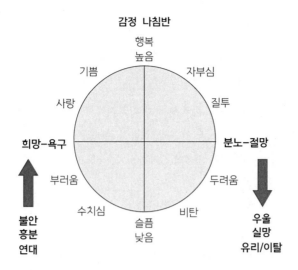

감정 나침반

행복
높음

기쁨          자부심

사랑          질투

희망-욕구          분노-절망

부러움          두려움

수치심    슬픔    비탄

불안
흥분
연대

우울
실망
유리/이탈

낮음

그림 11.2. 감정 나침반(Compass of emotions)

고 희망을 되찾고 바람과 사랑으로 이어지는 시계방향으로 움직인다(그림 11.2).

## 어네스토 스피넬리(Ernesto Spinelli)

여기에서는 스피넬리가 말한 실존치료의 세 가지의 원리뿐만 아니라 세계화와 세계관의 개념 그리고 프로이트의 무의식과 정신병리학에 대한 대안적 관점을 탐색하고 있다. 출처: 실존치료의 실제, 학지사/Spinelli, E. (2015). Practising Existential Therapy, The Relational World, 2e. London: Sage.

### 실존적 관계성의 중심 원리

가장 간단하고 표면적인 수준에서 관계성은, 존재하는 모든 것은 항상 그 밖에 다른 모든 것과 분리될 수 없는 관계에 있다고 주장한다. 관계성에 대한 이러한 이해에 따르면 나로부터 시작되어 경험되는 모든 생각, 느낌 그리고 행동은 어떤 체계 내에서 경계가 있는 유기체로서 내 안의 요소들과의 상호작용으로 발생하는 것일 뿐만 아니라, 경계가 있는 유기체들(자신과 타인 사이 그리고 자신과 세계 사이로 말할 수 있는) 사이의 상호작용이라고 말할 수 있다. (p.16/p.33)

이 점에 훨씬 더 강조점을 두고 실존적 현상학은 겉보기에 분리되어 존재하는 것처럼 보이는 것은 기본적으로 오직 관계성이라는 전제조건이 있기 때문이라고 주장한다. 각 존재는 완전히 고유하며 반복될 수 없는 방식으로 존재하는 것이 분명하며 그리고 단지 모든 존재가 공유하고 있을 뿐만 아니라, 개별적 존재로서 나타나는 데 있어서 필수 조건인 기본적 관계성을 통해서 존재하고 행동할 수 있다. (p.17/pp.34−35)

이러한 관점으로 보면, 주관성은 관계성과 반대되거나 또는 구별되어 존재하는 것이 아니며, 존재와 경험에 있어서 분리되어 있어 대체가능한 형태로서 관계성과 평행선을 그리는 것도 아니다. 오히려 이러한 주관성은 특정한, 아마도 문화적으로 독특한 관계성의 결과로써 나타난 것으로 보인다.(p.19/p.38)

## 불확실성/Uncertainty

실존적 현상학의 두 번째 기본 원리인 불확실성은 관계성의 즉시적 결과로서 발생한다. 불확실성은 존재에 대한 우리의 특정 혹은 모든 반성에 있어서 필연적이고 불가피한 모든 가능성을 표현한다. (p.22/p.44)

## 실존적 불안/Existential anxiety

실존적 불안의 원리는 관계적 불확실성에 대한 실제적 경험으로서 표현되는 앞의 두 가지 원리의 직접적인 결과로서 그 뒤를 잇는다. (p.29/p.55)

스피넬리는 두 가지 유용한 개념으로, 세계화(worlding)와 세계관(worldview)을 창안했다 :

나는 항상 생성되고, 변하며, 과정 같은 그리고 언어로 규정하기 어려운 실존의 상태를 표현하기 위해 세계화(*worlding*)라는 용어를 사용했다. 세계화는 반성되기 이전 단계에서 일어나는 실존의 경험이므로 세계화를 전달하고자 하는 모든 시도는 모두 암시와 비유를 통해서 간접적으로 표현될 수밖에 없다. (p.58 /pp.108)

내가 사용하는 이 용어를 하이데거가 사용한 용어와 혼동해서는 안 된다. 여전히 부족하고 어색하지만, 내가 선택한 용어로서 세계화는 본질보다는 움직임을 시사하고, 이런 이유로 실존의 상태를 표현하고자 하는 다른 용어들보다는 더 적절할 수 있다.

그에 반해서, 인간으로서 우리가 반성을 통해서 우리의 실존을 경험할 때 실존에 대한 우리의 경험은 언어로부터 기인한 구조적 한계로 인해서 본질화되고, 마치 '(고정된) 사물 또는 어떤 것'과 같이 보이기 시작하고, 여전히 연관되어 있음에도, 예를 들면 자기와 타인 그리고 세계와 같이 분리되고 구분된 구조처럼 여겨진다. 이러한 실존 경험의 구조적 '사물화

(thing-ification)'는 세계관(worldview)이란 용어를 통해 표현된다. 세계화와는 달리, 세계관을 통해 반성된 실존의 경험은 직접적인 언어로 표현하는 것이 가능해진다. 그러나 언어로 표현되기 위해서 세계관은 우리의 실존 경험이 시간과 공간적 측면에서 적정 수준으로 '고정'되고 '안정'을 유지하는 개별적 독립체나 구성물로 분리되어야 한다는 조건을 필요로 한다. (p.59/pp.108-109)

세계화의 수준에서 실존적 불안은 항상-생성되는-존재가 가진 경험에 대한 열린 가능성에 따른 반응이다. 그 구조의 해체를 기꺼이 받아들이는 이러한 경험은 관계적 불확실성을 수용하는 것으로부터 벗어나게 해 주는 것이 될 수도 있다. 그러나 이러한 경험에 대한 개방성이 충분히 안정적인 세계관 구조를 만들어 내거나 유지하는 일에 실패하는 등 원치 않는 결과로 이어질 때 세계화에 대한 실존적 불안 경험은 가장 일반적이게는 정신 이상으로 불리는 경우에서와 같이 심각하게 심신을 약화시킬 수 있다. 세계관을 통한 표현에서와 같이, 실존적 불안은 구조적이고 의미 기반의 관점에서 관계적 불확실성을 반영하기 위한 세계관의 부분적이고 제한적인 시도를 동반하는 필연적인 불안과 불안정성과 관련된다. 일반적으로 말하는 실존적 불안은 필연적으로 반성을 통한 모든 경험에 스며든다. 이는 피할 수 있는 것도 아니며, 병리적인 것도 아니고, 다만 인간 존재에 대한 세계관적 경험에 기본적으로 주어진 것이다. (p.61/p.113)

## 침전과 분리

세계관은 존재의 경험적 도전에 대한 체현된 반응으로 재구성되는 것에 개방적이고 유연하게 반응할 수도 있고, 저항적으로 현재 구조의 경험적 부적절함이나 모순은 유지하는 방식으로 반응할 수도 있다. 이와 같이 구조적으로 경직되는 경우를 침전(*sedimentation*)이라고 말할 수 있다. (p.74/p.132)

세계관에서의 침전은 전체 세계관이나 구조적 요소의 침전 영역을 위협할 수 있는 도전적인 경험들을 분리시키는 전략을 통해서만 유지될 수 있다. 이런 면에서 분리(*dissociation*)는 침전된 세계관에 대한 경험적 도전의 영향과 결과를 부정하거나, 멀리함으로써 침전된 세계관에 대한 경험적 도전의 영향과 결과를 부정하거나, 멀리함으로써 침전된 세계관을 유지하는 것과 관련된다. (p.74/p.133)

부적절하게 고정된 태도에 대한 역침전화(de-sedimentation)와 분리된 경험을 다시 자신의 것으로 받아들이는 것은 논리적으로 매력적이고 합리적인 대안으로 보일 수도 있다. 그러나 여기에서 간과되는 것은 이와 같은 전략의 결과로 세계관이 불안정하게 될 뿐만 아니라, 불안정의 정도와 그 기간도 예측할 수 없게 된다는 점이다. (p.75/p.134)

## 프로이트의 무의식에 대한 대안

스피넬리는 자기 자신을 이성애자(침전된 세계관)로서 바라보고 있으나, 동성인 여성과 격정적인 밤을 보낸 후 침대에서 자고 있던 자신을 발견한 불일치를 설명해야만 하는 내담자, 아레사(Aretha)의 예시를 제시했다.

### 아레사의 이야기에서

정신분석적 관점에서 이는 '무의식'으로 불리며, 실존적 현상학의 관점에서는 분리된 의식에 대한 설명, 즉 침전과 분리에 대한 설명에 해당한다. 궁극적으로 이 설명의 가치는 세계관을 세계화에 과도하게 일치시키는 것을 통해서 세계관의 구조성을 불안정하게 위협하는 실존의 관계적 불확실성에 직면하게 됨으로써 세계관이 도전받게 될 때 드러나는 불안을 완전히 제거하기보다는 모호하게 한다는 데 있다. 이와 같은 상황에서 우리가 가장 일반적으로 선택하는 방향이 침전을 유지하는 것이라는 사실은 그리 놀랄 만한 일이 아니다. (p.80/p.142)

이런 관점에서 볼 때, 증상들은 주로 관계성 딜레마에서 나타나는 사회윤리적 긴장에 뿌리를 둔 것으로 여겨지는데, 증상을 나타내는 모든 장애는 해결할 수 없는 실존적 '문제'를 해결하려는 시도라 할 수 있다. 그러므로 내담자가 호소하는 증상은 단호하게 대처해야 하고 배제할 필요가 있는 생경한 장애물이 아닌 내담자가 표현하는 세계관을 향한 길을 찾아가는 출발점이 된다. 드러나는 증상들을 제거하고 감소시키며 수정하고 고치려고 하는 어떤 시도는 세계관 전체에 예상치 못한 결과를 미치게 되기 때문에, 증상과 세계관이 공동으로 유지되고 있는지에 대해서 우선적으로 분명히 하지 않은 채 증상을 제거하는 작업은 지양되어야 한다. 증상이 불안을 일으킬 수 있는 만큼 항상-생성되는-존재에 대한 세계화의 개방성이나 세계관의 구조적 안정성과 지속성 또는 이 두 방법 모두 중 어느 하나를 이용하거나 적절히 유지하는 것은 하나의 유용한 방법이 될 수 있다. (p.95/p.167)

## 하이데거 논란: 왜 하이데거인가?

하이데거의 철학적 개념 중 다수가 오늘날 실존치료의 중심을 이루고 있음에도 일부 학계, 특히 프랑스와 독일의 학계에서는 컨퍼런스에서 그의 이름을 언급하는 것만으로도 사람들이 퇴장할 정도로 그의 이름은 금시기되고 있다. 2014년 그의 『검은 노트』(*Black Notebooks*)의 발간은 이러한 반응을 더욱 악화시켰으며, 비록 그 사실들이 이미 모두가 알 수 있게 공개되어 있었음에도 이는 몇몇 실존철학자들에게 실망을 주었다.

따라서 하이데거의 철학을 치료적 실제의 근거를 삼는 논란에 대한 한스 콘(Hans Cohn)의 생각을 반영한 글을 읽기 전에 먼저 역사적 사실을 정리하는 것이 필요하다. {다음의 내용은 바네트(Barnett, L., 2008)의 글 『죽음이 치료적 공간에 들어올 때』(*When Death Enters the Therapeutic Space*), 19-23. *London: Routledge*를 요약한 것이다.}

5년간 한나 아렌트(Hannah Arendt)와 불륜 관계에 있었고, 아렌트 외에도 레비나스(Levinas), 마르쿠제(Marcuse) 뢰비트(Löwith) 그리고 조나스(Jonas)를 포함한 뛰어난 유대인 학생들 대부분과 온정적인 관계를 갖고 있었다는 사실은 하이데거가 1945년까지 정식 나치당원이었으며 이를 (자신이 행한 가장 어리석은 행동이었다고 말한 것 외에) 명백하게 철회하거나 또는 사과하지 않았다는 사실을 용납하지 못하게 한다. 수십 년에 걸친 그의 말과 행동은 그의 문화적 반-유대주의와 나치에 대한 충성을 드러내었는데, 하이데거는 자신의 약혼녀에게 쓴 편지에서 독일의 대학들이 "점점 더 유대인으로 더럽혀지고 있다"고 언급했으며, 1930년대 그의 철학 강의들에는 민족(Volk)과 투쟁(Kampf), 땅(Boden), 뿌리(Stamme), 그리고 피(Blut)라는 어휘들이 넘쳐났다. 1933년 히틀러(Hitler)가 집권하고, 하이데거가 프라이부르크 대학의 차기 학장에 당선된 이후, 그는 모든 유대인 박사 과정 학생들이 박사학위를 받지 못하도록 막았고, 앞으로는 모든 유대인 학생들이 학비보조금을 받지 못하게 금지했다. 학장으로서 그가 한 연설들에는 총통(히틀러)의 "결의"에 대한 언급으로 얼룩져 있었다("결의에 차 있음"은 특징적이게도 존재와 시간에 대한 "진정한" 태도이다).

1948년 그는 마르쿠제에게 "1933년과 관련해서, 나는 국가사회주의(나치즘, National Socialism)에 삶 전체의 정신적 쇄신을 기대했다"라고 고백했다. 심지어 2차 세계대전 이후 하이데거는 자신의 저서에서도 모호한 태도를 내보였는데, 몇몇 글에서 그는 이전에 자신이 말했던 것을 보다 받아들일 수 있는 편향으로 여기려 하거나 바꾸려고 하며 이러한 변화들이 본래 문장의 부분이었다고 기만적으로 단언하였으나, 반면 1953년, 『형이상학 입문』(*Introduction to Metaphysics*)이 출판되었을 때, 심지어 그가 자신의 사상에 대한 적절한 소개로서 이 책을 추천하였음에도 불구하고 그는 나치즘에 대해서 찬양하는 "이 운동의 내적 진실과 위대함"과 같은 언급을 지우는 것이 적절하다고 보지 않았다.

실존치료자에게 하이데거의 나치즘을 다루는 것은 불안을 야기하는 것일 수도 있지만, 이를 무시하는 것은 치료 영역의 중심에 불신을 남겨두자는 주장이 될 수 있다.

## 왜 하이데거인가?(Why Heidegger?)

출처: Cohn, H. (1999). Why Heidegger? *Journal of the Society for Existential Analysis* 10 (2): 2-9.

다른 600만 명의 유대인이 처했던 운명에서 운 좋게도 빠져나올 수 있었던 독일계 유대인으로서 나는 몇 가지 어려운 질문에 직면해야만 했다.

이 문제는 아마도 다음과 같이 표현할 수 있을 것이다: 사상가로서 개인의 창조적 기여는 그의 개인적 행동에 의문을 제기하거나 거부할 명백한 이유가 있을 때에도 중요하게 받아들여질 수 있는가? 말하자면, 만약 개인의 "자아"가, 나눌 수 없는 하나의 조각이라고 믿는다면, 그리고 그것의 모든 측면이 필연적으로 다른 부분을 반영하고 있다면 어떤 면에서 감탄할 만한 사람은 다른 면에서도 감탄할만할 것이다. 그리고 하이데거는 사상가로 받아들여질 수 없다. (p.3)

나는 조화와 전체에 대한 우리의 깊은 열망을 반영하는 매우 이해하기 쉬운 관점으로서 이를 보게 되었다. 하지만 이는 현상학적 관점이기보다는 이상주의적이기는 하다. 나는 하이데거의 정치적 태도를 방어할 수 있거나, 또는 방어해야 하는 것으로 생각하지 않는다. 여기는 그의 철학적 생각 중 일부와 그의 정치적 태도의 연결점을 드러내기 위한 자리가 아니다(물론 이러한 연결점이 분명하게 있다). 그러나, 내 생각에 이 연결점은 철학이 그 행동의 정당성을 입증한다는 것에 있지 않으며 오히려 그 행동이 철학에 대한 역겨운 배신이라는 점에 있다.

결과적으로, 내가 궁금한 질문은 다음과 같았다. "하이데거의 사상은 생각할 만한 가치가 있는가? 진리를 밝혀주는가? 유용한가?" 보다 구체적으로 말한다면, "그의 사상이 심리치료에 적절한가?" 이 질문들에 대한 나의 대답은 긍정이다. 나에게 이 사상들은 속박 없이 자유로운 것이다. 그의 사상은 어떤 다른 치료적 구조들이 해내지 못했던 방식으로 나의 상담이 나에게 이해할 수 있는 것이 되게 했고, 여전히 하고 있다. (pp.3-4)

## 기본 개념

대개 실존의 개념은 항상 우리에게 왔으며, 뚜렷한 기원을 갖진 적이 없었다고 진술되며, 이는 사실이다. 내가 제안하고 드러내고 싶은 것은... 하이데거는 과거에 표현되었던 것보다 이를 더 풍성하고 구체적인 형태로 표현했으며, 그의 명료한 진술들을 도외시하거나, 지나치게 단순화하는 것은 우리에게 손해라는 사실이다. (p.6)
콘은 하이데거의 "실존"과 "시간"의 개념을 계속해서 설명한다.

결론적으로 실존에 대한 하이데거의 서술에 대해서 나는 세계-내-존재로서 말하고자 한다. 나에게 이는 어떤 면에서는 세계가 정신과 마음으로 분리되어 완벽하게 구분되어 있다고 하는 데카르트의 이원론에 대한 가장 담대한 진술이자 가장 선명한 반대로 보인다.

...

"세계-내-존재"에서 "내"가 가진 의미는 결정적이다. 인간은 와인병 안에 들어있는 것이나 운전기사가 차 안에 있는 것과 같이 세계 내에 존재하지 않는다. 와인은 쏟아질 수 있고, 운전기사는 차에서 내릴 수 있다. 그러나 인간이 없는 세계는 없으며, 인간은 세계 없이 규정될 수 없다.

세계는 타인을 포함하며, 이는 "함께 있는-세계"이다. 세계-내-존재는 항상 타인과 함께 있는 세계-내-존재를 의미한다. 타인과 우리의 관계는 항상 이러한 근본적인 이해에 기반하며 관계로부터 관계의 거절에까지 여러 형태를 취할 수 있다.

...

물론, 이는 실존심리치료와 깊은 관련성을 가진다. 세계에 대한 나의 관계와 나에 대한 세계의 관계, 그리고 특히 타인에 대한 나의 관계로 나에 대한 타인의 관계가 치료적 탐색 영역이 된다. (p.8)

이는 정신 내부에서 작용하는 과정과 함께 구조화된 개인의 정신에 대한 탐색을 대신한다. 개인은 항상 외부 세계의 "내부"에 존재하기 때문에 개인의 "내면" 세계와 그 밖에 있는 것 사이의 연결다리를 구축할 필요가 없다. "세계-내-존재"는 우리와 우리의 행동에 대한 맥락을 성립시키며 이 맥락을 피할 수 없는 것이 되게 한다. [...] 만약 우리가 세계-내-존재라는 표현에서 하이픈(-)을 제거한다면 이 의미는 희석되며 심지어 그 의미를 훼손하는 것이 된다.

[...]

[나는 이제] 나의 질문에서 물음표를 지울 수 있게 되었다. 나는 하이데거의 사상을 "긍정" 해야 한다고 생각하기보다는 이에 정면으로 맞설 필요가 있다고 생각한다. 우리가 무엇인가에 동의하지 않을 때는 그 이유와 과정을 말할 필요가 있다. 주어진 조건과 그에 대한 우리의 반응 사이의 관련성은 하이데거의 관심사 중 하나였다. 실존심리치료에 있어서 하이데거는 마치 우리가 반응해야 할 주어진 조건과 같다. (p.9)

## 콘(Cohn)에 대한 응답

콘(Cohn)의 제안에 뒤이어, 나는 "그러나, 내 생각에 이 (하이데거의 나치즘과 그의 철학적 사상간의) 연결점은 철학이 그 행동의 정당성을 입증한다는 것에 있지 않으며 오히려 그 행동이 철학에 대한 역겨운 배신이라는 점에 있다"는 그의 의견에 간단히 응답하고자 한다. 슬프게도, 나는 하이데거의 철학적 개념의 일부는 그의 행동의 정당성을 입증하는데 사용될 수 있다고 생각한다.

하이데거의 학생이었던 뢰비트(Löwith)는 1926년에 그에게 다음과 같이 말했다고 보고된다. "국가사회주의(National Socialism)에 대한 그의 협력은 그의 철학의 본질에 자리한다고 생각한다는 나의 의견에 하이데거는 거리낌 없이 동의했으며, '역사성(historicity)'에 대한 그의 개념이 그의 정치적 '연대'의 근간이라고 추가했다.

선과 악의 범주 밖에 있는, 하이데거의 "본래성"에 대한 개념에 지표가 되는 어떤 윤리적 원리도 부재한 것과 같이, 그의 저서, 『존재와 시간』(Being and Time)의 기준에 따르면, 그가 위기에 빠진 세계의 심연을 응시하며 자신의 "영웅"을 따르는, 그의 숨김없는 단호한 선택은 논란의 여지는 있겠지만, 히틀러 자신의 "전례없는 결의"가 그러한 것과 같이, "본래적인" 역사적 행동으로서의 그 자격을 획득했다.

이와 마찬가지로, 진리의 "원시적 본질"과 진리가 아닌 것의 "동원시적" 특성에 대한 그의 개념에 아리스토텔레스의 전통적인 진리대응론을 포함시키는 것은 그에게 민족사회주의(National Socialism, 나치즘)의 "내적 진리"에 대해서 말하게 했다. 그리고 존재가 진리와 운명에 따라 서서히 밝혀지는 것이라면, 현존재는 책임에서 자유롭다. : 하이데거는 독일을 위해서 존재에게 이는 숙명적 선택이었다고 주장함으로서 자신의 개인적 잘못을 피하려고 할 수 있다.

따라서 역사성, 본래성 그리고 진리에 대한 하이데거의 개념은 그의 행동의 정당성을 입증한다고 주장될 수 있으며, 그의 행동이 배신한 것은 그의 철학이 아니라, "존재−에게−속한 본질적인 가능성"인 것이다.

그러면, 우리는 하이데거의 철학 전체를 비난하고, 실존치료에 적합한 토대로서 이를 받아들이지 말아야 하는가? 콘과 마찬가지로, 나는 이에 반대한다. 비록 하이데거의 "본래성"이 어떠한 윤리적 제약으로부터도 자유롭다는 것이 치료의 실제에 있어서 심각하게 해가 된다고 생각하지만, 나는 인간의 실존에 대한 하이데거의 세계−내−존재라는 묘사는 대가다운 것이며 오늘날 실존치료의 실제에 있어서 기본 가치라는 콘의 의견에 동의한다. 이는 개인이 경험하는 실존을 개념화하는 경이로운 방법임에 분명하다.

## 체현(Embodiment)

다음에 이어지는 글은 체현의 개념의 영향과 그 개념이 치료 이론과 실제에 미친 효과를 보여준다.

존 히튼 박사는 인상적으로 광범위한 학술 논문을 부분적으로 인용하며 소위 정신과 몸에 관한 문제를 다루었다. 이는 현상학적 실존치료자가 철학과 체현된 존재의 교차지점에서 어떻게 상담을 진행하는지를 보여준다.

출처: Heaton, J. (2002). The human body is the best picture of the human soul. *Journal of the Society for Existential Therapists* 13 (2): 309-330.

이 논문의 목적은 소위 몸과 마음의 관계가 심리학으로 결코 이해될 수 없다는 사실을 보여주는 것이다. 심신(psycho-somatic)이라는 표현은 사리에 맞지 않으며 의학과 심리치료에 끝없는 혼란을 야기한다. 심신 의학은 그야말로 존재하지 않는 두 가지 것을 합성하기 위해 시도이며 하이픈은 의미 없는 표시일 뿐이다. (p.309)

히튼은 우선 우리에게 경험이 부족한 순진한 태도를 취할 것을 요청하며 더불어 "생각하기보다는 주의 기울이기를 요청하며, 말하고 있는 사람이나 또는 말을 듣고 있는 당신 자신에게 세심히 주의를 기울이면, 몸과 마음을 구분하는 것이 매우 어렵다는 사실을 알게 될 것이다."라고 말했다. (p.309)

그 후에 히튼은 "심신에 대한 질문은 우선 방법에 대한 것이다"는 하이데거의 전제로부터 시작해서 하이데거와 비트겐슈타인(Wittgenstein)이 관심을 가졌던 선험적 논리 (transcendental logic)로 눈을 돌렸는데, 언어에 대한 우리의 이해의 범주를 넘어서는 이 일상적 언어의 근본 논리는 언어에 선행하지만, 또한 언어를 통해 표현된다.

[하이데거에 따르면] 언어적 논리에 대한 우리의 이해는 우리에게 원시적 사고의 필요성을 보여주며 이러한 필요성은 기질적으로 경이로움이라고 하는 기본 경향을 강요한다...

경이로움은 갑자기 떠오르며, 우리는 그로 인해 감동한다. 이는 우리의 의지에 의해서 유발된 것이 아니며, 또한 세계 내의 특정 개체에 의해서 야기된 것도 아니다. 이는 일반적인 것 그 자체를 바로 가장 특별한 것으로서 우리에게 제시한다. 이런 이유로 하이데거는 생각의 시작으로 인간을 이끄는 기본적 조정이 있다고 생각했다. (p.314)

그리고 비트겐슈타인은 "경이로워하기 위해서 인간들은(아마도 사람들은) 잠에서 깨어나야만 한다. 과학은 사람들을 다시 잠들게 하는 방법이다"는 말에 동의한다. (p.315)

그들의 주장에도 우리는 이 경이로움에 대한 감각을 잃어가고 있다.

경이로움을 상실한 채 살아가는 것은 마치 잠자는 것과 같으며, 그 결과 우리는 우리 자신과 타인을 마치 신체라는 기계 장치 속에 유령과 같이 본다.

생각의 기본 조정이 없다는 것은 어떤 것인가? 어린 시절에는 가지고 있었던 경이로움의 상실을 우리는 어떻게 이해할 수 있는가? 세계-내-존재의 원시적 현상이 산산히 부숴진 이후에, 남아 있는 것은 고립된 주체가 전부이며, 이는 '세계'와 결합하는 기반이 된다(Heidegger). 이는 생각의 변형으로 이어진다. 우리는 진리의 본질은 고립된 주체에 의한 주장의 정확성이라는 가정에 빠지고 따라서 인간 존재에 대한 우리의 이해는 길을 잃는다. 우리는 요령과 지식, 측정, 정확성과 의식의 영역으로 움직인다. 몸의 측면에는 우리는 몸을 단지 관찰될 수 있고 측정될 수 있는 것으로의 외연의 측면에서만 생각하기 시작했고, 우리는 측정될 수 없는 것(정신)을 남겨두게 되었다. 그리고 그 결과 우리는 이제 합쳐질 수 없는 정신과 신체를 가지게 되었다. 앞으로 우리는 외연적인 것(신체)와 정신과 같이 외연적이지 않은(영적인) 것을 어떻게 통합할 수 있겠는가?

우리는 사물들이 어떤지를 묻는 것에 고착되었고 사물의 경이로움을 보는 시각을 잃어버렸다. 인간됨을 잃은 것이다. 인간으로 존재한다는 것은 말하자면 마음과 몸의 결합이 아니다. "어떻게"에 관해서만 묻는 것은 문제가 있는 곳을 보지 못하게 한다. 이는 심리학주의(psychologism)의 결과 중 하나이다. (pp.315-316).

따라서 신체는 측정될 수 있지만 정신은 측정될 수 없으며, 측정을 위해 요구되는 동일한 확실성의 기준으로는 확신할 수 없다는 것이 이보다 더욱 중요하다. 우리는 영혼은 완전히 주관적이라는 개념을 얻는다. 즉, 영혼에 대한 어떤 진리라도 불확실하며, 심지어 영혼의 존재 여부도 불확실하다. 결론적으로 영혼을 측정하는 것은 불가능하다.

**몸으로 나타나기/몸으로 살기(Bodying-forth)** 영혼은 설명하기 힘들고 신비에 싸여 있는데, 만약 영혼이 존재한다면, 이는 숨겨져 있는 것으로 보이며 우리는 이를 측정할 수 없다. 완벽히 측정할 수 있는 사물로서 몸을 생각함으로써 영혼은 완전히 이해할 수 없는 신비한 것이 되었던 것과 같이 이는 마음으로 대체된다. 나는 이제 몸의 근거 없는 믿음을 마음속 어딘가에 감춰진 것으로서 여기고자 한다. 이 근거 없는 믿음에는 마음이 머리 또는 아마도 뇌에 자리한 무형의 기관이라는 신념이 포함된다. (p.318)

그렇다면, 마음은 몸에 의해서 숨겨진 것인가? 아니면 몸 안에 있는 것인가? 먼저 우리는 일종의 관념론에 의해 설득되며, 그 결과 우리는 마음을 찾기 위해 몸 너머를 바라보게 된다. 몇몇 거식증 환자들은 순수한 마음에 도달하기 위해서 몸을 굶주리게 함으로써 자신의 몸을 최소화하기 위해 노력하는 것인지도 모른다. 다음으로 우리는 마음을 찾기 위해서 몸 내부에서 찾고자 하는데, 만약 우리가 데카르트라면, 솔방울샘을, 또는 현대에는 뇌를 탐색하기를 시도한다. 그러나 뇌를 조사하고 검사하는 신경생리학자들은 뇌에서 어떤 영혼이나 마음을 찾지 못했으며, 다만 전기자극과 생화학적 변화들만 찾았을 뿐이다.

"나"와 나의 몸 사이에는 어떤 관계가 있는가? 나는 내 몸인가? 아니면 나는 내 몸 안에 있는 것인가? 나는 거울을 들여다보며 나 자신을 본다. 이때 나는 단지 나의 몸을 보고 있는가? 아니면, 나 자신을 보고 있는가? 그렇다면 "나를" 보는 "나는" 어디에 있는가?

[…]

나의 몸은 돈이나 옷과 같은 방식으로 내가 움켜쥘 수 있는 소유물이 아니다. 당신은 나의 돈과 옷을 빼앗아 갈 수 있을 것이지만 나는 비록 당황스럽겠지만 여전히 여기에 있을 것이다. 당신은 나의 몸의 여러 부분을 제거할 수도 있을 것이지만 나는 그럼에도 여기에 있을 것이고, 당신은 나로부터 나의 몸 전체를 가져갈 수 없으며, 나를 여기에 없게 할 수도 없다.

[…]

나의 신체는 나의 소유물은 아니지만, 나를 표현한다. 만약 내가 움직이면 이는 나의 움직임이고, 나 자신을 움직이는 것이다. 나는 나 자신을 드러내 보인다. 만약 내가 어떤 것을 지목할 때, 내가 감지한 어떤 것을 지목하는 이 제스처를 하이데거는 몸으로 나타나기(몸으로 살기, leiben)라고 이름 붙였다. (p.319)

고통(몸의 고통과 슬픔의 고통)은 신체적(물리적)인 것인가? 아니면 정신적인 것인가?라는 질문으로 우리에게 신체/마음/영혼과 고통의 관계에 대해 고려하기를 요청한 후에(p.320), 히튼은 몸으로 나타나기를 추가적으로 설명하기 위해서 미소와 같은 "제스처"에 주목했으며 그 후에는 언어에 관심을 보였다.

언어는 우리가 생각과 감정을 담는 몸과 같은 것이 아니며, 오히려 우리가 언어에 깃들어 있으며, 이는 우리에게 자연스러운 것이다. 일단 언어가 존재한다면, 언어는 살아있는 삶의 형태가 된다. 언어적 표현과 우리의 관계는 우리의 모든 행동과 반응을 좌우한다. 단어는 의당 가치를 가치며, 그들은 우리를 표현한다. 우리의 영혼이 우리의 몸 어딘가 뒤편에 있는 것과 달리 우리는 더 이상 언어 뒤편에 있는 무엇인가가 아니다. 심리치료에서 해석은 종종 실제로 개인이 말한 것을 왜곡하거나 경시하는데, 환자는 단지 그들이 말한 것 그대로를 의미한 것일 수도 있다! 나의 언어는 나를 표현하며 정신분석과 같은 기술적 언어를 대용하는 것은 미묘한 방식으로 나를 비하하는 것이다. […]

인간은 말하고 보고 표현할 능력을 가지는데, 왜냐하면 우리는 이 세계에 살고 있기 때문이다. 그/그녀는 존재가 드러난 상태, 즉 나타나게 되는 것이 숨겨지지 않은 상태에 있다. 세계 내 존재로서의 모든 행동은 몸으로 나타나기를 통해서 결정되는데, 이는 어떤 평범하고 기하학적인 확장된 공간으로 들어가는 것이 아닌 제스처를 의미한다. 제스처는 무아지경에 빠지는 인간의 속성을 드러내며 이는 우리에게 영혼을 인식하게 한다. 이는 대부분 종교가 제스처를 독창적으로 정교화한, 의례를 발달시키는 이유이기도 한데, 종교적 의례가 영혼의 속성을 인간에게 다시 상기시키는 가장 좋은 방법이기 때문이다. 그리고 이는 의례에 대한 이해가 없던 프로이트가 의례를 강박적인 행동으로 격하시키고 종교를 이해하지 못했던 이유이기도 하다. (p.323)

결론적으로 하이데거와 비트겐슈타인에 이어 히튼은 우리에게 다음의 내용을 상기시킨다.

1. 여럿이 함께 존재하는 것은 세계-내-서로-존재함을 의미한다. 이는 주체와 또 다른 주체 간의 관계는 아니다. (p.328)

2. 하이데거와 비트겐슈타인과 같은 철학자들에게 귀 기울이는 것은 추가적인 지식을 얻는 것에 대한 것이 아니라, 사물을 바라보고 다가서는 방법을 바꾸는 것에 대한 것이며 이는 우리 스스로 해야 하는 것이다. 그들은 우리를 생각하게 한다. (p.328)

# 12

## 현상학적 실존치료에 대한 도전과 새로운 발전

Smith, and Ann Lagerström

**서론**_네일 라몬트 & 클레어 아놀드-베이커

우리는 정치경제적인 그리고 사회적인 배경이 항상 변하고 진화하는 세계에 살아가고 있다. 우리는 기술의 급격한 진보를 목격해 왔고, 인터넷의 발달은 우리의 행동과 우리의 살아가는 방식의 수많은 영역들에서 전능한 존재가 되었다. 우리는 모든 유형의 정보에 유례없는 접근 기회를 갖고 있으며, 이는 우리가 세계와 타인 그리고 그들의 경험과 연결되는 방식을 변화시켜왔다. 이 세계는 소크라테스(Socrates)와 플라톤(Plato) 그리고 아리스토텔레스(Aristotle)가 살았던, 또는 키르케고르(Kierkehaard)와 니체(Nietzsche)가 살았던 세계와도 매우 다르며, 심지어 보다 최근인, 하이데거(Heidegger)와 사르트르(Sartre)의 시대와도 헤아릴 수 없이 다르다.

현시점에서 우리가 직면하고 있는 가장 큰 도전은 난민, 전쟁, 가난 그리고 정치사회적 양극화 현상, 기후 변화 등의 거대한 불확실성과 불안정성이 명백히 실존적이라는 사실이다. 어떻게 살아야 하고 어떻게 사는 것이 잘 사는 것인지와 같은 철학적 질문이 지금보다 더 필수적이었던 시기는 없었다. 그러므로 실존치료는 사람들이 자기 자신을 더 잘 이해하고, 타인과의 관계와 세계 속에서 자신의 위치를 보다 더 잘 알도록 돕고, 궁극적으로 이러한 혼란스럽고 불확실한 시대 속에서 의미를 찾도록 하는 데 중요한 의의와 가능성을 갖고 있다.

이러한 필요에 우리가 어떻게 응답할 것인가? 그리고 이에 대한 주요 대안으로서 실존치료가 가진 가능성을 어떻게 실현할 수 있는가? 이 질문과 도전은 전문가로서 우리가 앞으로 나아가는 데 있어서 매우 중요하다. 이는 필연적으로 보건 관련 공무원에게 연구-기반 근거에 대한 요구를 받는 것을 의미한다. 실존치료 접근은 이러한 도전 및 결정적으로 내담자뿐만 아니라, 치료자의 요구를 충족시키기 위해 진화하고 적응해야 할 필요가 있다. 이 장의 첫 부분에서 우리는 철학적 엄밀성과 정치와 경제 정책 사이의 균형을 맞춰야 한다는 것을 강조한 바 있다.

마르틴 아담스(Martin Adams)와 조엘 보스(Joel Vos)는 사람들이 스스로 의미를 찾도록 돕는 일에 실존철학이 가진 의의를 탐색했는데, 예를 들면, 어떻게 의미 있는 삶을 살아낼 수 있는가?, 우리의 경험을 어떻게 이해할 수 있는가와 같이 우리의 실존에 대한 근본적인 질문을 다루었으며 또한 의미-중심 치료의 범위 내에서 발달과 일상의 삶에서의 그 의미에 대해서도 다루었다.

개개인에게 그리고 보다 최근에 치료 영역에서 크게 두드러진 발달은 주요 의사소통 방법으로 온라인 플랫폼과 소셜미디어를 사용하는 급등했다는 것이다. 이러한 발달의 한 부분으로서 메신저 프로그램, 영상통화, 그 밖에 다른 여러 앱들을 활용한 온라인 치료 경향이 꾸준히 증가하고 있다. 여기에는 의심할 바 없이 여러 이점이 있는데, 가장 뚜렷한 것은 사람들이 세계와 보다 쉽게 접촉할 수 있으며 (대개는 비싸지 않은) 치료 서비스에 훨씬 더 쉽게 접근할 수 있다는 것이다. 하지만, 이와 관련된 난제 또한 있는데, 종종 어떤 경우에는 멀리 떨어져 있다는 고립감의 증폭에 의해서 깊은 격리 효과가 일어날 수도 있다. 크리스 블랙모어(Chris Blackmore)와 디그비 탄탐(Digby Tantam)은 기술적 발달이 치료 장면에서의 우리의 안녕과 상담에 미치는 긴장을 일부 설명하였다.

점점 갈수록 실존적 접근은 전 세계적으로 그 영향력이 발달해왔으며, 전 세계의 약 130개의 국가들에서 활용되고 있다. 에드가 코레이아(Edgar Correia)는 자신의 연구에서 영국의 실존치료에 대해서 다루었으며, 영국의 실존치료가 어떻게 국제적으로 주도적인 영향을 미쳐왔으며 세계 도처의 여러 국가들에서 실존적 접근이 발달하는 과정에 어떻게 영향을 주었는지에 대해서 논의하였다. 이는 오스트레일리아에서 실존 접근이 발달한 과정을 구체적으로 묘사한 알리슨 스트라서(Alison Strasser)에 의해서 보완되었다.

이 장의 마지막 부분은 주로는 코칭과 조언과 같은 관련 분야에 실존 접근이 어떻게 적용되어 왔는지에 대한 내용을 다루고 있다. 사샤 반 덜젠-스미스(Sasha van Deurzen-Smith)와 앤 라거스트룀(Ann Lagerström)은 실존적 코칭 영역이 어떻게 출현하게 되었으며, 이 출현이 어떻게 이 접근을 보다 발전시키고 다양하게 했는지를 연구했다.

실존철학이 고대 그리스에서와 같이 오늘날에도 유의미하다는 사실은 우리의 실존의 의미를 찾고 이해해야 하는 필요성의 중요함과 특별함을 보여주며, 이는 인간됨의 핵심이다. 우리의 실존의 이러한 근본적인 특성들은 국적, 시간, 문화 그리고 기술을 초월하며, 따라서 실존적 접근은 우리가 미래를 향해 나아가는 과정에 필요한 많은 것들을 제공해줄 수 있다.

## 현상학적 실존치료에 대한 철학적, 정치적 도전_네일 라몬트 & 클레어 아놀드-베이커

현상학적 실존치료는 끊임없이 성장하고 발전해왔으며, 현재에는 삶의 문제들을 다루는 영향력 있는 방법으로서 그 어느 때보다도 더 널리 인정되고 있다. 그러나 우리는 만약 우리의 목적이 영국의 국민건강보험(United Kingdom's National Health Service, NHS)과 같은 거대 서비스 제공자에게 효과적인 치료 대안으로서의 승인을 확보하는 것이라면 우리가 거대한 도전들에 직면하고 있다는 사실을 의심해서는 안 된다. 실제로, 몇몇 주요 논평에서 경고한 것과 같이(예. Deurzen 2010; Cooper 2011; Woolfe 2012, 2016), 우리는 전문성의 정체성 및 존속의 위기에 직면하고 있다. 우리의 전문성의 깊은 토대인, 다수성(plurality), 주관성(subjectivity) 그리고 인간의 삶에 대한 관계적이며 철학적인 그리고 맥락적인 이해 모두는 동질성 및 "모두에게 맞는 하나의 사이즈"식 접근을 향한 흐름에 의해 위험에 처해있으며, 이는 경험적으로 지지되는 현대의 인지행동치료의 전능성에 의해 쉽게 보여진다.

효과성의 증명은 국민건강보험이 어떤 심리치료를 제공해야 할지를 결정하기 위해서 국립보건임상우수성연구소(National Institute for Health and Clinical Excellence, NICE)가 정한 명확한 기준임에 틀림이 없다(Guy et al. 2012). 정신건강을 이해하기 위한 구조틀로서 의료 모형을 상정함에 따라, 이 모형에 동의하지 않는 실존치료를 포함한 다른 치료 접근들은 대부분 추천 서비스에서 배제되어왔다(Mollon 2010). 물론, 이는 모두 경제적인 제한점 및 관련된 정치적 압력에 의한 것이 많은 부분을 차지하는데, 이는 물론 통탄할 일이지만, 이것이 우리가 속해 있는 환경이며, 결정적으로 단시간에 바뀔 가능성이 거의 없다는 사실을 인정해야만 한다.

그러므로 우리가 다루어야 하는 질문은 실존치료가 실행가능한 치료 선택지로서 자신의 위치를 주장하고 그 결과로 어쩌면 실존치료를 통해서 가장 도움을 많이 받을 수 있는 사람들에게 이 선택을 할 수 있도록 그 위치를 확실히 할지 여부에 대한 것이다. 우리는 데카르트의 패러다임을 거부하고 현상학적 전통에 충실하면서 어떻게 이를 이룰 것인지에 대한 철학적이고 정치적인 딜레마에 지속적으로 직면하고 있다. 과거에 이는 긴장을 야기했으며(예, Hoffman et al. 2012 참조) 의심의 여지없이 앞으로도 계속될 것이다. 하지만 이는 실존치료의 역사에서 실존치료가 무엇인지를 규정하는 결정적인 순간이기도 하다. 우리가 이를 어떻게 다루는지에 향후 우리의 종착지가 달려 있다.

실존치료는 근본적으로 객관주의, 근거-중심 연구와 같이 주류를 이루는 관점에 대해서 의문을 제기하고 비판적인 태도를 드러내는 반-체제적 속성을 가진다(Manafi 2010, Miller 2006; Woolfe 2012, 2016). 현상학적 연구자들은 우리 자신과 우리가 속한 세계 사이의 의도적 관계에서 일어나는 일에 특히 관심을 가진다(Langdridge 2007; Deurzen 2014). 그 중심에는 경험되는 그대로의 복잡한 현실의 숨겨진 본질적 특성을 드러낼 목적을 가진 주관적인 생생한 경험에 대한 깊은 존중이 있다. 이는 주관적 진리에 도달하기 위한 가능한 객관적인 서로 다른 관점들을 가능한 한 많이 조사하는 것을 통해서 이루어진다. 물론 연구의 목적과 얻을 수 있는 결과는 양적 연구와는 근본적으로 다르지만 이는 연구의 견실성을 의심해야 한다는 사실을 의미하지는 않는다. 만약 우리가 내담자의 실존적 이익을 보호하고자 한다면, 실제로 앞으로의 양적 연구의 질적 측면을 담보하는 것은 근본적으로 중요한 것이 될 것이다.

하지만 일부는 지난 10년간에 걸친 포스트모더니즘의 적극적 수용을 암시하는 데 반해서, 언젠가 곧 있을 패러다임의 전환에 참여하는 것은 현명하지 못한 것일 수도 있다. 몇몇의 영향력 있는 정책입안자와의 인터뷰에서 믹 쿠퍼(Mick Cooper)는 고위급에서는 "예정된 어떤 포스트모던적 전환도 없다"는 것을 확인했다(2011, p.10). 오히려 상황은 그 반대였다. 더욱이 경험적 근거를 가진 치료를 결정하는데 전통적인 과학적 연구의 기반이 되는 무작위 통제 실험을 실행하는 진지함으로 이는 악화되었다(Elkin 2007; Cooper 2011; Frost 2012).

하지만 우리는 또한 비록 일부 접근들이 다른 접근들에 비해서 보다 광범위하게 연구되어 왔으며, 그리고 그 대부분이 인지행동 접근이라고 하더라도, 이러한 사실이 아직 연구되지 않은 접근들이 덜 효과적이라는 의미는 아니라는 것을 기억해야 한다. 실제로 비교 연구들은 다양한 방식으로 치료적 지향을 가로질러 치료의 긍정적 결과가 동등하다는 사실을 보여왔다(Norcross 2002; Watson et al. 2003; Cooper 2008). 우리는 효과 및 비용 대비 가치를 증명하도록 요청하는 것은 이와 같은 근거를 통해서만 이 접근이 목적에 적합하다고 생각한다는 의미를 갖고 있다는 것을 알고 있다.

만약 우리가 실존치료를 개인적인 상담 방법의 영역으로 제한하지 않는다면, 우리에게 놓여진 도전은 여러 다른 상담접근들의 하나로 들어가는 방법이다. 호프만(Hoffman)과 그의 동료들은 실제적 또는 인식론적 기반에 근거한 근거-중심 접근(EBP)을 묵살하기보다 실존치료자들은 근거 중심 접근에 포함되기 위한 방법들을 적극적으로 찾아야 한다고 제안했다. 이는 보다 넓고 포괄적인 방식으로 근거-중심 접근을 어떻게 정의 내릴지에 대한 논의를 필요로 한다. 네이마이어(Neimeyer)는 세계실존치료학회에서 실무에 있는 상담자들이 지닌 정의적 특성을 연구하고 가장 최상의 상담에 대한 실천 지침을 생성하는 것을 통한 실천-중심 근거(practice-based evidence)로의 초점의 전환이라는 흥미로운 대안적 해결책을 제안했다(2015). 이 두 가지 제안 모두 근거 중심의 실존치료의 실제를 입증해왔다. 서비스 제공 분야에서 경쟁할 수 있기 위해서 우리도 시간이 한정된(time-limited) 실존치료에 대한 실무적인 요구를 받아들일 필요가 있을 수 있다(Strasser and Strasser 1997; Langdridge 2013). 모든 경우에 있어서 핵심은 결과-중심 연구를 통한 효과성의 입증과 함께 치료 그 자체가 동질화되지 않도록 확실히 보장하는 것이다.

여기에서의 핵심은 도움이 필요한 사람들이 선택할 수 있는 선택지를 넓히는 것의 이익을 어떻게 보장할지에 대해서 창의적으로 생각할 필요가 있다는 점이다. 우리는 실존치료에 대한 광범위한 연구와 특별한 가치를 가진 적합한 치료 대안으로서 실존치료가 포함되도록 하기 위해서 우리가 할 수 있는 것을 모두 하는 것은 우리의 직업에 대한 윤리적 책무이라고 생각한다. 이를 위해서 우리는 실존치료의 효과성을 증명해야 하고 또한 우리가 영향력 있는 사람들의 주목을 받고자 한다면 우리가 하는 질적 연구가 탄탄해야 하며, 성과-기반의 연구가 되어야 한다는 사실을 인정할 필요가 있다.

점점 더 많은 연구자들이 실존적 성과 연구가 부족하다는 문제로 고민하고 있다(e.g., Vos et al. 2015). 또한 실존치료의 효과가 증상이나 의료보다 교육과 개인적 속성과 관련되어 있음을 보여주는 흥미롭고 새로운 결과 또한 존재한다(Sorenson 2015). 이는 새롭고 중요한 연구인데, 왜냐하면 삶에서 자신이 무엇을 변화시킬 수 있는지에 대한 깊은 이해를 얻도록 하면서 개인의 전인격을 다루는 것이 실존치료의 목적이기 때문이다. 다른 치료 접근들의 제한적인 범위를 초월하고 개인과 사회 모두에게 이로운 방식으로 삶의 문제들을 재구성하는 능력을 보여주는 것을 통해서 이 모든 패러다임을 더 단단히 확립할 수 있을 것이다.

영국에서의 실존적 접근만을 위한 박사 과정의 발달과 실존 연구 학술원(Existential Research Academy, ERA)의 등장과 같은 새로운 움직임과 함께, 여기에는 매우 주목해야 하는 경향이 있다. 현재는 이 불안한 세계에서 실존치료의 가능성과 그리고 실존치료가 제공할 수 있는 것이 무엇인지를 보증하고 보여주기에 더할 나위 없이 중요한 시간이다. 마치 실존 접근이 마치 21세기의 특정한 필요를 충족시키기 위해서 계속해서 진화하고 발달해온 것만 같이, 우리는 이 접근이 치료와 관련된 직업을 가진 전문가들에게 매우 실질적이고 필수적인 기여를 할 것이며, 이렇게 함으로써 사회 정의에도 크게 공헌할 것임을 확신한다.

## 현상학적 실존치료와 의미_마르틴 아담스 & 조엘 보스

현상학적 실존치료는 기본적으로 "어떻게 의미 있는 삶을 살 수 있는가?"라는 우리 모두에게 가장 근본적인 질문에서 뚜렷이 나타나는 의미와 의미의 생성에 관심을 가진다. 누구도 확정적으로 한 번에 대답할 수 없는 질문은 계속 진행되고 진화하는 연구인 셈이다(Deurzen 2008). 우리는 모두 한 배를 타고 있다. 이 가장 근본적인 탐구의 대상을 어떻게 다루는지에 있어서 현상학적 실존치료가 서로 다른 갈래들로 나누어져 있다는 사실은 놀라운 일은 아니다. 이는 강점이면서도 또한 도전이기도 한데, 왜냐하면 역설적으로 의미의 모호성에 대한 변증법적 고찰이 결국에는 보다 더 가치 있기 때문이다.

현상학자들은 현대사회에서 개인들이 어떻게 마치 상점의 선반 위에서 가져오듯이 미리 만들어져 있는 의미를 부여해주기를 바라는지를 설명해왔다(Vos 2014). 내담자는 의미가 그렇게 쉽게 얻어질 수 없다는 사실을 알게 되고 이에 좌절할 수도 있다. 프랭클(Frankl, 1988)은 마치 우리가 어느 하나를 선택할 수 있는 것과는 다른 별개의 대상과 같이 의미를 상상하지 않을 것을 경고했는데, 왜냐하면 의미를 이렇게 생각하는 것은 사회적으로, 역사적으로 그리고 체현된 실제 경험의 전체성(totality)을 부정하는 것이 될 수 있기 때문이었다. 이러한 기술적인 접근은 의미를 과정으로서가 아닌, 단지 단계 또는 목적으로서만 제시하는 것이다(Frankl, 1988; Vos, 2014). 주로 연이은 묘사를 통한 의미 탐색을 목표로 하는 치료 방식과 해석적으로 의미를 탐색하는 목표로 가진 방식 사이에도 이와 유사한 긴장이 있을 수 있다. 전자는 묘사적 현상학의 원리에 치료 방식을 맞추려는 경향을 가지며, 후자는 해석된 현상에 방식을 맞추려는 경향을 가진다. 여기에는 중요한 차이가 있고, 생산적인 대화를 위한 기회도 있지만, 모두 현상학적 특성을 가지고 있다는 사실에 주목하는 것은 중요하다.

현상학적 실존치료자들 간에서도 의미의 형이상학적 기반에 대한 논란이 있는데, 예를 들면, 의미라는 용어는 너무 본질주의적이라는 비판이 있어 왔다. 현상학적 방법을 통해서 우리는 후설과 하이데거가 제시한 것(직관적 환원/eidetic reduction)과 같이 비교적 안정적인 의미들을 찾을 수 있는가? 우리는 윤리적으로 보다 선한 의미와 악한 의미를 구별할 수 있는가?, 자기-초월(self-transcendence)은 가능한가? 또는 아니면, 의미라는 용어는 그저 변화를 거듭하는 상태를 묘사하기 위한 형용사에 불과한가? 현상학적 실존 치료는 형이상학적 답변을 제공하는 것보다 그 과정에 더 자주 초점을 맞추는 것으로 보인다. 그러므로 치료자들은 주로 내담자에게 그들에게 문제가 되는 것을 현상학적으로 조사하고 이를 얽힌 것을 풀 기회를 제공한다. 이러한 과정 그 자체가 내담자에게 유익이 되는 것으로 보이며, 이 과정의 결과로서 내담자가 핵심 의미를 찾았는지 여부는 이 접근의 실제에 있어서 관련이 없을 수 있다(Vos, 2014, 2016). 이는 내담자와 상담할 때 치료자가 자신의 형이상학적 가정을 괄호 안에 묶는 칠자의 강한 자기 반성과 성찰을 시사한다.

발달과 관련된 또 다른 이슈는 기술과 기법 사이의 구분에서 두드러진다. 간단히 말해서 기법은 사용되는 도구인데, 반면에 기술은 불가피하게 개별 개입 방법에 포함되는 존재 방식을 자신의 것으로 인정하며 치료적 관계의 질적 특성에 따라 민감하게 사용된다(Deurzen and Adams, 2016; Adams, 2016). 이러한 구분은 하이데거가 세계 내 사물들을 눈-앞에-있는(present-to-hand / 전재적, 前在的), 손-안에-있는(ready-to-hand / 용재적, 用在的), 소유한(owned)으로 구분한 것과 관련이 있다(Dreyfus and Wrathall, 2014). 인기가 증가함에 따라 실존치료는 그 실제가 현상학의 대화 기술에 단단히 기반을 둘 수 있도록 하면서 서로를 비인간적이 되게 하는 일련의 기법으로 매뉴얼화되지 않도록 하는 과제를 안고 있다. 이 점은 단기 상담에 초점을 맞춘 모형들이 발달함에 따라 특히 중요하다. 실존치료 메타분석은 기술에는 구체적인 초점을 맞춤 개입을 포함한 존재 방식이 포함되어 있다는 기술에 대한 앞의 관점을 지지한다. 단지 현상학과 경험적 기반에만 근거한 실존치료의 실제는 그다지 효과적이지 않지만 반면에 의미를 분명하고 체계적으로 다루는 실행 방식은 내담자의 삶의 질과 심리적 안녕을 크게 향상시킨다(Vos, Craig, and Cooper 2014). 따라서 실존치료의 개입과 훈련에 의미중심 (meaning-centered)의 기술과 현상학 및 관계적 기술을 결합할 것이 제안된다(Vos 2016). 이와 같은 결합이 어떤 모습일지 대한 보다 더 깊은 고찰이 필요하다.

최근 현상학적 실존치료에서 잘 드러나지 않은 중요한 또 다른 영역은 탄생부터 죽음에 이르는 실존적 발달 과정에 대한 고찰이다. 일생에 대한 이야기에 대해서는 개인적 흥미나 전문가적 흥미가 거의 없었던 하이데거를 제외하고, 키르케고르, 니체, 사르트르 보부아르 (Beauvoir) 그리고 메를로 퐁티(Merleau-Ponty) 모두 발달과정에 대한 글을 썼으며, 어떻게 사물이 그들이 존재하는 방식으로 존재하게 되었는지를 철학적인 문제로 고려하였을 뿐 아니라, 특히 보부아르는 젠더와 노년기에 대한 자신의 연구로 알려져 있기 때문에 이 영역이 간과되어 왔다는 사실은 이상한 일이다. 이러한 결과로 현상학적 실존치료의 이론과 실제는 중년기 성인을 중심으로 이루어져 있다. 하지만, 예외도 존재하는데, 스칼조(Scalzo, 2010)는 어린이에 대한 연구를 하였으며, 아담스(Adams, 213, 2018)는 치료 장면에서 활용할 수 있는 인간의 실존적 발달 모형을 만들어냈다.

특히 랭드리지(Langdridge, 2013)가 언급하고 의문을 제기했던 것과 같이, 실존철학, 특히 사르트르와 보부아르의 철학에서는 제시되고 있지만, 흥미롭게도 현상학적 실존치료의 실제에는 아직 포함되지 못한 또 다른 요소는 정치 정책과 사회경제와 관련된 더 넓은 세계에 대한 것이다. 민족 주체성, 분쟁, 지구 생태계 그리고 성차별적 정치 등의 이슈들은 모두 우리에게 영향을 미친다. 치료자 개인과 치료자가 하는 일 사이의 유일한 차이점은 환경의 제약에 있다(Deurzen and Adams 2016). 개인적인 것과 철학적인 것 그리고 정치적인 것은 각 개인의 세계-내-존재에 섞여 있다. 만약 현상학적 실존치료가 그 철학적 뿌리에 충실하다면, 그리고 정말로 다른 치료의 형식과 같이 되지 않으려면, 치료적 실제에 있어서 정치적 차원을 포함시킬 방안을 찾을 필요가 있다. 이를 위해서는 성찰의 기술 즉, 치료자가 가진 의미와 사회-역사적 역할이 치료적 관계에 어떻게 영향을 미치는지를 깨닫는 능력이 핵심이 된다.

## 온라인의 발달_크리스 블랙모어 & 디그비 탄탐

### 안녕(wellbeing)에 미친 영향

인터넷의 진보 및 일상의 삶으로의 통합은 아찔한 속도로 일어나고 있다. 심리치료의 이론과 실제는 이러한 변화의 속도에 발맞추기 위해 분투하고 있다. 온라인에 존재하는 것이 세계-내-존재-방식에 영향은 여전히 검토되고 있으며, 우리는 이 새로운 가상-세계-내-

존재하는 상태의 특징을 아직 명확히 묘사하고 있지 못한다. 그러나 갈수록 작아지고 빨라지는 기기들과 월드와이드웹(World Wide Web)으로의 접속 그리고 비즈니스, 즐거움 그리고 교육 영역에서 인터넷 사용의 증가로 인한 이 존재 상태의 핵심적 특성 중 하나는 연결성이라 말할 수 있다.

이러한 연결성의 이점이 많지만, 해로움을 제대로 인식하는 데에는 오랜 시간이 걸린다. 비록 소셜미디어의 사용이 다양한 사람들과의 연락을 주고 받는데 아주 유용할 수 있는 반면, 많은 다른 사람들의 경험과 우리의 경험을 비교하게 하며, 이러한 사회적 비교가 항상 좋지만은 않다는 증거 또한 있는데, 미국의 청소년 및 청년층에서 나타나는 소셜 미디어의 사용과 우울 사이의 연관성(Lin and Utz 2016)이나, 페이스북 사용시간과 페이스북을 통한 사회적 비교에 의해 매개된 우울 증상들 사이의 관계가 그 예가 될 수 있다(Steers and Wickham 2014). 이와 유사하게 페이스북 사용은 젊은 층에서 주관적 안녕감의 감소를 예측하는 것으로 보인다(Kross et al. 2013).

인터넷은 사이버폭력, 사기, 그리고 해킹과 같은 다양한 방식을 통해 악의적인 목적으로 사용될 수 있다. 이러한 해악들 중 일부는 온라인에 존재하는 것이 행동과 사회적 역동을 변화시키기 때문에 나타나는 것일 수 있으며, 다른 것들은 혼란과 고통을 야기할 악의가 있는 전형적인 행동들이 컴퓨터를 매개로 일어나게 된다. 이러한 해악들 중 어떤 것이라도 정신 건강에 영향을 미칠 수 있으며 또한 이에 대한 실존치료의 반응에 영향을 줄 수 있다.

## 상호주관성에 대한 새로운 개념

인터넷이 다른 사람의 다양한 경험과 관점에 접근하는 능력을 대단히 확장시켰다는 것에는 의심의 여지가 없다. 우리는 안전한 집에서 소셜미디어를 통해 전쟁이나, 혁명, 기근 또는 홍수가 일어난 지역에 있는 사람들의 영상이나 생생한 메시지를 접할 수 있다. 과거에는 TV 뉴스를 통해서 종종 이러한 내용들을 접할 수 있었지만, 지금은 그 장소에 있는 사람들로부터 직접적으로 들을 수 있다. 또한 우리는 사실상 상상하는 거의 모든 주제에 대해 대화를 나눌 수 있는 사람들을 온라인에서 찾을 수 있다. 따라서 다른 사람의 경험에 우리가 접근하는 것은 인터넷이 도래한 1990년대 이래로 증가해왔으며, 그에 따라 다른 사람들의 세계에 대한 통찰을 얻는 능력 또한 증가해왔다.

그러나 이를 진정한 상호주관성이라고 말할 수 있는가? 상호주관성은 "마음 이론(theory of mind)" 또는 "인지적 공감(cognitive empathy)"이라고 명명된 일종의 유대감을 활용한 정신적으로 연결된 관계를 말한다. 현상학적 전통에 따르면 상호주관성은 체현된 것이다(Taipale, 2015). 비록 가상 게임의 플레이어가 자신의 아바타를 자신의 신체 도식(bodily schema)에 결합시킬 수 있고, 이것이 결과적으로 메를로 퐁티(Merleau-Ponty)의 도식(Crick, 2011)이라고 주장한다고 하더라도, 다른 플레이어의 아바타는 대면하는 상호작용에서 만큼 실제 신체와 결합되지 않았을 수 있다. 마치 실제 신체들이 함께 연결되는 것과 같이 아바타들을 서로 연결해주는 "관계 조직"은 없다(Verissimo 2012). 그러므로 게임에서의 상호주관적 경험은 소위 '상호적 뇌(interbrain)'라고 부르는 부위에서 오는 즉시적 인식보다는 마음이론을 통한 다른 플레이어의 시뮬레이션에 기초한다.

## 본래성에 대한 새로운 개념

인터넷이 발달한 초기에 몇몇 사람들은 온라인을 통해서 육체를 벗어날 가능성은 페르소나를 선택하고 정체성을 변화시키고, 심지어 의식을 변화시키는 사람들의 능력에 막대한 영향을 미칠 것이라고 생각했다. 반면 예상한 만큼 이러한 일들이 일어나지 않을 수 있으며, 많은 경우 함께-존재함의 물리적 부재도 인간의 행동에 영향을 미치는 것으로 보인다.

온라인에 존재하는 경험의 한 중요한 측면은 사르트르가 "조망(The look)"으로 명명한 것 즉, "타인의 응시를 느끼는 것 그리고 자신의 행동을 다른 사람들이 어떻게 볼지에 대한 인식에 의해 영향을 받는 것"의 부재이다(Tantam 2006, p.373). 이는 내가 온라인에서 대화하고 있는 상대방은 내가 생각하는 그 사람이 맞는가?라는 본래성에 대한 의문을 제기한다. 이는 또한 자의식을 덜어주는 요인이 될 수도 있는데, "조망의 부재는 사람들로 하여금 직접 만나서 누군가에게 말하기에는 너무 수치스럽게 느껴질 수 있는 문제라 할지라도 이를 인터넷상에서 다른 사람에게 말할 수 있게 해주기도 한다"(Tantam, 2006, p.373). "조망"은 자의식을 초래하고 수치심을 느끼게 할 수 있지만, 보통 수준의 수치심의 부재는 인터넷 유저들의 특성인 탈억제(Suler, 2004)로 이어지는 하나의 요인이 될 수 있다(Tantam 2006, p.373). 하지만, 눈에 보이지 않음/눈맞춤의 결핍은 서로를 이해하는 인간의 능력에 부정적인 영향을 주며, 오해(비언어적 정보를 통한 맥락화의 부족)로 인한 갈등은 온라인에서 보다 더 일반적으로 나타날 뿐만 아니라, 온라인에서 언어를 통한 확증없이 내용을 명확히 하기는 보다 더 어렵다(Munro, 2012). 발릭(Balick)이 언급한 바에 따르면, 온라인에서의 관계와는 달리, 오프라인 관계에서의 대인관계 단서들은 상호주관성을 촉진하는 맥락을 제공한다(2013, p.102).

보다 많은 사람들과 연결될 수 있는 능력에 덧붙여서 이러한 연결은 다른 속성을 가지고 있을 수 있다. 소셜미디어 플랫폼은 "친구" 또는 "팔로워"와 같은 용어를 사용하지만, 이 사람들은 우리가 직접 만나본 적이 없는 사람들일 것이며, 실제로 인터넷이 없었다면 우리와 어떤 연결점도 가지지 못했을 사람들이다. 인터넷이 자신에 대한 표현과 다른 사람들이 우리를 어떻게 여기게 할지를 우리가 높은 수준으로 통제할 수 있게 해준다는 점을 감안할 때, 이는 자연스럽게 우리와 다른 사람의 마음에 온라인에서의 상호작용에 대한 본래성에 대한 의문을 제기한다.

## 실존치료 실제에 대한 새로운 도전

실존치료는 의미를 찾는 여정에서 안녕, 상호주관성 그리고 본래성을 고려되는 핵심이슈로 바라보며, 인터넷에 의해서 야기된 이와 관련된 변화는 이 역동과 함께 이로 인해서 치료가 어떻게 변할 수 있는지를 이해할 필요가 있는 실존치료자들에게 과제를 제시한다. 온라인 상담을 결정한 실존치료자의 경우, 물리적으로 함께 있지 않은 누군가와 신뢰 관계를 어떻게 형성해야 할지를 포함한 여러 도전들에 직면해 있다. 치료자들은 타인이 그들이 자신이라고 주장한 모습이며 이는 내담자의 경우에도 마찬가지라는 사실을 또한 알 필요가 있다. 일단 정체성이 확립되면, 치료자와 내담자는 온라인 매체가 어떻게 서로에 대한 경험과 자기 자신에 대한 경험을 변형시켰는지를 이해하는 것이 필요하다. 타인의 본래성을 믿을 수 있는가? 온라인 상담의 과제 중 일부는 또한 기회가 되는데, 탈억제의 가능성 그리고 예를 들면 수치심 때문에 탐색하지 못했을 주제들에 대해서 논의할 수 있다는 점이 이에 해당된다. 인터넷은 이러한 이슈들에 대한 논의를 촉진할 수 있지만, 그 잠재력과 함께 과도한 정보의 공유로 인한 해로움의 가능성도 있다.

치료나 치료자에 대한 선입견을 가지고 상담실에 오는 내담자와 같이 대면 상담에서의 어려움 또한 존재한다. 이는 인터넷 영역만의 특이점은 아닐 수 있지만, 오늘날에 상담 환경, 치료 접근 그리고 치료자에 대한 정보는 예전에 비해 매우 쉽게 접근할 수 있게 되었다. 내담자는 체현된 현재에 덧붙여 항상 존재하는 온라인상의 존재함에 익숙해져서 상담 장면에 "존재하기"가 더 어려워졌다는 것을 알게 될 수 있다. 내담자가 치료에서 마주하게 되는 이슈들 중 일부, 구체적으로 말하면 예를 들어, 소셜미디어의 영향, 따돌림과 괴롭힘의 가능성 등과 같은 문제들은 인터넷과 관련되어 있다. 그리고 보다 일반적으로, 내담자는 이 온라인 세계에서의 새로운 상호작용에서 길을 잃을 수도 있고, 온라인 세계에서의 의미를 찾는 것에 어려움을 겪고 있을 수도 있다.

### 에드가 코레이아와 앨리슨 스트라서

여러 저자들은 전 세계 여러 상황들에서 실존치료가 진보하는데 영국 실존치료가 미친 영향을 주장해왔다(Cooper 2012, 2017; du Plock and Deurzen 2015; Groth 2000). 그러나 이 주장을 입증하기 위한 어떤 체계적인 근거도 제시되었던 적은 없었다. 잠시 역사에 대한 설명을 살펴보는 것은 영국 실존치료 학파의 특성을 이해하는 데 도움이 될 것이며, 다른 것보다도 실존치료자들 스스로 가장 영향을 많이 받았다고 생각하는 실존치료 저자들과 저서가 무엇인지에 대해서 다룬 세계적 연구의 데이터는 근거에 기반해서 영국 실존치료가 미친 영향을 분명히 하는 데 도움이 될 것이다.

정신의학과 심리학 분야에서의 실존적 사상 및 현상학적 전통은 영국 실존치료 학파가 도래하기 훨씬 이전에 이미 일부 유럽, 북아메리카와 라틴아메리카의 여러 나라들에서 이미 존재하고 있었으며 자리 잡고 있었다(참조, Besora 1994; Halling and Nill 1995; Martínez and Signorelli 2014; Spiegelberg 1972; Straus 1959). 그러나 이러한 발달의 대다수는 인간의 (정신병리학적) 경험의 현상학적이고 인류학적인 이해에 초점을 맞추고 있다(Besora 1994; Spiegelberg 1972). 심리치료적 개입 방법은 주요 관심사가 아니었으며(Straus, 1959), 관심이 있었던 곳에서도 실존적 접근은 가르치고 적용할 만한 고유한 치료 기법(예, Boss 1963)을 가진 독립적인 치료(예, Yalom 1980)로서 사실상 고려되지 않았다.

실존치료의 인기가 감소하고 있는 것처럼 보였던(Norcross, Prochaska, and Farber 1993) 1980년대에, 지금은 세계에서 가장 역동적인 실존치료 학파들 중 하나인(du Plock and Deurzen 2015; Groth 1999; Martínez and Signorelli 2011), 서로 다른 여러 실존치료자들의 모임이 발달했는데, 이는 영국의 실존분석 학파였다(Cooper 2003). 이미 오래된 실존 사상적 전통에도 불구하고, 영국의 실존분석 학파의 설립자들은 그 시점까지도 기존과는 다른 심리치료를 실행하는 실존치료학파로서 그들 자신을 간주하지는 않았다(Deurzen 2015). 다만 그들은 실존철학에 기반한, 가르칠 수 있고, 적용할 수 있는 새로운 대안적 치료 접근을 목적했다(Deurzen 2015). 유럽의 이전 모형들은 그 시점까지(빅터 프랭클을 제외하고) 실존치료의 심리 분석적 차원에 보다 더 관심을 갖고 있었기 때문에 실존적 전통을 심리치료에 적용하는 것에 대한 이러한 관심은 영국 실존치료 학파의 가장 혁명적인 특징이라 할 수 있을 것이다.

1990년대 후반부터 지금까지 만연한 심리치료체계의 기계적이고 환원주의적 시각에 아마도 실망했을 전 세계의 많은 치료자들은 영국 실존치료 학파에 의해 제시된 실존 현상학적 관점의 적용에 매료되었다. 이러한 동시대의 임상심리학자들과 상담자들 그리고 심리치료사들은 순수한 실존분석 심리치료 이론에는 그다지 흥미를 느끼지 않았지만 치료 작업에 초점을 맞춘 실전 중심 학파로서 나타난, 훈련과 실행이 가능한 치료적 개입인 영국 실존치료 학파에는 관심을 보였다.

이러한 적용 가능한 현상학적 실존치료학파의 영향의 근거는 전 세계의 실존치료자들에 대한 코레이아(Correia)의 연구에서 찾아볼 수 있다(Correia 2016; Correia, Cooper, and Berdondini 2015, 2016). 이 연구는 다른 실존치료 학파에 가입되어 있으며, 서로 다른 지리적, 문화적 뿌리를 갖고 있는 48개국의 약 1,000명의 치료자들에게 그들의 상담 방식에 가장 크게 영향을 미친 실존치료자나 저서가 무엇인지를 질문했다. 데이터는 가장 크게 영향을 미친 20명의 치료자 중 6명이, 그리고 가장 많은 영향을 받은 저술로 보고된 20권의 도서들 중 9권의 저자가 영국-기반의 치료자들의 것임을 보여주었다(Correia et al. 2015, 2016). 영국 실존치료학파를 이끄는 주요한 인물인, 어네스토 스피넬리(Ernesto Spinelli)와 에미 반 덜젠(Emmy van Deurzen)

은 '가장 영향력 있는 저자'에 각각 3위와 4위로 랭크되었으며, 그들의 저서는 3위, 5위, 그리고 7위로 보고되었다(Correia et al. 2015, 2016). 이 저자들은 가장 영향력이 있는 6명에 속하였으며, 이들은 응답자의 경험(상담경력), 훈련(기관에서 실존치료 훈련을 받았는지 여부), 또는 아메리카 특히, 남아메리카를 제외한 현재 활동 지역과 관계없이 거의 언급되었다(Correia 2016).

　　코레이아의 연구 자료(2016)에 따르면, 영국 실존치료학파는 아시아의 치료자들에 의해서 가장 영향력 있는 것으로 여겨졌으나 영국의 저자들을 가장 많이 언급한 것은 오스트레일리아의 응답자들이었는데, 그 중 43.8%가 어네스토 스피넬리와 에미 반 덜젠을 선택하였으며, 영향력이 큰 저서로 선정한 6권 중 4권이 영국학파의 것이었다. 1994년 이래로, 현상학적 실존치료접근은 오스트레일리아의 심리치료 분야에서 적지만 점차 증가해왔다. 현재 실존치료접근은 대부분의 교육 프로그램에 포함되어 있으며, 대규모 대학들 중 일부에서 선택과목으로 제공되고 있다.

　　호주학파는 런던의 리젠트 대학교의 엘리슨 스트라서(Alison Strasser)의 교육으로부터 시작되었는데, 이 교육은 사르트르, 하이데거, 보스, 메르로-퐁티 그리고 다른 철학자들의 철학을 매끄럽게 섞어냈으며, 후설에 의해서 묘사되고 어네스토 스피넬리가 전달한 현상학 이론과 함께 에미 반 덜젠에 의해 가르쳐진 것이다. 보다 최근에는 개인적 이야기의 구성 및 재구성의 개념 등 이야기 치료의 영향이 포함되었는데, 만연해 있는 실존적 절망의 실재에 대응되는 개념으로서의 희망과 삶의 모순적 특성과 함께 살아가는 것의 불가피함을 포함하는 "모두/그리고(both/and)"의 개념적 실천이 여기에 속한다. 또한 시간 및 결말, 최종적 죽음에 대한 지식과 함께 어떻게 삶을 살아갈 것인가에 대한 주제도 철학 교육의 유력한 요소가 된다.

　　오스트레일리아의 다른 치료자들은 철학 연구를 통해서 치료를 위한 실존적 접근에 이르렀으며, "삶의 도전을 해결하도록 돕는 것"에 전문적 개입의 기초를 둔다. 이 개입은 내담자의 삶, 특정한 사회적, 경제적 그리고 정치적 맥락 내에서 인간의 조건을 이해하는 것에 초점을 두고 있으며 의미의 조성 및 내담자 자신의 가치관과 그 가치관과의 관계에 대한 내담자의 더 깊은 이해와 강하게 연결된다.

　　코레이아의 연구(2016)에서 유럽의 응답자들이 선택한 저자와 저서는 전반적인 결과와 유사했는데(앞부분 참조), 영국의 영향이 남아 있으나, 빅터 프랭클의 의미치료와 알프리드 랭글(Alfried Längle)의 의미중심치료가 주류를 이루는 독일어권 국가들은 제외한 거의 모든 나라(발트연안국과 러시아를 포함한 북부유럽과 남부유럽 및 일부 동부유럽 국가들)에서 영국의 저자들은 가장 영향력이 있다고 여겨지는 저자들에 포함되었다(Correia 2016).

　　코레이아(2016)의 자료에 따르면 북아메리카에 미친 영국 실존치료 학파의 영향은 없진 않지만 적으며, 멕시코를 제외한 라틴아메리카 국가들에 미친 영향은 미미하였다. 남아메리카, 특히 아르헨티나와 브라질은 1970년대와 1980년대 역동적이며 생산적인 자신만의 독자적인 현상학적 실존학파를 발달시켰으나, 어떤 이유에서인지 제1차 세계실존치료학회가 있기까지 고립되어 있었는데, 아마도 언어와 문화의 장벽이 원인이었을 것으로 보인다.

몇몇 학자들은 실존심리치료의 전세계적 조망에 있어서 영국 실존치료 학파가 가진 의의를 깊이 다루어왔다. 역사적이고 맥락적인 근거들 모두가 이 현상을 명백히 보여주며, 최근의 경험적 자료들은 이 주장을 뒷받침하는 증거를 제공해준다.

## 코칭과 조언: 실존적 코칭이란 무엇인가?_샤샤 반 덜젠 & 앤 라거스트롬

인간이 된다는 것은 무엇인가? 특히 내가 된다는 것은 무엇인가? 그리고 나는 어떻게 의미있는 삶을 살아갈 수 있는가? 실존적 코칭은 이와 같은 주요 질문들을 탐색하면서 동시에 보다 현실적인 문제들을 다루는 것이다. 반 덜젠(2012)이 '구체적인 문제, 갈등 또는 딜레마를 다루는 것에 초점을 맞춘 대화'라고 묘사한 것에 따르면, 코칭은 강인하고 정신적으로 건강한 내담자가 긴급한 문제를 탐색하고 구체적인 목적을 다루기 위한 대화의 장이라 할 수 있다. 본래 스포츠 분야에서 심리적인 깨달음을 얻도록 하기 위해서 사용되었던 코칭은 비즈니스 영역에서 노동자와 사용자가 구체적인 문제를 다루고 번창할 수 있도록 돕기 위해 고안된 기업적 활동으로 발달하였다. 종국에 코칭은 보통 라이프 코칭으로서 언급되는 것과 경력 코칭과 정리해고 코칭과 같은 다양한 틈새시장으로 발달하였다.

반면에 실존적 코칭은 실존치료와 뿌리가 같으며, 유사한 종류의 문제에 주의를 기울인다. 철학과 현상학에 깊이 뿌리 내리고 내담자가 호소하는 당면한 목적뿐만 아니라, 내담자도 거의 인식하고 있지 못하는 내담자의 미묘한 철학적 의문에도 집중한다. 실존적 관점으로 내담자의 딜레마를 탐색하고 내담자의 삶의 방식과 내담자의 고유한 세계관에 대한 이해와 더불어 이를 연결하는 것을 통해서 우리는 코칭의 결과를 확장하고 심지어 변화시킬 수 있다. 이는 초점을 오직 현실적 또는 인지적 목적들로부터 의미 만들기, 심리 교육 그리고 개인의 삶에서의 철학적 깨달음의 영역으로 이동시킨다.

실존적 코치들은 전통적인 코칭의 기법에 정통할 뿐 아니라 연장된 철학적 지식에도 정통하다. 이러한 지식은 내담자가 현재 상황에서 뿐만 아니라, 인간으로 존재하는 것이 무엇인지에 대한 근본적인 질문과 관련된 부분에서도 자신의 생활방식과 관점을 탐구하도록 하는데 활용될 수 있다. 자유, 의미, 관계성, 그리고 불확실성과 같은 전통적인 실존적 관점들을 소개하는 것은 내담자가 가진 오래된 문제를 다르게 볼 수 있는 새로운 관점을 제시해주며 내담자가 그저 현실로 가정하며 받아들이고 있었을지 모를 문제에 대한 기대하지 않았던 해결책으로 이어질 수 있다.

실존적 관점에서 살아있는 동안 딜레마를 갖는 것은 인간으로 존재하는 것의 자연스러운 부분이다. 어떤 딜레마는 이해하기 힘들고 다루기 어려워 전문적인 심리치료나 또는 어떤 경우에는 심지어 심리 및 정신의학적 개입을 필요로 할 수도 있다. 이는 코칭에서 다루는 이슈가 피상적이라거나 또는 어떤 면에서는 전통적인 심리치료보다 깊이가 얕다는 것을 의미하는 것은 아니다. 내가 지금 잘하고 있는 것일까? 사람들과의 관계를 어떻게 관리할 수 있을까? 나는 내가 원하는 대로 실행할 수 있을까? 다른 사람들을 이끈다는 것은 무엇을 의미하는 것일까? 잘 훈련된 코치와 함께 탐색될 때 이와 같은 질문들은 일상의 문제들에 대한 깊은 통찰을 제공해줄 수 있으며, 보다 본래적이고 숙고적인 삶으로 나아가는 새로운 길을 만들어낼 수 있다.

### 적용

킴은 작은 회사의 경영자이다. 그녀는 권위에 관한 문제로 걱정하고 있다. 다른 사람을 관리하는 것에 있어서 그녀가 가진 권리는 무엇인가?

팀의 삶은 정신없이 바쁘다. 그는 어떻게 직업과 배우자의 요구를 다루면서 동시에 혼자 있고 싶은 자신의 깊은 열망을 해결할 수 있는가?

샘은 자폐증 진단을 받았다. 타인과 관련해서 그녀는 자신을 어떻게 이해할 수 있는가?

실존적 코칭은 여러 가지 다른 방법들로 적용될 수 있다. 리더십, 경력 설계, 갈등 및 개인적 딜레마와 같은 전통적인 코칭의 이슈들은 모두 새로운 통찰을 얻기 위해서 실존적 관점으로 탐색될 수 있다. 그러나 실존적 코칭은 또한 죽음과 의미에 대한 근본적이고 실존적인 질문이나, 정서적으로 격양된 상황, 또는 자폐증을 가진 성인과 같은 구체적인 내담자 집단과 같이 보통 코치들이 피하려 하는 영역을 다루는 데에도 활용될 수 있다.

실존적 코칭의 코치들은 때때로 NLP, 마음챙김(mindfulness), 또는 긍정심리학과 같은 전통적인 코칭 기법들과 함께 자신의 접근을 결합시키기도 한다. 또 다른 코치들은 존재론적 코칭(ontological coaching)이나 의미치료와 같은 특정 실존 접근으로부터 영감을 얻기도 한다.

실존적 코칭의 첫 시작은 21세기 초 저명한 실존심리 치료자들에 의해서 시작되었다. 에미 반 덜젠, 프레디 스트라서(Freddie Strasser), 모니카 하너웨이(Monica Hanaway) 그리고 어네스토 스피넬리는 유럽에서 그 첫걸음을 시작했고, 앨리슨 스트라서는 호주에서 트레이닝 및 교육과정을 수립하였다. 오늘날, 대표적으로 몇몇 국가만 예를 들면, 영국, 스웨덴, 이스라엘 그리고 미국, 오스트레일리아 등지에서 단기 훈련과정에서부터 자격증 과정과 심지어 대학원 학위과정에 이르는 실존적 코칭 훈련과정이 제공되고 있으며, 실존적 코칭 전문가들의 국제적 커뮤니티가 만들어지고 있다.

실존적 코칭에 대한 문헌은 부족하지만, 가까운 미래에 증가할 것으로 기대된다. 반 덜젠과 하너웨이(2012) 그리고 하너웨이와 리드(2014)는 이 주제에 관한 주요 저서들을 저술하였으며, 또한 여기에 『코칭 핸드북』(*The complete Handbook of Coaching*)과 『코칭심리학 핸드북』(*The Handbook of Coaching Psychology*) 중에 스피넬리가 쓴 부분도 참고할 수 있다.

## 실존적 코칭의 미래

실존적 코칭은 내담자가 자신의 딜레마와 가능성을 더 깊이 이해할 수 있게 하는 목적과 함께, 가능한 효과적으로 내담자가 구체적인 개인의 목표나 전문적 목표를 성취할 수 있게 돕는 것을 최우선으로 하는 전통적 코칭의 대안으로서 전 세계의 여러 나라들에서 자신만의 자리를 확고히 하고 있다.

코칭 관련 전문성은 슬프게도 여전히 규제되고 있지 않으며, 현장의 변화에 따라서 신중하고 주의 깊게 규정이 만들어질 필요가 있다. 실존적 코칭의 국제적 자격제도를 실시하기 위한 영국과 스웨덴에서의 최근의 움직임은 규정, 윤리 원칙, 그리고 지식과 직업적 전문성의 공동 관리에 대한 필요성이 증가하고 있다는 근거가 된다. 이와 같은 발달은 실존적 코칭의 발전에 필수적이며 이는 건강하며, 사려깊고 전문적인 방식으로 실존적 코칭이 안정적으로 자리 잡을 수 있도록 지원한다.

스웨덴의 경우에 실존적 코칭 자격증은 실존치료협회(Institute of Existential Practice)와 실존심리치료학회(Society of Existential Psychotherapy) 간의 공동 작업을 통해서 도입되었다. 런던에 자리하고 있는 뉴 심리치료상담학교(New School of Psychotherapy and Counselling)는 실존적 코칭 석사과정을 시작함으로서, 처음으로 현장에서 대학원에 준하는 자격을 얻을 수 있는 가능성을 전문가들에게 제공하였다. 추가적으로 실존 및 인본주의적 돌봄(NSPC에서 운영됨) 석사과정이 2017년도에 처음 개설된 것은 이 분야에서 매우 고무적인 새로운 발전이었다. 영국과 네덜란드의 인본주의 사제 운동(humanist chaplaincy movements)과 영국의 실존적 코칭 운동에 영감을 받아, 이 프로그램은 실존적 코칭 기술이 헬스케어와 교육에서부터 군대와 교도소에까지 다양한 영역에 걸쳐서 사용될 수 있는 장을 만들었다. 종교가 아닌 철학을 활용하는 학교 및 기관 소속의 실존적인 목회자는 이전에는 단지 종교적 대안만을 활용할 수 있었던데 비해서 목회적 지원과 안내를 제공할 수 있을 것이다.

코칭과 관련된 산업의 인기가 상승함에 따라서, 실존적 코칭은 사회적 가치를 서서히 높여 나가는 일종의 철학교육과 심리교육을 활성화시키며 개인의 삶의 영역에서의 기술과 전략 그리고 철학적 이해를 향상시키는 방법으로서 선두에 설 수 있을 것이다. 실존적 코칭은 우리가 위기의 순간에 도달하기 전에 인간으로 존재하는 것의 복잡성을 다루는 방법을 가르치는 훈련이라 할 수 있다. 이는 보다 더 깊이 숙고하고, 반성적인 그리고 철학적인 방식으로 삶의 일상적인 딜레마에 다가가는 방법이다. 실존적 코칭은 인간으로 존재하는 것의 책임과 도전을 회피하지 않으면서 이를 보다 깊고 보다 부드럽게 살아가는 삶의 방식을 장려한다.

# PART III

실존적 인간중심(Existential-Humanistic)과
실존적 통합 치료(Existential-Integrative Therapy)

Edited by
*Kirk J. Schneider*

## 실존적 인간중심과 실존적 통합 치료

롤로 메이(1958, 1981), 제임스 부젠탈(1976, 1987), 어빈 얄롬(1980)의 작업에서 주로 유래한 실존적 인간중심(EH) 치료의 주요 목적은 내담자를 자유롭게 하는 것이다. 이 자유는 삶의 자연적 및 자발적(예: 문화적) 한계 내에서 맥락화되며, 현상학적으로 "수축－확장" 연속체를 따라 경험될 수 있다(Schneider 2008). 이 접근법이 촉진되는 주요 수단은 전체 몸의 존재감, 즉 치료자와 내담자 사이 및 내담자 내에서 감지할 수 있는 중요한 것을 잡아내고 조명하는 것이다. 거울과 유사하게, 존재감은 EH 치료자가 내담자와 협력하여 "내담자는 현재 어떻게 살고 있는가?"와 "내담자는 어떻게 살기를 원하는가?"라는 두 가지 질문을 매 순간 안내하도록 돕는다.

현대 EH 치료에서 이 질문들은 본질적으로 통합적인(또는 "실존적 통합"[EI]) 접근법으로 내담자의 문제를 다루는 방향으로 이끈다(Schneider Schneider and Krug 2017; Shahar and Schiller 2016; Wolfe 2016).1) 내담자들은 다양한 "해방 수준" 또는 현재와 잠재적으로 살고자 하는 수준에 존재하기 때문에, EH 치료자는 내담자의 변화에 대한 욕구와 능력에 따라 내담자와 함께 일할 준비가 되어 있다. 이는 현대 EH 치료자가 특정 순간에 다양한 치료적 교류의 필요성에 민감하게 대응하려고 시도한다는 것을 의미한다. 이러한 참여는 지원적/조언적 접근에서부터 심리생리학적, 인지행동적, 정신분석적 접근에까지 다양하다. 그러나 이러한 접근의 기초는 내담자의 욕구와 능력에 따라 "존재" 또는 경험적 접촉 수준의 가능성에 있다. 경험적 접촉 수준이란 즉각적이고, 정서적이며, 운동감각적이고, 심오한(또는 우주적으로 중요한) 것에 중점을 둔다는 것을 의미한다. 이 접촉 수준은 내담자가 개인적 및 상호관계적 세상을 형성한 방식을 "볼" 수 있도록 돕는 네 가지 기본 자세로 특징지어진다. 이러한 자세는 내담자가 자

---

1) 비록 "실존적 인간중심" 치료가 미국에서 실존 치료를 고려할 때 여전히 지배적인 관점이지만, "실존적 통합" 치료는 전자의 진정한 후계자로 빠르게 인정받고 있다(Schneider & Krug 2017; Shahar & Schiller 2016; Wampold 2008). 따라서 이 발전의 과도기적 성격을 인정하기 위해 이 섹션의 기고자들은 "실존적 인간중심과 통합치료"로 제목을 붙였다. 마지막으로, 다음 장들이 EH 및 EI 실천 문헌의 일부일 뿐임을 강조해야 한다. 이 문헌에 대한 상세한 설명을 위해 독자들이 이 부분의 장들이 주로 기반하고 있는 원래의 출처와 주요 도서 장을 참조하는 것을 강력히 권장한다.

신의 세계를 확장할 의지가 있는 정도를 지원하며, 그 내용은 다음과 같다: 존재하는 것 (*presence*), 이는 EH/EI 접근법의 방법이자 궁극적인 목표이다; 실제를 소환하는 것(*invoking the actual*), 이는 내담자가 보다 완전한 존재로 나아가도록 신중하고 창의적으로 초대하는 것을 의미한다; 자기 보호를 생생하게 직면하는 것(*vivifying and confronting self-protections*); 의미와 경외심을 재발견하는 것(*rediscovering meaning and awe*), 이는 새로운 프로젝트, 목표, 열망을 달성할 수 있을 뿐만 아니라 삶을 전체적으로 새롭게 경험할 수 있는 방식을 포함한다. 이러한 전체적인 태도는 인간 존재의 겸손과 경이, 또는 모험에 대한 감각과 자주 연결된다. 나는 이 모험의 감각을 경외심의 경험이라고 부른다(Schneider 2004, 2008, 2009). 달리 말하면, 최적의 EH/EI 치료는 의미와 경외심의 재발견을 위한 무대를 제공한다. 내담자가 자신의 세계를 더 완전하게 경험할수록 자신이 어떻게 살기를 원하는지 "결정"할 수 있는 능력이 커진다. 이 의지는 이상적으로는 의미의 향상과 함께 경외심에 대한 깊은 능력으로 이어진다. 경외심은 자신의 삶의 연약함, 작음과 더불어 회복력과 대담함을 경험하는 것이다. 작은 것과 큰 것/연약함과 대담함을 경험하는 능력은 일부 전통적인 "긍정적인" 삶의 개념과는 모순되는 것처럼 보일 수 있지만, 이는 EH/EI 치료의 핵심 신조이다. EH/EI 치료는 주류 심리학에서 일반적으로 유행하는 "행복"의 일차원적 모형보다 삶의 역설적 생동감을 육성하기 때문이다(Diamond 1996; May 1981; Seligman and Csikszentmihalyi 2000; Waterman 2013).

EH/EI 치료가 모든 사람에게 적합한 것은 아니며, 그 이상을 완전히 충족하지 못하지만, 점점 더 다양한 내담자들 사이에서 주목받고 있다(Hoffman, Jackson, and, Cleare-Hoffman 2015; Shahar and Schiller 2016). 특히, EH/EI 치료는 다양한 민족적, 다문화적, 진단적 내담자들과 함께 사용되고 있으며, 관계에 대한 스트레스에 대해 중요한 "증거 기반" 접근 방법으로 여겨지고 있다(Angus et al. 2015; Wampold 2008).

이러한 배경을 바탕으로 우리는 EH/EI 치료의 역사, 이론, 실천, 주요 개념 및 새로운 발전을 살펴볼 것이다. 각 장은 다양한 관점을 반영한 주요 EH/EI 실천가들이 작성하였고, 이러한 관점들은 재부상하는 미국식 접근 방법의 다양성과 일관성을 조명하는 풍부한 장면을 형성하고 있다.

# 13

## 실존적 인간중심과 실존적 통합 치료의 역사

Louis Hoffman, Ilene A. Serlin, and Shawn Rubin

실존적 인간중심 심리학, 또는 실존적 통합 심리학이라 불리는 이 학파의 견해는 미국으로부터 시작되었다. 이 학파의 설립은 1958년의 엘렌버거, 롤로 메이, 어니스트 앙헬, 앙리 F의 저서 『실존』(*Existence*)"의 출판으로 거슬러 올라갈 수 있다. 이 책은 루드비히 빈스벵거의 3편의 논문과 롤로 메이의 논문 2편을 번역한 것이다. 메이는 또한 미국의 인본주의 운동의 발전에 큰 영향을 끼쳤지만, 그는 심리학의 접근법에 "실존적"이라는 꼬리표를 사용했다. "실존적이고 인간중심적"이라는 꼬리표는 메이와 인간중심 운동에 강한 영향을 받은 제임스 F.T. 부젠탈에 기인한다. 많은 사람들이 여전히 "실존 심리학"이라는 명칭을 사용하고 있음에도 불구하고, "실존적이고 인간중심적"이라는 용어는 점차 이 독특한 미국의 실존 심리학을 가리키는 데 더욱 일반적으로 사용이 되었다. 이러한 초기 역사를 감안할 때 실존주의 심리학과 인간중심 심리학의 유래를 구분하기는 쉽지 않다. 이것은 실존적 인간중심 심리학의 초기 역사에서 특히 분명하게 드러난다. 그러나, 오늘날에도, 실존주의 심리학이라고 불리는 것을 언급할 때 "인간중심적" 또는 "실존적"이라고 명명화되는 것을 자주 볼 수 있다. 이러한 언어적 모호성은 학문적 명명에 있어서 명확하게 실존적 인간중심 심리학을 설명하기에 한계가 있다. 이것은 또한 실존적 인간중심 심리학의 역사를 기록하는 것에 대한 도전에 직면한다.

### 초기역사(1958-1979)

실존심리학을 포함한 인간중심 심리학은 미국 심리학에서 행동주의와 정신분석학의 두 가지 주요 지향점과 대조되는 제3의 힘으로 알려져 있다. 일반적으로 인간중심 심리학자들은 인간 전체를 중요시 다루며 환원주의적이고 기계적이며 비인간적인 것에 반기를 들었다. 제3의 힘이 초기에 발전한 이후, 이러한 힘의 영향으로 인해, 처음 두 세력 보다 더 포괄적이고 전체론적인 이해를 반영하는 경향이 있었다(Grogan 2013 참조). 많은 심리학자들이 이 인간중심 심리학이 제3의 힘으로 부상하는 데 기반을 마련하는 중요한 역할을 했지만, 특히 아브라함 매슬로우, 칼 로저스, 롤로 메이 등 세 명의 역할이 가장 눈에 띄었다. 매슬로는 1951년 브랜다이스 대학교에 심리학과를 설립했다. 원래는 실험 심리학 분야에서 일했지만, 매슬로(1954)는 동기부여에 대한 연구 프로그램과 더불어 그에 대한 인본학적 이론을 개발했다. 그는 사람들이 지금까지 심리학이 주목했던 "결핍된 욕구"에 의해 수동적으로 동기부여를 받을 뿐만 아니라 궁극적으로 자아실현과 같은 동기를 포함하는 "필요한 존재"로 능동적 동기부여를 받는다고 주장했다.

로저스(1951)는 특히 인간중심의 치료와 그룹 작업을 통해 내담자의 자아실현과 충분히 기능하는 삶에 대한 갈망을 촉진하는 방법을 모색했다. 그는 테이프 녹음과 녹취록을 사용하여 심리치료 과정을 연구한 최초의 연구자 중 한 명이며, 로저스와 그의 학생들은 또한 자아개념의 변화를 연구하기 위해 Q'sorts를 광범위하게 사용했다. 그는 심리치료의 진전에 필요한 조건을 연구하며 치료자의 일치성, 공감적 이해, 무조건적 긍정적 존중을 강조했다.

메이, 엔젤, 엘렌버거(1958)는 해리 스택 설리번, 루드비히 빈스벙거, 메다드 보스의 영향을 받아 대인관계 정신분석에서 유럽 실존주의와 현상학으로 이어지는 다리를 놓았다. 메이의 책들은 창조성, 예술, 신화, 그리고 인본학을 심리학과 통합했고, 인간의 삶에서 다이모닉 세력의 관점을 포함했다. 메이(1969)에 따르면 다이모닉은 "모든 사람을 지배하는 힘을 가진 자연적인 기능"이고 "창조적이거나 파괴적일 수 있으며, 일반적으로 둘 다이다." 따라서 실존주의 심리학은 인간의 잠재력을 평가하는 인간중심 심리학과 유사점을 보이는 반면, 인간의 잠재력에 대한 이해와 파괴적일 가능성이 있는 인간의 한계 및 선천적 힘과 균형을 이루었다. 샬롯. 불러, 에리히 프롬, 빅터 프랭클은 또한 심리치료의 가치에 대한 관심, 인간 삶의 전 과정에 대한 인간의 발전, 인본주의적 정신분석, 사회적 문제, 사랑, 악의 초월, 의미 탐구를 포함한 유럽의 심리학 역사에 기여했다.

매슬로우, 로저스, 메이보다는 대중적으로 덜 알려져 있지만, 우리는 클락 무스타카스가 실존적 인간중심 심리학의 설립에 기여한 주목할 만한 것들을 이뤄냈다는 점을 간과해서는 안 된다. 무스타카스의 이 분야에 대한 초기 문학적 기여는 그의 편집된 책인 『*The Self*』(1956)로, 이는 매슬로우와의 협업으로 이어졌다. 이 협업은 무스타카스가 디트로이트의 메릴 파머 연구소에서 인도주의적 심리학자들의 첫 번째 회의를 주최했을 때부터 시작되었다. 그곳에서 무스타카스, 매슬로우, 메이, 로저스와 다른 사람들은 진정한 인간중심 심리학을 실현하기 위해 공동으로 노력했다. 또한, 무스타카는 실존적 아동 치료법인: 『*The Child's Discovery of*

*Himself*』(1966)을 편집했으며, 여기에는 샬롯 빌러, 유진 젠들린, 그리고 한나 콜름과 같은 다른 실존주의 및 인간중심 학자들의 기고가 포함되어 있다. 마지막으로, 무스타카스의 대표 작품인 『*Lonely*』(1961)는 불안과 실존적 외로움을 구별한 최초의 작품으로 롤로 메이의 불안에 대한 실존적 해석과 메다드 보스의 죄책감에 대한 실존적 해석과 매우 유사한 내용이다.[1]

1960년대부터 소외되었던 학자들의 목소리들이 힘을 받아 미국 문화와 의식에 대한 비판을 형성하기 시작했다. 거대한 문화적 변화가 미국 전역을 휩쓸었는데 그 큰 움직임은 변화를 열망하는 사회의 표현이었다. 이 대규모 운동은 2차 세계대전 이후 1950년대의 '정상성'으로의 복귀를 특징짓는 소외, 순응, 내재된 전제, 편견을 넘어서고자 하는 사회의 열망을 표현한 것으로, 심리학에서는 적응 모형이 확장되어 갔으며, 인간의 잠재력을 일깨우는 다양한 활동이 등장했다. 인간의 잠재적인 움직임이 나타났다. T-그룹, 감성훈련, 인간관계훈련, 동질그룹 등이 인기를 끌었다. 이러한 그룹의 목표는 순간적으로 자신의 실제 경험을 더 잘 인식하고 다른 사람들과 진정한 관계를 맺는 것이었다. 학문적 심리학, 임상 심리학 또는 일반적인 문화에 의해 달성하기 쉽지 않은 목표들로 이뤄졌다. 성장 센터는 전국적으로 생겨났고, 트랜잭션 분석, 감각 인식, 게슈탈트 참만남, 신체화 작업, 명상, 요가, 마사지 치료, 정신 융합과 같은 다양한 워크샵과 세미나를 제공했다. 문화와 대중 심리학의 이러한 발전은 임상 및 학문 영역의 변화와 유사하다. 미국의 실존적, 현상학적 경향, 정신 의학은 R.D. 랭과 그의 영국 동료들의 연구를 통해 영미권에 영향을 미쳤다. 조현병 환자에 대한 일반적인 의학 모형의 환원주의적이고 병리적인 관점에 대한 그의 통렬한 비판은 정신병적 과정조차도 잠재적으로 의미 있고 성장을 추구하는 것으로 수정되기 시작했다. 미국의 다양한 정신과 의사들도 이 대안의 개발에 기여했는데, 특히 존 페리, 레스턴 헤이븐스, 토마스 시자즈가 그러했다. 동시에 게슈탈트 요법은 특히 프리츠와 로라 펄스에 의해 개발되고 대중화되었다. 한편, 학문적인 측면에서 보면 사람에 대한 전체론적인 관점에 대한 이론과 연구의 조류가 집중되었다. 1960년대가 전개되면서 로저스(1961년, 1969년), 매슬로우(1968년, 1971년), 메이(1967년, 1969년)의 신간들은 이러한 시대에 엄청난 영향을 끼쳤다. 메이는 인간을 연구하고 이해하기 위해서는 인간 모형이 필요하다고 지적했다. 그는 심리학이 인간의 특정하고 구별되는 특성을 이해하고 명확하게 할 수 있는 이론을 의미하는 인간의 과학적 측면을 옹호했다. 많은 새로운 목소리들도 제기되기 시작했다. 아메데오 요르기(Amedeo Gorgi, 1965, 1966, 1970)는 실험 심리학의 환원주의를 비판하고, 보다 진정한 인간중심 심리학을 뒷받침할 수 있는 현상학적 기반의 방법론을 주장했다. 요르기는 심리학이 인간의 모든 범위를 연구할 책임이 있다고 주장했다. 사람들의 행

---

1) 클라크 무스타카스에 대한 이 구절은 에릭 크레이그(2018년 10월 6일)의 개인적인 의사소통을 각색한 것이다. 저자들은 EH 심리학 역사에 대한 무스타카스의 중요한 기여에 대한 정교함에 대해 크레이그 교수에게 감사하고 싶다.

동과 경험이 엄격한 과학적 지표가 증명되는 방식으로 진행하되, 이러한 목표는 주로 자연 과학의 관점에서 구현되어서는 안 된다고 하였다.

앞서 지적했듯이 조직화된 운동으로서의 인간중심 심리학은 1950년대 후반 아브라함 매슬로우와 클라크 무스타카스에 의해 시작된 일련의 모임에서 발전했으며 미국 심리학회의 회원인 칼 로저스와 롤로 메이가 중심이 되었다. 그들은 자아의 본질, 자아실현, 건강, 창의성, 존재, 개인화, 의미와 같은 주제들을 연구했다. 1961년 앤서니 수티치를 포함한 조직위원회가 메이와 다른 실존주의 학자들을 포함한 인간심리학 저널(JHP)을 창간했다. 새로운 저널이 반응이 좋은 구독자층을 결집하는 데 성공하자 창립자들은 전문적인 학회도 학자들의 필요성을 충족시킬 수 있다는 확신을 갖게 되었다. 초대 회장을 지낸 제임스 부젠탈의 도움과 고든 올포트가 마련한 보조금으로 1963년 필라델피아에서 인간중심 심리학회(AHP) 창립총회가 열렸다. 75명의 참석자들 중에는 나중에 이 운동에서 중요한 지도적 역할을 할 많은 사람들이 있었다. 1963년 부젠탈은 "인간중심 심리학: New Breakthrough"라는 논문을 미국심리학회지에 발표했고, 이 글은 AHP의 기본 방향성으로 채택되었다. 이 주장은 부젠탈의 1964년 JHP의 "심리학의 제3의 힘"에서 확장되었고, 다음의 좀 더 강화된 버전이 각 호에 등장한다.

1. 인간은 인간으로서 단지 그들의 부분의 합 이상이다. 그것들은 구성요소나 기능으로 축소될 수 없다.
2. 인간은 우주 생태학뿐만 아니라 인간 고유의 맥락에서 존재한다.
3. 인간은 나와 타인을 인식하고 있다. 즉, 의식하고 있다. 인간의 의식은 잠재적으로 다른 사람들과 우주의 맥락에서 자신에 대한 인식을 포함한다.
4. 인간은 선택의 여지가 있고, 그것과 함께 책임감이 있다.
5. 인간은 의도적이고, 목표를 지향하며, 미래의 사건을 일으킨다는 것을 인식하고, 의미, 가치, 창의성을 추구한다(Bugental 1964, pp.19–25).

부젠탈의 실존적 민감성은 이러한 다섯 가지 호를 통해 볼 수 있다. 두 번째 AHP 회의는 1964년 로스앤젤레스에서 약 200명의 참석자들과 함께 열렸다. 부젠탈이 관찰한 바와 같이, 이 집단은 이미 심리치료사, 사회/정치 활동가, 학술 이론가 및 연구자, 그리고 "섬세한" 개인 성장 추구자 등 학회를 특징짓고 때로는 학회를 긴장시키는 4개의 주요 하위 그룹이 포함되어 있다(de Carvalho 1991a, 1991b). AHP와 인간중심 심리학 이론의 철학, 주제, 방향을 발전시키기 위해, 올드 세이브룩 회의는 1964년 코네티컷 시골 여관에서 소집되었다. 그것은 AHP가 후원한 초대 회의로, 실존주의-인간중심 운동의 기둥이 될 많은 사람들이 포함되었다. 1966년 소노마 주립 대학교(당시 소노마 주립 대학교)와 1968년 웨스트 조지아 주립 대학교(당시 웨스트 조지아 대학교)에서 인간중심 심리학 석사 과정을 포함하여 인간중심 심리학 석사 과정이 설립되었다. 1959년 듀케인 대학교에서 실존주의 심리학 석사과정이 개설되었고, 1962년 박사과정이 추가되었다.

몇몇 독립적인 기관들도 인간중심적인 대학원 프로그램을 시작했다. 1971년 인간중심심리학회는 인간중심심리학 연구소(현재 세이브룩 대학교, 유명한 학회의 이름을 따서 명명됨)를 설립하였고, 이후 실존주의-인간중심 운동의 초석이 되었다. 인간중심적 심리학과 실존주의적-인간중심적 심리학의 밀접한 연관성에도 불구하고, 초기에 몇 가지 구별되는 요소들이 나타나기 시작했다. 예를 들어 칼 로저스의 공개 서한을 시작으로 메이와 로저스는 악과 관련된 심리에 대한 논쟁을 벌였다. 로저스에게 악은 문화에 위치한 개인의 외부적인 것이었다. 메이는 이에 동의하지 않고, 각자가 자신의 악에 대한 잠재력을 인식하는 것의 중요성을 강조했는데, 이는 메이의 다이모닉 개념과 밀접하게 연관되어 있었다. 비슷한 흐름으로 부젠탈, 메이, 그리고 다른 사람들도 다양한 조건에 대해 이야기 했다. 이는 오늘날 가장 잘 알려진 주어진 조건의 분류를 제시한 얄롬(1980)에 기반한 주장인 경우가 많지만, 그의 주어진 조건에 대한 개념이 처음은 아니다. 실존이란 궁극적인 진리가 아니라 모든 사람이 직면해야 하는 인간 존재의 측면이다. 실존주의-인간중심 심리학은 이러한 주어진 것에 대한 어떠한 해답도 제공하지 않으며, 심지어 그 해답이 개인과 대중의 문화에 의존한다는 것을 인정한다. 그러나 주어진 것은 인간의 본성이 역설적이고 제한적이라는 부정하기 어려운 현실이다. 인간중심 심리학이 인간의 잠재력에 강하게 초점을 맞춘 반면, 실존주의-인간중심의 심리학은 인간의 잠재력에 대한 강조와 인간의 한계에 대한 관심의 균형을 이루었다. 인간중심 심리학과 실존-인간중심 심리학의 구분은 종종 미묘하고, 의견 차이보다는 강조의 문제이지만, 두 심리학의 영역 모두 제3세력 심리학을 특징짓기 시작했다.

## 중기 시대(1980-1999)

비록 1980-1999년은 영향력이 감소하는 시기였지만, 이 시기에 많은 주목할 만한 발전이 나타났다. 실존-인간중심 심리학에 대한 논의의 중심에는 다수의 중요한 책과 기사를 출판한 롤로 메이의 지속적인 노력이 기여한 바가 크다. 메이는 일부 심리학자와 동료들을 위해 글을 쓰는 것은 시간 낭비라고 생각했지만, 오히려 개방적이고 지적인 많은 일반 대중에게도 다가가고 싶었다. 이는 이 시기의 중요한 저서인 『*Freedom and Destiny*』(1981), 『*The Discovery of Being*』(1983), 그리고 『*The Cry for Myth*』(1990)에도 반영되어 있는데, 모두 심리학적 청중을 넘어서는 호소력을 지니고 있다. 중년기에 에드 멘델로비츠, 스티븐 A를 포함한 메이의 후원자들이 있었다. 다이아몬드, 일렌 A. 설린과 커크 J. 슈나이더 등 메이의 제자들은 메이의 연구와 실존주의 – 인간중심 심리학을 지속적인 방식으로 확장해 나갔다. 특히 멘델로비츠는 메이의 작품의 학문적 전통을 계승했다. 다이아몬드는 메이의 다이모닉 개념을 더욱 발전시켰다. 설린은 외상 응용, 춤, 창의적인 예술 치료, 그리고 전인적인 건강 관리에 중요한 기여를 했다. 메이 사후 실존 – 인간주의 심리학의 주역으로 발을 들여놓은 슈나이더는 실존 – 인간주의 심리학의 임상적 응용을 더욱 발전시켰을 뿐만 아니라 다양한 분야의 이론적 발전에 기여했다.

슈나이더가 롤로 메이와 함께 쓰고 편집한 『*The Psychology of Existence*』(1995)는 실존적 통합 심리학(지배적인 실존 또는 경험적 맥락 내에서 진정한 양식의 범위를 이해하고 조정하는 방법)의 시작이었다. 새로운 저서를 출간하며 기여하는 외에도 버그틴은 기존 치료의 시연과 함께 영상을 만들었다. 그의 훈련 프로그램들과 함께 이러한 비디오는 존재의 임상 응용 프로그램의 개발에서 매우 큰 영향력 끼쳤다. 1980년대에는 얄롬이 중심 인물로 등장하기도 했다. 얄롬은 집단 심리 치료와 실존 심리 치료에 대한 기여를 통해 현장에서 빠르게 인정받는 인물이 되었다. 교육, 훈련 및 학술적 기여와 함께 얄롬은 심리학 분야의 많은 사람들에게 호소력 있는 유명한 학자가 되었다. 얄롬은 실존 치료의 여러 학파에서 실존적이라고 밝힌 가장 잘 알려진 심리치료자이지만, 얄롬을 한 학파에 배치하는 데는 어려움이 있다. 그의 접근 방식은 실존적 인간주의 심리학과 가장 밀접하게 일치하며 메이의 영향을 많이 받았다. 그러나 어떤 면에서 얄롬의 실존 치료는 그 자체로 나름의 접근 방식을 나타내고 있다. 더욱이 얄롬(1980)은 실존적 – 인간 중심 운동에서 대부분의 다른 학자들과 달리 실존적 치료를 독립적인 접근으로 개념화하지 않았고, 그 자신도 실존적 – 인간중심 분야의 다른 주요한 학자들에게 크게 의존하지 않았다.

중기에는 알렌 휠과 같이 영향력을 가진 다른 주요한 목소리를 자주 목격할 수 있었다. 이러한 흐름은 일반적인 인간중심 치료자로 인식되지 않는 반면, 그들의 작품은 기존 인간중심 운동 내에서 많은 지도자들에게 강하게 영향을 미쳤다. 마찬가지로 클락스, 폴 스턴, 폴 스턴, 메드 등의 심리학자는 중요한 이 영역의 학자로 등장하였다. 크레이그의 작품을 통해 나타난 그의 노력은 전통적인 인간중심 심리학에 영향력을 미쳤다.


## 현재의 발전(2000-현재)

실존주의 심리학에 대한 새로운 관심의 토대는 2000년대 초에 시작되었다. 실존주의 – 인간주의 심리학의 초기 발전은 롤로 메이와 짐 부젠탈과 같은 카리스마 넘치는 인물들이 지배했다(Schneider, Personal communication, 2016). 그러나 슈나이더는 이러한 흐름이 유지되기 위해서는 공식화된 구조와 훈련이 필요하다고 지적하였다. 2000년대 초, 몇 가지 주요 발전은 기존 인간중심 움직임을 지속하여 이어갔다. 이러한 부분 중 일부는 미국의 인본주의 심리학의 발달과 밀접한 관련이 있었다. 해당 발전은 장학금, 기관 및 훈련, 그리고 회의의 세 가지 주요 범주로 분류된다.

## 장학금 제도의 발전

우선, 두 권의 중요한 새로운 핸드북이 2001년에 출판되었다. 슈나이더, 부젠탈, 그리고 피어슨은 세이지와 함께 인간중심 심리학 핸드북을 출판했다. 비록 제목이 "인간중심적 심리학"을 가리키지만, 이 본문에서는 실존적 인간중심의 관점이 일차적으로 작용하여 롤로 메이와 제임스 부젠탈의 저술 이후 실존적 인간중심 심리학에서 가장 중요한 출판물이 되었다. 이 지침서는 실존적 인간중심의 사상을 요약했을 뿐만 아니라, 중기에 걸친 학문의 많은 부분에서 누락되었던 혁신과 새로운 방향을 다루었다. 이는 인간중심 핸드북이 실존적 인간중심 학문의 새로운 방향을 위한 기초가 될 수 있도록 했다. 같은 해, 카인과 시먼(2001)은 인간중심 심리치료를 출판했다: 연구 및 실습 핸드북. 이 지침서는 주로 내담자 중심의 인간중심 전통에 뿌리를 두고 있지만 실존치료에 대한 중요한 장을 포함하고 있다. 이 두 책이 합쳐지면 인간중심 심리학과 실존-인간중심 심리학의 새로운 학문의 토대가 된다.

## 교육 기관 및 교육

새로운 장학금과 함께 1990년대 후반과 2000년대 초반에 여러 연구소가 설립되었다. 1997년, 실존적 인간중심 심리치료 훈련을 육성하기 위한 목적으로 EHI(Eixistential-Humanistic Institute)가 설립되었다. 이 연구소는 실존주의-인간중심 심리학을 연구하기 위해 2주 동안 미국으로 초대된 많은 러시아 학자들뿐만 아니라 부젠탈의 격려에 영감을 받았다. 1998년 부젠탈과 얄롬이 출연한 대규모 기조 연설에 이어, 이 연구소는 샌프란시스코 베이 지역에서 다수의 소규모 발표를 진행하였다. 2001년 세이브룩 대학교의 모린 오하라 총장은 EHI의 오라 크루그, 네이더 샤바한기, 커크 J. 슈나이더를 초청하여 세이브룩 대학교의 주거 회의에서 교육을 제공하기 시작했다. 이들은 톰 그리닝과 함께 2010년까지 세이브룩과 함께 1년에 한 번씩 4일간의 교육을 계속 제공했다. 이로 인해 세이브룩의 교육과정이 개발되었고 결국 2012년에 시작되어 현재까지 계속되고 있는 실존주의-인간중심 심리학 실천의 기초에서 인증 프로그램이 개발되었다. 2002년 제임스 부젠탈의 제자인 머틀 헤리는 국제 인간중심 연구소(IIHS)를 설립했다. IIHS의 설립 취지는 실존-인간중심 치료에 대한 훈련을 제공하는 것이었다. 헤리는 부젠탈과 함께 추가적인 고급 훈련 옵션이 있는 2년 과정의 프로그램으로 Unearthing the Moment Training을 개발하고 가르쳤다. IIHS는 실존-인간중심 심리학에 뿌리를 둔 다양한 정규 교육을 계속 제공하고 있다. 최근에는, IIHS는 2013년에 통렌 출판사를 설립하여 『Unearthing the Moment』를 비롯한 실존-인간중심 심리학 관련 서적을 출판했다.

실존-인간중심 및 대인관계 심리학의 마음챙김 응용(*Unearthing the Moment: Mindful Applications of Existential-Humanistic and Transpersonal Psychology*, 머틀 히리 편집)은 "Unearthing the Moment" 교육을 이수한 사람들의 논문 모음집이다. Zhimian-Humanistic Psychology (국제 실존주의 및 인간중심 심리학 연구소라고도 함; www.ichpp.org)는 2010년에 마크 양, 루이스 호프먼, 제이슨 디아즈, 트렌트 클레이풀, 미쉘 모아츠에 의해 설립된 연구소로 슈푸 왕과 협의하여 설립되었고 중국에서 심리치료를 실시하였다.

이 연구소의 목적은 국제적으로, 특히 동남아시아에서 실존적 인간중심 치료에 대한 훈련을 제공하는 것이었다. 홍콩, 대만, 중국 등에서 일반 훈련 워크숍을 제공하는 마크 양씨는 정규 훈련 워크숍을 1년 과정으로 제공하였다. 루이 호프맨은 미국으로부터 교육을 제공하는 데 도움을 주었다. 2014년에는 중국에서 심리치료와 함께 심리치료훈련에 대한 인증서를 제공하기 시작했다. 심리학의 어떤 움직임도 그들을 지원하는 훈련 기관 없이는 유지되고 발전하기가 어렵다. 정신 분석, 융, 게슈탈트 연구소는 이러한 운동이 수년에 걸쳐 지속되고 번창하도록 도왔다. 그러나 실존적 인간중심 운동은 운동을 유지하고 발전시키기 위한 유사한 기관을 설립하기 위해 고군분투했다. EHI와 IIHS의 설립, 실존주의적 인간중심 심리학은 치열하게 발전하며 이 운동이 활성화되는 데 중추적인 역할을 했다.

## 컨퍼런스

컨퍼런스는 심리학 운동을 유지하고 발전시키는 데에도 중추적인 역할을 하였다. 장학금을 홍보하고 훈련 기회를 제공하는 것과 함께 컨퍼런스는 더 넓은 공동체의 발전을 촉진하고 운동에 활력을 불어넣었다. 수년 동안 실존적-인간중심 관점을 반영하는 컨퍼런스가 부족했다. 주요 컨퍼런스로는 미국심리학회에서 Division 32 프로그램이 있다. 단시간의 활동 만으로는 이 운동이 필요한 지역사회에 뿌리내리고 성장하는데 충분치 않았다. 2007년 데이비드 카인의 지도하에 인간중심 심리학회는 연례 컨퍼런스를 개최하기 시작했다. 매년 제공되는 많은 프로그램은 실존적 인간중심 심리학을 대표하며 주요한 역할을 했다. 더 강력한 실존적 인간중심 공동체를 개발하고, 학문을 육성하고, 실존적 인간중심 이론을 발전시켰다. 또한 컨퍼런스에는 많은 대학원생과 신입 심리학자들이 모였다. 컨퍼런스가 개최되기 이전의 수년 동안 실존주의적 인간중심 심리학의 미래에 있어 가장 큰 어려움은 소수의 대학원생과 초기 경력 전문가들이 운동에 참여하는 것이었다. 인간중심 심리학 연례 컨퍼런스로 인해 많은 부분이 바뀌기 시작했다. 몇 년 후인 2006년에 EHI는 연례 컨퍼런스도 주최하기 시작했다. Society for Humanistic Conference보다 규모는 작았지만 프로그램은 전적으로 실존적 인간중심 심리학에 초점을 맞췄다. 마찬가지로 IIHS는 Unearthing the Moment Training의 졸업생들로 구성된 두 개의 컨퍼런스를 제공했다. 이러한 컨퍼런스는 커뮤니티 구축에도 도움이 되었다. 2010년에 루이스 호프만, 마크 양, 슈푸 왕은 실존심리학(ICEP)에 대한 격년 국제 컨퍼런스를 시작했다. 격년으로 중국에서 개최되는 이 컨퍼런스는 중국에서 실존적 인간중심 존재를 확장하는 데 도움이 되었다. 난징에서 열린 첫 번째 컨퍼런스에는 수백 명의 열성적인 심리학자가 참석했으며 현지 언론에서도 다루어졌다. 첫 번째 컨퍼런스에는 커크 J. 슈나이더, 엘렌 시어린, 멘델 로이츠, 에릭 크레이그 등 미국의 많은 저명한 학자들이 참석했다.

호프만, 마크 양, 슈어 왕은 이미 중국, 말레이시아, 싱가포르에서 실존주의 심리학에 대한 수많은 교육을 제공하고 있었지만, 이번 회의는 그동안 제공되던 응용 교육에 이론, 연구, 장학금의 기반을 더 추가했다.

## 최신 경향성

그러나 개혁할 수 없는 민족은 [그들의] 오래된 문화도 보존할 수 없을 것이다(Lu Shun 1921/1961, p.138).

시대에 발맞추지 못한 채 발전하지 못하는 심리학의 움직임은 결국 영향력을 발휘하지 못한 채 사라질 것이라 보았다. 1980년대와 1990년대에는 이것이 실존적 인간중심 심리학의 운명이 될 수 있다는 두려움을 가질 만한 이유가 있었다. 일부 중요한 혁신적인 목소리가 있었지만, 그 움직임은 희미해지고 있었고 때때로 주류에 공동으로 채택되고 적응해 갔다 (Grogan 2013). 장학금, 학원, 학회 등이 새로운 학문의 방향과 결합되지 않았다면 성공하지 못했을 것이다. 실존적 인간중심 치료에서는 실존적 통합 심리학, 다문화 및 국제적 영향, 영성 등 몇 가지 새로운 방향이 그 활성화에 중요한 역할을 했다.

### 실존적 통합 심리학

실존 통합 심리학의 초기 공식은 커크 J. 슈나이더와 롤로 메이가 저술한 『*The Psychology of Existence*』(1995)에서 등장하기 시작했지만, 실존 통합 심리학을 공식화한 것은 슈나이더의 저서 『*Existential-Integrative Psychotherapy: Guideposts to the Core of Practice*』 (2008)였다. 『*Existential-Integrative Psychotherapy*』는 실존적 인강중심 심리학의 활성화를 공고히 하는 데 도움이 되는 중요한 성과를 달성했다 첫째, 실존적 인간중심 실천을 이해하기 위한 틀을 제공하였다. 슈나이더는 실존 통합 이론에 대한 개요에서 이 치료 접근 방식의 핵심 측면을 확인했다. 둘째, 슈나이더는 실존적 인간중심 심리치료가 치료에 대한 다양한 다른 접근법과 어떻게 통합될 수 있는지 보여주었다. 통합적 접근의 본질은 치료자들이 실천하는 기반이 있다는 것이다. 이 토대에서 다른 접근 방식을 통합할 수 있다. 이러한 '이상적 통합'

접근은 기반이 없이 무작정 통합을 추구하는 절충적 접근과는 다르다. 실존주의적 인간중심 심리학의 기초와 함께 다른 접근법은 내부적으로 일관성 있고 기본에 충실한 방식으로 통합된다(Wolfe, 2016 참조). 이 정도로 실존적 인간중심 심리학에서 일어나고 있는 전환을 "실존적 인간중심 및 실존적 통합 심리치료"라는 이 섹션의 제목으로 이야기하는 것이 이제 가능하다. 셋째, 통합의 방향으로 나아가는 과정에서 슈나이더는 실존적 인간중심 치료가 다른 치료 양식과 협력적 접근을 취할 수 있음을 보여주었다. 이를 통해 실존적 인간중심 심리학 분야에 실무자는 선호하는 치료 양식에 뿌리를 두고 필수적인 의료적 조치에 해당되지 않은 경우 종종 권장되는 다른 접근 방식을 통합할 수 있다. 이와 관련하여 선도적인 연구자인 브루스 왐폴드(2008)는 다음과 같이 말하였다. "나는 EI[Existential‒Integrative] 접근법이 다른 심리 치료를 과학적이라고 표시하는 데 사용되는 모든 기준을 충족할 것이라는 데 의심의 여지가 없다"(para.13; 이 점에 대한 자세한 내용은 Shahar and Schiller 2016 참조)

## 국제 및 다문화 심리학

문화 전반에 걸친 심리학적 대화는 실무자와 학자들이 자신의 가정과 편견에 대해 더 깊이 인식하도록 유도하며, 이는 심리학 이론을 발전시키는 동시에 그들이 문화적으로 더 민감해질 수 있도록 지원할 수 있다. 또한 국제적인 논의는 종종 심리학의 움직임에 활력을 불어넣을 수 있다. 1990년대 러시아에서 나데르 샤바한기의 연구는 1996년 많은 러시아 학자들의 방문과 함께 EHI 발전에 박차를 가했다. 게다가, 그들은 러시아에서 실존적 인간중심 심리학을 발전시키는 데 도움을 주었다.

보다 최근에는 동남아시아에서 실존적 인간중심 심리학이 빠르게 성장하여 운동에 활력을 불어넣고 발전시키는 데 도움을 주며 중요한 교류로 이어지고 있다. 이것은 마크 양, 루이 호프만, 그리고 쉐푸 왕에 의해 중국 전역에서 많은 교류와 훈련이 이루어졌기 때문이다. 또한, 심리치료에 대한 지미안 접근법은 중국 문학인 루쉰의 연구를 바탕으로 개발되었으며, 실존치료에 대한 중국의 전통적인 접근법으로 인식되었다(Wang, 2011). 2008년 이후, 국제적인 교류는 중국에서의 훈련과 회의가 미국에서의 유사한 컨퍼런스보다 훨씬 더 많은 군중을 끌어 모으면서 실존적인 인간중심 치료가 중국에서 인기를 높이는 데 도움을 주었다. 지미안 요법, 불교요법(Schneider and Tong 2009), 타오이즘(Craig 2009; Ynag 2016)과 같은 중국인의 관점은 미국의 실존주의 심리학에 미치는 영향력이 점점 커졌다. 최근에는 체계적인 훈련 프로그램이 중국의 실존적이고 인간 중심적인 접근 방식을 더욱 공고히 했다. 일렌 설린은 앞서 논의한 실존적, 인간중심 심리학 자격증 외에도 중국심리치료연구소를 통해 실존적 인간중심적 전통에 부분적으로 뿌리를 둔 운동치료 자격증 교육을 제공하였다. 다문화 심리학은 관련이 있지만 국제 심리학과는 다르다. 특히, 그것은 국가 간뿐만 아니라 국가 내의 문화적 차이를 고려한다. 호프만(2016)이 말했듯이 실존주의 심리학은 문화적 차이에 대한 의견들 중 첫 번째 접근법 중 하나였지만, 이러한 가치를 실현하는 데 어려움을 겪고 있다. 이것은 변화의 시작이었다. 슈나이더는 다문화적 관점을 위한 공간을 만드는 데 중요한 역할을 했다. 슈나이더는 실존적 통합 심리치료(2008)에서 다문화적 관점에 초점을 맞춘 많은 사람들을 초대했다. 비슷하게, 그는 인간중심 심리학 저널의 편집자로 있는 동안 편집 위원회를 다양화하고 더 많은 다문화적 관점을 포함하기 위해 노력했다. 인간중심학회를 통하여 심리학 회의와 최근에는 다양한 출판물을 발간하였으며, 실존적 인간중심 심리학은 훨씬 더 폭넓은 깊이와 실체를 가진 다문화 문제들을 다루기 위해 발전해 왔다.

## 영성

실존주의 심리학의 영성과 종교와의 관계는 논란의 여지가 많고 자주 오해를 받는다 (Helminiak, Hoffman, Dodson 2012). 일반적으로, 그것은 무신론에 뿌리를 두고 영성과 종교에 적대적인 것으로 잘못 인식되어 왔다. 그러나 이것은 정확하지 않다. 얄롬과 같은 일부 사람들은 영성과 종교에 대해 더 적대적인 입장을 취했지만, 대부분의 실존주의적 인간중심 실천가들은 훨씬 개방적이다. 실존적 인간중심 치료의 종교적, 영적 영향력은 그 뿌리가 깊다. 롤로 메이의 멘토이자 논문 의장은 신학자인 폴 틸리히였다.

실존주의 심리학의 발전에 대한 틸리히와 유대인 신학자 마르틴 부버의 영향은 매우 크다. 최근에는 슈나이더(2004)의 경외의 개념에 대한 발전(development of the concept of awe)에서 연구가 이어졌다. 실존적 인간중심적 관점에서의 영성, 경외심은 신비, 경이, 감사에 뿌리를 두고 있으며, 동시에 인간의 한계와 잠재력을 포용한다. 그것은 다양한 종교적 전통에서 명백하지만, 어떤 것에도 얽매이지 않는다. 슈나이더의 경외심의 개념은 치료와 관련이 있을 뿐만 아니라 교육(Schneider 2009)과 정치(Schneider 2013, 2019)에 대한 실존적 인간중심 심리학의 광범위한 적용에도 관련이 있다. 많은 면에서, 영적 관점의 재등장은 실존주의 심리학의 중요한 뿌리로의 회귀를 반영한다.

## 결론

오랜 성장과 쇠퇴의 역사를 거쳐 실존적 인간중심 심리치료는 다시 성장과 갱신, 진보의 시기에 있다. 이러한 추세가 계속됨에 따라, 역사의 교훈에 귀를 기울이고 가치, 생각, 그리고 실존적 인간중심 운동을 오늘날과 같이 구축하는 데 도움을 준 사람들의 가치를 높이 평가하는 것이 중요하다.

# 14

## 실존적 인간중심과 실존적 통합 치료
## 철학 및 이론[1]

Kirk J. Schneider

## 창립자의 썸네일 스케치

실존적 인본중심 이론은 1950년대 후반과 1960년대 초반 미국의 인간중심 심리학 운동의 흐름 속에서 비롯되었다. 한편으로는 애브라함 매슬로우, 칼 로저스, 헤리 스탁 설리번과 같은 미국 이론가들과 폴 틸리히, 에리히 프롬, 프리에다 프롬 리치먼과 같은 유럽 사상가들의 초기 저술에서 착안하여 초기 인간중심 심리학의 선구자 롤로 메이의 실존적 인간중심 이론의 발전에 중추적인 인물이 되었다. 메이는 그의 공동 편집 저서 『Existence: A New Dimension in Psychiatry andPsychology』(May, Ellenberger, and Angel 1958)의 등장과 함께 사실상 단독으로 미국의 실존적 인간중심 치료와 심리학 분야를 주도했다. 하지만, 현대 실존주의적 치료법으로 인정되는 이론과 실천을 모두 공고히 하기 위해서는 메이와 신흥 인간중심 전문가 제임스 부젠탈의 운명적인 만남이 필요했다. 이 책의 출판 직후에 세미나를 제공해 달라는 부젠탈과 그의 실습 그룹의 초대에 참여하여, 메이는 인간중심 심리학 분야의 주요한 변화를 위한 씨앗을 심었다. 부젠탈은 메이와 마찬가지로 정신분석과 관련된 배경을 가지고 있었다.

부젠탈은 메이와 마찬가지로 정신분석학과 인간중심 이론에 대한 배경지식을 가지고 있

---

1) 이 장의 일부는 K. Schneider와 O. Krug(2017) *Existential−Humanistic Therapy*에서 발췌한 것이다. 워싱턴 DC: 미국심리학회 출판부.

었지만, 메이처럼 이러한 양식의 형식과 내용 모두에 대한 고민을 가지고 있었다. 구체적으로, 부젠탈은 1950년대 후반에 행해진 정신 분석이 지나치게 강조된 것에 의해 방해를 받았다고 느꼈다.

내담자의 주관성을 무시하는 분석가의 권한; 부젠탈은 또한 심리 분석가들이 치료 환경에서 지나치게 내향적인 경향에 대해 우려를 표했으며, 그의 관점에서 내담자의 치료적 탐구를 심화시키기 위해 더 큰 자발성과 관계적 만남의 필요성을 피력했다. 마지막으로 그는 메이와 마찬가지로 정신분석학 이론을 내담자의 사랑과의 만남, 삶의 지나가는 본질, 삶의 의미와 목적이라는 '더 큰' 문제보다는 성적인 공격적인 충동과 지나치게 동일시된다고 보았다. 반면, 부젠탈과 메이는 인간중심적 측면, 특히 로저스식 실천 형태의 표면성에 대해 상당한 의구심을 가지고 있었다. 예를 들어, 그들은 둘 다 내담자 중심 심리치료가 중요한 초점을 맞춘다고 생각했다. 내담자들의 주관적인 경험에 대해서는, 일부 내담자가 치료자들에게 화를 내거나 증오와 불안의 "어두운" 감정들을 더 완전히 파헤칠 필요성과 같은 그러한 경험들 중 일부의 상황을 배제했다. 부젠탈과 메이의 관점에서 볼 때 인간-중심 심리치료자는 내담자와의 대결을 피하거나 지나치게 낙관적인 입장을 취하는 것처럼 보였고, 어떤 경우에는 핵심 "전투"인 경쟁 측면과 집중적으로 씨름하려는 내담자의 요구를 억누르는 것처럼 보였다. 그로부터 심오한 삶의 선택이 만들어진다. 이러한 수렴을 감안할 때 메이는 부젠탈이 메이와 다른 사람들의 실존 이론을 실용적인 치료 지침으로 번역하는 인고의 과정을 거치도록 영감을 주어 신흥 세대의 (인간중심적이고 개방적인 비인간주의) 치료자를 양성할 수 있었다. 메이와 유럽의 학자들이 실존적 인간중심 치료의 철학의 많은 부분을 제공한 반면, 부젠탈과 그의 학생들은 일상 속에서 그 철학의 상세한 적용을 제공했다(예시, Bugental 1965, 1976 참조). 1980년, 정신과 의사 어빈 얄롬은 실존적-인간중심 심리학 실천의 원칙을 담은 획기적인 책『실존적 심리치료』(Existential Psychotherapy)를 출간하여 전임자인 메이와 부젠탈보다 상대적으로 더 많은 독자들에게 실존적 심리치료의 원리를 전달했다. 실존심리치료와 실존적 인간중심 주제를 설명하는 일련의 인기있는 책들과 함께 얄롬(1980, 1989, 1992)은 정신분석(예: Shahar and Schiller 2016)과 수용전념치료(예: Bunting and Hayes 2008)와 같은 더 주류 양식에 의한 주제 통합에 큰 영향을 미쳤다. 게다가 메이와 부젠탈은 이를 설명하려는 경향이 있었다. 얄롬은 치료자와 내담자의 관계에 대한 "지금"의 경험을 강조했다(Krug 2009). 그렇다면 실존주의적-인간중심적 심리치료는 무엇을 의미하는가? 실존주의는 살아있는 경험이 되는 것과 관련이 있으며 문자 그대로 앞으로 나오거나 되겠다는 뜻인 라틴어 뿌리 존재론에서 비롯된다. 인간중심은 그리스어 "자신을 아는" 전통(Schneider and Krug 2010)에서 비롯된다. 따라서 '실존적 인간중심'이라는 말은 겉보기에는 정적인 용어이지만 실제로는 자신이 되고 알게 되는 역동적인 과정을 의미한다.

## 현재 방향

점점 더 실존적 인간중심(EH) 이론은 실존적 통합(EI) 프레임워크가 되고 있다. 이러한 변화에 대한 영감은 메이의 '실존'에 대한 선견지명이 담긴 시구로 거슬러 올라갈 수 있다: 그는 "심리치료에서의 실존주의 운동"이라고 썼다.

다른 학교에 대항하여 새로운 학교를 설립하거나 다른 기술에 대항하여 새로운 심리치료 기술을 제공하는 것을 의미하지 않는다. 그것은 오히려, 성공한다면 위기에 처한 인간의 모든 상황의 근본적인 현실에 대한 이해를 제공해야 하는 인간 존재의 구조를 분석하고자 한다. (May 1958a, pp.6－7)

당시 이러한 요구의 정신으로, 그리고 슈나이더와 메이(1995)와 슈나이더(2008)의 진술을 시작으로, EH 원칙은 실제로 다른 진정한 접근법의 기초로 간주되고 있다(Schneider & Krug 2017; Shahar & Schiller 2016; Shumaker 2011; Wampold 2008; Wolfe 2016). 더 공식적으로 말하면, EI 심리치료는 전반적인 실존적 또는 경험적 맥락 내에서 다양한 심리치료 모드를 이해하고 조정하는 한 가지 방법이다. 이러한 진보하는 관점의 기초는 내담자를 진정으로 "만나기" 위해서는 다양한 접근법에서 이끌어내야 한다는 많은 실존적 인간중심 실천가들의 입장에서의 깨달음이다. 생리학적/의학적 접근에서부터 행동적/분석적 접근법은 주어진 내담자의 변화에 대한 준비와 열망에 가장 잘 접근할 수 있다(Schneider 2008). 이에 상응하여, EI 심리치료의 진화는 그것의 기초적인 가치를 인정하는 더 많은 주류 실무자와 연구자들에 의해 촉진되고 있다(Bunting & Hayes 2008; Shahar & Schiller 2016; Wolfe 2016). EI 심리치료법의 개발은 또한 다문화 공동체에 적응한 이론들에 의해 강화되고 있다(예: Hoffman 2008; Hoffman, Jackson, Cleare－Hoffman 2015). 이러한 이론가들은 접근법에서 그러한 공동체의 감정적 상처를 실질적으로 해결할 뿐만 아니라 감정지능 실행의 이론적 구조를 확대하고 심화시킬 수 있는 방법을 모색한다.

## 심층 태/티 이론적 프레임워크

EH 및 EI 심리치료의 목적은 "내담자를 자유롭게 하는 것"이다(May 1981, p.19). 자유는 자연적이고 자기가 부과한 삶의 한계 내에서 선택할 수 있는 능력으로 이해된다(Schneider 2008). 자유는 또한 해방의 스펙트럼으로 이해된다. 생리적 수준에서 행동적 수준, 인지적 수준에서 정신적 수준, 그리고 대인 관계에서 경험적 수준. 삶의 자연적 한계는 출생, 유전, 나이 등의 내재적 한계와 죽음, 분리, 불확실성과 같은 삶의 현실을 의미한다. 스스로 부과한 한계는 문화, 언어, 생활방식 등 인간이 설정한 경계다. 무엇을 하거나 행동할 수 있는 자유는 아마도 우리가 가진 가장 명확한 자유일 것이다. 상황에 대한 태도를 취하거나 존재할 수 있는 자유는 덜 명확하지만 훨씬 더 근본적인 자유이다(May 1981). 여기서의 자유는 일반적인 것과 관련되어 있다. 외적 신체적 결정이 아닌 자유는 내적, 인지적, 감정적 입장과 관련이 있다. 이러한 자유 안에서 우리는 삶에서 개념화, 상상, 발명, 의사소통, 그리고 물리적, 심리적으로 우리의 세계를 확장하는 의미를 창조할 수 있는 큰 능력을 가지고 있다(Yalom 1980). 우리는 또한 다른 사람들로부터 분리하고, 우리의 과거를 초월하고, 뚜렷하고, 독특하고, 영웅처럼 될 수 있는 능력을 가지고 있다(Becker 1973). 반대로, 우리는 스스로를 억제하고, 수동적이 되고, 다른 사람들에게 우리 자신을 넘겨주는 것을 선택할 수 있다(May 1981; Rank 1936).

우리는 다른 사람들의 일부가 될 수도 있고, 다른 사람들로부터 떨어져 있을 수도 있고, 우리의 가능성의 일부가 될 수도 있다(Bugental & Kleiner 1993).

## 자유의 한계 인식

거대한 가능성에도 불구하고, 이 모든 자유에는 큰 한계가 있다. 우리는 오직 할 수 있고 그렇게 될 수 있다. 우리가 무엇을 선택하든 다른 것을 포기하는 것을 의미한다(Bugental 1987, p.230). 만약 우리가 학문에만 전념한다면, 우리는 어느 정도의 신체 활동을 포기할 것이다. 만약 우리가 부의 축적에 몰두한다면, 우리는 우리가 소유한 것을 줄인다. 영적 추구의 기회를 포함하여, 모든 자유에는 대가가 있다. 군중 속에서 눈에 띄면 비판의 대상이 되고, 책임감을 얻으면 죄를 인정하고, 자신을 고립시키면 공동체를 잃고, 다른 사람과 융합하면 개성을 잃는다(Becker 1973; May 1981). 마지막으로, 모든 자유는 운명에 상응하는 것이 있다. 메이 (1981)는 우주적, 유전적, 문화적, 상황적의 네 가지 운명, 즉 우리가 통제할 수 없는 "주어진 것들"을 정의한다. 우주적 운명은 자연의 한계(예: 지진, 기후 변화); 유전적 운명은 생리적 성향 (예: 수명, 기질)을 수반하며, 문화적 운명은 고정 관념화된 사회 패턴(예: 언어, 출생 권리)을 다루고, 상황적 운명은 갑작스러운 상황 발전(예: 기름 유출, 일자리 해고)과 관련이 있다. 간단히 말해서, 우리의 방대한 잠재력은 취약성을 무너뜨리는 것과 일치한다. 우리는 눈부시게 이해할 수 없는 세계에서 반인식적이고 반능력적이다. 그렇다면, 우리는 실존 이론가들에 따라 이러한 충돌하는 현실을 어떻게 다루어야 하며, 그렇지 않을 때는 어떻게 될까? 우선 후자를 고려해 보자. 실존 이론가들에 따르면, 우리의 자유를 인정하는 것은 한계가 있는 기능인 부정적 동일시 또는 억압된 삶을 초래한다(May 1981). 이 역기능적인 인식은 한 사람의 관점을 활성화하고, 대담하게 만들고, 확대할 수 있는 능력을 잃게 만든다. "수줍어하는 사람", 뜨개질을 하는 교수, 편집증적 반동주의자, 로봇 같은 순응주의자가 이러한 단적인 예이다. 반면에 우리의 한계를 인정하지 않는 것은 삶의 기회를 규정하고, 분별하고, 우선순위를 정하는 우리의 능력을 희생시키는 결과를 낳는다(May 1981). 목적 없는 방랑자, 충동적인 사기꾼, 굽히지 않는 쾌락주의자, 권력에 굶주린 엘리트주의자 등이 이러한 대표적인 예이다.

## 자유 및 한계의 통합

물론 중요한 문제는 내담자들이 그들의 운명의 주체자로서 양극화된 조건에서 해방되고 "그들의 가능성을 경험"할 수 있도록 어떻게 도울 것인가 하는 것이다(May 1981, p.20). 달리 말하면, 내담자가 자유와 한계를 통합할 수 있도록 조력하는 방법은 무엇이 있을지에 대한 질문이다. 이 질문은 정체성이라는 또 다른 실존적 문제의 핵심을 관통한다. 내담자의 행동을 재해석 하거나 그들이 양극화된 상태의 기제를 이해하도록 돕는 것은 부분적으로 힘을 회복하는 정체성으로 이어진다. 실존 이론가들에게 이러한 조건에 대한 경험적 만남은 앞서 언급한 변화 과정에 대한 크게 과소평가된 보완책이다(Schneider 2008, 2013).

EH 치료자는 삶의 한계를 발견하게 된다면 내담자는 미래에 삶을 긍정하는 패턴을 더 기꺼이 선택할 수 있을 것이라고 믿는다. 달리 말하면 더 큰 자유로 가는 길은 역설적으로 우리가 묶여 있는 방식과의 만남을 통해 발견된다(Krug 2009). 실존 이론가들을 위한 경험적 양식은 네 가지 기본적인 차원을 포함한다: 직접적인, 운동 감각적인, 감정적인, 그리고 심오한 또는 우주적인. 다시 말해, 내담자가 경험할 수 있도록 돕는 것이 보다 완전하고 중요한 정체성으로 가는 길이다. 그들의 양극화된 조건과 그들의 근본적인 두려움과 불안을 "해결"하도록 돕고, 발견된 것의 의미에 가장 깊은 수준에서 동조하도록 돕는다. 그렇게 함으로써 EH 치료자는 내담자가 공황으로 가득 찬 기억에 반응하는 것과 반대로 반응하도록 돕는다. 이 작업은 일반적으로 내담자가 제한적이거나 자기 제한적인 양극화된 상태를 경험하게 한다. 결과적으로, 그것은 내담자들이 그들의 제한적인 패턴을 구성하는 데 있어서 그들의 역할을 이해하도록 할 뿐만 아니라, 그들이 피하거나, 거부하거나, 억압되었을 수 있는 존재로 주어진 것을 받아들이도록 도와준다. 그러나 EH 치료자의 경우 그 책임이 충분하지 않은 경우가 많다. 그것은 단순히 실질적인 변화를 준비하는 것이다. 내담자가 자신과 타인을 위해 더 많은 삶을 긍정하는 패턴을 선택할 때 입증된다. 실존 이론가들에 따르면, 그 최종 결과는 확장된 자아의 감각, 특히 삶에서 친밀감, 의미, 영적 연결을 위한 향상된 능력이다(Bugental 1978; May 1981).

## 경험적 만남의 다양한 해석

경험적 모드는 실존주의 이론가들에게 다양하게 해석된다. 그 예로, 얄롬(1980)은 그의 대인관계 심리치료가 즉각적이고 감정적인 요소를 강조하는 것처럼 보이지만, 그는 운동 감각적인 요소를 거의 언급하지 않는다. 부젠탈(1987)은 "암묵적으로 존재하지만 고려되지 않는" 것을 조명하는 자신과의 만남에 운동 감각적 요소를 강조하지만(Bugental 1999, p.25), 그러한 요소들의 대인 관계적 의미에 대해서는 강조하지 않는다(Krug 2009). 틸리히(1952)와 프리드먼(1995)은 치료 경험의 대인관계 차원을 강조하지만 운동 감각의 측면을 거의 전달하지 않는다. 마지막으로, 크루그(Krug and Schneider 2016)는 내담자와 치료자 간의 맥락과 동맹에 따라 동등한 가중치로 심리치료 경험의 내부 및 외부 차원을 공유한다. 또한 실존 이론가들 사이에는 언어적 의사소통 채널과 비언어적 의사소통 채널에 대한 차이가 있다. 예를 들어 메이(1983), 얄롬(1980), 프리드먼(1995)은 상대적으로 구두 개입에 크게 의존하는 반면, 부젠탈(1987), 젠들린(1996), 마러(1996), 슈나이더(2008)는 비교적 비언어적 형태의 중재에 의존한다. 마지막으로, 심리치료 경험의 철학적 의미와 관련하여 실존 이론가들 사이에 차이가 있다. 비록 대부분의 실존 이론가들이 전형적인 심리치료 과정에서 인간 존재의 근본적인 문제들에 직면할 필요가 있다는 것에 동의하지만, 이러한 문제들의 본질과 특수성은 다양하다. 예를 들어 얄롬(1980)은 내담자가 죽음, 자유, 고립 또는 무의미함에 경험적으로 직면할 필요성에 초점을 맞추는 반면, 부젠탈은 선택, 포기, 분리, 또는 관계의 일부에 있어서 보다 정교한 도식을 제공한다(Bugental과 Kleiner 1993).

그리고 메이(1981)가 이러한 입장들을 그의 자유와 운명(또는 한계)에 대한 개념과 결합하는 데 반해, 앞에서 제시한 바와 같이, 그의 작품에는 이러한 통합에 대한 막연한 설명만이 있을 뿐이다.

## 주요 문제: 현재의 순간

이러한 차이에도 불구하고, 각 이론가들은 핵심적인 관심사를 공유한다. 즉, 이 순간의 내담자는 자신이 살아있다는 것에 대한 인식에 어떻게 대처하고 있을까? EH 이론가들은 명시적인 내용보다는 심리치료의 암묵적인 과정에 더 집중함으로써 이러한 우려를 해결한다. EH/EI 이론가들은 고전적인 접근법을 취한다. 즉, 과거는 오직 그것이 살아있는 한, 사람 안에서, 현재의 순간에서만 필수적이다. 또한 EH/EI 치료자는 사람을 물리적, 개인적, 사회적 세계와 관련된 세계의 한 인간으로 이해하고자 한다. 사람은 단순한 추진력의 집합체가 아니라고 가정하고 자신의 행동 패턴을 보여준다. 나아가 각 사람은 자신의 부분의 합 이상이며,

각각의 사람은 세계에 대한 독특한 인식으로부터 특정한 세계를 구성한다고 가정한다. 마지막으로, EH/EI 치료자는 메이(1983, p.122)가 시사하는 바와 같이 "그 사람과 그의 세계는 하나의 구조적인 전체이다. 두 극, 자아와 세계는 항상 변증법적으로 관련이 있다"고 가정한다. 따라서 EH 이론가는 사람의 욕구와 특정 행동 패턴을 연구하는 것에서 한 걸음 물러나 더 넓은 범위에서 사람과 존재의 관계라는 맥락에서 이를 이해해야 한다(May 1958a, 1958b; Merleau Ponty 1962). 구조로 나타나는 이러한 관계는 추상적인 것이 아니라 실제적인 것이며, 의식적인 인식에서 가려질 수 있지만, 그럼에도 불구하고 현재의 순간에 명백하다. 그들은 신체적인 몸짓, 목소리 톤, 꿈, 행동 패턴을 통해 자신들을 표현한다.

## 존재감 키우기

실존치료자는 이 "구조적" 수준에서 심리치료를 받으러 오는 사람을 아는 것을 목표로 한다. 메이(1958b, p.38)가 말했듯이, "상대방의 존재를 파악하는 것은 그에 대한 구체적인 것에 대한 우리의 지식과는 상당히 다른 수준에서 일어난다." 내담자의 존재를 파악하고, 결과적으로 내담자의 존재를 파악하는 것을 돕기 위해, 치료자는 치료적 만남에 완전하고 진정한 존재를 가져와야 한다. '존재'의 라틴어 어근은 prae(before)＋esse(to be)이다. 결과적으로, 심리치료 환경에서의 존재는 이전에 존재하거나 자신의 존재와 함께 있거나 이전에 존재하거나 다른 인간과 함께 있는 능력으로 이해될 수 있다. 존재는 치료자와 내담자 모두의 인식, 수용, 능력 및 표현력의 측면을 포함한다. 존재는 그 만남이 진짜라는 것을 암시한다. 마르틴 부버(1970)에게, 그것은 자신의 앞에 있는 사람이 "그것"이 되는 것을 멈추고 "당신"이 되었다는 것을 의미한다; 그것은 우리 모두가 서로의 인식에 포함되는 인간이라는 것을 의미한다. 실제로 가브리엘 마르셀(1951)이 주장하는 바와 같이, 상호 주관적 존재는 "나는 생각한다"가 아니라 "우리는 존재한다"에서 시작된다.

한 사람이 진정으로 다른 사람과 함께 있을 수 있다면, 진정한 만남이 일어난 것이다. 존재감에 대한 이러한 강조에도 불구하고, EH 이론가들은 그들의 현재 중심적인 만남에서 과거의 영향력을 인식한다. 예를 들어, 그들은 치료 과정에 영향을 미치는 발달상 결핍의 힘을 인정한다(Schneider 2008; Yalom 1980). 그러나 이러한 적자의 기반과 그들이 다루는 맥락은 더 전통적인 관점에서 발전된 것과 크게 다르다. 예를 들어, 정신분석학 이론가들은 초기 대인관계의 단절을 발달장애의 기초로 보는 경향이 있는 반면, EH 지향적인 이론가들은 더 넓은 관점을 취한다. 이러한 주장은 초기 대인관계의 단절을 인정하지만, 그보다 더 포용적인 경험들이 발달장애에 영향을 미친다고 보는 입장이다(May 1981; Schneider 2008; Yalom 1980). 달리 말하면, 정신분석 이론가들은 고통의 원인에서 분리 가능한 가족이나 생리학적 요인에 초점을 맞추는 경향이 있는 반면, EH 이론가들은 삶의 광대함의 경험, 해체의 공포와 같은 그러한 요인들의 기저에 있다고 알려진 차원들에 집중하는 경향이 있다. 다른 한편으로는 삶의 광활함과 죽음의 수수께끼와의 투쟁으로 폭발한다(Becker 1973; Schneider 1993, 2008; Yalom 1980). 존재는 치료에 대한 실존적 통합 접근법의 핵심이라는 것을 더 잘 이해해야 한다. 내담자에 대한 자신의 "전체" 경험을 바탕으로, 존재감은 자신과 내담자 사이에서 그리고 내담자 내에서 분명히 중요한 것을 밝히는 데 도움이 된다. 존재감이란 바로미터처럼 치료자에게, 그리고 내담자에게 상호성을 통해 특정 내담자가 현재 어떻게 살고 있는지, 그리고 내담자가 어떻게 살고자 하는지 알려준다. 이러한 의견은 치료자와 내담자가 변화에 대한 준비와 능력에 대해 협력하도록 자극한다. 예를 들어, 내담자의 심각한 표정과 치료자의 절박함이 통하는 경우, 속도를 늦추고 호흡 운동이나 약물 복용 가능성과 같은 현실적인 옵션을 고려하고 상호 간에 가장 좋은 치료 방법을 확인해야 할 필요성을 제안할 수 있다. 서로 어떻게 진행하는 것이 최선인지 확인하기 위해 이와 같은 수많은 지표들이 이 특정한 순간에 이 특정 내담자에게 가장 "진정한" 것을 세부적으로 조정하는 데 도움을 줄 수 있다. EH/EI 이론가는 내담자와 함께 주류 및 프로그램적 접근을 고려하려는 의지와 함께 주어진 내담자의 갈등 현상을 이해하고 진단 및 정신역동적 전제를 피하려고 노력한다. 이러한 전제는 이론가의 이해를 확실히 알릴 수 있지만, 목표는 미리 설정된 분류를 따르거나 따르지 않을 수 있는 살아 있고 발전하는 사람에게 가능한 한 열려 있는 상태를 유지하는 것이다. 이러한 배경을 고려할 때, EH/EI 이론가들이 과거에 대한 논의보다 과거의 경험(신체 자세, 목소리 톤 등에서 나타남)에 초점을 맞추는 이유는 이제 더 분명하다. 내담자가 남용 기억과 같은 특정한 사건을 동화시키는 것을 도울 수 있는 반면, 경험적 인식은 내담자가 메아리치고 초월하는 해체감과 같은 삶의 자세를 동화시키는 것을 도울 수 있다. 따라서 EH/EI 이론가들에게 트라우마의 가장 깊은 뿌리는 단순히 이야기하거나 설명할 수 없으며, 재발견되고, 느끼고, 살아가야 하는 것이다(Bugental 1987; Krug 2009; Schneider 2008).

## EH/EI 심리치료의 특징을 구별하는 네 가지 핵심 목표

요약하자면, EH/EI 이론가들은 네 가지 핵심 목표를 공유한다: (a) 내담자들이 자신과 다른 사람들에게 더 많이 존재할 수 있도록 돕는 것 (b) 내담자들이 자신들을 동원하고 완전한 존재로부터 차단하는 방법을 경험하도록 돕는 것 (c) 그들이 행동하도록 돕는 것과 그들의 현재 삶의 건설에 대한 책임을 지는 것 (d) 그들이 유한성, 모호성, 불안과 같은 실존적 주어진 상황을 피하지 않고 직면하는 것에 기초하여 그들의 외부 삶에 있는 방법을 선택하거나 현실화하도록 돕는 것. 마지막으로, EH/EI와 다른 존재론 및 인본학적 지향 이론(예: Cooper

2017 참조) 사이에는 상당한 중복되는 부분이 있지만, 비교적 구별되는 몇 가지 지점이 있다. 이 중에는

(1) EH/EI 이론은 개인뿐만 아니라 관계론적 측면에서도 강조된다(이 구별은 다음의 각각의 것과 마찬가지로 연속성이 있고 가끔 예외가 있다는 것은 인정해야 한다).

(2) 그것은 독점적이고 탐색적 초점보다는 실존적 통합에 중점을 둔다.

(3) 사전 설정된 공식 또는 가정 세트와 구별되는, 유기적으로 요구되는 기술(예: 인지 행동, 게슈탈트)의 활용

(4) 내담자가 상호 작용의 흐름에서 자신의 "잠재성"을 탐색하도록 유도하는 것과 자신이 지니고 있는 위험적 요소를 인식하는 것에 대한 "개방성"

(5) 후자와 관련하여 EH/EI 요법은 심리치료 과정을 안내하는 임상 및 철학적 설명뿐만 아니라 심리치료자의 전적인 경험에 의존한다.

EH/EI 심리치료는 다른 여러 인간중심 치료와 초월적 치료와 마찬가지로 정신적 또는 "존중에 기반한" 차원의 치료에도 점점 더 개방되고 있다. 이 차원은 키르케고르, 제임스, 랭크, 틸리히, 부버, 마르셀, 베커 등 최근에 새롭게 부각된 초기 실존적 영적 계보의 자연스러운 확장으로 보인다(Hoffman 2008; Schneider 2008). 또한, 개인 및 대인관계 무결성에 대한 EH 이론(la Buber 1970)의 적용은 사회문화적 균열을 치유하기 위한 커뮤니티 대화 및 예술 그룹 수준에서도 입증되고 있다(Serlin 2017; Schneider 2017). 오늘날 EH/EI 이론은 이러한 종류의 일대일 및 소규모 그룹으로의 노력보다 더 시급하게 적용해야 할 부분을 생각할 수 있다. 오직 미래만이 이러한 EH/EI 관행의 새로운 차원의 접근을 기대하게 할 것이다. 하지만 창시자들의 넓고 깊은 포부가 있다면 EH/EI 이론가들은 현 세대의 신선한 에너지와 결합하여 심리학 수준뿐만 아니라 사회와 지역사회의 고통에도 계속해서 영향을 끼칠 것이다.

# 15

## 실존적 인간중심과 실존적 통합 치료
## 방법 및 실제

Orah T. Krug

### 편집자의 서문

마지막 장에서는 치료에 대한 실존적 인간중심(existential-humanistic)과 실존적 통합 (existential-integrative) 접근의 철학적, 이론적 기초에 초점을 맞췄지만, 이 장에서는 이러한 접근법이 적용되는 과정을 다루려고 한다. 이 장에서, 인간중심 심리치료의 방법과 실천에 대한 세부사항의 부재는 단순히 이 후자의 관점이 여전히 비교적 형성적인 단계에 있다는 사실에 기인하며, 크루그 박사(Dr. Krug)가 곧 제시할 원칙에 근거하고 있다는 점에 주목할 것이다. EI 적용 및 프로세스에 대한 주관적 설명에 대한 자세한 내용은 16장과 실존 심리학을 참조하라: 통합적, 임상적 관점(Rollo May 1995); 실존적 통합 심리치료: 실천의 핵심(2008), "치료의 실존적 통합 모형의 경험적 해방 전략"(2007), 그리고 실존적 인간중심 치료(2017)에 대한 지침을 참고하라.

－Kirk J. Schneider－

### 서론

실존적 인간중심 심리치료는 내담자와 치료자의 실제 살아있는 경험에 초점을 맞춘 관계적이고 경험적인 치료이다. 실존적 인간중심(existential-humanistic)치료자들은 그들의 내담자들이 행동적이든 정신분석적이든 인간 행동의 추상적인 모형을 그들에게 투영하는 것이 아니라 그들의 내담자들을 직접 알기를 원한다. 표준화된 도구나 선입견으로는 내담자의 내면세계에 대한 진정한 만남을 가질 수 없다. 결과적으로 실존적 인간중심(existential-humanistic) 치료자는 내담자의 감정, 경험 및 보호 패턴에 대한 응답성을 개발하기 위해 자신의 개인적인 요소들을 사용하여 내담자의 내밀한 세계 안으로 들어간다.

안전하고 협력적인 심리치료 관계 내에서, 내담자는 경험적 성찰과 관계 정립을 통해 자신의 보호 패턴과 핵심 상처를 가지고 작업한다. 그들은 자신에 삶의 능력을 제한하거나 차단함으로써 더 충만한 삶을 놓치는 역기능적인 시도를 한다. 의식, 책임, 그리고 선택은 이 반사적인 과정에 뿌리를 두고 있으며, 따라서 이전에 버려졌던 존재의 방식의 회복을 지원한다. 자신의 삶을 되찾는 것이 궁극적인 목표이지만, 이것은 무엇이 부정되었는지 알기 전에는 달성될 수 없다. 다른 치료법과 달리 증상 제거는 주요 초점이 아니다(증상 제거는 종종 발생하지만). 오히려, 이러한 유형의 변화는 한 사람의 존재의 핵심에 있다; 그것은 "전체적"이고 "변화적"이다. 점점 더 많은 과학적 근거가 치료의 표준화에 대한 EH 치료자들의 반대를 뒷받침하고 있다. 인본주의적 실천 원칙의 효과에 대한 포괄적인 개요에서 앵구스 외 학자들(2015)은 심리치료에서 일반적으로 다루어지는 대부분의 문제에 대해 작업의 관계적 및 경험적 측면에 대한 강조와 같은 인본주의적 실천 원칙이 인지행동치료와 같은 보다 프로그램적인 관행과 동등하거나 어떤 경우에는 더 우수하다는 것을 발견했다. 브루스 왐폴드 및 존 노크로스와 같은 선도적인 연구자들은 지난 몇 년 동안 유사한 입장을 지지해 왔다(Wampold 2007, 2008; Norcross 및 Lambert 2011). 이 장은 개인적인 맥락과 형태의 인식과 관련된 EH 관행의 원칙을 검토하는 것으로 시작한다. 이러한 이론적 원칙들은 EH 치료자들에게 그들의 내담자들의 경험적 세계에 들어가 살 수 있는 "지침"을 제공한다. EH 관점에서의 변화 이론은 다음과 같다. 결론 부분에서는 EH 심리치료의 방법과 실행 방법을 설명하고 있다. 그것은 과정에 대한 존재감을 배양하는 것이 어떻게 치유와 "전체적인" 변화를 촉진하는지 보여준다. (이 장에 요약된 원칙에 대한 자세한 내용은 Edelstein [2015] 및 Schneider and Krug [2017]를 참조한다.)

## 정체성 형성 및 개인적 맥락과 관련된 실천원칙

### 인간은 그들의 개인적인 (내부) 세계를 창조하기 위해 외부 세계에서의 경험으로부터 의미를 만든다

실존적 의미 만들기는 본질적으로 인간의 정체성 형성과 관련된 과정이다. 이는 경험을 "이해"하는 행위이다. 실존론은 객체와 객체를 인식하는 주체로 구성된 세계에 대한 데카르트적 개념에 도전한다. 더불어 실존론은 개인이 외부 세계와 관련된 자신의 인식과 경험을 의미함으로써 자신의 현실을 구성하는 데 참여하는 것으로 이해한다. 따라서 그들은 단순히 인식하는 것이 아니라, 경험으로부터 의미를 구성하는 사람들임을 의식한다. 개인이 자신의 개인적 세계를 구성한다면, 존재의 정의 안에는 다음과 같은 것들이 있다: (a) 대리인 (즉, 우리는 우리의 존재에 중심을 두고 우리의 세계와 우리 자신에 대한 의미를 창조한다.) (b) 자유 (즉, 우리는 우리의 인식과 경험을 정의하는 방법을 선택한다.) (c) 책임 (즉, 우리가 하는 선택에 대한 책임이 있다.) 그리고 (d) 변화(즉, 우리는 우리의 세계와 우리 자신에 대한 새로운 의미를 창조하는 기관을 가지고 있다.)

이러한 의미 만들기 과정을 통해 존재의 과정을 이해하는 것은 치료자들이 특정한 심리치료나 기술을 제공하는 것 이상으로 내담자들의 개인적인 의미와 관련된 감정에 민감하게 반응하고 연구할 필요성을 강조할 수 있다.

## 구성된 의미는 자신과 다른 사람들에 대한 일련의 믿음을 낳는다(자아와 세계 구성)

살아있는 경험으로부터 개인이 만드는 의미는 일련의 자아와 세계관, 본질적으로 자신, 타인, 그리고 세계에 관한 일련의 믿음을 만든다. 이러한 구성은 개인의 문화적, 역사적, 우주론적 경험에 의해 지속적으로 영향을 받는 개인의 세계 또는 맥락으로 이해된다. 이러한 구성 요소들은 종종 사람이 인식하지 못하는 범위 밖에서 만들어진다. 게다가 이것들의 구성요소는 무미건조한 추상적 개념으로 구성되지 않고 개인적인 감정, 생각, 의견으로 풍부하게 적재된 구체적인 의미로 구성된다. 들어오고 나가는 모든 정보는 개인적인 맥락의 시각을 통해 흐른다. 개인적인 맥락은 항상 "진행 중"이며, 형성되고 재형성 된다. 롤로 메이(Rollo May, 1975)는 현실과 의식을 형성하고 재구성하는 이러한 과정을 그가 말한 것처럼 "나" 경험, 즉 한 사람의 정체성의 형성으로 귀결되는 "형태에 대한 열정"이라고 묘사했다. 예를 들면 다음과 같다. 에이미라고 불리는 한 개인은 그녀의 맥락을 형성하고 재구성하여 현재 자신을 본질적으로 사랑스러운 사람으로 인식하지만 가끔 "다른 사람들과의 사랑스럽지 않은 행동"을 인정한다. 에이미는 현재 자신의 세계를 대체로 친절하고 수용적인 것으로 인식하고 있지만, 때때로 자신의 세계가 가혹하고 수용적이지 않을 수도 있다는 것을 인식하고 있다. 에이미의 "나" 경험은 다음과 같다: "나는 본질적으로 사랑스럽고, 나의 세상은 일반적으로 친절하고 수용적이며, 다른 사람들에게 열려있고 받아들일 수 있다." 우리는 에이미의 자아와 세계 구성 시스템(또는 그녀의 개인적 맥락)을 유동적이고 유연하다고 설명할 수 있다. 에이미의 맥락을 로버트의 맥락과 대조해 보자. 로버트는 자신을 본질적으로 가치가 없고 그의 세계를 일관되게 비판적이고 가혹하다고 인식한다. 로버트의 "나" 경험은 다음과 같다: 나는 가치가 없고, 나의 세상은 안전하지 않으며, 나는 다른 사람들을 경계해야 한다. 우리는 로버트의 자아와 세계 구성 체계를 "석회화"된 것으로 묘사할 수 있다. 분명히, 에이미와 로버트는 매우 다른 요소의 렌즈를 통해 외부 세계를 경험한다. 에이미의 렌즈는 유동적이고 유연하다. 그녀는 외부 세계로부터 "기초 데이터"를 받아들일 수 있다. 에이미는 외부 세계에 대한 "주요 경험"을 할 수 있다. 결과적으로, 그녀는 호기심, 수용, 개방성으로 세상에 쉽게 참여하면서 그녀의 삶에 존재할 수 있다. 반면에 렌즈가 석회화되고 경직된 로버트는 다른 맥락의 렌즈를 통해 볼수록 왜곡되기 때문에 "기초 데이터"를 받아들이기가 더 어렵다. 로버트는 자신과 다른 사람들에 대한 경직된 믿음을 통해서만 세상을 경험할 수 있기 때문에, 우리는 로버트를 정말로 "밖에" 무엇이 있는지 인식할 수 없는 "그의 맥락에 사로잡혔다"고 묘사할 수 있다. 로버트는 일반적으로 외부 세계에 대한 "2차적 경험"을 갖는 것으로 제한된다. 결과적으로 로버트는 보통 진정한 친밀감을 피하면서 그의 삶과 관계를 제약한다. 에이미와 로버트를 예로 들면, 우리는 유동적이고 유연한 구조 시스템이 종종 즐거운 삶과 친밀한 관계를 초래하는 반면, "석회된" 그리고 경직된 구조 시스템은 종종 죽은 삶과 피상적인 관계와 함께 감정적인 고통을 초래한다는 것을 이해할 수 있다.

우리는 자기 자신과 다른 사람들에게 진정으로 존재할 수 있는 사람과 지속적으로 자신의 상황에 갇혀 있는 사람의 정도를 평가하여 건강한 정도를 평가할 수 있다.

## 보호 패턴("우주복")은 경직된 자아 및 세계관과 함께 발달한다

우리 대부분은 특히 고통스럽고 파괴적인 삶의 경험을 완전히 마주하고 받아들이는 데 어려움을 겪는다. 로버트를 다시 예로 든다면, 과거는 그에게 상처를 주고 압도했던 경험을 거부하고 버리는 것을 포함하고 있을지도 모른다는 것을 상상할 수 있다. 이러한 경험들은 그가 사랑할 가치가 없으며 세상은 잔인하고 거부적이라는 결론을 내리게 했다. 로버트는 이에 대처하고 살기 위해 어린 나이에 자신의 무능력감을 묻거나 부정하고 '일중독자 보호 패턴'을 개발해 이 고통스러운 핵심 신념과 상처를 느끼지 못하게 했을 것이다. 결과적으로, 로버트는 어른으로서 항상 강력한 우주복을 입고, 다른 사람들로부터 거절당하기를 예상하며, 그의 가정을 계속해서 검증하는 방식으로 행동한다. 현재의 로버트는 성공적이고 힘 있는 회사 임원으로 살아가며 다른 이들과 친밀하지 않고 피상적인 관계를 유지하고 있다. 로버트는 "저는 속도를 늦출 수 없어요," "저는 할 일이 너무 많아요," 그리고 "저는 친밀한 관계가 필요 없어요."와 같은 것들을 말할지도 모른다. 제임스 부젠탈(1999)은 이러한 보호 패턴을 우주 공간에서 우주복을 입는 것에 비유했다: 그것들은 우리가 살아남고 기능할 수 있게 해주지만, 그것들은 우리에게 코를 긁을 자유를 주지 않는다! 로버트는 삶의 중요한 사건이 그의 "우주복"을 너무 좁게 만들어 도움을 필요로 할 만큼 큰 고통을 줄 때 치료를 받으러 올 수 있다. 로버트는 드러내기 원하는 자신의 일부(아마도 친밀감에 대한 욕구)와 자신을 보호하기 위한 부분을 저지하는 "우주복" 사이에서 격렬한 내부 싸움을 벌일 가능성이 높다. 자아와 세계 구조에 대한 인식은 치료자들이 그들의 본성과 내담자들의 독특한 세계관뿐만 아니라 생존을 제약하고 지원하는 내담자들의 보호 패턴을 통찰하는 데 도움이 된다. 자아와 세계 구조에 대한 인식은 또한 특정 내담자와의 심리치료 효과를 저해할 수 있는 자신의 개인적 맥락에 심리치료사를 집중시킨다.

## 내담자의 과거는 현재의 순간에 살아있다

매 순간, 내담자의 과거(자신과 타인에 대해 구성된 모든 의미)는 실제적이고 현재의 순간으로 흘러 들어간다. 치료적 만남에서, 내담자가 스스로 구성한 세계와 보호 패턴(우주복)은 목소리 톤, 신체 자세, 언어, 꿈 및 관계적 행동패턴으로 구체적으로 나타난다. 이러한 "존재와 관계의 방식"은 살아있는 순간에 존재하지만 종종 인식에서 벗어난 감정, 생각, 행동의 혼합물인 내담자의 맥락으로 이해된다. 예를 들어, 치료자와의 만남에서 로버트는 상담일정에 계속해서 늦게 온다. 심리치료가 진행됨에 따라, 그의 객관화와 지각은 핵심 결정의 구체적인 표현으로 드러났다: "만약 내가 나 자신과 다른 사람들을 수단화하고, 다른 사람들과 진정한 관계를 갖는 위험에 빠지지 않도록 한다면, 나는 절대로 다른 사람들에게 거절당하거나 상처받지 않을 것이다."

그녀를 르네라고 부르자, 또 다른 내담자는 울어서 휴지가 찢어져도 새 휴지를 가져가려고 손을 뻗지 않을 것이다. 그녀의 행동은 그녀의 핵심 결정의 구체적인 표현이었다: "만약 내가 항상 그렇게 한다면, 나는 절대로 누구에게도 의지할 필요가 없을 것이고, 따라서 절대 실망하지 않을 것이다." 이러한 각각의 예는 우리 앞에 있는 내담자뿐만 아니라 그들의 삶과 보호 패턴도 압도적인 상처와 고통으로부터 그들을 보호하기 위해 구성되어 있다는 것을 보여준다. 만약 우리가 이것을 인식한다면, 우리는 내담자의 삶의 "실체"를 찾기 위해 "과거사 탐색"을 할 필요가 없으며, 실제로는 지금 여기에서 구체적으로 나타나고 있으며, 가시적이고 감각적으로 느껴진다. 우리의 임무는 내담자의 내부 및 대인 관계 프로세스에 적절하게 대응하고 반영하는 것이다. 만약 우리가 그렇게 한다면, 그 결과는 내담자들의 자신과 다른 사람들에 대한 확장된 경험적 인식이 될 것이다. 이 방법과 전개 방법은 다음 절에서 설명할 것이다.

## 인간은 자유로우면서도 결단력이 있다

인간은 자신의 경험에서 의미를 만들기 때문에 자유롭고, 이러한 의미는 자연스럽고 스스로 부과한 한계에 의해 제한되기 때문에 그에 따라 결정된다. 즉, 우리의 주관적 자유, 즉 태도를 형성하는 자유, 경험에 대한 의미, 감정 - 경험의 객관적 사실, 존재의 주어진, 그리고 우리의 개인적, 문화적, 역사적 맥락에 의해 제한된다. 개인의 자유에 대한 자연적이고 자기가 부과한 제한의 영향에 대한 인식은 치료자가 치유와 변화에 영향을 미치는 것에 내재된 도전을 이해하는 데 도움이 된다: 인격의 "항상성"은 자유와 변화에 대한 강력한 균형추이다. (오래되고 익숙한 패턴의) 불변성과 (새롭고 익숙하지 않은 패턴으로의) 변화 사이의 긴장은 종종 로버트와 같은 내담자가 치료에서 해결하기 위해 고군분투하는 내적 싸움을 초래한다.

### 개인적인 맥락은 인식과 타인과의 접촉에 영향을 미친다

EH 치료자들은 한 사람의 맥락이 외부 세계에 대한 인식과 경험에 지속적으로 영향을 미친다는 것을 높이 평가한다. 철학적인 가수이자 작곡가 보니 레이트는 "안경을 쓰고 있든 벗고 있든 우리는 우리가 만드는 세상을 본다."라고 말했다. 다시 말해, 우리가 편견을 떨쳐버리고 깊이 존재하기 위해 노력하는 만큼, 우리의 개인적인 맥락은 필연적으로 우리의 대인 관계를 어느 정도 제한한다. 그러나, 앞서 언급한 현실을 보완하는 또 다른 현실은 대인 접촉이 항상 개인 내적 맥락에 영향을 미친다는 점이다. 결과적으로, EH 치료자로서 우리의 과제는 무엇보다도 "자신을 아는 것"이다. 다시 말해, 우리의 개인적인 맥락, 즉 우리의 편견과 세계관이 내담자와의 작업에 어떻게 영향을 미치는가? 우리의 두 번째 과제는 로버트와 르네(그리고 우리의 모든 내담자들)가 그들의 개인적인 맥락이 외부 세계에 대한 그들의 경험에 어떻게 영향을 미치는지 궁금해 하도록 돕는 것이다. 우리의 임무는 그들이 "반사적인 2차 경험", 즉 그들의 개인적 맥락이 예를 들어 자신과 다른 이에 대한 그들의 1차 경험을 비판적으로 성찰하는 능력을 개발하도록 돕는 것이다. 우리는 내담자의 현재, 즉 외부 세계의 중요한 부분이기 때문에 그들의 호기심을 키울 수 있다. 이것은 우리가 그들과 어떻게 관계를 맺는지가 그들이 자신과 우리를 어떻게 보는지에 크게 영향을 미쳐 그들의 비건설적인 관계 패턴을 재평가하는 데 도움이 될 수 있다는 것을 의미한다.

## 인간의 변화 과정에 관한 실존적 인간중심 이론

EH 치료자들은 인간 본성, 인간 경험 및 인간 기능에 대한 가정을 바탕으로 인간 변화 과정에 대한 개념을 가진다. 인간은 항상 그들의 물리적, 개인적, 사회적 세계와 관련된 세계에 존재하는 존재가 되는 과정에 있는 것으로 이해된다. 인간은 단순히 캡슐화 된 자아 내에서 추진력과 행동 패턴의 집합이 아니다. 인간은 그들의 부분 합 이상이다. 인간은 자기 성찰과 주관적인 의미를 만들 수 있기 때문에 그들의 경험을 지속적으로 형성한다. 따라서 인간은 자유롭게 변화하고 새로운 의미를 만들 수 있지만 존재의 주어진 것과 그들의 독특한 개인적, 문화적, 역사적 맥락에 구속된다. 더 큰 자유로 가는 길은 역설적으로 자신이 묶여 있는 방식과의 만남을 통해 발견된다. 이것은 EH 치료자들이 내담자들이 양극화되고 제한적인 보호 패턴과 근본적인 트라우마, 두려움 및 불안을 경험하고 조정하도록 돕는 것을 의미한다. 그렇게 함으로써, 내담자들은 자극적인 물질에 대한 반응과는 달리 반응한다. 이 작업은 일반적으로 내담자가 증상의 "기능성"을 인식하고 자기 제한의 양극화된 보호 패턴을 제한적인 것으로 경험하게 한다. 그러므로, 내담자들이 그들의 제한적인 패턴을 경험적으로 구체화하도록 장려함으로써, 내담자들은 그들이 피하고, 부정하고, 억압하고 있었을 수도 있는 존재의 주어진 것들을 직면하고 받아들일 수 있다. 그러나 EH 치료자에게 책임은 충분하지 않다. 내담자가 처음에 자신에 대해 새로운 의미를 만든 다음 자신과 타인을 위해 더 많은 삶을 확인하는 패턴을 선택할 때 입증되는 실질적인 변화를 준비하는 것일 뿐이다(확장된 관점은 Krug 2016 참조).

## 방법 및 실습: 치료적 변화의 과정

### 변화에 영향을 미치는 근거와 방법으로서의 존재감 향상

EH 치료자들은 치료를 받으러 온 사람을 구조적 수준에서 파악하여 양극화된 패턴의 차단과 제한점을 밝히는 것을 목표로 한다. 이를 달성하기 위해 EH 치료자들은 내적 및 대인관계적 존재감의 향상을 통해 내담자의 경험 세계에 공감적으로 들어가고, 내담자가 자신과 스스로의 삶에 대해 만들어낸 주제에 대해 있는 그대로 파악한다. 존재는 치료자와 내담자 모두의 인식, 수용, 가용성 및 표현력의 측면을 포함한다. 존재는 만남이 실제이고 내담자와 치료자가 서로의 인식에 포함된다는 것을 암시한다. 존재감의 향상은 두 사람 사이의 진정한 만남을 촉진하며, 한 사람이 모든 지식과 권한을 쥐고 있는 그림자 같은 존재가 되는 위계적 만남이 아니다. 메이(1983)가 제시한 것과 반대로 "내담자의 감정과 세계에 참여하는 한 방법이다."(p.66). 얄롬(2002)은 인생의 여정을 함께하는 '동행자' 두 사람의 만남이라고 표현한다. 따라서 존재는 진정한 만남의 토대이자 혁신적인 변화를 이끌어내는 방법이기도 하다.

존재감 키우기의 의도는 내담자를 진단, 분류 또는 증상이 아닌 개인으로 취급하는 것이다. 이는 내담자와 '함께'하고 '내담자를 위한' 태도를 촉진하고, 안전하고 긴밀한 치료 관계를 형성하며, 이는 더 도전적인 다른 작업의 토대가 된다. 인간 행동에 대한 추상적인 모형이나 임상적 진단을 내담자에게 투영하면 존재감과 호기심을 키울 수 없다. EH 치료자들은 내담자의 증상을 제거해야 할 문제로 보지 않고, 부인할 수 없는 감정이나 경험을 떨쳐버림으로써 자아를 유지하는 방법으로 이해한다. 그들은 질문한다. "나의 내담자 삶에서 이 시점에서 이 증상은 무엇을 의미하는가? 증상이 우리의 내담자에게 '말하고 싶은' 것은 무엇인가?"

## 콘텐츠 이상의 것을 처리할 수 있는 존재감 키우기

EH 치료자들은 내담자 경험의 내용(또는 명시적 특징)을 중요하게 생각하지만, 동시에 그 경험의 과정이나 암묵적 측면에도 예민하게 반응한다. 따라서, EH 치료자들은 그 순간에 가장 생생하게 살아있는 것에 주의를 기울이고 그에 따라 대응한다. 내담자는 그에 따라 순간적으로 반응한다: 그것은 치료자 또는 내담자의 개인적인 과정 또는 대인적인 과정(치료자 또는 내담자의)일 수 있다. 그들은 "내 내담자가 어떻게 나에게 그의 이야기를 해주는가?"라고 궁금해 한다. "그의 목소리는 밋밋하고 감정이 없는가?" "떨리는 감정으로 가득 차 있는가?" "그는 나를 쳐다보는가, 아니면 그의 이야기를 하면서 외면하는가?" 프로세스와 콘텐츠의 관계를 고려하는 또 다른 방법은 콘텐츠를 노래의 "가사"로, 프로세스를 노래의 "멜로디"로 생각하는 것이다. 그 "멜로디"는 종종 "가사" 자체보다 더 깊은 수준에서 음색과 분위기를 전달한다. 마찬가지로, 프로세스에 초점을 맞추는 것은 종종 콘텐츠에 초점을 맞추는 것보다 더 깊은 본질의 의미를 드러낸다. 내담자들이 원하며 더 깊은 작업을 할 수 있는 정도까지, EH 치료자들은 "그때와 그곳"이 아닌 "지금과 여기"에 초점을 맞춘다. "여기"는 다음을 가리키는데 치료적 만남과 "지금"은 현재의 순간을 의미한다. 내담자의 과거가 살아있다고 가정할 때 "지금 여기"에서 일하는 것은 치료자들에게 강력한 도구이다. 현재, 치료 관계는 내담자의 개인적, 관계적 세계의 축소판이 된다. 이것은 치료 과정이 내담자와 치료자 간의 즉각적인 상호 작용뿐만 아니라 둘 간의 근본적인 개인적, 관계적 과정을 참조하는 "살아있는 연습실"을 만든다. 결과적으로, EH 치료자들은 분명하지만 주목받지 못하는 내담자들의 암묵적인 개인적, 관계적 존재 방식을 적절하게 반영한다(예를 들어, 르네의 조각난 조직에 대한 나의 초점). 또한 내담자가 자신감 있고 편안하게 개인적 공간을 사용하는지, 아니면 주저하고 제약을 받는지 살펴볼 수 있다. 그들은 내담자들의 관계적인 삶의 방식, 즉 "내가 방금 한 말이 마음에 들지 않는 것 같네요."와 같이 내담자의 관계 방식에 대해 언급할 수 있다. 아니면 단순히 내담자가 자신과 관계를 맺는 방식(참여적이고 개방적인 방식 또는 무관심하고 냉담한 방식)에 주목할 수 있을까? 치료자가 내담자와의 만남에 온전하고 본래성 있는 존재감을 가져다준다면 내담자가 실제로 살아가고 관계하는 모습을 볼 수 있도록 자신의 세계관을 충분히 괄호 안에 넣고 과거 경험에서 만들어진 내담자의 고유한 의미를 이해할 수 있다.

## 실제이지만 눈에 띄지 않는 보호 패턴을 조명

치유와 변화는 보호 패턴이 내담자에게 반영되어 내담자가 자신의 패턴이 치료 관계 내에서 어떻게 구체화되고 실행되는지 경험할 수 있도록 하면서 일어난다. 예를 들어 르네와 함께 일할 때는 르네가 스스로를 보호하는 패턴에 가둔 것 같을 때면 이렇게 물었다: "지금 당신이 필요하거나 원하는 것을 내게 요청하지 않고 '버티고 있는' 건가요?"라고. 자기 제한 패턴을 '가까이서' 경험하는 것은 또한 떠오르고 싶은 부분과 떠오르는 부분을 막아야 하는 부분 사이의 내적 싸움을 강조한다. 르네의 보호 패턴을 미러링하는 데에는 이런 질문이 내포되어 있다: "이렇게 계속 살고 싶습니까?" 자기 보호 패턴을 미러링함으로써 내담자는 자신의 보호적 삶의 자세(우주복)를 인식하지 못하는 대신 이를 반영할 수 있는 능력을 개발하기 시작한다: 르네는 알아차릴 수 있다: "또 '버티기'를 하고 있네요." 또는 로버트가 이렇게 말할 수 있다: "또다시 세션에 지각했네요."라고 말한다. 성찰을 위해서는 잠시 멈춤, 즉 내담자 또는 대인관계 과정의 속도를 늦추는 것이 필요하다. 잠시 멈춤으로써 우리는 내담자가 "반성적 2차 경험"을 개발하도록 도울 수 있다. 먼저, "당신이 나와 어떻게 '잘 지내고' 있는지 판단하지 않고 알아차릴 수 있나요?"라고 질문하여 내담자가 자신의 보호적 입장을 비판적으로 관찰하도록 돕는다. 그런 다음 내담자가 자신의 몸에서 일어나는 일이나 관계 분야에서 일어나는 일에 주의를 기울이도록 초대할 수 있다. 이미지, 의미에 대한 연상, 과거의 경험을 더 의식하도록 초대한다. "천천히 가서 무엇이 있는지 보세요."라는 말은 내담자를 '하는' 모드에서 '있는' 모드로 전환하기 위해 제안할 수 있는 말이다. 이러한 방식으로 개인적이고 관계적인 존재감을 키우면 내담자는 더 이상 보호 패턴에 의해 무감각해지지 않고 상처의 고통을 느낄 수 있게 된다. 자아에 대한 믿음은 자기표현을 이끌어 낸다: 예를 들어 르네는 "나는 돌봄을 받을 만한 가치가 있다고 느껴본 적이 없어요. 나는 상처받았기 때문에 당신에게 연락을 하지 않아요."라고 말할 수 있다. 또는 로버트는 "내가 사랑받을 수 없는 사람이라고 느껴져요 – 내가 당신과 관계를 맺고 당신이 내게 중요하다고 생각하면 당신이 나를 거부할까 봐 두려워요."라고 말할 수 있다. 적절한 범위 내에서 자기, 타인, 세상에 대한 의미와 이와 관련된 상처와 고통은 치료 관계의 안전을 위해 인지적 수준이 아닌 구체화된 수준에서 느껴지고 해결된다. 내담자가 자기 제한적 패턴을 경험적으로 체화하도록 지원함으로써 내담자는 존재의 주어진 조건과 회피, 부정 또는 억압되었을 수 있는 핵심 결정 및 상처를 직면하고 수용할 수 있으며, 함께 과거의 관계 패턴이 해체되고 새로운 관계 패턴이 개발될 수 있다. 이제 인식, 책임감, 선택은 탐색적이고 반복적인 과정의 일부가 된다: 르네, "아, 또 시작이네요, 그냥 해보려고요! 이게 내가 계속 하고 싶은 일인가? 아닐지도 모르지." 또는 로버트는 "또다시 내가 중요하지 않다고 생각하며 세션에 늦게 나타나고 있네요. 어쩌면 위험을 무릅쓰고 당신과 함께할 수 있을지도 몰라요. 당신이 거절하지 않을지도 모르죠." 짐 부젠탈(1999)은 사람의 보호 패턴을 얼굴의 마스크에 비유했는데, 치료가 진행되고 보호 패턴에 대한 인식이 높아짐에 따라 내담자는 마스크를 천천히 벗겨내어 더 큰 초점을 맞추게 되고, 보호 패턴을 구성하는 데 대한 책임과 함께 새로운 주체성과 선택에 대한 감각을 갖게 된다. 치유와 변화의 과정은 결코 선형적인 것이 아니며 주로 인지적인 것도 아니다. 예를 들어, 논쟁은 내담자가 학대에 대한 기억을 통합하는 데 도움이 될 수 있지만, 깊은 조율이나 존재감은 내담자가 압도적인 감정으로부터 자신을 보호하기 위해 만들어진 자기 제한적 입장을 경험하는 데 도움이 될 수 있다. 사건을 반영하고 초월하는 삶의 태도를 조명한 다음 그 태도 뒤에 숨겨진 거부된 감정을 다시 주장하도록 돕는 과정은 삶을 변화시키는 EH 치료의 작업이다. 트라우마의 가장 깊은 뿌리는 말하거나 설명할 수 없으며, 발견하고 느끼고 살아내야 한다.

### 새로운 의미와 새로운 행동의 출현은 실질적인 변화를 나타낸다

책임감만으로는 충분하지 않다. 내담자가 먼저 새로운 의미를 부여할 때, 예를 들어 "나는 할 수 있고 충분히 훌륭하기 때문에 다른 사람에게 의지할 수 있다"라고 말하는 것처럼 실질적인 변화를 위한 준비 과정일 뿐이다. 또는 로버트는 "나는 사람들과 교류하는 것을 피할 필요가 없으며, 나는 사랑받을 만한 사람이고 혐오스러운 존재가 아니다."라고 말한다. 자아에 대한 이러한 새로운 의미는 일반적으로 더 기능적이고 만족스럽고 의미 있는 생활 패턴을 구축하고 개인적으로나 직업적으로 다른 사람들과 관계를 맺는 결과를 낳는다.


## 결론

EH 치료자는 치유와 변화에 영향을 미치기 위해 존재감의 향상을 활용한다. 존재감에는 치료자와 내담자 모두의 인식, 수용, 가용성, 표현력 등의 측면이 포함된다. 한 사람이 다른 사람과 진정으로 존재할 수 있다면, 이전에 거부했던 보호 패턴과 상처를 직면하고, 해소하고, 조정하여 새롭고 더 기능적인 패턴이 나타날 수 있는 공간을 만드는 진정한 만남이 일어난다. 이러한 '전인적' 변화는 때때로 내담자로 하여금 삶 전반에 대한 새로운 태도, 예를 들어 겸손과 경이로움의 태도 또는 '경외심을 불러일으키는' 모험심과 같은 새로운 태도를 갖게 할 수도 있다(Schneider and Krug 2017).

# 16

## 실존적 인간중심 치료와 실존적 통합 치료의 사례

Orah T. Krug, Nathaniel Granger, Irvin Yalom, and Kirk J. Schneider

## 서론

이 장에서는 내담자와 치료자 사이에 실존적 인간중심(EH) 치료가 실제로 어떻게 전개되는지에 대한 생생하고 살아있는 경험을 독자에게 제공하기 위해 네 가지 사례를 제시한다. 두 가지 사건을 먼저 소개하는데, 오라 크르그와 그녀의 내담자 미미의 사례, 그리고 나타니엘 그레인저와 그의 내담자 메리와 제프의 사례로 (a) 내담자의 감정, 경험 및 보호 패턴에 대한 대응력을 키우는 것, (b) 내담자와의 협력적이고 안전한 치료 관계를 발전시키는 것 (c) 내담자의 동기, 기능 수준 및 존재 역량을 평가하고, (d) 내용보다 과정에 초점을 맞춤으로써 자기 보호 수준과 관련되어 있는 상처를 다루는 작업에 실존적 인간중심(EH) 치료자들이 어떻게 치료적 접근을 하는지 보여줄 것이다. 또한 이 사례들은 EH 치료자들이 내담자와 개인적으로 그리고 관계적으로 존재하는 진정한 만남을 키움으로써 경험적 인식이 확장되고 실제 치료 변화의 목표를 달성하는 방법을 보여준다.

유명한 정신과 의사 어빈 얄롬의 세 번째 사례는 경험적 참여가 잠재의식 과정의 정신역동적 이해와 어떻게 창조적으로 결합될 수 있는지를 보여주는 생생한 사례이다. 얄롬이 그의 내담자 '엘바'와 함께 지지적이면서도 도전적인 입장을 취한 것은 훌륭한 EH 만남을 상징할 뿐만 아니라 얄롬 자신이 '내가 선사한 최고의 치료 시간'이라고 강조하기도 했다.

커크 J. 슈나이더의 마지막 사례는 Part III에서 앞서 논의된 '실존적 통합 치료'에 대한 간략한 설명을 제공한다. 이 사례는 심층적 또는 경험적 변화가 어떻게 잠재적으로 신뢰할 만한 모든 접근방식을 향상시킬 수 있는지를 보여준다. 이 경우는 인지−행동적 접근에서 시작되었다.

요약하면, EH 치료자는 경험과 과정의 세 가지 차원에 존재감을 키운다: (a) 내담자와 치료자 모두의 개인적 또는 주관적 차원, (b) 개인적 또는 관계적 차원(즉, 내담자와 치료자의 '사이' 영역에 대한 초점), (c) 존재론적 또는 우주론적 차원(즉, '세계'에 대한 실존적 초점). 경험과 과정에서의 세 가지 측면을 모두 파악하는 것은 매우 중요하다. 즉, 이 세 가지 측면 모두가 현재의 '실제' 상태이며, 내담자의 감정과 세계에 대한 개입을 제공한다. 또한 개입을 통해 부분적으로 지적인 변화, 행동적 변화, 생리적인 변화가 있을 수 있지만, 이 모든 것이 변화하는 '전인적(whole-bodied)'인 변화를 이루는 개입이 반드시 필요한 것은 아니다.

## 미미의 사례_오라 T. 크러그

내 내담자인 '미미(Mimi)'의 사례 연구는 EH 치료가 개인적인 발견과 변화의 경험적 여정임을 알려준다(전체 사례 연구는 Schneider and Krug 2017, p.76 참조). 이 사례는 EH 치료자가 경험과 과정의 세 가지 차원 모두에 존재함으로써 변화를 개념화하고 촉진하는 방법을 보여준다. 이 경우 EH 치료의 세 가지 중요한 추가 측면들도 조명된다. (a) 간단한 치료가 되도록 조정하는 방법, (b) 인지 행동 및 EMDR(Eye Movement Desensitization Reprogramming) 요법과 같은 다른 접근법을 사용할 수 있는 기초가 될 수 있는 방법, (c) 나라 및 문화가 다르더라도 치료자가 내담자의 주관적 세계에 들어갈 수 있도록 허용하는 방법이다.

이 치료적 만남은 몇 년 전 치료실에서 시작되었다(미미는 나와 함께 상담했던 여러 내담자의 가상 인물이다). 미미와 나는 상대방과 관계를 맺을 수 있는 능력을 가지고 우리 자신에 집중하고 있다. 우리는 우리 자신의 개인적인 맥락에서 서로 관계를 맺는다. 즉, 우리 자신과 서로에게 존재하고 연결되는 데 어느 정도 제한이 있다. 나는 당시 20년 넘게 실존적 인간중심 치료사였다. 미미는 29세의 페르시아계 기혼 여성으로 둘째 아이를 임신한 지 8개월이 되었다. 그녀의 출산 예정일이 임박했기 때문에 우리는 치료가 8회기로 제한된다는 데 동의했다. 치료의 핵심적인 내용은 아니지만 미미의 페르시아 유산, 문화 및 세계관은 내가 그녀와 관계를 맺고 함께 일하는 방식에 영향을 미쳤다.

나의 첫 번째 목표는 미미와 안전하고 협력적인 치료 관계를 구축하는 것이었다. 나는 또한 그녀의 감정과 경험에 공감할 수 있도록 그녀의 경험 세계에 들어가고 싶었다. 미미의 내면이든, 내 내면이든, 대인관계의 장이든 그 순간에 가장 살아있는 것에 초점을 맞춤으로써 그 순간을 반영할 수 있었고, 이로써 그녀의 경험적 인식이 확장되는 것을 지원할 수 있었다. EH 치료자는 왜 이런 식으로 일하는가? 우리는 치료자와 내담자가 공동으로 만든 안전하고 친밀한 치료 관계 내에서 (내담자와 치료자 모두의) 부인된 경험과 관계 패턴을 발견하여, 통합 또는 수정할 수 있다고 믿기 때문이다. 우리는 내담자의 과거가 현재 순간에 구체적으로 살아 있기 때문에 내담자가 치료실 밖에서 다른 사람들과 관계를 맺는 것처럼 치료자와 관계를 맺을 것이라고 가정한다. 따라서 얄롬(2002)이 제안한 것처럼 지금-여기에서 작업하는 것은 치료의 '원동력(power cell)'이다. 개인적이고 관계적인 존재감을 개발함으로써 치료자와 내담자는 내담자의 실제를 경험하지만 종종 인식하지 못하는(무관심한) 경험과 관계 방식을 경험한다. 이러한 삶의 태도를 신중하고 정중하게 조명함으로써 치료는 자신의 삶에 대해 이야기하는 대신에 자신의 삶을 경험하는 프로젝트(project)가 된다. EH 치료자는 다른 경험적 치료자와 마찬가지로 이것이 실제적이고 지속적인 삶의 변화의 기초라고 믿는다.

미미는 매우 기능적이고 매력적이며 젊은 여성으로 보였으며, 깊은 고민에 빠져있었다. 변화하려는 상당한 동기를 가진 여성으로, 이는 빠르게 다가오는 출산 예정일과 관련이 있다. 이 첫 만남이 있기 3주 전, 미미와 그녀의 3살된 아이가 함께 점심을 먹고 있을 때 비행기가 그녀의 집에 추락했다. 나는 이 사건 이전에는 미미가 자신의 삶과 결혼에 대해 전반적으로 행복하고 만족한다고 느꼈지만 지금은 그녀의 안전감이 심하게 손상되었다고 평가했다. 미미는 육체적으로나 감정적으로 지쳤지만 "예전의 삶을 되찾고" 싶은 의욕이 매우 강했다.

첫 번째 회기에서는 미미가 자신의 이야기를 들려주는 것을 들으면서 내용뿐만 아니라 이야기를 어떻게 풀어내는지에 대해서도 관심을 가졌다. 미미의 과정에 참석하면서 미미의 목소리 강도, 영향력, 몸짓, 자신과 타인에 대한 태도 등에서 나타나는 미미의 삶의 자세를 듣고 볼 수 있었다. 미미의 삶의 자세는 존재했지만 미미의 인식에서 벗어나 있었고, 구체적으로 다른 방식으로 표현되었다. '만약 내가 잘하고, 일을 올바르게 한다면, 나와 내가 사랑하는 사람들에게 좋은 일이 일어날 것이다.' 이런 미미의 태도는 분명히 긍정적인 가치가 있다. 즉, 미미는 자신의 주체성을 믿고 자신의 삶을 책임지는 것을 믿었다. 하지만 불행하게도 미미의 삶의 자세에는 자신과 사랑하는 사람들의 안전을 지키기 위한 '개인적 통제의 힘(영향을 줄 수는 있지만 결과를 통제할 수는 없다)'에 대한 중재되지 않은 믿음도 있었다. 그래서 비행기가 미미의 집에 추락했을 때, 그녀의 개인적인 힘에 대한 그녀의 중재되지 않은 믿음은 심각하게 흔들렸다. 미미의 전형적인 자신감 있는 태도와 확신을 가진 듯한 모습은 첫 만남에서 희미하게나마 나타났다. 그 사건이 있은 지 3주가 지난 지금도 미미는 몹시 동요하고 불안해하고 있었다. 미미는 자신의 이야기를 하면서 '억울하다'라고 화를 내며 되뇌었다. 나는 그녀의 삶의 자세를 볼 때 그 말이 감정적이면서도 풍부한 의미를 가졌다는 것을 느꼈다. 나는 또한 그녀가 마치 이야기를 다시 말하면서 그 경험을 완화하려는 데서 그 경험에 '붙잡혀' 있다는 것을 느꼈다.

미미와 함께 한 일은 실존적, 인본주의적 맥락 안에서 행동 전략의 통합이었다. 첫 번째 회기에서 함께 만들어진 우리의 목표는 다음과 같다. (a) 외상 후 스트레스 장애(PTSD) 증상을 해결하고, (b) 그녀가 더 현재에 머물며 침착할 수 있도록 돕고, (c) 외상 경험을 그녀의 삶에 건설적으로 통합하는 것이다. 첫 번째 회기에서 나는 그녀에게 '지금-여기'에서의 작업 방식에 대한 경험을 알려주었다. 그녀는 치유 과정을 방해할지도 모르는 생각과 행동 패턴에 대한 더 깊은 인식을 발달시키는데 경험적 학습이 어떻게 도움을 줄 수 있는지 경험했다. 나는 그녀가 이런 식으로 나와 함께 작업하는 것에 동의하는지 물었다. 그녀는 흔쾌히 동의했다. 나는 나의 내담자들과 마찬가지로 미미와 함께 치료적인 관계를 구축하고 미미와 우리의 일이 어떻게 진행될 것인지에 대해 '계약'을 맺었다. 미미에게 내가 작업하는 방식을 동의하도록 하는 것은 내가 그녀에게 함께할 치료의 장을 마련하고 투명성과 협력에 대한 믿음을 전달한다.

첫 번째 회기에서 나는 미미가 비행기 사고 외에도 연로한 부모님과 암으로 죽어가는 여동생을 돌봐야 하는 책임감으로 스트레스를 받고 있다는 것을 알게 되었다. 미미는 자신이 무거운 짐을 지고 있으며, 그것은 가족의 역할을 다한다는 의미였기 때문에 괜찮다고 말했다. 나는 미미의 문화적 규범이 '좋은 딸'이라는 것을 이해했기 때문에 한편으로는 미미의 의무가 그녀에게 삶의 목적과 의미를 부여한다는 점을 인정하면서도 이미 스트레스를 받고 있는 시스템에서 추가적으로 스트레스를 더하는지에 주목하면서 미미의 의무를 지지했다. 나는 이런 식으로 미미의 상황을 프레임화하여 미미가 판단되지 않고 지지받는다고 느낄 수 있도록 했다. 결국 미미는 그녀의 의무 중 일부를 방문 간호사에게 위임하기로 결정했다.

첫 번째 회기에서 충격적인 사건과 관련하여, 미미가 그녀의 충격적인 올가미에서 벗어날 수 있도록 도와야 한다는 것을 알았다. 그녀는 조종사의 어리석음에 화를 내며 '그것은 공평하지 않아, 나는 대비가 되어 있지 않았어.'라고 말했다. 나는 그녀의 거듭된 분노의 표정에 주목하며 '다시 한 번, 당신은 그것이 얼마나 불공평한지를 말하고 있네요.'라거나 '무슨 일이 있었는지 나에게 말해주면서 화를 내는 자신의 목소리가 들리실까요.'라고 말했다. 그녀는 스스로의 반복적인 말들이 버려진 집에서 그녀의 옷을 갉아먹는 쥐들처럼 그녀를 갉아먹고 있다는 내 의견에 빠르게 동의하기 시작했다. 나는 그녀가 '정지' 기술(Penzel 2000)을 사용할 것을 제안함으로써 그녀가 '고착'에서 벗어날 수 있도록 도우려고 노력했다. 그녀는 자신이 반복적인 기도문을 시작하는 것을 들을 때마다 '그만, 이 길을 갈 필요가 없어.'라고 말하고 그녀의 상상 속에서 안전하고 아늑함을 느끼는 상상 속 장소로 가곤 했다. 나는 그녀에게 필요한 만큼 '정지' 기술을 연습해 달라고 요청했다.

다음 회기에서, 그녀는 처음에는 반복적인 생각을 멈추려고 애썼지만, 잠깐 그 기술을 사용해 본 후, 그녀는 자신의 곤경을 다시 생각하는 것을 멈출 수 있었으며 기분이 좋아지기 시작했다고 보고했다. 미미가 분노를 가라앉히기 시작했다는 점을 감안할 때, 이제는 그녀가 그녀의 트라우마와 관련된 다른 감정들을 경험하는 것을 도울 수 있는 적기인 것 같았다. 이 시점에서 미미는 충고나 제안을 통해서가 아니라 개인적인 존재감을 키우도록 하여 자신의 분노를 풀고 사건에 대한 재연을 할 수 있었다. 나는 그녀에게 천천히 '그것은 공평하지 않다, 나는 대비가 되어 있지 않았다'라는 문구를 위한 공간을 만들 것을 제안했다. 그리고 분노에 대한 경험을 더 깊이 하도록 하고, 그 이면에 무엇이 있었는지를 발견할 수 있도록 그녀를 천천히 초대했는데, 그것은 결국 그녀의 죽음에 대한 공포로 드러났다. "도망 갈 곳도 없고, 죽는 줄 알았어요." 미미는 결국 깨닫게 되었다. 하지만 앞서 그녀는 조종사에 대한 분노로 인해 이러한 의식을 잃어버린 것이다. 이 작업을 통해 미미는 자신의 경험에 "갇히지" 않고 "함께" 할 수 있었다. 그녀의 주관적인 경험과 연결됨으로써, 그 경험과 함께 할 수 있었고 그것으로부터 물러설 수 있었다. 그녀는 처음으로 자신의 감정과 분리된 느낌을 받았다고 보고했다. 이제 미미는 삶에 대한 자신의 입장, 즉, "나를 제외한 다른 모든 사람들에게 나쁜 일이 일어난다"라는 믿음을 만들어 낸 삶의 자세를 치유하고 느슨하게 할 수 있었다. 이 충격적인 사건이 일어났을 때, 미미는 자신이 인식하지 못한 암묵적인 믿음 때문에 이상한 배신감을 느꼈다. 미미가 더 개인적으로 참여할 수 있도록 격려함으로써 그녀는 "우주복을 벗어 던지기" 시작했고, 다음 몇 번의 회기 동안 차차 반복적인 분노 표현에서 건설적이고 치유적인 방식으로 죽음과 관련된 무력감에 대해 더 깊은 경험으로의 전환을 이뤘다.

나는 또한 미미에게 대인 관계에 초점을 맞추도록 권했다. 그녀는 내 존재에 위안을 느꼈고 사람들이 무력감을 감추기 위해 분노를 사용하는 것이 흔한 일인지 궁금하다고 말했다. 흥미롭게도 그녀가 그 문제를 제시하기 전에 나는 개인적으로 내 자신의 상황과 무력감, 그리고 무력감을 감추기 위해 종종 분노로 날 "인도"한 방법을 알고 있었다. 그녀가 나에게 직접 그런 적이 있는지 물었을 때 나는 그녀에게 그렇다고 말했다. 나의 경험적 노출은 우리 모두가 큰 스트레스를 받을 때 나타나는 자기 보호적이면서도 제한적인 패턴을 개발해내는 방식에 대한 유익한 탐구를 촉발했다.

안전한 치료 관계의 맥락에서 치유와 변화가 일어났다. 각 회기에서 나는 미미에게 우리가 어떻게 지내고 있는지 확인했고, 미미에게 어려운 점과 도움이 되는 점을 공유할 기회를 주었다. 이러한 "체크인"은 우리의 문화적 차이가 잠재적으로 오해를 초래할 수 있다는 점을 감안할 때, 내가 그녀와 조화를 이루고 있는지 알 수 있도록 도와주었다. 나는 치료자의 가장 중요한 목표가 안전하고 안정적인 치료 관계를 만드는 것이라 생각하기 때문에 이렇게 관계적이고 협력적인 방식으로 작업함으로써 미미의 안전감을 가늠해 볼 수 있었다.

나는 미미가 샤피로(Shapiro, 1998)가 개발한 EMDR의 수정된 버전을 사용하여 그녀에게 기억을 불러내어 마치 그녀가 기차를 타고 있고 풍경이 그녀를 지나치는 것처럼 보도록 요청함으로써 그녀의 트라우마 기억을 해소하도록 도왔다. 그녀가 기억을 떠올리자 나는 그녀에게 "이건 그냥 추억일 뿐이야. 과거의 일이지. 나는 이것들을 지나치고 나의 안전하고 아늑한 곳에 집중 할 수 있어."라고 스스로 말할 수 있도록 했다. 2주 후의 회기에서는 미미는 더 편안하고 안전한 모습으로 상담실에 왔다. 그녀는 더 이상 기억에 시달리지 않고 자신의 삶에서 더 생생함을 느끼기 시작했다고 보고했다. 그녀는 잠을 더 잘 자게 되었고, 덜 짜증내며, 큰 소리에도 펄쩍 뛰지 않는다고 했다.

대부분의 치료자들은 미미의 보고된 개선에 만족할 것이고 학습한 것을 잘 통합하는 것 외에 다른 목표는 없을 것이다. 그러나 나는 실존적 인간중심 치료자로서 증상에 내재된 어려움 중 하나가 그녀가 존재의 중요한 측면, 즉 개인의 안전과 보안이 환상이라는 사실을 받아들이지 못하는 것에 있음을 감지했다. 그래서 남은 두 회기를 사용하여 가혹한 방식으로 자신을 대하는 실존적 현실을 직시하고 이 때 경험하는 배신감을 극복하는 것을 돕기로 결정했다. 우리는 존재의 우발성을 받아들이지 못하는 무능력을 다루는 데 상당한 시간을 할애했다. 삶의 불확실성에 대한 미미의 감정을 탐색하면서 그녀는 자신이 일반적으로 불확실성에 어떻게 대처하는지 깨닫기 시작했다. 즉, 혼자의 힘으로, 통제력을 가지려고 노력함으로써, "모든 것의 위에", "자신의 감정을 억누르면서" 대처하는 것이다.

그녀의 "공평하지 않다"라는 말은 다시 등장하긴 했지만 이제 미미는 그것을 삶의 가혹한 우발 상황에 직면하여 받아들이기가 꺼려진다는 의미로 이해했다. 나는 "천천히 가세요. 그리고 지금 그것이 무엇을 의미하는지 스스로 탐구하도록 하세요."라고 제안했다. 그랬더니 이번에는 미미가 그 의미를 경험적으로 반성하면서 더 깊은 의미가 나타났다. "계획되어 있는 상황, 구조 또는 보호가 없다는 것은 불공평해요. 마음에 들지 않지만 인생이 그런 것 같아요." 개인적인 보호에 대한 환상을 포기함으로써 미미는 이제 역설적으로 자신의 취약성과 유한성을 받아들일 수 있었다. 미미는 자신과 자신의 세계에 대한 오래된 의미(예: "내가 옳은 일을 하면 안전하다")를 버리고 새로운 의미(예: "나는 취약하다. 무슨 일이든 일어날 수 있다")를 만들고 받아들였다. 그녀는 삶의 현실에 더 의식적이고 효과적으로 대처할 수 있었다. 미미를 위한 발견과 변화의 치료 여정은 역설로 이어졌다 – 미미는 자신의 한계를 인정해야만 자신의 존재를 확인할 수 있었다. 미미는 삶을 긍정하는 패턴을 더 많이 받아들일 수 있도록 "특별함"에 대한 환상을 버려야 했다.

미미와의 작업은 EH 치료자가 (1) 치료적 존재감을 키우고, (2) 깊은 경험적 성찰과 실행을 활성화하고, (3) 양극화된 보호 패턴을 식별하고, 밝히고, (4) 부인된 경험의 재현을 지원함으로써 어떻게 변화를 촉진하는지 보여준다. 이러한 작업은 새로운 의미의 창조와 보다 건설적인 존재 방식을 허용한다. 미미는 최종적으로 확장된 자아감, 특히 남편 및 자녀와의 친밀감을 위한 능력의 향상과 삶의 더 많은 기쁨과 자발성의 결합을 이뤘다. 미미는 다음과 같이 외치며 자신의 치료 여정을 간결하게 요약했다. "나는 예전의 내 모습과 같지만 지금이 더 좋아요!"

요약하자면, EH 이론가들은 네 가지 핵심 목표를 공유한다. (1) 내담자들이 자신과 다른 사람들에게 더 많이 존재할 수 있도록 돕는 것과 (2) 내담자들이 더 완전한 존재로부터 스스로를 동원하고 차단하는 방법을 경험하도록 돕는 것, (3) 현재 삶의 구성에 대한 책임을 질 수 있도록 돕는 것, 그리고 (4) 유한성, 모호성, 분리성, 자유와 같은 실존적으로 주어지는 것들을 피하는 것이 아니라 직면하는 것을 토대로 하여 외부 생활에서 존재하는 방식을 선택하거나 실현하도록 돕는다.

## EH 커플 요법: 메리와 제프에 관한 연구_나다니엘 그레인저

편집자 노트: 다음은 나타니엘 그레인저의 EH 커플 치료 사례 연구이다. 이 예시는 크루그 박사와는 스타일이 다소 다르지만 그럼에도 불구하고 EH 요법의 핵심 원리인 자유, 경험적 성찰, 책임을 강조한다. 또한 이 예시는 EH 치료가 커플에게 적용되는 드문 사례 중 하나이다. ─커크 J. 슈나이더

## 서론

실존 심리학은 철학의 큰 질문을 심리학의 원리와 결합하여 단순히 증상만을 줄이는 데 관심이 있는 것이 아니라 사람이 어떻게 의미와 목적 그리고 잘 사는 삶을 발견하고 정의하는지에 대해서도 다룬다. 따라서 그것은 "존재"만이 아니라 "되어가기"와 관련이 있으며 "자유(즉, 선택, 가능성)"를 선택할 자유가 가장 해방적임을 강조한다. "메리"와 그녀의 남편 "제프"에 대한 이 사례 연구는 치료 과정에서 의미를 얻는 것이 단순히 문제를 진단하고 그 종착점으로 "해결"을 하는 것보다 훨씬 더 가치가 있을 수 있음을 보여준다.

### 히스토리

문제 제시

첫 번째 치료 세션에 도착한 23세의 백인 여성 메리는 오순절 교단에 깊은 뿌리를 둔 종교적 배경을 가지고 있었으며, 머리카락과 메니큐어를 포함하여 모두 검은색으로 차려입었고, 꼼꼼해 보였다. 메리가 어디를 가든지 쉽게 사람들과 어울릴 수 있다는 것을 곧 알 수 있게 되었지만, 더 중요한 것은 그녀가 그만큼 쉽게 배경 속으로 사라질 수 있다는 것이다. 그러나 그녀가 원할 때 메리는 사람들 사이에서 돋보이고 자신의 존재를 알릴 수 있었다(Hoffman and Granger 2009). 그러나 지난 몇 달 동안 이런 일이 자주 일어나지 않았다. 그녀는 매일 검은색

옷을 입고 싶다는 욕망에서 엿 볼 수 있듯이 숨어 있고, 고립되어 있고, 어둠 속에 있는 것을 선호했다.

메리는 남편 제프의 요청에 따라 상담을 받게 되었는데 "깨진 결혼 생활"을 바로잡고 메리가 우울증 증상을 더 잘 관리하고 최근에 진단받은 다발성 경화증에 대처할 수 있도록 돕기 위해서였다. 당시 23세였던 히스패닉계 남성인 제프도 오순절 주의에 깊이 뿌리를 둔 종교를 가지고 있었다.

그녀의 검은 옷차림과 시무룩한 태도가 나타내듯 메리는 "고스 족"이 아니라 남편의 "친구"를 잃은 것에 대해 애도하는 중이었다. 메리는 대학 때부터 남편과 가장 친한 친구였지만 결코 그를 사랑한 적이 없다고 고백했다. 하룻밤의 파티 후에 자신도 모르게 제프의 아이를 임신하게 되었고 제프의 가족과 그녀의 가족은 종교적인 이유로 결혼을 강요했다.

제프와 메리는 결혼한 지 7년이 된 젊은 부부였다. 제프와 메리에게는 사랑하는 두 아들, 브랜든(6세)과 매트(5세)가 있었다. 처음에는 아내만 개인 치료를 할 계획이었지만 나중에 제프와 메리를 모두 개별 치료로 보는 것이 유익할 것이라고 합의했다. 처음에 메리는 결혼 생활에 만족하지 못한다고 표현했지만 세 번째 세션이 되어서야 불륜 문제가 제프와 메리 모두에게 드러났고 다섯 번째 세션에서 제프가 메리의 쌍둥이 자매 메리베스와 지속적인 성관계를 가졌다는 것이 밝혀졌다. 제프의 무분별한 행동으로 인한 후유증이 있은 후에, 그는 부인인 메리로부터 인유두종바이러스(HPV)에 감염되어 생식기 사마귀가 심하게 발생했다고 시인했다. 메리가 나(그녀의 치료자)에게 매력을 표현한 것과 치료적 관계에서 나와의 "우정"을 바라는 제프의 과장된 욕망과 같은 연극적인 행동 때문에 나는 그들에게 그들을 다른 치료자에게 소개하고 싶다고 알렸다. 그리고 둘 다 모두 그들이 믿을 수 있는 유일한 사람은 나이며 다른 치료자와 관계를 발전시키는 것이 불가능하다고 느꼈다는 그들의 말을 거부했다. 그리고 개별 회기가 이어졌다.

메리는 몇 주 동안 치료를 받은 후 남편과 헤어지기 위해 용기 있는 발걸음을 내디뎠다. 그녀는 집을 떠나 호텔에 잠시 머물렀지만 나중에 제프가 이사를 나간 후 다시 집에 돌아갔다. 그녀가 남편과의 불륜 관계에 대해 쌍둥이 자매와 대면하고 제프의 무분별한 행동에 대해 대면한 것도 이 시기였다. 회기에서 EMDR로 "안전한 공간"을 구축하고 그녀의 과도한 종교적 양육과 그녀의 남편/자매 불륜으로 인한 가족 내 분열과 관련된 트라우마의 일부를 개선했다. 제프는 자신이 아내를 너무 사랑했고 그녀가 점점 달라지는 모습을 보이는 것 때문에 메리의 쌍둥이 자매에게서 아내의 모습을 보았고, 그녀에게서 친밀감을 찾았다고 말했다.

## 치료

몇 번의 고통스러운 개별 회기 후, 메리는 밝은 색(핑크색)으로 손톱을 꾸미고 나타났다.

앞서 언급했듯이 메리는 보통 검은색 옷을 입었지만 치료를 받은 후 처음으로 변했다. 메리는 "하나님의 은혜와 용서 사이에서 자신을 행복하게 만드는 것, 즉, 절대적인 두 선택에서 고민하고 있어요!"라고 표현했다. 나는 그녀가 남편과 함께 시간을 보내고 있다는 것(그와 함께 하룻밤을 보낸 것)을 자신도 모르게 용서했고, 은혜 안에서 행하고 있다는 점을 확인했다. 메리는 남편이 자신의 삶에서 떠나기를 바라는 것과 동시에 그의 우정을 원하는 것 사이에서 망설이면서 남편의 감정을 농락하지 않고 자신이 진정으로 원하는 것이 무엇인지 설명해야 할 것 같았다.

메리는 '나는 지혜를 찾고 있어요'라고 말하며 회기를 시작했다. 그러나 그녀는 '옳고 그름 즉, 신과 사탄'의 양극단(또는 극단) 사이에서 갈팡질팡했다. 커크 J. 슈나이더의 『양극화된 마음: 그것이 우리를 죽이는 이유와 우리가 할 수 있는 일』(*The Polarized Mind: Why It's Killing Us and What We Can Do About It*, 2013, p.14)'에서 저자는 다음과 같이 제안한다.

양극화는 두려움에서 시작되고 극단화는 극단적인 공포에서 시작됩니다. 극심한 두려움은 연구 결과에 따르면 가치의 상실이나 심지어 생명의 상실과도 관련이 있을 뿐만 아니라 방향성의 완전한 상실과도 관련이 있습니다. 결국, 지위가 없다는 느낌은 다시 지위나 의미성을 되찾기 위한 큰 방어적 전략으로 이어질 수 있습니다.

메리는 옳고 그름 사이의 투쟁 외에도 부모의 영향, 종교적인 양육, 남편과의 결혼(자신이 옳다고 믿는 것), 남편과 헤어지고 불륜적인 만남을 계속하려고 하는 자신의 생각과 감정 등으로 인해 어려움을 겪고 있다고 말했다, "가장 중요한 것", 그러나 가장 성취감을 주는 것. 동시에, 내담자는 자신에게 무엇이 옳고 그른지에 대한 자신의 "자신의 생각"을 알고 있다는 것을 부인했다. 그녀 존재의 많은 부분은 다른 사람들의 믿음과 사회적, 종교적 명령에 의해 결정되었다. 그러나 내가 보기에 이 부인(denial)은 유부남에게 매력을 느끼는 것과 관련된 과거의 금지 명령이 주는 판단을 피하기 위한 억압의 시도였다. 메리는 이기적이지 않고는 행복할 수 없는 것처럼 느꼈고, 옳기 위해서는 고통을 겪어야 한다고 생각했다. 메리는 자신이 알고 있는 "옳다"(성경에 근거한)는 것에 줄을 설 수 없을 것 같았다. 그녀는 종교적인 명령에 크게 영향을 받았고 그러한 엄격한 교리와 무조건적인 하나님의 사랑 사이에서 갈팡질팡했다. 기도와 관련해 메리는 하나님이 자신을 상자에 넣으시거나 다른 사람들처럼 만들까 봐 하나님께 가는 것이 두렵다고 말했다. 나(치료자)는 "신은 복제품을 만들지 않는다"는 말을 던져주어 내담자가 사람임을 확인시켜 주었다. 그리고 "신이 복제품을 만든다고 생각하나요?"라는 질문을 주어 생각해보도록 했다. 메리는 남편과 함께 있고 싶은 생각이 전혀 없다고 말했지만, 그것이 옳은 일이라고 말했고, 다른 남자에게 끌리는 것이 무엇인지에 대해 의문을 품었다. 다른 남자의 이름은 제이였는데, 그는 결혼했고 "잘못된 일"이었지만, 메리는 "그는 저를 살아 있는 것처럼 느끼게 해줍니다."라고 말했다. 우리는 다음과 같은 강력한 진술을 다시 검토했다: 메리에게 제이는 권력과 자유 - 영광을 상징하는 반면, 그녀의 남편 제프는 속박, 두려움, 그리고 나약함을 상징했다.

앞으로 메리의 주요 치료 목표는 옳고 그름의 판단과는 별개로 자신을 받아들이는 일을 계속하는 것이었다. 메리가 상담실에 들어왔을 때는 자유로웠지만, 상담실을 떠날 때는 다시 새장 안으로 들어가야 한다고 말했다.

나는 치료적 만남이 전이, 기억, 해석이라는 정신분석적 개념을 초월한다는 것을 이해하게 되었다(Phillips 1980). 때때로 실존적 치료에서 우리는 뻔히 보이는 것을 알아채고, 그것을 초월해야 한다. 세션이 계속되자 메리는 나의 관심을 끌기 시작했다. 그녀가 그녀의 치료자로서 나에게 점점 더 끌리고 있다는 것이 분명해졌고 나도 그녀가 매력적이라는 것을 인정했다. 무균실의 흰색 가운과 같은 방식은 효과가 없을 것이다! 우리는 전이나 다른 심리학 용어를 사용하여 실제 무슨 일이 일어나고 있는지 설명할 수 있었다. 대신, 우리는 상호 감정을 소유하고 윤리적 경계를 유지하는 것을 염두에 두면서 치료적 관계를 용이하게 하기 위해 매력을 사용했다. East-West의 실존심리학에서 내 내담자인 아나스타샤와 마찬가지로 (전체 사례 연구는 Hoffman and Granger 2009, p.69 참조), 대부분의 치료자들이 인식하거나 스스로 인정하려는 것보다 치료에서 성적인 전이가 더 자주 일어난다. 이런 상황에서 에로틱한 전이가 있는 것처럼 보이지는 않았지만, 메리는 자신의 성욕을 방어 수단으로 삼고 있었다. 메리는 젊고 매력적이었고, 하나님을 포함하여 그녀의 삶에서 다른 모든 것에 대해 불확실감을 느꼈지만, 그녀는 이 한 가지를 확신하고 있었다. 그것은 외모였다. 다른 모든 것이 실패했을 때 자신의 외모에 의존하는 법을 배웠다. 이것이 그녀가 다른 남자들을 추구하는 데 있어서 강함을 느끼게 한 이유이다. 이 패턴은 몇 번의 감정적으로 어려운 회기를 거친 후에 나타났다. 메리는 치료를 위해 옷을 잘 입기 시작하면서 저항력도 더 커졌다. 이러한 패턴은, 특히 에로틱한 요소가 나타날 때, 내담자가 종종 자신을 최고의 시각으로 돋보이려고 하기 때문에 치료자에게 어려운 도전이 될 수 있다(Hoffman and Granger 2009, p.78). 마찬가지로, 그녀의 남편 제프가 나에게 느끼는 '우정'에 대한 만족할 수 없는 열망은 내가 그가 아내에게 대항하여 자신의 편을 들게 하려는 책략처럼 보였다. 제프는 신의 원형을 나에게 모범적으로 보여주는 것 같았고 아내인 메리를 희생시키면서도 긍정적인 모습을 보여주기 위해 많은 노력을 기울였다. 제프와 나는 이중적인 관계의 위험성을 논의할 정도로 제프의 "우정"을 탐구하고 소유했다. 그리고 다시 치료 과정을 창의적으로 용이하게 하기 위해 정보 노출과 "매력"을 사용했다.

한 회기 내내, 메리는 자신의 욕망과 선택에 대해 중립적인 입장을 유지해야 한다는 것을 언급했다. 그러나 실존적인 관점에서 나는 종교성(규칙)에 입각한 그녀의 양극화된 사고방식에 계속 도전했고, 그녀의 인간성을 계속 검증했다. 나는 "침대를 정리했으면 그 위에 누워야 한다(자신이 처한 상황을 타인과 바꿀 수 없다)"고 제안했지만, 적어도 당신은 당신의 인간성 안에서 스스로 결정을 내리고 있고, 자유에는 책임이 있음을 알렸다. 그리고 선택에는 자유가 있어야 하고, 자신이 한 선택의 결과를 인식해야 하며, 책임 그리고 선택과 함께 하나님이 주신 자유를 기꺼이 받아들이려는 의지를 행사해야 한다고 하였다.

### 결과

카뮈(1991, p.11)는 "인간은 자신의 존재를 거부하는 유일한 생명체이다"라고 말한 적이 있다. 이 때문에 현상학적으로 진리를 소유하고 살아가기 위한 우리의 인문학적 자유를 수용하면서 '진실'을 조사하고 '이 모든 철학'의 필요성을 철학적으로 주장하는 것이 중요하다. 치료의 주요 목표는 메리와 제프가 각자의 진실(판단과는 별개로)을 소유하고 그 진실을 실천할 수 있도록 돕는 것이었다. 치료 초기에는 해결책에 초점을 맞춘 접근법을 제공하고자 충동이 있었지만, 나는 이 커플과 함께하는 '치료 과정'이 '치료 목표'보다 더 의미 있고 중요하다는 것을 깨달았다. 메리와 제프는 서로를 용서하고 결혼 생활을 인간적으로 해결하기로 결심했다. "인간적으로"라는 것은 그들 둘 다 자신의 행복을 책임질 수 있고, 불행하거나 불만족스러운 사람은 자신의 삶에 영향을 줄 수 있다는 인식을 발전시켰다는 것을 의미한다.

비록 메리(그리고 제프)가 더 이상 나의 내담자는 아니지만, 나는 치료에 대한 실존적이고 인본주의적인 접근이 그들을 자유롭게 하고 "존재"하도록 할 것이다, 즉, 멋대로이고 종종 이기적인 판단으로부터 떨어져 있는 그들을 "성장(becoming)"으로 계속 인도할 것이라고 확신한다.


## 엘바의 사례: 나는 그것이 내게 일어날 것이라고 생각해 본 적이 없다[1]_어빈 얄롬

나는 내 대기실에서 엘바에게 인사를 했고 우리는 함께 가까운 거리를 걸었다. 오늘은 전과 다르게 그녀의 걸음걸이가 힘들어보였고, 낙담한 듯 했다. 지난 몇 주 동안 그녀의 발걸음은 활기를 띠었지만, 오늘 그녀는 내가 8개월 전에 처음 만났던 쓸쓸히 터벅터벅 걷던 여자 같았다. 나는 그때 그녀의 첫 번째 말을 기억한다: "나는 도움이 필요하다고 생각해요. 인생을 살 이유가 없어요. 남편이 죽은 지 1년이 지났지만 상황은 나아지지 않고 있어요. 아마도 나는 여기에 익숙해지는 게 너무 느릴 거예요."

하지만 그녀는 익숙해지는 것이 느리다는 것을 증명하지 못했다. 사실, 치료는 놀랍게도

---

1) 이 사례는 어빈 얄롬(1989)의 '나는 사랑의 처형자가 되기 싫다' 약간 각색하고 축약한 버전이다.

잘 진행되어 왔다. 어쩌면 너무 쉽게 진행되어 왔는지도 모른다. 무엇이 그녀를 처음처럼 되돌려 놓았을까.

엘바는 앉아서 한숨을 쉬며 "내게 그런 일이 일어날 줄은 생각도 못했어요."라고 말했다

그녀는 강도를 당했었다. 그녀의 묘사로 볼 때 그것은 그냥 지갑을 훔쳐가는 정도의 강도를 당한 상황 같았다.

그 도둑은 몬테레이 해변 식당에서 그녀를 발견했고 그녀가 세 명의 친구들, 즉, 나이든 과부들이 현금으로 수표를 지불하는 것을 보았다. 그는 그녀를 따라 주차장으로 들어갔고, 파도 소리에 발소리를 숨긴 채, 쏜살같이 뛰어올라, 정확하게 그녀의 가방을 빼앗아 근처 차로 도망갔다.

엘바는 넘어져 다리가 부어있었지만 도움을 요청하기 위해 서둘러 식당으로 돌아갔다, 그러나 너무 늦었다. 몇 시간 후, 경찰은 그녀의 빈 가방이 길가의 덤불에 매달려 있는 것을 발견했다.

그 강도는 모든 것을 바꾸었다. 그녀의 삶의 편안함과 부드러움은 사라졌고, 안전함은 사라졌다. 그녀의 집은 항상 쿠션, 정원, 이불, 그리고 포근한 카펫으로 그녀를 맞이했다. 이제 그녀는 자물쇠, 문, 도난 경보기, 그리고 전화기를 보고 있다. 그녀는 매일 아침 6시에 그녀의 개를 산책시켰다. 아침의 고요함은 이제 위협적으로 느껴졌다. 그녀와 그녀의 개는 멈춰 서서 위험에 반응했다.

이것들 중 어느 것도 놀랄 만한 것은 없다. 엘바는 정신적 충격을 받았고 지금은 일상적인 외상 후 스트레스로 고통받고 있다. 사고나 폭행을 당한 후, 대부분의 사람들은 안전하지 않다고 느끼고, 쉽게 놀라고, 극도로 경계하는 경향을 보인다. 하지만 시간이 흐르고 사건의 기억은 옅어지고, 피해자들은 점차 이전의 신뢰 상태로 돌아간다.

하지만 엘바에게 그것은 단순한 폭행 이상이었다. 그녀의 세계관은 깨졌다. 그녀는 자주 말했었다. "사람에게 눈, 귀, 입만 있다면, 나는 그들과 우정을 키울 수 있어요." 그러나 그녀는 더 이상 자비에 대한 믿음을 믿지 않았고, 개인적인 무능력함을 얻었다. 그녀는 옷이 벗겨진 것 같고, 평범해지고, 보호받지 못하게 된 기분이었다. 그 강도가 진짜 영향을 미친 부분은 그녀의 환상을 깨뜨리고 잔인한 방식으로 그녀의 남편의 죽음을 확인하도록 했다는 것이다.

엘바는 그동안 남편 알버트의 지속적인 존재감과 안전과 특별함에 대한 감정을 유지해왔었다. 그녀는 마치 세상이 안전한 것처럼, 알버트가 그곳에 있는 것처럼 살아왔다.

하지만 그녀가 강도를 당했을 때, 그녀는 처음부터 다시 시작하는 것처럼 느꼈다. 무엇보다 강도 사건은 그녀의 평범함을 드러냈다. 즉, "나에게 그런 일이 일어날 줄은 전혀 생각하지 못했다"는 개인적 특수성에 대한 믿음의 상실을 반영했다. 물론, 그녀는 특별한 자질과 재능을 가졌고, 독특한 개인사를 가졌으며, 그 누구와도 그녀와 똑같지 않았다는 점에서 여전히

특별했다. 그것이 특수성의 합리적인 측면이다.

하지만 우리는 (다른 사람들보다) 비합리적인 특별함도 가지고 있다. 그것은 죽음을 부정하는 주요한 방법 중 하나이며, 죽음 공포를 완화하는 것이 임무인 우리 마음의 일부는 비이성적인 믿음을 만들어낸다. 노화와 죽음과 같은 불쾌한 것들은 법을 넘어 인간과 생물학적 운명을 넘어 존재하며 우리의 운명이 아닐 수도 있다는 것이다.

비록 엘바가 지갑 도난 사건으로 인해 비이성적으로 보이는 반응을(예를 들어, 그녀가 이 세상에서 살아남기에 적합하지 않다고 선언하고, 그녀의 집을 떠나는 것을 두려워하는 것) 보였지만, 그녀가 이러한 비이성적인 것을 내려놓는 것에 대해 크게 고통을 겪고 있는 것은 분명했다. 그녀를 잘 봉사해오고 따르던 모든 자기기만이 갑자기 설득력을 잃었다. 그녀는 자신의 환상을 통해 자신과 세상을 보았고, 어떤 환상이 지금 그녀 앞을 가리고 있는지 알게 되었으며, 벌거 벗겨진 것처럼 끔찍했다.

그녀의 슬픔의 상처가 이제 완전히 드러났다. 바로 그것을 활짝 열어, 분해하는 것이 바르고 진실하게 치유될 수 있는 시간이라고 생각했다.

나는 "그런 일(강도 사건)이 당신에게 일어날 거라고 생각하지 않았다고 말했을 때, 당신이 무슨 말을 하는지 정확히 알고 있었어요"라고 말했다. 그리고 "저 역시 노화, 상실, 죽음 등 모든 고통이 저에게도 일어날 것이라는 사실을 받아들이기가 너무 어려워요."

엘바는 내가 개인적인 말을 하는 것에 놀라워하며 고개를 끄덕였다.

"알버트가 살아 있었다면 당신에게 이런 일은 절대 일어나지 않았을 거라고 느꼈을 거예요." 그녀는 알버트가 살아 있었다면 그 늙은 친구들을 점심 식사에 데려가지 않았을 것이라는 말을 이어서 했지만 나는 그 말들에 반응하지 않았다. 그리고 말했다. "그래서 그 강도는 남편이 정말로 떠났다는 사실을 집으로 가져왔네요."

그녀의 눈은 눈물로 가득 찼지만, 나는 내가 계속 진행해야 할 도리와 임무가 있다고 느꼈다. "당신은 전에 그것을 알고 있었어요. 하지만 일부는 그러지 않았어요. 이제 그가 죽었다는 것을 당신은 정말로 알고 있어요. 그는 마당에 없어요. 그는 작업장에 있지 않고요. 그는 아무 데도 없어요. 당신의 기억을 제외하고요."

엘바는 진심으로 울고 있었고, 그녀의 통통한 몸은 몇 분 동안 흐느끼며 흔들렸다. 그녀는 나와 함께 한 작업에서 이런 적이 없었다. '이제 어떻게 하지?'란 생각이 들었다. 하지만 본능은 운 좋게도 영감을 받아 나를 이끌었다. 내 눈은 찢어지고 낡은 그녀의 가방을 향했고, 나는 말했다. "운이 나쁘기도 했지만 그렇게 큰 것을 가지고 다녀도 되나요?" 엘바는 그녀는 그 가방을 "중간 크기"라고 말했다. 나는 "더 큰 것은 어때요?"라고 말하고 "당신 짐을 다 담으려면 짐 옮기는 카트가 필요할 것 같아요."라고 말했다. 그녀는 "농담하시는 거죠? 전부 저에게 필요한 거예요. 어디보자..."라고 말했다

엘바는 정신을 가다듬고 가방을 테이블 위에 올려놓았고, 가방 입구를 크게 열어서 내용물을 꺼내놓기 시작했다. 처음에 나온 물건들은 세 개의 빈 작은 가방이었다.

나는 "비상시에 두 개가 더 필요한가요?"라고 물었다. 엘바는 큭큭 대고 웃으며 다른 것들도 꺼내었다. 우리는 함께 물건들을 확인하고 이야기를 나누었다.

엘바는 화장지 세 봉지와 펜 열두 자루가 정말 불필요하다는 것은 인정했지만, 향수 두 병과 세 개의 머리빗은 꼭 필요하다고 했다. 큰 손전등, 부피가 큰 메모지, 큰 사진 꾸러미에 대해서 필요하겠느냐고 물어보았지만 꼭 필요하다고 했다.

우리는 모든 것을 놓고 다퉜다. 50센트짜리 동전, 사탕 세 봉지(당연히 칼로리는 낮지만). 그녀는 내 질문에 웃었다. "엘바, 이것들을 많이 먹을수록 당신이 날씬해질 것이라고 믿나요?" 오래된 오렌지 껍질이 담긴 플라스틱 자루("엘바, 당신은 이것들이 언제 유용하게 쓰일지 절대 모를 거예요"), 뜨개질 바늘 뭉치("스웨터를 찾는 여섯 개의 바늘") 빵 효모 한 봉지, 스티븐 킹 소설의 표지 절반(엘바는 소설의 한 섹션을 읽는 버렸다), "그건 보관할 가치가 없었어요"라고 그녀는 설명했다. 작은 스테이플러("엘바, 이건 정말 아니네요."), 선글라스 세 개, 그리고 가장 안쪽 구석에 있는 여러 가지 동전, 종이 클립, 손톱깎이, 에메랄드 판자 조각, 그리고 보풀처럼 보이는 무언가.

엘바와 나는 마침내 그 큰 가방에서 나와 테이블 위에 일렬로 늘어선 내용물을 경이롭게 응시했다. 가방이 텅 비었고, 비워낸 작업이 끝난 것에 대해 아쉬워했다. 그녀는 미소를 지었고, 우리는 다정하게 서로를 바라보았다. 매우 친밀하게 느껴지는 순간이었다. 어떤 환자도 전에 한 적이 없는 방식으로, 그녀는 나에게 모든 것을 보여주었다. 그리고 나는 모든 것을 받아들였고 더 많은 것을 요청했다. 나는 구석구석 그녀를 따라 들어갔고, 한 나이든 여인의 가방이 고독과 친밀감을 위한 매개가 될 수 있다는 것에 경외감을 느꼈다. 존재에게 필수적으로 따라오는 절대적 고립과 고립의 공포를 없애주는 친밀감.

변화를 가져다 준 시간이었다. 우리의 친밀한 시간은 보상적이었다. 이런 친밀감을 사랑이라고 부르고, 이런 시간을 사랑을 만들어가는 시간이라고 라고 부를 수 있겠다. 그 한 시간 동안, 엘바는 버림받은 상태에서 신뢰받는 상태로 변했다. 그녀는 살아났고, 다시 한 번 친밀감을 가질 수 있는 자신의 능력을 발견했다.

내가 했던 치료들 중에 최고의 시간이었다.


## 제니스의 사례: 실존적 통합 접근법_커크 J. 슈나이더

실존적 통합(EI) 치료의 중요하고 지속적인 질문은 (1) "현재 어떻게 살고 있는가"와 (2) "어떻게 살 의향이 있는가"이다. 이러한 명시적 표현을 통한 질문은 내담자와 치료자에게 거울 역할을 하며, 작업의 모든 핵심 접점을 알리고 안내한다(Schneider and Krug 2017). 어느 금요일 오후 나는 의뢰인 제니스[2]가 맞은편에 앉았을 때, 그녀가 어색하지만 자신이 겪은 어려움을 전달하려고 했던 것에 감사하기 위해 최선을 다했다. 그리고 제니스와 첫 회기의 시작에서 상담이 끝날 시점까지 그녀의 행동에 구름이 드리워진 것을 느낄 수 있었다.

제니스는 45세의 백인 노동자 여성으로 심각한 정서적, 성적 학대를 받았었다. 그녀의 아버지는 불같은 성격을 가진 알코올 중독자였고, 할아버지는 그녀가 8살이었을 때 그녀를 성추행했다. 제니스가 4살일 때는 만성적으로 조현병을 앓던 이모가 찾아왔고 단둘이 남아 있었다. 제니스는 이모의 방문에 겁먹었지만, 그때 부모에 대한 기억은 없었다. 제니스가 5살이었을 때, 그녀의 어머니는 갑자기 돌아가셨다.

제니스에게는 변덕스러운 알코올 중독자 아버지, 탐욕스러운 할아버지, 그리고 정신병을 가진 이모가 남았다. 제니스가 어떻게 이런 상황에서 벗어났는지 신기하지만, 어떻게든 그녀는 해냈다.

나는 그녀의 침착하면서도 밝고 분명한 모습에 감동했다. 제니스는 과거에 짧은 시간 동안 치료를 받은 적이 있지만, 그녀는 혼자서 "수많은" 일을 해냈다. 나는 그것을 의심없이 믿을 수 있었다. 제니스가 표면적으로는 남자들에 대한 자신감이 부족한 이유로 치료를 받으러 왔지만, 그것이 궁극적인 관심사는 아니라는 것을 느꼈다.

초반에는 그녀가 남자들과 대면할 때 자신감을 가지는 것을 돕기 위한 상담을 진행했다. 역할극을 진행하였는데, 나는 그녀의 상사나 남편과 같은 위협적인 남자들의 역할을 연기하고, 그녀는 특정 상황에서 자신의 모습을 연기했다. 나는 이 남자들이 그녀를 어떻게 인식하는지에 대해 생각하면서 그녀의 인지를 재구성하기 위한 작업을 했다. 만약 그녀가 그들에게 자기 주장을 명확하게 하는 여성이 된다면 그녀가 성적 대상으로 보일 것인지 묻고 싶었다. 그리고 그녀가 그렇게 보여졌다고 하더라도 정말 그녀 자신일까? 우리는 이런 시나리오들을 심화시키고 연습하면서 제니스는 점차 앞서 언급했던 남자들과 맞서고, 성공적으로 자신을 주장하는 데 도움이 될 새로운 기술을 개발할 수 있었다.

하지만, 그녀가 이러한 인지적이고 행동적인 기술을 사용하는 동시에, 다른 일이 일어나기 시작했다. 그녀는 남자들에게 위협을 느끼는 것 이상의 두려움을 느꼈는데, 이것은 삶에 대한 위협감과 관련이 있었다. 나는 그 두려움이 현재에 머물 수 있도록 격려했다.

이러한 맥락에서 그녀는 인상 깊은 꿈에 대한 이야기를 했다. 마치 다 타버린 나무처럼 느꼈던 꿈을 꾸었다고 했다. 그리고 또 다른 꿈은 괴물이 그녀의 집을 공격하는 것이었다. 나

---

2) 제니스는 내가 EI 관점으로 상담을 진행한 내담자이다. EI 관점에 대한 자세한 내용은 슈나이더(2008) 및 슈나이더와 크루그(2017)를 참조.

는 위험을 무릅쓰고 제니스와 이에 대한 작업을 시작했다. 꿈과 환상에 대해서 이야기하는 것뿐 아니라 지금-여기서 그것들을 함께 경험하기 위해서였다. 그녀가 이러한 꿈과 환상을 어떻게 느끼고, 감지하고, 상상하는지에 대해서 알려달라고 했다. 그리고 나와 이러한 교류가 어떤 지에 대한 그녀의 반응을 나누고, 수치심과 나약함과 같은 숨기고 싶은 감정들을 경험하도록 초대했다. 이로 인해 나와 제니스의 작업은 역동적으로 진행되었고, 우리의 유대감을 매우 깊어졌다. 마침내 제니스는 자신의 고통이 남성과의 관계(때로는 여성)에서 비롯되는 것이 아니라 삶의 불확실성에서 시작되었다는 것을 알게 되었고, 용기가 필요하다는 것을 깨닫게 되었다.

이쯤에서 제니스는 우리의 작업에서 완전히 새로운 언어를 언급하기 시작했다. 이것은 존재의 특정한 측면뿐만 아니라 존재에 대한 그녀의 우려를 강조하는 언어였다. 예를 들어, 그녀는 "말할 수 없는 두려움"과 "블랙홀"처럼 느껴지는 자신의 일부에 대해 말하기 시작했다. 전에는 누구와도 이러한 감정을 공유하고 받아들인 적이 없었지만, 스트레스를 받을 때 종종 그것들을 언뜻 느낄 수 있었다고 말했다. 또한 신비주의에 대한 그녀의 동경과 고대 마야 문화와의 공명과 같이 그녀가 거의 공개하지 않았던 경이로움에 대해 이야기하기 시작했다. 이런 이야기에 내가 당혹스러움을 표현하자 그녀는 재치있게 "그들은 자유롭고 자연 세계와 조화를 이루고 있어요."라고 말했다.

내 경험상, 이러한 범위의 공명은 깊이 있는 실존적 치료에서 자주 일어난다. 사람들이 탐험하는 것이 더 안전하다고 느끼면서, 그들은 그들을 괴롭히거나 잠재적으로 자유롭게 하는 부분들을 드러내기 시작한다. 이 부분들이 본질적으로 프로이트적이지만은 않다. 그것들이 반드시 성적이거나 공격적인 갈등, 혹은 좌절된 부모의 애착을 불러일으키는 것은 아니지만, 나의 경험에 따르면 일부는 성적이거나 공격적이거나 애착 갈등과 직접적으로 관련된 매우 원시적이며 암시적인 흐름을 불러일으킨다. 간단히 말해서, 이러한 암시적인 흐름은 본질적으로 목격하는 나와 다른 사람들에게 충격을 준다. 격동적인 성적, 공격적인 충동이나 부모의 모습에 대한 애착뿐만 아니라 존재 자체의 통제 불가능성에 대한 두려움과 욕망과 관련이 있다. 예를 들어, 공격성의 두려움(그리고 때로는 매력) 뒤에는 곧 닥쳐올 것 같은 혼란, 통제 불가능, 그리고 혼란에 대한 훨씬 더 깊은 불안이 있을 수 있다. 또 다른 예로 부모의 평가 절하에 대한 공포 이면에는 존재의 의미와 같은 더 어려운 도전이 있을 수 있다.

이것은 우리가 처음 만난 지 약 6개월 후에 일어난 일이었고, 제니스와 내가 해결되지 않은 중요한 이슈였다. 제니스는 돌파구를 찾기 직전이었고, 우리 둘 다 그것을 알고 있었다. 하지만 그녀는 큰 두려움과 그 두려움을 받아들여야 할 필요성과 씨름했다. 나는 제니스를 작업으로 초대하였고, 그녀는 눈을 감고 숨을 들이마셨다. 그녀가 준비가 된 것처럼 보이자, 나는 그녀가 몸 중에 긴장된 부분, 즉, 꽉 조이거나 막혔다고 느껴지는 부분, 그리고 묘사할 수 있는 어떤 부분이든 인식하도록 권했다. 그녀는 먼저 목 부위의 긴장을 확인하였는데 목 부위의 긴장을 의식하자 긴장이 풀어졌다. 그리고 나서 그녀는 우물에 갇힌 작은 소녀의 이미지를 떠올렸다. 그녀는 이 우물이 어디에 있는지, 어떻게 그곳에 있는지 알 수 없었지만, 끝이 보이지 않고 무한하게 느껴진다는 것은 분명했다. 계속해서 그녀를 이 우물로 초대하자, 그녀는 작은 소녀의 공포를 느끼기 시작했다. 제니스는 "마치 그녀가 가라앉는 것 같아요"라고 말했고, "그녀가 어디로 가는지 몰라요"라고 말했다. 나는 그녀가 그 경험을 계속할 수 있도록 부드럽게 지지하면서 동시에 그녀가 멈출 필요가 있다면 언제든지 그렇게 할 수 있다고 안심시켰다. 그녀는 진행하기로 결정했다.

세션이 반쯤 진행되었을 때, 제니스는 작은 소녀의 주변 어둠이 커지면서 그 속으로 사라지고 있다는 것을 알아차렸다. 어린 소녀는 몸을 펴고 어둠 속에서 나와보려고 애썼지만, 다시 어둠 안으로 들어갔다. 여기까지 제니스는 어린 소녀와 자신의 관계에 대해 거의 언급하지 않았지만, 그녀(제니스)가 그녀(어린소녀)와 "함께"하면서 그녀의 연결감이 커졌다. 갑자기 제니스는 당황했다. 그녀는 더 이상 어린 소녀를 찾을 수 없었다! 그러나 바로 그 순간 제니스의 눈에는 눈물이 고였다. 나는 그녀에게 무엇이 눈물을 흘리게 하였는지 물었고, 오랜 침묵 끝에 그녀는 나지막히 말했다. "나는 그녀를 만지기 위해 어둠 속으로 손을 뻗었고, 그녀는 나를 만지기 위해 어둠 속으로 손을 뻗었어요."

이 단순하면서도 심오한 이미지로 제니스는 놀라운 자기 변화를 시작했다. 그녀는 비참한 공포의 상태에서 경이의 상태, 사랑의 상태로 옮겨갔다. 이러한 변화는 치료 자체의 움직임을 반전시켰는데, 이는 겸손과 경이로움, 그리고 삶을 모험하기 위한 일종의 "무대" 역할을 했다. 제니스는 어린 소녀를 포용함으로써 수년 동안 고통스러워했던 공허함을 받아들일 수 있게 되었다. 그리고 이제 그곳에서 위안을 찾고, 자신을 새롭게 할 기회를 찾았다.

이 순간이 제니스의 인생을 완전히 바꿨다고는 말할 수 없지만, 그녀를 해방시키고 공황을 완화시키는 데는 큰 도움이 되었다. 비록 제니스의 삶의 작은 문제들 – 예를 들어, 그녀의 오랜 고용과 그녀의 가족과의 관계 – 는 본질적으로 그대로 남아있었지만, 그녀가 그 작은 문제들을 대하는 태도는 극적으로 바뀌었다. 그녀는 이제, 삶의 순간들에서 더 깊은 경험과 삶의 가능성에 대한 더 넓은 이해를 느낄 수 있는 확장된 능력을 가지게 되었다.

결국, 제니스는 주장 능력, 혹은 더 "합리적으로" 생각하는 능력 이상의 것을 배우게 되었다. 그녀는 그녀의 삶에 존재하는 방법을 발견했고, 그녀의 존재를 통해 우리는 그녀의 경이로움을 볼 수 있었으며, 우리 모두의 삶을 바라볼 수 있도록 해주었다.

# 17

## 실존적 인간중심 치료와 실존적 통합 치료의 주요 도서

Shawn Rubin, Louis Hoffman, and Mark Yang

실존적 인간중심 심리학은 1958년 롤로 메이, 어니스트 앙헬, 앙리 펠렌버거가 편집한 『실존』(*Existence*)'의 출판을 시작으로 많은 문학적 역사를 가지고 있다. 이 책은 유럽의 실존주의 정신분석, 특히 루드비히 빈스방거에서 비롯되었으며, 동시에 독특한 미국의 실존적 치료 발전을 자극했다.

실존적 인간중심 역사의 독특한 측면 중 하나는 롤로 메이가 구현한 문학적 토대이다. 메이는 문학, 예술, 철학, 심리학에 조예가 깊은 학자인 동시에 학문적, 전문적 심리학 밖의 사람들에게 어필할 수 있는 문체를 통해 학문적 글쓰기의 간극을 메웠던 뛰어난 작가였다. 『사랑과 의지』(*Love and Will*)', 『자유와 운명』(*Freedom and Destiny*)', 그리고 『신화를 위한 외침』(*The Cry for Myth*)'과 같은 메이의 책들은 학문적으로 견고하면서도, 그 시대의 많은 사회적 이슈들에 적용될 수 있었다. 이러한 배경들로 인해 이 책들은 상담실을 넘어서 널리 읽히고 영향력을 행사할 수 있었다.

메이의 영향이 실존치료의 본질적인 내용을 훨씬 뛰어넘었다는 사실은 의심의 여지가 없다. 메이의 문학적 아름다움을 따라올 사람은 거의 없지만, 많은 사람들이 현재의 세계와 관련된 방식으로 글을 썼다. 주요 도서로 확인된 많은 책들은 학문적 엄격성을 유지하고 있음에도 불구하고 전통적이며 전문성을 가진 학문의 전형적이지 않은 책들이다. 슈나이더의 『경외의 재발견』(*Rediscovery of Awe*)'과 『양극화된 마음』(*The Polarized Mind*)', 베커의 『죽음의 거부』(*The Denial of Death*), 다이아몬드의 『분노, 광기, 다이모닉』(*Anger, Madness, and the Daimonic*)'과 같은 많은 책들이 심리학자들과 일반 대중들에게 나란히 읽혔다. 그러나 부젠탈의 심리치료는 다르며, 슈나이더의 실존적 통합 치료와 같은 보다 전통적이고 전문적인 문헌도 있다.

실존적 인간중심 역사의 또 다른 독특한 측면은 많은 사례사(case histories)를 널리 퍼뜨린 것이다. 이것들은 초기 정신분석학의 전통에도 널리 퍼져 있었지만, 실존적 인간중심 문헌들도 이러한 독특한 면을 가지고 있다.

얄롬은 아마도 사례사(case histories)에 기여한 실존치료의 저자 중 가장 인정받는 저자일 것이다. 얄롬이 실존적 인간중심 전통에 부합하는지에 대해서는 이견이 있지만, 『사랑의 처형자』(Love's Executioner)와 『폴라와의 여행』(Mama and the Meaning of Life)과 같은 그의 사례는 실존적 인간중심 치료자들에게 영향을 미쳤다. 그러나 이러한 실존적 인간중심 치료에 대해 글을 쓰는 방법에 참여한 것은 얄롬이 처음은 아니었다. 메이는 내담자들에 관한 다양하며 긴 묘사를 그의 책들에 담아냈고, 부젠탈은 이러한 스타일로 『친밀한 여정』(Intimate Journeys)(원래 제목은 실존적 정체성의 탐구)이란 비범하고 웅변적인 책을 썼다.

메이가 실존적 인간중심의 이론적 영역에서의 발전에 가장 영향력 있는 인물인 반면, 부젠탈은 실존적 인간중심의 실천 영역에서 가장 영향력이 있었다. 부젠탈의 많은 기여는 전통적이지 않은 형식으로 이루어졌다. 예를 들어, 그는 훈련과 슈퍼비전에 많은 관여를 했다. 이와 관련해 부젠탈이 실존적 인간중심 치료의 실제를 가르치고 이야기하는 영상들이 꽤 많다. 부젠탈의 가장 중요한 공헌은 비디오 제작, 치료 훈련, 슈퍼비전이었지만, 그는 또한 학문에도 중요한 공헌을 했다.

부젠탈의 책들도 훈련적 요소에 더 집중하는 경향이 있었다. 1965년 부젠탈은 실존-분석적 접근을 통한 심리치료라는 부제를 붙인 『본래성에 대한 탐구』(The Search for Authenticity: An Existential-Analytic Approach to Psychotherapy)를 출판했다. 시간이 흐르면서, '실존적 인간중심 치료'로 바뀌었지만, 그의 접근 방식은 대체로 일관성을 유지하였다. 『본래성에 대한 탐구』에서 책 초반에 부젠탈은 인본주의적 심리학을 도입했고 사려 깊고 일관된 방식으로 인본주의적 심리학을 통합했다. 여러 면에서 볼 때, 메이가 인본주의 운동에도 참여했음에도 불구하고, 메이 이상으로 인본주의와 실존주의적 접근의 통합을 공고히 한 사람은 부젠탈이었다. 부젠탈의 인본주의와 실존주의 심리학의 통합은 그의 글에서 훨씬 더 확고하게 나타나는데, 이러한 부분은 미국의 실존치료학파가 다른 접근들과 차별화되는 경향 중 하나이다.

『심리치료와 과정』(Psychotherapy and Process), 『심리치료자의 기술』(The Art of the Psychotherapist), 『친밀한 여행』(Intimate Journeys), 『심리치료는 당신이 생각하는 것과 다릅니다』(Psychotherapy Isn't What You Think)' 등의 부젠탈의 후속 책에서, 그는 치료에 대한 그의 생각과 접근법을 계속 발전시켰다. 그는 환원주의적이 되거나 기술에 의존하지 않았고, 치료 과정을 탐색하고 와해시키는 대신에 치료 과정에 집중했고, 다른 어떤 저자들보다도 추상적인 것을 실용적인 영역으로 가져오는 방법을 명확히 했다. 부젠탈은 존재와 과정의 개념을 기술적으로 구체화하지 않고도 이해할 수 있도록 도왔다.

외부 사람들의 영향을 포함한 다른 중요한 초기 영향들이 있었지만, 메이와 부젠탈은 실존적 인간중심 심리학의 토대를 마련하는 주요 목소리였다. 메이가 가장 중요한 이론적 발전을 제공하고 부젠탈이 치료적 혁신을 제공함으로써 실존적 인간중심 치료는 더 완전해질 수 있었다.

저술과 교육을 통해 현대의 실존적 인간중심 심리학이 형성되었고, 그 다음 세대의 주요 인물들은 어빈 얄롬(Irvin Yalom), 커크 J. 슈나이더(Kirk J. Schneider), 오라 크러그(Orah Krug), 에드 멘델로비츠(Ed Mendelowitz), 미르틀 히어리(Myrtle Hheery), 이렌느 설린(Ilene Serlin), 케네스 브래드포드(Kenneth Bradford), 에릭 크레이그(Erik Craig) 및 루이 호프만(Louis Hoffman)이다. 이 저자들은 멘토인 롤로 메이(Rollo May)와 짐 부젠탈(Jim Bugental)의 획기적인 공헌을 바탕으로 실존적 인간중심 심리학의 범위를 임상 슈퍼비전, 통합 및 심층 심리치료, 극단적 상태에 대한 임상 작업, 꿈 분석, 다문화 및 글로벌 심리학 및 영성의 영역으로 확장하였다.

마지막으로 실존적 인간중심 참고자료들에 접근할 때 중요하게 고려해야 할 사항은 이러한 내용들이 연구 저널들이 아닌 책에 의존한다는 것이다. 텔렌(Thelen, 2010)은 인본주의 심리학 저널(Journal of Humanistic Psychology)에 대한 분석을 실시했다. 이 연구의 일환으로, 텔렌은 인본주의 심리학 저널의 논문들이 다른 저널과 비교했을 때 저널 논문보다 더 높은 비율로 오히려 책을 인용하는 경향이 있다고 언급했다. 이것은 흥미롭고 상당히 중요한 발견이다. 이러한 강조에는 다양한 이유가 있을 수 있지만 두 가지를 고려해야 한다. 첫째, 실존적 인간중심 전통은 연구를 회피하지 않지만, 다양한 유형의 학문을 끌어내는 것의 중요성을 강조하는 더 넓은 인식론적 다양성을 수용한다. 대부분의 전문 심리학에서는 저널 논문들에서 더 자주 발견되는 양적 연구와 같은 실증주의적 방법을 우선시한다. 따라서 심리학의 대부분에서는 주로 학술적인 글 대신 저널에 게재된 연구 논문을 보다 기준에 알맞는 학술 자료로 보는 경향이 있다.

그러나 탈렌의 결과에는 두 번째로 중요한 고려 사항이 있다. 실존적 인간중심 전통에서는 개념에 대한 심층 분석을 선호하는데, 이는 종종 주제에 대해 훨씬 더 확장된 고찰을 끌어낸다. 이러한 유형의 분석은 저널의 연구 논문들보다 책과 더 어울린다. 실존적 인간중심 심리학의 발전을 살펴보면 저널에 실린 주요 연구 논문들도 확실히 많았다. 그러나 책은 실존적 인간중심 치료의 이론과 실천을 발전시키는 데 더 기본적인 토대가 되었다.

실존적 인간중심 치료의 주요 도서들을 고르기 위해 몇 가지 고려 사항을 염두에 두고 이 작업에 접근했다. 먼저 실존 문헌에서 자주 인용되는 글들을 확인하고자 했다. 이것은 주요 도서들을 고르기 위한 보다 객관적인 근거가 된다. 그러나 우리는 실존적 인간중심 이론을 확장하는 역할을 한 중요한 글을 확인하고자 했다. 예를 들어, 멘델로비츠(Mendelowitz)의 『윤리와 노자』(Ethics and Lao Tzu)'는 문헌에서 자주 인용되지 않을 수 있지만, 여러 가지 이유로 중요한 글이다. 그 첫 번째 이유로 멘델로비츠는 롤로메이(Rollo May)의 창조적 천재성과 문학적 스타일을 다른 현대의 실존적 인간중심 저자들보다 더 뛰어나게 잘 구현하고 있다. 둘째, 이 책의 폭은 도달 범위에 있어서 매우 인상적인데, 내부와 외부의 많은 목소리가 함께 등장하는 매혹적인 대화들이 담겨있다. 마지막으로 멘델로비츠는 해리성 정체성 장애를 가진 환자에게 실존적 인간중심 치료를 적용한 부분에 대해 논의한다. 그는 단계적으로 접근방식을 안내하는 것도 아니고, 내담자에 대한 접근방식에서 그가 무엇을 하고 있는지 명확하게 식별하여 설명하는 것도 아니다. 다만 매우 복잡한 사례를 통해 실존적 인간중심 전통을 구현해내고 있다.

아래에 제시된 설명에서는 프리드리히 니체(Friedrich Nietzsche), 쇠렌 키르케고르(Soren Kierkegaard), 칼 야스퍼스(Karl Jaspers), 앨런 휠리스(Allan Wheelis), 에리히 프롬(Erich Fromm), 폴 스턴(Paul Stern) 등은 주목할 만한 영향이 있지만 상당한 영향력에도 불구하고 포함되지 않았다.

실존 심리학에 대한 다양한 접근방식에는 다양한 철학적 영향이 있다. 일부 실존주의 철학에서는 하이데거(Heidegger)가 가장 영향력 있는 철학자이지만, 니체와 키르케고르는 실존적 인간중심 심리학에서 더 영향력 있는 경향이 있다(Clear Hoffman and Hoffman 2017). 우리는 니체와 키르케고르의 영향력을 줄여서 표현하고 싶지 않지만, 아래의 책들이 더 일차적인 영향력을 가진다고 느꼈다. 우리가 포함시킨 두 권의 철학적 책인 부버의 『나와 너』(*I and Thou*)와 틸리히의 『존재의 용기』(*The Courage to Be*)는 치료 과정에 대한 부분에 더 직접적인 영향을 미치고 있다. 휠리스(Wheelis)와 스턴(Stern)의 영향력은 특히 몇몇 학자들에게 중요했다. 그러나 문헌에서는 자주 인용되지는 않는다.

주석이 달린 참고문헌 목록에서 선택된 책들은 해결해야 할 중요한 한계점을 가지고 있는데, 책들의 저저와 편집자의 대부분이 백인 남성이라는 것이다. 이는 클리어 호프만과 호프만(Cleare Hoffman and Hoffman, 2017)이 실존적 인간중심 심리학의 주요 영향에 대한 설문 조사를 실시하여 나타난 결과와 일치한다. 이 결과의 이유와 시사점을 고려하는 것이 중요하다. 설린과 크레스웰(Serlin and Creswell, 2015), 호프만(Hoffman, 2016), 그리고 호프만, 클리어 호프만, 잭슨(Hoffman, Cleare-Hoffman, and Jackson, 2015)은 여성과 유색인종의 기여와 관점이 인정받지 못하는 경우가 많다고 언급하였다. 이는 실존적 인간중심 심리학에 부정적인 영향을 미치며 발전을 제한한다. 때문에 향후 실존적 인간중심 심리학 분야는 이 문제를 해결하기 위해 적극적인 태도를 취하는 것이 필요하다.

결론적으로 실존적 인간중심 전통에서 가장 영향력 있고 중요하며 특별한 도서가 무엇인지 파악하기 위해 노력했다. 다른 학자 그룹들이 똑같이 아래의 글 목록을 만들어 제시할 수는 없겠지만, 실존적 인간중심 치료 전통에 관심이 있는 사람이라면 누구나 이 책들을 주목할 가치가 있다고 생각한다.

## 주요 저작물에 대한 주석이 달린 참고 문헌

Becker, E. (1973). *The Denial of Death*. New York: Free Press.
퓰리처상 수상작인 베커의 책은 미국의 실존주의 심리학 발전에 큰 영향을 미쳤다. 많은 실존적 인간중심 학자들에게 영향을 준『죽음의 부정』(*The Denial of Death*)은 프로이트의 심리성애 이론을 비판하고 대신 죽음에 대한 두려움을 주요 동기 부여의 원천으로 삼았다. 베커는 죽음에 대한 부정이 항상 필요할 수 있다는 점을 인정하면서도 자신의 유한성을 직시하는 것에 가치가 있다고 주장했다.

Buber, M. (1972). *I and Thou* (trans. W. Kaufmann). New York: Touchstone. (Original work published 1923.)
나와 너의 관계를 나와 그것의 관계와 구별하는 부버의 '나와 너' 개념은 관계에 대한 실존적 인간중심 관점에 깊은 영향을 미쳤다. 모리스 프리드먼의 치료 접근법 역시 실존적 인간중심 치료자들에게 많은 영향을 주었으며, 그는 부버의 사상에서 크게 영향을 받았다.

Bugental, J. (1965). *The Search for Authenticity: An Existential-Analytic Approach to Psychotherapy*. New York: Holt, Rinehart, and Winston.
『본래성에 대한 탐색』(*The Search for Authenticity*)은 부젠탈의 첫 번째 주요 저서이다. 책의 서두에서 부젠탈은 인본주의와 실존주의 심리학을 통합하고 실존적 인간중심 치료법 개발에 중요한 기반을 마련한다. 부젠탈은 또한 실존적 관점에서 저항, 전이와 같은 많은 정신분석적 개념을 다루고 있다.

Bugental, J. (1978). *Psychotherapy and Process: The Fundamentals of an Existential-Humanistic Approach*, 3e. New York: McGraw-Hill.
'심리치료와 과정(Psychotherapy and Process)'의 부제가 시사하듯이 이 책은 그의 다른 많은 책들보다 실존적 인간중심 심리학을 학문으로 발전시키는 데 더 뿌리를 두고 있다. 부젠탈은 바람직한 치료사의 자질, 치료 관계의 핵심, 주관적 경험의 중요성, 내적 탐색의 과정 등 실존적 인간중심 치료 접근법의 많은 기반을 다룬다.

Bugental, J. (1992). *The Art of the Psychotherapist: How to Develop the Skills that take Psychotherapy beyond Science*. New York: W.W. Norton and Company.

『심리치료자의 기술』(*The Art of the Psychotherapist*)은 실존적 인간중심 내용뿐 아니라 깊은 수준의 치료 적용에 대해 더 광범위하게 초점을 맞추었다. 비록 부젠탈의 대부분의 작업이 주로는 치료 적용에 초점을 맞추는 경향이 있지만 이론 위주의 설명에 추가해서 좀 더 기술적인 부분을 설명한 책이다.

Bugental, J. (1999). *Psychotherapy Isn't What You Think*. Phoenix, AZ: Zeig & Tucker.
이것은 제임스 부젠탈이 쓴 마지막 책이며 그의 중심 모형인 실존적 인간중심 심리치료를 요약하고 있다. 이 책은 그가 말하는 주관의 중요성, 인식의 개방, 저항의 일치, 실제에 초점을 맞추고 의도성을 높이는 것에 대한 부젠탈의 가르침을 잘 요약한 책이다.

Cain, D., Keenan, K., and Rubin, S. (eds.) (2015). *Humanistic Psychotherapies: Handbook of Research and Practice*, 2e. Washington DC: American Psychological Association.
독자들에게 역사적 및 개념적 토대, 연구 방법론, 주요 치료 접근법 및 양식, 치료 문제와 적용 등의 인본주의 심리학을 조명하는 포괄적인 핸드북이다. 이 책은 분석과 종합에 관한 마지막 섹션으로 마무리된다. 이 책의 대부분은 치료의 실제와 적용에 관한 것이다.

Diamond, S.A. (1996). *Anger, Madness, and the Daimonic: The Psychological Genesis of Violence, Evil and Creativity* (SUNY Series in the Philosophy of Psychology). New York: State University of New York Press.
다이아몬드의 책은 인간의 본성과 악이라고 할 수 있는 것의 가능성을 이해하는 데 있어서 메이(Rollo May)의 중요한 공헌 중의 하나였던 다이모닉 대한 개념을 확장하였다. 이 책의 범위는 다이모닉을 악마적이고 정신적인 악의 개념으로부터 구별해내는 것과 심리적인 문제에 대처하는 창의력의 역할까지이다.

Heery, M. (ed.) (2014). *Unearthing the Moment: Mindful Applications of Existential-Humanistic and Transpersonal Psychotherapy*. San Francisco, CA: Tonglen Press.
이 책은 머틀 히어리의 체계적인 훈련 '순간을 발견하다(Unearing the moment)'에 참여한 그룹원들이 쓴 장들을 엮은 것이다. 히어리 박사는 제임스 부젠탈의 제자로 제임스 부젠탈의 저서를 중심으로 훈련을 발전시켰다.

Hoffman, L., Yang, M., Kaklauskas, F., and Chan, A. (eds.) (2009). *Existential Psychology East-West*. Colorado Springs, CO: University of the Rockies Press.
이 편집본은 동양과 서양의 학자들의 글을 종합한 최초의 것이다. 이 책은 총 3개의 섹션으로 나누어져 있으며, 먼저 실존 이론과 실천에 대한 개요를 시작으로 실존 심리학에 대한 동서양의 관점을 살펴보고 동서양 신화에 대한 동양의 관점을 다룬 3개의 챕터로 마무리된다. 이 책은 2019년에 2권으로 구성된 2판으로 재출판되었다.

Krug, O. and Schneider, K. (2016). *Supervision Essentials for Existential-Humanistic Therapy*. Washington, DC: American Psychological Association.

이 책은 실존적 인간중심 치료의 원리를 임상 수퍼비전의 실천에 적용한 최초의 책으로, 미국 심리학회에서 발간하는 임상 수퍼비전 시리즈의 일부이다. 실존적 인간중심 관점에서 수퍼비전에 접근하는 방법에 대한 중요한 개요와 훈련에 대한 시사점에 대해 논의를 제공한다, 실존적 인간중심 관점에서 수퍼비전에 접근하는 방법에 대한 중요한 개요, 훈련에 대한 시사점을 논의하고 사례 예시를 제공한다(이 책은 실존적 인간중심 치료를 가르치기 위한 영상 자료를 첨부하고 있다).

May, R. (1969). *Love and Will*. New York: W.W. Norton & Co.

이 책은 메이의 첫 번째 책이다. 더 많은 사람들에게 주목을 받으며 중요한 역할을 했다. 실존적 관점에서 사랑과 의지의 개념에 초점을 맞춘 것 외에도 이 책은 메이가 다이모닉의 개념을 도입하고 발전시킨 작품이다.

May, R. (1975). *The Courage to Create*. New York: W.W. Norton & Co.

창의성은 롤로 메이의 큰 관심사였다. 메이는 『창조를 위한 용기』(*The Courage to Create*)'에서 실존적 개념에서의 창의성에 대한 이해를 발전시켰다. 이 아이디어는 실존주의 심리학에 영향을 미쳤을 뿐만 아니라, 실존주의 심리학이 창의성에 영향을 미친다는 사실을 밝히는 데 도움을 주었다. 창의성과 예술 간에, 그리고 창의성과 예술과 실존적 인간중심 치료 사이의 관계를 심화시키는 역할을 했다.

May, R. (1981). *Freedom and Destiny*. New York: W.W. Norton & Co.

실존적 관점에서 볼 때 자유를 주제로 쓴 책 중 가장 완전한 책 중 하나이다. 롤로 메이는 자유의 위기, 잘못된 자유로 가는 길, 자유의 특징, 자유의 결실 등을 설명한다. 이 저서는 종종 메이의 이론을 가장 포괄적으로 개관하는 책으로 확인된다.

May, R. (1988). *Paulus: Tillich as Spiritual Teacher*. San Francisco, CA: Saybrook Publishers.

파울루스는 메이의 다른 저서들만큼 자주 인용되지는 않지만, 여러 가지 이유로 중요한 책이다. 틸리히는 메이의 스승이었고, 이 책에는 틸리히가 메이에게 끼친 영향이 많이 기록되어 있다. 또한 이 책은 실존적 인간중심 관점에서의 멘토링 관계를 다루고 있으며, 틸리히의 실존 신학을 보다 명확하고 간결하게 요약한 책 중 하나이다.

May, R. (1991). *The Cry for Myth*. New York: W.W. Norton & Co.
우리에게 만약 선택의 여지가 주어진다면 법을 만드는 일과 한 국가의 신화를 만드는 일 중 어느 쪽을 선택하게 될까? 이 질문은 신화의 기능과 힘에 관해 이야기하며, 롤로 메이는 미국과 서구 세계의 신화가 어떻게 우리 사회를 심오하고 지속적인 방식으로 변화시켰는지에 대한 많은 예를 제시한다.

May, R., Angel, E., and Ellenberger, H.F. (1958). *Existence: A New Dimension in and Psychology*. New York: Simon & Schuster.
이 책은 미국 실존 심리학의 발전에서 가장 중요한 글이며, 아마도 실존주의 심리학의 발전에서 가장 중요한 저서이다. 이 책에는 빈스방거의 번역 글과 미국의 여러 사람의 글들이 포함되어 있지만, 가장 영향력 있는 챕터는 실존 심리학의 역사를 개관하고 치료에 대한 실존적 적용의 개요를 제공하는 메이가 쓴 챕터이다. 실존적 인간중심 운동의 주역이 된 많은 사람들이 이 책을 실존적 인간중심 운동에 영감을 준 가장 중요한 책으로 꼽는다.

Mendelowitz, E. (2008). *Ethics and Lao-tzu: Intimations of Character*. Colorado Springs, CO: University of Rockies Press.
『윤리와 노자』(*Ethics and Lao-tzu*)'는 멘델로비츠(Mendelowitz)의 내담자 중 한 명인 크리스티나와의 작업에서 얻은 영감을 바탕으로 한 강력한 에세이 모음집이다. 멘델로비츠는 수많은 문학가, 예술가, 철학자, 심리학자로부터 영감을 얻었다. 크리스티나는 해리성 정체감 장애를 앓게 된 불우한 과거를 가진 예술가였다. 이 책은 치료를 포함한 그녀의 이야기를 다른 심리 에세이와 함께 뒤섞여 서술하고 있다. 멘델로비츠는 심리학에 대한 자신의 문학적 접근 방식과 혼합된 인용문들을 통해 현 독자들에게 수많은 위대한 실존주의 사상가들을 소개한다.

Rogers, C. (1961). *On Becoming a Person*. New York: Houghton-Mifflin Harcourt Publishing Co.
『진정한 사람 되기』라는 제목에서 알 수 있듯이 인간중심 심리학의 창시자가 쓴 이 기초서는 효과적인 치료자가 되기 위한 전제 조건인 '배려심과 성취감을 주는 사람'이 되는 방법에 관심이 있는 사람이라면 누구나 반드시 읽어야 할 책이다.

Rogers, C. (1980). *A Way of Being*. New York: Houghton-Mifflin Publishers Inc.
칼 로저스의 경력이 끝날 무렵에 쓰여진 이 책은 그의 고전인 『진정한 사람 되기』(*On Becoming a Person*)'의 끝맺음 역할을 한다. 이 책은 로저스의 인간 중심 심리치료의 철학을 요약한 책이다.

Schneider, K.J. (1999). *The Paradoxical Self: Toward an Understanding of our Contradictory Nature* (Rev. edn.). New York: Humanity Books.

『역설적 자아』(*The Paradoxical Self*)는 실존적 인간중심 관점에서 성격 이론과 관련된 가장 중요한 저서 중 하나이다. 슈나이더는 인간의 역설적인 본성을 설명하기 위해 초수축(hyperconstriction)과 초확장(hyper-expansion)에 대해 논의한다. 슈나이더는 심리학에서 흔히 볼 수 있는 것처럼 성격의 균형을 맞추거나 조절하려고 하는 대신, 이러한 다양한 측면을 이해하고 역동적이고 활력 넘치는 전체로 통합하는 방법을 설명한다.

Schneider, K.J. (2009). *Awakening to Awe: Personal Stories of Profound Transformation*. Langham, MD: Jason Aronson.

슈나이더는 『경외심에 눈을 뜨다』(*Awakening to Awe*)에서 실존적 인간중심적 관점에서 영성에 대한 중요한 개념을 서술한다. 경외심은 미지의 세계와 알 수 없는 것에 관한 경이로움과 불안감을 동시에 느끼는 열린 마음을 의미한다. 경외심을 키우는 것은 세상의 도전에 맞서 온전히 살아가기 위한 중요한 측면이라고 서술한다.

Schneider, K.J. (ed.) (2015). *Existential-Integrative Psychotherapy: Guideposts to the Core of Practice*. New York: Routledge.

『실존적 통합 치료』(*Existential-Integrative Psychotherapy*)는 심리학 전문가들을 대상으로 하는 실존적 인간중심 심리학에 관한 몇 안 되는 책 중 하나이다. 이 책은 실존적 인간중심 심리치료에 대한 접근방식에 대한 개요를 제공함과 동시에 실존적 인간중심 심리치료가 치료의 기초가 될 수 있음을 보여주는 새로운 방향을 제시하였고, 인지 행동, 정신분석 및 간단한 치료법을 포함한 다양한 치료 접근법에 응용하였다. 또한 문화적 다양성에 초점을 맞추어 구성되어, 실존적 인간중심 심리치료에 다문화적 관점을 적용하는 최초의 심층적인 시도가 담겨있다.

Schneider, K. and Krug, O. (2017). *Existential-Humanistic Therapy*, 2e. Washington, DC: American Psychological Association. (Also accompanied by a companion video illus‒trating existential-humanistic practice.)

이 책은 실존적 인간중심 치료법을 가장 영향력 있는 현대적 치료법 중 하나로 인정한 미국 심리학회에서 발간한 심리치료 시리즈의 일부이다. 이 책은 실존적 인간중심 이론, 치료법 및 사례에 대한 개요와 함께 이 접근법의 통합적 측면을 강조한다.

Schneider, K. and May, R. (1995). *The Psychology of Existence: An Integrative, Clinical*

*Perspective*. New York: McGraw-Hill.

『실존의 심리학』(*The Psychology of Existence*)은 실존 치료에 대한 중요한 개론서로, 여러 면에서 슈나이더의 실존적 통합 심리치료의 전신이라고 할 수 있다. 이 책의 특징 중 하나는 키르케고르, 니체, 카뮈, 베커 등 여러 영향력 있는 인물의 발췌문을 포함하여 실존 치료에 대한 문학적, 철학적 영향에 대한 개요를 포함하고 있다는 점이다.

Schneider, K., Pierson, J.F., and Bugental, J. (eds.) (2015). *The Handbook of Humanistic Psychology: Theory, Research, and Practice*, 2e. Thousand Oakes, CA: Sage Publications.
이 책은 독자들에게 현대 인본주의 심리학의 역사, 이론, 방법론, 실무 적용, 더 넓은 환경으로의 적용을 포함한 현대 인본주의 심리학에 대한 풍부한 개요를 제공한다. 각 섹션은 최신 동향과 함께 현대적 주제로 나뉜다. 그리고 미래 발전 방향에 대한 에필로그로 마무리한다.

Tillich, P. (1952). *The Courage to Be*. New Haven, CT: Yale University Press.
『존재할 용기』(*The Courage to Be*)는 죽음과 죽음에 대한 불안, 죄책감, 무의미함을 다루는 실존적 조건에 관한 중요한 저서이다. 틸리히는 '용기'를 자신을 받아들이고 자신의 존재를 포용하는 데 있어 중요한 측면이라 언급한다.

Yalom, I. (1980). *Existential Psychotherapy*. New York: Basic Books.
이 분야에서 가장 잘 알려진 저자가 쓴 이 책은 실존 심리학 입문 및 기초 과정의 훌륭한 교재로 사용할 수 있다. 이 책은 실존 심리학의 다양한 독창적 사상가들을 통합하여 실존 심리학의 체계적인 모형을 제시한다. 이 책은 실존 철학의 어려운 측면을 분석하고, 수많은 사례 연구를 통해 가독성 높게 쓰여졌다.

Yalom, I. (1989). *Love's Executioner and Other Tales of Psychotherapy*. New York: Basic Books.
이 책은 실존 심리학에 대해 자세히 알고 싶은 전문가와 일반인 모두에게 훌륭한 입문서 역할을 할 수 있다. 이야기 형식으로 쓰여진 사례 연구는 매우 매력적이며, 우리 모두가 직면해야 하는 실존적 과제에 대한 좋은 예시 역할을 한다. 이 책의 서문은 어빈 얄롬이 개발한 실존적 (주어진) 조건에 대한 훌륭한 요약으로 시작된다.

# 18

## 실존적 인간중심 치료와
## 실존적 통합 치료의 과제와 새로운 발전

Louis Hoffman, Theopia Jackson, Ed Mendelowitz, Xuefu Wang, Mark Yang, Ken Bradford, and Kirk J. Schneider

## 서론

이번 장은 실존적 인간중심 치료(EH) 및 실존적 통합 치료(EI)의 최신 동향을 반영한다. 이 장에는 다문화, 아시아, 초인적 – 영적 트렌드가 포함되어 있다. 일부 장에서는 에드 멘델로비츠와 켄 브래드포드처럼 보다 개인적이고 성찰적인 스타일을 강조하는 장도 있지만, 다른 장은 좀 더 설명적인 성격을 띠고 있다. 그러나 결국, 각 내용은 현대 EH 및 EI 치료의 큰 그림을 이루고 있는 확인 가능한 주제들을 반영한다. 이러한 주제들은 유기적으로 발생하였으며, EH/EI 커뮤니티에서의 연구, 담화 및 응용 프로그램에 필수적이다. 이 장의 마지막 장인 에필로그는 특히 심리치료 전반에 영향을 미치는 분야가 어디로 향하고 있는지에 대한 전반적인 비전을 제공한다.

— 커크 J. 슈나이더

## 실존적 인간중심 치료에서의 다문화 발전_루이스 호프만, 테오피아 잭슨

역사적으로 실존적 인간중심 치료는 다문화주의와 부딪히면서 어려움을 겪었지만, 최근의 여러 발전들이 있으면서 한계를 다루게 되었다(Hoffman 2016; Hoffman, Cleare-Hoffman, and Jackson 2014). 이 장은 관계와 정체성, 자아실현, 그리고 사회정의를 고려하는 중요한 혁신들을 강조한다.

## 관계와 정체성

실존적 인간중심 치료는 매우 대인관계적인 접근 방식이다. 그러나, 이는 일반적으로 개인주의적인 관점에서 관계를 다루는 경향이 있다. 개인주의와 집단주의 개념은 타당한 이유로 비판받았다(Oyserman, Coon, Kemmelmeier 2002; Schwartz 1990). 특히, 개인주의와 집단주의를 서로 다른 범주나 연속체로 충분히 이해할 수 없다는 것을 인정하는 것이 중요하다. 이는 오히려 세계관을 조명할 수 있는 인식론적인 근본적 차이로서 이해되어야 한다(Nobles 2006). 다양한 형태의 개인주의와 집단주의가 존재하며, 이들의 혼합 또한 많다. 그럼에도 불구하고, 개인주의와 집단주의의 개념은 자아와 자아에 대한 가치, 관계에 관한 다른 개념과 경험을 가리킨다. 이 관점에서, 실존적 인간중심 심리학은 역사적으로 개인에 편향되어 있음을 보여주었다. 실존적 인간중심 심리학이 다양한 문화에 걸쳐 관련성을 가질 뿐만 아니라 그러한 참여에 의한 영감을 얻기 위해서는 개인주의적 편견을 인식하고 그 너머로 나아가는 것이 필요하다. 이러한 인식이 없다면, 치료자들은 잠재적으로 이를 인식하지 못한 채 내담자에게 자아와 자아에 관련된 가치에 대한 본인의 견해를 내담자에게 강요할 가능성이 있다. 이러한 '임상적인 맹목성'은 선의를 가지고 하였다고 해도 의도와 영향에서 잠재적인 위험으로 나타날 수 있다. 문화적 고려가 부족한 개입은 의도치 않게 부정적인 영향을 초래할 수 있다. 예를 들어, 자아실현을 위한 관계적 접촉의 상호의존성 가치를 강조하는 공동실현의 적용은 가치가 있지만, 이것을 다문화주의에 대한 인간중심적 대응으로 해석해서는 안 된다. 공동 실현은 '주로 관계에서의 경험을 통한 고유한 정체성'을 개발하는 데 있어 바람직한 결과로서 개인주의를 전제로 한다(Motschnig—Pitrik & Barrett—Lennard 2010, p.365). 그러나 이러한 접근방식은 많은 유색인종이나 특정 토착 집단 구성원에게는 충분하지 않다. 집단주의의 문화적 인식론적 개념을 고려하지 않는 것은 내담자의 문화적 맥락에서 최적의 정체성 형성을 하는데 심리적 소외를 초래할 수 있다. 비록 치료자가 의도한 것은 아닐지라도 해로운 영향을 미칠 수 있다. 실존적 인간중심 심리학의 최근 경향은 자아에 대한 다른 개념을 허용하는 등 개인주의적 편견을 넘어서는 길을 제시하기 시작했다(Hoffman et al. 2015). 호프만과 동료들(2015)은 다양한 유형의 개인주의와 집단주의를 포함한 자아에 대한 다양한 개념이 모두 장점이 있다고 주장했다. 또한, 이들은 자아에 대한 다른 개념들이 문화에 따라 웰빙과 더 잘 연관될 수 있다고 주장한다.

종종 집단주의와 관련된 문화권에서 자아에 대한 이해는 실존 심리학에서 일반적으로 강조되는 '다른 사람들과의 관계에서의 자아'의 개념과 비교된다. 즉, 실존 심리학은 개인이 관계를 선택하고, 관계를 맺고자 하는 욕구를 실존적으로 주어진 것 중의 하나라고 본다. 그러나 어떤 사람들에게는 가족 및 문화와의 관계가 자아의 밑바닥, 즉 문화적 원형에 깊이 내재되어 있어 쉽게 분리될 수 없다. 보다 구체적으로, 많은 토착인(Comas-Dias 2012), 특히 아프리카 혈통을 가진 사람들(Myers 1985, 1993; Nobles 2006)에게 '자아'는 영적인 것으로 경험되며, 과거, 현재, 미래의 생명력을 포함한 모든 생명력과 연결된다. 따라서 인간이 된다는 것은 영적인 존재가 된다는 것이다. 이러한 차이는 내담자가 결정을 내리고 관계를 탐색할 수 있도록 힘을 실어주는 방식에 중요한 영향을 미친다. 코마스-디아스(2012, p.427)는 다문화주의의 인본주의적 통합을 고려할 때, 다음과 같이 가정한다,

> 자기 의미(사건이 정체성에 미치는 지각된 효과)와 맥락적 의미(사건과 맥락의 지각된 관계)는 다문화 집단주의적 지향과 일치하는 차원이다(Fife, 1994). 다문화적 세계관에서 의미 만들기는 문화적 맥락에 담긴 관계적 정체성을 개발하는 것을 포함한다. 따라서 맥락주의, 전체주의, 해방은 다문화적 인본주의적 구성 요소이다.

마찬가지로 실존주의 심리학은 개인의 자유를 강조하면서 다른 대안들에 부정적인 의미를 부여해 왔다. 예를 들어, 자유와 순응을 대조하는 것은 흔한데, 많은 비서구 국가들은 자유를 다르게 이해하며, 집단의 자유와 사회적 조화와 같은 개념을 강조한다(Chan 2009). 또한, 문학은 일관되게 문화적 근거와 소속감이 억압 및 인종차별 시스템에 시달리는 집단들에게 이로움이나 보호 요인으로 작용한다는 것을 기록해 왔으며, 실존적 인간중심 치료와 같은 문화적 동맹의 역할을 강조한다(Reitz 외. 2009). 집단의 자유와 조화가 반드시 개인의 자유 개념과 모순되는 것은 아니지만, 이전의 차원들은 다르게 경험되며 치료에 영향을 미친다.

실존적 인간중심 치료가 이러한 차이에 적응하기 위해 핵심 가치를 희생할 필요는 없다(Hoffman 등, 2014). 그러나, 다양한 존재 방식을 고려할 때 비판적인 자기반성과 질문에 참여할 준비가 되어야 하며, 일부 개념이 새로운 문화적 맥락에서 변형되고 재해석될 수 있도록 개방적인 태도를 갖추어야 한다(Comas-Dias, 2012).

## 중국의 실존적 인간중심 치료_마크 양, 쉐푸 왕

많은 사람들이 유대교, 불교, 그리고 도교 안에 인본주의와 실존주의 사상의 중요한 기원이 있다고 인식한다. 이 세 가지 주요 철학은 중국 문화에 깊은 영향을 미쳤다. 이것이 중국 내에서의 문화 간 대화와 실존적 인간중심 심리학의 발전에 많은 관심이 집중되는 이유이다. 이 노력의 선두에는 국제 실존적 인간중심 연구소의 활동이 있다. 이 연구소는 중국, 동남아시아, 미국 등의 심리학자들 사이의 교량을 만드는 데 헌신하고 있다. 이는 2010년 이후 중국

에서 열린 세 개 이상의 국제 실존 심리학 회의, 자격증 교육 프로그램, "동서양 실존심리학"이라는 책의 출간, 미국, 유럽, 중국 및 동남아시아 전역에서의 다수의 워크샵 및 회의 발표로 이어졌다. 이 섹션에서는 유교, 도교, 직면 심리학, 실존적 인간중심 심리학의 핵심 원리 사이에 연관성을 설명한다.

## 공자와 실존적 인간중심 심리학

한나라부터(기원전 141) 중국 통치자들에 의해 숭배를 받아 온 유교는 중국 문화의 가장 중요한 원천으로 인정받고 있다. 공자는 중국에서 최초로 사립학교를 개척한 교육자로, 나중에 '모든 시대의 모범 교사'로 존경받았다. 공자에게는 많은 제자가 있었다. 그의 제자들은 인의(무조건적인 배려), 성실(본래성), 경험(지금―여기), 지혜(모순적인 사고), 그리고 자연스러운 것에 대한 깊은 존중의 결과와 같은 실존적 인간중심 치료에서 발견되는 많은 특징을 가지고 있었다. 공자의 사상은 거의 모든 삶의 측면을 다루고 있다. 공자의 가르침은 네 가지 고전 문헌인 『논어』, 『대학』, 『중용』, 그리고 『맹자』에 기록되어 있으며, 그의 가르침은 실존적 인간중심 심리학의 원리와 실천에 많은 울림을 준다. 여기에는 다음의 내용이 포함된다.

1. **인간성에 대한 초점:** 공자는 자신의 관심을 '인간성'에 두었다. 그는 '모든 사람을 사랑하는 것'을 인(仁)으로 정의했다[12:22] (공자 1893/1971, p.260). 이는 실존적 인간중심 심리학의 근본적인 관심사 중 하나인 '인간이란 무엇인가?'라는 중대한 질문과 관련이 있다.

2. **실현 지향적:** 공자와 실존적 인간중심 심리학자 모두 자아실현의 중요성을 믿고 있다. 공자가(1893/1971) '완전한 덕을 가진 자는 자신을 확립하기를 원하며 또한 다른 사람들을 확립하려고 하고, 자신을 확장하기를 원하면 또한 다른 사람들을 확장하려고 한다'[6:28](p.260)라고 쓴 바 있다. 그는 자신을 세우기 위해 타인에 대한 봉사를 하는 것은 자기 성장이 우수한 사람(군자, 君子)이 되는 것이라고 믿었다. 이는 칼 로저스가 말한 '완전히 기능하는 사람'과 유사하다.

3. **용기, 자유, 인내:** 어려운 시기에 살고 있었던 공자는 자신의 길(도, 道)을 탐구하고 전파하기 위해 그의 삶을 바쳤다. 그는 포기하지 않고 용감함의 품성을 옹호했으며, 이는 폴 틸리히가 '존재를 위한 용기'라고 묘사한 것과 닮아있다. '예고된 결론도, 자의적인 예단도, 고집불통도, 이기심도 없다'라는 그의 훈계는 현상학의 핵심적인 원리와 조화를 이룬다. 공자(1893/1971)는 또한 사르트르와 카뮈의 비극적 낙관주의 정신과 비슷한 부분이 있었는데, 문지기도 그에 대해 '그는 목표를 이루는 것이 불가능하다 해도, 여전히 그 추구를 포기하지 않을 것'이라고 언급하기도 했다.

## 실존적 인간중심 심리학과 도의 길

스스로를 실존적 인간중심 심리학자라고 생각한다면, 존재의 본질에 수많은 울림을 일으키는 '도의 길'을 숙지해야 한다. 중국 도교는 노자(기원전 571−471년경)와 장자(기원전 369−286년경)라는 두 명의 주요 현자이자 문학가에 의해 창시되었다. 장자는 덜 알려진 성인으로, 그의 저서는 33장의 장으로 구성된 『장자』라는 제목을 가지고 있다. 노자는 81장으로 이루어진 『도덕경』을 저술했으며, 세계에서 성경을 제외하고는 가장 많이 번역된 도서이다. 『도덕경』은 사물이 일어나거나 작동하는 방식을 나타내는 '도'에 대한 책 또는 경전(Ching)을 말한다. 이 모든 것은 덕(德)으로 간주 된다. 『도덕경』은 리더십, 자연법, 그리고 자연법과 조화를 이루는 삶의 방식이라는 세 가지 주제를 다룬다.

도교를 신봉하는 도교의 성현들은 자연법에 대한 엄청난 존경심을 가지고 있었으며, 자연 질서에 간섭하지 않으며, 자연 질서를 존중했다. 이것은 '흐름을 따르는 것'이나 도에 빠져들기만큼 이해하기 쉽지만 임상에서 실천하기는 어렵다. 실제로 사람들은 자연과 조화롭게 살 것을 권장받으며, 자연 속에서 발견된다. 그러나 이는 자연을 지배하는 것이 아니라 자연의 작은 부분이 됨을 의미한다. 그러므로 겸손함, 경이로움, 경외심의 태도가 '도'와 조화를 이루며 살아가는 삶의 자연스러운 결과이다. 자연과 조화롭게 공존하는 것에 대해, 도교를 따르는 사람들과 많은 실존적 인간중심 심리학자들은 모든 것이 상호연관되어 있으며, 통제하는 중심 없이 상호적으로 발생한다고 주장한다. 선과 악, 고통과 기쁨, 질병과 건강처럼 정반대되는 것 없이 경험할 수 있는 것은 아무것도 없다. 죽음과 삶은 근본적으로 동등하게 함께 존재한다. 내담자와 치료자는 모두 도의 길에서 방랑하는 동행자이며, 동료 여행자를 위해 잠시 내담자와 상담자라는 역할을 맡은 것에 불과하다. 치유의 근원을 구분할 수 있는 사람이 누구일까? 닭과 달걀의 문제는 인과 관계보다 공존과 상호의존이 강조되며 중요시된다. 인식론적으로, 도교는 지식과 이해는 언제나 진리를 향해 가는 길 위에 있지만 결코 그것을 완전히 획득할 능력을 가지고 있지 않다고 주장한다. 이는 도덕경의 1장의 유명한 시작 문구인 '걸을 수 있는 길은 진정한 길이 아니다. 이름 짓는 것은 진정한 이름이 아니다'(노자, 2003)와 '지식이 북쪽으로 간 방법'(장자, 2003, 22장)의 비유에서 멋지게 설명되어 있다.

도는 실존적 인간중심과 마찬가지로 반대되는 것들을 포괄하고 역설을 수용한다. 그러나 도교는 도를 더 유용한 방식으로 설명하는 데 덜 바람직한 용어를 강조하거나 선호한다. 도교 철학자들에게는 약하고, 복종적이며, 쓸모없는 것이 강하고, 지배적이며, 유용한 것보다 어떤 면에서는 더 좋다. 도덕경의 76장(일부 인용)은 다음과 같이 말한다. '생명이 시작될 때 우리는 연약하고 약하다. 생명이 끝날 때 우리는 딱딱하고 경직되어 있다. 풀과 나무를 포함한 모든 것은 생명을 가질 때는 부드럽고 유연하며, 죽음에 이르면 마르고 부서진다. 그래서 생명의 동반자는 부드럽고 융통성 있고, 죽음의 동반자는 뻣뻣하고 양보하지 않는다'(노자, 2003, p.89).

　　마지막으로, 도의 길에 대한 어떠한 논의도 무위(無爲/无为)의 개념을 설명하지 않으면 완전하지 않다. 무위는 계획 없이 행동하는 것, 의도와 행동이 동시에 일어나는 것을 의미한다. 무위는 강제하지 않고, 강요하지 않고, 간섭하지 않는 것이다. 그것은 침묵, 고요함, 그리고 우리가 수용할 수 있도록 우리 자신을 비우는 것이다. 아무 일도 하지 않는 것을 말하는 것이 아니다. 장자(2023, 33장)의 말에 따르면, 무위는 마음이 물처럼 흐르고, 거울처럼 반사되며, 메아리처럼 응답한다고 쓰여 있다.

## 직면(Zhi-Mian) 심리치료: 현대 중국의 토착적인 실존적 인간중심

　　직면 심리치료는 중국 난징의 왕쉐푸 박사가 개발한 토착적인 실존적 인간중심 심리학이다. 이는 중국의 현대 작가인 루쉰(鲁迅)의 글을 기반으로 하며, 중국인들의 정신적 회피를 비판했다. 직면(直面)이라는 용어는 루쉰(1981)의 다음 인용구에서 유래되었다. 그는 직면의 전사(Warrior)를 옹호하는데, 이는 '인생이 정말 어두울지라도 인생을 담담히 직면하는 자'라고 말한다(真的猛士, 敢于直面惨淡的人生)(p.271). 최근(2010년 이후) 국제적 교류를 통해 특히, 미국의 실존적 인간중심 심리학자들과의 대화를 통해, 중국은 물론 해외에서도 점점 더 많은 사람들이 직면 개념을 통해 존재와 실존적 인간중심 심리학을 이해해가고 있다.

　　직면 심리치료의 목표는 포기를 통해 자신이 되는 것이며, 이는 완전히 자신이 되는 데 방해되고 손상되는 힘과 능력을 용감하게 거부하고 저항하는 것으로 이해할 수 있다. 직면 심리치료사는 내담자가 온갖 제약에 직면해 있음을 공감적으로 이해하면서, 그러한 제약의 범위 내에서 내담자가 자신의 의지와 선택을 행사할 수 있도록 지지하고 격려한다. 동시에 직면 심리치료사는 내담자가 사랑과 봉사를 바탕으로 한 관계를 발전시키도록 돕는 감성을 지지한다. 직면 심리치료사는 다음 세 가지 핵심 원칙을 통해 내담자의 발달을 촉진한다.

1. **현실을 탐구하고 직면하는 용기:** 직면의 관점에서 심리적인 고통은 회피를 방어기제로 지나치게 의존함으로써 발생한다고 믿는다. 따라서 직면 심리치료는 사람들을 인생의 직면으로 되돌리기 위한 노력이다.
2. **저항하고 봉사하는 능력:** 직면 심리치료에서는 치료자들이 사람들의 용기와 저항 능력을 줄이는 다양한 문화적 요소에 주의를 기울인다. 따라서 건강한 저항은 필수적이다. 또한 저항과 아울러 직면의 정신은 사랑과 봉사를 기반으로 한 관계를 강조한다.
3. **의미 만들기를 통한 고통과 트라우마의 변화:** 직면적인 태도는 개인의 고통을 직면하고 그 고통을 개인적인 의미의 발견 또는 구축을 통해 변화시키는 법을 가르친다. 우리가 상처를 받거나 트라우마를 겪을 때, 우리는 종종 너무 굳어진 방어기제를 개발한다. 이러한 방어

는 종종 불확실성을 강박적으로 피하고 절대적 안전을 찾는 것으로 이루어져 있는데, 이는 환상일 뿐이다. 직면 심리치료사는 내담자가 직면의 개념을 통해 이러한 환상을 버리도록 격려한다. 왕 쉐푸 박사(2009)는 루쉰의 철집 비유를 채택하여 의미와 진리를 제공한다고 주장하지만 실제로는 사람들을 속박시키는 제도를 표현했다. 따라서 직면 심리치료사들은 각성을 통해 내담자가 회피 대신 직면을 선택할 것이라고 믿기 때문에, 내담자가 인식을 개발할 수 있도록 돕는 데 노력한다.

## 실존적 통합 치료의 심층적 숙고_G. 케네스 브래드포드

통합적 강조(integrative emphasis)가 실존적 문제를 다루는 다양한 치료법들을 존중하는 것처럼, 숙고적 강조(contemplative emphasis)는 다양한 정도의 주관적인 몰입, 감각적인 적응, 그리고 진정한 존재감에 대한 심도 있는 존재론적 치료를 존중한다. 통합적 민감성은 특정한 문제를 해결하기 위해 다양한 치료 이해와 개입을 활용하여 특정한 사람들의 조건과 능력에 맞춰 문제를 해결한다. 모든 특정 접근법의 공통 요소는 자기주의 능력을 기반으로 한다. 이 것은 내부를 들여다볼 의지와 능력을 모두 요구한다. 실존적으로 강력한 치료법은 다른 사람 들의 제약에 맞춰 수정하거나, 조정하거나, 구축하려는 대신, 사람이 자신의 내면에서 '존재적 감각'으로 스스로를 찾을 수 있도록 돕는다. 실제로, 이 감각은 다양한 방식으로 다가갈 수 있 다. 우리가 선호하는 통합적 접근법이 실존적 통합이라고 이해되는 이유는 특정한 이론적 또 는 철학적 의미가 아니라 경험이라는 실존적 핵심을 중요하게 여기기 때문이다. 내면으로의 전환은 자기와 다른 사람의 반성적, 강박적, 객관화적 판단에서 벗어나 주관적 인식의 흐름에 대한 조정을 필요로 한다. 이는 자아 탐구에 결정적인 사색적 접근법이다. 실존적 인간중심 치료에서 값진 진주와 같은 본래성을 찾는 것은 개개인이 그 자신을 여는 능력에 따라 어느 정도 깊고 완전하게 이루어질 것이다.

유진 젠들린(Eugene Gendlin, 1978)의 심리치료에 관한 연구에서는 치료의 효과성에 영향 을 미치는 주요 요인이 개인의 주관적 감각 능력에 달려 있다는 것을 발견했다. 그의 연구에 따르면 내부 감각에 관여할 수 있는 능력은 선천적일 필요가 없으며, 학습하고 심화할 수 있 는 자기 주의력의 기술이라는 것이다. 젠들린은 이 치료적 기술을 '포커싱'이라고 불리는 일련 의 실용적인 단계로 풀어내었다. 물론, 포커싱의 구체적인 단계만이 자기 탐구 능력을 개발하 는 유일한 방법은 아니다. 자기 주의력과 자기 해방을 촉진하기 위해 사용할 수 있는 다양한 명상 기술과 관계 기술적 수단이 있다. 비록 젠들린이 심리적인 숙련 기술이 심층적 치료법에 서 내담자와 치료사 모두에게 필수적임을 발견한 첫 번째 심리학자는 아니었지만, 이에 대해 연구한 최초의 사람이었다. 그는 오늘날 주목받는 마음챙김 기반 접근법의 선구자인 명상 과학자로 일하고 있으며, 심리학자와 철학자 계보에 속한다.

프로이트는 1911년에 초에 처음으로 숙고적 주의 집중이 심리치료의 필수적인 핵심 요소임을 인식했다. 그는 정신분석의 실천에서의 다양한 규칙이 모두 '하나의 규칙으로 요약될 수 있는데 [그것은] 환자를 위해 마련된 정신분석의 기본 규칙에 대응하는 것으로, 모든 것에 직면하여 동일하게 '균형 잡힌 주의'를 유지하는 것'이라고 언급했다(Bradford 2007a, p.57에서 인용 및 논의). 융은 프로이트와 많은 차이점에도 불구하고, 이에 동의했으며, 비온(1984), 위니콧(1971), 보스(1982/1963) 등과 같은 많은 심층 분석가들도 그중에 포함된다. 비록 숙고적 집중이 심층 분석 실천에서 항상 일관되게 또는 완전하게 적용되지는 않지만, 그것은 여전히 '분석적 태도'의 본질이다. 랭(1985)은 심리치료를 '대인적 명상'의 실천이며, '사람을 자신의 존재로 돌아가도록 하는 역할'을 목적으로 한다고 강력하게 선언했다. 랭은 심리치료가 '성찰적이고 명상적인 분위기에서 함께 모이는 명상적인 대화, 직관적인 반응을 불러일으키는 부화(incubation)'로 일어난다고 생각했다. 그는 "이것이 드물게 일어나지만, 이 과정을 더 완전하게 신뢰한다면 더 많은 일이 일어날 수 있다"라고 덧붙였다.

현상학 또한 주된 인식 기능으로 숙고적 집중을 우선시한다. 후설(1973/1929)은 일상적으로 받아들여지는 사회/정신적 구성이 우리가 사물을 보는 방식을 형성하고 왜곡시킨다는 사실을 인식하고, 우리가 사물을 어떻게 생각하는지에 대한 암묵적 가정을 보류할 수 있는 '현상학적 태도'를 취하는 것이 현명하다는 것을 발견했다. 이는 사물을 우리가 생각하는 대로가 아닌 실제로 있는 그대로 더 정확하게 볼 수 있도록 하는 데 도움이 된다. 신념과 불신에 대한 현상학적 보류는 세계에 대한 개방성을 증진시키는데, 이는 비개입적 인식의 명상적 기술로서 감정적 왜곡을 줄여 '사물/타인이 스스로를 드러낼 수 있도록' 한다. 하이데거(1966/1959)는 이를 더욱 구체화하여 '계산적 사고'와 '명상적 사고'를 구별하였다. '계산적 사고'는 우리의 일상적인, 개념에 얽매인 사물이나 사람에 대한 사고인 반면, '명상적 사고'는 개념적 자기 제한으로부터 비의도적이고 자발적인 자연적 해방(gelassenheit)을 촉진할 수 있는 사물이나 사람에 대한 비개념적 사고이다.

우리가 실천하고 가르치는 실존적 심리치료(참고: Bradford 2001, 2013; Bugental 1978, 1981, 1987; Boss 1982/1963; Schneider and May 1995; Schneider and Krug 2010; and Schneider 2008)는 정신분석, 현상학, 그리고 실존적 인간중심의 흐름을 엮어 짐 부젠탈이 말한 것과 같은 '한 접시에 달걀 프라이, 소시지, 해시 브라운, 구운 야채 등이 담긴 풍성한 미국식 식사(an all-American hash)와 같다. 그러나 개인적인 의견으로는 이 풍부한 결합조차도 가장 심층적이고 강력한 숙고적 흐름이 빠져있다. 이것은 가장 깊고 치유력 있는 잠재력을 갖고 있다.

유럽과 미국 실존주의자들이 아시아의 지혜 전통을 배우고 숙달하기 시작한 것은 당연한 일이다. 이는 더욱 정교하고, 현존하는 형태의 자기 탐구 방식을 아시아의 지혜 전통에서 더 많이 찾아볼 수 있기 때문이다. 유럽 실존 현상학의 사상을 이해하고 적용하는 것은 쉬운 일이 아니다. 후설, 부버, 사르트르, 혹은 하이데거의 철학적 사상을 치료의 실제에 적용하는 것은 더욱 어려운 일이다. 게다가 불교, 도교, 수피즘, 심지어는 신비주의적 유대교나 기독교와 같은 사색적 전통을 연구하고 실천하는 것은 매우 벅찬 일이다. 그러나 물론 어렵다고 해서 가치가 없는 것은 아니다. 롤로 메이(1981, p.164)가 말한 것처럼 서구의 사고와 종교의 위기 속에서 동양의 지혜가 해결책으로 떠오르고 있으며, 이 지혜는 우리가 잊어버린 우리 자신의 신비주의 전통에 대한 진리, 즉, 사색, 명상, 그리고 멈춤의 중요성을 우리에게 상기시킨다.

실존치료자들에게는 비개념적 인식 능력을 더욱 깊게 갖추는 것은 풍부한 도전이다. 깊이를 더 하기 위해 아시아의 지혜 전통의 탁월한 심리학적 지식과 명상적 실천을 활용할 필요가 있다. '마음 챙김'이 현재 미국 심리학에서 가장 많이 연구되는 주제 중 하나이지만(Walsh and Shapiro 2006), 여전히 초급 수준의 명상 수행법으로 남아 있으며, 종종 더 넓은 철학적 맥락과 더 깊은 해방에서 벗어난 다소 피상적인 방법으로 적용되고 있다. '마음챙김'을 위한 수련(고른 주의 집중, 현상학적 주의 집중, 존재하기, 포커싱, 통찰 명상 등 참고) 이 외에도 더 발전된 숙고적 능력이 있다. 이러한 능력은 이타적인 연민의 방향으로 경외심과 공감적 조율 능력을 강화하고, 자기 해방의 방향을 향한 이중 존재의 능력을 강화할 수 있다.

20세기에는 실존심리학이 전적으로 서양 전통으로 간주되고 여겨졌다. 그러나 21세기에는 이것이 한계로 여겨졌고, 아시아의 높은 수준에 있는 사색적 전통을 참고하여 확장되고 있다. 주로 인간의 존재에 중점을 둔 심리학 주요 학파 중에서, 실존주의 치료는 교차 문화적인 동서양의 통합적 심리학으로 발전하기에 적합하다.

## 심리치료와 예술: 우리가 되어가는 과정_에드 멘델로비츠

원초적 이미지를 완성하는 것을 창조적이라고 한다. 그것을 모방하는 것은 수용적이라고 불린다. (변화의 책: *The Book of Changes*)

나의 세 살짜리 딸의 소아과 의사인 마크 보네거트(2010, p.3)은 '예술은 부가적인 활동이 아니다'라고 말한다. 언급할 필요도 없을 만큼 너무나 당연한 말이다. 철학과 종교는 말할 것도 없고 문학, 음악, 영화, 예술에 대한 느낌은 심리학이라는 이름에 걸맞은 모든 심리학의 근본적인 특성으로 보여진다. 명백한 증거에 기반한 것 외에는 아무것도 존재하지 않는 것으로 생각하는 회의론자들은 이제 우리 중 일부가 그동안 알고 있던 것들을 확인하는 연구들을 한 것을 보고 안심한 듯하다. 유진 오닐은 '글을 쓰는 저자들은 심리학이 발명되기 전부터 심오한 심리학자였다'라고 선언했다(Bogard & Bryer, 1994년, p.386, 인용). 난파된 사람들이 있는 무인도에서 어떤 사람을 포기할 것인가. 소설가를 포기할 것인가 환원적이고 자기 과시적인 이론가 중 누구를 버릴 것인가? 멜빌을 포기할 것인가 셀리그만을 포기할 것인가? 소아과 외과 의사로서 감동적 이야기를 썼던 커트, 아니면 아론 벡을 포기할 것인가?

나는 심리치료를 치료 변증법의 양쪽에서의 창의적인 노력이라고 생각한다. 그리고 니체의 격언(자기 창조, 곧 가장 어려운 예술)과 그리스 시인 핀다르의 명언을 살짝 각색한 말이 떠오른다. '사람이 어떻게 자신이 되는가?' 이러한 생각을 뒷받침하는 전제와 잠재력은 한편으로는 덧없음과 궁극적으로 무의미하다는 근본적 주제를 떠올리게 하고, 다른 면에서는 공허함 속에서 어떤 의미의 실마리를 찾을 수 있는 가능성을 기대하게 한다. 이러한 지속적인 긴장은 진정한 교류와 단편적이고, 우연적이고, 힘든 일을 해서 인격을 형성하는 것에 대한 두려움과 참신함을 불러일으킨다. 니체는 '삶이란 미학적 경험으로서만 정당화된다'라고 말한 적이 있다. 심리치료와 예술에 대한 이 짧은 사색에서 등대와 같은 역할을 하는 것은 비록 어렵긴 하나 본질적인 자기 창조의 영역(제임스의 '더' 또는 '결코 그렇지 않은'에 대한 갈망과 노력)에 대한 느낌을 갖게 된다.

심리치료는 어떤 식으로든 우리 시대의 얄팍함과 일반적인 공허함을 상쇄하는 역할을 해야 할 것 같다. ('많은 사람, 적은 몸짓'이라는 밀란 쿤데라[1991]의 표현은 우리가 직면하고 있는 상황을 적나라하게 묘사한 소설 『불멸』의 한 대목이다) 그것은 의지의 만남과 궁극적인 긴장이며, 그 참신함, 자유분방함, 본질적인 유익함은 상담실에서 그리고 희망적으로는 그 너머의 더 넓은 삶의 과정을 포용하는 것을 불러일으킨다. 심리치료적 만남은 한때 카프카에게 그랬던 것처럼 매우 적절한 역할로 기능해야 한다. 카프카(1977, p.16)가 젊은 시절 친구에게 보낸 편지에서 이 문제를 언급한 것처럼 말이다.

상처를 주거나 찌르는 종류의 책만 읽어야 한다고 생각합니다. 우리가 읽고 있는 책이 머리를 때려 깨우치지 않는다면 우리는 무엇을 위해 책을 읽고 있는 것일까요? 우리를 행복하게 하려고...? 주님, 책이 없다면 우리는 행복할 것이고, 우리를 행복하게 만드는 책은 우리가 필요하다면 스스로 쓸 수 있는 종류의 책입니다.
그러나 우리에게는 재앙처럼 우리에게 영향을 미치고, 우리 자신보다 더 사랑하는 사람의 죽음처럼, 모든 사람과 멀리 떨어진 숲으로 추방되는 것처럼, 자살처럼 우리를 깊이 슬프게 하는 책이 필요합니다. 책은 우리 안의 얼어붙은 바다를 녹이는 도끼가 되어야 합니다.
그것이 제 신념입니다.

몇 달 전, 한 때 서양의 '유일한 한시 작가'으로 불리게 된 체코의 천재 작가 엘리아스 카네티도 친구에게 이렇게 썼다. '어떤 책은 마치 자기 성의 낯선 방으로 들어가는 열쇠처럼 보

인다'(카프카, 1977, p.10)

　　실존치료자들이 생각하는 변화의 핵심은 바로 이런 종류의 '만남'이며, 비록 그것이 드물게 구체화되기는 하지만 변화의 핵심이라고 생각한다. 롤로 메이(Rollo May)가 노년기까지 영향을 미칠 수 있었던 것도 바로 이 때문이었다. 나는 오래전 티뷰론에 있는 메이의 집 거실에서 심리치료 사례 회의에 참여했고, 그 밤에 그가 '훈련된 순진함'이라고 했던 말을 기억한다. 35년이 지난 지금, 그날 저녁에 했던 그 말을 거의 그대로 기억하고 있다. 그는 너무나 인상적이었고, 그 경험은 매우 흥미로웠다. 그 후 내가 이 직업에서 수많은 의미 있는 관계를 맺었음에도 불구하고도 말이다. 나는 결코 이런 경험을 해본 적이 없다. 재즈계의 거장 존 콜트레인의 죽음 이후 한 젊은 흑인 학생은 불길하게도 영원히 채울 수 없는 빈자리가 생겼다고 말했듯이, 물론 좋은 음악은 많지만, 미묘한 후렴구, 더 높은 조표와 코드를 알고 있는 사람들에게는 전혀 다르다. 무의미하고 단조로운 분위기, 유명인사와 연대에 대한 비현실적인 숭배, 세기말적인 모순의 시대에서 심리치료의 미학과 관련된 문학에 어떻게 의미있게 기여할 수 있을까?

## 나와 너

　　부버의 『사람과 사람 사이』(1955, p.175)에서 우리는 이미 도달한 자아를 위한 향유이자 아직 도달하지 못한 자아를 위한 촉매로서의 심리치료를 암시하는, 성스럽고도 잊혀지지 않는 구절을 읽을 수 있다: '위대한 관계는 … 고립의 장벽을 뚫고, 엄격한 법칙을 정복하고, 우주의 공포의 심연을 가로질러 자기 존재에서 자기 존재로 다리를 놓는다.' 그리고 로버트 콜스의 (2010) '서로에게 손을 내밀다'에서는 예술의 필연성에 관한 레이몬드 카버의 생각(사실 카프카의 생각과 크게 다르지 않다)이 등장한다: '사람은 어떻게 삶을 살아갈까? 어떤 삶을 사는가? 그리고 어떤 목적을 위해 사는가?' 메이와 콜스와 같은 치료자들은 무엇보다도 자신의 창조적인 작업을 매우 진지하게 받아들이고 시적인 작품을 쓰는 미학자이다. 그들은 지혜롭고 부드러운 표현을 통해 시적인 분위기를 그려낸다.

## 혼란과 인문학

　　나는 또한 이 창의적인 모험에서의 고난과 투쟁의 흔적을 강조하고 싶다. 이를 알려주는 사례들을 보면 그들의 성격이나 각자의 작품에서 지나치게 낙관적인 철학이나 여유로움은 주어지지 않았다. 제임스와 랭크는 조울증이라는 심리적 장애를 앓고 있었으며, 이 질환은 부분적으로 그들의 놀라운 성취만큼이나 낙담하기 쉬운 성향으로 작용했을 가능성이 높다. 제임스의 글에서(1902, p.127-128) '일반적인 우울증'이 갑자기 '자신의 존재에 대한 끔찍한 두려움'으로 바뀌는 프랑스인을 간략하게 스케치한 부분은 자신의 시련을 자전적으로 묘사한 것이었다. 랭크(1932)는 그의 대표작인 『예술과 예술가』의 14장 중 12장을 놀랍게도 단 한 달 만에 집필했다. (랭크의 환자에서 뮤즈가 된 아나이스 닌은 '혼란이 예술을 창조한다'고 생각했고, '너무 많은 혼란은 불균형을 낳는다'고 덧붙였다[Lieberman 1985, p.332에서 인용]). 랭크의 치료적 접근방식에 대해 닌은 '그는 즉흥적이었다.'라고 간결하게 설명했다. 메이의 삶은 기본적으로 우울한 몇 가지 실존적 위기로 점철되어 있었다. 니체가 겪은 의료 사고는 그 자체로 독특한 이야기이다. 삶이 마무리되는 시점에서, 우리는 로버트 콜스가 오랫동안 성자 같은 존재였다는 것을 알 수 있다.

우리는 메이(1995년에 발표)의 '고난의 활용'에 관한 인생 강연을 통해 그가 '상처 입은 치유자'로서의 치료자에 매우 가깝다는 것을 알 수 있다. 메이는 니체의 '차라투스트라'에서의 이 문구를 좋아했다(카우프만 1954, p.129). "댄싱 스타가 태어나기 위해서는 여전히 자신 안에 혼돈이 있어야 한다." 소설에서 자신의 철학을 이렇게 능숙하게 표현하는 것을 상상해보라! 이 '예술가 유형'들 각각은 창조성과 더 높은 수준의 존재, 이미지, 이상을 채택함으로써 가져온 희생을 직접 체험했다.

심리치료는 내담자들이 각자의 삶을 더 완벽하게 수용하기 위해 최선을 다해 내부로 그리고 앞으로 나아가는 시간 제한적 노력이다. 차라투스트라(니체 1954, p.307)는 '이것이 나의 길이다'라고 촉구한다. '당신의 길은 어디에 있는가?' 심리치료에서도 어느 순간에는 내담자가 혼자 남게 된다. 메이(1969, p.286)는 '개인은 이전보다 훨씬 안도하고 더 사람답게 창조적인 작업을 완성하며, 또한 인간의 진보는 결코 일차원적이지 않다'라고 말한다.

랭크(1932, p.430)는 자신의 작품에서 자아의 형성을 위해 '예술적 표현'을 포기한 것을 언급하였고, 이는 예술가가 예술에 과다하게 몰두할 수 있다는 것을 의미한다. 그는 예술가가 '이는 자신의 창의적인 아이디어나 열정을 자신의 독특한 성격과 개성에 맞게 활용하는 것이 왜 좋은지 설명한다.'고 말했다. 니체 자신도(1954, p.198) '자신의 성격에 스타일을 부여하는 것'을 아름답고 희귀한 예술로 장려했다.

## 에필로그: 통합적이고 경외감에 기반한 심리치료를 향해_커크 J. 슈나이더

최근 나는 요르단 암만을 여행하고 돌아와 실존적 인간중심(EH) 원리의 놀라운 힘이 발현되는 것을 목격했다. 이러한 원리는 현상학적 정보가 풍성한 아동 치료에 관한 세미나, 표현 예술에 대한 체험적 참여, 비폭력적 의사소통에 관한 발표, 그리고 가장 중요하게는 문화적으로 다양한 참가자들 간의 열정적인 개인적 교류에 의해 나타났다. 그 행사는 '공동 유대 연구소(Common Bond Institute)'의 후원을 받은 2017년 '세대를 초월한 트라우마 컨퍼런스(Trans-Generation Trauma Conference)'였다. 오랜 인본주의적 사회 활동가인 스티브 올웨인

(Steve Olwean)이 시리아 난민들과 집중적으로 함께 일했던 일레네 설린(Ilene Serlin)과 같은 동료들과 함께 기획한 이 컨퍼런스는 내 마음속에 영원히 새겨질 것이다. '마음'이 키워드인 이유는 이 컨퍼런스에서 전달된 많은 내용들이 경이로움, 호기심, 경외심이라는 진정한 선의에서 비롯되었기 때문이다. 이 컨퍼런스는 오늘날 EH 심리학 분야에서 일어나고 있는 일들을 상징적으로 보여준다. 즉, 앞서 언급했듯이 다문화 커뮤니티와 새로운 동맹이 형성되고 있으며, 다양한 문화적 관점뿐만 아니라 다양한 치료 양식을 향한 가교 구축과 통합적 정신이 나타나고 있다. 인간 경험의 영적 차원에 대해 새로운 개방성을 가지고, 겸손과 경이로움, 도전의 개발에 중점을 두는데, 즉, 현대적 측면에서 EH 실천은 삶에 대한 경외심을 강조한다(경외심에 대한 자세한 있는 설명은 피어슨[2015]을 참조). 마지막으로, 요르단 회의와 난민과의 작업에서 볼 수 있듯이, 최근 인본주의 심리학 학회(예: https://www.youtube.com/watch?v=g92cNF5-Tpw 참조)와 인도주의 연합(https://thehumanitarianalliance.squarespace.com/mission/ 참조), 베터 엔젤스(https://www.better-angels.org 참조)와 같은 유사 단체가 지역 사회에서 경험에 기반한 토론 그룹에 참여하면서 EH 치료의 사회적, 정치적 적용을 향한 움직임이 있다.

결론적으로, 지속적인 도전 과제에도 불구하고 오늘날의 EH 치료는 이전보다 훨씬 더 다차원적이고 문화적으로 다양해지고 있으며, 정치적으로도 관여하고 있다.

아직 갈 길이 멀기는 하지만, EH 치료의 발전은 창립 당시의 민주적 지향점을 실현하는 방향으로 나아가고 있는 것처럼 보인다. 이처럼 EH의 실천 원칙에서의 이 '진정한' 민주성은 개별 치료의 개념이나 우리 직업 전반의 테두리를 훨씬 뛰어넘어 세계, 나아가 인류를 구하기 위한 광범위한 노력에 기여할 수 있고 또 기여해야 한다.

# PART IV

로고테라피와 실존분석(Logotherapy and Existential Analysis)

Edited by
*Alfried Längle*

# 로고테라피와 실존분석

해당 파트에서는 로고테라피와 실존분석(Existential Analysis, EA)에 대한 간략한 개요를 제공한다. 로고테라피는 의미 중심의 상담 접근법으로, 주로 삶의 무의미함을 다루는 데 도움을 주는 것을 목표로 한다. 실존분석은 임상적, 심리적 장애 또는 절망, 무기력, 무의미함, 과도한 스트레스, 중요한 상실에 대한 애도 등과 같은 다양한 고통을 다룰 수 있는 심리치료이다.

로고테라피의 발전은 당시에 지배적이었던 심층 심리학(depth psychology)에 대한 반발로 시작되었다. 1920년대 초, 프랭클(이 책의 19장 참조)은 프로이트 및 아들러의 심리학에 내재된 환원주의(야스퍼스와 후설도 제기함)에 대응하기 위한 첫 번째 시도를 공식화했다. 프랭클은 이들의 심리치료 연구를 존중하면서도, 심리학이 인간의 전체성(wholeness)을 보고 온전하게 이해해야 한다는 점을 강조함으로써 환원주의에 맞섰다. 이러한 전체론적인 강조는 심리적(리비도적) 메커니즘(프로이트)이나 열등감과의 싸움(아들러)에만 초점을 맞추는 것이 아니라, 인간을 맥락적이고 포괄적인 존재 이해를 위해 노력하는 존재로 보는 것을 포함한다. 이러한 시도는 인간 고유의 자유에 기반을 두고 있으며, 책임감을 수반하고 의미를 통해 방향을 찾으려는 필연적인 노력으로 이어진다. 인간은 단순히 육체(body)와 정신(psyche)으로만 이루어진 존재가 아니라 독특한 인격체라는 특징을 가진다. 인간은 '영적 힘(spiritual power)'(Frankl 1946/1982)에 의해 존재의 '이유(why)'를 발견하고자 하는 욕구를 가지고 있으며, 욕구를 충족하고 좌절이나 고통에 대처하며, 궁극적으로는 죽음에 직면할 수 있는 능력을 부여받는다.

따라서 로고테라피는 구체적인 실존적 강조를 가진 인간중심 심리치료의 시작을 의미한다. 그 주요 목표는 환원주의를 극복하고 인간을 세상과 삶의 요구에 대한 답을 주는 존재로 보는 것이었다. 이 작업을 수행한다는 것은 각 상황에서 '로고스(*logos*)', 즉 목적과 의미를 찾는 것을 의미한다. 이 작업이 직관적으로 수행되지 않을 때, 사람들로 하여금 '로고스(의미)', 즉 개인적, 상황적 이해와 방향을 찾도록 돕는 데 '로고-테라피(logo-therapy)'가 사용된다. 따라서 로고테라피의 실제는 사람을 개방하여 그들이 자신들의 실제 삶(actual life)에 다가갈 수 있도록 도와주는 것이다. 이 과정은 실제 삶의 상황에 대한 본질적인 질문을 포착하기 위한 '실존적 전환(existential turn)'을 필요로 한다. 내담자는 스스로 삶으로부터 질문을 받도록 독려받는다. 삶으로부터 질문을 받는다는 것은 자신의 관심사나 계획을 포기하거나 연기하고, 그 상황에서 개인적으로 얻을 수 있는 것이 무엇인지에 대해 의문을 제기하는 것을 의미한다. 로고테라피는 인간을 삶 자체에 의해 질문받는 존재로 이해한다. 충만한 삶을 산다는 것은 각 상황의 요구와 제안에 최선을 다해 답하는 것을 의미한다. 프랭클은 의미를 찾는 세 가지 주요 경로를 경험적 가치(experiential values), 창조적 가치(creative values), 태도적 가치(attitudinal values)로 설명했다. 임상 현장에서 일할 때 로고테라피는 탈숙고(불안과 우울의 고리나 히스테리 욕구에 관한 집착에서 벗어남) 실제 상황의 가치와 요구 사항을 바라보는 것과 같은 방법을 적용하기도 한다. 또한 프랭클은 예기 불안을 돕기 위한 유명한 방법인 역설적 의도(paradoxical intention)를 개발하였고, 의미의 탐색과 실현을 타당화하며 내담자가 자유를 되찾도록 돕는 데 중점을 두었다.

EA는 차세대 심리치료 접근법의 발전을 설명한다. 이는 실존에 대한 인류학적 및 이론적 근거와 이해를 확장했다. 따라서 EA는 의미를 실존의 한 차원으로 간주한다. EA는 더 이상 의미를 추구하고 의미의 결핍을 정신병리적 발달의 원인으로 보는 데에만 초점을 두지 않는다. 실존에 대한 이러한 폭넓은 관점은 환자 또는 내담자의 경험과 동기에 대한 설명, 철학적 지식, 또는 해석에 의존하는 대신, 심리치료에 현상학(*phenomenology*)을 적용하는 것으로 이어졌다. 개방성과 이해, 개인적 존재감, 대화적 교류, 내담자의 개인적 자원과 잠재력을 활성화하는 데 중점을 둔다.

이 모든 것은 사람들이 자신이 하는 일에 내적 동의를 가지고 살 수 있도록 돕는다는 EA의 중심 신조이자 실존적 모토에 반영되어 있다. 개인적으로 느끼는 동의 또는 승인은 본질적으로 현실적인 지각, 감정 및 감각과의 연결, 진정한 공명 및 도덕적 양심에 기초한 인간의 자유의 적용을 반영할 뿐만 아니라, 실제로 주어지거나 필요한 것들과 조화를 이루는 것을 의미한다. 사람들이 실제 삶에 대한 내면의 '동의'(inner yes)를 찾도록 돕는다는 주요 목표를 달성하기 위해 EA는 구조적 방법과 절차적 방법을 모두 사용한다.

구조적 방법에서는 실존의 근본적인 차원을 내담자 및 환자와 협력하여 탐구한다. EA의 이해에서 실존은 세계와 사실과의 관계, 삶과 감정과의 관계, 자신과 자신의 본래성과의 관계, 그리고 자신이 살고 있는 세계와 시간의 더 큰 맥락(의미)과의 관계라는 네 개의 다리를 기반으로 하는 테이블과 같다.

1. 무언가가 될 수 있고 무언가를 할 수 있는 능력
2. 무언가를 좋아할 수 있고, 느끼고, 관계를 맺을 수 있는 능력
3. 자신이 하는 일에 대해 스스로 결정하고 허용할 수 있는 능력(본래성)
4. 주변 환경과 조화를 이루고, 일치할 수 있고, 내면 및 외부의 도전과 필요를 충족시킬

수 있는 능력

우리가 무엇을 할 수 있고, 하고 싶고, 해도 되고, 해야 할 때, 우리는 실존적 자유를 누리며 살아가는 폭넓고 총체적인 의지를 갖게 된다.

　　이러한 본래성 있는 의지와 책임감 있는 행동의 발달이 차단되거나 억제되는 상황에서 우리는 개인 실존분석(Personal Existential Analysis, PEA)의 현상학적 절차 방법을 사용하거나, 의지 강화, 의미 탐색, 현상학적 태도훈련, 또는 불안 및 우울 치료를 위한 여러 다른 방법들을 활용한다. PEA의 방법은 다음의 4단계로 구성된다. (1) 현실과 발생한 일에 대해 설명하기, (2) 경험된 감정과 반응, 그리고 현상적 내용에 대한 암묵적 이해 살펴보기. 이 두 단계를 거친 후, (2) 감정적, 인지적, 개인적 입장을 찾는 데 주의 집중하기, (4) 이러한 입장에서 내적인 의지의 움직임 – 아이디어 또는 행동 – 이 발생할 수 있으며, 이를 구체적인 상황에서 가장 효과적이고 전략적으로 적용하기 위한 준비가 필요하다.

　　이 섹션에서 제공하는 실존분석과 로고테라피에 대한 소개는 보다 구체적인 내용(특히 로고테라피에 대한 프랭클의 연구에 해당)을 유지하면서 그 근거들을 제시한다. 이 섹션에 속한다고 여겨질 수 있는 다른 의미 중심 이론가들도 있음을 인정하지만, 특별히 로고테라피와 실존분석에 초점을 맞추고자 한다. 더 자세한 내용은 아래 문헌을 참조하길 바란다.

Further Reading

Breitbart, W., Rosenfeld, B., Gibson, C. et al. (2010). Meaning-centered group psychotherapy for pa－tients with advanced cancer: A pilot randomized controlled trial. *Psycho-Oncology 19*(1): 21-28.

Cooper, M. (2017). *Existential Therapies*. London: Sage.

Correia, E., Cooper, M., and Berdondini, L. (2014). Existential psychotherapy: An international survey of the key authors and texts influencing practice. *Journal of Contemporary Psychotherapy 45*(1): 3-10.

Frankl, V. (1982). *The Doctor and the Soul. From Psychotherapy to Logotherapy. New York:Random House*. (Original work published 1946.)

Vos, J. (2016) Working with meaning in life in mental health care: A systematic literature review of the practices and effectiveness of meaning-centered therapies. In: *Clinical Perspectives on Meaning: Positive and Existential Psychoherapy* (ed. P. Russo-Netzer, S.E. Schulenberg, and A. Batthyany), 59-88. Berne: Springer.

# 19

## 로고테라피와 실존분석의 역사

Alfried Langle

## 요약

이 장은 빅터 프랭클(Viktor Frankl)의 로고테라피와 실존분석에 대한 설명과 이 심리학을 창시한 그의 주요 의도에 대한 설명으로 시작된다. 프랭클의 목표는 인간의 동기를 객관적인 근거 없이 심리적 욕구에만 근거한 것으로 보는 환원주의적 인간관, 즉 '심리주의(psychologism)'에 맞서고, 심리치료에 철학을 도입하여 영적−정신적 차원을 심리학에 포함시키는 것이었다. 이 장에서는 로고테라피의 핵심 개념인 의미를 발견하는 방법, 프랭클의 치료 기법에 대한 개요, 프랭클의 특별한 업적 등이 언급될 예정이다.

이어서 실존분석의 최근 발전이 어떻게 시작되었는지를 설명하고자 한다. 이러한 발전은 주로 로고테라피를 심리치료에 적용한 경험에서 비롯된 실용적인 필요성에 기인하고 있다. 이러한 현장에서의 실제 경험들은 로고테라피 교육의 어려움과 맞물리면서 추가적인 방법의 신속한 개발이 시급해졌다. 실제적인 현상학적 작업을 통해 정신병리학의 광범위한 근거가 밝혀지고 공개적인 토론을 통해 심리적 장애의 원인이 의미의 결여로만 정의할 수 없다는 사실이 밝혀지면서, 이러한 최초의 진화적 단계들은 로고테라피의 대열 내에서 하나의 혁명이 되었다. 이러한 비판은 실존분석이라는 새로운 현상학적 기반 심리치료의 개발로 이어졌다. 실존분석은 복잡한 4차원의 동기 체계를 포함하는 실존에 대한 폭넓은 이해를 바탕으로 구성되어 있으며, 이를 통해 구체적이고 독특한 치료 방법이 개발되었다. 또한, 실존분석은 일관성 있는 정신병리학적 및 진단적 틀과 그에 상응하는 개입법들을 갖추고 있다. 이러한 이론적 발전은 실존분석을 칼 로저스의 접근 방식에 더 유사하게 만들었고, 고전적인 로고테라피와의 차이점을 두드러지게 하였다.

　　로고테라피의 초점이 자신을 잊음으로써 자기 초월적인 방식을 지향하는 가치와 의미에 맞춰져 있는 반면, 실존분석의 중심 목표는 심리치료에서 활성화되어야 하는 개인적 능력을 가진 사람과 그 능력에 있다. 이 관점은 모순적으로 보이지만, 주관적 세계를 반영하고 실존의 지렛대가 되는 존재를 사람으로 둔다는 점에서 프랭클의 인류학적 가정과 크게 다르지 않다. 로고테라피의 모토는 사람들이 의미를 발견하도록 돕는 것이다. 실존분석의 모토는 사람들이 자신이 하는 모든 일에서 내면의 동의를 가지고 살도록 돕고, 세상 및 자신과의 대화적 관계에서 스스로를 바라볼 수 있도록 돕는 것이다.

## Frankl의 업적

　　"삶의 '이유(why)'를 아는 사람은 그 어떠한 삶의 '방식(how)'도 견뎌낼 수 있다"는 니체의 말을 재구성한 것만큼 실존 상담과 심리치료에 대한 프랭클의 공헌을 잘 요약한 것은 없다(Frankl, 1967, p.103).

　　1930년대 비엔나 정신과 의사이자 신경학자인 빅터 E. 프랭클(Viktor E. Frankl, 1905 – 1997)이 최초의 두 비엔나 학파의 대표인 지그문트 프로이트(Sigmund Freud)와 알프레드 아들러(Alfred Adler)의 심층심리학을 보완하기 위해 '제3의 비엔나 심리치료학파'라고도 불리는 로고테파리를 창시하였다(Soucek, 1948; Hofstätter, 1957). 어린 나이에 프랭클은 지그문트 프로이트와 개인적인 편지를 주고받았다. 그러나 프랭클은 심층심리학의 인류학적 이해가 자신의 관점과는 근본적으로 다르다는 것을 경험하고 정신분석학 훈련에서 한 발 물러섰다. 프로이트의 정신분석에 대한 프랭클의 초기 경험에서, 그는 이해와 대화적 만남이 결여되어 있다고 비판했다(자세한 설명은 Längle, 2013 참조). 그는 알프레드 아들러의 개인심리학 학파로 옮겨가 루돌프 알러스(Rudolf Allers)와 오스왈드 슈바르츠(Oswald Schwarz)[1]에게 훈련 받았다(Frankl, 1995; Längle, 2013). 1927년 초, 프랭클은 개인심리학 내에서 '심리주의'라고 규정되는 '모든 행위의 정신적 기원을 분석하고 그 내용을 근거로 그 행위의 유효성 여부를 판단하는 유사 과학적 절차'에 맞서 싸우기 시작했다(Frankl, 1973, p.15). 프랭클은 이에 대해 심리치료의 "인본주의적 목표"를 위한 노력하는 것으로 반응했는데, 이는 그가 줄곧 언급했던 모든 심리치료의 가장 고귀한 목표인 목적, 의미 및 가치에 초점을 맞추는 것이었다. 따라서 그는 '의미에의 의지(will to meaning)', 즉 실존적 가치를 따르는 방향에 대한 능동적 탐색을 인간의 원초적 동기

---

1)　루돌프 알러스는 Harvard University의 교수가 되었고 나중에 프랭클과 고든 알포트(Gordon Allport) 사이의 연결 고리를 구축하여 그를 북미로 연결하는 가교 역할을 했다.

로 간주했다. 그는 종종 '의미에의 의지'를 정신역동학에서 프로이트의 '쾌락에의 의지'와 아들러의 '권력에의 의지'와 대조했다(Frankl, 1963, 154; 1988, VII f.).

프랭클의 이론적 전환은 그가 1927년에 아들러에 의해 직접 개인심리학 학파에서 추방당하게 되는 결과를 낳았다. 이후로 프랭클은 독립적으로 연구를 수행했고, 1930년대에 이르러 심리치료 분야에 포함되어야 할 자신만의 견해를 발전시켰다. 그는 자신의 심리치료 접근법을 '실존분석과 로고테라피'라고 명명했다. 실존분석이라는 용어는 정신분석과 대조하기 위해 고안하였으며, 정신 내적 긴장 대신 세상에서의 실존을 다루는, 정신분석과 평행선에 있는 분석으로 제시하였다. 그러나, 프랭클은 주제의 측면에서는 자신과 실존분석을 정신분석으로부터 격렬하게 거리를 두었는데, 이는 그가 심리치료는 본능과 (선성격적(자아 확립 이전의(역자주) pre-personal) 욕구를 가진 정신(psyche)의 분석이 아니라 의미있는 실존을 위한 조건을 밝히는 것이어야 한다고 주장했기 때문이다(Frankl, 1959/1987c, 59ff; 1982, 39ff.). 프랭클은 자신의 실존적 인간관의 실제적인 적용을 분명히 하기 위해, '감각' 또는 '의미'를 나타내는 철학적 용어인 로고스(logos)를 선택했다. 로고테라피의 실천은 의미를 발견하는 것에 초점을 맞추고 내담자를 미래 방향으로 지향하도록 하는 치료에 중점을 둔다. 프랭클의 의도와 신념은 리비도 중심의 '심층 심리학(depth psychology)'을 의미 발견 중심의 '상층 심리학(height psychology)'으로 대체하는 것이었다(Frankl, 1987a, p.18).

2차 세계대전 중 프랭클은 여러 강제수용소에 수감되었는데, 이는 어떤 의미에서 그의 이론에 있어 결정적이고 실존적인 실험을 제공했다(Frankl, 1963 참조). 1945년 자유의 몸이 되었을 때, 그는 많은 저서와 논문을 활발히 발표하고 세계 곳곳에서 강연을 했다. 그의 독특한 이론적 공헌은 북미와 남미 전역에 널리 퍼졌다. 1979년 독일에서 최초로 아직까지 존재하는 학회가 설립되었고, 1983년 비엔나에서 프랭클을 명예회장으로 임명하였고, 로고테라피 및 실존분석 학회/Gesellschaft für Logotherapie und Existenzanalyse(GLE)가 설립되었다. 이 학회는 현재까지도 전 세계에서 가장 큰 실존 심리치료 학회이다.

로고테라피에 대한 최초의 전문 교육은 프랭클의 감독하에 진행되었다. 1991년 프랭클이 GLE에서 사임한 후에도 전 세계 약 50여 개의 기관과 학회, 그리고 일부 개인 활동가들은 로고테라피의 이론 및 실제적 측면에서 로고테라피에 대한 그의 고전적 이해를 따르고자 했다. 1994년 오스트리아에서 GLE에 대응하여 빅터 프랭클의 독창적인 로고테라피를 대표하고 교육을 제공하는 ABILE(Ausbildungsinstitut für Logotherapie und Existenzanalyse)이 설립되었다. 나중에 살펴보겠지만, 기존의 소규모 교육 기관 외에도 세계 전역에 로고테라피 교육 기관과 교육 프로그램이 뒤이어 추가로 생겨났다.

# 빅터 프랭클의 로고테라피의 기원

프랭클은 17세에 이미 자신만의 이상적인 심리치료의 구조를 구상했다. 주로 키르케고르 철학의 영향을 받은 프랭클은 철학과 심리학의 결합이 인간의 고통, 특히 변할 수 없는 운명에서 비롯되는 고통의 원인과 표현을 밝히는 데 가장 좋은 접근 방식을 제공한다고 믿었다. 그의 아이디어는 심리치료에 인간 존재에 대한 폭넓은 이해를 더하는 것이었고, 이를 위해서는 철학이 필요했다. 프랭클은 나중에 이러한 통합을 다음과 같이 설명했다:

> 필요한 것은 환자의 삶의 철학에 대한 내재적 비판이며, 우리가 원칙적으로 순수한 세계관에 기초한 논의를 기꺼이 받아들인다는 가정하에 이루어져야 한다. [···] 철학적 세계관 [Weltanschauung][은] 정신치료에서 항상 있는 것은 아니지만 [...] 때때로 필요하기도 하다. 철학에서 논리주의에 의한 심리주의의 극복과 유사하게, 심리치료 내에서 일종의 로고테라피를 통해 실제 심리적 편차를 극복하는 것이 필요할 것이다. 이것은 심리치료의 총체성에 이념적 대립을 포함시키는 것을 의미하는데, [...] 인간 실존의 정수이자, 인간의 책임이라는 부인할 수 없는 주된 사실로부터 시작하는 실존분석의 한 형태로, [···] 이 지점에서 영적 고정(spiritual anchoring)에 기여하고 영적 지원을 제공하기 위해 수행된다. 많은 경우, 그러한 실존분석 지향의 심리 치료는 [··· 고통의 특정 원인에서 시작하지 않기 때문에] 비특이적 치료로서 설명할 가치가 있다. (Frankl, 1938/1987a, pp.25f)

프랭클(1938/1987a, p.27f)은 '모든 경우, 특히 환자가 그의 세계관에서의 역경, 즉 삶의 의미를 찾기 위한 그의 노력과 지지의 부족과 같은 짐을 우리와 공유하는 경우'에 실존분석과 같은 심리치료가 필요하다고 보았다. 그리고 로고테라피적 접근법은 말하자면, 극복할 수 없는 사실, 피할 수 없는 운명 [...]으로 인해 상당한 고통을 겪는 사람들의 철학적 질문을 다룸으로써 그 사람의 영적 중심에서 가벼운 신경증적 증상의 짐을 던져버리는 경우 [··· 또는 그 사람들을 돕는 경우]에 더욱 필요했다.

1938년의 또 다른 출판물에서 프랭클(1938/1987b, p.35)은 보다 구체적인 정의를 내렸다:

> 이러한 실존분석은 [...]대조적으로—오히려, 이전의 심리치료 방법에 추가적으로—인간 존재의 총체성을 포함시켜야 한다. 이는 즉, 의식적으로 심리적 세계를 초월하는 것을 말한다. 이는 신경증을 심리적 또는 심리주의적인 것뿐만 아니라 영적인 것에 뿌리를 둔 정신적 고통으로 바라보는 것이며, (또한···) 영적인 해결책을 가능하게 하기 위해서는 갈등을 세계관 결정의 영적 영역까지 살펴보아야 한다. 정신 치료가 영적인 것을 지향하고 실존분석이 되었

을 때에야, 그리고 정신적 고통 뒤에 영적으로 씨름하는 사람을 볼 때에야 모든 치료의 옵션이 소진될 것이다.

알프레드 아들러의 개인심리학 학파에서 공부하는 동안 프랭클은 자신을 주로 가르쳤던 루돌프 알러스를 통해 막스 셸러(Max Scheler)의 철학을 알게 되었다. 셸러의 저서인 『윤리학의 형식주의와 물질적 가치관』(Der Formalismus in der Ethik und die materiale Wertethik, 1980)을 연구하면서 프랭클은 정확히 자신이 찾고 있던 것이었던 철학적 인류학을 발견했다. 셸러의 가치에 관한 현상학, 현상학적 태도와 절차, 사랑과 감정에 대한 분석, 영적 존재로서의 인간에 대한 견해는 프랭클 자신의 연구와 신념과 완벽히 공명하였는데, 특히 어린 시절부터 그를 사로잡았던 문제인 의미의 중요성이 그러했다(Frankl 1995, p.9(영문판 p.29), Längle 2013, p.149). 셸러의 저술과 철학은 프랭클에게 큰 영향을 미쳤기 때문에, 프랭클은 이를 바탕으로 치료법을 세웠고 로고테라피 출판과 실천을 시작할 때 직접 인용하기도 하였다. 프랭클의 실존분석과 로고테라피는 합법적으로 막스 셸러의 철학을 응용한 것으로 간주할 수 있다(Wicki 1991). 슈피겔베르크(Spiegelberg, 1985)는 프랭클이 셸러의 가치 이론을 세 가지 주요 범주로 압축한 것을 로고테라피의 적용성을 높인 셸러의 업적에 대한 특정한 현상학적 기여라고 여겼다(뒷부분 참조).

그러나 셸러의 철학을 접하기 전에 프랭클은 이미 개인적인 경험을 통해 인간중심 심리학 및 실존-현상학적 심리치료에 관심을 갖게 되었다. 이는 바로 비엔나에서 일어난 프로이트 운동의 총무였던 폴 페데른(Paul Federn)과의 만남 때문이었다. 프로이트는 정신분석에 대한 훈련을 받고자 하는 프랭클의 열망을 알고 페데른과의 만남을 주선했다. 프랭클은 이 만남의 세부 사항을 대중에게 거의 공개하지 않았다. 그는 이 이야기를 알프레드 랭글(Alfred Längle)과는 공유했는데, 후에 랭글은 이 이야기를 프랭클 사후에 출판된 프랭클에 관한 책에 포함시킬 가치가 있다고 생각했다(Längle 2013). 프랭클은 페데른과의 개인적으로 수락된 면담에서 인간적 만남의 기초가 결여되어 있다고 느꼈으며, 그의 노골적으로 비인격적이고 기술적인 행동에 큰 충격을 받았다. 이 경험은 그가 치료적 장면에서 인간적인 만남의 중요성과 영향력에 대해 구체화하던 것과 더불어서 프로이트의 정신 분석과의 최종적 결별과 아들러와의 심리치료 훈련의 시작이라는 결과로 이어졌다. 페데른의 행동, 즉 인간관계에 대한 '기술적' 태도와 실제적이고 진정한 만남을 방해하는 태도에 대한 프랭클의 직관적인 반응이 훗날 실존분석과 로고테라피(Längle 2013, p.46)의 모태가 된 것이다(pp.46-47).

## 실존적 증거 - 강제 수용소로의 추방

1927년 아들러 학파에서의 추방되면서 프랭클의 삶에 격동의 시기가 시작되었다. 아들러가 프랭클을 추방한 이유는 프랭클이 주로 의미에 대한 개인의 탐색을 통해 '영적 차원'을 지속적으로 강조하였기 때문이다. 이 추방으로 프랭클은 연구 기회를 박탈당하고 학계와의 교류 기회를 잃게 되었다. 이러한 부정적인 결과는 국가 사회주의 운동의 성장과 유대인에 대한 적대감으로 인한 고립으로 더욱 악화되었다. 프랭클의 삶에서 가장 어두운 시기에 그는 로고테라피와 실존분석에 관한 첫 논문을 발표하고 로고테라피에 대한 첫 책을 쓰게 되었다.[2] 그러나 책을 완성한 직후 그와 그의 가족은 강제수용소로 추방당했다. 가장 절망스러웠던 것은, 그가 (그의 코트 안감 안에 숨겨두었던) 원고를 잃어버렸을 뿐 아니라, 그의 가족마저 잃었다는 사실이다. 프랭클은 그 몇 년을 혼자서, 간신히 목숨만 부지하며 지냈다. 그가 강제수용소에서 보낸 2년 반은, 그가 당시에 단지 개념적으로 이론화했던 것, 곧 삶의 위기의 상황을 극복하기 위해서 목적과 의미가 중요하다는 사실을 직접 경험하도록 만들었다. 심리학자로서 강제수용소에서 보낸 그 몇 년간의 경험과 성찰은 후에 『죽음의 수용소에서』(*Man's Search for Meaning*)로 출간되어 북미에서 오랫동안 베스트셀러가 되었고 미국에서 가장 영향력 있는 책 중 하나가 되었다.

프랭클(1946/1963, 1946/1973)은 그가 수용소에서 살아남을 수 있었던 것은 의미를 찾는다는 자신의 기본 개념과 일치하는 세 가지 가치 덕분이었다고 말한다. 첫째는 그 몇 년 동안 그가 그의 정신과 마음에 간직했던 그의 가족과의 관계였다. 둘째는 잃어버린 원고를 다시 쓰기로 한 그의 결심이었다. 프랭클은 원고를 기억에서 다시 만들어내는 창의적이고 정신적인 도전이 자신을 살아있게 하는 중요한 요소라고 언급했다. 마지막으로 그는 그 기간 동안 되찾은 신에 대한 강한 믿음이 그 가치 중 하나임을 인정했다.

## 세계로 뻗치는 로고테라피의 파급력

전쟁 이후 몇 십 년 동안 이어진 그의 지속적인 글쓰기와 출판 활동에 더해, 프랭클은 세계 각국의 200여 개 이상의 대학으로부터 초청을 받았다. 프랭클은 때로는 몇 천 명의 대규모 청중 앞에서 강의를 하며 개인적인 성공을 거두었고, 공적인 학술 활동에서도 큰 명성을 얻었지만, 그의 로고테라피는 그 명성에 비해 드물게 적용되었다.

---

2) 재구성된 원고는 1946년에 『Ärztliche Seelsorge』(−의료 사역)의(이라는) 이름으로 출판되었음. (이후 1955년에는 의사와 영혼이라는 이름으로 영어로 출판되었음.)(참조: Frankl 1973).

그의 로고테라피는 『죽음의 수용소에서』(*Man's Search for Meaning*)의 부록에 수록된 강제 수용소에서의 경험에 관한 에세이가 인기를 끌면서 널리 알려졌다. 여기에는 홀로코스트 생존자인 그에 대한 개인적인 존경이 분명 기여했을 것이다. 하지만 그의 로고테라피는 상당한 수의 비판과 저항을 마주했다(예: 핀츠의 야스퍼스, 2006; 괴레스, 1967, p.33). 비평가들은 종종 로고테라피가 너무 철학적이고 교육적이며, 정신역동적이거나 영적이지 않은 인간 존재의 부분들을 충분히 고려하지 않는다고 지적했다. 프랭클은 잠시 동안 프랭클은 어빈 얄롬(Irvin Yalom)과 접촉했지만 협업은 이루어지지 않았다. 또한 그는 많은 심리치료사와 철학자들과 접촉했지만, 혼자서 이론을 연구하는 것을 선호했고 학회 설립에는 회의적이었다. 1979년 캘리포니아 버클리에서 이민자 출신 비엔나 변호사이자 저널리스트인 조셉 파브리(Joseph Fabry)의 주도로 첫 번째 로고테라피 기관이 문을 열 때까지 로고테라피 학파는 발전하지 못했다. 1950년대와 1970년대 초에 설립된 학회들은 곧 사라졌을 정도로 학회 설립은 순탄하지 않았다.

프랭클의 위대한 공헌에 대한 설명을 마무리하면서, 그의 업적의 중요성을 강조할 수 있는 몇 가지 사실을 소개하고자 한다. 프랭클은 비엔나 의과대학에서 신경과와 정신과 교수였으며, 비엔나 대학에서는 의학박사와 철학박사 학위를 받았다. 제2차 세계대전 중에는 아우슈비츠와 다하우 등 강제 수용소에서 2년 반을 보냈다. 그는 25년 동안 비엔나 신경학 클리닉의 책임자를 맡았고, 전쟁 후엔 그는 오스트리아의 국가적 도덕적 양심으로 여겨지기도 했다. 또한 하버드, 스탠퍼드, 댈러스 대학교, 피츠버그 대학교에서 교수로 재직했으며, 미국 국제 대학교 샌디에이고 캠퍼스에서 로고테라피 석좌 교수로 재직했다. 프랭클의 39권의 책들(비록 여러 책이 중간중간에 다양한 조합으로 다시 편집되었지만)은 지금까지 50여 개의 언어로 번역되었다. 그는 유럽, 미주, 아프리카, 아시아의 29개 대학에서 명예 학위를 받았으며, APA의 Oskar Pfister상과 호주 과학학회 명예 회원 자격 외 다양한 수상경력을 보유하고 있다.

## 실제 로고테라피의 경험

이러한 기반과 로고테라피의 효과에 대한 신뢰가 있었기에 우리는 GLE의 일원으로서 프랭클이 가르치고 저술한 내용을 계속 연구할 수 있었다. 프랭클은 항상 로고테라피가 "모든 심리치료의 지붕"으로서 다른 심리치료의 기법을 협력적으로 적용할 것을 제안했다. 그는 자주 심리치료는 이미 발명되었지만 자신이 포함하고자 했던 영적 차원이 결여되어 있기 때문에, 지금에야 치료에서 더 많은 것들을 제공할 수 있다고 말하곤 했다. 실제로 프랭클은 로고테라피를 그 자체로 포괄적인 이론이라기보다는 1930년대의 심리치료법을 보완하는 역할을 하도록 의도했다. 로고테라피는 의미 상실이라는 관점에서 개인의 고통에 집중함으로써 '심리주의'로 향하는 추세에 대한 교정책으로 여겨졌다(Frankl 1938/1987a, 1938/1987b, 1946/1973, 1967, 1988).

다른 심리치료의 기법을 실제 임상에 추가했지만, 로고테라피 치료자로서의 작업에 서 공통 기반은 실존분석 인류학과 의미 결핍에 대한 로고테라피적 탐색이었다. 그 결과, 로고테라피적 실천은 치료자마다 상당히 이질적이었는데, 일부는 정신역동적 기반을 적용했지만 대부분은 행동적 방법을 적용하거나 게슈탈트 또는 체계적 접근법에서 일부 기법을 차용했다. 가장 폭넓은 합의는 칼 로저스가 제시한 심리치료의 기본 조건을 사용하는 것에 관한 것이었다. 로고테라피의 치료적 적용에 많은 시간을 투자한 한 사람은 엘리자베스 루카스였다. 그녀는 일반적인 삶(생활 교육), 고통, 가족 역학에 대한 로고테라피의 구체적인 적용을 연구했다. 그녀는 행동 기법을 로고테라피와 신중하게 결합하여 몇 가지 새로운 기법(예: 태도 조절 기법)을 개발했다.

1984년, 약 2년간의 실천 끝에 비엔나에서 새로 결성된 GLE 학회 회원들은 로고테라피 훈련 중과 훈련 후에 자신의 심리치료 경험을 공개적으로 논의하기 시작했다. 로고테라피가 전 인류적으로 유용하며 상담에 매우 도움이 된다는 데 폭넓은 공감대가 형성되었다. 해외의 다른 로고테라피스트들에게서도 비슷한 평가가 들려왔다. 그러나 우리 모두가 직면한 한계도 있었다. 로고테라피는 현대적 의미의 심리치료라고 보기 어려웠고, 다른 심리치료의 적용을 위한 인류학적 배경에 지나지 않았으며, 본질적으로 구체적인 도구를 제공하지 못했다.

이러한 깨달음은 비엔나에 있는 로고테라피 및 실존분석학회가 특히 동기부터와 방법론 분야에서 일련의 광범위한 발전을 이루게 하는 원동력이 되었으며, 이러한 발전은 결국 현재의 EA를 형성하는 데까지 이어졌다.

## 로고테라피 적용에서의 문제 직면하기

GLE가 조직으로 설립되고, 교육 및 감독 프로그램이 시행되고, 로고테라피를 실제로 엄격하고 체계적으로 적용하려는 시도가 이루어졌음에도 불구하고, 로고테라피가 현재 심리치료의 현대적 요구 사항을 충족하지 못하고 있다는 것이 분명해졌다. 로고테라피를 보다 잘 적용하기 위한 실용적인 도구를 개발하고 심리주의는 행위나 발언의 옳고 그름을 의도, 동기, 심리적 건강 등 단순한 심리적 요소에 의존하는 이론적 입장이다. 심리치료에 대한 완전한 교육을 위한 전제 조건이다. 따라서 가능한 한 많은 인류학적 근거를 실제 작업에 포함시키고 환자와 내담자에게 여전히 좋은 도움을 제공할 수 있는 범위 내에서만 로고테라피 외부의 방법 적용을 줄이는 데 관심이 집중되었다.

특히 어려움이 있었던 부분은 의미 부족으로 고통받는 사람들을 치료하는 방법이 개발되지 않았다는 사실이었다. 따라서 첫 번째 계획은 진정한 로고테라피 작업의 기초로서 그러한 방법을 개발하는 것이었다. 이러한 방향성은 프랭클(1982, 21f, p.255)의 실존적 의미에 대한 정의를 엄격하게 적용하여 찾은 것으로, 가치를 포함함으로써 약간 확대되었다. 따라서 의미는 "주어진 상황에서 가장 가치 있는 가능성"으로 이해되었다. 이 이론적 기반에서 파생된 방법을 의미 찾기 방법(*Meaning Finiding Method, MFM*)이라고 불렀다(Langle, 1988). 이 방법을 바탕으로 삶의 의미 정도(즉, 자신의 삶에 대해 스스로 평가한 의미)를 측정하는 테스트를 개발할 수 있었다. 이 테스트는 실존 척도(*Existential Scale, ESK*)로 명명되었다.

그 후 로고테라피적 동기를 적용하기 위한 방법, 즉 의미에 대한 의지를 측정하기 위한 방법이 필요했다. 다음 발전은 의지, 동기 부여의 심화, 그리고 결정되지 않은 상황과 약한 의지의 명료화에 중점을 두었다. 여기에서 의지 강화 방법(*Will Strengthening Method, WSM*)이 탄생하고 출판되었다(Längle 2000a).

## 정신병리학의 로고테라피 기초에 대한 질문

이러한 첫 번째 확장 단계(프랭클에게 인정되는 정도에서)에 이어 이번에는 로고테라피 개념에 더 근본적이고 중요한 새로운 위기가 등장했다. 모든 또는 적어도 대부분의 정신병리가 로고테라피의 개념, 즉 의미의 실질적 상실이라는 관점을 통해 실제로 이해될 수 있는지에 대한 의문이 생겼다. 프랭클(1938/1987a, p.19; 1938/1987b, p.32)이 융(C.G. Jung)을 언급하면서 지적했듯이, 신경증은 의미를 상실한 영혼일 뿐 그 이상 그 이하도 아닌 것일까?

로고테라피가 모든 장애의 치유에 중요하다는 프랭클의 주장에도 불구하고, 임상 경험은 실존적 의미의 부족이 정신적 고통의 원인보다는 여러 다양한 원인의 동반 결과로 나타나는 경우가 그리 흔하지 않다는 것을 보여주었다. 의미 부족의 주된 이유는 박탈, 갈등 및 문제를 경험할 때 겪는 고통에 대한 이해가 부족했기 때문이다. 실존적 의미의 부족은 종종 정신 병리학적 상태를 나타내는 것이 아니라 삶의 방향이 실존적 가치를 놓치고 있다는 전반적인 느낌을 나타낸다. 따라서 이는 삶의 질을 측정하는 척도이며 삶의 질이 저하되거나 개선되는 이유나 원인에 대한 자세한 정보는 포함하지 않는다. 의미 부족으로 인한 고통은 현실, 가치, 자신에 대한 불충분한 인식과 관련이 있는 경우가 많으며, 이러한 요인은 개인 내 개방성 부족으로 인해 더욱 악화된다는 발견이 있었다.

이러한 발견은 더 많은 개방성을 개발하기 위해 개인에 대한 역동적인 접근 방식을 모색하는 데 강한 영감을 주었다. 사람들이 충분히 마음을 열면 세상의 가치에 도달할 수 있고, 의지를 움직일 수 있으며, 상황의 의미를 찾을 수 있고, 주어진 상황에서 그 의미를 실현할 수 있는 도구가 나타날 수 있다. 문제는 환자들에게 더 나은 인식론적 역량을 개발할 수 있는 방법을 찾는 것이었다. 그래서 학회 회원들은 새로운 도구로 작업하기 시작했다. 내담자와 함께 작업할 때 주로 인지적 절차를 거치는 대신, '비극적 낙관주의에 대한 논거'를 제공한다는 프랭클의 패러다임에 따라 치료자들은 환자들에게 사소한 상황에서 현상학적으로 개방하는 훈련을 시작했는데 이는 물체와의 대화를 통한 지각적인 연습을 통해 이루어졌다(Frankl 1990, 79ff). 현상학적 대화 연습 또는 '의자 방법'은 형상을 갖추어 1987년에 처음 발표되었다(2000b년에 Längle이 출판).

이 방법은 사물에 대한 지각 능력뿐만 아니라 자신에 대한 지각 능력을 여는 데도 효과적이었다. 또한 치료자에 의해 강화된 지속적인 포지셔닝과 대화를 적용했다. 따라서 불안과 우울증 치료에도 동일한 기본 대화 패러다임을 사용하는 것이 합리적이다. 이렇게 우울증에서 불안과 부정적인 사고를 다루는 자원 지향적 방법인 개인 포지셔닝(*Personal Positioning, PP*)(Längle 1997)이 개발되었다.

프랭클은 현상학적 운동의 발전을 인정하지는 않았지만, 이 시점까지의 로고테라피 작업의 발전적 변화를 받아들였다(우리는 이 방법의 발전을 나타내기 위해, 점차 이러한 변화를 실존분석 작업이라고 언급했다). 1980년대 말, 로고테라피의 정신병리학적 능력, 강점, 정신병리에 대한 이해에 있어 중요한 평가, 그리고 새로운 방법의 개발은 환자와 내담자에 대한 이해와 접근의 새로운 차원을 가져왔다. 이에 따라 상당한 변화가 필요하게 되었고 이는 로고테라피 분야에서 혁명적인 것으로 판명되었다. 1991년 봄, 프랭클은 더 이상 이러한 발전을 지지할 수 없다고 판단하고 GLE 학회를 탈퇴했다. 그는 GLE 명예 회장직에서 물러난 세 가지 구체적인 이유로 심리 치료의 전기적 작업, 개인 실존분석(Personal Existential Analysis, PEA) 방법의 개발, 200시간 이상의 자기 경험 요구(현재는 그때보다 더 많다)를 지적했다.

## 현상학을 향한 전환 – 개인 실존분석(PEA)

1980년대의 주요 변화는 현실에서 현상학을 엄격하게 적용하는 것이었다. 이로 인해 실존에 대한 구조적 이해와 문제, 결함 또는 트라우마를 해결하기 위한 EA의 과정 모형이 두 영역에서 동시에 발전하게 되었다. PEA(Längle 1993, 1995, 2000c)와 네 가지 기본 실존적 동기의 개발(두 가지 모두 20장과 22장 참조)이 그것이다.

PEA 방법의 개발은 사람에 대한 확장된 이론적 개념을 바탕으로 이루어졌다. 새로운 관점은 상대방과의 만남에서 그 사람이 어떻게 나타나는지, 내적 관계에서 그 사람이 어떻게 나타나는지를 현상학적으로 바라보는 것이었다. 사람에 대한 이러한 보다 경험적인 (덜 범주적인) 관점은 환자 및 내담자와 함께 일할 때 인격의 잠재력과 활동에 대한 실제적인 경험과 결합되었다. 과업은 단순히 다음의 것들을 관찰하는 것이었다: 일상생활에서 무엇을 하는가? 그 사람은 어떻게 활동적이 되는가? 자신과의 내적 대화와 세상과의 외적 대화에서 그 역할은 무엇인가? 이러한 관점을 통해 EA의 인류학에서 사람의 대화적 성격이 결정적인 부분이 되었다.

이 관점에서 사람이란, 감수성이 풍부하고 외부에서 접근할 수 있을 뿐만 아니라 지속적인 내적 대화를 통해 자신이 경험하는 것에 대한 내적 입장을 생성하는 것으로 이해되었다. 이러한 고도의 평가 능력은 인간을 결정 능력에 기반한 책임감을 가진 도덕적 존재로 만든다. 이 능력은 또한 의지를 형성하여 사람과 내면의 공명을 일으키고 사람의 본질을 실현할 수 있는 수단을 제공한다. 이 과정을 완료하고 효과적인 존재로 나아가기 위해서는 획득한 내적 자료를 표현하고 그것을 세상에서 실현하는 것이 필요하다. 이러한 절차가 어떻게 치료를 변화시키고 내담자와 그들의 경험에 더 가깝게 다가갔는지 알 수 있다. 어떤 설명이나 주장도 필요로 하지 않는다. 내담자는 동반 치료자와 긴밀히 조율하여 자신에게 중요한 것을 스스로 개발했다. 1990년 PEA의 형성과 공개 발표는 로고테라피의 고전적이고 안내적이며 반영적인 치료 절차로부터의 분리를 의미했다. 그리고 프랭클은 그것을 그대로 받아들였다. 이제 EA의 실제 작업은 치료자가 선험적으로 무엇이 좋고 올바른지 알지 못하지만 내담자의 경험을 친밀하게 이해하고 처리하는 현상학적 태도로 개방, 수용, 질문, 바라보기와 같은 다른 방식으로 수행되었다. 이 (많은 부분에서 현상학적인) 방법의 개발은 프랭클이 새로운 EA가 더 이상 그의 고전적 로고테라피와 일치하지 않는다고 결정한 이유 중 하나였다. 이로 인해 그가 GLE 학회와 분리하게 된 것은 논리적인 결과였다.

## EA의 실질적 변화: 기본 실존적 동기의 개념

이 현상학적 접근은 과정 모형의 개발과 병행하여 실제로 적용될 때 존재 구조에 대한 새로운 관점을 드러냈다. 의미에 대한 의지를 유일한 동기 부여의 힘으로, 의미 개념을 존재의 가장 관련성 있는 내용으로 유지하는 대신(Frankl 1963, 1988), 인간 존재의 근본 구조를 형성하고 동기의 근본적인 움직임을 형성하는 적어도 세 가지 차원이 추가로 존재한다는 것이 분명해졌다(Längle 1999, 2003).

실제적인 증거를 통해 존재의 기본 차원인 세계(현실, '주어진 것'), 삶(관계와 감정), 사람으로서의 나 자신, 더 큰 맥락에서 활동하거나 기여하는 것이 존재의 구조에 미치는 영향으로 밝혀졌다. 이것이 존재의 네 가지 기본 차원을 구성한다. 주관적인 관점에서 볼 때 이 차원들은 동기가 되어 경험되며, 이를 네 가지 개인적－실존적 기본 동기(four personal－existential fundamental motivations)(Längle 1999) 또는 더 간결하게는 네 가지 기본적 실존적 동기 (fundamental existential motivations)라고 부른다. 이러한 동기는 내면의 동의를 얻어 삶을 영위하는 준비 태세에서 완성된다. 자신이 하는 일에 대한 내적 동의는 삶의 실존적 성취와 가장 깊은 형태의 행복을 위한 기초로 간주된다. 이러한 실존의 구조는 인간의 근본적인 동기를 불러일으키며, EA의 구조적 모형을 형성한다. 이러한 발전을 통해 EA는 새로운 인류학을 받아들였고, 동시에 실존의 근거는 앞서 설명한 의미의 근거와는 별도로 존재, 삶, 자기 자신에 대해 훨씬 더 광범위하게 근거를 두었다.

## 오늘날의 실존분석

오늘날 EA는 현상학적인 인간 중심의 심리 치료로 설명할 수 있다(여러 측면에서 칼 로저스[1961, 1966]의 개념에 가까움). '실존'이라는 단어가 EA의 핵심에 있다. EA 관점에서 실존은 통합된 삶 또는 '총체적' 삶을 의미한다. 이러한 관점에서 인간의 실존은 진실된 결정을 내릴 수 있는 능력(의미 있는 맥락에서 자신의 자유와 책임을 의식하는 것)에 의해 특징지어진다.

EA의 목표는 개인이 자신의 삶을 본래성 있고 자유롭게 이끌고 경험할 수 있도록 안내하는 것이다. 이는 실존적 근본 동기의 전제 조건에 대해 작업하면서 '내적 동의(inner consent)'에 지속적으로 초점을 맞추고, PEA의 과정 모형을 통해 개인의 문제, 트라우마 및 갈등을 현상학적으로 처리함으로써(경험과 증상에 대한 해석이나 설명을 뒤로 미루는 것. 22장 참조) 실용적인 방법을 통해 달성할 수 있다. 또한 EA는 개인 자원을 자극하거나 특정 장애를 치료하기 위한 거의 12가지의 다른 구체적인 방법을 확립했다(Längle 2008). EA의 초점은 실제 경험, 감정 및 주관적 포지셔닝에 있지만, 인간 실존의 전반적인 온전함을 위해서는 미래(의미)에 대한 관점을 얻기 위한 전기적 작업도 필요하다.

실존분석의 목표는 사람들이 자신의 행동과 감정을 인식하고 받아들이며 '내적 동의'를 가지고 살아가도록 돕는 것이라고 요약할 수 있다. 이 설명은 로저스의 일치 개념(Rogers 1961, 1966)을 상기시키지만, EA는 수반되는 기분이나 유기체적 느낌보다는 개인의 능동적인 결정과 헌신에 더 중점을 둔다.

이러한 발전을 바탕으로 비엔나의 GLE 학회는 로고테라피라는 용어의 사용을 포기하고 1982년 이후 이 심리치료를 '실존분석'이라고 불렀다. 이 용어는 1938년부터 빅터 프랭클(1938/1987a)이 실제 로고테라피의 이론적 근거(인류학 및 철학)를 설명하기 위해 사용했다. 오스트리아 보건부는 당시 이용 가능한 이론, 실습, 방법론 및 경험적 데이터의 일관성을 입증한 후 1982년에 이러한 형태의 심리치료를 공식적으로 인정했다(스위스 베른 주, 체코 그리고 루마니아에서는 공식적 인정이 조금 더 이후에 이루어졌다). 독일, 폴란드, 러시아, 우크라이나, 라트비아, 캐나다, 멕시코, 칠레, 아르헨티나 등 다른 국가에도 교육 기관 및/또는 학회가 있다. 새롭고 확장된 인류학과 실존에 대한 이해와 더불어 방법에서의 발전, 그리고 우세적인 현상학적 적용은 교육 프로그램을 완전히 바꾸었다. 이 과정을 설명하고 학생들이 현상학적 태도로 작업할 수 있을 정도로 개방되고 자각하도록 준비시키기 위해 이제부터 EA 교육은 자기 경험에 중점을 두어야 했다. 현재 EA에 대한 전체 교육은 파트타임으로 5~6년 동안 진행된다

(www.existenzanalyse.org; www.existential-analysis.org; www.logoterapia.org).

오늘날 실존분석은 심리치료의 독립적이고 주요한 발전이다. 실존분석은 프랭클이 말한 것처럼 '다양한 심리 치료를 보완하는 로고테라피'에서 본격적인 심리 치료법으로 발전했다 (개요는 Längle, 2013, p.54 참조).

1985년부터 GLE-International은 매년 독일어권 국가(프라하에서는 두 차례 개최)에서 평균 750명이 참가하는 국제 컨퍼런스를 개최해 왔다(자세한 내용은 https://www.existenzanalyse.org/verein/geschichte-der-gle/ 참조). 매년 여러 국가에서 여러 지역 컨퍼런스가 개최된다. 1984년부터 학회는 반기별로 동료 심사를 거치는 학술지를 발행하고 있으며, 이 학술지는 1995년부터는 PSYNDEX와 SCOPUS(Elsevier)에 등재된 『EXISTENZANALYSE』라는 이름으로 발행되고 있다. 또한 매년 러시아어(Ekzistencial'nyj Analiz)로, 그리고 스페인어/영어(Existencia: www.icae.cl)로 미주 지역에서 분기별로 추가적인 학술지를 발행한다. 연구와 교육을 위해 많은 대학과 협력이 이루어지고 있다. 현재 오스트리아 잘츠부르크 대학교, 비엔나 지그문트 프로이트 대학교, 모스크바 HSE 대학교, 칠레 산티아고 인간주의 크리스티아누 대학교(UAHC) 등 여러 대학에서 석사 학위와 함께 EA 교육을 받을 수 있는 길이 열렸다.

EA 개념과 심리치료적 방법들은 기초 연구와 결과 지향적 연구를 통해 조사되었다. 세 가지 독일어(번역본 포함) 및 두 가지 러시아어 심리 측정 검사가 있다. 개요는 Ascher, Bowers, and Schotte(1985), Becker(1985), Görtz(2001), Laireiter et al.(2000; 2013), Längle et al.(2005), and Regazzo, Längle, and Regazzo(2008)을 참조하라. 이러한 경험적 및 심리 측정적 발전에도 불구하고, 치료자의 특성이 이 현상학적 심리치료에서 더 중요한 역할을 한다.

## EA-세계에 퍼져 있는 학회들

GLE-International(GLE-I)은 모든 국가 학회를 아우르는 학회로, 모든 국가에서 임상 교육의 유지 관리 및 품질 보증을 책임진다. 훈련은 모든 국가에서 동일한 커리큘럼과 동일한 조건을 따른다. 또한 GLE-I는 국제 학회, 학술지(대부분 독일어 논문, 일부 영어 논문 포함), 그리고 연구 조직화를 책임진다. 이 학회는 독일어권 국가에서 약 1,600명의 회원을 보유하고 있고, 14개국에 국가 학회로 등록되어 있으며, 전 세계에서 가장 큰 실존 학회이다. 안타깝게도 실존분석은 독일어권 국가에서는 널리 퍼져 있음에도 불구하고 영어권 국가에서는 잘 알려지지 않았다.

1983년부터 비엔나에서는 임상 훈련이 진행되고 있었는데, 처음에는 로고테라피 연구소(코즈데라, 랑글, 베슬리-프랭클)에서 진행되었다. GLE-Austria의 교육 센터와 연구소는 오스트리아 전역으로 확산되어 현재 6개 도시에서 상담 및 심리 치료가 이루어지고 있다. 상담과 심리 치료는 모두 국가에서 공식적으로 인정받았다. 현재까지 약 1,500명의 학생으로 구성된 100개 이상의 교육 코호트가 EA 임상 교육에 참여했다(모두 교육을 수료한 것은 아니며, 현재 약 400명의 학생이 교육을 받고 있다). GLE는 10년간 오스트리아에서 두 번째로 큰 심리치료 교육 기관이었다. GLE-Austria에만 1,000명 이상의 전문 회원이 있다.

독일에서는 1986년부터, 스위스에서는 1994년부터 정기적인 임상 교육이 진행되어 왔으며, 양국의 학회 회원 수는 합쳐서 약 500여 명에 달한다.

임상 교육은 1993년 루마니아에서 시작하여 여러 도시로 확산되었다. 루마니아 학회는 1994년에 창설되었다. 체코에서는 1996년에 훈련과 학회의 전국적인 발전이 시작되었다. 임상 교육은 1999년 러시아(모스크바, 이후 상트페테르부르크)에서 시작되어 현재까지 최대 38개의 교육 그룹이 운영되고 있다. 러시아 학회는 또한 격년으로 컨퍼런스를 조직하고 2007년부터 저널을 편집하고 있다. 러시아의 많은 대학에 학회가 존재한다. 폴란드에서는 2007년에, 우크라이나에서는 2012년에, 라트비아에서는 2014년에 교육이 시작되었으며, 2017년에는 영국(런던)에서 온라인 교육을 포함한 러시아어 교육이 시작되었다. 미주 지역에서는 1998년 아르헨티나(멘도사), 2000년 멕시코, 2004년 칠레, 2006년 캐나다(밴쿠버)에서 첫 교육이 시작되었다. 또한 이 모든 국가에는 협회가 설립되어 있다.

## 오늘날의 로고테라피

지난 20~30년 동안 로고테라피는 크게 확장되었다. 특히 2005년 빅터 프랭클의 탄생 100주년을 즈음하여, 빅터 프랭클의 연구를 집대성한 14판 에디션을 시작으로 출판물의 양이 눈에 띄게 늘었다. 2011년에는 그의 손자 알렉산더 베셀리가 제작한 감동적인 영화 "빅터와 나"가 등장했다. 비엔나시는 2000년부터 의미 지향적 인본 주의 정신 치료 분야에서 뛰어난 공헌을 한 사람에게 "빅터 프랭클 상"을 수여하고 있다. 빅터 프랭클 연구소에서 개발한 종합적인 웹사이트(http://www.viktorfrankl.org)에는 비디오 라이브러리와 로고테라피에 대한 방대한 문헌에 접근할 수 있는 기능이 포함되어 있다. 1998년에 로고테라피에 관한 책이 1,000권 이상 출판되었으며, 현재 약 450권의 책과 400편의 석사 및 박사 학위 논문이 있다. 15개 이상의 로고테라피를 구체적으로 적용한 도구들의 개발을 포함하여, 600개 이상의 선험적인 조사가 로고테라피의 효과에 대한 근거를 제공하였다.

오늘날 로고테라피는 비엔나 빅터 프랭클 연구소의 국제 로고테라피 및 실존분석 협회를 통해 조직되었다. 이 학회는 전 세계 40개국에서 115개의 공인 기관과 함께 활동하고 있다 (2018년 1월 1일 기준). 알렉산더 바티야니 교수의 지도 아래 비엔나 빅터 프랭클 연구소가 인증한 기관에서 다양한 대학과 교육 프로그램 강의가 진행 중이다. 빅터 프랭클 강의의 전통은 여전히 비엔나 의과대학에서 이어지고 있으며, 빅터 프랭클 교수가 주최하며 격년으로 열리는 국제 학술대회에는 수백 명이 참석한다. 또한, 매년 전 세계 여러 나라에서 10~20개의 지역 학술대회가 개최되며, 셀 수 없이 많은 학술지가 배출되고 있다. 오스트리아에서는 로고테라피가 심리 치료 및 상담의 한 접근법으로 국가적 인정을 받고 있다.

# 20
## 로고테라피와 실존분석의 철학과 이론

Claudia Reitinger and Emmanuel J. Bauer

## 개요

로고테라피와 실존분석은 현상학, 실존철학, 대화철학(Max Scheler, Martin Heidegger, Nicolai Hartmann, Karl Jaspers, Martin Buber, Friedrich Nietzsche, Søren Kierkegaard, Gabriel Marcel) 분야의 다양한 철학자들을 언급한다. 이러한 전통에 속하는 서로 다른 사상가들 사이에는 유사점이 있지만, 그들은 자유, 책임 및 의미의 개념과 같은 기본적인 철학적 및 인류학적 가정에서 차이가 있다. 이 광범위한 철학적 토대는 로고테라피(Frankl), 실존분석(Längle et al.) 및 다른 형태의 실존적 치료(van Deurzen, Yalom) 간의 차이점에 대한 설명을 제공한다.

알프레드 랭글이 개발한 실존적 분석(EA)은 두 개로 갈라지는 주된 뿌리를 가지고 있는데, 이는 상당히 상반된다. 하나는 빅터 프랭클의 로고테라피이고, 다른 하나는 현상학 및 대화 철학이다. EA는 의미, 가치, 책임 및 자유와 같은 프랭클의 중심 개념을 일부 공유하지만 근본적인 철학 이론은 다르다. 이러한 이유로 이와 같은 개념들은 두 이론에서 다른 의미를 갖는다. 프랭클의 인류학은 세상의 존재론적 의미를 전제로 하며, 이는 자신의 내면의 목소리, 즉 양심의 목소리를 통해 발견할 수 있다(Frankl 2011, p.68). 신 안에서의 의미라는 기원으로 인하여, 프랭클은 강력한 형이상학적 이론을 지지하며(Rohr 2009, p.345) 프랭클의 인류학은 그러한 관점에서만 접근할 수 있다. 우리는 영적인 사람, 그 역동성, 가치와 의미에 대한 방향과 정신신체적 차원 사이에 엄격한 차이가 있음을 발견한다(Frankl 2005, p.77). 가치와 의미는 감정을 통한 "우회" 없이 양심에 의해 직접적으로 인식될 수 있다는 가정 때문에, 로고테라피에서 사람의 내적 삶은 그다지 중요하지 않다.

EA는 객관적 의미의 가정에 의문을 제기하고 현상학과 사람의 내적 삶으로 방향을 돌린다(Längle 1994). 언뜻 보면 사소해 보일 수 있는 변화가 사실은 로고테라피의 모든 개념에 근본적인 변화를 가져오며 철학적 관점에서 EA를 차별화되고 자율적인 이론으로 만든다. 또한 EA는 만족스러운 삶을 사는 데 필요한 유일한 동기는 의미가 아니라 사람을 움직이는 세 가지 다른 근본적인 실존적 동기가 있다는 생각을 지지한다. 이러한 이유로 EA는 비록 로고테라피의 인류학적 측면과 일부 겹치지만, 그럼에도 로고테라피보다는 다른 실존적 치료 학파(Yalom, van Deurzen, Binswanger)와 로저스의 합동 개념(Rogers 1961)에 더 가깝다.

이 장에서는 먼저 로고테라피의 존재론적 가정의 주요 흐름을 개략적으로 설명하고 중심 개념을 명확히 한다. 이후 EA의 인류학과의 유사점과 차이점을 보여준다. 하이데거의 해석학적 현상학 이해의 중요성 때문에, 다음 부분에서 이를 더 깊이 있게 다룬다. 마지막으로, 기본적인 실존적 동기를 설명하고 다른 실존치료 학파들과의 차이점과 유사점에 대해 다루고자 한다.

## 로고테라피의 인류학

로고테라피의 인류학에 대해, 빅터 프랭클은 심리치료에서 의미를 강조한 것, 그리고 의미로의 의지가 좌절되었을 때 공허함이나 의미없음의 느낌인 '정신인성신경증(noogenic neurosis)'에 대한 설명으로 잘 알려져 있다. 프랭클은 인간의 가장 깊고 진정한 동기가 의미에 대한 의지이며, 삶의 모든 상황에서 의미를 찾으려는 노력이라고 주장한다. 다른 동기는 여기에 부차적으로 작용한다. 프랭클에 따르면, 정신 분석은 이러한 종류의 문제를 적절히 해결할 수 없었는데, 그 이유는 정신역동적 메커니즘에 초점을 맞추기 때문이며, 이로 인해 심층 심리학은 지능적인(영적인) 차원과 관련된 능력, 역동성 및 장애물에 관해서는 무시하고 있다. 프랭클의 주된 목표는 인간과 관련된 모든 형태의 환원주의를 피하는 것이었다. 그는 초기에 프로이트의 정신 분석과 아들러의 개인 심리학을 비판했으며, 이를 환원주의 이론으로 묘사했다. 정신분석이 인간의 행동을 공리주의적 쾌락/항상성 원리에 입각하여 이해하려 한다면, 개인심리학은 인간의 행동을 권력 의지의 표현으로 이해한다. 그러나 프랭클은 인간의 행동이 심리적이거나 생물학적 메커니즘으로 축소될 수 없으며 축소되어서도 안 된다고 주장한다. 인간은 주로 영적인 존재로 그려지며, 영적 존재로서 그들은 이미 결정된 존재가 아니라 자유롭고 책임감 있게 행동하고 가치와 의미를 실현할 수 있다.

프랭클은 막스 셸러로부터 그의 가장 중요한 철학적 영감을 받았다. 그는 "빈스방거의 작업은 정신의학에 대한 하이데거 개념의 적용으로 귀결되는 반면 [...] 로고테라피는 막스 셸러(Max Scheler)의 개념을 심리치료에 적용한 결과이다"라고 말했다. 프랭클이 셸러에서 채택한 두 가지 주요 개념은 다음과 같다. 첫째, 의미 있는 삶을 위한 가치관의 역할과 가치를 직관을 통해 직접적으로 인식할 수 있다고 가정한다(Scheler 1954, pp.271; Frankl 1991, p.164). 둘째, 인간의 현실은 신체, 심리, 영혼으로 층화될 수 있으며, 영혼은 정신물리학에 반대된다.

프랭클은 인간이 존재론적으로 3차원, 즉 신체(몸), 정신(마음), 지능(영적) 차원에 속한다고 주장한다. 이러한 차원은 서로 환원될 수 없으며, 인간의 고유한 현상은 지능적 차원과 밀접하게 관련되어 있다. 프랭클의 목표는 심리 치료의 재인간화이기 때문에 그의 많은 글은 정신적인 차원을 표현하는 데 중점을 두었다. '의미', '가치', '자유', '책임', '자기 거리', '자기 초월' 등 그의 모든 중심 개념이 이러한 차원에 속한다.

로고테라피의 철학적 틀과 EA 내의 변화를 구성하는 것은 프랭클의 이론을 다음과 같은 가정에 따라 이해하는 데 도움이 된다(Reitinger 2015, pp.346f).

1. 인간은 세 가지의 다양하고 환원 불가능한 존재론적 차원 신체, 정신, 지성을 가지고 있으며 후자가 특정한 인간의 차원을 의미한다.
2. 지능적 차원으로 인해 인간은 인격체이다.
3. 인격체로서 인간은 생물학적 및/또는 심리적으로 결정된 존재가 아니며, 자유롭고 책임감 있게 행동할 수 있다.
4. 사람으로서, 그들은 자기 거리와 자기 초월을 경험한다.
5. 사람으로서, 그들의 동기는 의미에의 의지이다.
6. 가치를 깨달음으로써 의미를 실현할 수 있다.
7. 세상에는 가치와 의미가 객관적으로 주어진다.
8. 각 상황에 가장 의미 있는 답은 하나뿐이다.
9. 의미를 깨닫는 데 있어서 사람은 자유롭고 책임감 있게 행동한다.
10. 사람들은 양심을 통해 상황에 대한 의미있는 답을 찾을 수 있다.
11. 사람에게 의미 있는 것은 신과 (의식적이든 무의식적이든) 연결되어 있는데, 주관적 의미가 모든 것을 포괄하는 초의미에 포함되기 때문이다.
12. 인격체인 인간은 의식적으로든 무의식적으로든 신과 관계가 있다.

## 영적 인간

영적인 사람에 대해, 프랭클에 따르면 영적으로 발전한 인간은 자율적인 존재론적 실체로서, 정신과 신체의 일체성인 '정신물리학(psychophysicum)'과 구별될 수 있다. 인격체로서 인간은 자기 분리 능력을 갖추고 있어서 정신 역학에서 한 걸음 물러나서 인식하고 스스로가 그것에 따라 행동하기를 원하는지 여부를 결정할 수 있다. 동시에 사람으로서의 인간은 다른 근본적인 인간 능력인 자기 초월을 통해 가치와 의미를 실현할 수 있다.

존재론적 관점에서 프랭클이 실체 존재론(substance ontology)을 지지한다는 것은 분명해 보인다. 즉, 사람은 세상과의 관계보다 우선하는 본질로 이해되며 이는 경험이나 상황에도 변화하지 않는 것을 의미한다. 반대 입장은 사람이 그들의 관계에 의해 구성된다는 견해를 다룬다. 프랭클은 사람에 대한 실체주의적 관점을 명시적으로 거부하지만, 암묵적으로 이 관점을 취하고 있다. 프랭클에게 중요한 것은 사람이 물질주의적이거나 실체적인 것으로 이해하지 않는 것이다. 프랭클은 사람이 일반적으로 이해되는 것처럼 단지 물질이 아니라, 존재론적 실체, 순수한 힘이라고 종종 말한다. 사람은 물질적 실체가 아니고 비물질적 실체이기 때문에 인과관계가 정해져 있지 않고 아플 수도 없다.

## 자유와 책임

영적인 사람은 근본적으로 자유로움의 특징을 갖고 있다. 프랭클은 자유를 '~로부터의 자유'와 '~을 위한 자유'로 이해한다. 인간은 지능적인 차원에 속하기 때문에 자신의 충동, 감정, 성향에 종속되지 않고 자유의 소극적 측면인 자기 거리두기를 할 수 있는 능력을 가지고 있다. 그 사람은 정신물리적 차원의 '제안'을 행동으로 바꾸기로 결정할 수 있다. 자유의 적극적인 측면은 프랭클에 따르면 의도적으로 자신을 가치와 의미로 향하게 하는 자기 초월에 의해 실현된다.

프랭클의 이론에서 자유의 개념은 명확한 의미를 갖는다. 프랭클에게는 각 상황에서 하나의 필요성(unum necesse)이 있는데, 이는 각 상황에서 가장 가치 있는 옵션을 인식하는 것을 위해 필요한 한 가지로, 의미를 실현하는 것을 뜻한다. 이 가장 가치 있는 옵션을 선택한다는 것은 자유의 긍정적인 측면을 실현하는 것을 의미한다. 주관적 의미가 의미 있는 구조('로고스')의 일부라는 프랭클의 이론의 형이상학적 배경으로 인해 그의 자유 개념은 결정론적 느낌을 가지며 이는 헤겔의 절대 정신을 연상시킨다. 인과적 결정론과 대조적으로, 프랭클은 그것을 "인과성 또는 최종론의 더 높은 형태"라고 부르며 "위에서 개입한다"는 일종의 의미가 있다고 말한다. 사람이 이 지능적 차원에 해당하기 때문에 사람은 그런 종류의 최종주의에 열려 있다. 정신물리적 차원과 인과적 결정론이 그러한 것처럼 지적 차원과 결정론은 같은 곳에 속해있다.

인간의 실존이 본질적으로 의미 있고 각 상황에는 발견될 수 있고 발견되어야 하는 하나의 진정한 의미가 있다는 가정은 명백히 구분되는 권위주의적인 분위기 때문에 종종 다른 측면에서 비판을 받았다.

## 가치와 의미

프랭클에 따르면 의미는 가치를 실현함으로써 이뤄질 수 있다. 그는 세 가지 유형의 가치 범주를 구분한다(Frankl 1986, pp. 43f):

- 첫째, 행동과 과제를 통해 실현되는 창의적 가치
- 둘째, 보다 수동적인 경험적 가치로, 예를 들어 자연이나 예술을 향할 때 나타난다.
- 셋째, 수용이라는 선택지만 존재하는 운명에 직면할 때 실현되는 태도 가치이다.

어떤 가치를 실현해야 하는지는 상황에 따라 다르며, 이는 내면의 목소리, 도덕적 양심의 목소리에 따라 결정된다. 인간이 이 내면의 목소리에 따라 행동한다면 각각의 상황에서 개인적인 의미를 찾을 것이다.

의미에는 객관적인 요소와 주관적인 요소가 모두 있다. 프랭클에게 의미는 '찾아야 하는 것'이며 각 상황에 존재한다. 따라서 의미는 객관적이며 동시에 주관적이다.

프랭클의 이론에서 의미는 상황의 요구에 따라 객관적으로 주어진다. 사람들은 '코페르니쿠스적 전환'을 통해 그것에 마음을 열면 의미를 수용할 수 있다. 비록 프랭클은 우리가 궁극적인 의미에 대한 질문에 대답할 수 없다고 주장했지만 그는 초의미라는 개념을 도입한다.

개인적인 의미와 초의미 사이의 관계는 전자가 후자에 내장되어 있는 관계이다. 따라서 프랭클은 개인적인 의미는 세상에서 찾을 수 있는 객관적인 것이라고 말할 수 있는 것이다. 초의미는 최종성이라는 의미에서 인과적으로 작용하고 주체는 그것을 지향하기 때문에 최종성은 개인적 의미에 대한 지향에 내재되어 있다.

## 프랭클의 인간관에서 신의 역할

철학적으로 볼 때 신은 프랭클의 인류학에서 중요한 역할을 한다. 그의 핵심 개념인 '사람', '양심', '가치', '의미', '자유', '책임'은 초월적 힘에 대한 언급을 통해서만 완전히 이해할 수 있다.

로어(Rohr, 2009, p.354)가 지적한 것처럼 초의미는 초월적 단일 원칙, 즉 신의 인격적 이미지를 가리킨다. 신을 통한 의미의 궁극적인 정당화는 인류학적 기초에 관한 그의 책에서 찾을 수 있다:

내가 존재하는 한 나의 실존은 의미와 가치를 향하고 있다. 내가 의미와 가치를 향해 존재하는 한, 나의 존재는 나 자신의 존재보다 필연적으로 더 높은 가치를 향하고 있다. 즉, 무언가로서의 내 실존은 무엇이 아닌 누군가—초인간—여야만 한다. 한마디로, 내가 존재하는 한,

내 실존은 항상 신을 향하게 되는 것이다. (Frankl, 2005, 232f)

가치와 의미에 대한 자기초월적 지향에서 사람은 항상 신을 참조한다. 그 이유는 가치와 의미가 신에 근거하기 때문이다. 의미의 각 실현은 신을 향한 움직임이라고 말할 수 있다. 동시에 이러한 움직임은 그 근원을 신에게 두고 있다. 이러한 움직임은 최종성 측면에서 프랭클의 더 높은 인과성 개념에 해당한다. 프랭클은 모든 인간이 신과 관련되어 있음을 강조한다. 그러나 비종교적 인간의 경우 신과의 이러한 관계는 무의식적이다(Frankl 2011, p.68).

## 실존분석의 인류학

비록 EA가 로고테라피에 기원을 두고 있지만 1980년대 이후 알프레드 랭글의 EA에서 큰 변화가 일어났다. 현상학, 실존철학, 대화철학의 적용은 이론과 연구 모두에서 더욱 우세해졌다. 실제 임상 작업은 의미가 종종 정신 병리 발생에 상당한 역할을 하지 않는다는 것을 밝혔다(Längle 2015, p.77). 의미의 개념은 실존치료에서 여전히 중요한 역할을 하지만 EA가 세상에서 객관적인 의미에 대한 가정을 포기하고 의미가 인간 실존의 다른 세 가지 근본적인 동기와 함께 상대화되기 때문에 근본적으로 변화한다(Längle 2013, pp.73ff). 두 번째 주요 변화는 감정의 역할과 그 사람의 내면 생활에 관한 것이다. 프랭클의 경우 세상에서 객관적으로 주어진 의미에 개방되기 위해 자신의 내적 삶과 감정에서 스스로 거리를 두어야 하는 반면, EA는 내면 세계와 개인의 주관적 경험을 향한다(Längle 2003b, pp.31f).

다음 섹션에서는 EA의 인류학에 대해 자세히 설명한다. 첫 번째 단계에서는 실존철학, 현상학의 철학적 뿌리와 대화철학의 요소들을 기술한다. 그런 다음 근본적인 동기를 설명하고 다른 실존치료 학파의 틀에 간략하게 설명한다. 결론에서는 현대 EA의 변화와 차이점을 프랭클의 이론과 비교하였다.

### 실존분석의 철학적 뿌리

실존분석에서 현상학의 역할 EA는 다양한 수준에서 현상학을 채택한다. 우선, 그것은 환자에 대한 비판적 개방성의 태도와 일치하는 존재적 의미로 사용된다. 목표는 그들의 세계와 그들의 경험에서 환자를 이해하는 것이다. 둘째, 인간학적 기본 용어(가치, 자유, 의지 등)와 실존적 기본 동기는 상향식 접근을 통해 얻는다. 따라서 기본 실존적 동기는 형이상학적 가정에서 추론되지 않는다. 처음 두 수준에서 현상학은 인식론적 도구로서 방법론적으로 사용된다. 셋째, 존재론적 차원에서 EA는 주체와 객체, 즉 사람과 세계가 분리된 실체가 아니라 상호 구성된다는 기본적인 현상학적 가정을 공유한다.

여기서 관련성은 존재론적 우선순위를 갖는다. 이것은 EA가 인간의 실존에 선행하는 어떤 종류의 실체나 본질도 가정하지 않는다는 것을 의미한다. 존재론적 차원의 현상학적 입장은 이러한 존재론적 배경의 적용으로 이해될 수 있다(Bauer 2016).

후설과 하이데거의 현상학 이해의 차이점을 살펴보면 EA가 하이데거의 현상학 이해를 해석학적 방법으로 채택하고 있음이 분명해진다. 후설은 '사물 자체에 대한' 현상학적 관념을 관찰자의 관점을 가진 초월적 자아의 방향으로 풀어낸다(Hermann 1981, p.34). 반면 하이데거는 현상학을 해석학적 방법으로 이해한다. 현존재란 항상 세상에 존재하는 것, 관계되고 내재된 존재이며 스스로의 피투성 뒤에 숨을 수 없는 것이다. 현존재는 자신과 세계, 타자에 대한 이해를 가지고 있으며 이러한 맥락에서 자신을 해석한다. 하이데거(2001, p.37f)가 현존재와 존재의 존재론적(ontological) 구조를 밝히기 위해 현상학적 방법을 사용했다면, EA는 이 방법을 존재적(ontic) 수준에서 채택하여 환자의 감정이나 습관을 그의 세계 밖으로 이해한다.

하이데거에 따르면, 현상학적 절차는 축소 – 구성 – 파괴의 세 단계로 구성된다(Heidegger 1993, pp.26ff; Längle 2007c, p.23).

1. 축소: 환자와 그들의 경험이 드러날 수 있도록 치료 환경에서 이전 지식, 선입견, 관심을 끌고자 하는 주장을 괄호(epoché)에 넣는다.
2. 구성: 구성의 목적은 현상을 전체적으로 인식하는 것이다. 예를 들어, 감정, 충동, 몸짓, 삶의 맥락과 같은 단일 요소는 현상에 대한 전체적인 그림을 얻기 위해 서로 관련되어 있다.
3. 파괴: 경현상적 내용을 모으기 위해 그림을 다시 한번 분석하여 잠재적 가정이나 관심사를 밝혀낸다.

이 방법은 움직임에서 하이데거의 절차와 같지만, 의도는 다르다(이 세 가지 단계의 실제 적용에 대해서는 3장을 참조하시오). 현대 실존분석의 일환으로서 실존 철학과 대화 철학의 요소들 키르케고르, 야스퍼스, 하이데거와 같은 주요 실존 철학자들과 더불어, 현대 실존분석은 인간 존재가 영적 존재로서 언어, 이성, 의미, 관계 및 이에 상응하는 능력을 가진다는 확신을 공유한다. 이러한 이유로 우리는 실존적 실현과 개인의 자기 실현 구조 사이에서 특정한 유사성을 확인할 수 있다(Bauer, 2016).

하이데거(2001, p.220)가 언급하였듯, 인간의 실존은 주로 현존재가 우리의 세계 내 존재를 통해 접근된다는 사실을 통해 표현된다. 이는 구조적으로 현존재의 세 가지 기본 조건인 Befindlichkeit(성향, disposition), 이해, 담화를 통해 드러난다. 그러나 EA는 인간을 본질적으로 인격체로 이해한다. 이러한 인격체는 호출될 수 있는 능력(addressability), 이성, 그리고 응답할 수 있는 능력을 통해 자유와 책임, 자기 결정권을 가진 실존을 가능하게 한다고 본다. 이와 유사하게 우리는 PEA의 세 가지 절차적 단계를 다음과 같이 구분하는데, 이는 인상, 포지셔닝, 그리고 표현이다. 이때 강조점은 느낌의 분석, 개인적 위치에 대한 결단, 그리고 적절한 행동에 대한 탐색에 있다(Längle 2000). 따라서 EA와 하이데거의 근본적인 존재론 사이의 어떤 특정한 유사성과 구조적 유사점은 일부 특별한 차이점이 명백하더라도 간과될 수 없다.

하이데거에 따르면 *Befindlichkeit*(성향)은 그에 상응하는 기본 정서에 의해 형성된다. 이처럼 현존재의 세계에 대한 근본적인 개방성뿐만 아니라 그 기본적 성향 또는 근본적인 분위기(*Grundbefindlichkeit*)를 반영하고, 가능성의 실존적 조건과 인간 감성의 기본적인 발현을 드러낸다. 기본 성향(*Grundbefindlichkeit*)의 조율은 이미 세계에 대한 일차적이고 반성적인 공개성과 이해에서 나타난다. 이해 자체는 인간 존재의 구체적인 실현의 근본적인 측면이다. 하이데거는 '누군가를 위함'(*Worumwillen*)이라는 개념에 대한 친숙함과 자신의 존재를 구성하는 세계의 순간의 중요성에 따라 현존재의 근본적인 존재 능력으로 이해를 지적한다. 실존은 이해와 해석, 즉 이해를 통해 획득되고 드러나는 가능성의 구체적인 의미를 통해 구성된다. 이 해석학적 과정은 전제 조건 없이 발생하는 것이 아니라 항상 삶과 그 행위자를 통해 제기되는 질문과 이해의 공통된 지평과 의미의 주어진 총체성을 배경으로 발생한다. 세계에 대한 이해는 근본적인 "현존재의 공개성의 실존적 구성"으로서 언어로 표현된다(Heidegger, 2001, p.161). 일상적인 현존재는 담론에 대한 원래의 이해와 존재에 대한 일차적 참조를 찾는 대신에 순전히 말의 *Mit-Verstehen*(with-with)에 자신을 제한한다. 자신의 존재능력을 결단력 있게 붙잡는 자만이 현존재의 *Eigentlichkeit*(본래성)을 발견할 수 있다.

하이데거와 EA 사이의 실존적 실현을 이해하는 데 있어 유사점에도 불구하고 실질적인 차이점이 남아 있다. 어떤 의미에서 초점의 차이가 있다. 하이데거가 현존재의 기본적 존재론적 실존적 구성을 드러내는 데 관심이 있는 반면, EA는 PEA를 통해 주로 존재론적 수준에서 작동하며 내적 위치와 의지의 동요를 드러내는 구체적인 감정을 찾는다. 그러나 결정적인 차이점은 하이데거는 인간 존재를 인격체로 보지 않는다는 것에 있으며, 따라서 좁은 의미의 인격적 실존이 충분히 나타나지 않는다는 데 있다. 어떤 의미에서 하이데거는 원래의 조율을 현존재 전체의 공명으로 보고, EA는 감정의 현상적 내용을 회복하고 이를 이해로 이끌어 자유롭고 개인적인 위치에 통합함으로써 자신의 삶에 결실을 맺게 하려고 시도한다(Bauer 2012). 따라서 EA에서의 이해는 동시에 수용적이고 창의적인 개인 행위이며, 경험과 통찰력의 모든 차원을 포함하고 인상과 표현 사이의 살아있는 중심을 형성한다. 개인의 위치를 통해 이해는 자아와 세계 이해 전체의 지평 내에서 자신의 설명을 경험하고 자기 자신에게 도달한다. 이처럼 이것은 인간의 자아실현의 중심이라고 할 수 있다(Bauer 2016, pp.12f).

결국 현존재의 공개성으로서의 담론(Heidegger 2001, pp.160ff)과 존재의 집으로서의 언어 담론에 대한 하이데거의 이해에서 개인적-대화적 성격은 충분히 설명되지 않는다. 이 시점에서 하이데거의 학생 가다머(H.‒G. Gadamer, 1986)에 따르면, EA가 대화 철학, 특히 마르틴 부버(Martin Buber)의 사상에 근접한 것을 볼 수 있다. EA는 인간이 항상 구체적인 언어의 지평 내에서 생각하고 이해하고 행동한다는 실존적, 언어적 철학의 관점을 공유한다. 그러나 대화의 철학과 함께 EA는 존재의 실현이 구체적인 세계의 물리적 및 영적 현실과의 상호 작용 및 소통과 긴장의 장 안에 영구적으로 내재되어 있음을 강조한다. 인간에게 자기 자신이 되는 것, 그리고 되어가는 것은 무엇보다 다른 사람과의 상호 작용, 즉 나와 당신 사이의 개인적인 만남이 필요하다(Bauer 2017). 인간은 인격과 정신으로 구성되는 피조물로서 항상 이미 언급되고 응답할 능력 또는 요구를 갖는 대화 관계에 묶여 있다. 부버는 스스로를 'I(나)'로 언급함으로써 인간의 개인적 존재가 개발될 때만 인간이 사람이 '된다'고 밝혔다(Buber 2012a). 현대 EA는 이 점에서 부버와 동의하지만 한 단계 더 나아간다. EA는 인간이 외부를 향해 개방적일 뿐만 아니라 내부적으로도 동등하게 대화적으로 개방되어 있다는 누락된 측면을 지적한다. 그러한 대화 없이는 나는 자기 자신이 될 수 없으며 일종의 이질적 또는 외부적 통제에 빠질 위험이 있다. 따라서 진정한 자기 존재는 (자기 자신의 양심의 형태로) 자기 자신과의 개인적인 대화뿐만 아니라 다른 인간의 형태로 당신과, 종교의 경우에는 하느님의 당신과의 개인적인 대화를 전제로 한다. 그러나 개인 간 대화에 부여된 모든 비중을 기억하는 것이 중요한데, 대인 관계의 I-You 만남은 개체 발생적으로 더 원시적이고 근본적이며 EA의 발달 심리학에서도 그렇게 해석된다.

EA는 자신을 주로 대화 요법으로 이해하고 치료적 대화를 개인적인 만남을 경험하고 모델링할 수 있으며 개인이 개발될 수 있는 곳이라고 본다. 그럼에도 불구하고 부버(2012b, 2012c)가 설명한 I-You 만남의 특징과 구성 요소는 근본적으로 다른 설정을 다루고 있기 때문에 부분적으로만 적용될 수 있다. 내담자의 질병이 완전한 상호성을 저해한다는 사실과는 별개로, 거리낌 없는 상호 개방은 부분적으로만 가능하고 심지어 더 적절하다. 그러나 타자의 전체성에 대한 인식, 본래성, 타자의 존엄성, 타자성과 자유에 대한 존중, 수용과 현존재(being‒there)는 치료자에게 요구되는 기본적 태도이다. EA의 실천에서 매우 중요한 것은 자신을 다른 사람에게 강요해서는 안 된다는 부버의 경고이다(Buber 2012c, pp.287ff). 진정한 개인적인 대화는 어떤 종류의 제안이나 조작도 삼가야 한다. 자신의 진실을 암시하거나, 상대방에게 무엇이 최선인지에 대한 자신의 견해를 암시하거나, 자신의 진실이 자신의 것이라고 미묘한 방식으로 상대방을 설득하는 이러한 종류의 위험들은 심리 치료 관계에서 특히 과소평가되어서는 안 된다.

## 개인의 기본 실존적 동기

심리 치료에서 현상학을 엄격하게 적용함으로써 실존의 기본 구조, 즉 개인의 기본 실존적 동기를 발견하게 되었다. 그것들을 개인의 기본 실존적 동기라고 부르는 이유는 앞의 세 가지 동기는 실존하는 개인의 토대를 뒤집기 때문이고, 네 번째 동기는 세상의 요구에 대한 응답으로서 우리 현존재의 진정한 실존적 요소이기 때문이다.

실존의 실현을 위한 전제 조건은 외부 세계와 내부 세계와의 지속적인 대화적 교류이다 (Längle 1999, 2016). 각 인간이 필연적으로 직면하고 완전한 삶에 도달하기 위해 충족되어야 하는 현실을 면밀히 살펴보면 현상학적으로 네 가지 근본적인 실존 구조, 즉 네 가지 차원 또는 "실존의 초석"이 드러난다(Längle 2011, pp.40ff):

- 사실과 가능성의 세계,
- 관계와 감정의 네트워크가 있는 삶,
- 독특하고 자율적인 사람으로서의 자기 존재,
- 자신을 배치하고 자신의 성장을 통해 발전하는 더 넓은 맥락

## 1. 세상에 존재하기 - 조건과 가능성 다루기

이러한 차원에 대한 서술은 실존적 방식, 즉 자신의 실존에 내용을 적용하여 제시될 것이다. 첫 번째 조건은 내가 여기 있고 세상에 있다는 단순한 사실에서 비롯된다. "나는 실재한다" - 주어진 이 사실을 깨닫고 나는 놀랐다: 그것이 어떻게 가능할까? 그것은 내 이해를 능가한다. 이 넓은 (영적) 지평 내에서 실질적인 질문은 실존에 대한 근본적인 질문이다. 그러한 물음은 우선 자신이 여기에 존재하는 구체적인 상황(사실)과 자신의 삶의 실제 조건을 감당하거나 변경할 수 있는 자신의 힘을 모두 고려한다. 이를 위해서는 '보호'(안전한 신체적, 정서적 기반), 공간 및 지원이라는 세 가지 주요 전제 조건이 필요하다. 사람은 다른 사람들에게 받아들여진다고 느낄 때 이것을 가장 높은 수준으로 경험한다. 이것은 결국 자신의 존재 자체에 대한 안정감을 생성하고 사람이 자신과 타인에 대한 수용적인 태도를 개발하고 원치 않는 현실에 대한 인내력을 개발할 수 있도록 한다. 안전에 대한 경험이 없다면, 사람은 본질적으로 자신의 존재 자체를 위해 싸운다. 이 실존적 수준에서의 교란은 불안 문제로 이어지고 조현병의 심리적 요소를 형성한다(Längle 1997).

하지만 그 수준에 도달하기 위해서는 보호, 공간, 지원을 찾는 것만으로는 충분하지 않다. 이러한 조건을 확보하고 유지할 수 있는 선택을 해야 한다. 이 점에서 나의 적극적인 역할은 긍정적인 면을 받아들이고 부정적인 면을 견디는 것이다. 수용한다는 것은 공간을 차지할 준비가 되어 있고, 지원에 의존하고, 보호를 신뢰한다는 것을 의미한다. 간단히 말해서 '거기 있는 것'이며 도망치지 않는 것이다. 지원한다는 것은 있는 그대로 두는(그리고 좋지 않은 경우 변경하는) 힘을 갖거나 때로는 변경할 수 없는 경우 견디는 것을 의미한다. 삶은 나에게

특정한 조건을 부과하고 세상은 내가 복종해야 하는 법칙을 가지고 있다. 반면에 이러한 조건은 신뢰할 수 있고 견고하며 안정적이다. 우리는 조건을 지원하고 수용할 수 있는 능력으로 필요한 공간을 확보할 수 있다.

## 2. 인생 - 관계와 감정 다루기

우리가 세상에서 우리의 공간을 갖게 되면, 그것은 삶으로 채워질 수 있다. 단순히 거기에 있는 것만으로는 충분하지 않다. 존재한다는 것은 단순한 사실 이상의 의미를 갖기 때문에 우리는 우리의 존재가 훌륭하기를 원한다. 그것은 인생이 단순히 일어나는 것이 아니라는 것을 의미하는 '병적 차원'을 가지고 있다. 산다는 것은 울고 웃는 것, 기쁨과 괴로움을 경험하는 것, 즐겁고 불쾌한 일을 겪는 것, 운이 좋은 것과 운이 없는 것, 가치와 무가치함을 목격하는 것을 의미한다.

그러므로 우리는 삶에 관한 근본적인 질문에 의해 동기를 부여받는다: 나는 살아있다 - 나는 살기를 좋아하는가? 거기 있는 게 좋은가? 이러한 질문은 삶과의 관계를 포함한다. 우리는 삶과 긍정적인 관계를 맺고 있는가? 살아있는 것에 동의할 수 있을 정도로 말 그대로 삶에 '매혹'되어 있는가? 삶의 기쁨을 앗아가는 것은 긴장과 고통만이 아니다. 삶을 진부하게 만드는 것은 일상의 천박함과 생활 방식의 태만일 수도 있다. 내 삶을 붙잡고 사랑하기 위해서는 세 가지가 필요하다. 관계, 시간, 자신에게 가치 있는 것에 대한 친밀감이다. 사물, 식물, 동물, 사람과 친밀감을 느끼고 친밀감을 유지할 수 있는가? 다른 사람의 친밀함을 허용할 수 있는가? - 무엇을 위해 시간을 내는가? 무언가를 위해 시간을 내는 것은 누군가 또는 무언가와 함께 자신의 삶의 일부를 제공하는 것을 의미한다. 내가 친밀감을 느끼고 시간을 보내고 공동체를 경험하는 관계들이 있는가? 관계, 시간, 친밀감이 부족하면 갈망이 생기고 냉담함, 마침내 우울증이 생긴다(Längle 2003a, Nindl 2001). 그러나 이 세 가지 조건이 충족되면 세상과 조화를 이루고 자신과 조화를 이루는 자신을 경험하고 삶의 깊이, 근본적인 가치, 삶의 가치에 대한 가장 심오한 감정을 느낄 수 있다. 이러한 근본적인 가치가 다뤄지는 모든 경험에서, 감정과 정서의 색이 입혀지고 우리가 가치 있어 할 만한 모든 것에 대한 기준점이 세워진다.

그러나 이것은 본인의 동의 없이는 불가능하다. 스스로의 적극적인 참여가 필요하다. 나는 다른 사람, 사물, 동물, 지적 작업 또는 나 자신에게로 향할 때 삶을 붙잡고 그것에 참여한다. 이것은 내 안에서 생명을 진동하게 할 것이다. 삶이 나를 자유롭게 움직이게 하려면 실재하는 것에 다가가려는(혹은 다가가고자 하는) 나의 동의가 필요하다.

## 3. 사람 되기 - 독특함과 양심 다루기

나는 삶과 사람들이 관련되어 있음에도 불구하고 나는 분리되어 있고 다르다는 것을 알고 있다. 나를 "나"로 만들고 다른 모든 사람과 나를 구별하는 특이점도 있다. 나는 내가 혼자이고, 내 존재를 스스로 통제해야 하며, 근본적으로 나는 혼자이고 심지어 고독할 수도 있다는 것을 깨닫는다. 그러나 그 외에도 똑같이 특이한 것이 훨씬 더 많이 있다. 모든 것의 다양성, 아름다움, 독창성은 나를 존경심으로 가득 채운다.

이 세상 한가운데서 나는 틀림없이 나를 발견하고, 나는 나 자신과 함께 있고, 나 자신에게 주어진다. 이것은 자기 자신이 되는 것에 관한 근본적인 질문에서도 사람이 되는 것−내가 이래도 될까?에 대한 근본적인 질문을 마주하게 만든다. 내가 이래도 될까요? 나는 있는 그대로의 모습으로 행동하도록 허락받았다고 느낍니까? − 이것은 정체성, 자신을 아는 수준 및 윤리 수준이다. 여기서 성공하기 위해서는 이 차원의 각각의 전제 조건인 관심 또는 존중, 정의, 감사의 세 가지를 경험해야 한다. − 나는 누구에게 보이고, 고려되고, 존경받는가? 나는 스스로를 생각할 때 무엇에 대해 감사할 수 있는가? 이러한 경험이 없으면 외로움과, 히스테리, 수치심 뒤에 숨고 싶은 욕구가 될 것이다(Längle 2002; Tutsch 2003). 반대로 이러한 경험을 하게 되면 자신을 발견하게 되고 자신의 본래성과 자존감을 찾게 된다. 이러한 경험의 총합은 자신의 가치, 즉 자신의 핵심에서 자신을 식별하는 것의 가장 심오한 가치를 구축한다. 그것은 그 사람이 적극적으로 "자기 자신을 유지"하고 다른 사람의 정체성과 자신의 정체성을 구분하고 다른 사람의 가치를 인식하고 존중할 수 있게 한다. 자기 자신이 되기 위해서는 관심, 정의, 감사를 경험하는 것만으로는 충분하지 않다. 나 자신에게도 "예"라고 말해야 한다. 이것에는 다른 사람을 바라보고, 마주하고, 동시에 나 자신을 규정하고 내 편에 서기와 같은 스스로의 적극적인 참여가 필요하다. 경계와 만남은 우리가 고독에 빠지지 않고 본래성을 가지고 살 수 있는 두 가지 수단이다. 만남은 '너'에서 나만의 '나'를 찾게 해주는 우리 삶에 꼭 필요한 일종의 다리를 의미한다. 따라서 나는 나 자신이 될 자격이 있다고 느끼기 위해 필요한 감사를 스스로에게 한다.

## 4. 의미 - 그 곳에 존재하기, 미래 지향하기, 헌신하기

내가 그곳에 존재하고, 삶을 사랑하고, 그 안에서 나 자신을 발견할 수 있다면, 실존의 네 번째 기본 조건인 실존적 동기, 즉 내 삶은 무엇인지에 대한 인식을 위한 개인적 조건이 충족된다. 나는 잠시 동안 여기에 있다 - 그러나 무엇을 위해? 무슨 목적을 위해? 어떤 더 큰 맥락에서 나는 나 자신을 보는가? 나는 무엇을 위해 살고 있나? 모든 것이 끊임없이 변화하는 세상과 삶에서 나의 전망은 무엇인가? 가치 있는 결과가 있나? - 단순히 거기에 있고 자신을 찾은 것만으로는 충분하지 않다. 어떤 의미에서 우리는 성취감을 찾고 열매를 맺기를 원하기 때문에 우리 자신을 초월해야 한다.

따라서 삶의 덧없음은 우리 존재의 의미에 대한 질문을 우리 앞에 제시한다. 내가 여기 있는 이유는 무엇인가? 존재의 이 차원은 삶에서 결실을 맺으려는 우리의 타고난 갈망을 다룬다. 이를 위해서는 세 가지가 필요하다. 구조적 맥락, 활동 분야, 미래에 실현할 가치이다.

- 나는 구조와 맥락을 제공하는 더 큰 맥락에서 나를 보고 경험하는가? 내 삶에 대한 입장은 무엇인가?
- 내가 필요하다고 느끼고 생산성을 발휘할 수 있는 곳이 있는가?
- 내 삶에서 아직 실현해야 할 것이 있는가 - 가치 있는 것이 있는가, 미래에 나를 기다리는 작업이나 경험은 무엇인가?

그렇지 않은 경우 결과는 공허감, 좌절감, 심지어 절망감, 중독 및 자살 성향이 될 것이다 (Debats 1996). 반대로 이러한 조건이 충족되면 헌신과 행동, 그리고 최종적으로는 개인적인 종교적 또는 영적 헌신이 가능하다. 이러한 경험의 합은 삶의 의미를 더하고 성취감을 가져다준다.

이러한 의미에서 성공하기 위해서는 삶에 대한 실존적 접근을 제공하는 현상학적 태도가 필요하다. 이는 특정 상황에서 나에게 제기되는 질문에 관심을 갖는 개방적인 태도이다(Frankl 1973, p.62). 중요한 것은 내가 삶에서 기대할 수 있는 것일 뿐만 아니라 존재의 대화 구조에 따라 삶이 나에게 원하는 것과 그 상황이 나에게 요구하는 것, 즉 내가 지금 할 수 있고 해야 하는 것이다. 남을 위해서도, 나 자신을 위해서도. 이러한 개방적인 태도에서 나의 적극적인 역할은 나 자신을 상황에 동의하게 만드는 것이다(Längle 2016).

EA는 실존적 의미의 관점에서 이를 이해한다(Frankl 1973): 사실과 현실을 기반으로 지금 여기에서 가능한 것, 나에게 가능한 것, 지금 내가 필요로 하는 것 또는 가장 시급하고 가치 있는 것 , 또는 현재 흥미로운 대안이 무엇인지를 이해한다(Längle 2007a). 이것을 지속적으로 정의하고 재정의하는 것은 우리의 감성과 도덕적 양심이라는 내부 인식 기관을 소유함에서 오는 매우 복잡한 작업이다. 이를 가능하게 하는 세 가지 활동 분야는 경험적 가치, 좋은 것을 창조하는 가치 또는 변하지 않는 상황에 대한 긍정적인 태도를 채택하는 가치이다(Frankl 1973, pp.42ff).

이러한 실존적 의미 외에 존재론적 의미가 있다. 이것은 나 자신을 발견하고 나에게 의존하지 않는 전반적인 의미이다. 그것은 철학적이고 종교적인 의미, 세상의 창조주가 염두에 두셨을 의미이다. 나는 신과의 관계, 감각, 직관 및 믿음에서 그것을 인식할 수 있다(Längle 1994).

**기본 동기 및 기타 실존 치료 학파** 이 시점에서 다양한 형태의 실존 치료가 인간 삶의 특정 실존적 기본 주제를 설명하고 이러한 접근 방식 간에 유사점이 있다는 점에 주목할 가치가 있다(Reitinger 2018, p.206). 빈스방거를 넘어 하이데거에서 랭글 및 반 덜젠에 이르기까지 'Umwelt', 'Mitwelt'를 설명하는 공통적인 측면과 인간 존재의 다른 차원으로서의 'Eigenwelt'와 'Überwelt'를 찾을 수 있다(Heidegger 1993, pp.34f; Binswanger 1964, pp.266ff; Längle 2001; van Deurzen 2010, pp.137).

하이데거에 이어 빈스방거는 인간 존재의 기본 형태가 뚜렷하게 대조되는 다양한 방식으로 세계와 관련되어 있다고 주장한다. 인간은 물질세계(Umwelt)와 서로 돌보는 관계에 있다. 다른 인간과의 관계(Mitwelt)는 돌봄의 방식(Sorge)에 있다. 'Eigenwelt'는 'Umwelt' 및 'Mitwelt'와의 관련성을 통해 차별화된다. 랭글과 마찬가지로 반 덜젠은 이 세 세계를 4차원인 'Überwelt'로 보완한다. 네 가지 실존적 기본 동기에 대한 랭글의 개념과 일부 유사점이 분명하지만 랭글은 1차원에 명시적으로 신체를 포함하므로 단순한 Umwelt 이상이다. 두 번째에서 그는 삶을 언급하므로 Mitwelt는 이 차원의 한 측면일 뿐이다. 세 번째 차원은 자신의 핵심, 우리가 '자기 자신'이라고 부르는 것과 자신과 타인의 만남을 설명한다. 랭글의 개념에서 네 번째 차원은 결코 'Überwelt'가 아니라 상황의 실제 요구다. 랭글의 개념에서 Überwelt는 모든 인간의 이해 능력을 능가하는 영적 깊이에 뿌리를 두고 있기 때문에 4차원 모두에 존재한다.

반면에 얄롬은 인간의 존재가 항상 네 가지 궁극적인 관심사(죽음, 자유의 상실, 고립, 무의미)에 기반하고 있으며, 이는 불안으로 인한 대처 전략으로 이어진다고 가정한다.

이러한 실존치료 이론을 비교해 보면, 네 가지 기본 구조는 우선순위가 다르지만 매우 유사하다. 랭글은 번영과 그 가능성의 관점에서 인간의 존재를 본다. 반 덜젠은 각 차원의 극성을 강조하고 얄롬은 존재를 비극적인 각도에서 바라본다. 여기서 우리는 프랭클의 로고테라피와 대조적으로 EA의 인류학이 실존주의 치료의 다른 학파에 더 가깝다는 것을 알 수 있다.

**실존분석의 기본 철학적 개념** 이 장의 첫 번째 부분에서 다룬 로고테라피의 기본 개념에 대한 철학적 분석과 유사하게 이제 EA의 기본 개념을 철학적으로 분석한다. 우리는 다양한 철학 이론으로 인해 기본 용어의 의미 변화를 관찰한다. EA에서 이론은 현상학에 맞춰져 있으며, 이는 형이상학적 기반을 떠나는 것을 의미한다(Espinosa, 1998). 대신, EA의 중심 개념인 현상학적 태도로 인식된 인간, 가치, 의미, 자유, 책임에서 주관적 경험, 감정, 내적 삶에 대한 지향이 드러난다.

**사람** 현상학에 맞춰 EA에서 사람은 존재론적 관점에서 관계적으로 이해된다. 즉, 사람은 실체가 아니라 그 관계 안에서 그리고 그 관계를 통해 구성된다. 그러한 관계성에 선행하는 본질은 없다(Merleau-Ponty 1966, p.489).

랭글은 사람을 내부와 외부 세계 사이의 대화적 교환을 가능하게 하는 내부 대면의 장소로 이해한다(Längle 2008, p.94). 외부 세계는 내부 세계에 반영된다. 내면 세계는 프랭클의 정신물리학적 차원(정동, 기분, 두려움, 정신역동, 성격 특성)과 개인의 친밀감, 태도 및 신념이다(Längle 2008, pp.92ff). 사람으로서의 인간은 이 내면세계에서 융합되지 않고 자기 거리를 통해 한 발 물러날 수 있다. 개인의 존재는 이러한 자기 거리화 행위와 자신에게 주어진 존재에서 시작되며(Buber 2012b), 이는 나와 나 사이의 대화적 관계의 가능성을 열어준다(Längle 2016). 반면에 인간은 외부 세계를 향해 자기 초월할 수 있는 능력을 가지고 있으며, 이는 세계에 대한 개방성(Scheler 1954)과 진정한 만남(Buber 2012a)을 가능하게 한다.

내면 세계와의 관계의 중요성은 프랭클과 비교했을 때, EA 인류학의 첫 번째 주요 변화다. EA는 가치에 대한 느낌이 감정적 반응과 밀접한 관련이 있다고 가정한다. 가치를 실현한다는 것은 그 가치를 진정으로 느끼는 것을 의미한다. 이는 단지 의도적인 의미나 의미－보편성의 범주로서뿐만 아니라 감정적으로 감동받는 것을 포함한다(Frankl 2005).

그러나 실질적인 존재론과의 차이점은 프랭클의 3차원 개념인 사람, 정신, 신체에 대한 통합적이고 총체적인 관점에서도 분명해진다. 영적 차원은 우리가 프랭클에게서 알 수 있는 완전한 반대 실체나 차원으로 이해되지 않는다. 랭글은 이 세 가지 차원의 상호 연관성과 통일성을 강조하고 각 차원에 특정 작업을 할당한다(Längle 2009a, p.15).

**가치와 의미** 가치와 의미는 프랭클과 랭글 모두에 연결되어 있다. 가치를 실현함으로써 의미를 실현한다. 그럼에도 불구하고 가치와 의미 사이의 연결은 양쪽에 대해 서로 다른 이해를 가지고 있다. 프랭클에게 '의미'는 주요 개념이며 가치는 이러한 의미가 발생할 수 있는 장소다. 랭글에게 의미는 가치의 느낌과 실현에서 발생한다. 이 차이는 실존적 의미와 존재론적 의미 사이의 구별에서 명백해진다. 존재론적 의미에는 내포가 있으며, 그 의미는 세상에 실제로 존재하는 것이다. 이 입장은 다음 문장에서 드러난다. 발생하는 모든 것은 그 자체로 의미가 있지만 인간이 항상 그것을 발견할 수 있는 것은 아니다. 이런 종류의 의미에서 자아의 활동은 수동적이다. 나는 외부로부터 의미를 받는다. 반면에 실존적 의미는 세상의 사실이 아니라 사람과 세상의 관계, 더 정확하게는 사람과 (주관적) 가치 사이의 상호작용에서 나온다. 인간은 주관적으로 느끼는 가치를 깨달을 때 의미를 경험하게 된다. 따라서, 실존적 의미의 맥락에서 자아는 존재론적 또는 메타 의미에 대한 질문은 심리학적 관점에서 열린 질문이며 개별적으로 답변되어야 한다.

의미와 가치 개념의 이러한 변화는 감정적 경험에 대한 지향과 밀접한 관련이 있다. 그것은 로고테라피의 실존적 전환으로 이어졌다. 실존적 의미는 세상에 대한 자기초월적 지향을 통해서는 찾을 수 없고, 감정과 함께 내면의 삶을 포함해야 한다. 그렇지 않으면 자신에게 가치 있는 것이 무엇인지에 대한 지침이 없기 때문이다. 실존적 의미는 또한 단일 행동과 결정이 내재되어 있고 그 자리를 차지하는 더 넓은 맥락(이전을 참고하라)을 포함한다. 인간은 더 넓은 맥락에 위치할 뿐만 아니라 다음과 같은 질문을 통해 그러한 목적의 맥락을 만든다. 내 삶은 무엇이 좋은가?

가치는 가치에 관한 질문에 답하는 과정에서 구체적으로 형성된다. 더 넓은 맥락에서는 가치를 통해 의미가 실현될 수 있는 가능성이 있다.

**자유와 책임** EA는 인간이 정신물리적 결정 그 이상이라는 프랭클의 핵심 주장을 채택한다. 개인의 차원으로 인해 인간은 (정신역동적 메커니즘으로부터) 자기 거리(자유의 부정적인 측면)와 자기 초월(자유의 긍정적인 측면)을 향한 능력을 가지고 있다.

자유의 긍정적인 측면은 행동의 자유뿐만 아니라 양립 가능한 방식의 의지의 자유로 이해될 수 있다. 이것은 인간이 의지에 대해 결정할 수 있다는 것이 아니라 의지가 자유로워지기 위해 특별한 방식으로 구성된다는 것을 의미한다. EA에서 이 기준은 개인이 주관적으로 느끼는 가치에 따라 행동하는 것으로 이해될 수 있다. 그리고 이것이 도덕적 양심의 개인적인 공명에 따라 일어날 때, 그 사람은 자신의 본질의 자유를 깨닫게 된다.

인간은 이러한 '~로부터의 자유'와 '~을 위한 자유'의 능력을 가지고 있기 때문에 일반적으로 자신의 행동과 삶의 방식에 대해 책임이 있다고 말할 수 있다. 질문을 받는 모든 상황에서 다양한 옵션 중에서 선택할 수 있으며 모든 상황에서 개인적인 답을 찾아야 한다. EA에 따르면 '공적 자아' 또는 '초자아'에 의해 통제되는 타인에 대한 책임이 있지만, 책임의 최종 사례는 자신을 고려하는 개인의 도덕적 양심이다. 무엇이 옳고 그른지, 문제의 가치의 본질과 자기 자신의 본질에 해당하는 것, 즉 현상학적 조율 과정이다.

# 21

## 로고테라피와 실존분석의 방법과 실제

Silvia Langle and Derrick Klaassen

## 개요

이 장에서는 로고테라피 및 실존분석 방법의 현재 상태에 대한 조사를 제공하며, 그들의 특정 지시와 기능에 대해 다룬다. 빅터 프랭클은 본래 인간의 근본적인 영적(정신적인?) 능력인 자기 거리두기와 자기 초월을 기반으로 한두 가지 주요 방법, 역설적 의도와 탈숙고를 개발했다. 이들은 Elisabeth Lukas Modification of Attitudes와 같은 추가적인 로고테라피 방법으로 더욱 보완되었다. 구체적인 방법은 체계적인 질문을 통해 선입견과 고정된 해석을 방해함으로써 진실을 인식하는 데 더 큰 개방성과 촉진을 가능하게 하는 것을 목표로 하는, 심리 치료 대화에 대한 보다 일반적인 접근 방식인 소크라테스식 대화에 의해 뒷받침되었다.

알프레드 랭글의 실존분석(EA)의 추가 발전과 차별화는 심리 치료 개입 및 방법론적 절차의 인류학적 기반을 확대하고 인간과 존재에 대한 현상학적 이해에 기반을 두었다. 이로 인해 생겨난 개인적 실존분석(Personal Existential Analysis, PEA)은 EA 심리치료를 위한 근본적인 절차적 구조를 제공한다. 심리 치료에 대한 이러한 보다 광범위한 현상학적 접근 내에서 개인 위치 찾기, 의지 강화 방법 또는 실존적 의미 찾기와 같은 추가적이고 보다 집중적인 방법이 특정 임상 문제를 해결하거나 개인의 능력 개발을 촉진하기 위해 개발되었다.

그러한 실존적 접근을 위해서는 현상학의 구현을 늘리는 것이 중요하다. 왜냐하면 이것이 개방성과 자유 속에서 사람들에게 가장 가까이 다가가는 제일 적절한 방법이기 때문이다.

## 소개 및 기초

본 장에서는 국제 로고테라피 및 존재 분석 학회(GLE-International)에 의해 현재 심리치료 및 상담의 교육 과정 및 훈련 프로그램의 일환으로 가르치고 있는 로고테라피(LT)와 분석 (EA)의 방법들이 실제 심리치료적 실천에서 어떻게 활용되고 있는지에 대해 조사한다. 비엔나에 위치한 빅터 프랭클 연구소(Viktor Frankl Institute)와 같은 로고테라피 기관들은 프랭클 학파의 방법론인 원형만을 교육한다.

심리치료로서 실존분석은 주로 대화적인 개인적 만남을 통해 작동하지만, 방법론적 개방성을 가지고 있어 아래에 언급된 바와 같은 방법들과 기술들(역설적 의도), 그리고 지지적인 방식들(예: 상상, 신체 작업, 창의적 방법)에 대해 수용하고 있다.

로고테라피의 목표는 특정 인물과 상황에 특화된 의미에 대한 접근을 내담자와 치료자가 협력적으로 설정하는 것이다. LT에서의 치료적 대화는 주로 인지적이며, 논증을 제공하려는 시도를 하는 반면, 실존분석은 다양한 치료적 스타일을 강조한다: 인지적, 공감적, 구성적-직면적, 보호적-격려적인 스타일이 PEA 과정의 단계들과 일치한다. 실존분석에서의 핵심 목표와 치료적 요소는 내부와 외부의 대화적 개방성을 설정하는 것이며, 이를 통해 개인은 자신의 개인적 능력을 실현하고 개인 존재의 기본 조건들을 충족시킬 수 있다(기본적 존재 동기 참조. 제 20장). 이러한 배경을 바탕으로, 실존분석이 '기술'의 의미에서의 '방법'으로 적용되지 않는다는 것은 명백하다. 왜냐하면 개인적 만남, 내담자와의 인격적 만남, 또는 관계의 경험은 형식적 구조로 환원될 수 없기 때문이다(Längle & Kriz 2012; Kriz & Längle, 2012). 이러한 관점에서 치료는 방법론적 구조가 절차적 단계에 대한 지침을 제공하지만 개인의 본래성에 도달하는 것을 의도한다.

프랭클은 소크라테스식 대화를 주요 방법으로 사용했으며, 역설적 의도와 반성도 사용했다. 루카스(Lukas)와 마르티네스(Martinez)는 추가 로고 치료 방법도 개발했다. EA는 개인 실존분석(22장 참조), 기본 동기 작업(20장 참조), 전기적 방법, 개인 위치 찾기 또는 포지셔닝 방법 및 진단에 특화된 수많은 방법을 포함하여 프로세스 관리에 대한 자세한 지침과 함께 여러 가지 방법에 접근할 수 있다. 이러한 방법과 접근법 중 일부는 아래에 자세히 설명되어 있다.

## 표시 및 기간

EA는 모든 심리적, 심리사회적, 정신신체적 장애에 적용될 수 있다. 보통 치료는 매주 이루어진다. 치료 기간은 진단에 따라 다르며, 반응성 장애의 경우 몇 번의 세션에서부터 신경증 장애 및 경미한 중독의 경우 평균 25회 세션, 성격 장애, 정신병, 심각한 중독 및 외상 후

성격 변화가 있는 경우에는 6년 이상의 치료 기간이 소요된다.

　　로고테라피는 의미와 관련된 문제를 해결하는 것을 목표로 하며, 의미가 상실된 경우나 클라이언트가 무의미함이나 실존적 공백으로 고통받는 상황에 적용된다. LT는 또한 특히 교육이나 정신 건강 관련 직업에서 예방적 방식으로 사용될 수 있다. 상담 기간은 다양하며 몇 번의 세션에서부터 더 긴 시간에 걸쳐 다양하다.

## 인류학적 기초

　　프랭클의 인간관은 개인적으로 의미 있는 삶에 대한 질문에 기반하고 있다. 그것은 의지의 실존적 자유의 본질적이고 필연적인 결과다. 프랭클은 이러한 인간관을 다음과 같이 설명한다. 모든 종류의 치료에서 그러하듯, 그 실천의 *theoria* 즉, 비전, 세계관이 존재한다. 하지만, 다른 많은 치료법들과는 대조적으로, 로고테라피는 명확한 삶의 철학에 기반을 두고 있다. 보다 구체적으로, 로고테라피는 상호 연결된 링크의 사슬을 형성하는 세 가지 기본 가정에 기초한다: 1. 의지의 자유; 2. 의미에 대한 의지; 3. 삶의 의미(Frankl 1985, p.2).

　　인간관은 이 책의 20장과 23장에서 더 발전된다. "실존적 기본 동기"는 실존분석의 구조적 모형을 나타내며(Längle 1999b, 2003b, 2016; 이 책의 20장 참조) 모든 인간이 필연적으로 직면하는 실존적 주제를 다루고 있다. 저자는 실존분석 심리 치료의 목표를 내면의 동의를 얻어 살 수 있는 능력을 달성하는 것으로 설명한다. 이 내적 동의는 자기 확인과 자신의 행동에 대한 책임을 지는 방식으로 행동하고 상황을 처리하는 수단으로 설명할 수 있다. 자신의 존재 형태에 대한 내적 동의와 함께 삶에 대한 긍정을 가지고 살아가는 능력은 실존분석에서 실존적 자유의 실현이다.

　　개인의 자유 의지에 대한 접근은 성숙하고 의미 있는 삶, 자기와 타인의 긍정과 책임으로 특징지어지는 삶의 기반이 된다. 결과적으로 로고테라피와 실존분석의 모든 방법은 이러한 개인적이고 실존적인 자유를 달성한다는 공통 목표를 공유한다.

　　지금까지 절차에 대한 포괄적이고 일반적인 설명을 제공했다. 방법론의 보다 상세한 구조를 발전시키기 위해서는 실존분석의 인류학의 구조를 좀 더 깊이 있게 들여다봐야 한다.

### 고전적 로고테라피의 인류학(Viktor E. Frankl)

　　프랭클이 정립한 인류학에 기반한 고전 로고테라피(Frankl 1985, 23장 참조; German Frankl 1959, 1997, 1991)는 자기-거리두기와 자아-초월이라는 두 가지 기본 능력을 지성을 가진 실존의 기본 조건으로 제시한다.

　　자기 거리두기(Self-Detachment, SD)는 순수 이성의 인간이 자신의 심리적 및 생물학적 메커니즘에 반대할 수 있는 능력을 강조하며, 프랭클의 말에 따르면 "인간은 자신의 존재의 육체적 및 심리적 결정 요인의 차원을 초월하여 자유롭다. 동시에 새로운 차원이 열린다. 인간은 육체적 및 심리적 현상과 대비되는 순수 이성의 차원에 들어선다. 그는 세계뿐만 아니라 자신에 대해서도 입장을 취할 수 있는 능력을 갖게 된다"라고 말한다(Frankl 1985, p.19).

자기 초월(Self-Transcendence, ST)은 더 나아가 즉각적이고 유한한 것을 넘어서, 이 특정하고 제한된 상황에서 특정하고 개별적인 삶을 넘어선 목표를 향해 나아갈 수 있는 인간 고유의 능력에 기반을 두고 있다. 프랭클(1985, p.87)에 따르면 자기 초월이 존재의 본질이라는 것이 로고테라피의 신조이다.

> 이 신조는 존재가 그 자체가 아닌 다른 것을 가리키는 범위 내에서만 본래성이 있다는 것을 의미한다… 인간은, 내가 말하고자 하는 것은, 가치를 실현하고 구현한다. 그는 무언가나 누군가를 위해서, 어떤 목적이나 동료를 위해서, 또는 '신을 위해서'라 할지라도, 먼저 자신을 잃을 때만큼 자신을 찾는다.

프랭클은 인간이 자신의 감정이나 환경의 포로가 아니라 유아론이나 자기중심성, 또는 자기집착을 초월하여 자신을 넘어서서 세상과 자신의 상황을 바라볼 수 있다고 강조한다. 인간은 어디로 향할지 선택하고 결정할 자유가 있으며, 자신을 초월한 무엇이나 누군가에게 헌신할 수 있다. 프랭클의 관점에서는 자신을 소홀히 하는 과정만이 실존적 존재, 개인적 성취로 이어진다.

프랭클은 신경증적 적대감에 대한 그의 개념을 정교화하면서 심인성 차원과 조건을 뒤로하고 이러한 제약을 초월해야 한다고 강조한다. 그의 인간관에 관한 프랭클의 공식은 정신과 심리/육체 사이의 대립으로 이어지며, 이는 또한 자신과의 관계에도 시사하는 바가 있다. 예를 들어, 이 주제는 심리 치료 훈련 프로그램에서 자기 경험을 거부하는 것과도 관련이 있다. (cf. Längle 2001, pp.20f; Längle 1996)

## 개인 실존분석의 인간관(A. Längle)

Frankl은 모든 심리치료의 출발점을 신경증적 적대감으로 보았다(Frankl 1959, p.686). 현대 실존분석에서 이 패러다임이 상당히 변화하였는데, 이는 사람의 세계에 대한 일방적 개방성이 '인격적 전환'으로 보완되었기 때문이다. 이름에서 암시하듯, 이는 개인의 조건뿐만 아니라 '감정으로의 전환'을 의미한다(cf. Längle 1999a, 1999b). 개인 실존분석은 성찰, 이성, 양심을 진지하게 고려하는 것 외에도 EA의 기본 방법으로 감정, 충동, 본능 및 신체성에 동등한 관심을 기울인다. PEA의 이러한 측면은 이 책의 20장과 22장뿐만 아니라 다른 곳(예: Längle 1993a,

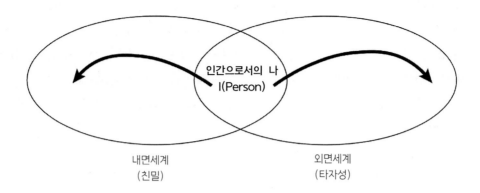

내면세계
(친밀)

외면세계
(타자성)

**그림 21.1 이중적 개방성과 이중 관계(Längle 2013b, p.48)**

1995, 2003b)에서 더 자세히 논의된다. 이는 사람이 활동하거나, 감동을 받거나, 감각, 감정, 충동 또는 자발적 반응을 통해 행동할 때, 순수 이성과 심리, 육체적 차원의 통합에서 발생한다. 이는 개인 실존분석에서 자기 거리두기와 자기 초월의 개인적 자원이 자기 수용의 능력으로 보완되며, 이는 그들이 타고난 적대감을 극복하고 인간의 자아를 보호할 수 있게 한다는 것을 의미한다.

자기 수용(*Self-Acceptance, SA*)은 자신에 대한 개방성에서 비롯되며, 이는 외부 현실과 내면 세계에서 일어나는 것, 자신 내부에서 진행되는 것, 내면적으로 어떻게 움직이는지를 받아들이며, 존재의 두 차원 모두에 동등한 진지함으로 자신을 헌신하는 것을 의미한다(그림 21.1 참조). 결과적으로 인간은 내부 세계뿐만 아니라 외부 세계와도 지속적인 대화를 유지한다.

심리치료와 상담3)에서의 실존분석적 개입의 일반적 목표인 개인적 자유 실현은 개인의 자유를 이끌어내는 구체적인 인간 자원인 자기 거리두기, 자기 초월, 그리고 자기 수용에 초점을 맞춘다.

이 세 가지 개인적 능력에서, 우리는 실존분석과 로고테라피(Längle 2003)의 방법론을 기반으로 하는 구조를 발견할 수 있다. 이 방법들은 자기 거리두기, 자기 초월, 또는 자기 수용을 목표로 하는지에 따라 다르게 적용된다. 예를 들어, 역설적 의도(Paradoxical Intention)가 자기 거리두기를 목표로 하고, 일반적으로 탈숙고가 자기 초월을 목표로 하는 것으로 이해되는

---

3) 독일어권 국가에서는 상담과 심리치료 사이에 일반적으로 구분을 두고 있으며, 실제로 이 용어들 사이에는 법적 구분도 존재한다. 심리치료는 상처와 고통, 그리고 그들의 자유로운 감성과 활동을 방해하는 문제들의 근본을 다루는 과정이다. 환자는 신뢰할 수 있고, 밀접하며, 개인적인 관계에서 특정 심리치료사와 동행한다. 반면에 상담은 구체적인 정보 제공, 새로운 관점, 격려 등을 통해 내담자가 스스로 변화를 수행할 수 있도록 돕는 문제 중심적인(예: 가족, 파트너십) 도움이다. 내담자는 비교적 건강하며 그들의 감성과 활동에서 자유롭다.

반면, 개인실존분석은 자기 거리두기와 자기 초월, 자기 수용 모두를 포함한다.

## 로고테라피의 구체적인 방법

### 로고테라피

LT에서 우리는 프랭클에 의해 개발된 고전적인 방법을 발견할 수 있다: 역설적 의도 (*Paradoxical Intention*)와 탈숙고(*Dereflection*)(Frankl 1988, pp.100ff, 1985, pp.140ff; 또한 23장 참조). 이러한 로고테라피 개입은 태도 수정(*Modification of Attitudes*)이라고 하는 루카스(1984, pp.43ff) 가 개발한 방법으로 보완된다. 상담자 또는 치료자는 내담자/환자[4]가 자발적으로 답을 찾고 그에 따라 자신의 능력이나 능력을 즉시 경험할 것이라는 가정에 기초하여 내담자/환자를 내부 및 외부 대화로 이끈다.

이러한 경험은 그들 자신의 무결성과 본래성을 인식하게 한다. 그 결과 기존 경험에 대한 변화된 관점 또는 신선한 시각이 될 수 있으며, 이는 받은 인상을 열고 넓혀준다. 내담자/환자의 개인적 유능감이 온전하지만 문제의 경험을 방해하여 자유롭게 접근할 수 없는 경우 역설적 의도, 반성 또는 태도 수정이 적용될 수 있다. 이러한 경우 환자는 특정 주제에 대해 대화하고 숙고하지 못할 수 있지만 일반적인 능력이나 역량은 그대로 유지된다. 개인 자원에 접근할 수 있도록 환자는 공감적이고 치료적인 관계를 통해 충동이 필요하다.

이러한 자원 유발 방법에는 하나의 기본 개념이 공통적으로 있다. 특정 상황에 대한 불안이 고정되는 불안정화의 악순환을 깨고 어려운 상황에 직면하여 본질적인 것에 대한 개방성을 생성한다. Frankl은 불안 장애의 경우 이러한 악순환 메커니즘을 설명했다. 이는 증상과 공포 사이를 변갈아 가며 서로를 더 많이 생성하여 회피 증가로 이어진다(cf. Frankl 1985, pp.143ff, 1988, pp.102ff).

- 예상 불안(*Anticipatory anxiety*)은 특정 상황(공중 앞에서 얼굴을 붉히는 것과 같은)에서 실존적 위협을 경험하는 것을 말한다. 여기에서 SD는 이러한 불안에도 불구하고 사람이 계속 존재한다는 사실을 깨닫도록 도울 수 있다. 적절한 방법은 역설적 의도이다.
- 통제력 상실에 대한 두려움에서 강박적인 자기 관찰(*Compulsive self−observation*) 또는 과잉 성찰(*Hyper−reflection*)이 발생한다. 이 강박이 있는 환자는 보장된 결과로 보안 및 통제에 대해 과도하게 의도하는 경향이 있다. ST는 탈숙고에 적용된 것처럼 새로운 경

---

4) "환자"라는 용어는 심리치료에 관련된 사람을 나타내고, "고객"은 도움을 구하지만 질병을 앓지 않는 사람을 나타낸다. 이 용어는 일반적으로 독일어권 국가에서 사용되며 직업 및 보험 회사의 보상에도 법적 영향을 미친다.

험에 참여할 수 있는 새로운 개방성을 제공한다.

- 고정된 태도(*Fixed attitudes*)는 종종 생명을 위협하는 것으로 인식되는 변화에 대한 두려움을 드러낸다. SA는 삶에 대한 더 열린 시각으로 이어진다. 우리는 감히 자신과 함께 앞으로 나아갈 수 있고, 인생이 자신의 통제 범위 내에 있지 않더라도 오는 대로 내버려 둘 수 있다.

이를 위해서는 태도 수정이 필요하다(예를 들어 Lukas 1984, pp.43ff 참조). 이 모든 방법은 환자가 자신의 불안에 직면할 수 있는 능력을 활성화하고 예상 불안이나 고착과 관련하여 피해자의 역할을 넘어서도록 도전한다. 프랭클은 역설적 의도에 대한 고전적인 예를 들었다.

심한 소수성 공포증 때문에 젊은 의사가 우리 진료소에 왔다. 그는 오랫동안 자율신경계 장애로 괴로워했다. 어느 날 길에서 우연히 촌장을 만났는데, 청년이 손을 내밀어 인사하자 평소보다 땀이 많이 나는 것을 눈치챘다. 다음에 비슷한 상황에 놓였을 때 그는 다시 땀을 흘릴 것으로 예상했고 그의 예상 불안은 과도한 발한을 재촉했다. 그것은 악순환이었다. 다한증은 소수성 공포증을 유발하고 소수성 공포증은 차례로 다한증을 유발했다. 우리는 환자에게 예기 불안이 재발할 경우에 그가 실제로 얼마나 많은 땀을 흘릴 수 있는지를 그 당시 대면한 사람들에게 보여주겠다고 의도적으로 결심하라고 조언했다. 일주일 후 그는 예기 불안을 유발하는 사람을 만날 때마다 "예전에는 땀을 1리터밖에 안 흘렸는데 지금은 적어도 10리터는 쏟을 거야!"라고 혼잣말을 했다고 보고했다. 이 역설적인 해결책의 결과는 무엇이었는가? 4년 동안 공포증을 앓았던 그는 단 한 번의 세션 후에 이 새로운 절차를 통해 신속하게 공포증에서 영원히 벗어날 수 있었다. (Frankl 1985, p.143).

위에서 설명한 세 가지 방법은 문제의 맥락적 원인을 다루지 않으므로 문제의 배경이나 개인적인 전기적 발전을 설명하지 않는다. 대신 이러한 방법은 내담자의 삶의 안정으로 이어지는 근본적인 개인 능력을 직접적으로 자극한다. 역설적 의도, 반성, 태도 수정은 근거를 제공하고 지원을 제공하며 더 자유로운 내부 및 외부 대화로 이어진다.

### 실존분석과 트라우마

EA의 방법은 심리적 문제나 트라우마에 더 중점을 둔다. 심리치료를 받는 과정에서 비현실적인 의견과 편견, 희망사항, 회피, 무력감, 무기력감 등이 일상생활에 자주 나타난다. 환자/클라이언트의 감정 상태에 대해 작업하고, 태도를 면밀히 조사하고, 관점을 반영하거나 삶의 방향을 명확히 함으로써, 내담자/환자는 문제를 처리하고 자신과 세계와의 관계를 맺게 된다. 단계적으로 이러한 방법은 자신과 타인과의 친밀감을 증가시켜 자신의 감정을 친밀하게 다룰 수 있게 하고 자신의 삶에 대한 재확인을 유도할 수 있다. 이는 기대, 희망, 개념 또는 예측에 대한 이전의 방향을 대체하여 자신의 가치 경험을 향한 방향 전환을 가져올 수 있다.

이러한 개입은 단기 치료의 영역으로, 상담과 과정 지향적 접근의 치료 방식 사이에서 다양하게 나타난다. 이 실존적 단기 치료 그룹에는 세 가지 방법이 있으며, 각각 기본 개인 능력 SD, ST 및 SA 중 하나에 속한다.

개인 위치 찾기(*Personal Position Finding*) 또는 개인 포지셔닝(Längle, 1994a)은 클라이언트가 주어진 상황에 대한 개인 위치나 태도를 발견하도록 돕는 현상학적 방법이다. 개인 평가(또는 입장)의 부재 또는 상황에 대한 헷갈림의 결과로 인해 발생하는 제한 및 제약에 대한 질문 및 제거뿐만 아니라 SD의 보다 심오한 프로세스를 소개한다. 관계의 문제는 종종 어떻게 진행해야할지 모르는 방식으로 발생하거나 혹은 그렇게 되지 못하는 구조를 나타낸다. 그러나 불안이나 우울증의 경우에도 이 방법이 사용된다.

개인 위치 찾기의 치료 단계는 내담자가 처음에 외부에 대한 위치를 개발하도록, 즉 상황의 현실적인 가능성을 평가하도록 격려하는 세 가지 과정을 포함한다. 이 첫 번째 단계는 현실적으로 가능한 범위를 정하고 상황의 명확성과 보호를 강화한다. 두 번째 단계는 내적 포지셔닝, 내담자 자신의 자원과 능력에 대한 결정을 포함하며 따라서 내적 자기 거리두기, 보다 명확한 자기 이해 및 내적 해방으로 이어진다. 이 방법의 마지막 단계는 긍정적인 가치를 향한 포지셔닝, 상황에서 좋은 것을 지지하는 것이다. 이는 현존재분석가 혹은 받아들이는 사람에 따라 변할 것이다.

의지 강화 방법(*Will-Strengthening Method*)(Längle, 2000b)은 내담자가 의도한 작업을 수행할 수 있는 결단력, 인내 및 능력을 강화하도록 돕는 것을 목표로 한다. 이 방법은 클라이언트가 주어진 작업을 수행하려는 의지가 있지만 좌절하거나 의도를 수행할 수 없는 상황에서 나타난다. 이 방법을 통한 의지의 강화는 내면과 외면의 이중적 대화를 통해 이루어지며, 이는 자신의 목표를 실현하는 과정을 명확하게 하고 활력을 주어 ST를 강화한다. 이 방법은 다음과 같은 5단계를 포함한다: (1) 문제에 대한 인식과 문제가 지속되는 이유(예: 상충되는 의도 또는 상충되는 목적)를 강화한다. (2) 내면화, 즉 내담자의 의도와 관련된 암묵적 가치에 대해 느끼는 관계를 강화하는 것. (3) 내담자 자신과의 관계 및 의도와 관련된 의미의 지평을 정교화한다. (4) 의도된 목표의 결단력, 준비 및 실현(실천)을 통한 강화. 다음의 임상 사례는 이와 같은 방법들을 강조하고 있다.

25세 여성 고객이 다리에서 뛰어내린 자살 시도 후 심리 치료를 받았다. 그 젊은 여성은 절망적인 행동의 이유에 대해 공개적으로 말했다. 그녀는 14세부터 마약에 중독되었고 16세에 처음으로 치료를 받았지만 2년 후에 재발했다. 지난 20개월 동안 그녀는 점점 더 자살을 생각했지만 그것에 대해 아무에게도 말하지 않았다. 이제 그녀는 자신의 시도가 실패했다는 사실에 기뻐했다. 그녀는 다시 살 기회를 얻었지만 동시에 금욕을 계속할 수 있을지 두려웠다. 그녀는 스스로 마약을 끊을 수 있을지 의심스러웠지만, 이것이 그녀가 바랐던 유일한 삶의 방식일 것이었다. 치료를 위한 이상적인 출발점이었지만 그녀가 다른 도시의 병원과 약물 재활 시설에 입원해야 했기 때문에 몇 번의 세션만 가능했다. 그녀는 주관적인 의지력 부족을 경험했기 때문에 금욕을 유지하고 싶은 그녀의 바람이 어떻게 현실이 될 수 있는지 고군분투했다. 그 결과 그 여자는 자신을 나약한 사람, 자신이 처한 환경과 연약함의 희생자로 여겼다. 게다가, 그녀는 자신이 한 일에 대해 죄책감을 느꼈고, 이것은 차례로 그녀의 자존감을 더욱 떨어뜨렸다.

금욕 생활에 대한 그녀의 의지를 안정시키고 지원하기 위해 우리는 의지 강화 방법(WSM)을 사용했다. 첫 번째 단계는 그녀의 의도와 세션에서 기대되는 긍정적인 결과를 설명하는 것으로 구성되었다. 마약 없이 살겠다는 그녀의 의도는 그 순간 매우 분명했다. 그녀는 새로운 삶을 시작하고 싶었다. 그녀는 평범한 삶을 영위하고 싶었고, 삶이 그녀에게 가져다준 투쟁과 어려움을 견뎌낼 수 있기를 원했다. 마약과 함께하는 삶은 그녀에게 너무 지쳤다. WSM의 두 번째 측면은 목표의 부정적인 결과를 정교화하는 것이다. 그녀가 약 없이 살면 무엇을 잃을까?

그녀는 "나 자신을 폐쇄하기 위해 마약을 사용했다"고 말했다. 우리는 그녀가 문제, 내면의 긴장 및 고통을 피하기 위해 즉각적인 구제책을 찾았다는 것을 이해하기 위해 그녀의 약물 사용 패턴을 면밀히 조사했다. 마약 생활 방식을 포기함으로써 그녀는 잘 알려진 환경도 잃게 되었다. 이 두 번째 단계의 임무는 환자의 의도에 반하는 모든 장애물, 모든 이유에 대한 환자의 인식을 높이는 것이다. 이러한 장애물은 긍정적인 결과만큼 심각하게 받아들여야 했다. 이 단계는 한계를 다루는 문제뿐만 아니라 긍정적인 감정과 부정적인 감정 모두에 대한 인식을 개발하고 자신과 심각한 불안에 더 가까이 다가가는 자신과의 깊은 만남이었다. 내담자는 좌절감과 고립감을 견디기 힘들었다. 그러나 적어도 지금까지는 살아남았다는 사실이 그녀에게 삶의 든든한 버팀목과 기반이 되었다. 그녀의 감정을 소통하고 자신에게 진지하게 대할 수 있었던 경험은 그녀의 자신감과 용기를 더욱 키워주었다. 그녀의 희망과 두려움을 구체화할수록 그녀는 진정으로 새로운 삶에 머물 수 있다는 안도감을 경험할 수 있었다. 이제 그녀는 세 번째 단계인 긍정적인 면을 강화할 준비가 되었다. 의도한 목표에 의해 유도되는 자신의 감정에 다시 "가까워지는 것"을 수반한다. 이는 차례로 이 목표의 내면화로 이어진다. 이 마지막 단계에서 그녀는 자신의 이전 상황을 회상할 수 있었다. 그녀에게 약물 없이 살고자 하는 의지는 원래 삶에 대한 결정이었다. 그러나 이제 그녀는 자신에 대해 더 잘 알게 되었고 실패에 대한 두려움을 줄였다. 그녀는 자신과 살아 있음에 대한 감사를 믿기 시작할 수 있었다. 단계 (4)와 (5)의 추가 심화는 고객의 주거 치료 중에 해결되었다.

실존적 의미에 대한 탐색은 자기-수용(Self-Acceptance, SA)의 능력에 기초한 방법이다. 이를 바탕으로 그 사람은 의미에 대한 상황적 질문을 이해하고 대답할 수 있다. 실존적 의미 탐색은 의미가 상실되거나 의미 탐색이 실패하는 상황과 상태에서 나타난다. 이것은 종종 상당한 손실이나 전환 후에 발생한다.

실존적 의미 찾기(Search for Existential Meaning, SEM)의 4단계는 고객이 (1) 자신의 세계와 상황의 현실을 이해하고, (2) 관련 가치 또는 부재를 느끼고, (4) 그들의 입장에 따라 행동하는 것이다.

이 과정을 설명하기 위한 사례는 다음과 같다.

56세의 남성이 심각한 정형외과적 부상을 입은 자동차 사고 후 심리 치료를 12회 받았다. 부상으로 인해 수많은 수술이 포함된 장기간의 재활이 필요했다. 재활 과정에서 그 남자는 "우울증" 증상을 경험하기 시작했고 그의 가정은 그를 심리 치료에 의뢰했다. 초기 평가 동안 그 남자는 실제로 무쾌감증, 지속적인 기분 저하, 에너지 및 동기 부여 부족, 사회적 위축 등의 우울 증상을 겪고 있음이 분명해졌다.

그러나 그의 고통은 재활 과정에서 드러난 실존적 질문에 더 깊이 뿌리를 두고 있다. 사고 전에 그 남자는 목사로서 성공적으로 일했고 그의 일에서 큰 의미를 찾았다. 그는 자신이 "하나님을 위해 일하고" 있고 그의 일이 매일 사람들을 돕고 있다고 느꼈다. 그러나 그는 자신의 일에 불만을 느끼기 시작했다. 그 사고와 지속적인 증상은 그가 정말 할 수 있는지, 더 중요한 것은 그가 이전 작업으로 돌아가고 싶은지에 대한 의문을 불러일으켰다.

심리 치료의 첫 번째 단계는 이 남자의 상황, 그가 직면하고 있는 신체적 한계, 그리고 그의 일에 대한 즐거움의 부족의 전사실성을 탐구했다. 치료자는 그러한 질문을 할 가능성을 위한 공간을 만드는 것을 목표로 했다. 그 사람이 모든 면에서 성공적인 일을 하고 있었고 심지어 "경건한" 일을 하고 있었지만 자신의 소명에 대한 즐거움과 의미를 잃어버렸다는 것을 인정하는 데는 용기가 필요했다. 일단 이것을 허용할 수 있고 자신의 상황을 정직하게 직면할 수 있게 되자, 그는 두 번째 단계에서 자신의 삶의 감정적 차원을 탐구하는 데 개방적이었다. 그는 자신의 목회 활동의 가치를 느낄 수 없었을 뿐만 아니라 일반적으로 자신이 해야 할 일보다 자신의 감정을 부차적인 것으로 무시했다. 우리가 치료에서 이러한 상실로 눈을 돌리기 시작했을 때, 그는 자신의 감정과 의미 상실에 대해, 그리고 자신의 일과 삶에서 자신을 소홀히 하고 잃어버렸다는 사실에 대해 슬퍼하기 시작했다.

손실에 대한 느낌이 드는 연결은 세 번째 단계인 상황 평가로의 이동을 촉진했다. 일을 즐기며 의미를 찾는 목사에서 지금의 모습이 어떻게 되었을까 물었다. 우리의 치료적 대화 외에도 그는 일기를 쓰기 시작했고 그의 상황에 대해 쓰고 그의 파트너 및 친구들과 대화했다. 프랭클의 Man's Search for Meaning을 읽는 것도 그에게 깊은 감동을 주었다. 성찰과 대화의 과정을 통해 그는 자신의 정서적 삶과 자신을 점차적으로 그리고 지속적으로 무시하고 평가 절하했다는 입장에 도달했다. 그의 초점은 전적으로 자신의 의무, 목사로서 "해야 할 일", 다른 사람들이 그를 어떻게 인식하는지에 있었다. 그 사고는 그가 더 이상 자신의 삶에 감정적으로나 개인적으로 존재하지 않는 이유와 방법에 대해 질문할 수 있는 공간을 그에게 제공했다. 그는 더 이상 이러한 삶의 측면을 소홀히 하지 않겠다는 확고한 입장에 이르렀다. 네 번째 단계에서 우리는 연습을 시작했고 그는 이러한 입장의 결과로 살기 시작했다. 한 가지 분명한 것은 그는 자신의 감정과 자기 자신이 없는 삶을 계속 살지 않을 것이라는 점이었다. 일상생활은 그에게 "이 상황이나 이 결정에 대해 어떻게 생각합니까?"라고 자문할 수 있는 기회를 제공했다. 그는 점점 더 자신의 감정에 주의를 기울이기 시작했고, 감정을 자신의 존재의 필수적인 부분으로 소중히 여기기 시작했으며, 자신의 삶과 더 깊이 연결된 느낌을 받기 시작했다. 결국 그 사고는 삶의 전환점이 되었고, 고통스러웠지만 궁극적으로 그의 일상 활동에 유익한 중단이 되었으며, 그에게 떠오르는 질문에 대한 공간을 만들 수 있는 기회를 제공했다. 궁극적으로 그는 자신이 새로운 소명으로, 이 소명과 삶을 살아가는 새로운 방식으로 부름을 받고 있다는 결론에 도달했다.

## 대화를 위한 개인 역량의 개발

신경증 장애, 중독, 성격 장애 또는 트라우마 관련 장애의 자연스러운 경우인 자아 강도가 낮은 내담자/환자의 경우 치료자는 자원 활성화에서 아직 실현되지 않은 잠재력의 개발 과정으로 이동한다.

개인 실존분석(*Personal Existential Analysis, PEA*)은 사람이 자신을 구성하는 내부/대인 관계, 대화 예측 프로세스이다. 주어진 상황에 대해 PEA는 실존적 분석 과정의 핵심이자 세계의 개인 존재 모형으로 간주된다. 개인적이라는 것은 주로 상황에 직면하면서 자신을 다루는 과정으로 간주되며 각각의 이벤트(내적 또는 외부 상황)가 자신에게 미치는 영향을 통합하는 방법을 다룬다. 개인의 잠재력은 개인이 PEA의 세 단계(감명받기, 입장 취하기, 표현 찾기)에서 세상과 대화를 나누면서 실현되었으며 개인의 프로세스 관련 능력을 표시한다. 그것들은 우리가 우리 자신에게서 발견하는 것에 친숙한 접근을 할 수 있는 개인내적 만남과 대인관계 만남의 길을 열어준다. 이러한 프로세스 단계는 만남 외부에서도 볼 수 있다. 세 단계는 감동과 감정, 자신의 위치를 정하고 결국 상대방에게 자신의 답을 주는 형태로 나타난다.

인상, 입장 취하기, 마지막으로 표현까지 개인적으로 통합하는 대화 과정은 항상 하나의 통일성을 구성한다. 그것은 각각 개방성, 선택성 및 상호 작용에 대한 개인의 능력을 나타낸다. 이 과정은 정보가 사람의 감정 및/또는 인지에 대한 인상을 생성할 때 시작된다.

인상은 부드럽거나 강렬할 수 있으며 외부에서 오는 파도와 같다. 이것으로 사람은 내적 (반대) 운동(SD 포함)을 취하고, 내용을 통합하고 이해하려고 노력하고, 그것에 대해 입장을 취하고, 기반으로 자신의 내적 운동(ST 포함)을 찾아 자신을 재구성하기 시작한다. 콘텐츠를 다루는 자신의 의지를 위해 마지막으로, 그 사람은 자신의 활동과 표현을 준비한다. 세상에 가져오고 싶은 콘텐츠, 맥락, 수단, 시간을 선택하고 항상 다른 사람들의 가능한 피드백과 반응을 고려하고 자신이 처리할 수 있는지 다시 확인한다.

PEA는 이러한 맥락에서 더 이상 별개의 인류학적 실체가 아니라 존재 달성에서 분리할 수 없는 영역인 S자기 거리두기, 자기 초월, 그리고 자기 수용을 함께 묶는 과정이다. 따라서 개인 실존의 실현은 전체성과 통합성을 특징으로 한다. 그래픽 작업, 상상 연습 또는 관점의 이동과 같은 실존분석의 잘 알려진 치료 절차는 PEA의 전체론적 특정 접근 및 자기 수용, 자기 초월, 그리고 자기 거리두기의 인류학적 자원을 사용한다.

이 과정 지향 방법의 표시는 주관적으로 이해되지 않고, 자신에게 이질적이며, 의식 및/또는 감정을 점유하거나 반추로 이어지거나 단순히 상처를 주는 모든 경험이다(즉, 충격적인 경험, 결핍, 압도적인 경험 등).

PEA를 성공적으로 적용한 결과는 상황, 자신과 타인에 대한 더 나은 이해, 자신의 위치 찾기, 원래의 경험에 더 이상 흡수되거나 사로잡혀 있지 않은 자신의 감정에서 해방되는 것이다. 또한 개인의 의지를 발견하고 행동 및 계획된 활동에 대한 동기를 부여한다.


## 소크라테스식 대화와 현상학

두 방법, 소크라테스식 대화와 현상학은 위에서 설명한 구체적인 실천적 방법을 뒷받침하며 어느 정도 모든 방법에 내재되어 있다. 그러나 현상학적 태도는 EA 절차에 매우 근본적인 것으로 간주되어 PEA의 형태로 모든 방법의 구조를 발생시켰다.

현상학과 소크라테스식 대화는 일반적으로 사람들을 그들의 세계에 개방하고 현실에 대한 보다 포괄적인 관점과 이해로 이끈다. 그러나 그들은 다른 목표를 따른다. 소크라테스식 대화는 주로 진리의 인식을 목표로 한다. 그러므로 우리가 현실에 대해 가지고 있는 지식과 확신(및 해석)은 그 사람이 현실로 받아들이는 것과 지식과 인식의 확실성을 다시 면밀히 살펴보도록 자극하기 위해 체계적으로 질문된다. 프랭클(1982) 이후 다른 저자들, 주로 루카스

(1984)와 마르티네스(2015)는 이 방법을 로고테라피 치료 대화에서 사람들이 실제 상황에 대한 고정된 관점을 "교란"하고 자신의 조건을 변경할 수 없는 불가피성과 불가능성에 대한 확신을 깨뜨리기 위해 사용한다. 일방적인(때로는 편견이 있는) 관점에 의문을 제기하고 주관적 현실(그들의 주관적 진실)의 구조를 불안정하게 함으로써 의미를 감지할 수 있는 새로운 개방성을 가진 새로운 접근이 허용된다. 이러한 맥락에서 의미 인식 훈련(Meaning Perception Training) 및 의미 기반 의사 결정(Meaning Decision-Making)과 같은 소크라테스식 방법이 개발되었다 (Martinez, 2013). 소크라테스식 대화는 임상 문제에 관여하는 수단으로 사용되며 로고테라피스트가 가장 많이 사용하는 기술 중 하나이다. 자세한 설명과 실제 사례 및 방법론 적용에 대해서는 마르티네스(2015)를 참조하라.

현상학의 적용은 슈피겔버그(1972, p.353)가 말한 대로 프랭클의 원본 문헌에서 '부수적인 적은 역할'을 수행했다. 그러나 슈피겔버그(1972, p.353)에 따르면, 현상학의 적용은 "프로이트의 정신 분석과 아들러의 개인 심리학이라는 두 가지 이전 형태의 비엔나 분석으로부터 해방되는 데 그를 도왔다. 셸러로부터 영감을 받았지만 단순히 그에게서 물려받은 것이 아닌 단순화된 가치 이론의 틀 내에서 즉각적인 경험을 제공한다." 그럼에도 불구하고 프랭클의 작업은 '특별히 현상학적'이라고 특징지어지지는 않는다(Spiegelberg, 1972, p. 353).

그러나 심리 치료와 상담에 현상학을 적용한 것이 랭글의 핵심 업적이 되었다. 처음으로 밝혀진 것은 1989년 PEA의 실용적인 방법(1993a, 1994c, 2000a, 2003b)을 통해 그리고 19장에서 자세히 설명된 네 가지 근본적인 실존적 동기(Längle, 1992a, 1992b, 2003a)에 대한 설명을 통해 랭글 및 이후 드렉슬러(Drexler, 2000), 투취(Tutsch, 2001, 2005), 피셔-단칭어(Fischer-Danzinger, 2013), 슈타이너트(Steinert, 2014) 및 주로 콜베(Kolbe, 2016)는 사람에게 더 깊이 접근하고 내담자가 접근하도록 돕기 위해 실천에서 현상학 사용의 중요성을 설명했다. 보다 진정한 삶을 위해서 해석학적 현상학의 적용(Heidegger, 1975, 2001)은 EA의 핵심이며 주요 작업은 두 가지 적용 형식, 즉 하이데거의 단계를 따르는 일반적인 형식과 PEA의 보다 심리적인 형식에 기반한다.

현상학적 절차는 개인의 세계관을 열고 넓히는 데 도움이 되지만, 현상학은 소크라테스식 대화에 약간 다른 초점을 둔다. 현상학은 한 단계 더 나아간다. 그것은 당연하게 받아들여진 견해와 확신을 느슨하게 할 뿐만 아니라 그것들을 근본적으로 옆으로 치워둔다(소크라테스식 대화에서 행해지는 것처럼 그것들을 알아채지 못하고 그것들에 대해 작업하지도 않는다). 이것을 'epoché'(Husserl, 1984)이라고 하며 모든 지식, 가정, 판단 등을 괄호로 묶는 것이다. 현상학은 본질적인 것을 보고 실존 철학의 기본이 되는 길을 여는 것을 목표로 한다. 진정으로 살고 우리의 세계 내 존재를 완전히 실현하는 것이다(Heigegger). 따라서 목표는 이 특정 상황과 실제 인식에서 이 사람에게 본질적이고 두드러지며 실제로 중요한 것이 무엇인지 감지하는 것이다. 또는 하이데거(2001, para. 7)가 말한 것처럼 '그것이 스스로 말하도록 허용'하는 것이다.

하이데거(1975)의 해석학적 현상학의 일반적인 현상학적 절차는 체계적으로 적용되고 실존적 분석 절차의 기본 구조를 제공하는 세 단계로 구성된다(그 현상학적 구조는 20장 "실존적 분석에서 현상학의 역할" 섹션에서 설명된다). 여기서 우리는 이 세 단계의 방법론적 적용을 간단히 요약할 수 있다.

### 1. 축소 - (동시에) 무엇이 나타나는가?

환자가 자신을 움직이는 것이 무엇인지 설명하는 설명 단계이다. 내용, 말하는 방식, 듣는 사람에게 동시에 나타나는 것에 주의를 기울인다. 이 epoché의 축소 단계에서 심리 치료사는 말하는 사람에게서 직접 나오지 않는 모든 지식을 자제한다.

### 2. 건설 - 어떻게?

단일 현상은 치료자 자신의 본질(주관적 인상)에 대한 전반적인 영향을 인지하는 다른 현상과 상호 연결되어 이것이 실제로 자신을 위한 것인지 알아낸다.

### 3. 파괴 - 과연 그러한가?

본질적인 연결을 깨달은 후 여는 마지막 단계는 자신과 자신이 본 것을 확실하다고 가정하지 않고 질문하도록 초대하는 것이다. 현상학적 관점은 최종 지식에 도달하지도 않고, 결코 진리를 붙잡지도 않으며, 항상 단지 그것에 접근할 뿐이다.

이 사람이 실제로 무엇에 관심이 있는지 알게 되면 이해에 도달하게 된다. 이것은 현상학적 과정의 최종 결과이며, 실질적인 지속과 변화를 위한 견고한 기반이다.

PEA의 실존적 분석 방법은 하이데거의 단계와 독립적으로 개발되었지만 매우 유사하다. 바우어(2016; 20장 참조)는 PEA와 하이데거의 세 단계 사이의 유사점과 차이점을 체계적으로 철학적으로 비교했다. 명백한 유사성 외에도 그는 두 방법이 궁극적으로 다른 목적을 가지고 있으므로 의도가 다르기 때문에 동일한 것으로 간주될 수 없음을 발견했다.

## 로고테라피와 실존분석의 치료 효과

로고테라피는 내담자가 자신의 실존적 자유를 파악하고 항상 존재하는 의미 가능성의 잠재력을 실현할 수 있도록 권한을 부여하는 것을 목표로 한다. 이러한 의미는 신체적, 심리적 한계에도 불구하고 내담자가 사용할 수 있다.

EA에서는 대화 능력, 특히 내적 대화의 발달이 주요 치료 효과로 간주된다. 그것은 내적 동의의 명시적인 발전으로 이어진다. EA 이해에서 볼 수 있듯이 정신 건강은 내면의 대화 능력에서 비롯된다(Längle, 1992c). 이러한 맥락에서 PEA의 적용에서 파생되는 EA-심리 요법의 추가 효과 요소에 주목할 가치가 있다(Längle, 1993b): (1) 치료자의 현상학적 개방성; (2) 역설에 맞서고 작업하는 것을 포함하는 개인의 특정 표현으로서 내담자와 함께하기(*Beisein*); (3) 내담자가 자신의 가치를 표현하고 실행하는 데 도움이 되는 관계 자극 절차.

# 22

## 로고테라피와 실존분석의 치료 사례
### 임상실습에서의 개인 실존분석

Mihaela Launeanu, Derrick Klaassen, and Bruce A. Muir

## 조안나: 상실과 배신의 이야기[1]

조안나는 31세 여성으로, 우울증, 갑작스러운 불안감, 의욕 부족 등의 증상으로 심리치료를 받았다. 증상이 악화되자, 조안나는 교직을 그만두고 이 기간 동안 가정의 지원을 받아 어머니와 여동생과 함께 이사했다. 그녀는 외로움을 느끼며 친구와 연결하거나 밖에 나가고 싶지 않았다. 조안나는 자신이 몸이 좋지 않다는 것을 잘 알고 있었고 도움을 받고 싶어 했다. 그녀는 "(가슴 깊숙한 곳을 가리키며) 여기가 공허하고 아침에 일어날 곳이 없어 보인다. 왜 이런 기분이 드는지 모르겠고, 너무 무서워요."라고 말했다. 조안나는 또한 예전에 명랑하고 활력이 넘쳤으며 외향적이었는데, 이제 더 이상 자신의 예전 모습을 찾을 수 없다고 말했다. 조안나는 더 이상 살지 않거나 목숨을 잃을 가능성에 대해 생각해 본 적이 없었지만, 고통스럽게 삶에서 단절되고 공허함과 두려움에 갇혔다는 느낌을 받았다.

첫 번째 치료 세션에서 조안나는 그녀의 아버지가 10개월 전에 사망했다고 밝혔다. 얼마 지나지 않아 그녀의 약혼자는 결혼식 날짜를 정한 직후 예기치 않게 그녀를 떠났다. 나중에 그녀는 그가 말없이 그녀를 떠난 직후 다른 여자와 결혼했다는 것을 페이스북에서 알게 되었다. 이 시점에서 조안나는 지갑에서 아름다운 약혼 반지를 꺼냈다. 그녀는 약혼자가 떠난 이

---

1) 이 사례는 첫 번째 저자의 임상 작업을 기반으로 한다. 클라이언트의 익명을 유지하기 위해 이름 및 기타 식별 정보는 변경되었다.

후로 이 반지를 가지고 다녔다. 그녀는 이렇게 물었다. "지금 이것이 무엇을 의미합니까? 나는 더 이상 아무것도 이해할 수 없습니다. 우리는 너무나도 사랑에 빠졌습니다." 그녀는 자신의 인생에서 매우 중요한 두 사람을 잃은 후 "비통함"을 느꼈지만, 약혼자를 잃은 것이 아버지를 잃은 것보다 훨씬 더 고통스러웠다고 말했다. 조안나는 직감적으로 아버지를 잃은 슬픔을 어떻게 처리해야 할지 알고 있었고, 가족과 친구들의 도움으로 그 과정은 매우 순조롭게 진행되었다. 그러나 그녀는 약혼자에 대해 말할 때마다 "마치 큰 바위가 산의 강에 떨어져 흐름을 막는 것처럼" 완전히 무력하고 갇힌 느낌을 받았다. 그녀는 약혼자의 "배신"이라고 부르는 것을 이해하는 것이 가장 어려운 부분이며 이것이 "그녀의 삶이 멈춘" 지점이라고 느꼈다. 그 결과 그녀는 "내가 소화할 수 없는 것이 거기 있는 것"처럼 가슴이 공허하고 속이 메스꺼움을 느끼기 시작했다.

조안나는 정신 건강 문제를 겪은 적이 없었고 어떤 물질이나 약물도 사용하지 않았다. 그녀는 지략과 통찰력이 있어 보였고 주로 휴식 테이프를 듣고, 자연 속을 걷고, 가까운 가족들과 이야기를 나누며 고통에 대처했다. 그러나 그녀가 심한 고통을 겪고 있다는 것은 분명했다. 그녀의 눈은 텅 비어 있었고, 피부는 창백했으며, 구불구불한 몸은 소파에 파묻혀 있었고, 때때로 그녀는 몽환적이고 비현실적으로 보였다. 그녀는 심지어 "이 모든 것이 꿈만 같고 깨어나기를 기다리고 있지만 방법을 모르겠습니다"라고 몇 번 말했다.

그녀의 투쟁을 탐구한 후, 조안나의 고통은 주로 자신의 약혼자가 예기치 않게 그녀를 떠나고 얼마 지나지 않아 다른 여성과의 결혼과 같은 중요한 삶의 사건을 처리할 수 없다는 느낌에서 비롯되었다는 것이 분명해졌다. 그녀는 아버지에 대한 슬픔을 다루었던 방식을 이 사건에 동일하게 적용할 수 없었고, 갇힌 느낌을 받았다. 조안나는 자신의 삶을 계속하기 위해 그곳에서 일어난 일을 이해하는 데 도움이 필요한 것 같았다. 따라서 치료자는 내담자가 곤경에 처했거나 삶의 상황이나 곤경을 완전히 이해하지 못한 상황에 권장되는 실존분석 방법인 PEA (Personal Existential Analysis)를 사용하기로 결정했다(Längle 2012).


## 개인 실존분석의 임상 실제

PEA는 실존분석의 중심 방법으로 여겨진다(Längle 1993a, 1993b, 1994, 1999, 2012, 2016). 그것은 체계적이고 현상학적 경험적이며 과정 지향적 접근 방식을 보여주며, 로고테라피의 핵심 원칙인 자기 거리두기, 자기 초월, 의미 탐색도 활용한다(Frankl 1985).

PEA는 어려운 생활 환경이나 조안나가 설명한 것과 같이 생소하거나 이해하기 어려운 상황에서 발생하는 '고착' 경험을 해결하기 위해 개인을 지원한다. 이러한 경우에 PEA를 사용하면 현실 인식, 감정 및 경험, 평가 및 감사, 입장 취하기, 결정 및 행동과 같은 개인적 능력

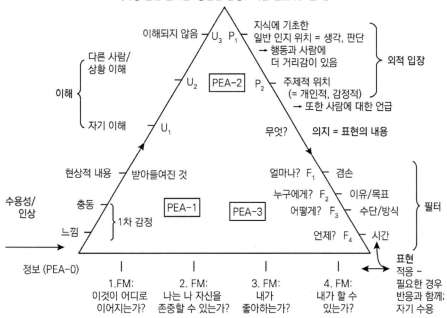

PEA – 단계의 체계화
내적 입장
양심
(가장 깊은 일치감; 통합된 감정; "마음 깊은 곳" 감각)

이해되지 않음 — $U_3$ $P_1$ 지식에 기초한
일반 인지 위치 = 생각, 판단
→ 행동과 사람에
더 거리감이 있음

외적 입장

다른 사람/
상황 이해

$U_2$ PEA-2 $P_2$ 주제적 위치
(= 개인적, 감정적)
→ 또한 사람에 대한 언급

이해

자기 이해 — $U_1$ 무엇? 의지 = 표현의 내용

현상적 내용 — 받아들여진 것 얼마나? $F_1$ — 겸손

누구에게? $F_2$ — 이유/목표
필터
수용성/
인상 충동 PEA-1 PEA-3 어떻게? $F_3$ — 수단/방식

1차 감정

느낌 언제? $F_4$ — 시간

정보 (PEA-0) 표현
적응 –
필요한 경우
반응과 함께;
자기 수용

1.FM:
이것이 어디로
이어지는가?

2. FM:
나는 나 자신을
존중할 수 있는가?

3. FM:
내가
좋아하는가?

4. FM:
내가 할 수
있는가?

그림 22.1 개인 실존분석의 단계(Langle 1993a)

을 다루고 활성화함으로써 교착 상태를 처리하고 통합하는 데 도움이 될 수 있다. 우리는 인간의 이러한 능력이 심리치료 과정에서 활성화되어 내담자가 문제가 있는 삶의 상황을 처리하는 데 도움이 될 것으로 믿으며, 이것이 조안나의 경우 PEA를 사용하는 주된 치료 목적이었다.

PEA는 세 가지 주요 단계(PEA 1에서 PEA 3까지)를 따르며 예비 단계인 PEA 0은 내담자의 난관에 대한 자세한 설명을 제공한다. 각 단계에는 치료 과정을 정교화하는 데 도움이 되는 뚜렷한 하위 단계가 있다.

그림 22.1은 PEA 프로세스의 상세한 시각적 표현이다. 다음으로, 우리는 7번의 50분 치료 세션 동안 조안나와 함께 치료 작업에서 이러한 PEA 단계가 어떻게 구현되었는지 설명하고 논의할 것이다.

## PEA 0

PEA 0은 일어난 일에 대한 정확한 설명과 고객의 문제 상황에 대한 구체적인 사실과 가능한 한 왜곡되지 않은 접촉을 목표로 한다.

내담자는 자신의 상황이나 사건을 최대한 상세하고 구체적으로 설명하도록 요청받는다. 초점은 내담자의 현실에 대한 정보 수집에 있으며 치료자의 임무는 내담자가 사실에 기반하고 명확하고, 완전하며 현실적인 해석이나 환상이 없는 보고서를 제공하는지 확인하는 것이다. PEA 0의 주요 질문은 사실에 대한 구체적이고 자세한 액세스를 촉진할 수 있는 질문이다. "무슨 일이 일어났습니까? 언제 일어났습니까? 어디서 일어났습니까? 어떻게 일어났습니까? 그 자리에 누가 있었습니까? 누가 무엇을 했습니까? 얼마나 오랫동안 지속되었습니까? 정확히 누가 언제 무엇을 했습니까? 그 다음에 무슨 일이 일어났습니까?" 치료자는 내담자가 아직 밝혀지지 않은 더 많은 정보를 검색하도록 정기적으로 격려할 수 있다. "다른 일이 있었나요? 정확히 무엇이, 그리고 어떻게 일이 일어났나요??" 설명 단계에서 현실에 대한 자세한 사실적 설명을 얻기 위해 내담자의 해석, 평가 또는 감정적 반응이 권장되지 않는다. PEA 0은 조안나를 돕는 과정에서 중요한 단계였다. 그녀는 약혼자와의 관계에서 실제로 일어난 일에 대해 이야기하고 그가 떠난 상황을 설명하라는 격려를 받았다. 치료자는 그녀가 사실에 입각한 정보에 계속 집중하도록 하고 그녀가 사실을 기억하는 동안 정서적 조절 장애의 잠재적 징후를 추적했다. 다행히도 대부분의 경우 조안나는 압도당하지 않고 이러한 사실을 설명할 수 있었고 자신의 속도를 꽤 잘 조절했다. 사실을 수집하는 이 과정이 처음에는 다소 지루하고 부자연스러워 보였지만 점차 조안나는 자신이 자신의 관계에 대해 얼마나 모르고 있는지, 그리고 많은 공백을 채우기 위해 얼마나 많은 가정을 했는지 깨닫기 시작했다.

뭔가 이해가 안 되거나 이해하기 어렵거나 단순히 존재하지 않을 때 치료자가 그녀와 생각을 공유했을 때 조안나에게 매우 도움이 되었다. 이때 조안나는 종종 잠시 멈추고 "나는 그것에 의문을 제기한 적이 없다. 그냥 사람이 사랑에 빠지면 이렇게 되는 줄 알았다"고 말했다. 그녀의 관계 종료와 관련된 상황을 탐색하면서 조안나는 몇 가지 주요 사건을 회상하기 시작했다. 그녀는 약혼자와의 관계에서 '위험 신호'를 분명히 보았을 때 눈을 감고 관계에 대한 자신의 관점을 보호하기 위해 자신의 인식을 무시했음을 기억했다. 그녀의 약혼자가 그녀에게 좋은 사람이 아니라고 이야기했던 그들의 말을 듣고 싶지 않다고 말했던 것을 기억했다. 조안나는 인정하기 힘든 사실을 천천히 이야기했습니다. 그녀의 약혼자는 자신이 결혼하거나 가정을 꾸릴 준비가 되지 않았다고 여러 번 말했다. 그녀는 "하지만 나는 그것을 너무 원했고 우리는 너무 사랑해 결국 그도 그것을 즐길 것이라고 생각했다"고 말했다. 조금씩 조안나는 자기 거리를 어느 정도 얻을 수 있었고 이전에 저항했던 현실을 더 많이 볼 수 있었다.

치료 세션 사이에 조안나는 "상황이 실제로 어떻게 발생했는지"를 더 잘 이해하기 위해 나타난 사실을 기록하기로 결정했다. PEA을 정교화하는 데 소요된 두 세션의 끝에서 조안나는 자신의 일기를 세션에 가져왔고 자신이 쓴 내용을 되돌아보며 자신이 얼마나 많은 사실을 놓치고 있는지, 그리고 어떻게 공백을 메웠는지에 대해 "놀랐다"고 말했다. 조안나가 자신의 상실의 고통을 더 분명하게 느끼기 시작한 것은 새로 검색된 사실에 대해 반성하는 동안이었다. 약혼자를 잃은 것뿐만 아니라 관계와 관련된 욕망과 희망도 잃었다. 이 순간은 PEA 프로세스의 다음 단계인 PEA 1로의 전환을 표시했다.

## PEA 1

PEA 1 동안 내담자의 상황에 대한 주관적 경험은 현상학적으로 나타나는 자신의 감정과 충동에 접근하고, 느끼고, 받아들이는 능력을 회복하기 위해 면밀히 탐구된다. PEA 1은 세 단계로 진행된다.

(1) 주요 감정이나 느낌에 접근하기(나는 무엇을 느끼는가?), (2) 자발적인 충동이나 충동을 인식하기(나는 무엇을 하도록 감동을 받았나?), (3) 현상학적 내용 또는 내담자가 자신의 실존적 상황에 대한 메시지로 이해하기(이것은 나에게 무엇을 말하는가?). 내담자가 이러한 감정과 충동을 내면에서 먼저 살펴보고 외면을 응시할 수 있는 것이 중요하다. 내면을 들여다보면 내담자에게 이렇게 물을 수 있다. "이 상황을 보면 어떤 느낌이 드나요?" "당신과 무슨 상관이 있나요?" "그것에 대해 어떻게 생각하세요?" "어떻게 당신에게 영향을 미치나요?" 그리고 밖을 내다보면 이렇게 물을 수 있다. "그것은 당신에게 무엇을 말하고 있나요?"

"그 일이 일어났을 때 당신에게 전달된 메시지는 무엇인가요?" "그게 당신에게 어떤 의미인가요?"

**주된 감정에 접근하기** 조안나는 약혼자와의 관계에서 무의식적으로 또는 때때로 고의로 만들어낸 많은 왜곡을 깨닫고 나서 감정의 요동치는 흐름을 느끼기 시작했다. 처음에 조안나는 가장 강렬한 슬픔과 (감정적) 고통을 느꼈다. 신체적으로, 그녀는 이러한 감정을 무거움과 가슴 깊숙이 고통스럽게 쥐어짜고 빨아들이는 느낌으로 묘사했다. 이러한 감정을 경험하는 동안 명백한 불편함에도 불구하고 조안나는 세션에 더 많이 참석하기 시작했으며 지난 몇 달 동안 처음으로 "덜 공허하지만 고통스럽다"고 말했다. 조안나는 이러한 감정의 강도를 조절하기 위해 테라피스트의 지원이 필요했지만, 그녀는 스스로 감정을 충분히 경험할 수 있었다.

나중에 조안나는 약혼자가 자신을 어떻게 대했는지에 대한 분노에 접근했다. 처음에는 여전히 그를 사랑하고 보호하고 싶었기 때문에 인정하기 어려운 감정이었다. 그러나 점차 그녀는 자신의 분노를 얼마나 강하게 느끼는지에 놀랐다. 이 분노는 주로 약혼자에게 향했지만 자신을 옹호하지 않는 자신에게도 향했다.

뒤에 느낀 감정 속에는 약혼자가 자신의 정당한 대우를 해주지 않는 것을 눈치채고 말을 하지 않은 것에 대해 스스로도 안타까움을 느꼈다.

**충동 인식하기** 조안나는 자신의 상황에서 자발적으로 무엇을 하고 싶은지 물었을 때 처음에는 주저하며 "통증을 멈추고 다시 정상으로 돌아가고 싶어요"라고 말했지만 무언가를 하려는 분명한 충동을 느끼지 않았다. 반대로 그녀는 다소 마비된 느낌을 받았다. 그러나 그녀의 감정이 점점 더 강해지고 다양해짐에 따라 그녀는 약혼자와 연결되고 그와 맞서고 싶은 충동을 느꼈다. 그녀는 자신이 "너무 약하다"는 것을 알았기에 이전에 그에게 맞서서 그가 그녀를 얼마나 고통스럽게 했는지 말하지 않았다. 조안나는 Facebook 친구들의 도움을 받아 약혼자를 찾고 그와 만남을 주선하고 싶은 충동을 느꼈다. 그에게 뭐라고 말하겠느냐는 질문을 받았을 때, 그녀는 너무 감정적으로 압도되어 조리 있게 말할 수도 없을 것 같다는 사실을 알고 대신 그에게 편지를 쓰기로 결정했다.

**현상학적 동의** 또한 조안나는 자신의 감정과 생각에 대해 쓰고 싶은 강한 충동을 느꼈고 세션 사이에 자신의 감정적 경험을 기록하기 위해 일기를 사용했다. 조안나는 치료사와 함께 자신의 글을 반성하면서 자신의 막다른 골목이 자신에게 어떤 의미인지, 그리고 이 인생 사건이 그녀에게 무엇을 의미하는지에 대한 이해를 발전시키기 시작했다. 특히 그녀는 전 약혼자의 갑작스러운 이별이 그녀에게 어떤 의미인지 이해하려고 노력했다. 그녀는 그의 갑작스러운 단절은 그가 그녀를 진정으로 사랑하지 않는다는 것을 의미하고 그녀가 결혼하기를 머뭇거리는 그의 반응에 주의를 기울이지 않았다는것을 의미한다고 생각했다. 그녀는 또한 아마도 그들의 결혼 날짜를 정하는 과정 속에서 그 스스로는 자신이 그 단계를 밟을 준비가 되지 않았다는 것을 분명히 깨닫게 했고, 따라서 그는 그러한 약속에서 자신을 구하기 위해 도망쳤다고 말했다. 또한 조안나는 이를 통해 "나의 이해를 확인하지 않고 맹목적으로 신뢰하지 말라"는 메시지를 전하기도 했다. 이어 그녀는 "이전의 관계에서 진지한 연애를 해본 적 없습니다"와 "다시는 같은 방식으로 행동하지 않기 위해 이 교훈이 필요했을 것입니다." 조안나는 명확한 의사소통을 하고 기대치를 확인하는 것이 얼마나 중요한지 이해했다. PEA 1은 약 두 세션을 진행했지만 조안나는 세션 사이에 자신의 경험을 인지하고 자신의 감정이 드러나고 처리될 수 있도록 열심히 노력했다.

## PEA 2

이 과정은 내담자가 발생한 상황을 명확하게 이해하여 상황에 대한 입장을 찾을 수 있도록 돕는 것을 목표로 한다. 이러한 입장은 초기의 감정적 반응이나 반응적인 의견을 넘어 지금까지 얻은 정보를 상황에 대한 개인적인 평가와 함께 종합하는 보다 성숙한 과정을 나타낸다. PEA 0에서 PEA 2로 이동하는 이 과정은 프랭클의 자기 거리두기 개념에 해당한다. 주어진 상황. 내부 포지셔닝은 이해와 포지셔닝이라는 두 가지 하위 단계에 걸쳐 발생한다.

이해되지 않은 상황 측면에 대한 이해다. 내담자는 자신의 주요 감정과 충동을 상황의 실제 제약과 자신의 개인적인 가치와 통합해 이해함으로써 이해력이 커진다. 목적은 내담자가 발생한 일에 대한 전체론적 이해를 달성하도록 돕는 것이다. 우리는 내담자에게 이렇게 물을 수 있다. "당신이 왜 그렇게 느끼는지 스스로 이해하는가?" "상대방이 왜 그렇게 행동했는지 이해가 되는가?" "일어난 일에 대해 이해하지 못하는 것이 있는가?"

**자신을 이해하기:** 이 단계에서 조안나는 자신이 합당하고 사랑받고 있다고 느끼고 싶어 하는 정도와 약혼자와 가족을 갖고 싶어 하는 스스로의 마음의 크기를 알게 되었다. 그녀는 자신의 욕망이 결혼과 가족의 중요성을 강조하는 가족 가치와 배경에 의해 크게 형성되는 것으로 이해했다. 조안나는 또한 그녀가 전 약혼자와 현실적으로 연결되지 않았고 그를 보거나 그가 누구인지 이해하지 못했기 때문에 그녀가 그렇게 격렬하게 반응한다는 것을 이해했다. 오히려 그녀는 자신의 바람과 욕망에 따라 행동했고 결국 실망과 상처를 받았다.

**상대방 이해하기:** 점차 조안나는 약혼자를 이해할 수 있었고 때로는 공감하기까지 했다. 그녀는 그가 결혼하고 싶은 마음에 부담을 느끼는 것은 아닌지, 그가 그녀에게 이야기할 방법을 모르고 도망치기까지 한 것은 아닌지 궁금해지기 시작했다. 그녀는 "말하는 것과 상대방의 말을 듣는 것이 얼마나 중요한지" 깨달았다고 말했다.

**아직 이해되지 않음:** 조안나는 왜 그녀의 약혼자가 말없이 그녀를 떠났는지, 왜 그가 약혼에 동의한 다음 결혼을 원하지 않으면 결혼 날짜를 정했는지 이해하기 위해 고군분투하고 있다. 그녀는 또한 그가 진정으로 정착할 준비가 되어 있지 않다면 그가 그녀를 떠난 후 어떻게 그렇게 빨리 다른 여자와 결혼할 수 있었는지 이해하기 위해 고군분투했다. 아직 이해되지 않은 이러한 측면은 그가 그녀를 밀어내게 만든 무언가가 있는지 궁금해 했고, 그녀는 아마도 그녀가 결혼하기에는 "너무 강압적이고 참을성이 없다"고 다그치고 그를 몰아 세웠던 부분이라고 생각하게 되었다.

포지셔닝 이전 하위 단계에 대한 통합적 이해는 PEA 2의 두 번째 프로세스인 포지셔닝의 기초를 형성한다. 그 핵심에서 PEA 2는 개인의 도덕적 양심에 해당하는 개인적인 평가의 표현을 수반한다. 그런 다음 외부 위치는 일반적인 위치 지정과 주관적(개인적) 위치 지정의 두 단계로 정교화된다. 포지셔닝은 평가(예: 내담자가 개인적 및/또는 공유 가치에 비추어 일어난 일을 어떻게 판단하거나 평가하는가)와 그 평가에 기초한 입장을 취하는 것(예: 내담자가 일어난 일에 대해 어떻게 서 있는가)을 수반한다. 일반적으로 포지셔닝은 자신의 의지를 찾는 것으로 이어지며 이는 PEA 3으로의 전환을 의미한다.

**내적 포지셔닝: 도덕적 양심의 렌즈를 통한 평가:** 이 단계에서 내담자는 자신의 가장 깊은 정의감 또는 자신의 개인적인 도덕적 양심에 따라 옳은 것을 찾도록 권장받는다. 이 개인적으로 느끼는 평가는 가장 깊은 포지셔닝이며 도덕적 특성을 가진다. 이 단계에서 도움이 되는 몇 가지 질문은 다음과 같다. "그것이 당신에게 정당한 일이었는가?" "그 일이 일어난 것이 당신에게 옳고 그럴 자격이 있다고 느끼는가?" "이것에 대한 당신의 직감은 무엇인가?" "이 모든 것에 대해 스스로 어떻게 말하고 있는가?" "이 상황에서 무엇을 하는 것이 옳은 일인가?" "지금 당신에게 무엇이 옳은 것 같은가?" "자신의 행동에 대해 어떻게 생각하는가?" "당신이 그에게 한 행동은 옳은가?"

조안나는 PEA 2의 이 단계에서 눈에 띄게 어려움을 겪었다. 무엇이 그녀를 그렇게 힘들게 했는지 깨닫는 데 시간이 좀 걸렸지만, 마침내 그녀는 세션에 와서 좌절하며 이렇게 말했다. 조안나의 진술은 그녀에게 수용이 무엇을 의미하는지에 대한 대화를 열었고 조안나가 "수용"과 "동의" 또는 "도덕적 승인"을 같은 의미로 사용하고 있다는 것이 곧 분명해졌다. 그녀는 자신에게 일어난 일을 받아들이라고 요청할 때마다 도덕적으로 동의하거나 일어난 일을 묵과해야 한다는 압박감을 느꼈고 그렇게 할 수 없다고 느꼈다. 따라서 계속해서 그녀는 이 단계에서 완전히 갇힌 느낌을 받았다. 그녀가 동의에서 수락을 분리한 후 PEA 2를 진행하는 것이 훨씬 쉬워졌다.

조안나는 자신의 약혼자가 자신에게 한 일이 잘못되었다고 느꼈다는 것을 "마음의 중심"으로 명확하게 설명할 수 있게 되자, 이에 대해 명확하게 느껴지는 입장을 취할수 있게 되었고, 확고한 입장을 갖게 되었다. 또한 "그때 내가 아무 말도 하지 않은 것도 옳지 않았다"고 인정했고, 이는 "연락처도 모르고 결혼을 해야 한다는 부담감에 시달렸을지도 모르는 약혼자에게 깊은 안타까움과 공감을 불러일으켰다."

**외부적 포지셔닝:** 내담자는 일어난 일에 대한 개인적인 도덕적 평가(내적 위치 지정)에 도달한 후 인지적이고(예: 생각, 판단), 주관적으로(예: 감정) 외부 세계와 다시 관계를 맺는다. PEA 2의 이중 움직임(내부 포지셔닝 및 외부 위치)은 PEA의 대화적 특성과 이중 개방성(내부 및 외부 모두)을 설명하고 외부 세계(PEA 3)에서 자신의 의지를 표현하는 다리를 나타낸다.

**일반적인 포지셔닝:** 일반적인 포지셔닝은 상황에 대한 일반적인 평가와 상황에 대해 명확하지만 더 나아간 입장에 도달하는 것 모두를 수반한다. 상황에 대한 일반적인 평가는 타인의 지식, 경험 및 정보를 참조하여 상황의 인지적 측면과 유사한 행동에 대한 일반적인 지식. "이러한 유형의 행동에 대해 무엇을 알고 있는가?" "다른 사람들은 그것에 대해 뭐라고 말했는가?"

약혼자처럼 행동하는 사람에 대해 어떻게 생각하느냐는 질문에 조안나는 말없이 친밀한 관계를 끊는 것은 항상 잘못된 일이라고 생각한다고 재빨리 말했다. 그녀의 인지적 평가는 그녀의 보다 일반적인 입장으로 이어졌다. 그녀는 누군가가 비슷한 상황에서 이와 같이 행동하는 것은 잘못된 일이라고 확신했고 그녀가 그렇게 생각하는 이유를 설명할 수 있었다.

**주관적(개인적) 포지셔닝:** 이 단계는 내담자가 자신의 개인적인 평가와 입장을 상황에 대한 외부 세계에 표현하고 명확하게 하기 위한 것이다. 이는 일반적인 입장(예: 다른 사람들이 비슷한 상황에서 어떻게 행동했는지에 대한 일반적인 지식)과 다르다. 이것은 다른 사람들의 지식, 경험 및 정보를 참조하지 않고도 내담자의 상황에 대한 입장을 나타낸다. 이 위치에서는 이러한 질문들을 주로 사용한다. "당신은 이 상황을 어떻게 처리하고 싶은가?" "당신이 말하려는 것은 무엇인가?" "당신은 이것을 어떻게 생각하는가?" "당신이 상황을 바라보는 데 필요한 것은 무엇인가?"

조안나의 개인적인 평가는 말없이 연락을 끊는 것은 불가능하다고 결론내렸고 그녀의 약혼자에게는 특히 그것이 불가능하다고 생각했다. 결국, 그녀는 마지막 결론을 내렸다. "그러나 그래도 그의 결정은 극단적이고 잘못되었다고 생각합니다." 그녀는 여전히 연락을 끊는 것이 올바른 결정이 아니라고 믿었고 약혼자가 그녀에게 이렇게 행동한 것이 옳지 않다고 믿었다.

내담자의 내적 위치 및 외부 위치는 PEA 2의 세계에서 자신의 의지를 발견하는 것과 관련이 있다. 내적 위치는 개인의 도덕적 양심에 대한 평가와 입장을 나타내며 외부 위치는 이러한 평가와 입장을 상황에 적용하는 것을 나타낸다. 이러한 프로세스의 결과는 PEA 3에서 자신의 의지를 표현하는 것이다.

## PEA 3

자신의 삶의 상황과 조건을 다루는 개인적인 과정은 자신의 자유 의지 표현, 즉 내담자가 각각의 상황에서 무엇을 얼마나 하고 싶은지, 누구와 어떻게(즉, 어떤 수단으로)를 찾는 것으로 끝난다. 이것은 주어진 상황에서 개인 행동의 기초이며 프랭클(1985)의 자기 초월에 대한 이해를 특정 맥락에서 발견된 의미를 실현함으로써 세상에서 행동하는 것으로 반영한다.

이 단계에서 내담자와 다음 질문을 해결하는 것이 중요하다. "당신이 정말로 하고싶은 것은 무엇인가?" "어떻게 하겠는가?" "하지 않는 것이 나은가?" "누구와 함께, 누가, 어떻게, 언제?" "당신의 행동의 결과는 무엇인가?" "일어날 수 있는 최악의 결과는 무엇인가?" "그것의 결과를 견딜 수 있는가?" "그 행동의 결과를 어떻게 처리할 것인가?" "행동을 취하는 가장 좋은 방법은 무엇인가?" "결과가 예상과 다르면 어떻게 하겠는가?"

PEA 3은 계획된 작업의 전략적 절차를 명확히 하기 위해 다음 네 가지 필터를 다룬다.

1. **겸손 필터(modesty filter):** 내담자가 자신의 내적 포지셔닝을 얼마나 드러내야 하는가? (여기서 지금 무엇을 할 수 있는가? 얼마나 드러내고 싶은가? 무엇을 자신만을 위해 남겨두고 싶은가?)

2. **이유 필터(reason filter):** 특정한 방식으로 행동하는 목적은 무엇인가? 이러한 방식으로 행동하는 것이 누구에게 도움이 되는가? - 자신에게? 다른 사람에게? 어떤 그룹에게? - 누구와 함께 하는 것이 좋은가? (예: 혼자, 친구와 함께, 심리치료사의 도움을 받아서?)

3. **수단 필터(means filter):** 선택한 방식으로 행동하기 위해 필요한 수단은 무엇인가? (어떻게 그리고 어떤 수단으로 하는 것이 가장 좋은가?)

4. **타이밍 필터(timing filter):** 언제 이것을 할 것인가?

세션 초반에 동기부여가 부족하다고 자칭한 것과는 대조적으로 조안나는 다음에 무엇을 할지 쉽게 결정하는 것처럼 보였고 한 세션에서 논의된 PEA 3 동안 빠르게 발전했다. 그녀는 일어난 일에 대한 자신의 입장이 명확해진 후 안도감을 느끼고 그녀의 에너지와 동기가 크게 증가했다고 말했다. 조안나는 새로운 교직과 자원봉사 자리를 찾기 시작했다. 그녀는 삶을 다시 경험하고 싶은 욕망을 더욱 강하게 느끼기 시작했다.

겸손 필터에서는 조안나는 이제 자신에게 일어난 일을 다른 사람들과 이야기하고 싶어 했다. 그녀는 일어난 일에 대해 자신이 잘못 발견한 부분을 공유하고 자신의 역할로 이해한 부분에 대해 책임을 지는 데 편안함을 느꼈다. 그녀는 이제 일어난 일에 대해 말하는 것이 부끄럽지 않았다. 오히려 그녀는 자신의 실수에 대해 말하는 것이 중요하다는 것을 알게 되었다. 그녀는 전 약혼자에게 하고 싶은 말과 묻고 싶은 말을 공식화했다.

이유 필터에서는 조안나는 그녀의 삶에서 가까운 사람들과 자신의 내면의 위치를 공유하면 한동안 관계에서 멀어지지만 더 깊은 수준에서 그들과 다시 연결될 수 있다고 느꼈다. 그녀는 이 일을 마무리하기 위해 약혼자와 자신의 입장을 공유하는 것이 중요하다고 생각했고, 늦더라도 무언의 기대를 명확히 하고 자신의 역할에 대한 책임을 져야 한다고 생각했다. 조안나는 자신의 결정을 혼자서 실행하기로 했으나, 가족과 친구들이 이에 대해 대화하며 지지해 주기를 바란다고 인정했다. 조안나는 또한 "이제 다른 사람의 삶에 다시 기여할 때"라고 느꼈고 직업을 찾고 자원 봉사를 하기로 한 결정이 그녀의 깊이 있는 가치와 일치한다고 느꼈다.

수단 필터에서는 정확히 무엇을 말하고 어떻게 공식화할지 생각하면서 조안나는 약혼자를 개인적으로 만나고 싶지 않다는 것을 알게 되었다. 그녀는 자신이 너무 짜증이 나고 그의 무감각한 반응이 두려웠다. 그래서 그녀는 그에게 편지를 써야 하는 자신의 입장에 대해 매우 분명해졌다. 구직과 자원 봉사 자리를 찾는 것과 관련하여 조안나는 일부 친구들과 다시 연결하고 커뮤니티 센터에 연락할 계획을 세웠다.

타이밍 필터에서는 조안나는 기다릴 이유가 없었기 때문에 즉시 결정을 실행하기로 결정했다. 마지막 세션을 함께 할 때까지 조안나는 이전 약혼자에게 보낼 편지의 초안을 이미 작성했다. 그녀는 일어난 일에 대해 친구 및 가족과의 논의가 계속될 수 있다고 예상했으며 이미 가까운 가족과 이러한 종류의 대화를 시작했다고 언급했다. 동시에 그녀는 자원 봉사 옵션과 직업을 즉시 조사하기 시작했다. 그녀는 다음 달 안에 자원 봉사 자리를 찾고 앞으로 3개월 정도 안에 새 직장을 찾고 싶다고 말했다.

## PEA 과정

함께한 치료 작업이 끝날 무렵, 나는 조안나에게 치료 기간 동안 그녀에게 일어난 일과 이 과정에서 몇 가지 전환점에 대해 생각해 보라고 요청했다. 그녀는 빠르게 두 가지 분기점을 확인했다. 일어난 일에 대한 자세한 설명(PEA 0)은 그녀가 관계를 맺는 방식에 많은 왜곡과 잘못된 가정이 있음을 깨닫는 데 도움이 되었으며, 도덕적 입장으로서의 합의와 현실 수용 사이의 차이점을 인식했다(PEA 2). 조안나는 이러한 각 순간마다 그녀가 새로운 삶의 급증을 느꼈다고 말했다. 첫 번째 순간 이후에는 삶의 슬픔과 고통이 있었고 두 번째 전환점 이후에는 선택의 자유와 만족스러운 삶을 살 수 있는 자유가 있었다고 말했다.

이 장의 이번 섹션에서는 이 사례를 숙고하고 임상 실습에서 PEA를 구현하는 방법에 대한 몇 가지 결론을 도출할 수 있는 기회를 제공합니다. 첫째, 조안나는 이 과정을 비교적 순조롭게 진행한 비정상적으로 통찰력이 있고 기능이 뛰어난 내담자였다. 따라서 어떤 면에서 그녀는 PEA가 최상의 상태로 발전할 수 있는 방법을 볼 수 있게 해주는 "성공 사례"이다. 치료 초기에 조안나는 약간의 우울 증상을 보였으나 정신 건강 문제는 없었고 자원이 많았으며 견실하고 건강한 대처 기술이 있었다. PEA는 정신 건강 문제, 자원 부족 및/또는 대처 기술이 부족한 고객에게 다른 치료 양상을 보일 가능성이 매우 높다. 실제로 PEA는 불안, 우울증, 정신병 또는 섭식 장애(다른 무엇보다도)와 같은 진단 가능한 상태로 고통받고 있으며 심리 치료 지원을 찾는 주요 목적이 이러한 상태의 개선인 고객에게는 권장되지 않는다(Kwee & Langle, 2013). 이렇게 제한되는 이유 중 하나는 PEA 프로세스가 자신의 감정과 생각에 참여하고 자신을 멀리하고 자신의 상황과 관련하여 개인적인 입장을 발전시키는 능력을 요구하기 때문이다. 예를 들어 조안나의 고통이 우울 장애로 더 발전했다면 그녀는 정서적 에너지가 부족했을 것이다. 그녀는 또한 배신감과 같은 해로운 감정으로부터 거리를 두는 능력에 어려움을 겪었을 수도 있고 상당한 수치심을 경험했을 수도 있다. 그러한 상황에서 PEA는 혼란스럽거나 해결되지 않은 그녀의 삶의 측면을 다루는 데 여전히 유용한 방법일 수 있지만 다른 치료 초점은 내담자의 능력을 재건하기 위한 전제 조건이므로 이러한 내담자에게 치료 우선순위를 둘 것이다.

둘째, 이 사례는 PEA 구현의 몇 가지 흥미로운 전환점과 각 단계가 유기적인 방식으로 이전 단계를 기반으로 구축되는 방식을 강조한다. 조안나의 첫 번째 전환점은 PEA 0으로 고객이 상황에 대한 사실을 자세히 설명하기 위해 엄격하게 참석하도록 권장되는 단계다. 이것이 처음에는 쉬운 단계처럼 보일 수 있지만, 우리는 자신의 상황에 대한 정교화, 이론, 해석 및 환상으로 이동하는 것을 자제하는 것이 실제로 상당히 어렵다는 것을 발견했다. 주어진 상황에 대해 우리가 실제로 알고 있는 사실에 머무르는 것은 어려운 일이다.

그러나 조안나의 경우와 마찬가지로 내담자가 자신의 상황에 대한 새로운 통찰력을 얻을 수 있고 이러한 사실과 자신의 가정 또는 환상을 구별하는 방법을 배울 수 있기 때문에 이 단계를 엄격하게 수행하면 큰 이점이 있는 경우가 많다. 조안나의 경우, 그녀는 그녀의 관계에서 얼마나 많은 것을 당연하게 여겼는지(예: 두 사람 모두 결혼에 대한 동기가 동등하다는 것)를 깨달을 수 있었고 이전에 잊었거나 무시했던 사실(예: 다양한 빨간색 그녀의 관계에 대한 플래그)을 발견했다. 궁극적으로 그러한 설명은 상황에 대한 자신의 기여에 대한 책임을 질 수 있게 해주었고 불필요하고 오해의 소지가 있는 환상을 버릴 수 있기 때문에 내담자를 자유롭게 할 수 있다.

조안나의 두 번째 전환점은 PEA 2에서 치료자가 수락과 동의를 구별하라는 도전을 받았을 때 나타났다. 여기에서 조안나는 수용이 단지 주어진 상황의 정확성에 대한 우리의 도덕적 평가가 아니라 주어진 상황의 실제와 관련이 있다는 것을 이해할 수 있었다. 마찬가지로 이 단계는 조안나에게 더 많은 공간을 제공했다. 그녀는 이별의 사실에 대해 "예"라고 말하는 것이 그녀의 도덕적 승인을 요구하지 않는다는 것을 배웠다. 그녀는 이별이 옳지 않았고, 자신에게 고통스러웠고, 다른 방식으로 다루어졌어야 했다는 입장을 유지하면서도, 동시에 이것이 그렇게 되었다는 사실을 지지할 수 있는 방법을 찾았다. 수락은 도덕적 합의와 같지 않았다.

이러한 치료 전환점은 PEA에 대해 주목해야 할 세 번째 요점, 즉 PEA가 한 단계에서 다음 단계로 자연 유기적으로 진행되는 전체적인 프로세스로 기능한다는 점을 강조한다. 유기적 움직임은 치료자가 내담자를 프로세스의 다음 단계로 이동하도록 유도할 필요가 없는 경우가 많기 때문에 눈에 띈다. 고객은 한 단계를 진행하면서 자연스럽게 다음 단계로 넘어가기 시작한다. 물론 고객을 포함해 우리 모두가 막힐 때가 있다. 이것은 대화 파트너 역할을 할 수 있고 막힘을 통해 작업하는 내담자를 도울 수 있는 치료자와 함께하는 것이 특히 도움이 되는 곳이다. 치료자의 개인적인 감정과 인식은 PEA 단계를 구현하는 과정에서 똑같이 중요하다. 각 단계에서 치료자가 자신의 인식과 감정을 공유하면(예: 확인을 제공하거나 명확하지 않은 경우 설명을 요청) 내담자가 동반되고 친밀한 관계에 있다고 느끼게 된다.

마찬가지로 전체적이고 현상학적인 과정을 따르는 것이 유익하다. 즉, 문맥 및 사실 정보, 정서적/체화된 인상, 인지 및 내담자의 도덕적 양심에 주의를 기울일 뿐만 아니라 정서적 이해도 중요하다. 인간 경험의 후자 차원인 우리의 도덕적 양심은 종종 심리 치료에서 회피되고 종교적 동반 또는 철학적 담론의 영역으로 격이 되곤 한다. 그러나 조안나의 경우처럼, 대인 관계 위반의 경우에 특히 중요할 수 있다. 우리의 도덕적 양심이 경험의 다른 측면과 함께 그 자리를 차지하도록 허용할 수 있고 해야 할 필요가 있다.

마지막으로, PEA 과정이 삶의 다른 상황에 있는 조안나와 다른 내담자에게 유익하고 이전될 수 있다는 점에 주목할 가치가 있다(Launeanu, Chapman, and Kwee 2014). 내담자가 과정을 배우면 치료자의 도움과 동반 없이도 다른 상황에 적용할 수 있다.

PEA는 다양한 상황에 적용할 수 있기 때문에 활용 가능성이 무궁무진하다. 또한 PEA를 통해 작업한 고객은 종종 이전보다 더 완전하고 더 큰 자신감을 가지고 자신의 주관에 주의를 기울이고 가치를 부여할 수 있는 권한을 느낀다는 사실을 발견했다. 그들은 종종 자신이 타고난 지혜에 접근할 수 있고 그것에 의지할 수 있으며, 이 지혜가 그들의 삶의 한계와 여유와 대화 속에서 그들과 그들의 세계에 많은 것을 제공한다는 것을 깨닫게 된다. 이와 같이 내담자는 종종 이러한 개인적이고 영적인 자원에 의존하고 있으며 결과적으로 자신의 삶과 세계에 보다 완전하고 책임감 있게 참여하고 있다.

## 결론

PEA는 어려운 삶의 환경을 통합하는 데 사람을 지원하고 사람이 혼란스럽거나 갇혀 있다고 느끼는 상황을 돕기 위한 현상학적 경험 및 과정 지향적 방법이다. PEA는 실존분석의 중심 방법으로 사용된다(Längle 1994; 2000). 로고테라피(Fránkl 1985)의 핵심 원리를 사용한다. 주어진 상황의 사실에 대한 관심, 우리의 현상학적 인상, 내적 입장의 발전, 그리고 마지막으로 행동을 통한 표현을 포함하는 총체적이고 대화적인 과정을 따른다. PEA의 방법은 낭만적인 관계가 예기치 않게 갑작스럽게 끝난 후 앞으로 나아갈 수 없는 고통을 겪고 있는 내담자 조안나의 사례를 통해 설명되었다. 시간이 지나면서 PEA 프로세스가 진행되면 조안나는 자신의 상황에 대한 사실을 더 명확하게 설명하고, 표현되지 않고 혼란스러운 감정을 극복하고, 개인적인 입장을 발전시키고, 마침내 이 입장에 따라 적절하게 행동할 수 있음을 발견했다.

# 23

## 주요 도서
## Frankl에서 Langle까지

Karin Steinert, Barbara Gawel, and Silvia Längle

## 왜 로고테라피와 실존분석인가?

"이 일을 하는 가장 큰 동기는 심리치료 분야에서 통상 공존하는 '심리학주의'와 '병리학주의'를 극복하기 위한 노력이었다. 그러나 이 둘은 사회주의와 생물주의를 포괄하는 보다 포괄적인 현상, 즉 환원주의의 한 측면이다. 환원주의는 오늘날의 허무주의로, 인간을 전체 차원으로, 즉 하나의 인간 차원 수준으로 축소시킨다. … 즉, 축소주의는 인간을 저급화시키는 하위-인간주의(sub-humanism)이다."(Frankl 1997, p.59f).

"인간의 정신을 인식할 뿐만 아니라 그것에서 출발하는 심리치료를 '로고테라피'라고 할 수 있다. 이와 관련하여, 로고스는 '영적인 것'을 의미하며, 그 이상의 '의미'를 의미하기도 한다."[1](Frankl 1986, p.xvii).

"1938년 '실존분석'[2]이라는 용어를 도입했을 당시 현대 철학은 기본적으로 '실존'이라는 단어를 책임감을 특징으로 하는 특정한 존재 양식을 나타내기 위한 맥락에서 제시했다."(Frankl, 2000, p.28)

---

1) 그러나 로고테라피의 틀 내에서 '영적'인 것은 종교적 의미를 지니지 않고 특별한 인간적인 차원을 가리킨다는 점을 명심해야 한다.

2) 참조: Viktor E. Frankl, '정신치료의 정신적 문제', 정신치료의 중앙지, 10, 33, (1938).
   Viktor E. Frankl, '철학 및 심리치료. Zur Grundung einer Existenzanalyse', Schweizerische medizinische Wochenschrift, 69, 707 (1939a).

## Frankl의 주요 주제: 의미

실존분석이 책임을 존재의 본질로 인식하게 된 배경을 간단히 설명하자면, '인생의 의미는 무엇인가?'라는 질문의 반전으로부터 시작해야 한다. 나는 내 첫 책 『생명의 의미』(1946)[3]에서 인생의 의미를 묻는 사람은 인생 그 자체에 의해 물음을 받는 사람이라고 주장하면서 이러한 반전을 시도한 바 있다. 그리고 인간은 삶을 위해 대답함으로써 삶에 응답해야 하고, 책임을 지는 것으로 반응해야 한다. 다시 말해, 응답은 반드시 행동하는 응답이어야 한다.

우리는 실시간으로 '행동'으로 '지금 여기'에서 삶에 응답하고 있다. 우리의 반응에 항상 관여하는 것은 그 사람의 구체성과 그가 처한 상황의 구체성이다. 따라서 우리의 책임은 항상 개인에 대한 책임이며 상황에 대한 책임이다(Frankl, 2000, p.29).

"궁극적으로, 이러한 책임은 인생이 질문의 연속이고, 사람은 삶에 대답하고, 책임을 지며, 결정을 내려야 하며, 각각의 질문에 어떤 대답을 할지 선택해야 한다는 존재적 사실에서 비롯된다."(Frankl, 1985c, p.17)

모든 유형의 치료가 그렇듯이, 그 실천의 기초가 되는 이론이 있다. 이론은 Theoria, 즉 비전(Weltanschauung)이다. 그러나 다른 많은 치료법과 달리 로고테라피는 명시적인 삶의 철학을 기반으로 한다. 구체적으로, 로고테라피는 상호 연결된 연결고리를 형성하는 세 가지 기본 가정을 기반으로 한다.

1. 자유 의지(freedom of will)
2. 의미에의 의지(will to meaning)
3. 삶의 의미(meaning of life)(Frankl, 1985c, p.2)


## 의지의 자유

"물론 인간과 같은 유한한 존재의 자유는 한계 내에서의 자유이다. 인간은 생물학적, 심리적, 사회적 조건으로부터 자유롭지 못하다. 그러나 인간은 이러한 조건에 대한 태도를 선택할 자유를 가지며 그 자유는 항상 유지된다. 인간은 자신의 존재의 정신적 및 심리적 결정 요인의 차원을 넘어설 자유가 있으며, 이와 동시에 새로운 차원이 열린다. 인간은 Noetic 차원으로 진입하며, 이는 육체적 현상이나 심리적 현상과 반대된다. 인간은 세계와 자기 자신에 대해 태도를 취할 수 있게 되며, 자기 자신을 반성하고 심지어 거부할 수 있는 능력을 갖추게

---

3) 영문판은 The Doctor and the Soul: From Psychotherapy to Logotherapy New York; Alfred A. Knopf, inc., 1965; London: Souvenir Press, 1969.

된다. 간단히 말해, 인간만이 가질 수 있는 자기 의식과 양심은 이러한 인간의 능력 없이는 이해될 수 없다." (Frankl, 1985c, pp.18f).

"자신의 정신물리적 상태를 넘어 영적으로 상승하는 것을 실존적 행위라고도 할 수 있다. 바로 이 행위로 인간은 새로운 noological적 존재의 차원의 문을 열고, 심지어는 이 차원을 창조하기도 한다." (Frankl, 1985c, p.136)


## 의미에의 의지

"현상학적 분석에 의하면 인간은 다른 존재와 만나 삶의 의미를 찾기 위해 다가가는 존재이다. 이것이 바로 내가 의미에 대한 욕구나 추동력이 아닌 의미에 대한 의지라고 말하는 이유이다. 만약 정말로 인간의 의미추구가 추동에 의한 것이라면, 인간은 그 추동을 없애기 위해 의미 충족에 나설 것이고, 그 결과 자기 안의 균형을 회복하려 할 것이다. 그러나 그렇게 되면 그는 결국 의미 자체에는 관심이 없게 되고, 자신의 평형을 위해, 결국은 자기 자신을 위해 행동하게 될 것이다. […]

사실 인간은 직접적인 방식으로 정체성을 추구해서는 안 되며, 실제로 그렇게 할 수도 없다고 확신한다; 인간은 자신을 초월하는 어떤 것, 자신보다 더 큰 대의에 헌신함으로써 정체성을 찾는다. 칼 야스퍼스가 '인간이란 무엇인가, 그는 궁극적으로 자신이 만든 대의를 통해 존재하게 된다'고 말한 것처럼 명쾌하게 표현한 사람은 없다." (Frankl 1985c, p.8f)

의미는 존재와 일치해서는 안 되며, 의미가 존재보다 앞서야 한다. 의미는 존재의 속도를 결정한다. 존재는 자신을 넘어서는 무언가를 향한 초월의 관점에서 살지 않으면 흔들린다. 의미에의 지향성이 의미에의 대립으로 전환되면, 실존주의 철학에서 매우 중요한 개념인 자유가 책임으로 바뀌는 성숙과 발전의 단계에 도달하게 된다. (Frankl, 1985c, p.12)


## Meaning of Life와 Meaning in Life

"로고테라피의 관점에서 볼 때 의미와 그 인식은 공중에 떠 있거나 상아탑에 있는 것이 아니라 완전히 땅에 내려와 있는 어떤 것임을 처음부터 분명히 하고자 한다." (Frankl, 1985b, p.260)

"현상학적 분석은 인간이 삶의 의미(meaning in life)에 도달하는 세 가지 주요 경로가 있음을 보여준다. 첫 번째는 일이나 행위를 통해 찾는 것이다. […] 삶의 의미를 찾는 두 번째 길은 무언가를 경험하거나 누군가를 만나는 데 있다. 즉, 일뿐만 아니라 사랑에서도 의미를 찾을 수 있다는 것이다. […] 그러나 가장 중요한 것은 삶의 의미를 찾는 세 번째 길이다. 절망적인 상황의 무력한 희생자라도 자신이 바꿀 수 없는 운명에 직면하여 자신을 뛰어넘고 자신을 넘어 성장할 수 있으며, 그렇게 함으로써 자신을 변화시킬 수 있다. […] 고통을 유발하는 상황을 바꿀 수 없는 경우에도 선택할 수 있는 것이 있다면 그것은 바로 태도이다." (Frankl 1985b, p.271)

"그러나 이와는 별개로 인간은 제가 인간 실존에 대한 세 가지 비극(tragic triad)이라고 부르는 고통(pain), 죽음(death), 죄책감(guilt)이라는 인간 조건을 직면하는 데서 자유로울 수 없다. 비극의 3요소 중 고통은 괴로움(suffering)을 의미하고, 다른 두 가지 요소는 인간의 유한성과 오류 가능성이라는 이중적 사실을 의미한다.

인생의 이러한 비극적인 측면을 강조하는 것은 언뜻 보기에 불필요할 수 있지만 그렇지 않다. […] 사실, 인생의 덧없음이 인생의 의미를 조금도 훼손하지 않는다는 것이 나의 주장이자 로고테라피의 신조이다. 인간의 오류가능성에 대해서도 마찬가지이다. 따라서, 실존의 세 가지 비극을 직면한 환자에게 도피주의를 강화할 필요가 없다." (Frankl, 1985c, p.15)

"의미에의 의지는 의미 자체가 본질적으로 단순한 자기 표현 이상의 것으로 설명될 수 있는 경우에만 도출될 수 있다. 이는 어느 정도의 객관성을 의미하며, 최소한의 객관성이 없다면 의미는 결코 실현할 가치가 없다. 우리는 단지 사물에 의미를 부여하는 것이 아니라 오히려 그것을 찾아낸다. 그리고 의미를 발명하는 것이 아니라 탐지한다." (Frankl, 1985c, p.16)

## 프랭클의 차원적 인류학과 존재론

"환원주의에 맞서 인간의 인간성을 보존하는 것은 어떻게 가능한가?" (Frankl, 1970, p.21) (Hartmann과 Scheler처럼) 인간을 육체적, 정신적, 영적 지층이나 층으로 이해한다는 것은 마치 인간의 육체적, 정신적, 무의식적 존재 양식이 서로 분리될 수 있는 것처럼 인간을 대하는 것을 의미한다.

나는 차원적 인류학 및 존재론이라는 것을 통해, 존재론적 차이와 인류학적 통일성을 동시에 정의하려고 노력해 왔다. 이 접근 방식은 구조의 통일성을 파괴하지 않는 질적 차이에 대한 비유로서 차원의 기하학적 개념을 활용한다.

내가 제안한 차원적 존재론은 두 가지 법칙에 기초한다. 차원적 존재론의 첫 번째 법칙은 다음과 같다: 어떤 단일한 현상이 본래의 차원에서 낮은 차원으로 투사되면, 서로 모순되는 모습으로 나타난다.

[…] 이제 차원 존재론의 두 번째 법칙으로 넘어가 보겠다: 본래의 차원에서 그보다 낮은 차원으로 투사되면, 다양한 의미로 해석되는 모호한 모습으로 나타난다.

원통, 원뿔, 구를 상상해 보라. 수평면에 나타나는 그림자는 이 도형들을 상호 교환 가능

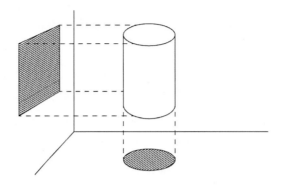

그림 23.1 차원적 존재론의 제1법칙: 불일치(inconsistency)(Frankl 1970, p.23)

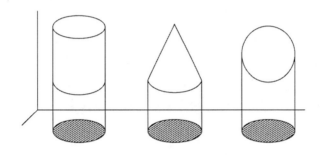

그림 23.2 차원적 존재론의 제2법칙: 동형화(isomorphism)(Frankl 1970, p.24)

한 세 개의 원으로 나타낸다. 우리는 그림자를 보고 무엇이 어떤 그림자를 만들었는지, 그 위에 어떤 것이 있는지, 원기둥인지 원뿔인지 구인지 유추할 수 없다.

차원적 존재론의 제1법칙에 따르면, 어떤 현상을 하위 차원으로 투사하면 불일치(inconsistency)가 발생하고, 제2법칙에 따르면 어떤 현상을 하위 차원으로 투사하면 동형화(isomorphism)가 발생한다.

이를 인류학과 존재론에 어떻게 적용할 수 있는가? 인간을 생물학적 차원과 심리적 차원에 투사하면 모순된 결과를 얻을 수 있다. 생물학적 유기체나 심리적 메커니즘이 그 결과이다. 그러나 인간 실존의 신체적 측면과 정신적 측면이 서로 모순될 수 있지만, 차원적 인류학의 관점에서 볼 때 이러한 모순은 인간의 단일성(oneness)에 모순되지는 않는다. 원과 직사각형 그림자 사이의 모순은 둘 다 같은 원통의 투사에서 비롯된다는 사실과 모순되는가?

차원적 존재론은 마음-신체(mind-body)의 문제를 해결하는 것과는 거리가 멀다. 그러나 이는 마음-신체 문제가 해결될 수 없는 이유를 설명한다. 필연적으로 몸과 마음의 복합성에도 불구하고 인간의 단일성은 생물학적 또는 심리적 차원에서 발견되지 않는다. 애초에 인간이 투사되는 noological 차원에서 찾아야 한다(Frankl, 1970, p.22).

## 자기와 거리두기

"사람은 세 가지 차원에서 산다: 신체적, 정신적, 그리고 영적 차원에서. 영적 차원은 무시할 수 없는데, 그것이 우리를 인간답게 만들어 주기 때문이다." (Frankl 1986, p.XVI).

"신체적, 정신적 현상에 대해 어떠한 태도를 취한다는 것은 신체적, 정신적 수준을 넘어서 새로운 차원, nooetic 현상이나 noological 차원을 열어간다는 것을 의미한다. 이는 생물학적, 심리학적 차원과 대비되는 차원이다. 그것은 인간 고유의 현상이 있는 차원이다." (Frankl, 1970, p.17)

"이 능력 덕분에 인간은 상황에서만이 아니라 자신으로부터도 자신을 분리할 수 있다. 인간은 자신에 대한 태도를 선택할 수 있는데, 그렇게 함으로써 그는 정말로 자신의 신체적, 정신적 조건과 결정요인에 대해 입장을 취할 수 있게 된다." (Frankl, 1970, p.17)

"그리고 바로 이 능력이 바로 역설적 의도(paradoxical intention; Frankl, 1939b, 1947)라는 로고테라피 기법에서 활용된다." (Frankl 1985b, p.63)

## 빅터 프랭클과 강제 수용소(자기 초월)

"나는 아직도 수용소에서의 삶에 대한 악몽을 꾼다 [...] 나는 이민을 가지 않았고, 그 결과 아우슈비츠에 가게 되었다. 그곳은 결정적인 실험(experimentum crucis)의 장소였다. 자기 초월(self-transcendence)과 자기 거리두기(self-distancing)라는 두 가지 기본적인 인간의 능력이 수용소에서 검증되고 입증되었다.

이러한 경험적 증거는 '의미에의 의지'와 자기 초월성, 즉 자신을 넘어 다른 무언가를 향해 손을 뻗는 것의 생존 가치를 확인시켜 준다. 같은 조건에서, 미래를 향하고, 성취될 의미를 지향하는 사람들이 생존할 가능성이 더 높았다." (Frankl, 1997, p.97)

"내가 생존할 수 있었던 것은, 무엇보다도 잃어버린 원고를 다시 만들겠다는 결심 덕분이었다고 확신한다. (Frankl 1997, p.98) [...] 《의사와 영혼》의 초고는 내 외투 안감에 꿰매어 숨겨져 있었다. [...] 아우슈비츠에 도착했을 때 [...] 나는 모든 것을 바닥에 버려야 했다. (Frankl 1997, p.91)"

"수용소에서 내면의 힘을 회복시키려는 모든 시도는 먼저 미래의 목표를 보여주는 데 성공했을 때에야 가능했다. '살아갈 이유가 있는 인간은 거의 모든 상황을 견딜 수 있다'는

Nietzsche의 말은 포로들을 대상으로 한 모든 심리치료 및 심리 위생적(psycho-hygieniec) 노력의 지침이 될 수 있었다. (Frankl 1985a, p.97)"

"인간은 정신적, 육체적 스트레스가 심한 상황에서도 영적 자유와 정신적 독립을 일부 유지할 수 있다. [...] 그 수가 적을 수 있겠지만, 인간에게서 모든 것을 빼앗을 수 있지만 오직 하나, 어떤 상황에서도 자신의 태도를 선택할 수 있는 자유, 자신의 길을 선택할 수 있는 인간의 마지막 자유는 빼앗을 수 없다는 충분한 증거가 있다. (...) 바로 이 빼앗길 수 없는 영적 자유가 삶을 의미 있고 목적 있는 것으로 만든다." (Frankl 1985a, p.86)

## 실존적 진공 - 프랭클의 시대정신(Zeitgeist) 진단

"점점 더 많은 환자들이 공허감과 무의미감을 호소하는데, 이는 두 가지 사실에서 비롯된 것 같다. 동물과 달리, 인간은 본능에 의해 무엇을 해야 하는지 지시 받지 않는다. 또한 과거의 인간과 달리, 더 이상 자신이 해야 할 일을 전통에게서 듣지 않는다. 인간은 종종 자신이 기본적으로 무엇을 하고 싶은지조차 모른다. 대신 그는 다른 사람들이 하는 것을 하고 싶어 하거나(순응주의), 다른 사람들이 하기를 바라는 것을 하기도 한다(전체주의)." (Frankl, 1970, p.ix)

"삶의 의미를 찾기 위해 고군분투하거나 삶에 의미가 있는지에 대한 질문과 씨름하는 것은 그 자체로 병리적인 현상이 아니다. [...] 무엇보다도 그것(실존적 공허)은 지적 성실성과 정직함의 표현이다." (Frankl, 1970, p.91)

## 프랭클의 로고테라피 기법: 역설적 의도와 탈숙고

"완전한 신경증(neurosis)은 일차적 조건뿐만 아니라 이차적 조건에 의해서도 발생한다. 이러한 강화는 예기불안(anticipatory anxiety)이라는 피드백 메커니즘에 의해 유발된다. 따라서 조건반사를 재조정하고자 한다면, 예기불안에 의해 형성된 악순환의 고리를 풀어야 하는데, 이것이 바로 역설적 의도 기법이 수행하는 작업이다. [...]

'두려운 기대(fearful expectation)'의 대상이 두려움 그 자체인 경우가 있다. 환자들은 자연스럽게 '두려움에 대한 두려움(fear of fear)'에 대해 이야기한다. 자세히 물어보면, 그들은 자신의 두려움의 결과, 즉 실신이나 심장 발작, 뇌졸중을 두려워한다. [...] 그들은 두려움에 대한 두려움에 대해 '두려움으로부터의 도피(flight from fear)', 즉 회피 행동 패턴으로 반응한다. [...] 역설적 의도에서는 이러한 병리적 두려움이 역설적 소망으로 대체된다. 이를 통해 예기불안의 악순환이 끊어진다." (Frankl, 1985b, p.263)

"이 기법에는 유머 감각이 내재되어 있다. 유머는 어떤 대상과 자기 자신 사이에 거리를 두는 가장 중요한 방법이라는 것을 알고 있기 때문에 이해가 된다. 유머는 인간이 자신의 곤경을 초월하도록 도와 자신을 좀 더 분리된 방식으로 바라볼 수 있게 한다. 그러므로 유머도 noetic 차원에 위치해야 한다."(Frankl 1985c, p.4)

"더하여, 우리는 신경증의 병인론(etiology)과 관련해서 과도한 주의(attention)가 본질적인 병리적 요인임이 입증되었다는 사실 외에도, 많은 신경증 환자들에게서 과도한 부주의(inattention)도 병리적일 수 있다는 것이 관찰한다."(Frankl 1985c, p.145)

"로고테라피에서 과숙고(hyperreflection)는 탈숙고(deflection)에 의해 상쇄된다."(Frankl, 1970, p.100)

"로고테라피의 한 원칙은 쾌락(pleasure)을 추구할수록 더욱 그것을 놓친다는 것이다. [...] 환자는 자신을 관찰하고 지켜보는 대신, 자신을 잊어야 한다. [...] 환자의 과숙고를 상쇄하기 위해 탈숙고라는 다른 로고테라피 기법이 개발되었다."(Frankl 1978, p.151)


## 실존분석의 발전

랭글은 현상학이 현대 실존분석(EA) 발전에 중심적인 역할을 하며, 이것이 로고테라피의 핵심이 되는 태도와 연결된다는 것을 강조했다: "빅터 프랭클(1986, 62)은 의미 찾기에 대한 일반적인 지침을 제공하였다. 삶의 의미를 찾기 위해서는 세상에 대한 특정한 태도 (attitude)가 필요하다고 했다. 그는 다음과 같이 썼다:

"[…] 우리는 일종의 코페르니쿠스적 혁명을 수행하여 삶의 의미에 대한 질문에 완전히 새로운 방식으로 전환해야 한다. 즉, 인간에게 질문을 던지는 것은 삶 그 자체라는 것이다. [...] 질문을 하는 것은 인간의 몫이 아니고, 오히려 인간은 삶에 의해 질문 받고 있음을 인식해야 하며, 이에 책임을 가지고 응답해야 하며, 자신의 삶을 위해(for life) 응답하는 방식으로만 삶에게(to life) 대답할 수 있다."

이러한 태도는 사실 현상학적 태도, 즉 개인적인 이해관계로부터 자유로운 마음의 개방성, 상황의 본질을 지향하는 태도, 상황에 도달되거나 심지어 상황에 사로잡힐 수 있는 태도이다.
[…]
심리적인 관점에서 보면, 실존분석은 내적 동의(inner consent)와 함께 살아가는 방법을 찾는 것이 충만한 실존의 열쇠라고 설명한다. [...] 이 활동은 양면 대화(two-sided dialogue)로 구

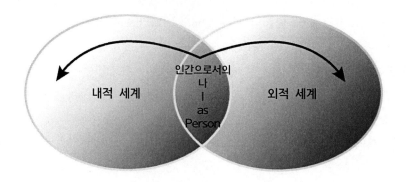

**그림 23.3 인간으로서 사람은 내외적으로 끊임없이 교류하고 대화하는 존재이다(Längle, 2016, p.58)**

성된다. 하나의 대화는 외부를 향한다 [...] [그림 23.3 참조] 다른 대화는 내면으로 향한다. 무엇을 결정하든 의미를 경험하기 위해 나 자신을 제쳐둘 수는 없다. 따라서 우리는 항상 자신의 결정에 동의하는지에 대한 의문을 품고 살아간다. 좀 더 구체적으로 말하자면, 이 내적 동의는 어떤 상황에서든 발생하는 가장 깊은 감정과 접촉하는 과정이다. [...] 내적 동의는 우리로 하여금 스스로 서고, 독특한 개인으로 서며, 상황의 요구를 충족시킴으로써 자신을 실현할 수 있게 한다. 우리가 정의에 따르면, 의미(meaning)는 내적 경험과 외적 행동 사이의 조화를 만들어낸다. (Langle, 2003, p.16)

## 알프레드 랭글의 현대 실존분석

### 실존적 패러다임

한 시대에 살아가는 사람으로서, 그 시대의 구체적인 문제에 직면하여 현대의 필요와 고통에 맞추어 조정해야 한다. 따라서 우리는 실존분석의 동기 개념을 다른 패러다임을 따르지만 결코 덜 인본주의적이거나 덜 개인적이지 않은 접근 방식으로 더욱 정교하게 발전시켰다. 포스트모던 시대의 발전의 토대가 된 자유와 개인적 의지에 대한 개인주의적 개념을 보완하기 위해, 이제 우리는 자유의 그림자에 대한 균형추로서 대인관계적 패러다임(*interpersonal paradigm*)이 필요하다.

이것이 우리가 현대 실존분석에서 채택한 방향이다. 우리는 우리의 동기 개념을 확장하여, 아마도 가장 본질적인 인간 활동인 본질적으로 대화적이며 다른 사람들과의 교환을 지향하는 우리의 존재에 기초했다. 자기 자신이 되는 것, 자신을 찾는 것은 '사이', 'inter', 일본어로 'aida'라고 불리는 긴장된 장이 필요하다(Kimura 1982; 1995, pp.103ff.).

동기 부여의 실존적 개념

실존적 관점에서 볼 때, 대화(*dialogue*)(혹은 Jaspers가 말한 '소통(communication)')이 인간 심리와 인간 실존의 본질을 이해하는 데 필수적인 요소이다. 만약 대화 능력을 인간(즉, 마음과 정신이 있고 의사 결정의 잠재력을 가진 존재)의 특성으로 간주한다면, 인간은 항상 넓은 의미의 파트너에 의한 완성을 기다린다. 대화적 존재로서 인간은 무언가나 누군가가 자신에게 말을 걸고, 부르고, 필요로 하고, 대화하고, 찾고, 도전하기를 기대하고 찾는다. 인간은 자신이 직면하고 있는 것, 자신 앞에 있는 것, 자신이 다루고 있는 모든 것을 통해 필요한 도발을 당한다. 바로 그 순간, 우리 앞에 있는 대상이 우리에게 '말하기'를 시작한다. 도발 당한다는 것은 부름을 받는다는 뜻이다. 이 도발은 모든 동기의 출발점이다.

다시 말해, 실존적 관점에서 볼 때 동기는 어떤 대면 상황에서 발생하는 도발을 통해 개인의 과정을 시작하는 개인의 관여를 의미한다. 물론 최고의 상대는 우리와 상호작용하는 파트너이다. 이러한 개인의 과정적 능력은 '개인 실존분석(PEA)'(Längle 1994b) 이론에 설명되어 있고, 그 방법론적 공식화에 의해 적용 가능해졌다. 이 방법은 정보를 다루는 과정에서 개인의 잠재력을 끌어내어 만남을 이끌어내는 것을 목표로 한 인간의 대화적 개념을 적용한다.

PEA 모델은 모든 종류의 인간 참여에 기초한다. 동기 과정 내에서 세 단계를 구분하는 데 도움을 준다.

1. **우리에게 말을 거는 것의 가치나 중요성을 인식하기:** 이것은 종종 우리의 행동을 요구하는 도전이다. 상황이 우리에게 무엇을 유발하는지를 파악하는 것은 관련된 상황적 의미를 인식한다는 것을 포함한다.

2. **조화를 이루기:** 인식된 가치, 도전 또는 의미를 자신의 내적 현실과 일치시키는 것이다. 즉, 우리의 가치, 태도, 능력 및 역량, 양심과의 일관성을 검토하는 것이다.

3. 동기 개발의 마지막 단계는 자신의 적극적인 참여에 관한 내적 동의이다. 이러한 동의와 새로운 가치를 내적 (이미 존재하는 개인적) 현실과 조화시키는 행위는 자신의 행동 속에서 내적 존재를 이끌어낸다. 이것은 새로운 가치와 자신을 더 넓은 맥락(의미)으로 통합시킨다.

개인이 동기 부여 과정에 관여하지 않는다면, 인간은 동기에 대한 질문을 다루지 못할 것이다. 일종의 반사 반응만 있을 뿐 '행동'은 없을 것이다. 모든 행동, 모든 행위는 결정된 행동으로 정의되며 따라서 자발적이고 자유롭다는 것을 의미하며, 이는 '개인적(personal)'이라는 말로 표현된다.

동기를 행동에 대한 자유로운 결정으로 간주한다면 의지의 개념도 고려해야 한다.

Frankl(1970, pp.37-44, 1987, pp.101-104)은 의미를 자유 의지의 움직이는 부분으로 보았다. 의지에 대한 실존적 관점은 의지를 실존의 인류학적 축으로 간주한다. 그러나 의지에 대한 과정적 설명은 실존의 기초에 의존하므로, 의지를 구성하는 기초로서의 의미 이상을 포함한다. 자유롭고 현실적인 의지는 세 가지 추가 요소에 기초한다:

1. 대상자의 실제 능력과 역량
2. 상황적 가치에 대한 정서적 인식
3. 자신의 삶과 도덕성에 대한 동의와 내면의 허락

본 장을 마무리하기 전에, 동기의 구조를 다루는 부분으로서 두 가지의 기본 동기 개념에 관한 초기 문제에 대해 성찰해보기 원한다. 인간은 외부로부터 동기를 부여받아야 하는가, 아니면 본질적으로 동기를 가지고 있기 때문에 그 동기가 형태를 갖추게 되고 길을 트는 것뿐인가? 우리 이론은 이 실존적 개념이 두 가지 상반된 입장 사이의 다리를 형성한다고 주장한다.

  a. 동기는 대면 상황과의 상호 작용에서 발생한다. 상황을 이해하고, 자극받고, 감동을 받는 것은 마치 무언가 또는 누군가로부터 부름을 받는 것과 같다. 이러한 부름은 특정 상황이 무엇에 관한 것인지 인식하거나 이해함으로써 구성상의 '세계-내-존재(being-in-the-world)'를 활성화한다. 이것은 상황적 또는 실존적 의미의인식과 동일하다. 또한, 이것은 우리가 대면세계(외부 세계, 신체, 느낌, 생각)로부터 본질적 메시지를 인식함으로써 충동을 받는다는 것을 의미한다.

  b. 동기는 맥락 이해와 내적 동의를 통해 그 형태를 갖추고 그 내용을 받아들일 수 있다.

이러한 관점에서 보면, '세계 속 존재'라는 개념은 개인의 힘이 활성화되는 기반을 제공한다. 이는 어떤 형태의 타자 또는 자신과의 인식적 만남을 통해 발생한다.

이제 충만한 실존을 위한 네 가지 근본적인 동기에 대해 자세히 살펴보고자 한다.

### 충만한 실존을 위한 네 가지 기본 조건

동기의 자유 측면, 즉 인간이 세계 내에서 자유로운 행동을 하도록 움직이는 것으로 보기 위해서는 의지의 구조를 고려해야 한다. 의지는 본질적으로 실존의 구조와 관련이 있으며, 이는 동기를 실질적으로 형성한다. 대화에 대한 도발과 실존의 근본 구조와의 관계가 이 글의 중심 가설이다.

더 자세히 살펴보면, 이 동기 개념은 우리 실존의 주어진 사실과의 대화적 대면을 의미한다. 실존의 모든 전제 조건은 실존의 '기본 구조', 즉 '실존의 근간' 네 가지로 요약할 수 있다.

- 현사실성과 잠재력을 가진 세계
- 관계망과 감정이 있는 삶
- 독특하고 자율적인 사람으로서의 자기 되기
- 자신을 위치시킬 더 넓은 맥락＝자신의 활동을 통한 발전과 미래 계획

우리의 이해에서 실존은 이 네 가지 차원과의 지속적인 대면과 대화적 교류를 필요로 한다. 이를 바탕으로 주체는 현실에 대한 자신의 구체적인 개념을 형성한다. 이 네 가지 현실은 개인에게 반응을 요구하며, 내적 동의를 구하고, 그의 내적 자유를 활성화시킨다. 하지만, 이 네 가지 현실은 도전적인 차원이면서 동시에 주어진 각각의 현실에 자신을 맡길 수 있는 구조이기도 하다. 이러한 현사실성은 우리가 실존이라고 부르는 것의 근본이다. 그러므로 이 네 가지 현실은 근본적으로 우리의 실존을 움직이는 '근본적 실존적 동기'라고 불릴 수 있다 (Längle 1992a; 1992b; 1994a; 1997a; 1997b; 1999; Längle 2011, p.32).

# 24

## 로고테라피와 실존분석의 도전과 새로운 발전

Janelle Kwee and Alfried Längle

### 소개

수십 년에 걸친 발전과 집중적인 훈련 활동 끝에 세계 여러 지역에서 실존분석(EA)과 로고테라피를 사용하는 실무자 및 연구자 커뮤니티가 활발히 활동하고 있다. 지리적, 문화적, 언어적으로 다양한 이 커뮤니티는 EA와 로고테라피를 지속적인 발전과 적용을 위한 폭넓은 기회를 제공한다. 이 커뮤니티들은 물리적 거리, 언어 장벽, 문화적, 직업적 차이로 인해 독특한 도전을 경험하고 있으며, 이러한 요인들로 인해 서로 정기적으로 대화를 나눌 기회도 다소 제한되어 있다.

이 장은 (a) 실무의 발전 및 과제, (b) 측정, 연구 및 훈련의 발전 및 과제, (c) EA와 로고테라피의 미래 전망을 포함한 세 가지 주요 섹션으로 구성되어 있다. 각 섹션은 모두 국제 EA 및 로고테라피학회의 전 세계 회원들이 실제로 진행 중인 활동을 반영하고 있다는 점에서 공통점이 있다. 이 장을 통해, 전 세계 GLE 동료들의 업적을 강조하고, 함께 일하고 성장하는 데 있어 우리가 직면한 현실적인 과제를 제시함으로써 우리 학회가 발전하고 있는 방식을 현실적으로 엿볼 수 있도록 하고자 한다.

### 실무의 발전 및 과제

EA와 로고테라피는 수많은 발전과 적용이 있어 왔으며, 각각은 독특한 기회와 도전을 제공한다. 이 섹션에서는 먼저 로고테라피의 특정 발전과 의미 중심 치료 및 상담(MCCT)의 개발을 검토하고자 한다. MCCT는 로고테라피에서 발전이 되어 인지행동치료와 긍정심리치료를 통합한다. 그 다음으로, (a) 교육 환경, (b) 코칭 및 리더십, (c) 그룹 치료 및 워크숍, (d) 온라인 기반 실습 및 교육, (e) 마음챙김 통합, (f) 부부 및 가족에의 적용, (g) 아동 및 청소년 상담 및 심리치료, (h) 섭식 장애 및 정신 신체 장애의 이해와 치료, (i) 트라우마 치료 및 보조 방법의 통합, (j) 중독, (k) 성격 장애, (l) 모든 심리치료의 적용에서 현상학적 접근의 지속적인 개선을 포함한 여러 영역에서 나타나는 현재 EA의 발전상을 설명하며, 이는 EA 실습의 핵심이다.

## 로고테라피의 발전

로고테라피 이론에는 연속성이 있지만, 특정 임상 문제에 대한 실천 방법과 개입에서 상당한 발전이 있었다.[1] 예를 들어, 경계선(Rodrigues 2004), 의존성(Martinez 2011; Rogina와 Quilitch 2006), 회피성(Martinez 2011), 자기애성(Martinez 2011; Rogina 2004), 히스테리(Frankl 1995; Lukas 2004; Martinez 2011) 등 현재 다양한 성격장애를 다루기 위한 많은 치료 제안들이 설계되어 있다. 중독에 대한 로고테라피의 사용은 크럼보(Crumbaugh, 1980), 헨리온(Henrion, 2002), 후첼(Hutzell, 1984), 마르티네스(Martinez)와 플로레즈(Florez, 2016), 오스카리즈(Oscariz, 2000), 쉬판(Schippan, 1997), 부름(Wurm, 1997, 2003)에 의해 탐구되어 왔다. 로고테라피는 섭식 장애(Lukas 2004), 지적 장애 또는 정신질환(Hinsburger 1989, 1990; Schulenberg 2000), 수면 장애 (Lukas 2004; Frankl 1995), 성기능 장애(Lukas 2004; Frankl 1995), 장애(Lukas 1998), 완화 치료 (Saunders, Clark 2016에서 인용), 정신 종양학(Mori 2009), 위기 개입(Lukas 1995), 슬픔(Lukas 2002; Berti and Schneider 1993, 1996, 2003) 및 외상(Long 1997) 등에 대해서도 적용되어 왔고, 그 외의 분야에도 적용될 수 있다. 마지막으로, 주요 우울 장애(Ungar 2002), 기타 우울 장애 (Lukas 1998, 2001, 2004, Frankl 1992, 1995), 기타 정동 장애(Henrion 2004)와 같은 기분 장애를 포함한 다양한 임상 증후군에 로고테라피를 적용할 수 있다. 로고테라피는 범불안장애(Rogina 2002)를 비롯한 다양한 불안 장애(Frankl 1992, 1995)에도 적용되었다. 로고테라피의 가장 구체적인 적용 사례는 소위 "실존적 위기" 또는 누제닉 신경증(Noogenic Neurosis, Frankl이 만든 용어)에 대한 적용이다(Pacciolla 2007 및 Lukas 2001 참조).

로고테라피는 과거에 지배적이었던 고전적인 개인 치료법을 넘어서는 방법론적 발전도 있었다. 여기에는 부부 치료(Schulenberg과 Melton 2010), 이혼 상담(Böschemeyer 1997; Fasja 2001), 가족 치료(Lukas 1992, 2004, 2009; Lantz 1993; Winters 2002) 및 그룹 기반 로고테라피 (Lukas 2006; Martinez 2003; Leon 2001; Fabry 2001; Berti와 Schneider 2003)가 포함된다. 또한, 전

---

1) 다음 내용을 정리해 주신 Efrén Martinez에게 감사의 말씀을 전한다.

생애에 걸쳐 사람들의 고유한 발달 요구를 다루기 위해 특화된 임상 실무도 등장했다. 구체적으로는 노년 인구(Guttmann 2008; Lukas와 García 2002)와 청소년(Almario 2016)을 위한 실제가 포함된다. 로고테라피의 형태는 아니지만, 윌리엄 브라이바트(William Breibart)의 연구는 프랭클의 영향을 많이 받았으며, 이 책의 26장과 27장에서 소개된다.

## 의미 중심 상담 및 치료[2]

로고테라피에서 나온 또 다른 실용적인 발전은 의미 중심 상담 및 치료(Meaning-Centered Counseling and Therapy, MCCT)라고도 알려진 의미 치료(Wong 2010, 2016)이다. 이는 Frankl의 로고테라피를 기반으로 하되, 인지행동치료 및 긍정심리치료와 통합되어 확장되었다. 따라서, 이는 의미와 관계에 대한 인간의 근본적인 욕구에 초점을 맞춘 상담 및 치료에 대한 다원적 접근법으로, 지지적인 치료 관계에서 삶의 의미 문제를 해결하는 포괄적인 방법이다(Vos et al., 2017).

의미 치료의 모토는 "의미는 우리가 가진 전부이며, 관계는 우리에게 필요한 전부다."이다. 의미 치료는 이 두 가지 필수적인 인간의 욕구가 충족될 때 개인이 더 잘 대처하고 더 보람 있는 삶을 살 가능성이 높아진다고 가정한다. 의미 치료는 치유, 회복, 웰빙에서 의미와 목적의 중요한 역할을 인식하는 심리 교육적 접근 방식을 선호한다(Wong, 2012a). 이는 보람 있는 미래를 추구하기 위해 자유를 활용하려는 내담자의 책임감에 호소한다. 이 틀 내에서 치료사는 협력적인 노력을 촉진하는 안전하고 신뢰할 수 있는 환경을 제공한다. 의미 치료의 평가와 개입은 실증적으로 검증된 도구와 결과를 최대한 활용한다(Wong 1998, 2015). 최근에는 삶의 의미 연구(DeAngelis 2018, Hill 2018)와 실존적 긍정 심리학(Wong 2009)이 강조되면서 주류 심리치료가 의미 치료에 주목하기 시작했다. 주요 실존적 긍정 개입(Wong 2016)은 PURE[3] 및 ABCDE[4] 전략으로 구성된다.

---

2) 이 섹션의 글을 제공해 주신 Paul Wong에게 감사의 말씀을 전한다.

3) PURE는 (1) 목적 Purpose(동기 차원) – 가치, 삶의 방향, 의도, 필요, 욕구, 욕망, (2) 이해 Understanding(인지 차원) – 자기 지식, 일관성, 이해, 감각 형성, (3) 책임 Responsibility(행동 차원) – 자기 결정, 헌신, 행동, 올바른 일을 하고 가치 있는 목표를 위해 자기 희생, (4) 즐거움(Enjoyment, 정서 차원) – 만족, 중요성 및 성취감의 약어이다. 이 틀 내에서 치료자는 내담자들이 자신의 최종 가치를 검토하고 알곡과 가라지를 구분하도록 격려한다. 그들이 자신의 심연을 응시하고 어두운 면과 취약성을 직면하도록 격려한다. 가치 있는 목표와 실행 계획을 개발하도록 함께 노력한다(Paul Wong 기고).

4) ABCDE 프레임워크는 (1) 가혹한 현실을 수용(Accept)하고 직면하기 – 현실 원칙, (2) 삶이 살 가치가 있으며, 자신을 괴롭히는 어떤 것도 극복할 수 있다고 믿기(Believe) – 신념 원칙, (3) 책임감 있는 행동, 끈기, 유연성을 통해 목표를 달성하기 위해 전념하기(Commit) – 행동 원칙, (4) 자신과 상황에 대한 새로운 통찰이나 더 깊은 의미와 중요성을 발견하기(Discover) – 아하! 원칙, (5) 미세 조율과 필요한 조정 과정을 통해 점진적인 진전을 즐기고 평가하기(Evaluate) – 자기 조절 원칙(Paul Wong 기고).

의미 치료의 또 다른 중요한 측면은 취하는 이중 체계 모형(Wong 2012b)을 실천한다는 점이다. 이 모형은 인생의 곤경을 해결하고 보다 만족스러운 미래를 창출하는 변증법적 접근 방식을 취한다. 이 접근법은 접근 및 회피 체계 사이에서 역동적인 긍정적 균형을 이루기 위해 노력하는 것을 포함하며, 내담자의 상황에 따라 PURE와 ABCDE를 적응적인 방식으로 통합한다. MCCT에서 다른 실존 긍정적 개입은 다음과 같다. (1) 자기중심적 관점에서 타자 지향적인 더 큰 의미의 맥락으로의 재정위(자기초월), (2) 문제를 도전으로 재구성하기(재평가), (3) 고통 속에서 의미와 유익을 발견하는 의미 중심의 대처(실존적 대처), (4) 바꿀 수 없는 것을 놓아주고 초월하기(실존적 대처), (5) 고통에도 불구하고 삶에 대한 실존적 감사 표현하기, 그리고 (6) 자신의 삶을 영웅의 여정과 메타 내러티브로 재창조하기 등이 있다.

## 교육 환경에서의 실존분석

브렉너(Breckner), 콜베(Kolbe)와 와이벨(Waibel 2012, 2017a, 2017b)은 교육학 및 교육 분야에서 실존 인류학과 본래성에 대한 탐구를 주도해 왔다. 콜베(2010, 2016)는 교사들이 본래성 있게 교육, 지도, 조정할 수 있는 방법에 대한 훈련을 제공한다. 프랭클은 교육을 양심과 가치의 훈련을 위한 맥락으로 보았다(Frankl, 2005). 실존주의 교육학은 실존적 질문을 교육적 사고와 행동에 적용하며, 개인의 발달, 개인 활동, 개인적 가치, 자유, 동기에 대한 질문에 중점을 둔다(Aregger and Waibel, 2006, Waibel, 2012, 2017a, 2017b). 심리치료 실제에서 치료자의 개인적 발달을 강조하는 것과 마찬가지로, 교육자의 발달은 교육 환경에서 사람과 사람 간의 만남을 변화시키는 기초가 된다. 의미 있는 동반자 관계와 학생의 인격에 대한 교사의 수용성을 통한 인격 발달은 교육적 맥락에서 인격의 발달과 강화가 일어나는 1차 예방의 맥락으로 볼 수 있으며, 심리치료는 이미 심각한 정서적 고통이 있을 때의 3차 예방의 맥락으로 볼 수 있다(Höfig−Renner, 2015). 러시아에서는 지난 15년 동안 스베틀라나 그리브초바(Svetlana Krivtsova) 박사가 모스크바 주립대학교와 협력하여 실존심리학자 및 치료자 그룹을 이끌고 학교 내 "Life Skills" 프로젝트를 개발하였는데, 이는 주로 EA의 현상학적 방법을 기반에 두고 있다(Krivtsova, 2005, 2013, 2015, 2016a). 이 프로젝트는 5세에서 15세 사이의 어린이를 대상으로 하는 학교 그룹 세션에서 '좋아하는 것'과 '싫어하는 것', 분노, 슬픔, 우정, 두려움, 재산, 경계, 타자성에 대한 대화를 포함한 실존적 주제들을 다룬다. 교사 또는 진행자는 게임, 연습, 대화를 통해 수업을 진행한다. 러시아와 러시아어권 국가(우크라이나 오데사, 크림반도, 카자흐스탄, 이스라엘, 발트해 연안 국가)의 수백 개 학교에서 이 지침서를 사용하고 있다. 네 가지 기본 동기의 구조적 모형에 따라 어린이 게임의 발달 단계에 기반한 유치원용 버전의 "Life Skills"(Krivtsova 2016b)도 개발되었다.

현재 멕시코에서는 특수교육 공공 교육부(Martha Alicia Cortés)의 지휘 아래, EA가 교육 환경에 적용되고 있는데, 여기서는 아동의 생물학적－심리적－사회적－영적 존재로서의 전인적 발달에 중점을 두고 있다. 또한 멕시코에서는 교육 민간 부문에서 지원하는 프로그램을 통해 빈곤 및 학대 상황에 처한 청소년을 위한 과외 및 리더십 기술을 개발하도록 중고등 교사들에게 훈련을 제공하고 있다. 이 프로그램의 목표는 교사들이 학생들이 소외된 지역에서 사회 변화의 촉진자가 될 수 있도록 돕는 것이다. 이러한 훈련의 설계와 실행은 실비아 고메즈(Silvia Gómez)가 주도하고 있다. 지금까지 800명 이상이 이 훈련을 받았다. "로고테라피 및 존재분석학회"(Gesellschaft für Logotherapie und Existenzanalyse, GLE) 내의 특정 태스크 그룹도 현재 교육 환경에서 EA를 적용할 기회를 모색하고 있다.

## 코칭과 리더십에서의 실존분석

EA는 코칭과 리더십 분야에 적용되어 왔다. 이 작업은 두 권의 책(Längle and Bürgi 2014; Johner, Bürgi, and Längle 2018)으로 대표되며, 리더십과 발전 과정에 대한 근본적인 고찰을 통해 변화를 탐구한다. 코칭과 리더십에 대한 EA의 실제적인 적용은 개인, 팀, 조직 차원의 변화와 발전을 다룬다. 또한 코칭과 리더십에 EA를 적용한 교육은 콜베, 크리브초바, 랭글 등에 의해 개발되었다. 예를 들어, 실존분석적 틀을 기반으로 크리스토프 콜베가 설계하고 진행한 임원을 위한 다중 모듈 교육은 20회 이상 제공되었으며, 랭글에 의해 제공된 훈련은 17년 동안 지속적으로 진행되어 왔다.

## 집단상담 및 워크샵에서의 실존분석

자기개발과 사회 및 실존적 문제에 직면하는 참가자들을 지원하기 위한 방법으로 EA의 주요 개념을 소개하는 워크샵이 정기적으로 제공된다. 이러한 워크샵은 '본래성 있는 삶 Authentic Living(캐나다)'과 네 가지 기본 실존적 동기(FM; 멕시코)'와 관련된 주제를 중심으로 진행된다. 이러한 워크샵은 EA의 심화 훈련으로 가는 관문 역할을 할 뿐만 아니라 EA의 관련 개념을 확장할 수 있는 "독립적인" 기회이기도 하다. 마찬가지로, 멕시코에서는 치료자와 함께하는 집단상담(Ma. Elena Ramírez and Beatriz Ávila가 진행)은 치료자가 네 가지 FM의 개인적 상황을 성찰하고 다루는 '그룹 자기 경험(group self－experience)'의 확장된 기회를 제공하였다. 러시아, 독일, 오스트리아에서도 비슷한 집단이 진행되고 있다. 또한 멕시코의 세실리아 마르티네스(Cecilia Martinez)는 운동 장애를 가진 사람들에게 집단 및 개인 심리치료를 제공하는 도구로 EA를 적용했다. 이 프로그램은 척수 손상, 절단 또는 퇴행성 질환으로 인해 장애를 겪고 있는 저소득층을 지원하는데, 그들이 잃어버린 가치에 대해 슬퍼하고, 다시 자기 자신을 찾고, 세상에 의해 질문을 받으며, 새로운 의미의 지평을 발견할 수 있도록 도움을 준다.

## 온라인 기반 실존분석 실습 및 교육

리야자노바(Ryazanova)는 2014년에 EA를 상담 및 심리치료에서 온라인 기반 실습으로 적용하는 데 앞장섰는데, 이는 Skype와 필사치료("scribotherapy")를 통해 이루어졌다. 리야자노바는 원격 상담 및 치료의 한계와 금기 사항을 설명한다. 여기에는 극도의 두려움과 불안, 차단된 동기, 언어화의 어려움, 과도한 요구를 받는 삶의 상황, 정신 및 성격 장애 등이 포함된다. 사이버 공간에서의 '가상 쌍둥이'는 가상 공간의 사람이 현실에서의 동일 인물과 매우 다를 수 있으며, 이것이 온라인 작업에서 고려되어야 한다는 개념을 의미한다. 원격 치료는 거리감으로 인해 안전하다는 느낌을 주지만 접촉의 강도는 덜하다. 상담 및 심리치료에서의 전문성을 온라인 플랫폼을 통한 원격 상담 및 치료로 전환하기 위해서는 전문 훈련이 필요하다. 이 훈련에서는 원격 기반 내담자 선정 기준, 온라인 기반 상담을 위한 고유한 치료 프레임 개발 등의 내용이 다루어져야 한다. 대화적 치료 및 상담방법으로서의 EA는 온라인 치료뿐만 아니라 온라인 세미나에도 적합하다는 것이 입증되었다. 2018년 살로니키(그리스), 소치, 하보롭스크, 로스토프, 민스크, 노보시비르스크, 상트페테르부르크, 모스크바에서 러시아 온라인 교육이 시작되면서 흥미로운 발전을 이루었다. 웹 기반의 평생 교육과 전문성 개발 기회에 대한 대중적인 수요를 고려할 때, EA의 온라인 훈련 경험은 앞으로 더 발전할 수 있는 기회이자 현재 당면한 과제이다.

## 실존분석과 마음챙김의 통합

멕시코에서 로고테라피와 EA의 훈련 커리큘럼에 마음챙김의 개념이 통합되었다. 마음챙김의 실천은 자기 인식과 개인 분석에 접근하는 방법으로 치료자의 개인적 접촉을 촉진하는 데 사용되었다. 앙거마이어(Angermayr, 2014)는 오스트리아에서 신체를 통합하는 워크숍을 제공한다. 또한, 칠레의 로베르토 아리스테기(Roberto Arístegui, 2017)는 마음챙김과 EA의 통합된 관점을 제공하며, 심리치료에서 메타이론적 수준에서의 융합을 지원한다. 아리스테기는 현상학적 해석학적 관점에서 특히 불안 치료에 적용될 수 있는 일치점을 찾았다.

## 부부 및 가족 대상 실존분석의 적용

실존분석적 부부 치료는 국제 회의의 특정 주제였다(Existenzanalyse 2008, 25 [2] 참조). 이 치료는 부부가 본래성 있고 감사하는 만남에 도달할 수 있도록 하는 데 초점을 맞추고 있다(Pointner, 2016). 이는 모든 당사자가 구조화된 틀 안에서 현상학적 태도를 취할 때 발생한다. 치료자의 활동은 주로 안전한 공간, 정서적 참여, 명확한 개인적 위치, 의미의 틀 안에서 신뢰할 수 있는 행동 단계 등 근본적인 실존적 동기를 보장하는 것이다. 부부는 주로 자기 돌봄의 역량을 강화받는다. 또한 일상적인 갈등 아래에 숨겨 있는 자신과 파트너의 패턴을 이해하는 방법을 배운다. 이러한 이해에는 개인적 가치와 의도뿐만 아니라 정신역동적 결핍과 보호 패턴도 포함된다. 필요한 경우, 추가적인 심리 교육적 요소나 특정 EA 방법도 적용된다(Pointner and Sattler, 2014).

포인트너(Pointer 2016)의 부부 치료의 기본 방법은 개인 실존분석(PEA)이다(랑글 2000, Kwee와 랑글 2013 참조). 파트너는 PEA 단계에 따라 교대로 화자와 적극적 경청자의 역할을 맡는다. 이 절차는 치료 과정에 구조가 부족할 때 발생할 가능성이 높은 부부 간의 상처를 주거나 피상적인 역학 관계가 형성되는 것을 사전에 방지한다. 파트너가 공통의 의미에 대한 명확한 견해에 도달하고 공동의 발전 과정에 초점을 맞추면 관계가 리프레시되는 경우가 많다. 부부는 관계의 오래된 패턴을 다루도록 자극을 받아 관계의 '연결 리본'으로서 사랑의 동행과 공유된 의미를 되찾거나 격렬한 이별이 아닌 품위 있는 이별을 하게 된다.

라우네아누, 클라센, 쿠이(Launeanu, Klaassen, & Kwee, 2018)는 실존분석적 관점에서 유족 부부 및 가족과 함께 일할 때 의미와 무의미에 대한 임상적, 이론적 문제를 다룬다(Längle, 1994, 2005). 특히, 인생의 지평선(Life Horizon, Längle이 준비 작업 중)이라는 방법은 유가족 동반의 일부로 설명되는 적용 과정을 보여준다. 또한, 부부 및 가족과 관련된 실존분석적 개념을 더 널리 전파하기 위해 쿠이와 맥브라이드(McBride, 2017)는 자조 결혼을 위한 자료물에서 네 가지 기본 동기를 적용하는 방법을 설명하였다.

## 아동 및 청소년 대상 실존분석

아동 및 청소년을 대상으로 하는 실존분석 치료가 구별되는 점은 현상학적 태도를 아동 또는 청소년의 주관적인 세계에 몰입하기 위해 사용한다는 것이다(Biberich et al., 2015). 치료자는 아동에게 규칙이나 규범을 가르치기보다는 몸짓, 언어, 놀이 과정에서 이루어지는 의사소통에서 아동으로부터 나오는 것에 대해 개방성을 유지하는 데 초점을 맞추고 있다. 아동과 청소년을 대상으로 하는 실존분석 치료의 목표는 아동의 내면에 있는 사람을 '보고', 그 사람에게 다가가서 만지고, 그 사람에게 생명을 불어넣고, 아동의 개인적 역량과 자아 발달을 강화하는 것이다. 이것은 아동의 인생 여정에서 아동과 함께하는 일종의 순례의 형태를 취하며, 치료자는 아동이나 청소년에게 이질적인 것을 강요하기보다는 아동이나 청소년이 스스로가 될 수 있도록 도와준다(Köberl, 2015, pp.68-69).

아동 및 청소년을 대상으로 하는 EA는 PEA의 첫 번째 단계에 따라 청소년이 자신의 인격의 정서적, 정신적 측면에 자유롭게 접근할 수 있는 창의적인 방법을 활용한다(Längle 1993). 그리기, 칠하기, 역할극, 이야기 읽기, 모래놀이, 스토리텔링 등은 모두 아동의 원초적 감정과 자발적 충동으로부터 거리를 두는 데 사용되며, 아동과 청소년이 자신과 세계에서 가장 중요한 것에 기반을 두도록 돕는다. 예술가이기도 한 몇몇 심리학자들은 표현적 치료 방법이 현상학적 접근법에 쉽게 들어맞기 때문에 표현 예술에서 아동 및 성인 내담자와 함께 기본 동기의 주제를 다룰 수 있다고 설명한다(예: Görtz, 2003; Jones, 2011). 현상학적 절차는 어린 내담자가 자신을 더 잘 이해하고 어려운 삶의 상황에 대한 더 강력한 옵션을 개발하도록 유도한다. 치료자는 대처할 수 있는 다른 방법을 찾는 데 지침을 제공한다(Steinbacher, 2016, p.96).

젊은 내담자의 문제와 필요를 개념화하기 위해 우리는 EA의 구조적 모형을 구성하는 네 가지 기본 동기(FM)(Längle 2002)를 참조한다. 네 가지 FM의 틀에서 개념화하면 청소년의 기본적인 요구와 자원을 빠르고 간단하게 파악할 수 있다. 또한 가능한 한 부모를 포함하려고 노력하기 때문에, 네 가지 FM에서 자녀의 필요와 자원에 기반한 개념화는 아동 또는 청소년의 발달을 위해 돌보는 관계를 제공하기 위한 노력을 부모와 공유하는 데 유용하다. 스베틀라나 크리브초바(Svetlana Krivtsova 2017)는 출생부터 21세까지 아동의 연령 발달 주기 모형을 개발하여 부모, 심리치료사, 교사를 위한 연구의 이론적 근거와 실질적인 권장 사항을 제공한다. 이 모형에서 크리브초바는 EA의 구조적 모형을 D. Stern 교수의 "계층별" 주기화에 적용하였고, 미취학 아동의 현상학적 연구(예: 아동의 삶에서 공간의 역할, 사람을 만나는 경험, 사물 "발견"의 현상학)를 위한 새로운 주제를 밝혔다. 또한 특정 연령의 발달 위기에 구조적 모형을 적용했다.

## 섭식 장애 및 정신신체장애 대상 실존분석

EA는 최근에 식이 장애의 개념화, 치료 및 예방에 적용된 실용적인 틀을 제공하는데(Kwee and Launeanu 2018; Launeanu and Kwee 2018), 이는 개인의 신체적 본성에 초점을 맞춘다. 프랭클(1969)의 3차원적 인류학 모형에 뿌리를 둔 EA에 있어서 신체는 인간과 존재의 근본적으로 주어진 요소로서 이해된다. 신체는 심리적 차원 및 noetic 차원과 함께 인간의 구성적 차원을 나타내며, 각 차원은 신체의 생생한 경험에 통합되어 있다. 하이데거(1962)와 메를로-퐁티(1945/2012)가 실존적 주어진 것으로서의 신체화를 긍정한 것과 일관되게, 섭식 장애로 고통받는 사람들의 신체와의 투쟁은 세계 속에서 신체로 존재하기 위한 실존적 투쟁으로 쉽게 이해될 수 있다(Launeanu and Kwee, 2018). EA는 섭식 장애를 이해하고 치료하기 위한 전체적인 프레임워크를 제공한다(Längle, 2012). EA의 이론적 틀은 '나는 신체이며 나는 신체를 가지고 있다'는 역설을 정교하게 설명한다. EA는 신체성을 증진하거나 개인의 마음, 신체, 영의 통합과 표현을 촉진하는 개입을 적용하기 위한 실용적인 틀을 제공한다. 이러한 신체중심 접근법은 섭식장애 치료에 대한 인지행동적 접근법의 현주소와 극명한 대조를 이룬다(Kwee와 Launeanu 2018).

마찬가지로, 실존분석적 작업은 정신신체장애에 대해 개인의 신체적 본성을 고려하고 심리와 신체의 상호작용을 탐구한다(Existenzanalyse [2009, 2]은 정신신체학에 전념하고 있다;

Angermayr and Strassl 2013; Angermayr 2014). 주로 신체적 증상, 예를 들어 정신신체 장애와 신체형 장애(somatoform disorders)를 다루는 실존분석적 접근에 대한 전문 훈련은 GLE-International의 지속 교육 커리큘럼에서 습득할 수 있다(Bukovski 2014). 실제로, "마음챙김" 인식과 신체 풍경의 내적 이미지를 통해 신체 현상 및 질병과의 대화가 지원되고 고객을 위해 자극된다. 신체의 메시지는 현상학적으로 이해되며, 이러한 방식으로 개인의 자기 자신과 세계와의 관계에 대한 이해가 통합된다(Angermayr 2010). 호흡의 의식적인 안내(Angermayr 2009)와 이미지는 고객이 신체의 더 깊은 가치를 인식하고 자신의 위치를 지지하며 자가 치유력을 활성화하는 데 도움을 준다(Bukovski 2009).

앙거마이어(Angermayr, 2014)는 고통의 신체 증상과 외상 치료에 관련된 실존적 기반과 현상학적 신체작업의 사용을 더욱 발전시켰다. 신체는 존재의 차원일 뿐만 아니라 우리가 자기 자신과의 관계에 있을 수 있는 조건을 제공한다. 구체적인 운동들은 신체 존재의 자기 경험을 심화시키는 데 기여한다. 신체의 포함은 본질적으로 신체적인 심리치료 과정에서 강화된다.

## 트라우마 치료 실제와 실존분석 보조 방법의 통합

트라우마가 실존 구조에 미치는 특정한 영향과 과정 변수의 억제에 대한 이해가 한 학술대회를 위해 개발되었다(Existenzanalyse, 2005, 22 [2]; Längle 2007). EA의 트라우마 치료 분야 적용은 GLE-International가 개설한 평생교육 커리큘럼에 의해 지원된다. 이 평생교육 커리큘럼은 이론, 실습, 그리고 수퍼비전을 다룬다. 실존분석 인류학을 배경으로 현상학적 자아 상태 접근 방식인 루이스 레데만의 정신 상상적 트라우마 치료(Psycho-imaginative Trauma Therapy, PITT)(Reddemann, 2007)의 방법이 통합되어 있다(Tutsch and Bukovski, 2016).

트라우마 경험을 통합하고 처리하는 데 특히 중요한 실존적 접근의 초석은 다음과 같다: (a) 자아의 안정화 및 강화, (b) 안정화의 중추적 역할을 하는 자기 거리두기, (c) 애정과 공감, (d) 감정 처리를 위한 슬픔과 분노, (e) 고통에 대한 개인의 입장 개발, (f) 위로가 그것이다. 지난 몇 년 동안 실제 경험과 신경생물학적 연구 결과를 바탕으로 PITT와 같은 보조 방법을 도입하여 EA의 방법을 확장해 왔다. 이러한 보조 방법의 예로는 음악, 색채, 상상력, 신체 움직임을 이용한 작업 등이 있다. 이러한 방법의 적용은 특히 트라우마의 경우처럼 내용과 감정에 의식적으로 접근할 수 없는 경우 EA의 과정을 지원한다(Drexler 2013).

마투삭-루스(Matuszak-Luss, 2015)는 트라우마 치료에서 자원을 활용하는 작업의 실존분석적 측면을 구체적으로 탐구한다. 자원 중심(resource-oriented) 작업에서 치료자는 트라우마 환자의 결핍 지향적(deficit-oriented) 관점에 맞서 사람의 강점을 강조한다. 실존적 기본 동기의 틀 안에서 내면의 강점에 대한 뚜렷한 특성을 언급하는데, 이는 (a) 힘과 신뢰의 경험을 자극하는 것, (b) 세상과 관계를 맺고 사물을 즐길 수 있는 것, (c) 자신감과 자부심을 경험할 수 있는 것, (d) 개방성과 자유를 경험하는 것을 포함한다.

## 실존분석 및 중독 연구 및 치료

물질 및 과정 중독은 실존분석적 의지 이론(theory of will)에 의해 다뤄진다(Längle, 2015, 1997b). 이 분야의 현상학적 연구는 의존과 섭식 장애의 원인과 병인을 살펴본다(Längle, 2015, Längle and Görtz, 2015, Kohler and Rauch, 2015, Drexler, 2015, Existenzanalyse, 2015 [2] 참조). 현재의 연구는 일중독, 컴퓨터 게임 의존, 인터넷 의존과 같은 과정 중독의 현상학을 설명한다. 이러한 문제들은 모두 EA를 실천하는 심리치료사들이 다루고 있다. 실존적 근본 동기가 다양한 종류의 중독 행동과 물질에 고유하게 적용되는 역학은 더 많은 연구가 필요한 분야이다. 특히 향정신성 물질에 의존하는 환자를 위한 중독 재활 프로그램이 EA를 기반으로 입원 환자 부서에서 운영되고 있으며 현재 실증적으로 검증되고 있다.

## 성격 장애 이해 및 치료에의 실존분석 적용

GLE-International은 특히 성격 장애에 초점을 맞추고 있으며, 이 주제를 중심으로 네 차례의 컨퍼런스를 개최했다(자기애성 성격장애의 Narcissism Existenzanalyse 2002[2, 3], 트라우마와 성격 장애의 Existenzanalyse 2005[2], 반사회성 성격 장애의 Antisocial Personality Disorder in Existenzanalyse 2006[2], 경계선 성격장애의 Borderline in Existenzanalyse 2017[2]). 알프레드 랭글은 지난 15년 동안 성격 장애에 대한 현상학적 이해와 구체적인 실존 치료적 접근을 개발하기 위해 노력해왔다. 성격장애의 개념 및 치료와 관련된 여러 출판물이 GLE 회원들로부터 발표되었다(예: Fischer-Danzinger 2010, Probst 2002a, 2002b 참조).

## 실존분석에서 현상학적 접근과 심리치료 방법의 개선

EA(실존분석)의 핵심에서는 현상학적 접근과 심리치료적 방법의 세밀화 및 발전이 지속적으로 이루어지고 있다(Kolbe 2016). 이는 EA가 실천되는 모든 국가에서 수퍼비전, 동료 상담 및 임상 실습을 통해 진행되고 있다.

예를 들어, EA와 시스템 구조적 배열(Systemic Structural Constellation)의 통합(Sparrer 2004)은 개인 및 그룹 실습 모두에서 가치 있는 것으로 입증되었다. "네 가지 기본 동기의 시스템 배열"(Lhotski and Artaker 2005) 형식은 고객을 존재의 네 가지 조건(세계, 삶, 고유한 개인성, 그리고 개인적 성취와 더 큰 맥락에서의 개인적 역할)의 틀 안에 위치시킨다(Längle 2016). 이 배열은 물리적 공간에서 이 복잡한 관계망을 시각화할 수 있도록 한다. 그룹에서는 필요한 구조의 요소를 대표하는 사람들의 도움으로 이를 표현하며, 개별 세션에서는 객체를 사용하여 구조를 표시한다. 그룹에서는 고객들이 존재의 네 조건과 자신을 대표하도록 요청받는다. 자신의 "존재시스템"을 뒤로 물러나서 바라볼 때, 그들은 모든 것이 존재하며 빠진 것이 없다는 인상을 자주 경험한다. 이후의 과정에서 고객들은 자신의 존재의 상징적 표현과 의식적으로 관여하면서, 불량하거나 불충분한 조건을 자원으로 변화시킬 수 있는 것을 본다. 이 방법의 창의적 잠재력은 고객이 새로운 통찰력을 개발하고 자신의 삶에 대한 책임감을 키우는 데 도움을 준다(Sparrer 2004).

지난 십 년 동안의 또 다른 치료적 발전은 베르트 헬링거(Bert Hellinger)의 가족 배열(Hellinger 2010)을 EA와 통합한 것이다. EA의 인물─현상학적 접근 틀에서, 배열의 목표는 자기 자신과의 조화를 통한 내적 동의를 찾는 것이다. 이 절차는 현상학적으로 적용되며 해석을 배제한다. 이제 이 실습은 실존분석적 가족 배열(Barannikov 2015)로 묘사된다. 초점은 경험된 관계의 특성과 기본적인 실존적 동기의 범위에서의 문제들에 맞춰져 있다. 배열 자체는 추가적인 자유의 공간을 제공하여, 개인의 활동을 동원할 수 있도록 한다. 과정은 PEA(Längle 1993)의 단계나 EA의 다른 방법들을 따르는 진행자에 의해 동반된다. 이 실습은 개인적으로나 그룹으로 적용될 수 있다.

## 측정, 연구 및 교육 분야의 발전과 과제

이 섹션에서는 EA와 로고테라피의 개념화, 측정, 연구 및 교육에서의 발전과 도전에 대한 간략한 개요를 제공한다. 이전 섹션과 유사하게, 로고테라피에 특화된 측정 및 평가를 검토하는 것으로 시작한다. 이어서, 개념화, 측정, 연구 및 교육과 관련된 여러 영역을 검토하는데, 여기에는 (a) 개인의 발전 이해에 대한 개념적 발전, (b) EA에서의 연구 및 측정, (c) 특히 PEA를 연구 과정에 적용하는 실존분석적 방법의 적용, (d) EA 개념의 전파를 위한 현재의 장소들, 그리고 (e) EA와 로고테라피에서의 교육 및 수퍼비전이 포함된다.

### 로고테라피 내 측정 및 평가의 발전

지금까지 로고테라피 분야에서 평가 및 측정 분야에서 가장 큰 진전이 이루어졌는데, 다양한 심리측정 테스트가 개발되었다. '인생의 목적 테스트'(Purpose in Life Test, PIL)(Crumbaugh and Maholick 1969)는 세계에서 가장 널리 사용되고 보급된 로고테라피 테스트로(Reker 2000; Halama 2009), 인생의 의미를 정량적 및 정성적 구조를 통해 평가하는 것을 목적으로 한다. PIL은 여러 대륙의 다양한 국가에서 검증되었으며(Schulenberg and Melton 2010; Noblejas 2000), 4항목으로 구성된 단축형 버전을 개발하기 위한 연구가 진행되었다(Schulenberg, Schnetzer, and Buchanan 2011). '인생 목적 설문지'(LPQ)는 더 간단한 방식으로 의미를 측정하는 더 친근한 방법을 수행하고자 하는 의도로 하블라스와 후첼(Hablas & Hutzell, 1982)에 의해 설계되었으며 (Guttmann 1998), PIL보다 간단하다.

'실존 척도'(Existence Scale)(Längle, Orgler, and Kundi 2003)는 사람의 noetic 차원을 측정한다(Landaboure 2002, 2017). 다음 네 단계 (1) 자기 거리두기, (2) 자기 초월, (3) 자유, 그리고 (4) 책임(Halama 2009)을 평가한다. '실존 척도'는 스페인어를 포함한 일곱 개 언어로 번역 및 타당화되었으며, 아르헨티나에서 최근 적용 및 검증 연구가 수행되었으며(Ángeles–Páramo et al. 2016), 이 척도에 대한 스페인어 매뉴얼도 개발되었다(Gottfried 2015; Salazar Lozano 2012). 엘리자베스 루카스(Elisabeth Lukas, 1986)가 개발한 '로고테스트(Logotest)'는 세 부분으로 구성된 정량적 및 정성적 측정을 포함한다. (1) 응답자가 자신의 삶에서 달성 가능하다고 보는 가치, (2) 응답자에 대한 실존의 좌절의 표현, 그리고 (3) 응답자의 삶의 목표와 성공에 대한 자가 평가 및 그에 대한 태도(Halama 2009)가 바로 그것이다.

개인적 의미 지수(PMI)(Reker 1992)는 레커(Reker)와 피콕(Peacock)의 '삶의 태도 프로파일' 테스트의 확장된 수정 결과물이다(Halama 2009). PMI는 삶에서 목표, 사명, 방향성을 가지며, 자신, 타인, 그리고 삶을 포괄적이고 논리적으로 통합하는 것으로 이해되는 개인적 의미를 평가하려는 목적을 가진다. PMI는 연령 및 성별 그룹에서의 안정성이 평가되었다(Reker 2004).

다른 유용한 로고테라피 도구들로는 다음과 같은 것들이 있다. (a) 삶의 의미 척도(Life Meaningfulness Scale)(Halama 2009): 의미의 인지적, 정서적, 동기적 요소를 평가한다(Halama 2009). (b) 패트리샤 스타크(Patricia Starck)의 고통에서의 의미 테스트(Meaning in Suffering Test): 고통 속에서 경험된 의미를 측정한다(Guttmann 1998; Reker 2000). (c) Noodynamic 테스트(Noodynamics Test): noetic 차원을 측정한다(Halama 2009). (d) 크럼보(Crumbaugh)의 SONG 테스트(1977): 의미에 대한 의지 개념을 평가하려는 의도로 개발되었으며, PIL을 보완하는 역할을 한다(Halama 2009). 마지막으로, (e) 벨파스트 테스트(Belfast Test)(Giorgi 1982): 실존적 좌절이나 소외 상태에서 의미에 도달하는 어려움을 조사하는 데 중점을 둔다. 멜턴과 슐렌버그(Melton & Schulenberg, 2008)는 이러한 척도 사용에 관한 평가 및 권장 사항을 제공한다.

라틴 아메리카에서는 두 가지 척도가 개발되었다. 하나는 노올로지컬 자원 척도(Noological Resources Scale)(Martinez, Díaz del Castillo, and Jaimes 2010; Martinez et al. 2011)이고, 다른 하나는 활기 의미 척도(Vital Meaning Scale)(Martinez et al. 2011)이다. 전자는 임상 및 비임상 인구 모두에서 Noological 자원의 특정 징후를 평가하려는 의도로 만들어졌다. 개인의 특정 필요에 맞춘 치료 과정을 공식화하는 데 특별한 관심을 가지고, 이 척도는 인간 실존의 차원적 모형을 반영한다. 한편, 활기 의미 척도는 특정 상황이나 일반적인 삶에서 사람이 어떤 방식으로든 행동하도록 초대하는 가치의 정서적 및 인지적 인식을 평가하는 임상 목표로 만들어졌다. 이 척도는 사람에게 일관성과 개인적 정체성을 부여한다. 이 척도는 내담자의 의미

인식을 증가시키는 치료적 개입을 개발하는 수단으로 사용된다.

## 실존-분석적 이해의 개념적 발전

바라니코프(Barannikov, 2010)는 애착과 박탈에 대한 보울비(Bowlby)의 연구를 EA 이론으로 정교화하여 개인의 영적−성격적 발달 패턴을 개념화했다. 보울비의 연구(1951)는 부모−자녀 분리가 아이의 심리와 신체 발달에 미치는 깊은 영향을 명확히 보여주었다. 현대 실존분석 역시 개인적 결핍에 대한 이해를 제공한다.

이 자녀의 정신과 신체 발달에 미치는 심오한 영향을 구체화했다. 현대의 EA는 또한 개인적 박탈에 대한 이해를 제공한다. 개인적 박탈의 주요 현상학적 내용은 사람으로서의 개인적 만남의 부재이다(Barannikov 2010). 이것은 자신의 개인적인 본질과의 만남을 상실(또는 달성하지 못함)하거나 사람으로서 자신을 "만나는" 것이 불가능하다는 결과를 초래한다. 발달기에 인격적 만남의 박탈이 가져오는 가장 치명적인 결과는 정체성의 상실이다. 개인적 박탈 개념을 통해 우리는 개념적으로 발달의 중요한 조건을 정의하고 현대 생활의 맥락에서 필요한 개인적 만남을 달성하는 데 요구되는 과제를 강조할 수 있다.

## 실존분석의 연구 및 측정

GLE−International에는 불안, 우울증, 번아웃의 실존적 치료에 초점을 맞춘 결과 조사를 개발하는 연구 그룹이 정기적으로 모임을 갖고 있다. 인격 장애와 중증 중독 치료에 대한 입원 환자 조사도 진행 중이다.

랭글(1997a)은 번아웃 현상을 실존분석적 관점에서 자신의 삶과 존재에 대해 사람이 취하는 비실존적 태도의 증상으로 해석했다. 경험적 결과는 이 가설을 확인시켜주며 번아웃과 개인적 특성 사이에 유의미한 상관관계가 있음을 보여준다. 연구자들은 의사, 교사, 심리학자, 사회복지사, 부모, 사업가의 문제에 초점을 맞췄다(Bucher and Rothbucher 1996, Efimova 2012, Ermakova 2008, Linska 2011, Nindl 2001). 연구 결과에 따르면 번아웃과 실존적 성취감 및 삶의 의미 사이에는 음의 상관관계가 있는 것으로 나타났다. 실존분석적 태도와 자원은 동기 부여 회복을 목표로 하는 번아웃 예방의 핵심 주제이다(Längle 1997a; Meier−Kernen 및 Kernen 2013). 여기에는 실존적 동기(Efimova 2011; Linska 2011)와 의사 결정 과정(Efimova 2012, 2015)이 고려된다.

실존적 성취를 측정하는 새로운 러시아의 척도(Osin 2009; Ukolova, Shumskiy, Osin 2014, 2016)는 네 가지 실존적 기본동기(Fundamental Motivation, FM)의 이론을 적용한다. 이 연구 결과는 다양한 이론적 접근법에 기반한 웰빙 측정에 대한 실존적 성취 지표의 수렴적 타당성과 특정 실존적 기본 동기 척도의 변별적 타당성을 뒷받침한다. 이 새로운 도구는 실존 심리학 분야와 더 넓은 맥락에서 자아실현, 웰빙, 삶의 만족 분야의 실증적 연구에 새로운 가능성을 연다.

실존적 동기 검사(Test for Existential Motivation, TEM)의 영어 버전에 대한 검증 연구가 진행 중이며, 이 검사의 새로운 독일어 버전에 대한 검정도 진행 중이다. 특히 청년층을 대상으로 한 스페인어 버전의 TEM 연구도 아르헨티나에서 진행되었다(Gottfried 2017a, 2017b).

## 실존분석 방법의 연구 적용

실존분석 치료를 통해 자기 자신과 삶 사이의 관계가 어떻게 눈에 띄게 변화하는지에 대한 질문을 바탕으로, 실존분석의 틀 내에서 해석학적 현상학적 연구의 시작이 비엔나의 실비아 랭글(Silvia Längle)에 의해 개발되었다(2015; Längle and Görtz 2015; Längle and Häfele-Hausmann 2016). 실존분석 치료를 통해 자신과 삶과의 관계가 어떻게 눈에 띄게 변화하는지에 대한 질문을 바탕으로 질적 인터뷰에 근거한 해석학적-현상학적 평가 방법이 개발되었다. 응답자의 진술을 인식하고 평가하기 위해, PEA의 적용에서 어떻게 "이해"가 발달하는지에 대한 경험이 이 현상학적 평가 과정에서 특정 역할을 한다. 현상학적 절차의 과정-순서와 체계화는 실제 경험을 통해 개발되어 질적 연구에 적용되었다. 사전 연구에 이어, 현재 중독 환자를 대상으로 한 사전-사후 연구에 적용되고 있다.

마찬가지로 캐나다의 연구자들은 최근 실존-현상학 연구 과정에 PEA의 방법론적 틀을 적용했다(Kwee와 Längle 2013 참조)(Klaassen, Kwee, Launeanu 2017). EA는 주로 심리치료적 접근 방식이지만, 그 중심 방법인 PEA에 담긴 사람 중심, 대화적, 현상학적 신조는 엄격하고 체계적인 연구 과정에 참여할 수 있는 실질적인 틀을 제공한다. 이 과정은 연구 대상에 대한 개방적인 태도로 시작되며, 새롭게 보려고 노력하는 것이 특징이다. 그런 다음 연구대상의 현상에 대한 생생한 경험을 이해하기 위해 연구자와 참여자 모두의 주관적 경험이 개입된다. 다음으로 연구자와 참여자는 현상의 본질, 즉 두 사람 모두에게 깊고 개인적으로 공명하는 본질을 감지하려고 노력한다.

이러한 통합적 감각에는 역설적으로 상호주관성에 기초한 내적 앎과 새로운 이해에 대한 끊임없는 개방성이 모두 포함된다. 마지막으로, 현상의 본질은 해석학적 해석과 현상학적 글쓰기를 통해 명료하게 드러난다. 이러한 현상학적 연구 과정에 EA의 방법론적 적용은 수치심과 관련된 생생한 경험에 대한 조사에 적용되었다(Klaassen 외. 2018). EA는 다음에도 질적 연구, 특히 참여자 관찰 현장 연구의 도구로서 자기 관리와 자기 성찰을 포함한 개인적 현장 성찰(PFR)(Linska 2015)의 적용 방법의 질적 연구에도 적용되었다.

## 실존분석의 개념 전파

EA의 개념과 적용은 다양한 방식으로 전파되고 있다. 이 방식에는 (a) 대학 기반 강의, (b) 학회의 학술대회, (c) 출판물 등이 포함된다.

현재 전 세계 약 12개 대학에서 EA에 관한 대학 기반 강의가 진행되고 있으며, 정기적인 국제 학술대회가 개최된다. EA 학술 연구를 위한 출판 기회는 현재 두 가지 저널에 포함되어 있는데, 이는 'Existenzanalyse'와 'Existencia: The Inter-American Journal of Existential Analysis'이다. 'Existenzanalyse'는 주로 독일어로(일부 영어로도) 발행되며 오스트리아에 기반을 두고 있다. 이는 심리치료, 상담, 코칭에 관한 국제 저널로, 전문 논문(Originalarbeit), 개관 논문, 프로젝트 보고서, 그리고 EA의 연구, 인류학, 실천과 관련된 사례 보고서가 게재되며, 동료 평가를 거친다. 포럼 및 토론 섹션에서는 EA의 적용과 관련된 경험적 보고서와 사례 보고서, 연구 자료 및 출판된 기사에 대한 토론 기여도 포함한다. 'Existenzanalyse' 저널은 PSYNDEX/트리어 대학(ZPID)과 SCOPUS(Elsevier)과 같은 동료 평가 문헌의 요약 및 인용 데이터베이스에 등재되어 있다. 이 저널은 연 2회 서면 및 온라인 버전으로 제작된다.

2017년 칠레, 아르헨티나, 멕시코, 캐나다의 EA 커뮤니티의 협력자들이 북미와 남미의 편집위원회가 공동 편집하는 스페인어-영어 이중 언어 저널을 발행하기 시작할 때까지 Existencia는 칠레 EA 연구소에서 편집하는 스페인어 전용 간행물로만 존재했다. 그 결과 Existencia는 두 가지 언어로 된 간단한 기사와 서평, 원어와 번역된 초록으로 된 장문의 학술지로 구성된 연 4호의 미주 간 이중 언어 간행물로 브랜드를 변경하고 이름을 변경하게 되었다. Existencia 저널(ISSN 0719-8671)은 http://www.icae.cl/을 통해 무료로 열람할 수 있다. Existencia의 편집위원회는 현재 주요 논문이 수록된 전자책을 발간하기 위해 노력하고 있다. 이 학술지 외에도 EA에 관한 다양한 짧은 글이 수록된 두 권의 편집본이 출간되었는데, 주로 실무 적용에 중점을 두고 있으며(Längle and Sulz 2005, Längle and Gawel 2016) 전자는 체코어(Längle and Sulz 2007), 러시아어(Längle and Krivtsova 2009), 스페인어(Längle and Traverso 2013), 영어(Längle and Wurm 2016)로 번역되어 있다.

## 실존분석 훈련 및 감독

EA 교육은 크게 두 부분으로 구성된 체계적인 커리큘럼을 따르며, 약 2년 반에서 3년의 기간 동안 50일 이상의 교육을 통해 EA 및 로고테라피 상담 학위를 취득할 수 있도록 훈련한다. EA 및 로고테라피 심리치료 학위과정은 약 40일이 추가로 필요하다.

임상 이론 및 실습 훈련 기간(수퍼비전, 개별 자기 경험, 실습 및 디플로마 작업 포함)은 일반적으로 6년이다. 전 세계적으로 동일한 구조가 동일한 내용으로 적용되며, GLE-International

이사회의 규칙과 감독을 받는다. 훈련 활동에 대한 자세한 내용은 19장에서 확인할 수 있다.

## 실존분석과 로고테라피의 미래

이 장에서 입증된 바와 같이, 전 세계적으로 EA와 로고테라피의 실무자 및 학자 커뮤니티는 활발하게 번성하고 발전하고 있다. EA와 로고테라피의 수많은 이론과 응용은 회원들에게 개인적으로나 지적으로 매우 중요한 커뮤니티를 반영한다. 이 회원들은 다양한 형태의 고통을 경험하는 다양한 인구를 대상으로 EA의 현재 접근법을 혁신하고 있으며, 인류학적, 구조적, 과정 모형을 배경으로 개념적 일관성을 유지하면서 다른 심리치료 방법을 EA와 통합할 수 있는 기회를 모색하고 있다. 또한, EA의 개념적 발전이 계속되고 있고, 연구와 평가에 대한 노력이 증가하고 있으며, 실존분석적 개념의 보급을 위한 여러 방법이 늘어나고 있다.

EA와 로고테라피는 많은 국가, 특히 유럽에서 심리치료 교육과 실습에 잘 통합되었다. 그러나 다른 국가에서는 사회와 기관이 상대적으로 발전하지 않은 상태이다. 일부 맥락, 즉 심리치료 훈련 및 실습 모형의 맥락에서 EA는 쉽게 대응하지 못한다. 예를 들어 북미의 경우, EA 교육은 상담 및 심리학 대학원 학위 프로그램에 포함되지 않으므로 실무 자격을 취득하는 데 필요한 전문 훈련을 위한 주요 경로를 완전히 벗어난 곳에서 수행해야 한다. 북미의 많은 3차 기관에서는 EA를 실행 가능한 심리 치료 방법으로 인정하지 않으며, 인지 행동 치료가 일반적인 표준이다.

EA는 교육과 개인 개발이라는 공통의 과정을 통해 실무자를 하나로 묶어주는 개념임에도 불구하고, 언어와 전문 실무 문화의 장벽을 뛰어 넘는 대화가 원활하게 이루어지지 않고 있다. 우리는 이중 언어 저널 Existencia의 창간을 위해 협력하는 등 작은 발걸음으로 이를 향해 나아가고 있으며, EA와 로고테라피의 공동 대화와 연구 및 실천의 발전을 위해 계속 나아가야 한다.

EA와 로고테라피의 미래를 고려할 때, "우리는 여기서 어디로 나아가야 할 것인가"라는 질문을 하게 된다. EA와 로고테라피의 글로벌 협력자들은 미래를 위해 지속적으로 교육 모형을 수정하고(부분적으로 웹 기반 교육과 같은 옵션을 고려), 우리가 실습하는 심리치료 커뮤니티에 실존분석 치료의 효과와 중요성을 입증하기 위한 창의적인 노력을 기울일 필요가 있다. 우리는 저널, 학회, 실무 동료 상담을 통해 국내외 동료들 간의 대화와 협력의 장을 유지해야 한다.

독일, 스위스, 오스트리아, 러시아, 우크라이나에서 열리는 국제 컨퍼런스는 앞으로도 GLE 외부의 사람들과 만나고 EA에 대한 관심을 키우는 데에 중심이 될 것이다. 관심이 높아짐에 따라 컨퍼런스는 1,000명 규모로 확대될 예정이다. 국가별 컨퍼런스는 최대 250명의 소규모 참석으로 진행되어 보다 편안한 분위기가 형성되므로 대화의 기회가 확장될 것이다. 최초의 라틴아메리카 컨퍼런스는 2014년에 멕시코에서 개최되었으며, 멕시코 EA 연구소(멕시코의 Alejandro Velasco 박사와 Emilia Escalante 박사)가 주관했다. 아직 정기적인 라틴아메리카 학회가 설립되지는 않았지만, 제1회(2015년 런던) 및 제 2회(2019년 부에노스아이레스) 실존심리치료 세계 학회의 프로그램에는 EA와 로고테라피가 상당히 포함되어 있었다. 향후 5년 이내에 문화 간 교류를 확대하기 위해 영어권 대회를 개최할 계획이 있다. 러시아에서는 저널과 격년으로 열리는 컨퍼런스를 계속 유지하고 확대할 계획이다. 앞으로의 중요한 노력은 지속적인 실증 연구를 촉진하고 우리 연구에 가장 적합한 구체적인 현상학적 질적 연구 방법을 개발하고 개선하는 것이다.

일본의 철학자이자 정신과 의사인 실존치료자, 빈 키무라(Bin Kimur)는 알프레드 랭글과의 대담에서 자신의 인식에 따르면, 실존적 접근법은 결코 주류 심리치료가 될 수 없다고 언급했다. 그는 실존적 접근법이 주류 심리치료가 되기에는 그 구조가 너무 복잡하고 깊다고 생각했다. 그는 실존주의가 선택적이고, 철학적 감각이 깊거나 인간과 세상에 실존한다는 것이 무엇을 의미하는지에 대한 더 깊은 이해에 관심이 있는 사람들을 계속 끌어들일 수 있을 것이라고 제안했다. 하지만 이 그룹은 특별한 사람들이 모인 그룹일 것이다. 나는 EA와 로고테라피에서 수십 년의 경험을 쌓은 후 그의 말이 옳았다는 것을 알게 되었다. 이 실존적 접근 방식과 EA 및 로고테라피의 글로벌 커뮤니티에 몰입하여 전문성을 키우고 개인적으로 성장한 사람들이라는 점에서 우리에게도 큰 기회가 있다. 우리는 함께 서로를 잘 이해하는 그룹을 형성하고, 시대와 트렌드, 문화를 넘어 인간을 대변함으로써 심리치료의 큰 물결 속에서 소중한 영향력의 원천이 될 수 있다.

# PART V

## 실존적 집단심리치료(Existential Group Therapy)

Edited by

*Digby Tantam*

# 서론

집단 심리치료는 인간의 두 가지 측면, 즉 자율적인 개인이자 사회적 세계의 한 단위로 서의 측면을 활용한다. 키르케고르와 니체는 전자를 다루었고, 셸러는 후자를 다루었으며, 하이데거, 사르트르, 드 보부아르는 브렌타노의 현상학을 후설이 풍부하게 발전시킨 것을 사용하여 두 관점을 결합했다. 나는 내 책의 다른 곳에서 우리의 뇌가 다른 인간의 뇌와 상호작용하여 사회적 세계를 창조하고, 우리의 마음은 혼자 있는 것과 이 사회적 세계로부터 독립적인 상상을 가능하게 한다고 주장해왔다(Tantam 2017).

키르케고르는 사회적 세계를 하나님으로 대체했으며, 니체도 할 수 있었다면 그렇게 했을 것이라고 루 살로메는 그의 전기에서 주장한다(Andreas-Salomé 2001). 대신 니체는 가끔 상상 속 "초인" 공동체에서 이를 찾았으며, 그 선구자는 리하르트 바그너였다. 스타인은 하나님과 공동체를 발견했다. 그녀와 셸러의 현상학을 공동체에 적용한 것은 이 섹션의 사례 연구에서 안셀(Ansell) 등(28장)이 설명한 치료 공동체 유형과도 직접적으로 관련이 있다. 이는 치료 공동체 이론에서 드물게 인정되지만 로고테라피와도 관련이 있다. 다음을 프랭클의 가르침이다(스타인에 의해 쓰였을 수도 있다.). "인간은 자신의 삶의 의미가 무엇인지 묻지 말고, 오히려 자신이 질문받는다는 것을 인식해야 한다. 즉, 각 인간은 삶에 의해 질문받고, 자신의 삶에 대해 답해야 하며, 삶에 대해서는 책임을 져야 한다."

많은 사람들에게 개인으로 존재하는 것은 가족, 작업 그룹 또는 공동체의 일원이 되는 것과 충돌되지 않고 균형을 이루지만 사르트르는 인간으로 존재하는 두 관점이 때때로 인간으로 어떻게 존재할지에 대한 갈등을 초래할 수 있다고 주장했다(사르트르가 "자기 자신을 위한 존재"와 "타인을 위한 존재"라고 부른 것 사이의 갈등). 사르트르와 드 보부아르는 이 갈등이 드물게 해결된다고 가정하고, 이 갈등이 사람을 완전히 자족할 수 있다고 잘못 믿게 함으로써("나쁜 신앙") 해결될 수 있다고 제안했다("그 자체로 존재"는 존재 자체로 있는 것).

사르트르가 말하는 '자기 자신으로 살아가는 것(living−in−itself)'의 함축은 자신의 잠재력을 발휘하지 못하는 것, 답답한 타협, 일종의 비본래성(inauthenticity)이라는 것이다. 사르트르가 글을 쓴 이후로 '본래성(authenticity)'은 나쁜 평판을 얻게 되었다. 그의 삶은 본래성이 일종의 자기 탐닉이라는 현대적 개념에 기여했다. 우리는 후에 자신을 "실존적"이라고 묘사한 집단 치료의 정신과 의사들을 다룰 것이다. 그들의 집단 행동은 하이데거가 의도한 '본래성'의 의미인 자기 잠재력을 개발하는 것보다 더 자기 탐닉적으로 보인다.

자기 자신으로 존재하는 것의 고정성은 집단 상담자들에게 특히 흥미로운 주제였다. 이는 레윈(Lewin)의 장 이론에서 사회적 장 내의 "메타안정(metastable)" 위치 개념에서부터, 에즈리엘(Ezriel)과 스톡 휘태커(Stock Whitaker)의 "필요한 관계(required relationships)" 개념, 그리고 폴크스(Foulkes)와 안토니(Antony)가 설명한 "신경증적(neurotic)" 위치에 이르기까지 다양하다. 후자는 사람이 자신의 바람과 욕구를 "웅얼거림(mumble)"으로 전달하는데, 이는 의도적으로 소통에 실패하도록 설계된 것이다.

사르트르는 다른 사람들을 위해 사는 것이 진실되지 않다고 생각했지만, 어떤 실존 철학자들은 다른 사람들을 위해 사는 것도 진실될 수 있다고 생각한다. 이는 공동체나 가족 속에서 사는 측면이며, 25장에서 더 자세히 논의된다. 이는 심리적 및 사회학적 공동체 이론을 넘어서는 것이며, 특히 대규모 집단 치료에 명확히 적용되는 부분이 있다. 27장에서 논의된 프랭클의 "의미 치료"는 이 실존적 공동체 이론의 발전으로 간주될 수 있지만, 프랭클은 의미의 가설화에 대한 철학적 근거를 인정하지 않았다.

잘 알려진 바와 같이 하이데거는 자신의 존재론을 각 인간이 행동을 통해 알고 있는 세계와의 통합에 기반을 두었다. 세계는 그것이 객체의 집합으로 인식되기 전, 자기 의식이 발달하기 전에, "손-안에-있는(ready-to-hand, 용재적/用在的)" 존재들로 구성되어 있다. 집단 분석의 창시자도 이 통찰을 가지고 있었지만, 그는 이를 하이데거의 해석학적 현상학이 아니라 게슈탈트 이론에서 도출했다. 그는 개인과 집단 구성원을 게슈탈트 심리학자들이 사랑하는 환상 중 하나로 생각했다. 개인과 사회적 단위는 서로 얽혀 있고, 우리는 하나 또는 다른 것을 볼 수 있으며, 때때로 둘 다를 결합할 수 있다.

하이데거의 현존재 개념은 하이데거가 청소년 시절에 고민했던 질문에 대한 답이었다. "존재한다"는 것이 무엇을 의미하는가, 또는 "인간으로서 존재한다"는 것이 무엇을 의미하는가? 이러한 종류의 질문은 많은 청소년들에게 친숙할 것이다. "현존재"는 존재가 자기 의식적인 존재와 "손에 준비된" 세계를 필요로 한다는 것을 전제로 한다. 다른 방식으로 말하면, 남성과 여성은 사회적 동물로서 감정과 주의의 초점을 그들의 근처에 있는 다른 인간들과 비언어적으로 그리고 반사적으로 공유할 수 있다(나와 다른 사람들이 함께 "상호적 뇌(interbrain)"라고 부르는 것을 통해; Tantam 2017). 이 연결은 주로 운동적이며, 하이데거가 설명하는 자신과 손에 준비된 세계 사이의 연결과 유사하다. 우리는 다른 사람들이 우리에게 미소를 짓고 있다는 것을 우리 스스로가 미소를 짓고 있음을 발견함으로써 깨닫는다.

　　언어의 사용은 아이디어의 공동체에 접근할 수 있게 해주며, 우리는 그것을 감각적으로 접한다. 이는 우리 자신과 다른 사람들에 대한 이야기의 발전을 가능하게 하며(그들의 마음에 대한 이론), 아마도 자의식의 발전(self-consciousness)도 가능하게 한다. 하지만 이러한 내성으로는 '상호적 뇌'(interbrain)에 도달할 수 없다. 우리는 오직 그 결과만을 알 수 있으며, 이 결과를 의식적으로 차단하는 것도 가능하다. 예를 들어, 다른 사람이 웃을 때 우리 입과 눈에 떠오르는 무의식적인 미소는, 우리가 그들이 웃는 것을 인식하기도 전에 의식할 수 있지만, 만약 그 사람이 우리의 적이라면 그 미소를 억제할 수 있다.

　　하지만 만약 사람들이 가까이 있지 않다면 어떠한가? 이는 우리가 사회적, 감정적으로 고립되어 있을 때 발생할 수 있다. 혹은 온 세상이 적처럼 느껴질 때도 발생할 수 있으며, 이 경우 우리의 '상호적 뇌'의 연결이 세상에 대한 의식적인 평가에 의해 차단될 수 있다. 또는 인터넷 연결이 제대로 작동하지 않거나, 자폐 스펙트럼 장애를 가진 사람이 있는 경우처럼 다른 사람들이 가까이 있지 않을 수도 있다. 하이데거는 준비된 상태가 아닌 장비(다른 존재들을 포함하여)를 '준비되지 않은 상태'로 간주하며, 이는 오직 마음 이론을 통해, 즉 우리가 그들에게 의식적으로 주의를 기울이는 능력을 통해서만 존재한다고 본다(Dotov, Nie, and Chemero 2010). 준비되지 않은 상태로 존재하는 것은 우리의 준비된 상태의 참여를 방해한다(다른 사람들과 관련된 경우, 이는 보통 그들과의 '상호적 뇌'의 연결에 의해 매개된다). 하이데거의 현존재 모형에 따르면, 우리의 존재는 우리가 만들어낸 상상의 세계에 의존하게 되며, 이는 쉽게 무너질 수 있는 '무'의 세계로 변할 수 있다.

　　하이데거의 무에 대한 감정적 관심은 그가 신학교에 가기 위해 집을 처음 떠났을 때 나타났을 수 있다. 그는 불안 증상을 개발하여 떠나야 했고, 다시 집으로 돌아가야 했다. 이는 아마도 외롭고, 다른 사람들과 연결되지 않았거나, 그들에 의해 수치심을 느끼고 거부된 청소년에게 흔한 경험일 것이다. 한편으로는 주변 세계를 무시하고, 다른 한편으로는 그 동일한 세계에 의해 판단되고 부족함을 느끼며, 결국 "무"의 감정을 초래하게 된다. 하지만 인간 존재, 현존재를 확립하기 위한 그의 조건은 존재와 타인과 함께하는 세계(Mitsein)에 있는 것이었다. 이 두 가지 없이는 우리는 아무것도 아니다. 따라서 무는 세계가 우리를 말살시키거나 우리가 세계를 말살시키는 결과로 발생할 수 있는 상태이다. 이 무의 상태는 항상 발생할 가능성이 있다(프랭클이 "의미 없음"이라고 설명한 상태, 뒤르켐이 이전에 "아노미(anomie)"라고 설명한 상태) 하지만 청소년기를 지나면 우리는 그다지 의식하지 못할 수도 있다. 나는 25장에서 이 무의 위협에 대한 의식이 실존적 깃발을 모집한 철학자들 사이에서 공통적인 요소였다고 주장할 것이다. 또 다른 공통적인 요소는 현상학이었으며, 후설이 초월적 환원을 통해 추가한 모든 조건에도 불구하고, 유아론(solipsism)의 위협을 완전히 피할 수 없었고, 따라서 무의 위협을 완전히 해결하지 못했다.

세상이 우리를 더 이상 손에 준비되지 않은 존재로 느끼는 것이든, 우리가 세계와 단절된 것이든, 무는 실존적 불안의 원인이다. 그러나 그 불안은 또한 세계가 우리의 존재 가능성에 부과하는 제약에서 더 이상 통제되지 않는 자유와 관련이 있다. 무는 사르트르와 키르케고르가 주장한 대로 자유의 동반자이다. 위험을 감수하지 않고는 개인의 성장이 한걸음도 나아갈 수 없다. 유명한 소설 "서유기"에서 고타마 부처가 말하길, "진정한 경전은 빈 페이지에 쓰여져 있다"고 한다. 야스퍼스(Jaspers)가 "한계 상황"이라고 부르는 특정 인생 경험들은 또한 무와의 접촉과 관련이 있으며, 이는 긍정적인 변화를 초래하거나 끝없는 심연으로 떨어질 수 있다.

물론 하이데거가 청소년 시절 느꼈던 감정에 대한 나의 추측은 단지 추측일 뿐이다. 하지만 이는 무(無)의 공통된 핵심이 세상이 더 이상 손에 잡히지 않는다는 것을 발견하는 것임을 보여주기 위한 의도이다. 그 이유는 왕따, 트라우마, 자폐 스펙트럼 장애, 외로움 또는 소외감 때문일 수 있다. 무(無)는 모든 실존 철학자들의 중요한 관심사였는데, 이는 야스퍼스를 제외한 대부분의 철학자들이 이러한 경험 중 하나를 겪었기 때문일 것이다. 야스퍼스는 그의 형제의 경험을 통해 간접적으로 무(無)를 인식했을지도 모른다. 그의 형제는 주의력 결핍 과잉행동 장애를 앓고 있었을 가능성이 있으며, 직업이나 인간관계에 정착하지 못하고 40대에 자살했다.

집단 실무자들은 집단 심리치료를 제공받을 때 많은 클라이언트가 경험하는 불안을 알고 있다. 사실, 처음에 집단 치료를 거부하는 클라이언트가 많다. 그러나 집단 심리치료 이론가들은 이 불안을 뒷받침할 수 있는 무에 대한 실존적 통찰을 널리 무시했다. 변화를 위한 에너지원으로 불안을 사용하는 것은 많은 실존치료자들에게 친숙한 전략이지만, 이 근본적인 문제는 집단 심리치료에 관한 기존 문헌에서는 다루어지지 않았다. 다음 장에서는 철학적이고 역사적인 관점에서 이를 살펴본 후, 실존적 집단 작업의 현상학적 설명이 이론적 틀을 중심으로 발전될 것이다(Tantam 2017).

에미 반 덜젠은 그녀의 실존적 집단치료를 이전에 설명했지만, 27장에서는 실존철학자들의 모든 요소를 통합할 수 있었던 방법을 더 자세히 보여주며, 여기에는 무의 개념도 포함된다.

# 25

## 실존적 집단치료의 역사와 철학

Digby Tantam

모든 집단 치료의 목적을 확인하는 한 가지 방법은 우리 자신과 다른 사람들과의 갈등을 줄이고, 다른 사람들과의 조화로운 관계를 증진하는 것이다. 당연하게도 대인관계의 긴장은 국가가 사생활을 침해하는 전쟁 기간에 가장 심하다. 오늘날 우리가 실존주의자로 간주하는 철학자들은 당연히 다른 인간과의 관계를 포함한 존재론적 문제에 몰두했다. 지난 세기 초에 존재론에 가장 큰 기여를 한 실존주의 철학자들은 독일에 있었다. 그 당시 독일은 민족의 문화적, 물리적 통합을 기반으로 새로운 통일국가로서의 정체성을 확고히 하기 위한 방법을 준비하고 있었다. 많은 철학자는 아마도 하이데거(Heidegger)처럼 사회 세계의 일상적인 분주함과는 별개의 차원으로 존재할 수 있는 존재의 차원, 존재론적 차원이 있다고 믿으면서 이 개념에 끌렸다. 이것은 대량 학살의 정당화로 이어지는 비참한 실수로 판명되었다.

제2차 세계대전도 같은 문제에 대한 재고를 불러일으켰지만, 이번에는 승리한 국가의 관점이 아니라 패배한 국가의 관점에서 바라보게 되었다.

프랑스에서는 타인과의 진정한 관계의 불가능성이 사르트르(Sartre), 드 보부아르(de Beauvoir), 카뮈(Camus)의 실존주의를 물들였다("실존적"이라는 용어를 만들었지만, 실존주의자들을 풍자한 마르셀과 현상학에 기여한 훨씬 더 낙관적인 인물인 메를로퐁티는 생략함). 사르트르는 마르크스주의에 의해 사회제도를 만든 연대는 어느 정도 인정할 수밖에 없었지만, 사회의 기대에 굴복한 사람의 태도는 거부했다. 드 보부아르는 호혜성에 기반을 둔 공동체라면 그 공동체를 전적으로 거부하지는 않았다. 두 사람 모두 하이데거가 일상적 존재에 대해 제기한 도전에 동의했다.

오스트리아에서 프랭클(Frankl)은 지속적인 죽음에 대한 위협에 대항하는 최선의 방어책으로 "의미"에 새롭게 초점을 맞추어 강제 수용소에서 나왔다.

정신적 죽음은 수용자들에게 자신들이 개인이 아닌 애착이 없는 숫자인 "무존재 (nothing)"로 느끼게 하며 정신을 무디게 했다. 프랭클은 정신적인 죽음이 가스실로 가는 길의 첫 단계이자 굶주림이나 질병, 간수의 총의 맞아 죽게 되는 이유라고 생각했다.

영국과 미국에서는 전쟁 중에 발생한 정신의학적 사상자의 증가율에 대한 새로운 접근법으로 지역사회 정신의학 운동이 발전하고 있었다. 그린커(Grinker)가 트라우마 환자라고 불렀던 이 전투원들은 자신이 복무하던 육군, 해군, 공군에서 서로를 돌보던 부대원들의 사기를 불신하며 전의를 상실했다. 오클랜드의 해군 병원이나 영국 버밍엄 외곽의 루베리 칠과 홀리무어 병원과 같은 치료 공동체는 육군에 의해 징집되어 노스필드라고 명명된 '셸-쇼크 (Shell-Shocked)' 군인들의 사기를 회복하기 위해 자율적 공동체로 운영되었다. 노스필드에 참여한 많은 정신과 의사들은 이후 심리 치료에 크게 기여했다. 치료 공동체 운동을 옹호한 메인(Main), 기본 가정 이론을 개발한 비온(Bion), 최초의 정신과 병원을 개발한 비버(Bieber), 그리고 그 분석을 창안한 폴크스(Foulkes) 등이 그 예이다.

이러한 각 영역들은 실존적 집단심리치료 역사의 일부로 간주될 권리가 있다. 프랭클의 유산은 의미 중심 집단에 직접적인 영감을 주었기 때문에 가장 명확하게 드러난다. 이들은 단기적인 집단으로, 대부분 불치병이나 사별과 같은 공통의 운명을 가진 사람들에게 초점을 맞추었다. 이 장의 사례 중 일부는 의미 중심 집단에 대한 세부 정보를 제공하며, 28장에서도 이러한 집단에 대해 논의한다.

치료 공동체는 실존주의 또는 최소한 응용 현상학으로 간주될 만한 충분한 이유가 있지만, 그 원리를 슈타인(Stein)과 셸러(Scheler)에서 찾을 수 있기 때문에 명시적으로 인정되지는 않았다. 영미권의 설명은 대인관계 심리학에 기초하여 사회적 적응, 친교 또는 노스필드의 또 다른 동료인 패트릭 드 마레가 사용한 용어인 코이노니아 같은 개념을 사용하는 경향이 있다. 클라쎈(Classen) 등(28장)은 병동의 범위 밖에 있는 치료 공동체의 사례 연구를 제공하지만, 그들의 사례는 "공동체"의 효과에 대한 모든 설명이 아닌 대부분의 경우처럼 철학적 원칙보다는 실용적 원칙에 기초한다. 치료 공동체는 사회 적응에 초점을 맞춰왔다(Antonsen et al. 2014). 이 때문에 이론적 근거가 광범위하지만 시스템 이론, 정신분석 및 관리 이론에 초점을 맞췄다(Campleing 2001).

집단 경험의 부정적 영향은 노스필드에서 비온(Bion)과 릭먼(Rickman)이 부대를 관리하던 초기부터 나타났다. 때때로 첫 번째 노스필드 실험이라고 불리는 그들의 경험은 아마도 그들의 "주요 임무"를 잊고 자신의 생존에만 몰두하게 된 집단들에 대한 비온의 치료에 영향을 미쳤을 것이다.

폴크스(Foulkes)의 두 번째 "노스필드 실험"에서 비온의 뒤를 이어 같은 문제가 우회되어 나타났다. 비온처럼 1차 대전 당시 영국 전차 사령관이었던 지휘관이 독일에서 갓 이민 온 사람(폴크스처럼)을 지휘하는 것과 결정적으로 다른 점이 있는지 궁금해진다. 폴크스와 집단 분석에 대한 일반적인 비판은 부정과 증오를 효과적으로 설명하지 못한다는 것이다(Nitsun 1991).

비온은 집단에 대한 아이디어를 더 발전시키지는 않았지만, 터켓과 타비스톡 인간관계 연구소(Turquet and others in the Tavistock Institute of Human Relations)의 다른 사람들에 의해 받아들여져 사업에 적용되었다.

집단치료 교육을 비판하는 사람들은 때때로 그것의 이론적 근거가 정신 분석으로부터 자유롭지 못하다고 불평하기도 한다. 폴크스는 자신의 연구를 정신분석학 이론, 특히 클라인학파 접근법을 로널드 랭이 그랬던 것처럼 대인관계 이론으로 대체했다고 보았다. 그러나 현대 치료자들로부터 찬사를 받은 최근 집단 분석에 대한 논문은 집단 현상에 대한 클라인학파 설명으로 되돌아갔다(Schlapobersky 2016).

랭(Laing)은 사르트르에서 영감을 찾았는데, 그의 작품은 동시대 사람들이었지만 폴크스에게 알려지지 않았을 것이다. 콘(Cohn, 2002)은 하이데거의 사상 중 많은 것을 집단 분석에서도 발견할 수 있지만 사르트르와 하이데거 모두에서 발견할 수 있는 집단에 대한 심오한 회의론은 누락되었다고 보았다.

이러한 통합 없이는, 실존적 집단치료에 대한 전체적인 설명이 있을 수 없는 것처럼 보인다. 앞서 언급했듯이 의미에 초점을 맞춘 집단이나 공동체에 초점을 맞춘 집단이 있을 수 있지만, 실존적 접근법이 우리 앞에 놓인 역설에 기반한 집단은 없다.

따라서 본 파트의 이번 장은 이러한 주제의 철학적 치료에 대한 검토로 시작하고, 이어서 이 철학이 어떻게 실존적 집단심리치료의 이론적 토대가 될 수 있는지에 대한 윤곽을 그리는 것으로 시작할 것이다. 이 글에서는 실존적 치료의 대가인 에미 반 덜젠(Emmy van Deurzen) 의해 수년에 걸쳐 원리가 개발되고 적용된 실존적 집단에 대한 더 자세한 설명에 앞서 그들이 이 치료법을 채택한 이유가 항상 명확하지는 않지만, 그들의 연구를 실존적이라고 생각하는 치료자들의 연구에 대해 검토한다. 따라서 이 장들은 성취의 연대기라기보다는 발전 중인 연구에 가깝다.

집단의 편재성을 고려한다면, 실존철학자들이 집단에 더 많은 관심을 기울였을 것이라고 예상할 수 있다. 그렇지 않은 이유 중 하나는 유명한 실존철학자들이 조만간 자신이 살고 있는 사회와 부딪히면서 집단 참여를 피했기 때문일 수 있다. 그들 중 많은 사람(키르케고르, 니체, 하이데거, 심지어 사르트르−삶의 말년)은 집단이 하는 기여에 대한 강조는 거의 없이 집단이 개인의 발전에 미칠 수 있는 해악에 대해서 글을 썼다.

# 고독

고독은 집단에 대한 고려의 일반적인 시작점처럼 보일 수 있다. 하지만 이는 결국 치료 집단이 추구하는 목표, 즉 집단상담자들이 흔히 말하는 소속감이나 응집력을 구성원에게 부여하는 것과는 정반대되는 것이다.

실존철학이 된 철학자들의 고독은 인위적인 것이 아니라 선택된 것이다. 집단 참여를 피하고 고독한 존재를 선택한 이유는 부정적이기는 하지만 집단 구성원에 대한 최초의 실존적 설명을 우리에게 제공한다.

젊은 키르케고르는 그의 아버지가 죽은 후 상당한 자산을 가진 그 마을에서 유명한 사람이었다. 그는 재치와 학식으로 유명했다. 그는 연극을 평론하고, 극장에 자주 다녔으며, 공연 후 파티를 즐겼다. 그는 약혼도 했다. 약혼을 깨고 난 이후에는 사교에 쓰는 시간을 줄였고, 코펜하겐 주변을 돌며 긴 산책을 하기 시작했으며, 그가 만난 사람들과 대화를 나누기 시작했다. 그는 당시 유행하던 잡지에서 조롱당한 후에 도축장 맞은편 코펜하겐의 유행에 뒤떨어진 지역에 있는 아파트로 이사하면서 사람들과 함께 어울리는 것을 완전히 피하기 시작했다. 그는 보통 가명으로 책자와 기사를 쏟아냈고 자기 돈을 들여 인쇄했다. 그의 약혼자였던 레지나 톰슨은 다른 남자와 결혼했지만, 키르케고르가 또 다른 친밀한 관계를 맺었다는 사실은 알려지지 않는다. 비록 그는 안수받은 목사였으나 사망할 때까지 덴마크 교회와는 결별한 상태였으며, 떨어져 살던 형제(이후 스스로 목숨을 끊음)를 제외하고는 그의 직계 가족 모두 사망했다. 그의 글은 찬사를 받았지만, 그는 더 이상 옛 친구들을 만나지 못했다. 키르케고르(1849/1983, pp.5-6)는 그의 고독한 삶을 "기독교적 영웅주의 - 확실히 드문 경우기는 하지만 - 이 엄청난 고난과 이 엄청난 책임 속에서 홀로 하나님 앞에서 홀로 자기 자신, 개별 인간, 이 특정한 개별 인간이 되기 위해 전적으로 모험을 하는 행위"라고 묘사했다.

쇼펜하우어(Schopenhauer)도 활기차고 사교적인 청년으로 삶을 시작했다. 그는 아버지의 사업을 위해 여행을 다녔는데, 아버지가 스스로 목숨을 끊으면서 그 사업을 물려받았다. 쇼펜하우어의 어머니는 바이마르로 이주하여 유명한 살롱을 열고 소설가가 되었다. 쇼펜하우어는 어머니를 인정하지 않았고 어머니와 거리를 두었다. 그는 그 사업을 매각하고 남은 생애 동안 매각에 대한 수익금으로 살았다. 쇼펜하우어는 학자 생활을 시작하면서 젊은 여배우와 연락을 주고받으며 아이를 낳았지만, 그 딸은 죽고 말았다. 쇼펜하우어는 결혼을 거부했고, 어머니와의 관계는 깨졌다. 쇼펜하우어는 나이가 더 들었을 때 자신보다 훨씬 어린 여자에게 미련을 가졌지만, 이것이 쇼펜하우어의 마지막 친밀한 관계였을 가능성이 크다. 그는 콜레라를 피해 대학교수로 일하던 베를린을 떠났고, 그 후 직장으로 돌아가지 않고 푸들을 키우며 플룻 연주와 함께 공부하고 글을 쓰면서 혼자 살게 되었다. 쇼펜하우어는 키르케고르처럼 혼자 있는 것이 환영받을 것이라고 생각했다. 예수께서 기록하시기를 "사람은 혼자 있는 한 자신일 수 있으며, 고독을 사랑하지 않으면 자유를 사랑하지 않을 것이다. 왜냐하면 혼자 있을 때만 진정으로 자유롭기 때문이다. 사회에는 항상 제약이 존재한다. 마치 제거할 수 없는 동반자처럼, 그리고 사람의 개성이 위대함에 비례하여 다른 사람과의 모든 관계가 요구하는 희생을 감당하기 어려울 것이다." (Schopenhauer 2006, section 9)

니체(Nietzsche) 또한 대학 경력을 가지고 있었고 리하르트 바그너를 중심으로 한 유행에 민감한 내부 집단에 속했다. 그러나 알 수 없는 질병으로 인해 니체는 대학에서 계속 근무할 수 없었고 그는 35세의 나이에 건강상의 문제로 은퇴를 했고, 이후로는 정기적으로 일하지 않고 주로 연금으로 생활했다. 그는 또한 바그너가 자신의 증상을 지나친 자위행위 때문이라는 것을 알게 되었기 때문에 바그너의 서클과 거리를 두었다. 이는 의학적 진단에서 밝혀졌는데, 아마도 니체가 매우 수치스러워했을 것이다. 그러나 니체가 굴욕을 당한 것은 이번이 처음도 아니었고, 마지막도 아니었다. 예를 들어, 군 복무 중 니체는 말에 올라탔다가 부상 당할 정도로 심하게 땅에 떨어진 적이 있다.

일부 비방하는 사람들은 니체가 3차 매독에 걸렸으며 매춘 업소에서 매독에 걸렸을 것이라고 주장하지만, 니체는 사람들과 친밀한 관계를 맺은 것으로는 알려져 있지 않다. 특별하게 그의 첫 전기 작가 안드레아스 루 살로메와는 사랑에 빠졌다. 니체는 그의 후원자들의 집에서 휴일을 보내기도 했지만 멀리서 삶을 관찰할 수 있는 마을의 숙소에 머무는 것을 선호했다. 그는 불안정하게 이곳저곳을 옮겨 다녔다. 그의 주요 서신은 그의 저서 『Ecce Homo』에서 지독한 여성 혐오적인 공격을 받은 그의 어머니와 그가 비방했던 그의 여동생과 주고받은 서신이었다. 니체는 아이러니하게도 그의 인생 마지막 10년을 어머니가 돌아가실 때까지, 이후에는 그의 여동생에 의해 보살핌을 받으며 혼수상태에서 보냈다.

혼자가 되는 것은 군중을 비진리로 표현한 키에르케고르, 자유로 표현한 쇼펜하우어, 분노의 요람이었던 니체에게 군중을 거부한 필연적인 결과이자 위대한 인물을 자신의 수준으로 끌어내린 것에 대해 치러야 할 당연한 대가였다.

하지만 이러한 위험에 대해서도 긍정적인 견해가 있다. 집단의 일원이 된다는 것은 같은 신념을 공유해야 한다는 압박감을 의미한다. 키르케고르처럼, 이러한 신념들이 영적인 건강에 해롭다고 생각한다면 나쁜 것일 수도 있지만, 개인이 그 집단에 속하기 전에 가졌던 신념보다 더 건강하다면 문제가 되지 않을 수 있다. 마찬가지로, 참여 자격을 유지하려는 집단 구성원은 집단 행동강령에 따라 자신의 행동을 제한해야 한다. 사회적으로 용납되지 않는 방식으로 행동하는 경향이 있다면 이것은 자유의 결여로 인식될 수 있다. (그리고 쇼펜하우어가 여성 노인을 밀쳐 넘어뜨린 혐의로 기소되었다는 증거에 따르면 그가 때때로 그러한 성향에 따라 행동했다는 증거가 있다.) 하지만 여성 노인들은 사회적 압력에 의해 그러한 성향이 제한되는 것이 유익하다고 생각할 수 있다. 마지막으로, 집단은 종종 자신을 다른 집단 구성원들보다 한 수 위인 영웅이나 여주인공으로 인식하는 구성원들에게 호의적이지 않은 경우가 많지만, 자신을 낮추고자 하는 동일한 충동은 저항하지 않는 추종자를 학대하는 독재자나 우상 숭배자에게도 저항의 원천이 될 수 있다.

이러한 초기 실존철학자들은 "나", "개인"의 출현을 정체성의 핵심 요소로 인식하고 자신 또는 타인을 가족, 국가, 종교 공동체, 조직 또는 사회의 구성원으로 식별한 사람에게 어떤 의미를 갖는지 꽤나 고려했던 최초의 지식인 중 일부였다. 아마도 그들이 이것을 개인의 의식을 위한 자유 투쟁으로 여겼을지도 모른다. 하지만 아마도, 그들 또한 그들 자신의 가족 경험에 의해 영향을 받았을 것이다. 키르케고르의 어머니인 안네 소렌스다터 룬드 키르케고르(Ane Sørensdatter Lund Kierkegaard)는 원래 아이가 없던 정부가 죽기 전에는 그 집의 가정부였다. 키에르케고르의 아버지는 그의 첫 번째 아내가 죽은 직후 그녀와 결혼했고, 더 수치스럽게도 그녀는 그 당시 임신 중이었다. 키르케고르는 자신의 논문이나 출판물에서 그녀를 언급하지 않았다고 하는데, 해설가들은 그가 그녀를 부끄러워했다는 것을 시사한다. 또 다른 가능성은 그녀가 그를 사랑했지만 그에게 지나치게 집착했을 수도 있다. 그래서 그냥 지쳐서 그랬을 수도 있다. 그는 그녀가 45살 때 태어난 7명의 아이 중 막내다. 키르케고르는 어머니에 대한 그의 몇 안 되는 언급 중 하나인 "The Present Age"에서 어머니가 아들의 가장 충실한 훈육자라고 썼다. [When]: "세대는 개인과 유기적이고 구체적인 모든 것을 제거하고 그 자리에 '인간성'과 인간과 인간의 수치적 평등을 넣었다... 평준기의 날카로운 낫은 모든 사람이 개별적으로 칼날 위로 뛰어 넘을 수 있게 한다. 보라, 기다리는 분은 하나님이시다. 그러니, 하나님의 품으로 뛰어들라.

그러나 '깨닫지 못하는 자'는 그의 가장 충실한 제자나 그의 어머니, 그를 위해 목숨을 바칠 수 있는 소녀라 할지라도 감히 그를 도울 수 없다. 하나님의 사랑은 간접적인 선물이 아니기 때문에 그들은 스스로 뛰어들어야 한다.

키르케고르는 그의 어머니를 무력한 존재로 여겼을지도 모른다. 쇼펜하우어는 어머니를 부끄러워했고, 니체는 어머니를 불쾌하다고 생각했다. 아마도 이 때문에 집단의 여성적인 측면, 구성원을 돌보고 양육하는 능력을 초기 실존적 작가들은 상상할 수 없었을 것이다.

## 후설(Husserl)의 현상학(phenomenology)

니체는 세상에 신의 죽음을 알린 것으로 유명한데 마침 그때 세상에 그의 관점을 공유하게 되었다. 이것이 윤리학자들에게 제기될 도전을 예견했지만, 신의 죽음으로 인해 다시 점화된 유사한 철학적 도전, 즉 유아론(唯我論) 문제에 처음으로 도전한 사람은 후설이었다. 데카르트는 진리를 본질로 하는 신의 존재에 의존하여 자신의 모든 가정을 제거할 수 있다면 신이 창조한, 따라서 진리인 것만 남을 것이라고 믿었다. 데카르트는 자신의 생각과 인식에 대해 진리인 신에 대한 그의 믿음으로 인해 존재한다는 사실에 기초하여 탐구할 수 있었던 것으로 유명하다. 후설은 그의 사상에 인식론적 토대를 제공할 신이 없는 상황에서, 데카르트와 다소 유사한 방법을 따랐고, 현상학적 방법이라고 불렸지만 물체가 아닌 생각과 "관념"에 적용했다. 처음에 그는 인간이란 자연히 타인의 존재에 의존하는 것이라고 생각했다. 그러나 곧 상상의 사물이나 사람에 대해서도 관념을 가질 수 있으며, 그의 접근 방식이 칸트처럼 플라톤적 관념에 의존하고 있다는 사실을 깨닫게 되었다. 이 "초월적" 전환은 후설의 두 제자에게 강한 반응을 불러일으켰고 그들의 서로 다른 반응은 집단 심리 치료에 대한 실존적 접근법에 대한 후속 발전의 열쇠가 되었다.

## 존재론(Ontolgy)

하이데거는 야스퍼스에게 보낸 편지에서 후설의 초월주의를 조롱했고, 어쨌든 인식론보다는 '존재한다'는 것의 의미, 즉 존재론에 관심을 기울였다. 하이데거의 존재론(Ontogeny)은 혼합적이었다. 그는 1870년 제1차 바티칸 공의회에서 선출된 교황의 무오류성 교리에 반대하여 주교단과 갈라섰던 구교 신자들로 구성된 친밀한 가정에서 자랐다. 그의 아버지는 독일의 Black Forest와 가까운 시골 마을에 있던 교회 부목사였으며, 교회 건물을 관리하기도 했다. 하이데거의 형 프리츠는 그곳에서 평생을 은행에서 일했다. 처음에 마르틴 하이데거는 수도사가 될 계획을 세우고 예수회 수도원에 수련생으로 들어갔으나 심장 증상(정신 신체적 증상으로 추정되며, 심장이 86세의 나이로 죽을 때까지 버틸 수 있을 만큼 강했기 때문에 아마도 불안과 관련이 있을 것으로 추정됨)이 발병했다. 그 후 그는 다른 신학교로 진학했지만, 수도사가 될 생각은 없었다. 하이데거의 신학교는 프라이부르크에 있었고 하이데거도 그곳에서 대학을 다니며 신학을 공부했다. 그는 1914년에 군대에 소집되었지만, 건강이 나빠져 제대했고, 1917년에 군복무를 위해 다시 소집되어 기상학자로 복무하였다.

하이데거는 개신교 여성과 결혼했지만 결혼 전부터 고해신부에게 기독교에 대한 믿음 잃었다고 말했다. 그의 후기 철학은 신비주의에 가깝고 불교의 영향을 받았다고 알려져 있다.

하이데거의 가장 유명한 작품인 『존재와 시간』(*Being and Time*)'에서 현존재가 공존재(Mitsein)의 세계에서 자신을 발견한다는 출발점을 통해 인간 집단 구성원 간의 연결이 그에게 중요한 것임을 암시한다. 그러나 다른 사람들이 어떤 지위를 가지고 있는지는 분명하지 않다. 가다머(2004, p.23)는 "하이데거에게 공존재는 양보해야만 하는 것이었지만, 절대 뒤지지 않는 양보였다"고 썼다.

하이데거의 작품에서 인간 사이의 관계는 사르트르와 마찬가지로 착취의 토대에 기초한다. 우리가 "도구"의 사용법을 아는 것처럼 다른 사람들의 사용법도 잘 알고 있다. 왜냐하면 그들은 "손에 쥘 준비가 되어있기 때문이다." (하이데거는 우리가 마주치는 타자를 언급하지만 이것을 전혀 발전시키지는 않는다.) 브로건(Brogan, 2005)은 이것을 아리스토텔레스에 대한 하이데거의 초기 관심과 연결한다(하이데거가 읽은 최초의 철학책 중 하나는 브렌타노(Brentano)의 Index of Being in Aristotle 1862/1975이다) 아리스토텔레스는 당시 하이데거에 대한 근본적인 질문인 "내 존재를 인식하게 하는 것은 무엇인가?"(이후 하이데거가 "형이상학이란 무엇인가?"라는 질문을 던졌을 때 더 일반화되었다)를 제기했다. 하이데거는 아리스토텔레스가 다른 사람들과의 상호 생산에서 우리 자신의 존재(또는 오히려 하이데거가 추상적으로 말했듯이 현존재의 세인에 대한)를 인식하는 과정을 발견했다고 판단했다.

사르트르 역시 기법(techne)이나 그가 말하는 실천(praxis)에 매료되었다. 그러나 그의 기본 개념은 현존재가 아니라 의식이다. 하이데거는 현존재를 과제 기반 상호작용, 현사실성의 거미줄에서 끌어내는 것은 죽음에 대한 인식, 특히 특정 현존재의 죽음 능력에 있다고 생각한다. 사르트르는 헤겔의 주종 변증법(헤겔의 『정신현상학』에서 제시)에 기초한 두 가지 모형과 자신의 가장 유명한 공헌인 존재와 무의식의 낮고 수치스러운 감시자, 즉 자의식의 심리적 경험과 타인을 위해 살도록 이끄는 나쁜 믿음을 모두 만들어내는 자신의 모습을 제시한다.

하이데거(Heidegger, 2005)에 따르면 하이데거와 사르트르는 그들의 전임자 키르케고르, 니체와 마찬가지로 아리스토텔레스처럼 존재의 중심에 있다고 생각하는 무(無)를 가지고 있다. 사르트르는 그의 가장 유명한 철학적 작품인 『존재와 무』(Being and Nothingness)에서 이것을 명시적으로 언급한다. 하이데거는 "형이상이란 무엇인가?"에서 이 문제에 대한 그의 선입견을 공식화하려고 노력했는데, 이는 그가 이미 자신의 존재와 시간에 대해 가지고 있는 의심을 해소하기 위한 시도였다. 연구해야 하는 것은 오직 존재하는 것이고 ─ 다른 것은 없다. 혼자이며 더 이상 없다. 오직 존재하고 존재를 넘어서는 것이다. 이 아무것도 없는 것은? 아무것도 존재하지 않는 것, 즉 부정이 존재하기 때문에 존재하는 것일까? 아니면 그 반대인가? 아무것도 없음이 존재하기 때문에 부인과 부정이 존재하는 것일까? : 우리는 주장한다: 아무것도 아닌 것과 부정의 앞에 있다. 우리는 어디서 아무것도 찾을 수 없나? 어떻게 아무것도 없음을 찾을 수 있는가? 우린 아무것도 모른다. 불안은 아무것도 드러내지 않는다. 우리가 걱정했던 것과 그 때문에, 그것은 "정말" 아무것도 아니었다. 정말로: 아무것도 없는 것 자체가 존재했다. 이건 어떤가? 아무것도 그 자체가 아무것도 아니다(Carhap 1932, p.69). 예를 들어 하이데거의 무에 대한 모호함은 하이데거 산문의 무의미함의 예로서 이 구절을 인용하는 카르납(Carnap)에 의해 조롱으로 이어졌다.

하이데거와 사르트르가 모두 직면했던 심리적 문제를 공식화하기는 쉽다. 자의식은 출생

후 어느 시점에 나타나는데, 대부분의 아이들은 2세에서 4세 사이 정도이다. 자의식은 무에서 유를 창조하는 것과 같지만 발달 연구자들은 그렇게 말하지 않는다. 엄마의 행동과 듣는 것을 반영하는 태아의 활동은 태아가 태어나기 전부터, 혹은 태어나는 순간부터 다른 사람들과의 상호작용을 통해 나타난다고 말할 것이다. 하이데거와 사르트르 둘 다 그들의 초기 가족생활을 거부하거나 단절했다. 사르트르의 아버지는 사르트르가 두 살 때 돌아가셨고, 이후 그와 그의 어머니는 외조부모의 집에 살게 되었다. 하이데거의 초기 생애에 대해서는 알려진 바가 거의 없다. 알려진 것은 여덟 번째 생일에 교회 사찰이었던 아버지가 교회 열쇠를 건네주었고 나중에 그의 유산을 거부한 것으로 알려져 있다.

그들 둘 다 열렬한 독서가였으며, 아마도 그들이 글을 통해 알게 된 작가들과 관계를 발전시켰을 것으로 추정된다. 사르트르는 자신의 자서전 제목을 '글쓰기'라는 뜻이 분명하지 않은 영어 번역어인 '레 모트(Les mots)'로 정하고, 독서를 친구들과 노는 것을 대체하는 것으로 묘사한다.

하이데거와 사르트르 모두는 적어도 그들이 읽은 책에 저자가 있다는 것을 인식하는 한, 다른 사람들이 있다는 분명한 가정이 있다. 『존재와 시간(Being and Time)』의 두 번째 절에서 하이데거는 이러한 저자들로부터 문화적 유산을 "역사성(historicity)"이라고 언급한다. 사르트르는 우리를 바라보고 판단하는 타자가 있다는 것을 의심하지 않는다(비록 그는 우리가 자의식을 느낄 때 누군가가 우리를 보고 있다고 착각할 수 있다는 것을 인정하지만). 분명히 세상은 사람들로 가득 차 있을 것이다. 사르트르가 버스나 마트의 대기표에 적은 메모가 명백한 증거다. 사르트르는 또한 다른 사람들이 자신도 모르게 함께 일하는 것을 보고 그들을 연결해 주는 "매개하는 제3자(mediating third)"가 될 수 있는 가능성을 상상한다(Sartre 1960/2004).

## 무의미와 소멸

하이데거와 사르트르는 모두 철학의 임무가 철학자뿐만 아니라 철학을 설명하는 것이라는 전제에서 출발한다. 우리는 어떻게 철학이 무엇인지, 무엇이 중요하며 무엇이 우선인지, 우주에서 우리의 위치에 대한 것들의 생각을 할 수 있을까? 그래서 그들은 현존재나 "존재(L'être)"를 설명하는 것으로 시작한다. 하이데거가 "자아"와 "행위"에 뿌리를 둔 그리스어 αὐθέντης(인증)에 초점을 맞춘 것은 이를 잘 보여준다. "본래성(Authentic)"은 주체성을 인정하는 것으로 해석될 수 있다. 사르트르는 인간관계에서 진정한 호혜성은 주체성을 포기할 때만 나올 수 있다고 생각했다. 바스티유를 습격하는 그의 이야기에서 누가 "바스티유를 향하여"라고 말하는지 아무도 모르는 이유는 집단의 '융합', 즉 '공포(Terror)'로 재현될 수 있는 융합 속에서 개인의 주체성이 사라졌기 때문이며, 이는 결코 선한 이미지가 될 수 없다.

사르트르는 이 공포(terror)의 좋은 면을 결코 본 적이 없는 것 같지만, 하이데거는 적어도 『존재와 시간』 출판 이후 그를 방문한 일본의 교토 학파 철학자(Krummel, 2018)의 관점을 일부 동화시켰다는 점에서 공포(terror)의 좋은 면을 본 것 같다. 다나베(Tanabe), 쓰지무라 쾨이치 (Tsujimura Kòich), 특히 니시타니(Nishitani)(Heisig, 2001)가 그들이었다. 그들 모두는 대륙 철학의 연구와 부처의 "절대 무아" 또는 아나타(anatta)를 포함한 대승불교의 교리에 대한 연구를 결합했다. 부처는 영원한 영혼, 즉 아트만(atman)이 있다는 힌두교 사상을 명백히 거부했지만, 다시 태어나거나 고통의 순환에서 벗어나는 것이 무엇인지에 대해서는 설명하지 않았다.

사실, 그는 아나타의 교리가 완전히 받아들여졌을 때에만 고통에서 벗어날 수 있다고 가르쳤다. 하이데거는 제2차 세계대전 이후 정신 질환으로 병원 치료가 필요했는데, 아마도 전쟁이 끝난 후 독일 포로수용소에 구금되면서 운명이 불확실했던 그의 의붓아들 헤르만에 대한 불안에서 비롯된 것으로 보인다. 아마도 이러한 경험의 결과로 하이데거는 기술 (technology)에 대한 거부와 동양의 신비주의와 유사하게 시(poetry)에 기반 한 새로운 철학을 철학의 가능한 미래 방식으로 생각하게 된 것 같다(Döll 2011). 선(Zen, 일본식 불교의 선 혹은 선종)에 대한 그의 관심은 다시 생겨났고 그는 당시 서양에서 가장 잘 알려진 선의 대가이자 교토 학파의 창시자인 니시다 키타로(Nishida Kitaro)와 함께 대학에 다녔던 D.T. 스즈키(D.T. Suzuki)와 연락을 주고받았다.

## 제안 가능성: 위인, 그리고 대규모 집단

부처는 자아의 해체를 소멸이 아닌 전체성의 서곡으로 간주했을 가능성이 있다. 그러나 이것은 개인이 죽은 이후에도 창조된 세계와 어느 연결이 남아 있을 때만 가능하다. 분명히 이것은 상상으로는 가능하지만, 진정한 자아, 주체, 양심의 가책이 없는 대자(對自, pour- soi) 가 그것을 경험할 기회는 없다. 하이데거에 따르면, 진실성을 소환하는 것은 죽음에 의한 소멸의 가능성이다.

그러나 자신의 한계를 초월하고 집단의 선택에 기뻐하는 이 경험이야말로 집단에 몰입하는 것이며, 단지 팀 내에서 일하거나 가족에 속해 있는 것과는 다른 경험이다. 후자는 자의식이 있는 개인이 일반적으로 몰입을 두려워하지 않고 견뎌낼 수 있는 경험이다. 전자는 앞서 설명했듯이 유아기 또는 인간 본래의 경험으로 회귀하는 것이다.

치료 집단에 속해 있거나, 세로토닌 작용 약물을 복용하거나, 광란의 장소에 가거나, 명상을 하거나, 사랑하는 사람과 함께 있거나, 울트라마라톤을 뛰는 것은 그것이 자발적으로 일어날 수 있는 적절한 조건을 제공할 수 있지만, 의지의 행위로 자아의 통합을 더 온전하게 다시 경험하는 것은 불가능하다. 니체는 젊은 시절 바그너의 음악에서 이를 발견했다. 키르케고르, 니체, 하이데거, 사르트르 모두가 주장했듯이, 자아의 자발적 항복은 특히 자아가 자신의 고유한 존재를 소멸시킬 것을 두려워하는 사람에게는 일어날 가능성이 작다.

개인과 공동체 사이에 항상 충돌이 있을 것이라고 가정하지 않았던 학파 중 또 다른 학파는 현상학적 전통인 뮌헨 현상학파가 있다. 나는 자율성과 자기 항복이 결합할 수 있는 한 가지 방법을 고려한 후에 아래에서 논의할 것이다. 이것은 자발적인 항복 행위를 통해 종속적인 관계로 이어지는 것이다. 주인의 노예가 되는 것, 즉 헤겔이 실제로 사용한 용어를 사용하자면, 주인의 종은 종의 의지를 강화하는 것처럼 보이는 난해한 지식과 권력을 종에게 부여하고 그에 수반되는 자유의 상실을 위장한다.

많은 사람이 이렇게 행동한다는 것은 아마도 우리 대부분이 자율성을 포기하고 싶어한다는 것을 보여주는 증거일 것이다. 하이데거와 사르트르도 예외는 아니었다.

두 사람 모두 독재적이지만 강력한 지도자들을 신뢰했다. 하이데거는 아돌프 히틀러에서, 사르트르는 스탈린을 시작으로 그들의 글에서 일련의 지도자들이 등장했다. 히틀러에 대한 하이데거의 견해는 그가 국가사회주의 "노동 서비스(Arbeitsdienst)" 프로그램(1934년, 1993년 월린에서 재발간) 수혜자 600명에게 한 연설에서 요약되어 있다. 하이데거는 프라이부르크 대학교의 총장(영국의 부총장 또는 미국의 중장)이었으며, 이 직책은 히틀러가 그를 임명했던 직책이었으나 곧 해임될 예정이었다.

이러한 이유로, [노동자와 학생들 사이에] 살아있는 다리를 놓으려는 의지는 더 이상 공허하고 절망적인 소망으로 남을 수 없다. 이것은 우리의 가장 깊은 확신이자 절대로 변하지 않는 믿음이 될 것이다. 우리는 강력한 의지를 따를 뿐이다. 그의 충실한 추종자가 된다는 것은 다음과 같다. 독일 국민이 노동자로서 유기적인 통합, 단순한 존엄성, 진정한 힘을 다시 찾을 것이며, 노동 국가로서 영속성과 위대함을 스스로 확보할 것을 의미한다(Heidegger, 1933, p.12).

## 상호주관성(Inter-subjectivity)

나는 지금까지 현상학의 발전과 실존철학의 가장 잘 알려진 이론가들이 해석한 실존철학에 집중해 왔는데, 이들은 모두 남성이었다. 개성과 자기 계발에 대한 그들의 몰두가 이 장의 많은 부분을 차지했다.

그러나 빈에서 브렌타노에 의해 되살아난 현상학은 후설이 처음 교수직을 얻은 곳인 괴팅겐과 후설, 하이데거가 대부분의 경력을 보낸 프라이부르크에만 뿌리를 내린 것은 아니었다. 뮌헨 대학에도 비슷한 현상학 집단이 있었다. 뮌헨 학파는 심리학자이자 철학자인 테오도어 립스(Theodore Lipps)에 의해 영향을 받아 비셔(Herder에 의해 영향을 받았을 가능성이 있음)의

미학 이론들을 발전시켰다. 그리스어 단어 "εμπάθεια" 또는 공감(empathy)은 "악의"로 가장 잘 번역된다는 것을 몰랐던 조지 티치너(George Titchener)에 의해 오해의 여지가 생긴 "공감 (empathy)"으로 명명된 채 대인관계 이론으로 발전되었다. 립스는 모방을 기반으로 한 사람과 다른 사람 사이에 직접적인 연관성이 있다고 생각했다. 그래서 만약 우리가 줄타기 하는 사람을 본다면, 사람이 균형을 유지하기 위해 몸도 함께 흔들리는 것을 발견할 수 있다. 립스의 연구는 줄타기 곡예사의 경험과 관찰자의 경험 사이의 긴장감을 확인하지 못했다는 이유로 베버 등에 의해 거부되었다. 그렇기에 역사학에서, 역사적 인물들의 관점을 포착하고자 하는 역사학자들은 자신의 경험을 역사적 인물의 경험이라고 믿는 위험을 감수해야 했다.

괴팅겐에 있는 동안 쓴 후설의 『논리적 고찰』(Logical Investigations)은 뮌헨 학파의 관심을 끌었고, 그중 몇몇은 프라이부르크에 있는 후설의 새로운 학파로 이동했다. 그러나 그들은 감정이입(Einfühlung)의 본성에 대한 립스의 생각을 완전히 포기하지는 않았다.

후설은 칸트(Kant)와 마찬가지로 "선험적 관념론(transcendental idealism)"의 구석으로 자신을 몰아넣었다. 그는 우리가 알고 있는 수동적인 개념에서 탈피하여 사물이나 표현이 주는 이미지를 통해 세계와 우리의 관계가 수용적이기보다는 의도적이라는 직관적 비약을 이뤄냈다. 따라서 우리는 사물을 파악하는 등 대상에 대해 행동하기 때문에 사물에 대한 생각을 즐길 수 있다(훗날 J.J. 깁슨[Gibson, Shaw, and Bransford 1977]에 의해 지각 이론으로 채택된 아이디어). 불행하게도 이 위대한 도약은 자유낙하 하고 말았다. 후설은 환각에 반응하여 행동하는 것과 진실한 목소리에 반응하는 행동을 구별할 이유를 찾을 수 없었다. 그는 둘 다 똑같이 우리가 의도를 가지고 행동하는 것이 될 수 있다고 생각했다. 따라서 우리가 알 수 있는 모든 것은 그가 노에마(noema)라고 불렀던 우리의 의도의 대상뿐이었다(노에마는 3세기 동안 영어에서 고의로 모호하고 많은 노력을 기울여 알아내야 하는 것들에 적용되었기 때문에 불행하게도 이 용어는 불행한 용어였다). 노에마와 실제 세계의 사물, 사건, 관계 사이에는 필요한 관계가 없었기 때문에, 우리는 뇌에 미리 입력된 것(시간, 인과관계, 공간 등) 외에는 실제 일에 대한 어떠한 지식도 가질 수 없었다.

공감(Einfühlung)은 후설과 후설을 따르는 사람들이 매달릴 수 있는 절벽 옆에서 자라는 관목이었다. 립스에 따르면, 공감(Einfühlung)은 상대방의 사전 노에마가 필요 없는 것 사이에 직접적인 연결을 제공했다. 이 직접성을 빅토리아 시대의 철학자(Ward 1902)는 "상호주관성" 이라고 불렀다. 이러한 이유로 나는 이를 상호적 뇌의 연결(interbrain connection)이라는 용어로 명명하는데 이에 대해서는 뒤에서 설명하겠다. 후설에게 공감(Einfühlung)들을 소개한 사람은 그의 첫 연구 조교이자 마르틴 하이데거의 전임자인 에디트 슈타인으로, 후설과 립스의 사상을 융합한 막스 셸러의 영향을 받았을 것이다(자세한 내용은 Zahavi [2014] 참조). 슈타인은 뮌헨 대학교에 다니지 않았지만, 프라이부르크로 이주한 뮌헨 현상학 집단의 몇몇 사람들과 친구가 되었다. 후설은 슈타인이 학문적 경력을 쌓을 수 있는 참고 자료를 제공하지 않고 연구 조교로 일하던 것을 그만둔 후인 1930년대가 되어서야 공감에 관한 슈타인의 연구를 공식적으로 인정했다. 이 무렵 슈타인은 대학 진학에 대한 희망을 포기하고 수녀가 된 상태였다.

슈타인은 자신의 공감(Einfühlung) 기반 현상학(Stein 1989)을 사용하여 종신 교수직을 희망하면서 세 편의 주요 논문을 썼다. 하나는 후설이 현상학 저널에 발표한 그녀의 박사 학위 논문으로, 다른 하나는 심리학과 인문학에 대한 그녀의 현상학 이론의 관련성에 관한 것이었고, 마지막으로 집단 또는 대규모 집단에 관한 연구("국가에 관한 조사")였다. 슈타인의 연구는 다시 주목받고 있으며, 마지막 두 논문은 최근에야 영어로 번역되었다.

슈타인은 다른 사람의 경험을 원초적으로 공유하면서도 자신의 경험과 다르다는 것을 알고 있어야 한다는 공감의 자연주의적 이론에 대한 두 가지 요건을 완전히 충족시키지는 못했다. 하지만 그녀는 유아론(solipsism)도 거부하고 우리와 다른 사람들 사이에 순전히 상상력이 아닌 연결고리가 존재하며 이러한 연결고리들은 우리 자신에 대한 우리의 인식을 바꿀 수 있다는 점에서 전임자들보다 한 걸음 더 나아간 것이다. 신경과학은 서로 마주 보고 있는 한 명, 두 명 또는 그 이상의 사람들 사이의 감정적, 주의 집중적 연결에 대한 상당한 증거를 제시했다(Tantam 2017에서 요약).

나는 그 책에서 모든 요건을 충족시키는 공감 이론은 공존하는 사람들 사이의 직접적인 연결, 뇌에 의해 매개되는, 그리고 다른 사람에 대한 이야기에 의해 생성되는 상상적인 연결의 조합으로 구성되어야 한다고 주장한다.


## 셸러의 집단 유형학

셸러(scheler)는 키르케고르처럼 매우 생산적이었고, 다양한 주제에 대해 글을 썼다. 대학에서 중요한 직책을 여러 개 맡았지만, 연애 스캔들 때문에 그것들을 유지하지 못했다. 그는 카리스마적인 연설가였고, 수년간 강사로 일하는 것이 그의 주요 수입이었다고 한다. 셸러는 슈타인에게 영향을 주었다. 슈타인은 자신의 집단 이론에서 부분적으로 그의 이론에 영향을 받았다. 셸러는 슈타인이 현상학에서 초기 페미니즘과 신학으로 옮겨간 후에도 그의 집단 이론을 계속해서 발전시켰다.

사람들 사이의 연결에 대한 셸러의 접근법은 슈타인의 접근법보다 분류학적이었다. 그의 분류법에는 적어도 다섯 가지 유형의 공유 또는 공동 감정이 있다. 그는 다음과 같이 구분했다. (1) 같은 상황에 있는 다른 사람과 같은 감정을 공유하는 것(Miteinanderfühlen), (2) 자신이 느끼지 않고 다른 사람이 느끼는 것을 파악하는 것(Nachfühlen), (3) 연민이나 동정심(Mitgefühl), (4) 감정적 전염(Gefühlansteckung), (5) 동일시, 하이데거가 히틀러와 가졌던 황홀

경과 같은 공감(Einsfühlung) 등이 바로 그것이다.

셸러의 집단 유형은 연결에 대한 분류를 기반으로 한다. 셸러의 분류는 다음과 같다. (1) 감정전염(Gefühlansteckung) 또는 공감(Einsfühlung)에 의해 결합한 무리 또는 대중, (2) 공감(Mitgefühl)을 기반하지만, 각 개인이 공동체를 대표하여 행동할 권한을 가지므로 연결과는 독립적인 구조 요소를 가진 생활 공동체(Lebensgemeinschaft), (3) 공감(Nachfühlen)과 상호편의에 기반한 게젤샤프트(이익사회, Gesellschaft), 그리고 (4) 연대와 공감(Nachfühlen)에 기반한 집합적 개인 또는 "사랑 공동체"이다.

## 호혜성(Reciprocity)

시몬 드 보부아르의 명성은 사르트르가 그랬던 것처럼 그들의 관계 때문에 타격을 입었다. 에디트 슈타인의 전통을 이어받은 드 보부아르의 획기적인 페미니즘은 사르트르의 성적 요구에 자신의 생각이나 주장 없이 남의 의견에 따라 움직이는 모습을 혐오하는 현대 페미니스트들에 의해 무참히 짓밟혔다. 메리 워녹과 같은 철학자들은 그녀의 사상이 단지 사르트르의 사상에 불과하다고 생각하기 때문에 그녀를 철학자로 인정하지 않았다(Warnock 1996). 그러나 사르트르의 사상 중 일부가 드 보부아르에서 나왔다는 증거가 쌓이고 있다. 그녀의 첫 번째 소설인 『초대받은 여자』(She Came to Stay)는 1943년에 출간되었지만 사르트르가 『존재와 무』(Being and Nothingness)를 집필하던 1934~1935년에 쓰였으며 이 책에서 다루게 될 주제인 폭력과 자유 등을 다루고 있다. 그러나 드 보부아르는 이러한 주요 개념 중 일부에 대해 다른, 어쩌면 더 나은 공식에 도달했다. 예를 들어, 그녀는 1944년에 쓴 철학 에세이 『피뤼스와 시네아스』(Pyrrhus and Cineas)에서 자유는 결코 제약받지 않지만, 항상 "처해져" 있고 상황에 의해 제한된다고 주장했는데 이는 항상 선택에 의한 것이므로 "주관적 자유"라고 주장했다. 학자들은 이제 사르트르가 특히 자아와 타자의 관계를 다루는 데 있어 그 반대의 경우보다 더 많은 영향을 준 것은 드 보부아르였다고 생각한다(Fullbrook 2009).

드 보부아르는 사르트르의 생활 방식에 맞추기 위해 별거, 결혼하지 않기, 가벼운 연애, 사르트르의 명성이 드 보부아르의 명성을 가려도 되는 것 등의 요구를 받아들였는데, 평론가들은 이를 마조히즘적인 것으로 보았다. 한 사람의 행동의 자유는 다른 사람에게 영향을 미치기 때문에 반드시 고려해야 한다는 그녀의 철학적 답변은 아마도 이에 대한 반응이었을 것이다. 하지만 드 보부아르도 이전에 비슷한 경험을 했다. 법조계에서 부유하게 살던 그녀의 아버지는 주식 시장에서 투기를 했다. 아마도 그는 부유한 은행가인 장인을 본받고 싶었을 것이다. 대신, 그의 주식은 가치를 잃었고, 가족은 훨씬 더 어려운 상황에 놓였다. 조지 베르트랑 드 보부아르의 결정은 그의 가족과 상의 된 결정이 아니었기 때문에 그들 모두에게 영향을 미쳤다. 그의 자유는 가족의 자유를 희생한 대가였지만, 그렇다면 그 자신은 자유로웠을까? 아마도 아내의 집안 재산이 그를 억압했고, 그는 그 억압에서 벗어나고자 노력하고 있었을지도 모른다.

우리가 다른 사람들을 통제할 수 있는 힘이 있고 그들의 행동의 자유를 부정하는 한, 왜 우리는 우리의 선택에서 다른 사람들을 고려해야 할까? 이 질문은 드 보부아르가 독일 점령 기간 파리의 삶을 경험하면서 더욱 선명해졌다. 그녀는 그녀의 다음 책인 『애매성의 윤리학』 (*The Ethics of Ambiguity*)에서 그것을 다루고 있다. 그녀는 만약 우리가 우리의 자유를 요구한다면, 우리는 다른 사람에게도 자유를 주어야 한다고 생각한다. 하지만 우리의 행동의 자유가 타인의 행동에 영향을 미치기 때문에, 우리의 자유는 우리의 자유를 제한하는 힘을 가진 타인의 자유에 의해 영향을 받는다. "자신을 자유롭게 하려는 것은 또한 다른 사람들을 자유롭게 하려는 것이다"라고 『애매성의 윤리학』(*The Ethics of Ambiguity*, 1948/1976, p.73)에 쓰여 있다. 드 보부아르는 이를 "상호의존성(interdépendance)"이라고 부른다. 그것은 분명히 실존적 집단심리치료와 매우 연관성이 높은 개념임이 분명하다.

그녀는 『초대받은 여자』(*She Came To Stay*)에서 이미 유사한 개념을 소개했고, 이 용어는 그녀의 철학적 글쓰기 전반에 걸쳐 나타나며, 여성이 레즈비언이 되는 것을 선택하는 이유를 설명하기 위해 이를 사용한다. 흥미롭게도, 사르트르가 드 보부아르의 다른 두 가지를 포함했지만, 그것은 『*Being and Nothingness*』에서 제외한 관계의 한 가지 방식이었고, 그것은 그의 후기 작품에서 나타난다.

그런데 왜 우리는 다른 사람들을 고려해야 하는가? 키르케고르처럼, 드 보부아르는 『애매성의 윤리학』(*The Ethics of Ambiguity*)에서(나중에 『제2의 성』(*Second Sex*)에서 그랬던 것처럼) 상호의존을 경험하지 못하기 때문에 윤리적 잠재력을 충분히 발휘하지 못하는 다양한 인간 유형을 고려한다. 드 보부아르는 우리가 "기쁨" 속에서 만족스러운 삶을 살 것인지 아닌지를 결정하는 것은 우리의 윤리적 가치라고 결론지었다. 드 보부아르는 출산한 적은 없지만, 어머니와 아이의 관계를 고려할 때, 아버지와 달리 어머니는 자신의 아이에게 자신보다 더 큰 자유를 주는 것을 목표로 한다고 가정한다. 그녀는 그가 다른 사람들을 돌봐야 하는지에 대한 이유를 자기중심적인 남자에게는 설명이 필요할 수 있지만 여자에게는 필연적일 수 있음을 암시한다(Bauer 2001). 드 보부아르는 이러한 종류의 상호성이 두 여성 사이에서만 가능하다고 믿었기 때문에 『*Second Sex*』를 쓰도록 영감을 받았다고 되어있다. 드 보부아르는 여동생 헬레네(Helene)(둘 다 유아였을 때 드 보부아르의 연설을 이해한 유일한 사람)와 그녀의 가장 친한 친구 자자(Zaza)에 대한 사랑에서 영감을 받은 것일 수 있다(Word 2009).

## 결론

드 보부아르는 소설 『초대받은 여자』(*She Came To Stay*)에서 자신의 분신인 자비에르 (Xavière) 의 입을 통해 자신이 말할 자유를 가져야 하며, 자신의 말을 들어주는 다른 사람이 있어야 한다고 주장했다. 이는 실존적 집단심리치료에서 참가자가 자신에 대해 이야기하고 다른 사람의 이야기를 듣고, 그들도 자신에 대해 이야기하고 차례로 이야기를 듣기를 희망하는 실존적 집단심리치료의 모토로 나쁘지 않다.

# 26
# 집단치료의 실존 및 현상학 이론

Digby Tantam

## 서론

몇 년 전(Tantam 2002) 나는 집단 치료가 어떻게 변화를 가져오는지에 대해 추측하면서 그것은 과거를 변화시킴으로써 발생한다고 제안했다. 이 반직관적인 개념은 우리가 우리의 과거를 다시 이야기할 때, 우리는 새롭고 때로는 더 긍정적 의미를 발견한다는 의미이다. 따라서 '이야기(Narrative)'는 특히, 각 구성원이 제공하는 기본적인 사실을 고려하여 그의 구성원들에 의해 공동으로 만들어지기 때문에 집단 심리치료에 중요하다. 실존주의자라는 용어를 처음으로 받아들인 철학자 장 폴 사르트르는 이 방법에 전념하여 첫 번째 작품으로 소설 (Sartre 1964a)을, 그의 마지막 작품으로 본인의 전기(Sartre 1971)를 썼다. 실존주의의 어머니 시몬 드 보부아(Simone de Beauvoir)는 공쿠르 문학상을 수상한 소설 『레 망다랭』(*Mandarins*)의 작가로 처음 이름을 알렸다.

초기 세대의 야스퍼스(Karl Jaspers)는 심리적 장애에 "유전적 이해(genetic understanding)"라고 부르는 일종의 내러티브 접근법을 적용했다(Häfner 2015). 그는 정신과 의사들이 어떻게 한 정신 현상이 다른 정신 현상으로 이어지는지를 의미 있는 방식으로 이해하려고 노력해야 한다고 촉구했다. 야스퍼스는 의미 있는 연결에 대한 대안으로 "어떻게 해서 이런 교착 상태에 빠지게 되었는지에 대한 이야기를 따라갈 수 있다."라고 썼을 수도 있다. 야스퍼스는 정신병리학 교과서 4판(유일한 영어 번역본은 7판)까지 이 아이디어를 고수했고, 의미 있는 연결이 정신병의 단절점이 되었다. 유전적 이해는 일종의 목격이자 일종의 설명이다. 증인은 목격되는 이야기가 이해될 수 있을 뿐만 아니라 증인에게도 중요한 것이어야 한다. 중요하다는 것은

"그렇게 말해줘서 고마워요. 이것은 저에게 큰 의미가 있어요."라는 표현에서처럼 의미의 다른 용법, 즉 나에게 관련 있고 중요하다는 의미와 동의어이다. 이러한 의미의 두 번째 사용법은 실존적 집단 치료를 위한 또 다른 중요한 이론가인 빅터 프랭클(Viktor Frankl)에게 특히 중요했다. 실제로 가장 심각한 심리적 장애는 의미가 무너진 장애라는 야스퍼스의 직관을 바라보는 또 다른 방법은 의미 있는 연결이 끊어진 것은 목격자뿐만 아니라 절망, 자포자기, 정신질환이 있는 자신에게도 있다는 것이다.

집단은 의미를 제공할 수도 있고 끊을 수도 있다. 여기에는 내러티브보다 더 많은 것이 있지만, 사르트르가 지지하는 심리 전기적 서사적 방법은 유용한 출발점을 제공한다.

## 심리 전기(Psychobiographies)

야스퍼스는 자신의 길을 가며 법학 공부를 하고 의학 자격을 취득한 후, 정신과 교수로 임상을 담당하게 되었다. 이후 심리학을 가르치다가 철학을 가르치기 위해 교수직을 그만두었다. 그와 그의 아내는 베버(Weber) 부부의 친한 친구가 되었고, 그는 베버의 감정 기복을 넘어 베버를 지지한 것으로 보인다. 아마도 막스 베버는 야스퍼스가 그토록 가깝게 지냈던 아버지를 대신 한 것 같다. 분명히 그는 무서운 수퍼바이저였지만, 존경을 많이 받았다. 전쟁 중에도 유대인 아내 때문에 야스퍼스가 대학에서 해고되고 출판이 금지되었을 때, 지역 상점 주인들은 그들이 수입 없이도 살아남을 수 있도록 작은 음식 선물을 그에게 주곤 했다(Walter Leibrecht, 개인 통신). 전쟁이 끝난 후, 야스퍼스는 전후 독일의 정치적, 윤리적 철학의 원로 정치인으로 성장했다. 이는 현재 "실존주의"로 인정받고 있는 철학자들과는 상당히 다른 경력 경로다. 야스퍼스(Karl Jaspers)는 사랑하는 가족, 대학, 그리고 전후 독일의 엘리트층에 이르기까지 사회적으로 확고하게 자리 잡았다.

하이데거와 야스퍼스는 처음에는 친구였지만, 야스퍼스는 하이데거가 얼마나 반유대주의적 인지를 깨닫고 그들의 우정을 끊었다. 하이데거는 이 부분에서 야스퍼스가 제대로 된 철학자라고 생각하지 않았지만 그의 글을 읽었을 때야 그 이유를 이해할 수 있었다. 메를로 퐁티(Merleau-Ponty)와 마찬가지로 야스퍼스는 하이데거(Heidegger)가 레더호센(Lederhosen)에서 가르치고 사르트르(Sartre)가 르노의 파업 노동자들에게 자본주의에 맞서 투쟁을 계속하라고 권유하기 위해 트럭에 올라갈 정도로 극단적인 독창성이 결여 된 균형 잡힌 철학자였다. 키르케고르(Kierkegaard), 쇼펜하우어(Schopenhauer), 그리고 니체(Nietzsche)도 나름의 방식으로는 극단주의자였다. 키르케고르는 기성 교회에 대한 경멸을 표현하기 위해 덴마크 교회에 주교의 얼굴을 주먹으로 때렸다. 쇼펜하우어는 한 여성을 계단 아래로 밀어 넘어뜨린 혐의로 법정에 서게 되었고 평생 배상금을 지불해야 했다(그녀가 죽자, 그는 "Obit anus, abit onus"[노파가 죽으면

빛이 없어진다.]라고 썼다). 니체는 초인의 교리를 선포하고 자신을 초인으로 간주했다.

## 깨달음(Awakening)

그러나 실존주의 철학의 선구자들은 이러한 극단(그리고 죽음에 대한 집착으로 인해)에 의해 가려졌지만, 비평가들은 그 이면의 충동, 즉 실존철학자들에게 우리 자신을 온전히 성찰하기 위해서는 우리 모두가 안일함에서 벗어날 필요가 있다는 공통된 믿음이 있었음을 고려해야 한다. 후설(Husserl)의 환원 개념은 하이데거(1966)와 니체(1883/2006)가 보다 포괄적이고 삶을 변화시키는 과정으로 묘사한 이러한 깨달음과 유사한 것으로 보인다.

집단은 확실히 사람들을 깨울 수 있는 능력이 있다. 일부 집단심리치료 학파에서는 이를 치료 접근 방식에 포함하기도 한다. 예를 들어, 집단 사이코드라마는 깨달음 훈련이 포함되어 있다(Karp, Holmes, Tauvon 1998). 그러나 하이데거도 지적했듯이, 갑작스러운 깨달음은 "무(無)"로 이어질 수 있으며 오래된 확실성을 대신하지 못하고 제거될 수 있다.

'각성'을 바라보는 또 다른 관점은 무(無)라는 치명적이지 않은 요소의 주입, 즉 무(無)를 심연뿐만 아니라 풍부함으로 사유할 수 있는 정서적 회복의 단계에 도달하는 것을 포함한다는 것이다. 파스칼은 이러한 모호성을 『팡세』(*Pensées*)에서 포착한다(Pascal 1995, 11, 72).

사실 인간은 본질적으로 무엇인가? 무한에 비하면 아무것도 아니며, 무(無)에 비하면 전부이며, 무(無)와 전부 사이의 평균이다. 극단을 이해하지 못하기 때문에 사물의 끝과 시작은 뚫을 수 없는 비밀 속에 절망적으로 숨겨져 있으며, 자신이 만들어진 무(無)와 자신이 삼켜버린 무한을 똑같이 볼 수 없다.

키르케고르(1844)는 『공포의 개념』(*The Concept of Dread*)에서 무(無)가 기분과 감정을 통해 우리의 인식 속으로 스며든다고 주장한다. 감정은 의도적인 상태이며 무언가를 향한 것이다. 화가 나면, '나'는 어떠한 대상에 대하여 화가 난 것이다. 즐거우면, '내'가 재미있다고 생각하는 무언가가 있다. 자유부동성불안(Free floating anxiety)은 종종 반대되는 예로 인용된다. 하지만 키르케고르는 이 경우 불안이라는 감정은 무를 향한다고 말한다.

하이데거에 따르면, 우리는 무와의 감정적 만남의 중요성을 외면하는 몇 가지 동기를 가지고 있다. 그것은 죽음의 허무에 대한 예감이다. 그것은 인간 존재의 허무함을 반영한다. 키르케고르와 사르트르도 비슷한 생각을 했는데, 키르케고르는 두려움을 자유를 향한 지침으로 사용하기로 유명하다.

개인뿐만 아니라 소규모 집단 또한 개별 구성원에게 무의미하거나 중요하지 않다고 느낄 수 있는 허무감을 불러일으킬 수 있다. 어떤 사람들은 애초에 아무것도 느끼지 못하기 때문에 집단에 의지할 수도 있다. 이러한 종류의 '불감증/무감각해 지는 것'은 자신이 '외부인'이라고 느끼게 되는 집단의 신규 구성원으로서 집단에 대한 카타르시스를 느끼기 위해 발언을 했다가 명백한 무관심 혹은 기존 집단 구성원임에도 조롱을 받게 될 때 그 불감증이 악화될 수 있는 위험이 있다.

야스퍼스의 용어로 표현하자면, 집단에 합류하는 것은 일종의 한계 상황에 있는 것이다. 실존 철학자들은 후설처럼 과학을 과장한 심리학의 권위를 받아들일 준비가 되어 있지 않았다. 그들이 의도적으로 무시했던 심리적 요인에 따라 무의식의 경험이 긍정적이거나 부정적인 치료적 방향으로 이어질지 여부는 달라질 수 있다. 하지만 무에 대한 그들의 개인적인 반응을 보면 어떤 요인에 심리적인 요인이 작용한다는 것은 분명해 보인다. 예를 들어, 상류층 사교계(café society)의 거장인 사르트르가 그의 어머니가 돌아가신 후 자신에 대해 "나는… 홀로 지낸다. 완벽히 혼자다. 나는 아무에게도 말하지 않는다. 아무것도 받지 않고, 아무것도 주지 않는다(I … live alone, entirely alone. I never speak to anyone, never; I receive nothing, I give nothing….)"라고 말한 것을 예로 들 수 있다(Sartre 1964b/1976).

의도적으로 무감각한 느낌을 유도하는 것은 집단치료에 사용되어 왔으며, 일반적으로 대규모 집단을 포함할 때 사용되었다. '시나논(Synanon)', '피닉스하우스(Phoenix House)', 등 지금은 구식이 된 주거형 약물 및 알코올재활 프로그램들은 모두 규칙을 준수해야 하는 책임을 제외하고는 신규 참가자의 책임이 면제되는 예비 단계를 거쳤다.

이는 적어도 폭력 및 재정 부정 혐의로 폐쇄된 시나논(Synanon)에게는 위험한 처방이었음이 밝혀졌다.

## 수치심(Shame)

수치심은 아마도 허무감과 가장 밀접한 관련이 있는 감정적 경험일 것이며, 따라서 쉽게 수치심을 느끼지 않는 것이 허무감을 유발하는 한계 상황에 직면했을 때 정서적 회복력의 주요 원천이 될 수 있다. 페테르센(Pettersen, 2012)에 따르면 키르케고르는 『The Works of Love』(Kjerlighetens Gjerninger 1847, CW 12)에서 수치심을 뜻하는 덴마크어를 59번 사용했다. 니체는 "수치심, 수치심, 수치심 – 그것이 인간의 역사이다."라고 언급한다(Nietzsche 1883/2006). 그러나 하이데거는 그렇지 않다. 그의 작업에 대해 잘 아는 한 사람은 하이데거가 이 용어를 사용한 적이 없으며(Stolorow 2013), 이는 하이데거가 수치심을 "우리 자신이 아니라 타인의 눈에 의해 인질로 잡혀 있는, 비본래성의 분위기"(Stolorow 2013, p.456)로 보았기 때문이라고 주장했다.

반면에 사르트르는 수치심을 『존재와 무』(*Being and Nothingness*)의 구성 원리 중 하나로 삼았다. 그는 다른 사람들의 시선이 수치심을 유발할 수 있을 뿐만 아니라 우리 자신에 대한 새로운 의식을 만들어낼 수 있다고 생각했다. 왜냐하면 그 모습에 반응하여 우리는 다른 사람들을 위한 대타적 존재(être pour autrui)를 인식하게 되기 때문이다. 이러한 의식은 다른 사람들을 화해시키고 수치스러운 시선으로부터 우리를 보호하기 위해 너무 쉽게 행동하게 되는데, 사르트르는 이러한 행동이 우리의 의지대로 행동할 자유를 대체하기 때문에 악의적이라고 비난했다. 따라서 사르트르가 보기에 수치심은 개인의 잠재력을 파괴하는 결과를 낳는다.

사르트르의 말이 맞다면 집단에 속해 있으면 잘못된 집단 구성원을 향한 비판적 시선이 잠재적으로 배가되어, 존재와 무에서 묘사한 두 사람의 만남보다 개인 자유의 가능성이 훨씬 더 줄어들게 된다.

## 의미(Meaning)

20세기 실존주의 치료법의 발전에서 가장 중요한 인물 중 한 명은 빅터 프랭클(Viktor Frankl)이다. 삶의 의미 찾기에 대한 그의 관심은 말기 환자나 유족이라는 공통의 운명을 가진 사람들을 위한 집단 치료의 발전에 직접적인 영향을 미쳤다(Breitbart 2015, Lichthemal and Breibart 2015). 정신과와 신경학에서 그를 훈련시킨 의사들 외에 다른 사람들이 프랭클에게 어떤 영향을 미쳤는지 파악하기는 어렵다. 그는 이미 학교 다닐 때 삶의 의미에 관한 에세이를 썼고, 정신분석학에도 관심이 많았다. 따라서 의미에 대한 그의 관심은 일찍부터 형성되었다. 하지만 또 다른 초기 관심사는 고등학교를 졸업할 때 쓴 에세이의 주제였던 아서 쇼펜하우어의 철학이었다. 실존주의 철학자 카뮈와 마찬가지로 쇼펜하우어는 우주에는 의미가 없다고 결론을 내렸기 때문에 그의 업적은 프랭클에게 특이한 관심사로 보였다.

쇼펜하우어(Schopenhauer, 1883/1819)와 카뮈(Camus)는 우주에 의미가 있을 가능성을 거부하고 대신 삶은 부조리하다고 주장하는 허무주의자 집단에 속한다(Metz 2013).

그럼에도 불구하고 쇼펜하우어와 카뮈 모두 개인이 자신의 삶에서 의미를 경험할 수 있다는 것을 부정하지는 않았지만, 이를 위한 공식이 있을 수 있다는 것은 부정했다. 쇼펜하우어는 결국 다소 관습적인 도덕에 도달했지만, 고통의 원인이 의지의 투쟁이라는 근거를 바탕으로 삶의 의미를 부정했다[그는 새로 번역된 우파니샤드(Upanishads)의 영향 받았음]. 그는 에피큐리언(Epicureans)처럼 삶의 목적이 고통을 줄이는 것이라고 가정하고, 의지의 갈등을 줄임으로써 이를 달성할 수 있는 방법에 대한 제안을 제시했다. 여기에는 음악 연주(그 자신도 플룻 연주자였음), 금욕주의, 그리고 타인에 대한 연민 등이 포함된다.

프랭클은 영어로 출간된 그의 가장 유명한 저서인 『죽음의 수용소에서』(*Man's Search for*

*Meaning*)에서 쇼펜하우어를 한 번, 니체를 두 번, 레싱(극작가이자 종교적 관용의 옹호자로 잘 알려진)을 한 번 언급한다. 프랭클은 삶을 부조리한 것으로 묘사하지는 않지만, 세상이 의미를 만들어내는 것이 아니라 의미를 찾아야 하는 것은 개인이라는 점을 분명히 했다. 유명한 구절에서 그는 "나는 더 이상 인생에서 기대할 것이 없다."고 말하는 사람에게 어떤 말을 할 것인지에 대해 다음처럼 글을 썼다(Frankl 1949/1964).

가장 필요한 것은 삶에 대한 태도를 근본적으로 변화시키는 것이다. 우리는 우리 자신에 대해 공부해야 했고, 더 나아가 좌절에 빠져 있는 사람에게 다음과 같은 이야기를 들려 주어야 했다. 정말 중요한 것은 우리가 삶으로부터 무엇을 기대하는가가 아니라 삶이 우리로부터 무엇을 기대하는가라는 사실을. 삶의 의미에 대해 질문을 던지는 것을 중단하고, 대신 삶으로부터 질문을 받고 있는 우리 자신에 대해 매시간 생각해야 할 필요가 있었다. 그리고 그에 대한 대답은 말이나 명상이 아니라 올바른 행동과 올바른 태도에서 찾아야 했다. 인생이란 궁극적으로 이런 질문에 대한 올바른 해답을 찾고, 개개인 앞에 놓여진 과제를 수행해 나가기 위한 책임을 떠맡는 것을 의미한다(Frankl 1949/1964: pp.76-77).

프랭클이 여러 강제 수용소에서 살아남은 것은 놀라운 일이었다. 그는 자신의 곁에 있던 아내와 관련된 영적 체험과 수용소에 도착했을 때 빼앗긴 원고를 책으로 출판하겠다는 결심 덕분에 살아남을 수 있었다고 한다.(두 사람은 격렬한 구애 끝에 수용소로 추방되기 며칠 전에 결혼했지만, 아내의 존재를 처음 경험하기 전에 아내는 끌려간 수용소 중 한 곳에서 이미 사망했을 수도 있음). 그가 수용소에 도착했을 때 그의 원고는 찢겨져 있었다. 그는 그것을 다시 찾을 것이라는 희망을 품고 있었다. 그는 나중에 그가 입고 있던 것과 비슷한 큰 코트를 찾았지만, 주머니에는 원고가 아닌 히브리 기도문이 들어있었다. 프랭클은 그가 책에서 중요하게 작성했던 부분들을 종이조각에 메모해 두었고, 결국 그것을 다시 집필하여 출판했다.

프랭클은 『죽음의 수용소에서』(*Man's Search for Meaning*)에서 '로고테라피(logotherapy)'라고 불리게 된 것을 집단 환경에서 적용한 한 가지 사례를 제시한다. 수용소 내 남성들은 감자 저장고에서 감자를 훔친 죄수의 신원을 아무도 밝혀내지 못해 배급이 중단되는 처벌을 받고 있었다. 그와 함께 생활하는 막사 내 사람들은 삶의 의욕이 떨어지고 있었고, 선임자는 프랭클에게 다른 수용자들에게 연설을 해달라고 요청했다. 그는 『죽음의 수용소에서』(*Man's Search for Meaning*)에서 자신이 중요하게 생각했던 것들을 설명한다. 첫째, 그는 비록 그들 모두가 상실을 경험했지만, 더 많은 상실을 경험한 사람들이 있었고, 어쨌든, 전쟁이 끝나면 상실감을 회복할 수 있을 것이라고 말했다(실제로 프랭클은 아내와 부모님이 수용소에서 사망했다는 사실을 알기 위해 돌아왔다).

그리고 나서 그는 비록 미래가 희망이 없어보였지만, 아무도 미래에 어떤 일이 일어날지 확신할 수 없다고 말했다. 그래도 희망의 근거는 있었다. 그는 아무도 그들 각자가 이미 경험했고, 성취한 것은 빼앗을 수 없다고 말했다. 이 말이 어떻게 받아들여졌을지는 모르겠지만, 그 후 프랭클은 의미에 대한 그의 요점으로 넘어갔다. 의미가 없는 인간의 상황은 없으며, 심지어 그들이 겪고 있는 고통조차도 그들의 존엄성을 시험하기 위한 것이라면 의미가 있다는 것이었다. 프랭클은 그들이 고통에 어떻게 대처하고 있는지 알고 있는 목격자, 즉 부모든 아내든 신이든 누군가가 그들을 내려다보고 있었다고 말했다. 마지막으로 프랭클은 그들이 죽더라도 그들의 고통은 무의미한 희생이 아니라고 말했다. 예를 들어 신이 사랑하는 사람을 고통당하지 않도록 생명을 취할 수도 있다.

이러한 주장이 그 자체로 누구를 설득했을지는 의문이지만 분명 프랭클은 어떤 영감으로 가득 차 있었고, 이를 일련의 논증이 아닌 느낌으로 전달했다. 카뮈는 그의 소설과 에세이, 특히 『시지프스의 신화』에서 그 의미가 정서적 평가와 연결되어 있음을 동시에 묘사하고 있었다. 그는 독자들에게 시지프스가 하데스의 언덕에서 돌을 굴리며 행복해하다가 정상에 거의 다다르자 다시 굴러 내려오는 모습을 상상해볼 것을 권했다.

## 관련된 두 가지 형태

부버(Buber, 2003)의 단편집 『나와 너』(I and Thou)는 출간 당시 상당한 반향을 일으켰다. 부버는 사람들 사이에는 나−너(I−Thou)와 나−그것(I−It)라는 두 가지 근본적인 관계가 있다고 주장했다. 부버가 보기에 나−너(I−Thou) 관계는 종교인과 신과의 관계의 옅은 그림자에 불과하다. 부버는 유아들이 "나−너(I−Thou)"의 만남을 경험한다고 가정했다[만남(Beggnung) − 이 단어는 모레노(Moreno)에게서 가져왔지만 딜타이(Dilthes)의 Zusamenhang, 즉, 연결에 대한 개념에 의해 분명히 영향을 받았다]. 부버는 나−너(I−Thou)의 철학적 기원을 직접 추적하지는 않았지만, 이것에 대한 설명은 아마도 슐라이어마허(Schleiermacher)의 영향으로 "상호주관성(inter-subjectivity)"이라는 용어를 사용하기 시작한 워드(Ward, 1902)와 같은 19세기 후반의 철학자들이 제시한 것과 비슷하다. 나는 이미 상호주관성의 조건으로 가정되는 공감 개념의 발전에 대해 논의한 바 있다. 에디트 슈타인(Edith Stein)의 공감의 공식화는 아마도 부버의 개념과 가장 근접 할 것이다. 슈타인은 특히 공감을 다른 사람의 생각과 감정의 일종인 무의식적인 동일한 감정으로 간주한다(Svenaeus 2018).

상호주관성은 현재 메를로 퐁티의 연구에 대한 재발견과 발달 심리학자(Kokkinaki et al. 2017;Trevarten 1979), 철학자(Zahavi 2016) 및 신경과학자(Shamay−Tsoory와 Lamm 2018)의 관심 증가로 인해 이례적인 관심을 받고 있다.

나는 내가 쓴 『상호적 뇌』(*The interbrain*, Tantam 2017)에 상호주관성에 대한 것을 요약해 작성했는데 상호주관성은 언어나 내러티브 또는 실제로 어떤 정신적 과정에 의해 매개되는 것이 아니라 비언어적 의사소통에 의해 매개되는 뇌의 잠재적 연결성을 강조하기 위해 만든 단어다.

부버는 나–너(I–Thou)와 나–그것(I–It)의 관계를 명확하게 정의하지 않았다는 비판을 받아왔다. 그는 이렇게 썼다:

> 인간은 사물의 표면을 여행하며 사물을 경험한다. 그는 사물의 특성에 대한 지식을 추출하고 사물을 통해 경험을 얻는다. 그는 사물에 속한 것을 경험한다. 그러나 세상은 경험만으로 인간에게 제시되지 않는다. 그들은 그에게 그것(It)과 그(He)와 그녀(She)와 그것(It)으로 구성된 세상을 다시 선물한다. (Buber 2003, p.12)

나는 '나(I)'와 '너(Thou)'가 불완전하게 분화된 나–너(I–Thou)관계와는 달리, 나–그것(I–It) 관계에서 '인간'은 이미 '사물'과 분화되어 '경험'을 통해 사물에 대한 지식을 얻게 된다고 해석한다(Dix 2017).

나의 연구에서 "마음의 이론(theory of mind)"을 활용한 "인지적 공감(cognitive empathy)"과 상호적 뇌(interbrain)라고 부르는 의도하지 않은 상호성을 통해 대인관계의 이해를 대조한다. 이러한 구분은 현상학 분야에서 새로운 것이 아니다. 슈츠(Schutz)는 우리와 관계를 맺고 있는 '동료'와 우리가 그들에 대해 알고 있는 것을 바탕으로 관계를 맺고 있는 다른 사람들[슈츠의 예로는 동시대인(Contemporaries), 선조(Predecessors), 후계자(Successors)가 있음]을 비슷하게 구분한다. 상호적 뇌의 개념은 "개인 이전의 의식 형태"에 대한 메를로퐁티(Merleau–Ponty)의 설명과 매우 유사하다(Merleau–Ponty 1945/1962, p.12). 내가 쓴 책(Tantam 2017)에서 나는 "인지적 공감" 또는 "마음의 이론"(이 두 용어 중 어느 것도 저자 간에 일관되게 사용되는 것은 아님)이 경험을 통해 업데이트되고 우리 자신과 다른 사람의 신념, 행동, 감정에 대한 판단을 내리는 다른 사람들에 대한 이야기를 만들기 위해 언어 사용에 기반한다는 증거를 제시한다. 이를 위해서는 의식적인 숙고가 필요하다. 상호적 뇌는 비언어적 의사소통, 즉 거의 동시에 일어나는 감정의 전염과 상호 시선 및 시선 따라잡기(음성 및 자세 교환도 매우 자주 이루어짐)를 통해 주변 사람들이 느끼는 감정과 우리를 연결시켜 준다(물론 그들도 우리와 연결시켜 준다). 이러한 두 가지 종류의 관계 맺기는 뇌의 서로 다른 영역에 의해 매개된다(Vogeley 2017)(발달 심리학, 현상학, 신경과학 등의 증거에 대해서는 Tantam 2017 참조).

## 세계와 대상

서유럽인들은 17세기 이후로 점차 다양하고 다문화적인 세계에서 그들의 위치에 대해 더 많이 인식하게 되었다. 세계는 식민지 개척과 제국 건설을 위한 거의 무한한 기회를 제공하는 것처럼 보였다. 수세기가 지나면서, 이 세계를 가로지르는 접근법의 한계가 분명해졌다. 키르케고르는 이러한 지적 식민주의를 거부한 초기 사례이다. 그는 특히 헤겔의 철학 체계에 대한 제국주의적 주장에 반대했다. 키르케고르가 강조한 것은 신앙인과 신 사이의 개인적인 관계였으며, 이는 그 개인에게만 고유한 것이었다. 그러나 키르케고르(1941, p.382)는 또한 신앙인을 성찰을 멈추고 자기 외부의 어떤 것에 의해 부름을 받은 사람으로 묘사했다: "외재성 (外在性)은 잠자는 자를 깨우는 파수꾼이고, 외재성은 사람에게 간청하는 어머니이며, 외재성은 잠든 병사를 깨우는 점호이고, 외재성은 위대한 노력을 하도록 도와주는 기상나팔이다...."

에스토니아의 생물학자 폰 웍스퀼(von Uexküll)은 모든 유기체가 자신의 개인적인 세계를 특정한 감각 기관에 따라 각기 다른 관점으로 바라본다(움벨트, Umwelt)고 제안하면서 매력적이면서도 단순한 패러다임을 보다 후에 제시했다.

진드기의 움벨트(Umwelt)에 대한 그의 설명은 특히 대중의 상상력을 사로잡았지만, 지금은 폰 웍스퀼(von Uexküll)의 책보다는 조르조 아감벤(Giorgio Agamben 2010, p.46)의 버전에서 주로 인용되고 있다:

이 눈 없는 동물은 빛에 대한 피부의 일반적인 민감성만으로 자신의 사냥터로 가는 길을 찾는다. 이 눈멀고 귀 먹은 도둑은 후각을 통해서만 먹잇감이 다가오는 것을 알 수 있다. 모든 포유류의 피지선에서 나오는 부티르산 냄새는 진드기에게 신호로 작용하여 자신의 자리를 버리고 먹이를 향해 맹목적으로 아래로 떨어지게 한다. 운 좋게도 따뜻한 물체(정확한 온도에 민감한 기관을 통해 감지)에 떨어지면 먹이인 온혈동물에 도달한 것이고, 그 이후에는 촉각의 도움만 있으면 털이 가장 적은 곳을 찾아 먹이의 피부 조직에 머리까지 파묻을 수 있다. 이제 진드기는 따뜻한 피를 천천히 빨아들일 수 있다.

자기-성찰을 하는 진드기는 적절한 자극이 행동을 촉발하기 전까지는 자신이 피를 빨아들이는 야만적인 능력을 가지고 있다는 사실을 알지 못한 채 풀잎 위에 수년 동안 머물러 있을지도 모른다. 따라서 우리는 성찰을 통해 다른 사람을 이해하는 것뿐만 아니라, 세상이 우리에게서 어떤 행동을 이끌어낼 수 있는지 이해해야 한다.

후설과 다른 사람들은 이러한 인간적 상황의 비유에 영향을 받았다. 후설은 지각 세계의 비유를 사용하여 지각 세계를 경계 짓는, 따라서 우리가 의도하거나 도달할 수 있는 것을 제한하는 '지평'이라는 개념을 도입했다. 하이데거는 이 용어를 채택하여 다른 존재 등을 포함하여 손에 닿을 준비가 되어 있는 사물의 총체라고 정의했다.

폰 윅스퀼(von Uexküll)이 제안한 움벨트(Umwelt) 개념은 부티르산에 대한 감각 반응을 포유류의 피지선이라는 세상의 대상과 짝을 이룬다. 진드기가 식물을 붙잡고 있는 이유를 알고 싶은 사람은 부티르산(butyric)이 자극이라는 것을 생각해야 한다. 어떤 사람의 놀란 반응을 이해하려면 그 반응이 소총 총소리가 난 직후에 일어났으며 그 사람이 최근에 "트라우마"를 남긴 총격전을 겪은 적이 있다는 사실을 알아야 할 수도 있다. 전부는 아니지만 대부분의 치료자가 다른 사람을 이해하기 위해서는 과거(예시에서는 총격전에서 살아남은 경험)와 현재(이전에 제시한 예시에서는 총소리를 들은 경험)의 '세계'를 이해해야 한다고 가정한다.

콘(Cohn 1993)은 이러한 이유로 하이데거의 움벨트(Umwelt) 개념을 집단 심리치료에 중요한 기여를 한 것으로 간주하고, 집단분석 심리치료가 집단 구성원 간의 연결("넥서스, the nexus")과 집단 외부의 연결("플렉서스 the plexus")을 강조하는 것에 박수를 보냈다. 폴크스를 따르는 사람들은 종종 폴크스(Foulkes)의 넥서스 모형을 신경계의 대량 작용에 대한 골드스타인(Goldstein)의 생각에 기인한다고 말하지만, 그는 모레노(Moreno)와 모레노의 소시오그램 또는 지금 우리가 말하는 소셜 네트워크에 대한 연구에 영향을 받았을 가능성이 높다.

진드기는 학습하는 것으로 알려져 있지 않다. 부티르산(butyric) 반사는 유선으로 연결되어 있다. 현대의 신경망 이론은 골드스타인의 임상적 직관 이후 상당히 발전했으며 학습을 수용하고 있다. 사실 신경망의 학습 가능성은 신경망이 무엇을 학습했는지 명확하지 않은 경우가 많다는 점에서 매우 흥미롭다. 기억은 사고가 의존하는 경험의 축적에 불가분의 역할을 하기 때문에 신경망의 진실은 선험적으로 우리가 생각하는 방식에도 진실이 될 수 있다. 하이데거는 '시간'에 대한 존재와 시간 구간을 완성하지 않았으며, 시간이 지남에 따라 움벨트(Umwelt)가 어떻게 변화하는지에 대한 그의 견해는 알려지지 않았다.

프로이트 이론은 분명히 시간에 대한 질문을 쉽게 처리한다: "대상"은 내면화되고 그 대상과의 관계는 삶의 경험에 따라 갱신된다. 라캉(Lacan)은 이를 "이넨벨트(Innenwelt)"라고 부르기도 했다. 프로이트에 대해 논평하는 대부분의 실존철학자들은 하이데거처럼 회의적이었지만, 그들 중 누구도 움벨트의 시간적 전개를 다루지 않은 것 같다.

폴크스는 정서적 관계에 대한 "내적(intrapsychic)" 설명이 필요하지 않다고 주장했는데, 이는 대상관계 치료 없이도 가능하다는 의미였다. 하지만 발달과 함께 무엇이 바뀌었을까?

반면에 후설의 움벨트에 대한 후기 설명(Husserl 1989)은 내적 대상과 그 대상과의 관계라는 허구의 세계를 창조하지 않고도 발달의 여지를 남겨둔 것처럼 보인다. 움벨트에 대한 그의 완전한 발전은 사후에 출판된 『이념들 2』(Ideen II)가 나올 때까지 출판되지 않았다. 후설이 생각한 움벨트는 우리에게 '의미 있는' 환경의 실체들이다. 이 중 다수는 다른 사람들에게도 의미가 있을 것이다. 그는 다음과 같이 썼다.

나는 석탄을 난방 재료로 본다. 연료로 난방에 사용되는 것으로 인식하며, 따뜻함을 생산하기에 적절한 것으로 인식한다. [...] 나는 [가연성 물체를] 연료로 사용할 수 있다. 그것은 열 발생이 가능한 원천으로서 나에게 가치가 있다. 즉, 그것으로 방의 난방을 생산할 수 있다는 사실과 관련하여 나 자신과 다른 사람들에게 쾌적한 온기를 느낄 수 있다는 점에서 가치가 있다. [...] 다른 사람들도 같은 방식으로 그것을 이해하며, 그것은 주관적 사용 가치를 획득하고 사회적 맥락에서 인간에게 유용한 것으로서 이런저런 목적에 봉사하는 것으로 평가되며 그 자체로 가치가 있다(Husser 1989. pp.196-197).

따라서 후설에게 움벨트는 우리가 세계를 사용하는 수많은 전쟁, 즉 세계를 향한 우리의 의도가 타인과의 세계를 포함하여 세계를 만들어내는 추상화와 같다. 부분적으로 이것은 공유된 내러티브를 통해 이루어진다. 후설이 석탄 대신 소똥을 묘사했다고 가정해보자. 시골 지역의 많은 인도인들에게, 소똥은 배설물뿐만 아니라 납작하게 말린 연료를 의미한다. 납작하게 말린 소똥이 연료로 거래되는 것을 본 적이 없는 사람은 이러한 연관성을 이해하지 못할 것이다. 반대로 이를 경험해 본 사람이라면 누구나 지금 작은 구석에 있는 인도 농부와 함께 변형된 움벨트를 가지고 있을 것이다. 집단에서 내러티브를 공유하는 것은 대상관계 이론가처럼 이넨벨트(Innenwelt)가 있다고 가정하지 않고도 집단 구성원 모두의 움벨트를 넓히고, 그 내러티브에 참여하는 사람까지 확대하여 집단 구성원 간의 연결을 강화하는 한 가지 방법이다.

## 치료 집단과 상호적 뇌

제이콥 모레노(Jacob Moreno, 1945, 1952)는 상호주관성에 대한 립스(Lippsian)의 사상을 집단에 적용한 최초의 집단 치료자 중 한 명이었지만, 그는 제한 없는 상호적 뇌의 연결이 가져올 수 있는 극단적인 융합의 폭력적인 가능성도 인식하고 있었다. 모레노(1952)는 의대생 시절에 "만남으로서의 초대(Invitation to a meeting)"라는 시를 썼는데, 이 시의 첫 번째 연이다:

두 사람의 만남: 눈과 눈, 얼굴과 얼굴. 그리고 당신이 가까이 오면 나는 당신의 눈을 뽑아 내 눈 대신 넣을 것이고, 당신은 내 눈을 뽑아 당신의 눈 대신 넣을 것이며, 나는 내 눈으로 나를 바라볼 것이다.

이 파괴적인 잠재력은 키르케고르 이후의 실존 철학자들이 경고한 바 있으며 카리스마적인 지도자들에 의해 운영되는 몇몇 만남 집단에서 나타나고 있다. 집단 치료의 부작용은 입원 환자 집단(Schneibel et al. 2017)의 참가자들에게도 일반적으로 나타난다. 아마도 이러한 환경이 치료 집단에 참여하는 데 필요한 잠재력인 자율성 상실을 악화시키기 때문일 것이다.

마음의 발달과 이야기를 통해 다른 사람의 행동을 의식적으로 시뮬레이션하는 능력은 정서적 응집력, 공황 탈출 또는 전염된 분노와 같은 파괴적인 특징을 통제할 수 있게 해준다. 사회적 인지에 필요한 전전두엽 영역은 우측 측두엽으로 통하는 경로를 가지고 있으며, 이는 그럴듯하게도 이야기가 공감 반응을 억제할 수 있는 매개체가 될 수 있는 것으로 밝혀졌다. 그러나 후설이 인간관계의 기초라고 생각한 상호주관성과 비자발적인 공감 반응을 매개하는 것도 바로 이 상호적 뇌이다.

## 상호주관성과 집단분석심리치료

셸러가 54세의 나이로 사망하기 전 마지막으로 근무한 곳은 프랑크푸르트 사회과학연구소였으며, 그의 연구는 짧은 시간 후설에 대해서는 거의 연구를 하지 않았던 막스 호르크하이머(Max Horkheimer) 소장에게 높이 평가를 받았다(Türker 2013). 프랑크푸르트의 사회학과는 연구소에서 공간을 대여했고, 1929년 칼 만하임(Karl Mannheim)과 그의 연구 조수인 노버트 엘리아스(Norbert Elias)가 이곳을 사용했다. 엘리아스는 후설의 괴테에 대한 세미나에 참석했고 에디트 슈타인(Edith Stein)과는 친구관계였으며(Korte 2017) 칼 야스퍼스(Karl Jaspers)와 철학적 토론을 하기도 했으나 현상학이나 실존철학을 직접적으로 문명화 과정에 대한 그의 연구나 또는 집단심리치료의 발달에 미친 영향에 포함시킨 것으로 프랑크푸르트 정신분석연구소에 정착한 또 다른 프랑크푸르트 학생은 지그문트 푹스(Sigmund Fuchs)였다. 푹스(Fuchs)는 골드스타인(Goldstein)과 함께 게슈탈트 신경학을 연구하고 있었다. 그는 신경 흥분이 개별 뉴런의 행동보다는 신경망의 행동을 살펴봄으로써 가장 잘 모델링될 수 있다는 것을 증명했다(현재 우리가 신경망이라고 부르는 것).

푹스(Fuchs)는 영국으로 이주하여 이름을 S. "마이클(Michael)" 폴크스(Foulkes)로 바꾸고 엘리어스와 함께 런던에서 집단분석학회를 만들었다. 집단분석이라는 용어를 만든 사람은 만하임이었다. 그 역시 런던으로 이주하여 폴크스(Foulkes)를 만나 차를 마신 적이 있지만(Winship 2003), 영국에서 가장 영향력 있는 집단치료 접근법 중 하나임에도 집단분석이 발전하는 데 직접적인 기여는 거의 하지 못했다. 집단분석심리치료의 핵심 이론적 요소 중 하나는 '매크릭스(matrix)'로 폴크스는 이를 치료집단의 구성원들 사이에서 발달하는 상호주관적인 연결이라 설명했다(Foulkes 1973). 폴크스는 원래 집단분석을 "정신 분석적 접근법"이라고 불렀지만(Foulkes, Anthony 1957), 실존심리치료자이자 집단분석심리치료자인 한스 콘(Hans Cohn)은 이 접근이 상호주관성에 대한 현상학적 사상에 기초한 실존철학을 적용한 것임을 인정했다 (Cohn 1993).

콘은 폴크스가 남긴 집단분석에 대한 설명(Foulkes 1975)이 실존집단치료에 대한 설명으로 받아들일 수 있다고 생각했다. 반 덜젠과 함께 나는 다음 장에서 이 생각에 대해 더 자세히 살펴볼 것이다.

## 결론

전통적인 실존철학은 집단의 파괴적인 영향으로부터 개인을 보호하는 데 초점을 두고 있다. 이는 점점 더 집단에 삼켜질 두려움에 특히 민감하게 된 개인적 역사를 가진 저명한 남성 실존철학 지지자들의 일탈로 여겨지고 있다. 그러나 자유가 타인의 자유에 미치는 영향을 고려하지 않고는 우리 자신을 위해 자유를 누릴 수 없다는 것을 받아들인 여성 주창자들이 주축이 된 또 다른 실존적 전통이 있다. 나는 이에 대한 드 보부아르(de Beauvoir)의 주장과 에디트 슈타인(Edith Stein)과 막스 셸러(Max Scheler)의 연구와 연결해서 인간관계에서 '호혜성(reciprocity)'이라는 근본 원리를 체계적으로 정리한 그녀의 설명을 자세히 살펴봤다.

이는 자유가 중요한 가치가 아니라고 말하는 것이 아니며, 그 과정에서 감정의 소멸을 바라면서 여러 남성 실존철학자들이 자유와 함께 추구했던 무정함이 심리치료의 변화 과정에 중요한 모형이라는 것도 아니다. 그러나 상호주관성과 호혜성의 가치없이 순수하게 자유에 초점을 맞춘 실존철학이 집단심리치료에 적용될 수 있을지는 증명되지 않았다.

그러나 여성 실존철학자들의 관점이 배제되지 않은 확장된 실존철학이 집단에 적용될 수 있는 가능성은 분명히 존재한다. 이어지는 장에서 언급되거나 다루고 있는 철학자들을 포함해서 실존적 접근에서 영감을 얻었다고 여겨지는 상담을 하는 치료자들이 있지만 실존적 집단치료에 대한 체계적인 이론은 없었다. 어쩌면 남성 현상학적 실존주의 철학자들의 조현병적 두려움에 막혀 있었는지도 모른다. 시대가 변하고 있으며 바라기는 이 장을 읽는 독자들이 체계적인 실존적 집단심리치료를 개발한 영감을 얻었으면 한다.

# 27

## 실존적 집단치료
## 방법 및 실제

Digby Tantam and Emmy van Deurzen

## 서론

　다른 사람들과 함께 하는 모임에 참여하는 것은 너무나 일반적이고 일상적인 활동이기 때문에 우리는 이를 당연하게 여기며 거의 돌아보지 않는다. 우리는 모두 가족 집단의 일원이고 학교생활에서도 서열에 따라 우리의 위치를 찾는 법을 배운다. 이러한 가정과 학교생활의 경험은 우리가 깨닫지 못하는 사이에 우리의 마음 상태에 놀라운 변화를 일으킨다. 우리는 일생 동안 직장, 여가 활동, 진학 또는 고등 교육 및 기타 여러 상황에서 기존 집단에 자신을 편입시켜야 하는 상황을 마주하게 된다(Deurzen 2013). 우리 자신을 새로운 집단에 소개하는 것은 많은 사람들에게 불안한 자의식을 만든다. 그러나 그 반대, 즉 소속감의 경험은 집단에 의해 유도될 수도 있다. 합창단에서 노래하고, 팀을 꾸려 일하고, 다수가 함께 행진하는 것에 모두 고양되는 감정을 경험할 수 있으며 우리의 개인적인 책임감으로부터 안도감을 가져오는 집단 과제에 대한 이타적인 순응상태를 유도할 수 있다. 다른 사람들과 함께 있는 것은 인간 존재의 필수적인 부분이기 때문에(Heidegger 1927; Husserl 1925) 우리가 다른 사람들과 함께 있는 방식을 실험하는 것은 중요한 실존적 치료 활동이 될 수 있다(Tantam and Deurzen 2005).
　실존주의 집단 치료는 널리 인정받는 집단 치료 방법으로 확립되어 있지 않지만, 많은 심리 건강이나 교육적 환경에서 집단 활동을 하는 사람들에 의해 실존적 주제에 대한 강조가 그들의 일에 중요하다고 느끼고 있다(Yalom 1980, 2005; Tantam 2005).

## 다양한 형태의 실존적 집단 치료

이전 장에서 본 것처럼 체계적인 실존적 집단심리치료가 존재하지는 않지만 실존적 전통과 강하게 동일시하는 집단 심리치료자들이 있다.

예를 들어, 뉴욕에서 진료소를 설립한 헝가리 정신과 의사 토마스 호라(Thomas Hora)는 집단 치료의 정신적 근거를 실존주의와 현상학 철학에서 찾았다. 그는 "메타정신의학(metapsychiatry)"이라는 것을 창안했으며, 그의 생각을 전파하기 위해 PAGL이라는 재단이 여전히 존재한다. 그에 따르면 이러한 사상은 선, 기독교, 실존주의 사상 및 기타 영적 원천에서 비롯된 것이다. PAGL은 평화(Peace), 확신(Assurance), 감사(Gratitude), 사랑(Love)의 약자로, 호라(Hora)의 연구는 종교적 사상과 실존적 사상을 무차별적으로 혼합한 것이다. PAGL 재단의 2018년 겨울 뉴스레터에 따르면 메타정신의학은 두 가지 질문에 대한 답변이다: 1. 보이는 것의 의미는 무엇인가? 2. 진짜란 무엇인가? (Anon 2018, p.4).

휴 멀란(Hugh Mullan)은 기존의 집단 심리치료 관행에 불만을 느끼고 실존주의 사상을 개척한 또 다른 정신과 의사였다. 그는 롤로 메이(Rollo May)의 연구를 통해 이러한 사상을 알게 되었다. 당시의 실존주의에 대한 인본주의적 관점은 주로 선택에 직면하고(Mullan 1992) "본래성(authentic)"을 갖는다는 의미로 해석되었다. 초기 인본주의 집단 치료사들은 종종 '본래적이 되는 것'을 자발적이고 억압이 없는 것으로 해석했다. 멀란 자신의 집단 구성원들에게도 이를 권장했으며, 그 결과를 "상호성(mutuality)"이라고 불렀다. 상호성은 치료사의 권위가 줄어들고 다른 집단 구성원의 보살핌이 증가함으로써 장려될 수 있다고 멀란은 생각했다(Anon 2018). 물론 치료자가 자신이 평범한 집단 구성원에 지나지 않는다고 주장하지만 집단 구성원을 유지하거나 제거할 수 있는 권한을 가지게 되는 경우 상호성은 가짜이거나 집단 구성원에 대한 더 큰 통제력을 얻기 위한 수단일 수 있다. 라이트(Wright, 2014)는 멀란의 집단 내 행동을 "'상당히 비정통적(quite unorthodox)'이라고 묘사했다. 그는 자신의 꿈을 이야기하고, 감정을 드러내고, 비논리적인 연상을 하고, 때로는 당황스럽고 '좋지 않은', 심지어 전통적인 관점에서 보면 이상한 방식으로 행동하기도 했다." (Wright 2014, p.25).

버나드 프랭클(Bernard Frankel)은 집단 심리치료의 핵심이 되는 실존적 아이디어를 고려한 다음(그의 목록은 이전 장의 제목과 매우 유사함), 자신이 속한 집단에서 그 예를 제시한다. 그의 실존적 지향성은 집단에서 중요한 것으로 선택한 내용과 과정에서 분명하게 드러난다. 그러나 실존적 사상이 그의 개입에 미치는 영향은 변칙적으로 보인다. 그가 실존적 사상의 영향을 받았다고 언급하는 개입에는 집단 구성원에게 소리를 지르고, 집단을 대변하고, 돈을 받는 것이 집단 치료사로서 자신의 주된 동기라고 암시하고, 집단 구성원에게 이혼 소송에서 자신의 재산을 숨기도록 암묵적으로 장려하는 것 등이 있다(Frankel 2002). 우리는 "실존적"으로 묘사되는 이러한 개입을 받아들이는 데 매우 신중해야 한다. 이러한 개입은 심리치료의 인본주의적 전통에 속하는 것으로 보는 것이 더 일반적이며, 1960년대와 1970년대에 이러한 개입이 일반적이었던 만남 집단의 움직임과도 일치한다.

로널드 랭(Ronald Laing)도 정신과 의사였지만, 고등 교육과정에서 일반적인 정신과 보다는 심리치료를 선택했다. 멀란과 마찬가지로 랭은 환자에 대한 비정통적이고 제한되지 않은 접근으로 유명했다. 랭은 개인 심리치료사로서 개인 진료소를 운영했으며, 우리가 아는 한 타비스톡(Tavistock)에서 일했음에도 불구하고 집단 심리치료에 대한 특별한 훈련을 받은 적은 없다. 그러나 그는 스코틀랜드 글래스고에 있는 가트나벨 병원(Gartnavel Hospital in Glasgow)에서 수련의 정신과 의사로 일하면서 접한 치료 공동체 운동의 영향을 받았다. 처음에는 자신이 공동 설립한 필라델피아 협회의 후원자로, 그 후에는 다른 단체의 후원자로 사회 정신의학 실험에 공동체 집단과 공동체 생활을 활용했다.

그는 자신의 집단 작업을 "사회 현상학(social phenomenology)"이라고 불렀으며, 사람들이 진단이나 항정신병 약물 처방으로 이어지지 않고 서로가 원하는 삶의 방식을 실험할 수 있는 안전한 피난처(문자 그대로의 의미에서 정신병원)를 만드는 것이 목적이었다. 킹슬리 홀(Kingsley Hall)은 이러한 공동 치료 실험 중 첫 번째 사례였다. 여기에서도 공식적이거나 구조화된 실존적 집단 작업보다는 무의식과 자발성에 관한 것이 훨씬 더 중요했다. 랭은 특히 인간의 사회적 역할, 경쟁, 희소성에 초점을 맞춘 사르트르(Sartre)의 후기 저작(Laing, Cooper 1964)에 대한 소개서를 데이비드 쿠퍼(David Cooper)와 함께 썼다. 그는 이 작품과 실존주의 철학 전반, 특히 사르트르의 『존재와 무』(Being and Nothingness)(Sartre 1943/1956)에서 인간관계에 대한 분석과 『방법의 탐구』(Search for a Method)(Sartre 1960/1968)에서의 후기 연구에 명백히 영향을 받았다. 랭은 이러한 철학적 통찰을 타비스톡(Tavistock) 인간관계연구소에서 일하면서 수행한 가족 의사소통 패턴에 대한 초기(결함이 있는 것으로 밝혀진) 연구와 결합했다. 그는 자신의 저서 『자신과 타인』(Self and Others)(Laing 1961)에서 관찰한 내용을 바탕으로 새로운 대인관계 이론을 만들기 시작했다(Laing, Phillipson, Lee 1966). 그는 이 새로운 이론을 사용하여 다른 분야 중에서도 특히 집단 심리치료에서 발췌한 내용을 조명했다. 랭은 사르트르에게서 다른 사람들이 우리에 대해 어떻게 생각하는지의 중요성을 가져왔다. 쿠퍼는 "대인 지각 이론(interpersonal perception theory)"이 특히 집단 심리치료에 적용될 수 있다고 제안했는데, 이는 이러한 "메타 지각(meta-perceptions)"을 전면에 내세우고 집단 구성원이 다른 집단 구성원에 대한 자신의 메타 지각을 다른 사람이 자신에 대해 말하는 것과 비교할 수 있는 기회를 제공하기 때문이다(Cooper 2007). 랭의 저서 『Knots』(1970)는 그가 가족 및 집단 심리치료 회기에서 사람들에게서 관찰한 의사소통과 사회적 교류의 패턴을 요약한 것이다. 이 책은 인간 의사소통의 부정적 측면, 특히 한 가지 행동이나 말을 하면 저주를 받고 다른 행동이나 말을 해도 저주를 받는 이중구속 현상을 완벽하게 보여준다. 이중구속의 개념을 도입한 것은 베이트슨(Bateson)이었고, 랭(Laing)은 이를 병리적 상호작용에 대한 설명에 성공적으로 적용했다. 타비스톡(Tavistock)에서 일하면서 아론 에스터슨(Aron Esterson)과 함께 『정신, 광기 그리고 가족』(*Sanity, Madness and the Family*)(Laing, Esterson 1964)이라는 책을 출판하기도 했는데, 이 책 역시 에스터슨(Esterson)의 영향을 많이 받았다고 한다. 가족 집단의 상호작용에 대한 랭 자신의 견해는 그의 저서 『가족의 정치』(*Politics of the Family*)(Laing 1971)에서 더 정확하게 묘사되었는데, 여기서 그는 가족이 종종 아이들에게 매우 나쁜 영향을 미친다고 생각한다는 점을 분명히 했다. 이 책에서 그는 가족이란 사람들이 한 개인의 관계에 영향을 주고 조건화하는 복잡한 권력 구조에 노출되는 시스템 또는 집단이라고 말했다. 이는 집단과 가족이 그 시대의 전형적인 개인에게 미치는 영향에 대한 어두운 견해이다.

장기 집단과의 연구를 실존적으로 묘사하는 현대 집단 심리치료사들은 종종 멀란과 랭이 가장 영향력이 컸던 시기를 돌아보며, 일반적으로 집단 심리치료의 최고 정점이라고 설명한다. 이들은 구글이 디지털화한 500만 권의 도서에서 집단 심리치료의 등장 빈도를 검색 관련 API인 엔그램 뷰어(Ngram viewer)에서 찾아볼 수 있다는 점을 인용한다(Frankel 2002, Vitemb 2018). "집단 심리 치료"에 대한 언급은 1960년대와 1970년대에 가장 빈번했으며 이후로 감소했다. 1960년대와 1970년대에 집단 심리치료에 대해 글을 썼던 사람들은 이제 노인이 되었고, 삶에서 죽음의 중요성에 점점 더 몰두하고 있다고 비템(Vitemb 2018)은 주장한다.

따라서 이 연령대에서는 자율성이나 자유에 대한 관심보다 죽음에 대한 실존적 글쓰기가 더 중요할 수 있다. 그녀의 말이 맞을지도 모른다. 동일한 책 모음에서 '실존적'이라는 단어의 사용은 1969년 엔그램 뷰어(Ngram viewer)에서 최고조에 달했다가 1985년 최저치로 떨어졌지만 그 이후 꾸준히 증가해 왔다. 비템(Vitemb 2018)은 고립, 타인의 시선에서의 가치 상실, 죽음에 대한 우려가 일반적인 토론 주제인 노인들을 위한 실존적 노선을 따라 운영되는 집단에 대해 설명한다.

실존적 문제가 집단 상호작용의 중요한 부분이라는 사실을 발견하고 실존심리치료사가 되기 전에 집단 심리치료(Yalom, Leszcz 2005)를 했던 정신과 의사인 어빈 얄롬(Irvin Yalom)도 상실과 죽음에 관한 문제에 더 많은 관심을 갖게 되었다(Yalom 1980). 그는 자신의 나이가 들어감에 따라 늙어가는 내담자에게 점점 더 많은 관심을 갖게 되었다고 보고한다(28장 참조). 그는 단기 집단 치료(Yalom and Greaves 1977; Spiegel and Yalom 1978)를 포함하여 시한부 환자들을 위한 치료에 상당한 기여를 했지만, 이 장이 출판된 시점에 가장 잘 알려진 실존 심리치료사이자 집단 심리치료에 관한 유명한 책의 저자이기도 하다. 그는 인터뷰와 최근 자서전(Yalom 2017)에서 자신이 두 분야 간의 교차점을 거의 만들지 않았다고 인정하고 있다. 얄롬의 집단 접근법은 유럽 철학의 주류에서 벗어나 그의 대인관계 방법을 발전시킨 해리 스택 설리번(Harry Stack Sullivan)의 영향을 많이 받았다. 전이성 유방암 여성을 대상으로 한 슈피겔(Spiegel)과 얄롬의 집단 심리치료를 레슈츠와 굿윈(Leszcz and Goodwin 1998)이 재현하여 수행한 연구에서 나타난 몇 가지 집단 주제를 요약해 보았다. 8개 중 2개는 치료에 대한 실질적인 문제, 2개는 가족 및 의료진과의 관계, 1개는 집단 기능, 3개는 실존적, 삶의 우선순위와 가치관 변화, 변화하는 신체 이미지와 자존감의 기초, 죽음에 직면하는 문제였다. 가족 문제는 매달 열리는 가족 회의와 실존적 영향을 받은 개입을 통해 다루었다. 죽음과 임종에 대한 우려는 종종 고통스러워하거나 혼자 죽는 것에 대한 두려움 등 죽음의 과정에 대한 것으로 밝혀졌다. 이러한 우려는 집단 구성원들이 장례식 음악을 선택하는 등 죽음을 위한 구체적인 계획을 세우도록 장려함으로써 해결되었다.

26장과 이 책의 도입부에서 언급했듯이, 한스 콘(Hans Cohn)은 26장에서 그 기원을 살펴본 '집단 분석(group analysis)'에서의 예시처럼 영국의 실존적 전통과 집단 치료의 연관성에 대해 명시적으로 글을 쓴 몇 안 되는 실천가 중 한 명이다. 그는 특히 마이클 폴크스(S.H. "Michael" Foulkes)에 의해 사용된 방법들과 하이데거의 이론들 사이의 유사점들에 주목했다. 이 논문의 발췌 내용이 주요 본문 장에 포함되어 있다. 우리 중 한 사람(DT)은 집단 분석의 실존적 관련성에 대한 유사성을 주장했지만, 다소 다른 근거로 주장했다(Tantam 1991; Tantam 2005).

빅터 프랭클(Viktor Frankl)이 무의미 경험에 대한 임상적이고 개인적인 관찰을 통해 개발한 실존적 접근법인 로고테라피(Logotherapy)는 사별, 불치병 또는 기타 재앙으로 인한 삶의 위기에 직면한 사람들을 위한 집단 치료의 선택방법으로 자리매김하기 시작했다. 알프리드 랑글(Alfried Längle)은 제4부에서 이야기했으며 제6부 35장에서 이에 대한 추가적인 언급이 있을 것이다.

어니스트 베커(Ernest Becker)는 실존적 불안에 대한 하이데거의 사상을 적용하여 "공포관리이론(terror management theory)"을 개발했다. 공포관리이론은 개인 심리학에 널리 적용되었지만, 심리 치료에 적용하는 것은 훨씬 더 제한적이며 우리가 알고 있는 집단 심리 치료에는 적용되지 않았다(Lewis 2014).

## 실존적 집단심리치료의 주제

### 한계 및 경계

도로시 스톡 휘태커(Dorothy Stock Whitaker)는 현직 집단 치료사이자 사회사업학 교수였다. 그녀의 훈련은 집단치료분석에 대한 비온(Bion)의 클라이니안 접근법(Kleinian approach)과

커트 르윈(Kurt Lewin)의 영감을 받은 T-집단을 독특하게 혼합한 것이었다. 그녀의 매우 실용적인 치료 교과서(Whitaker 2001)는 훈련생보다 숙련된 치료자들에게 더 많은 영감을 준다. 후자는 제목에 "도움(help)"을 제공한다는 언급이 있거나 이론적 양식에 대한 명백한 연관성이 없기 때문에 치료자들이 사용을 꺼릴 수 있다. 휘태커(Whitaker)는 그녀의 책에서 실존적 치료를 언급하지 않지만, 야스퍼스(Jaspers)가 사용하는 "한계 상황(limit situation)", 틸리히(Tillich)와 얄롬(Yalom)이 사용한 "궁극적인 관심사(ultimate concern)" 또는 후설(Husserl)이 사용하는 "지평(horizon)"의 개념과 매우 유사한 개념인 "프런티어(frontier)"라는 개념을 사용한다. 그녀는 한계를 개인 삶의 공간 경계라고 설명하지만, 이를 설명할 때 억제(restraining)하는 힘과 동기 부여(motivating)하는 힘 사이의 평형이라는 르윈의 개념과의 관계가 떠오른다. 한계에 대한 그녀의 정의는 책의 초판과 2판에서 다소 달라졌다. 초판에서는 한계를 초월하는 것이 불안감을 유발하기 때문에 위험한 일이라고 했다. 2판에서 휘태커는 어떤 사람들은 자신의 경계를 넘어서고 싶어 한다는 것을 인정하고 이것이 긍정적인 것일 수 있음을 암시한다. 그녀는 경계가 무너진 상태, 즉 내부에서 무너진 상태는 고려하지 않지만, 한계 상황에 놓여 한계를 넘어선 사람들에게 이런 일이 일어날 수 있음을 고려한다.

휘태커는 효과적인 변화나 치료는 집단 구성원들의 불안이 너무 크지도 않고 너무 적지도 않은 치료적 한계 내에 있을 때만 일어날 수 있다고 주장한다. 그녀는 불안감을 증가시키거나 감소시킬 수 있는 많은 구조적인 요소들을 다루고 있으며, 이러한 것들을 올바르게 파악하는 것이 효과적인 집단 작업의 필수적인 전제조건이라고 주장한다.

## 학습을 위한 자유

실존적 집단은 일반적으로 참가자들이 자신이 어떤 존재가 될 수 있는지 실험함으로써 자유를 증진할 수 있는 기회를 제공한다는 점을 강조한다. 사람들은 집단에 속한 다른 사람들과 실제 관계를 맺으며 자신의 삶의 경험을 탐구하고 다른 사람들의 세계에 대한 자신의 반응에 대해 무언가를 발견한다. 이 과정에서 그들은 자신의 개인적 한계와 가능성을 발견하게 된다. 실존적 집단 작업은 1940년대, 1950년대, 1960년대의 훈련 집단(training groups)과 참만남 집단(encounter groups)에서 성장했다(Lieberman, Yalom, Miles 1973; de Board 1978). 커트 르윈(Kurt Lewin)의 연구는 참만남 운동(encounter movement)과 관련된 광범위한 영역을 열었으며, 특히 자유방임적이거나 독재적인 방식이 아닌 민주적으로 집단을 운영해야 할 필요성에 대한 그의 이해는 새로운 유형의 실존적 기반 집단 작업을 찾는 데 귀중한 역할을 했다. 칼 로저스(Carl Rogers)의 참만남 집단에 관한 연구(Rogers 1970)는 그러한 집단을 촉진하는 실존적 방법에 대한 청사진을 제공했다.

그는 진행자가 거리를 두는 대신에 집단 구성원들과 직접적이고 공정하며 그리고 존중하면서도 진정으로 참여한다면, 사람들은 점차 서로에게 더 진실하게 자신을 표현하는 법을 배운다는 것을 발견했다. 로저스는 이것이 다음과 같은 결과로 이어진다는 것을 보여주었다:

1. 타인에 대한 개인적인 태도와 행동의 변화 가능성, 개인으로서의 자신에 대한 태도와 행동의 변화 가능성
2. 사람들은 서로의 말을 경청하고 서로에게서 많은 것을 배운다. 그들은 함께 학습 커뮤니티를 구축하여 실험하기에 충분히 안전하다고 느낀다.
3. 사람들이 다른 사람들에게 어떻게 보이는지, 다른 사람들에게 미치는 영향에 대해 배우면서 피드백이 증가한다.
4. 새로운 아이디어, 개념, 가능성에 대한 감각이 향상되기 시작한다. 대인관계의 자유가 확대된다.
5. 학습이 외부 관계로 이어진다.

그는 각각의 실존주의/인본주의 집단이 거치는 단계를 다음과 같이 설명했다 :

단계:

1. 둘러보기: 피상적인 방식으로 서로를 알아가면서 각 사람이 누구인지, 집단과 서로에게 무엇을 기대할 수 있는지 파악하려고 노력한다.
2. 개인적인 표현과 탐색에 대한 저항: 사람들은 방어적이고 자기 보호적이며, 사회적 친절이나 침묵 뒤에 숨어 있다.
3. 과거 감정에 대한 설명: 집단 내 일부 사람들이 개인적인 과거 경험을 보다 심도 있게 언급하기 시작한다. 이 단계는 스토리텔링의 단계이다.
4. 부정적인 감정의 표현: 참여자들이 집단과 진행자에 대해 어떻게 느끼는지 말하기 시작하면 보통 비판으로 시작된다.
5. 진행자가 숙련되고 세심한 주의를 기울여 불편함을 더 깊이 탐구할 수 있는 경우 개인적으로 의미 있는 소재의 표현 및 탐색을 한다.
6. 사람들이 서로를 신뢰하기 시작하면서 집단 내 다른 사람들의 삶과 세상에 대해 느끼는 방식에 대해 조금 더 많이 들으면서 집단 내에서 즉각적인 대인 관계 감정을 표현한다.
7. 사람들이 서로를 배려하기 시작하고 서로의 유사점과 차이점을 인식하고 존중하기 시작하면서 집단 내 치유 능력이 발달한다.
8. 사람들이 실제보다 더 많은 것을 가장하는 대신 자신의 진짜 모습을 과감하게 보여

줌으로써 허위의식에 균열이 생긴다.

9. 서로에 대한 진정한 인식이 사람들의 관계 방식에 동기를 강화하고, 사람들은 실제로 다른 사람들이 자신에게서 보는 것을 듣기 시작할 수 있기 때문에 개인은 피드백을 받는다.

10. 특히 진행자가 안전하고 공정한 대결을 모델링함으로써 현실과 개인적인 문제 모두에 대해 대면이 더욱 가능해진다.

11. 참여자들이 다른 사람과의 관계에서 새로운 자신감과 새로운 기술을 습득하면서 집단 외부에서도 도움을 주고받는 관계가 발전하기 시작한다.

12. 가면을 벗고 솔직하고 공정한 방식으로 사람들과 직접 접촉하는 기본적인 만남을 가진다.

13. 긍정적인 감정과 친밀감의 표현은 이제 안정감과 신뢰감을 가지게 할 수 있다. 사람들은 종종 많은 사람들 앞에서 기분이 좋아질 수 있다는 사실에 놀라워한다.

14. 집단이 고유한 성격과 삶을 갖게 되면서 집단 내 행동이 변화한다. 사람들은 이제 집단에 대한 진정한 헌신을 표현하며, 이는 삶을 변화시키는 것으로 인정받는다.

## 구조적 실존분석(Structural existential analysis)

로저스(Rogers)의 참만남 집단 모형은 민주적이며 깊이 있고, 개인적인 방식으로 집단을 진행하는 방식에 대한 지침을 제공하지만, 얄롬(Yalom)과 밴 덜젠(van Deurzen)의 연구는 집단의 많은 문제가 실존적이라는 것을 사람들에게 상기시키는 것이 중요하다는 것을 보여주었다. 많은 실존치료자들이 실존 모형을 사용하여 말기 암 환자나 다른 방식으로 사형 선고를 받은 사람들과 함께 작업해 왔다(Yalom 1980, 2005). 실존적 집단에서의 작업에 대한 얄롬의 설명은 그의 소설 『쇼펜하우어 치료법』(The Schopenhauer Cure)(Yalom 2015)과 집단 작업에 대한 일련의 비디오 녹화에서 성공적으로 극화되었다. 이에 대해서는 다른 부분에서 더 자세히 설명한다.

우리 중 한 명(EvD)은 실존적 집단 작업의 임무가 사람들이 일상적인 토론에서 결코 하지 않을 많은 것들을 스스로 도전하면서 그들의 삶에 조금 더 깊이 파고들 수 있도록 하는 것이라고 주장했다.

• 그들은 그들의 삶을 지탱하는 철학적 문제와 가치를 과감히 탐구하도록 격려 받아야 한다. 실존적 집단은 다른 사람들과 그들에게 정말로 중요한 것들에 대해 서로 존중하는 대화를 나누면서 교류할 수 있는 특별한 곳이다. 만약 진행자가 이 목표를 유지한다면, 사람들은

깊이와 폭을 넓혀 서로 안전하게 교류하는 법을 배우며 삶과 그에 대한 자신의 견해를 점점 더 잘 이해할 수 있게 된다.

- 진행자는 강인한 인품, 공정성, 사람들에게 중요한 것이 무엇이든 기꺼이 참여하려는 의지의 모범을 보여야 한다. 이를 통해 참가자들은 서로를 조롱하거나 공격하거나 서로의 입장을 가볍게 여기지 않고 서로의 세계관에 도전하는 방식으로 토론이 발전할 수 있다. 이러한 개방의 과정을 통해 사람들은 자신이 누구인지, 자신이 무엇을 지지하는지, 세상에서 어떤 존재가 되고 싶은지 깨닫게 된다. 물론 이런 종류의 탐구는 현실에 머물러야 하며 항상 각 개인의 주어진 가능성과 한계라는 맥락 안에서 이루어져야 한다.

- 따라서 진행자가 시작하는 과정은 종종 자기 기만적인 습관을 가진 사람들을 부드럽게 대면하여 사람들이 스스로에게 더 진실해질 수 있도록 하는 것이다. 진실을 추구하기 위해 스스로에게 도전하는 법을 배워야만 다른 사람에게도 진실해질 수 있다. 그럴 때 우리가 가지고 있는 가면이 무너지기 시작하고, 우리는 집단의 현실과 다른 사람들의 감정과 경험에 훨씬 더 심오하고 직접적인 방식으로 참여할 수 있다. 이 과정은 안전하고, 조심스럽고, 친절하지만 그럼에도 불구하고 솔직한 피드백을 주고받는 것을 기반으로 한다.

- 참여자들은 그들의 종교적 신념이나 가장 비밀스러운 욕망, 혹은 과거에 행했거나 생각했던 것을 부끄러워하는 것과 같이 이전에 금기시되었던 것들에 대해 이야기하기 시작할 때 매우 흥분하기 시작한다. 참여자들이 우리 모두가 공통적으로 가지고 있지만 서로 다른 방식으로 대처하는 인간 문제에 대해 이야기할 수 있다는 것을 발견할 때, 인류에 대한 희망이 생겨난다. 이는 지극히 개인적인 문제에 대한 탐구와 우리 각자의 경험이 우리 모두에게 영향을 미치는 보편적이고 인간적인 문제의 예시라는 철학적 이해가 균형을 이룰 때에만 가능하다. 우리는 모두 죽지만, 우리의 삶에서 죽음과 직접적으로 마주할 때 우리는 죽음에 대해 매우 다르게 생각한다. 죽음에 대한 탐색은 항상 일반적이기보다는 구체적이다.

- 실존적 집단에서는 종종 시간의 흐름에 대한 인식이 커지고 있다. 비슷한 연령대의 사람들로 구성된 집단이든 다양한 연령대의 사람들로 구성된 집단이든 사람들은 인생의 여러 단계에 대해 이야기한다. 위기와 재난, 상실과 실망에 대해 본래성 있는 대화를 나누는 사람들은 시간이 흐르고 인생이 짧아지고 있다는 느낌을 받게 된다. 참여자들은 서로의 차이와 유사성에 대한 토론을 통해 인생의 어느 지점에 와 있는지를 더 잘 인식하고 새로운 방향성을 얻게 된다.

- 이러한 신뢰감 있는 환경에서 인간의 고군분투에 대한 다양한 사례를 듣다 보면 사람들은 이전에 가지지 못했던 관점을 얻게 된다. 시간이 지나면 인간 삶의 어려움을 훨씬 더 잘 이

해하게 되고, 주변의 다른 사람들이 자신의 도전과 고난에 용감하게 대처하는 모습을 보면서 두려움을 덜 느끼게 된다. 이런 식으로 사람들은 인간 조건에 대한 내면의 지도를 얻게 될 뿐만 아니라 자신의 재능과 강점을 더 명확하게 파악하여 대처할 수 있게 된다.

- 실존적 집단 진행자는 어떤 사람이 처한 상황에 대해 체계적인 현상학적 설명을 활용하고, 그 사람이 무엇을 느끼고 경험했는지, 그 사람에게 어떤 의미가 있는지, 그 사람이 처한 상황에 어떻게 관여했는지, 어떤 목적으로 그렇게 했는지에 대해 관련 질문을 던진다. 어떤 판단도 내리지 않지만 삶의 다양한 측면과 존재의 다양한 양상을 강조하고 논의한다.

- 실존적 집단은 또한 사람들이 새로운 존재 방식을 시험하며 처벌을 받지 않고 더 친밀하고 더 정직하게 실험할 수 있는 안전한 장소이기도 하다. 또한 자신의 개인적인 한계와 재능이 무엇인지 파악할 수 있으며, 다른 사람들의 이야기를 들음으로써 인간의 한계, 가능성, 모순, 역설에 대한 경험에서 많은 것을 배울 수도 있다. 이 집단은 인생에서 무엇이 효과가 있고 무엇이 재앙과 파국으로 이어지는지에 대한 진정한 정보 자원이 된다.

- 진행자는 매우 유연해야 하며 집단의 분위기나 집단 구성원 개개인의 감정에 강하게 공감할 수 있는 능력이 있어야 한다. 동시에 진행자는 명확한 사고방식과 안전에 대한 확고한 의식을 가지고 있어야 한다. 그들은 집단에서 일어나는 일을 위해 과장하거나 극적으로 만들지 않고 차분하고 수용적이며 집단 내 과정에서 균형 잡힌 감각으로 사건을 처리하는 경향이 있다.

- 실존치료자로서 훈련을 받은 집단 진행자는 종종 집단 과정뿐만 아니라 개인 작업에도 자신의 역량을 활용한다. 실존적 치료 집단에서는 두 가지 모두 똑같이 중요하다. 진행자는 사람들의 가정, 편견, 경험, 세계관을 인식하고, 사각지대를 강조하며, 편견을 드러내고, 집단 내 다른 경험과 관점을 끌어들여 관점을 넓히는 데 도움을 준다. 사건에 대한 다른 사람들의 견해를 확인하면 그 공간에서 현상학적 조사가 가능해진다. 따라서 검증 과정은 집단에 자동으로 구축된다.

- 실존적 집단의 지향점은 집단이 개인의 자아를 위한 기반을 제공하기보다는 관계의 네트워크를 구축한다는 것이다. 집단은 그 자체로 생명을 가지며 모든 구성원에게 소중한 존재가 되므로 협력, 애정, 상호 존중, 지원을 가능하게 할수록 더 가치가 커지게 된다.

- 외롭거나 버림받았다고 느꼈던 사람들에게 이런 안식처를 제공하는 모임은 사람들에게 삶이 가능하고 소중하다는 감각을 되찾게 해준다. 그들은 종종 양심의 소리를 듣기 시작한다. 다시 불안을 과감히 경험하고 자신과 세상에 대한 불안감에 귀를 기울이고 이야기함으로

써, 그들은 다르게 행동하기 위한 첫 걸음을 내딛는다. 실존적 집단에 속한 사람들은 세상으로부터 물러나는 대신 세상에 더 많이 참여하게 된다.

- 시간적인 측면에서는 모든 형태의 시간을 자유롭게 경험하는 것을 강조한다. 이 집단은 단지 현재에 관한 것이 아니다. 과거를 회상하고, 과거가 현재에 어떤 영향을 미치는지 탐구하며, 새로운 존재 방식을 미래에 투영하는 장소이기도 하다. 사람들은 때때로 상상의 비행을 하다가 다시 현실의 땅으로 돌아올 수도 있다. 각자의 세계에서 경험한 이야기와 체험을 가져와도 좋으며, 원한다면 자신의 꿈을 실현할 수 있다.

- 실존적 집단은 포용적이고 관용적이지만 기밀 유지, 상호 배려, 품위, 충성심의 경계가 명확하다. 파괴적인 행동은 용납되지 않고 언급되며 문제시된다. 사람들은 자신의 안전이 가장 중요하며 진행자와 다른 집단 구성원들이 정말 중요한 것이 무엇인지에 집중할 것이라는 믿음을 가질 수 있어야 한다. 집단은 무엇이 삶을 살 가치가 있게 만드는지 토론하고 때로는 죽고 싶은 이유에 대해서도 다룰 것이다. 사람들은 자신의 원래 목표, 의도, 가치관, 신념을 파악하게 될 것이다. 때때로 집단은 이러한 것들을 점진적으로 변화시킬 것이다. 때로는 다른 사람들에게 영향을 미치기도 한다.

- 실존적 집단은 기본적으로 살아가는 것과 의도적으로 살아가는 것의 차이를 이해하는 곳이다. 사람들은 종종 자신이 진정한 몰입 없이 그저 삶의 동작을 따라가고 있었다는 것을 깨닫게 된다. 사람들은 흔히 자신의 내면에서 중요한 일이 일어났으며 더 많은 용기와 유대감을 가지고 삶을 시작해야겠다는 영감을 받았다고 말한다. 사람들은 소속감을 느끼고 새로운 존재 방식이 가능하다는 느낌과 함께 이러한 시도를 하는 데 결코 혼자가 아니라는 느낌을 받는다.

- 이 작업은 잘 알려진 4가지 '차원적(dimensional)' 휴리스틱이라는 체계적인 접근 방식에 실질적으로 기반을 두고 있다. 이를 통해 진행자는 집단이 현재 어느 시점에 어느 위치에 있는지, 개인이 어디로 향하고 있는지 파악할 수 있는 명확한 지침을 얻을 수 있다. 또한 집단의 현재 긴장과 갈등을 인식할 수 있는 방법을 제공한다. 이 방법은 파트 2에서 설명했다. 이 방법은 개인 치료, 집단 치료, 연구에도 동일하게 적용할 수 있다(van Deurzen 2010, 2014). 실존 집단 치료에 특별히 적용되는 전체 구조 분석은 참가자가 제기하는 여러 가지 실존적 문제를 살펴보는 것을 포함한다.

집단 작업에서 이러한 모든 요소는 규범적 또는 해석적 모형이 아니라 휴리스틱 장치로 사용되어야 한다는 점을 기억해야 한다. 해석은 해석학적 방식으로 진행되며, 즉 일어나는 일에 대해 이론적이고 외부적인 해석을 강요하기보다는 상황에 있는 모든 개인의 의미를 파악하고 해석하는 방식으로 진행된다.

**1. 시간** 시간은 삶과 집단에서 중요한 문제이다. 시간에 주의를 기울이는 것은 안전한 작업의 틀을 제공하기 위해 세심하게 관찰되는 회기의 시점부터 시작된다. 진행자는 집단에서 시간이 어떻게 소비되고 있는지, 어떤 방식으로 시간이 왜곡되고, 연장되고, 단축되는지 주목한다. 각 개인이 소요하는 시간이나 개인 대 집단 문제에 소요되는 시간도 문제가 될 수 있다. 하지만 시간은 좀 더 철학적인 방식으로도 해석될 수 있다. 인간으로서 우리에게 주어진 시간을 어떻게 사용할 것인가? 과거, 현재, 미래와 관련하여 우리 자신을 어떻게 배치할 것인가? 영원한 시간과 우리의 관계는 무엇인가? 집단에서는 이러한 질문이 자동으로 던져지며, 진행자는 사람들이 이러한 문제를 고려하는 다양한 방식을 이끌어낼 수 있다. 현상학은 객관적이고 주관적인 관점에서 문제를 바라보려고 하기 때문에 집단은 현상학적 탐구를 위한 자연스러운 장소다. 현상학에서 우리는 자신의 가정을 괄호로 묶고 다양한 관점에서 상황과 경험을 바라보는 법을 배운다. 집단에서는 집단 내에 다양한 관점이 존재하기 때문에 이러한 다양한 관점에 대한 탐구가 자연스럽게 이루어진다. 한 사람이 시간이 부족하다는 생각에 사로잡히면 다른 사람은 자신의 시간적 한계와 일을 미루면서 자신의 삶에서 자신을 위한 공간을 확보하려는 방식에 대해 생각하기 시작할 수 있다. 또 다른 사람은 정반대로 순간순간을 쫓아다니며 급하거나 중요하지 않은 일까지 최대한 많은 일을 하고 있다는 사실을 깨닫게 될 수도 있다. 그 사람은 자신이 시간과의 경쟁에서 스스로를 지치게 하는 경쟁을 하고 있다는 사실을 깨닫기 시작할 수 있다. 시간이라는 주제는 이제 다른 사람에게 과거를 없애기 위해 자신의 기억과 단절했던 기억을 떠올리게 할 수 있으며, 반대로 옆에 있는 사람은 미래를 위한 계획의 필요성을 부정하는 방식을 인식하기 시작할 수 있다. 사람들이 자신의 마음을 말하고 자신의 경험을 집단에 흘려보낼 때 진행자는 현실의 다양한 측면의 중요성을 동등하게 유지하면서 모든 경험을 객관적으로 유지하는 것을 목표로 한다. 때로는 한 사람의 고충을 깊이 파고들다 보면 시간이 흐를 수도 있지만, 때로는 세상을 바라보고 시간을 다루는 다양한 방식에 대해 집단이 개방성을 되찾으면서 시간이 확장될 수도 있다. 지금 이 특정 집단에 모두가 함께 있고 서로에게 즉각적인 관심을 기울여야 한다는 사실은, 개인 치료에서 자신보다 훨씬 더 많은 것을 함께하고 있는 치료자 앞에서 외로움과 고립감을 느끼는 것보다 훨씬 더 쉽게 극한의 경험을 흡수하고 이해할 수 있는 유대감을 형성할 수 있게 해준다. 고민을 함께 나누면 의심, 후회, 걱정과 마주하며 시간의 흐름에 맞설 수 있는 동료애와 용기를 얻을 수 있다.

**2. 공간** 집단은 시간만큼이나 공간에서도 이뤄진다. 집단에게 제공되는 장소는 가능한 한 간

섭으로부터 안전해야 한다.

그 공간은 모든 사람에게 안식처가 되며, 사람들이 그 공간에서 자신을 몇 번이고 다시 찾을 수 있기를 기대할 때 비로소 적합한 공간이 된다. 종종 집단의 구성원들은 시간이 지나면 자신 안에 안전한 공간이 있다는 사실을 깨닫고 불안하거나 상실감을 느낄 때 그 공간을 위안을 얻는 원천으로 떠올릴 수 있다. 공간은 매우 확장 가능한 개념이다. 우리는 물리적 차원, 사회적 차원, 개인적 차원, 정신적 또는 이념적 차원 등 다양한 영역에서 공간을 경험한다. 이러한 공간의 모든 차원은 집단과 관련이 있다. 사람들은 필연적으로 다양한 순간에 이 모든 세계를 탐험하게 될 것이다. 집단 내에는 현재 자신의 육체적 존재와 그에 따른 세상의 물리적 공간에 대해 깊은 관심을 갖고 있는 사람들이 있다는 것이 매우 분명해질 것이다. 그들은 자신의 신체적 질병이나 약점에 집착하거나, 성적인 생각이나 특정 신체적 목표를 달성해야 한다는 생각에 사로잡혀 있을 수 있다.

공간에 대한 사람의 관계는 때때로 집단 내에서 자신의 공간을 차지하는 방식 자체에서 눈에 띄게 드러난다. 이는 다음 차원의 공간, 즉 다른 사람과의 관계에서 우리 자신의 공간을 유지하는 방식과 직접적으로 연결된다. 집단에 속한 많은 사람들이 다른 사람과의 관계에 문제를 느낀다. 예를 들어 특정 타인이 자신의 공간에 물리적으로 존재하는 것에 대해 어떻게 느끼는지 언급함으로써 타인의 존재와 그들과 공간을 공유해야 하는 방식에 대한 집착을 집단 내에서 매우 구체적이고 개인적으로 구현할 수 있다. 그러나 사회적 차원은 지배와 복종, 포용과 배제의 문제와도 관련되어 있으므로 진행자는 이를 활성화할 때 세심하게 주의를 기울여야 한다. 사회적 차원은 단순히 의사소통의 유무, 의사소통의 질과 깊이에 관한 것이기도 하다. 사람들이 소통을 방해하거나 주도하는 특정 방식이나 다양한 방식으로 소통을 관리하는 경향에 주의를 기울일 때 이를 이해하는 데 도움이 된다. 사람들 간의 토론은 사람들이 공간을 경험하는 데 관계하거나 민감하게 반응하는 다양한 방식을 빠르게 드러낼 것이다. 점차적으로 우리는 사람들이 자신을 보호하기 위해 서로 연결하거나 단절하는 이러한 다양한 방식에 대해 이야기할 것이다. 이를 통해 사람들은 세상과의 개인적인 관계에 대해 성찰하고, 이를 동료들이 행동하고 반응하는 방식과 대조할 수 있게 될 것이다. 신체적, 사회적 관계에 대한 인식이 집단 내에서 점점 더 많이 알려지고 명확해지면 진행자는 사람들이 습득하고 있는 기술과 이러한 이해를 연결할 수 있다. 이를 통해 상호 작용을 완화하고, 공간을 더 많이 실험하고, 다른 장소에 앉거나, 다른 사람을 더 가까이서 바라보거나, 특정 회기에서 사람들에게 더 많이, 또는 더 적게 말할 수 있다. 사람들은 각자가 다른 사람에게 어떻게 접근하거나 피하는지, 다른 사람을 통제하려고 노력하거나 상대방을 기쁘게 하거나 반대하는 것을 목표로 삼는지 보기 시작한다. 어떤 사람들은 침묵, 조직적인 동의 또는 다른 사람의 행동을 모방하여 가능한 한 접촉을 부정하려고 노력하면서 다른 사람들로부터 자주 또는 항상 숨는다는 것을 예민하게 인식하게 된다. 이러한 모든 긴장은 가능한 모든 다양한 관계 맺기 방법의 관점에서 설정된다. 집단에 속한 사람들은 다른 사람들과 친밀감을 느끼고 새로운 수용감과 유사성을 통해 지지를 받게 된다. 그러나 처음에는 반대하거나 심지어 무시할 수도 있는 나와 다른 사람들과의 갈등을 통해 더 많은 것을 얻게 되는 경우가 많다. 다른 사람이 적대감이나 대립을 사용하는 것을 보는 것은 평소에 사람들을 달래던 사람에게는 깨달음이 될 수 있다. 긍정을 사용하는 방법을 배우고 그러한 상황에 대한 자신의 경험에 대해 자신 있게 말하는 연습을 하는 것은 매우 자유로워질 수 있다. 사람들 사이의 대조는 모든 사람에게 새로운 시야를 열어주는 놀라운 경험으로 이어질 수 있다. 이런 종류의 실존적 모험은 개인 치료에서는 불가능하지만, 서로간의 실존적 관계 치료에서 일어날 수 있다.

개인적 차원에서도 마찬가지로 다양한 사람들에 대해 많은 것을 알 수 있다. 어떤 사람들은 자신의 많은 업적이나 성격의 강점을 자랑하면서 집단에 들어오며, 어떤 사람들은 수치심이나 내면의 공허함에 대한 자의식으로 가득 찬 채로 집단에 들어온다. 그러나 곧 모든 참가자는 아무리 잘난 척하는 자기중심적인 구성원이라도 어느 정도는 자신이 부족하다는 사실을 깊이 두려워하고 있다는 것을 깨닫게 된다. 또한 집단의 각 구성원이 특정 상황에서 자신만의 특별한 자질을 가지고 있다는 것도 분명해질 것이다. 처음에는 궁핍해 보였던 사람이 집이 침수되는 등 동료의 재난 앞에서 갑자기 너그러운 마음을 보일 수도 있다. 처음에는 모든 사람에게 공격적이던 사람이 어느 날 생명을 위협하는 질병의 유전자를 가지고 있다는 사실을 알게 된 후 눈물을 흘리며 무너질 수도 있다. 사람들은 사람마다 다르게 행동하고 반응하며 상황과 환경에 따라 다양한 방식으로 존재할 수 있다는 것을 깨닫게 되면서 역동적이고 변화무쌍한 자신의 성격을 발견하게 된다. 집단의 역동성은 우리의 실존적 이동성과 변화 및 차이에 대한 역량을 드러낸다. 이러한 실존적 통찰을 성찰하면 실존적 집단은 인간 존재의 이념적, 철학적, 영적 측면도 다루게 된다. 사람들이 더 가까워지고 신뢰가 쌓이면 자신의 신념, 가치관, 인생의 목적이 무엇인지에 대해 이야기하기 시작한다. 어려움과 도전에서 무엇을 배웠는지에 대해 서로 비교하기 시작한다. TV를 너무 많이 보거나 다른 사람을 조롱하거나 술을 마시거나 진통제를 복용하는 등 삶의 표면에 머무르며 자신의 깊이를 파고들지 않는 방식에 대해 반성하기 시작한다. 그들은 어떻게 하면 더 나은 세상을 만들 수 있을지 생각하기 시작한다. 자신이 집단이나 특정 개인에게 어떠한 가치가 있는지에 대해 피드백을 받기 시작한다. 각자 자신의 능력과 역량, 개인적인 가치에 대해 무언가를 배우게 된다. 그들은 자신이 얼마나 집단과 세상에 가치 있는 무언가로 기여하고 싶은지를 깨닫게 된다. 그들은 좋은 삶을 사는 데 중요한 것이 무엇인지에 대해 철학적으로 생각하기 시작한다. 사람들이 이러한 방식으로 변화하기 시작하면서 이전에는 존재하지 않았던 연결고리와 관계를 만들어내는 것은 놀라운 광경이다. 그들은 빠르게 성장하고 발전한다. 일종의 마법과도 같은 놀라운 일이다.

**3. 역설** 실존적 촉진자로서 구체성을 유지하고 현실에 발을 딛는 것은 중요하다. 집단에서 일어나는 수많은 특별한 일들 앞에서 우리는 균형의 중요성을 놓치지 말아야 하며, 모든 일에는 반대, 긴장, 모순이 있다는 것을 명심해야 한다. 우리가 서정적으로 변하기 시작할 때, 삶이 우리에게 해야 할 일과 의무를 상기시켜 줄 것을 기대해야 할 때이다. 어떤 사람이 훌륭하다고 생각할 때 우리는 그 사람이 곧 저지르게 될 실수를 조심해야 한다. 사람을 판단하려는 경향이 있을 때는 그 사람이 가지고 있는 잠재력에도 마음을 열어야 한다. 우리 모두가 직면하고 있는 삶의 역설과 긴장은 종종 사람에게 숨겨져 있다. 집단에서는 다른 사람의 이야기를 더 빨리 가지고 나온다. 왜냐하면 자신과 관련된 문제일 경우에는 발견하기 어려운 방식으로 긴장이 드러나기 때문이다. 개인 치료에서는 다른 사람이 무슨 일이 일어나고 있는지 지적하는 동안 우리는 내면의 세계에 갇혀 있을 수 있다.

집단 치료에서 우리는 다른 사람들이 어떻게 삶을 살아가고 실수를 저지르는지 알게 된다. 우리는 일반적으로 치료자에게만 주어지는 치료적 통찰력을 배우게 된다. 실존 치료에서 모든 참가자는 열린 탐색, 공정성, 직접성, 그리고 진실과 현실에 대한 분명한 탐색이라는 진행자의 자세로 인해 서로에게 치료적 조율이 이루어진다. 사람들은 곧 동료 집단원들이 겪고 있는 모순과 딜레마를 감지할 수 있게 될 것이다. 다른 사람의 고통에 대해 친절하고 배려하는 사람들의 타고난 능력은 삶이 항상 외로운 투쟁이 될 필요는 없다는 사실을 깨닫게 해줄 수 있다. 한 사람이 다른 사람에게 사랑에 대한 욕구를 표현하는 것을 주저하는 것 같다고 솔직하게 말하면, 그 말을 들은 사람은 (1) 자신이 사랑과 감사를 갈망하고 있다는 사실을 갑자기 깨닫게 되고, (2) 자신이 타인에게 다가가서 거절당할 위험을 감수하고 그 경험을 극복하기보다는 오히려 그 필요를 부정하는 반대의 행동을 하는 경향이 있다는 사실을 깨닫게 된다. 모순과 긴장은 대담하게 다루어진다. 따라서 사람들이 삶에 대해 이야기할 때 죽음이 배경 어딘가에 있을 것이고 진행자는 이에 대해 언급하고 죽음이 숨어 있는 곳을 가리킬 수 있다. 사람들이 다른 사람의 정직성에 대해 걱정할 때는 자기기만이나 속임수 문제를 정면으로 다뤄야 한다. 실존적 집단 치료사는 사람들이 말하는 것의 함의를 용감하게 직시하고 사람들이 두려워하는 그림자를 과감하게 드러내면서 동시에 그들이 가진 숨겨진 강점이나 빛을 붙잡을 수 있어야 한다. 각 상황의 양극성과 긴장의 관점에서 생각하면 진행자가 개입할 때 훨씬 더 직접적으로 실존적인 사람이 될 수 있다.

**4. 감정** 집단이 지적 이해나 상호 지원, 사교적 모임에 그친다면 아무것도 아닌 것이 될 것이다. 일관성과 응집력, 협업과 소통을 가능하게 하는 중요한 요소는 사람들이 자신의 진정한 경험과 감정을 공유할 수 있게 한다. 언제나 그렇듯이 실존적 작업은 사람들이 세상에 적응하는 방식, 경험을 구체화하고 몰입하는 방식에 직접적으로 초점을 맞출 것이다. 감정 나침반(2

부 참조)을 사용하여 그들이 어디에서 왔으며 무엇을 목표로 하고 있는지 이해하는 것이 도움이 된다. 하지만 어떤 사람들은 자신의 경험을 주로 감각으로, 어떤 사람들은 느낌과 감정으로, 어떤 사람들은 생각이나 직관으로 표현할 수 있다는 점을 기억해야 한다. 우리가 세상에서 어디에 있는지 알아내는 이러한 모든 방법은 똑같이 유효하며 심층적으로 탐구할 가치가 있다. 모든 사람이 똑같아지기를 기대하는 규범적인 과정은 없다. 사람들이 인간 경험의 다양성을 즐기면서 편안하고 상호 존중할 때, 집단은 우리가 규범에 맞춰야 한다고 판단하고 경험할 때보다 훨씬 더 안전한 곳이 될 수 있다. 우리는 반응적인 감정에 휩쓸리기 쉬운 상황에서 다른 사람의 생각을 들음으로써 많은 것을 배울 수 있으며, 자신의 경험에 대해 이성적으로 판단하려는 성향이 있을 때 다른 사람의 슬픔과 기쁨을 들음으로써 마찬가지로 많은 것을 배울 수 있다. 인간 경험의 전체 범위를 탐구하는 것은 특정 기준에 맞춰 변화하고 맞춰야 한다는 말을 듣는 것보다 훨씬 더 가치가 있다. 인간의 감정은 매우 다양하며 스펙트럼의 다양한 색상처럼 파장도 다양하기 때문에 모든 사람이 항상 모든 색조를 다 표현할 수는 없다. 우리는 각자의 패턴과 존재 방식에 대한 권리가 있다.

그러나 이 집단은 조율 능력을 심화시켜 우리의 시야를 넓히고 감정과 가치 사이의 연결에 대해 훨씬 더 깊이 이해할 수 있게 해줄 것이다. 실존적 촉진자는 종종 사람들에게 단순히 "기분이 어떠세요?"라는 질문보다는 "당신에게는 어떤 느낌이었는지", "어떻게 경험했는지", "이런 경험을 통해 떠오른 것은 무엇인지"에 대해 이야기하도록 유도할 것이다. 사람들의 감정의 의미와 그 기저에 있는 가치에 대해 더 깊이 탐구하도록 초대하는 것은 다양한 방식으로 이루어질 수 있으며, 참여자들에게 감정의 깊이와 현실을 향한 다양한 경로를 보여주는 것이 중요하다.

**5. 변증법** 실존적 집단 치료는 모든 형태의 실존 치료와 마찬가지로 일상생활에서 너무 많이 숨겨져 있어 때때로 다소 지루할 수 있는 인간 존재의 모든 비밀을 탐구하는 한 형태이다. 실존적 집단의 장점은 사람들에게 자유와 모험심을 제공한다는 것이다. 그들은 자신의 가장 깊은 내면을 발견하고 그것을 다른 사람들과 공유할 자격이 있는 곳에 왔다는 것을 알고 있다. 그들은 자신보다 더 나은 척하거나 더 현명한 척하는 대신 있는 그대로의 모습을 보여줘야 한다는 것을 알고 있다. 그러나 그들은 또한 곧 자신이 연구 탐험대의 일원이라는 짜릿한 느낌을 받게 될 것이다. 즉, 서로 돕고 인간 존재의 가장 깊은 곳과 가장 먼 곳을 탐험하는 임무를 가진 팀에 속해 있다는 것을 알게 될 것이다. 거의 항상 이러한 탐험은 사람들이 처한 모순, 문제, 딜레마, 반대를 발견함으로써 이루어진다. 그리고 거의 변함없이 결국에는 모든 것이 어떻게 서로 맞물려 있는지, 그리고 우리가 어려움을 겪는 바로 그 문제가 어떻게 우리를 더 강하고, 더 회복력 있고, 더 끈기 있게 만드는지를 갑작스럽게 이해하는 순간으로 이어진다.

이러한 것들에 대해 함께 이야기하고 다른 방향에서 바라보면, 오래된 문제에 새로운 빛이 비춰진다. 그러면 긴장을 유지하면서 문제에 대한 다른 측면을 고려할 수 있는 여지를 만들어 문제를 초월할 수 있는 가능성이 사람들의 시야에 들어온다. 사람들은 한 상황이 동시에 여러 상황이 될 수 있고 사람마다 다른 방식으로 바라보고 경험할 수 있다는 것을 깨닫기 시작한다. 이를 받아들이기 시작하면 고통이나 공격성, 다른 사람의 인식에 대한 반대를 극복하고 다른 입장을 배제하지 않고 포용할 수 있는 방법을 찾을 수 있다. 이렇게 할 때 우리는 평소의 눈 깜빡임과 고착화된 생각 또는 경직된 위치로부터 자유로워지며, 종종 편견이나 정해진 패턴화된 진행 방식에 갇혀 있던 새로운 길을 문득 발견하는 데 도움이 된다.

덜젠(Deurzen)의 실존적 집단 작업 방식에서는 새로운 집단을 시작할 때 참가자들이 서로 존중하는 태도로 경청하는 법을 배우도록 독려하는 데 중점을 둔다. 집단 진행자는 이를 매우 적극적으로 모델링하며 솔직하고 지지적인 태도로 사람들이 자신의 경험을 더 성찰하고 서로를 존중하는 방식으로 더 솔직하게 말하도록 장려하는 방향을 항상 제시한다. 여기에는 사람들이 세상에 존재하고 서로 관계를 맺는 방식에 대해 차분하고 신중하며 배려하는 방식으로 피드백을 주고받는 방법을 가르치는 교육적인 요소가 있다. 이를 통해 사람들은 자신이 얼마나 자주 반응하는지, 결론이나 일반적인 행동 방식에 얼마나 성급하게 뛰어드는 경향이 있는지 알 수 있다. 자기 성찰과 동료 집단원의 피드백에 집중하는 것은 사람들이 세상 속에서 서로를 더 온전히 이해하는 법을 배울 수 있는 효과적인 방법이다. 이를 통해 사람들은 처벌을 받지 않고도 자신에게 훨씬 더 진실할 수 있다는 것을 발견할 수 있다.

사실, 더 진실하고 자신을 드러낼수록 더 많은 호감과 인정을 받는다는 것은 변함없는 경험이다. 실생활에서 모든 차원과 감정은 서로 연관되어 있으므로 신체적 감정인 불안은 개인적 차원과 신체적 차원을 모두 가지고 있으며, 집단에서 누군가가 불안으로 인해 마비될 때 그것은 분명히 사회적 차원도 가지고 있다. 이 경우 불안을 유발하는 위협의 사회적 표현은 키르케고르(Kierkegaard)와 다른 실존 철학자들이 그토록 의식했던 삼켜짐이나 소멸의 위협일 수 있다. 실존적 집단에서 적절한 지원을 받으면 참여자들은 곧 자신의 불안을 모니터링하는 법을 배우고 허무, 파괴, 무력감, 타락에 대한 자연스러운 두려움 너머에 있는 에너지와 열정을 인식하게 된다. 반 덜젠(van Deurzen)의 영적 차원은 무엇인가? 이 집단은 만연한 불안을 수용 가능하고 안전한 것으로 만들어 참여자들이 자신의 두려움과 의심이 두려웠던 여러 신념이나 실존적 도전과 어떻게 일치하는지 볼 수 있도록 한다. 이는 종종 사람들이 과거에 실패했거나 실패했던 경험과 관련이 있을 뿐만 아니라 과거 또는 미래의 손실로부터 자신을 보호하려고 하는 것과도 관련이 있다. 정의로운 세상에 대한 믿음의 실패, 대리인이나 개인의 효능감에 대한 믿음 상실, 신의 죽음, 개인의 지위와 자율성의 소멸, 죽음에 대한 압도적인 불안, 또는 이 모든 것에 대해 프랭클(Frankl)의 용어를 사용하자면 무의미함 등 다양한 방향의 사람들이 재앙과 관련하여 설명한 것들 중 많은 부분이 이러한 것들이다. 그렇다고 해서 불안이 무의미로 이어지거나(그럴 수도 있지만) 무의미함이 불안으로 이어진다는 의미는 아니다. 각경험은 서로 다른 의미로 이어질 수 있으며 현상학적으로 추적해봐야 한다. 예를 들어 프랭클은 무의미함이 해리 및 무감각증으로 이어지는 경우가 더 많다고 지적했다. 반 덜젠(van Deurzen)의 실존적 집단은 세상에서의 물리적 구현, 타인과의 상호 주관성, 내면의 가장 사적인 경험을 탐구하는 것만큼이나 사람들의 가치, 목적, 의미를 탐구한다. 때때로 불안감이 높을 수 있지만, 집단원 스스로 서로가 불안에 맞서려는 의지로 인해 불안은 지속된다.

불안을 낮은 수준으로 유지하기 위해 집단을 구조화하는 것에 대해 우리의 가정이 사실일 때, 휘태커(Whitaker)의 조언은 의미를 제공하고 도전하는 실존적 집단을 만드는 방법에 대한 유용한 지침을 제공할 수 있다. 이는 너무 많지도 적지도 않은, 견딜 수 있고 생산적인 수준에서 불안을 유지하는 방법을 배우는 것이다.

실존 치료에서 이것이 중요한 이유는 무엇인가? 26장에서 언급했듯이 실존 철학자들은 "우리는 왜 여기에 있는가?", "이 모든 것이 무엇을 의미하는가?"와 같은 질문에 답하기 위해 노력했다. 철학자들은 우리가 믿고, 사랑하고, 원했던 모든 것을 훼손하는 재앙을 겪어서 더이상 우리가 이 사람이나 저 사람, 또는 이 원칙을 위해 살고 있다고 믿을 수 없게 된다면 무엇이 우리를 계속 살고 싶게 만들 것인가? 카뮈는 시지프스의 신화에서 이렇게 말했다: "정말 심각한 철학적 질문은 단 하나, 바로 스스로 목숨을 끊는 일이다."(van Deurzen 2010, 2014, p.3). 가족, 재산, 신분, 지위를 모두 잃은 독일 강제수용소 수감자들이 직면한 질문은 바로 이 질문이었다. 빅터 프랭클(Viktor Frankl)은 이러한 질문을 자주 받았는데, 그는 삶의 의미에 대한 고찰을 통해서만 답을 찾을 수 있다고 생각했다. 그는 고통과 허무감을 초월할 수 있는 의미를 창조할 수 있는 사람은 살아남는 반면, 의미와 목적을 찾기를 포기한 사람은 곧 죽는다는 사실을 발견했다.

로고테라피의 원칙에 기반 한 의미 집단은 의미 상실이라는 문제를 모든 참여자가 공유하는 공통 요소로 받아들인다. 다른 사람들이 같은 문제를 심각하게 받아들이는 것을 관찰하는 것 자체가 의미가 있다는 것을 확인시켜주기 때문에 그 자체로 의미가 커질 수 있다. 많은 성공적인 의미 집단은 정해진 기간 동안 운영되며, 적극적이고 때로는 지시적인 지도자가 있고, 연습 훈련을 하는 경향이 있다. 이 모든 요소는 소속감과 반복을 통해 불안을 줄이고 의미를 만들어내는 요인이다.

## 연구 결과

슈피겔(Spiegel), 얄롬(Yalom), 블룸(Bloom)은 유방암 말기 여성을 대상으로 최대 1년 동안 지지 집단에서 다양한 결과를 조사했다(Spiegel, Yalom 1978). 치료 집단에서 불안이 현저히 감소했으며(Spiegel, Bloom, Yalom 1981), 이는 부분적으로 죽음에 대한 회피가 감소했기 때문일 수 있다. 연구진은 죽음을 생각하는 것을 그랜드 캐년 정상에서 스네이크 강을 내려다보는 것에 비유한 한 집단 구성원의 말을 인용한다: "처음에는 아래를 내려다보는 것이 두렵지만 (저는 높은 곳을 좋아하지 않아요), 점차 한 번에 조금씩 내려다보는 법을 배우다 보면 떨어지면 재앙이 될 것이라는 것을 알 수 있습니다. 끝이겠죠. 그럼에도 불구하고 볼 수 있기 때문에 자신에 대해 더 기분이 좋아집니다. 제가 집단에서 죽음에 대해 느끼는 감정이 바로 그런 것이죠. 지금은 죽음을 바라볼 수 있습니다. 평온하다고 말할 수는 없지만 바라볼 수는 있습니다."(Spiegel et al. 1981, p.532). 이 연구의 재현 연구에서 클라센(Classen) 등(2001)은 비슷한 불안감 감소를 발견했다(28장 참조). 보다 인지 지향적인 집단에서는 개입에 대한 만족도가 높았지만, 불안감의 감소는 유의미한 수준에서 벗어났다(Kissane et al. 2003). 아마도 실존적 집단에서는 사람들이 불안을 줄이려고 노력하기보다는 불안을 용인하고 심지어 소중히 여기는 법을 배우기 때문일 것이다.

심리적 개입이 암종의 예후를 바꿀 수 있다고 주장되기도 하는데, 실존적 집단 치료를 받은 유방암 여성의 내분비 변화에 대한 반 데르 폼페 등(van der Pompe et al. 1997)의 연구는 특히 흥미롭다. 저자는 예후 개선과 관련이 있을 수 있는 호르몬 및 면역학적 상태의 변화를 보고했지만, 우리가 아는 한 이 연구는 재현되지 않았고 추적 기간 동안의 생존율도 보고되지 않았다.

의미 지향적 단기 치료도 평가되었다. 개별적으로 제공되는 경우 영적 안녕, 삶의 의미, 웰빙에 변화를 가져다주지만 금방 사라진다(Breitbart 외. 2012). 의미 지향적 집단 치료는 그 효과가 더 오래 지속되며, 개인의 삶의 의미와 목적은 증가하지만 불안과 절망(van der Spek et al. 2017) 또는 우울증과 절망감(Breitbart et al. 2015)은 감소하는 결과를 가져온다. 존엄성은 많은 관찰자들이 완화의료에서 중요하다고 생각하는 또 다른 문제이지만, 존엄성에 초점을 맞춘 '존엄 치료' 집단은 일반적인 치료와 비교했을 때 긍정적인 결과를 얻지 못했다(Chochinov et al. 2011).

반 데르 스페크 외 연구진(van der Spek et al, 2017)의 개입에 사용된 집단 개입은 뉴욕시 메모리얼 슬론 케터링 암센터(Memorial Sloan-Kettering Cancer Center in New York City)의 브라이트바트(Breitbart)와 동료들이 개발한 것으로, 그는 여러 출판물에서 이를 자세히 설명하면서 스피겔(Spiegel)과 얄롬(Yalom)에 대한 자신의 고마움을 인정하기도 했다.

브레이트바트(Breitbar)는 『완화 및 지지적 치료』(*Palliative and Supportive Care*)(Breitbart 2015)에 실린 사설에서 주요 원칙을 요약했다. 그는 대부분의 사람들에게는 다음과 같은 다양한 의미의 원천이 존재한다는 프랭클(Frankl)의 주장을 따르고 있다: "의미의 '창조적 원천'(예:

일), 의미의 '경험적 원천'(예: 사랑), 의미의 '태도적 원천'(예: 비극을 승리로 바꾸는 것), 의미의 '역사적 원천'(예: 주어진 유산, 살아가는 유산, 주는 유산)이 그것이다. 말기 암 진단으로 혼란에 빠졌을 때 이러한 의미의 원천을 묘사하고, 설명하고, 경험하고, 의식적으로 인식하도록 하는 것은 환자가 상실감이나 개인적인 의미 경험과의 단절을 극복할 때 "각각의 의미 원천"에 "도달"할 수 있도록 하는 데 도움이 되는 것으로 보인다(Breitbart 2015, p.1319)."(Breitbart 2015). 브레이트바트는 "사랑스럽고, 공감하는 것, 그리고 관대하고 타인을 배려하는 것이 [그에게] 많은 개인적인 보람과 의미를 가져다주었다."(2015, p.1320)고 말한다.

## 장기적 실존 집단 치료 방법

### 실존적인 집단 지도자가 되는 것

많은 집단 지도자들이 브레이트바트의 바람직한 특성 목록에 동의하겠지만(부정적인 속성으로 바뀌고 있는 '공감'을 제외하면), 실존적 접근법의 저명인사들은 분명 다른 사람을 배려하고 다른 사람의 의도와 욕구에 애정 어린 관심을 가지고 있지만 강인한 마음을 가지고 자신의 책임을 타협하지 않으려는 경향이 있다. 실존적 집단 지도자는 긍정적인 면과 부정적인 면 모두에 대해 솔직한 경향이 있다. 그들은 물러서지 않고 직접적인 방향성을 제시한다. 이들은 위기에 처했을 때 용기를 발휘한다.

### 집단 구조화

실존치료자는 철학, 특히 "실존철학자"라는 범주로 묶여 있는 철학자들의 영향을 받는다. 26장에서 언급했듯이 이 철학자들은 개인과 군중 또는 무리 사이의 갈등을 너무도 잘 알고 있었다. 탄탐(Tantam)의 저서 『상호적 뇌』(*The Interbrain*, Tantam 2017)에서는 타인과의 상호적 뇌의 연결성에 대한 잠재적인 경쟁적 요구가 우리의 생존에 필수적인 마음 이론 또는 이야기의 연결로 이어지는 것으로 보여진다. 우리는 개성과 주관성을 후자에 기초하지만, 소속감과 의미있는 삶을 산다는 느낌의 상당 부분을 전자에 의존한다. 반복적으로 구타, 트라우마, 수치심을 당하면 타인의 시선을 피하게 되고 상호적 뇌의 연결성과 소속감이 약화된다. 결국 우리는 고립된다.

세상의 모든 다양한 상호작용 속에서 인간 사회와 완전히 단절될 정도로 많은 사회적 환경에서 고립되는 경우는 드물지만, 그런 일은 일어날 수 있다. 실존적 집단 치료는 이러한 중요한 관계를 다시 연결하고 활력을 되찾을 수 있는 방법이다. 소규모 치료 집단은 이를 매우 효과적으로 수행할 수 있는 잠재력을 가지고 있어 집단 외부로 확산될 수 있다. 그러나 사람들은 집단에서 더욱 단절된 느낌을 받을 수 있으며, 특히 집단에 참여하기 전에 느꼈던 무의미함의 증가를 경험할 수도 있다. 치료 집단에 새로 참여하거나 최근 고민이 생긴 구성원은 개인적 내러티브에 너무 빨리 또는 너무 격렬하게 도전받지 않는 것이 좋을 수 있다. 비록 그 내러티브가 결국 목표에 장애물이 되더라도 너무 빠르거나 많은 상호간 연결로부터 보호할 수 있어야 한다. 이와 같은 이유로 실존적 집단은 4명에서 10명(최대 12명)의 소규모로 구성되는 경향이 있다.

우리는 개인이 집단에서 장벽을 유지하고, 다른 집단 구성원과 친밀하게(성적으로는 아니지만) 연결되고, 상호 간 연결의 범위 및 성격과 덜 충돌하는 개인적 서사를 재개발하는 단계를 통해 어떻게 발달하는지를 관찰할 수 있다.

설명한 내용은 집단과 사회화에 관한 실존 철학에서 비롯된 것이지만, 실존 집단 심리치료에만 국한된 것은 아니다. 동일한 발달 원리는 이미 인용된 스톡 휘태커(Stock Whitaker)의 연구를 포함하여 거의 모든 양식의 숙련된 집단 치료사들의 교과서나, 콘(Cohn)이 지적한 것처럼 마이클 폴크스(Michael Foulkes)와 다른 집단 분석 심리치료사들이 쓴 다양한 실제 매뉴얼에서 찾아볼 수 있다. 이를 통해 집단 작업은 본질적으로 실존적일 수밖에 없으며, 따라서 굳이 이름을 붙이지 않아도 실존적 방법이 발전해 왔다는 결론을 내릴 수 있다.

## 장기적 실존 집단의 내용

집단 상담자나 장기 집단을 이끄는 지도자 중에 드물게, 토론 주제를 정하거나 심지어 집단에 처음 참석한 사람이 가끔 할 수 있는 발언을 반복하는 경우에 이렇게 말하기도 한다: "우리가 이야기하는 것은 이 집단과 관련이 없는 것 같습니다." 집단 지도자의 관심사와 선입견은 집단에 그대로 전달된다. 그렇지 않더라도 잠재적 집단 구성원이 집단을 선택하고 집단 상담자가 집단 구성원을 선택하면 집단 상담자가 가장 중요하게 생각하는 치료적 요소에 의해 집단 진행이 영향을 받을 가능성이 높다.

따라서 다른 학파의 치료자들과는 달리 실존적 집단 치료자들이 가지고 있는 선입견이 실존적 집단의 내용에 영향을 미칠 수 있는지에 대해 생각해 보겠다.

멀란(Mullan 1992, p.453)에 따르면 "구성원들은 일반적인 해석 대신 자신의 삶의 역설, 인간성, 특히 유한성에 직면하도록 권장된다. 환자들은 자기 인식의 문턱까지 올라가서 선택할 수 있도록 해야 한다. 따라서 선택은 책임과 결합한 행동과 함께 자주 등장하는 주제이다. 개인이 무능하지 않은 한, 치료자나 집단 합의에 의한 결정은 치료적이지 않은 것으로 간주된다." 콘은 실존적 방법을 긍정적으로 정의하지는 않지만, 적어도 실존적 집단 치료가 아닌 것을 말하는 데 도움이 되는 집단 분석적 가정을 골라낸다. 그것은 지도자가 다른 집단 구성원만큼 집단과 연결되어 있지 않은 치료, 집단 구성원을 '세계'에서 분리된 섬 같은 우주로 간주하는 치료, 그리고 집단 구성원들이 서로 어떻게 그리고 무엇을 소통하는지를 희생하면서까지 집단 구성원들의 내적 경험에 초점을 맞추는 치료가 아닐 것이다.

연결에 대한 콘의 강조는 장기적인 집단 심리치료의 목표가 집단 매트릭스 내에서 자유로운 의사소통이라는 폴크스의 생각을 받아들이는 모든 집단 분석가들의 전형적인 모습이다.

이는 비현실적인 목표이며, 만약 이러한 목표가 실제로 도입된다면 집단에서 더 강력하거나 명료한 구성원들이 집단을 장악하게 될 가능성이 높기 때문에 오히려 이득이 될 수도 있다. 이전 장에서 언급했듯이 많은 실존주의 철학자들이 이러한 견해를 가지고 있었다.

'자유'는 실존 철학의 핵심 가치이지만 영감을 주는 만큼이나 정의하기 어려운 개념이다. 자유로운 의사소통을 정의하려면 적어도 상호 간 연결을 통해 다른 사람과 적절한 연결이 가능해야 하고, 내러티브 공유를 통해 다른 사람과 적절한 연결이 가능해야 한다. 따라서 '자유롭지 않은' 커뮤니케이션은 사람들이 공유된 내러티브의 창시자라기보다는 내부 내러티브의 등장인물인 타인과의 관계에서 완전히 고독한 나-그것(I-it)의 관계일 수 있다. 그러나 '자유롭지 않은' 의사소통은 개인의 주관성에 대한 내러티브 없이 다른 사람의 분위기나 관심에 의해 주도되는, 따라서 겉으로 드러난 가치와 태도에 대한 책임이 없는 전적으로 타인에 기반한 것일 수도 있다. 또한 상황에 따라 주관성과 자율성의 언어에서 느낌과 직관의 소통으로, 그리고 다시 느낌과 직관의 소통으로 전환하지 못함으로써 '자유롭지 못한' 소통이 만들어질 수도 있다.

코리(Corey 2010)는 실존적 집단 치료에서 개별 집단 구성원이 선택의 가능성 없이 갇혀 있다고 주장할 때에도 계속해서 선택을 할 수 있도록 하는 방법이 특히 중요하다고 말한다. 그는 '본래성 찾기', '고독과 관계성', '의미 찾기', '죽음과 비존재', '자기 결정과 개인적 책임'에 대한 부분에서 그 예를 제시한다. 코리에 따르면 '집단 치료에 대한 시사점'에서 개인에게 선택을 요구하지 않는 유일한 부분은 '자기 인식'과 '실존적 불안'이었다.

모든 집단 치료사는 너무 적지도, 너무 많지도 않은 최적의 불안 수준이 집단 치료의 변화를 위한 최적의 수준이라고 생각할 것이다. 지나친 불안은 많은 집단 구성원에게 금단을 초래할 가능성이 높으며, 실존주의 철학자들도 이를 용납하지 않을 것이다. 너무 적은 불안은 사람들이 새로운 것을 배울 수 없는 안전한 상황에 있다고 느끼기 때문에 지루함과 매혹을 잃게 할 수 있다. 학습은 실존적 집단 작업의 중요한 측면이다. 그것은 항상 직면해야 할 어느 정도의 도전과 고난을 의미한다. 실존적 촉진자는 불안이 너무 심할 때는 긴장을 완화하고, 불안이 급감할 때는 더 큰 중요성과 긴박감을 조성하는 방안을 주의 깊게 살펴볼 것이다.

자기 인식, 즉 자신의 삶과 목적에 대한 성찰은 모든 실존적 글쓰기의 공통된 주제이다. 코리는 평소 정확하고 명료하게 무엇이 우리를 고통스럽게 만드는지 알기 전에는 아무것도 할 수 없다고 지적하는 롤로 메이(Rollo May)의 말을 인용한다. 실존적 집단은 무엇이 우리를 고통스럽게 하는지, 그리고 이 새로운 지식을 통해 어떻게 유익을 얻을 수 있는지 알아낼 수 있는 특별한 공간이다.

## 결론

모든 심리 치료의 주요 치료 요소 중 하나는 사람들이 준비가 되기 전에 떠나지 않고 끝까지 버티는 것이다(Tantam 1995). 이에 대한 프랭크(Frank 1993)의 입장은 분명하다. 심리치료의 방법은 그럴듯해야 하며, 집단 결과의 주요 결정 요인은 응집력(Frank 1997)이라고 생각했고, 이는 그의 집단 연구(Burlingame 2018) 이후 반복적으로 확인되었다. 우리 중 한 명(DT)도 근거를 검토한 후 비슷한 결론에 도달했다. 세 가지 요인, 즉 내담자의 주된 관심사에 대한 인식, 기분 좋은 정서적 분위기, 공유된 가치에 대한 인식이 도출되었다(Tantam 2002).

이 세 가지 요소는 실존적 접근에서 두드러지는 특징이며, 이 책 전반에 걸쳐 분명하게 드러날 것이다. 이 요소들은 실존적 집단 상담에서 특히 두드러진다. 삶의 의미에 대한 관심, 미래에 대한 진지한 관심, 자율성을 중시하는 접근 방식, 의심과 불안을 수용하는 접근 방식 또한 필수적이며 잠재적으로 유용한 요소이다. 엔그램 뷰어에 따르면 1942년 이후 현재까지 '실존'의 인용 횟수는 10배나 증가했다. 이는 이러한 가치, 관심사, 정서적 상태에 대한 대중의 관심이 크게 증가했음을 반영하는 것으로 추정된다. 실존주의 집단에 대한 관심도 증가하고 있음을 예측할 수 있다.

이 장의 앞부분에서 이러한 요소를 실제로 적용하는 실제 사례를 소개했다. 하지만 이러한 요소들이 응집력을 높여 집단에 머무르게 하고, 따라서 결과와 관련이 있다면 사람들을 변화시키는 요소는 무엇일까? 집단 치료를 통해 우리는 자신이 원하는 것을 얻고 다른 사람에게도 원하는 것을 주기 위해 노력하는 다른 사람들의 허세와 자기기만을 쉽게 볼 수 있으며, 마음만 먹으면 그들의 용기와 결단력도 볼 수 있다.

우리의 임상 경험에 따르면 실존집단치료는 잠재적으로 집단 구성원들이 서로를 투쟁하는 주체로서, 즉 후설(Husserl)이 "상호주관성(inter-subjectivity)"이라고 불렀던 것에서 배울 수 있도록 해준다. 실존집단에서 현상학적 설명과 해석학적 의미 찾기는 인간성을 공유하고 인간의 조건에 대한 성찰의 중요성을 깨닫게 해준다.

실존주의 전통에는 상호주관성의 존재론에 대한 자세한 논의가 포함되어 있으며, 28장에서는 상호주관성에 대한 현상학적 분석이 집단 심리치료 결과와 직접적으로 관련된 요인에 대한 추가 연구와 보다 체계적인 적용에 도움이 될 수 있는지 고려하기 위해 이러한 논의를 살펴본다.

# 28

## 실존적 집단치료
### 사례

Catherine C. Classen, Orah T. Krug, Marie S. Dezelic, Lynda Ansell, Rex Haigh, Sarah Hamilton, Fiona Lomas, Sharon Tizzard, and Hilary Welsh

### 사례 1: GyneGals – 부인암을 위한 온라인 지원 집단[1] _캐서린 C. 클래슨

성적인 문제는 매우 개인적이고 종종 민감한 주제로 여겨지며, 이는 특히 부인암으로 치료받은 여성들에게 특히 그렇게 느껴질 수 있다(Laganá et al., 2005). 부인암 환자들은 심리사회적인 후유증을 가지고 있으며 이는 흔하면서도 치료가 충분히 이루어지지 않는 문제이다(Lindau et al, 2007). 또한 존재론적인 우려도 포함되어 있다(Simonelli et al., 2008). 이러한 환자들의 충족되지 않은 요구를 고려하여 우리는 그들의 심리 성적인 우려를 해결하기 위해 특별히 설계된 대면 지원 집단을 시범 운영했다(Caldwell et al., 2003). 참여한 여성들은 혜택을 받는 것으로 보였지만, 우리가 다가갔던 여성 대부분은 참여를 거부했다. 우리는 참여거부가 다뤄지는 주제의 민감성과 성적인 어려움에 대해 대면 집단에서 이야기하려는 불안 때문일 것이라고 가정했다. 이 경험을 토대로 동료들과 함께 우리는 부인암으로 치료받은 여성들의 요구를 더 잘 충족시킬 수 있는 개입을 만들기 위한 연구 프로그램을 시작했다. 이를 위해 우리는 "GyneGals"라고 불리는 온라인 지원 집단을 개발했는데, 이는 유방암 환자들을 대상으로 성공적으로 사용된 온라인 시스템이다(Winzelberg et al., 2003).

가이네갤스는 12주 동안 진행되며 전문적으로 중재되는 온라인 지원 집단이다. 이 집단

---

1) 부인암은 여성의 생식기에 발생하는 모든 악성종양을 통칭한다.

은 토론 게시판 형식을 사용하며 여성들이 하루 중 어느 때나 토론 포럼에 참여할 수 있도록 한다. 가이네갤스는 15에서 20명의 여성과 두 명의 중재자로 이루어진 폐쇄적이고 비공개적인 집단이다. 각 주에는 중재자에 의해 새로운 주제가 소개되며 주제에 대한 대화 참여를 위해 참가자들에게 질문이 제시된다. 그 주제에 대한 자세한 정보를 제공하는 전용 웹사이트로의 링크도 제공된다. 비동기식 토론 포럼과 함께 4주차와 8주차 두 차례에 진행되는 중재자와의 채팅 세션이 제공된다. 두 번째 채팅 세션에는 여성들이 가질 수 있는 의료 질문이나 걱정에 답할 의료 전문가인 두 명의 종양학자도 참여한다. 예비 연구 결과에 따르면 여성들은 온라인에서 자신의 성적인 경험을 토론하기에 편안하게 느끼며, 이는 신체 이미지를 개선하고 고통을 감소시키며 웰빙을 증진시킨다는 것을 시사한다(Wiljer et al., 2011; Classen et al., 2013). 이 개입의 효능을 입증하기 위한 대규모 무작위 대조 임상실험이 진행 중이다(Classen et al. 2015). 여성은 실제 질환의 치료를 완료하고 적어도 세 달 동안 질병이 없으며 여성 성적 고통 척도 수정판(Derogatis et al., 2008)을 기준으로 심리 성적 고통에 대한 임상적 기준을 충족하는 경우 자격이 주어진다.

가이네갤스는 지원적-표현적 집단 치료의 원칙을 기반으로 한다(Spiegel and Classen, 2000). 이는 어려운 주제와 감정에 대한 공개적이고 정직한 토론을 촉진하며 존재론적인 고민에 대한 토론도 포함한다. 12주동안 매주 특정 주제가 있지만 여성들은 자유롭게 자신이 선택한 주제에 대한 새로운 토론을 시작할 수 있다. 12가지 주제는 다음과 같다: (1) 집단을 위한 목표 설정; (2) 감정적 도전에 대처하기; (3) 암을 앓기 전에 성적인 측면이 나에게 어떤 의미를 가졌나요? (4) 암 치료가 성생활을 어떻게 바꾸었나요? (5) 암과 섹스에 대해 어떻게 이야기할까요? (6) 치료가 신체 이미지를 어떻게 변화시켰나요? (7) 갑작스러운 폐경에 대처하기; (8) 통증, 피로, 질 변화 및 요실금 관리; (9) 새로운 나의 모습 찾기: 나는 지금 누구인가요? (10) 관계 속에서의 친밀함과 성; (11) 재고하기; (12) 작별 인사 및 미래 그려보기. 여성들이 이 집단을 참여하면서 이러한 주제에 대해 토론함에 따라, 존재론적인 고민이 여성들이 질환을 치료받는 경험을 정리하고 처리하는 과정에서 일어날 수 있다. 여기에서는 존재론적인 문제가 어떻게 표현되는지와 온라인 집단이 여성들의 존재론적인 고민에 어떻게 도움이 되었는지에 대한 반영을 보여줄 것이다.

첫 주에 여성들이 자기 소개를 하면서 정체성에 대한 존재론적인 고민이 나타났다. 한 여성은 암 센터의 대기실에서 앉아 있으면서 다음과 같이 묘사했다. "나는 계속 기다리면서 주위의 모든 아픈 사람들을 바라보았어. 이게 나일 리가 없어. 나는 아픈 게 아니야. 나는 저 사람들처럼 안색이 창백하지도 않고, 뚜렷한 통증도 없고, 메스꺼움과 피곤이 없어. 그렇지만 그 모습이 지금의 내 모습이었어." 다른 여성은 가족에게 암이 미치는 영향에 대해 이야기하며 말했다. "공통점은 ― 우리 모두가 자아를 잃었다는 것 ― 우리는 관계를 유지하기 위해

애를 쓰고 있어요. 개인적으로 나는 어떤 친밀한 상호작용에 대한 모든 욕망을 잃었어요." 그녀는 흉터와 체중 증가가 자신의 신체 이미지에 미친 영향에 대해 이야기한 뒤에 다음과 같이 이어간다. "나는 사이즈 8에서 사이즈 12로 변화하는 것에 대해 받아들이기 어렵다고 느낍니다. 사이즈 12는 큰 문제가 아니라, 나는 자신을 살짝 뚱뚱하게 보고 있어요 − 내 자아 이미지는 더 이상 나를 매력적으로 여길 수 없다고 인정하고 옷 뒤에 숨어야 한다고 느껴요." 이러한 의견은 여성들이 자신을 재정의하는 데 어려움을 겪고 있다는 것을 시사한다.

고립감 또한 첫 주에 드러났다. 한 28세 여성은 "내 상황을 이해하는 친구가 많지 않아 종종 나 자신이 이상한 사람이라고 생각하는 거 같아"라고 말했다. 다른 여성은 그녀에게 대한 답변으로 "네가 언급한 문제는 나도 공감할 수 있는 문제이고, 가족과 친구들은 그것을 이해하지 못하고 (희망적으로) 이상한 느낌을 주는 것 같아"라고 말했다. 이러한 게시물들은 암으로 인해 이 여성들이 다른 이들과 어울리지 않게 되어, 더 이상 주류에 맞지 않는다고 느끼게 한다는 것을 시사한다.

죽음에 대한 불안은 간접적으로 표현되었다. 한 여성은 "이것이 비합리적일 수 있지만 나는 암이 재발할까봐 두려워서 넘어갈 수 없다"고 말했다. 다른 사람들은 더 간접적으로 표현되었다. "살아있어서 기뻐하고 받은 치료에 감사하다. 그럼에도 불구하고 조금은 두려움이 남아 있다," "암 진단은 삶을 변화시키는 경험이었고... 다양한 문제와 두려움을 끌어내고 있다."

두 번째 주에 여성들은 어려운 감정에 대해 이야기하도록 요청되었고, 이로 인해 그들은 자신들의 존재적인 고민에 대해 더 직접적으로 이야기하게 되었다. 이제 죽음에 대한 이야기가 더 공개적으로 다뤄졌다. 여러 여성들이 어린 자녀를 일찍 떠날까봐, 암이 재발할까봐, 그리고 죽음에 대한 두려움에 대해 이야기했다. 예를 들면 "두려움... 나는 이번 주에 이것에 대해 많이 생각 했어. 나는 정말로 무엇을 두려워 하는 걸까?... 일찍 작별 인사하고 아들이 어머니를 잊는다는 것은... 와, 힘든 진실이야. 이 두려움이 두 번째 큰 문제인 암 재발보다 더 크다고 생각한다." 정체성은 또 다른 주제였으며, 지난주의 토론이 여성들의 이 문제에 대한 사고를 자극한 것처럼 보였다. 한 여성은 "지난주에 대한 토론 후, 나는 새로운 '일상'에 적응해야 할 것 같다고 생각한다고 말했다. 정말로 안타깝게도 나는 암 진단 전의 내가 영원히 사라져버린 것에 실망스럽다. 그러나 체중 증가와 성욕과 관련된 문제에 대한 도전에서 혼자가 아니라는 점에서 기쁘다." 또 다른 여성은 정체성과 고립에 관련된 존재적인 고민을 표현하면서 "이 경험으로 인해 느끼는 다른 어려운 감정은 암 진단 전의 나를 잃은 감정이다... 이러한 감정을 가까운 사람들과 이야기하는 것은 매우 어렵다"고 말했다. 그 날 뒤에 다른 여성은 정체성과 죽음에 관련된 문제에 대해 "내가 '모든 게 괜찮다'라는 것을 듣게 되면 내가 예전과 같은 사람이 될 것이라고 생각했지만... 나는 이제 예전과는 다른 사람이다. 나는 이제 다르게 생각하고, 더 심각하게, 현실적인 두려움이 더 많아졌다. 내 죽음에 대해 생각하는 시간이 예전보다 많아졌다"고 했다. 다음 날, 한 여성은 선택, 자유 및 정체성과 관련된 문제에 대한 생각을 나누었다. "나는 더 이상 통제할 수 없었다… 진단 전에 즐겨했던 삶은 더 이상 같은 매력을 가지지 않았다. 나는 이제 더 깊은 것을 찾아야만 하는 것 같았다… 나는 이제 누구이고 나의 나머지 삶에서 무엇을 원하는가?… 나는 '생존의 선물'을 '낭비하고 있다'고 생각하지 않고 매일을 즐길 방법을 찾고 있다." 흥미롭게도, 두 번째 주에도 여성들은 이미 집단에 참여함으로써 느끼는 이점을 묘사하고 있었다. "타인이 나와 똑같은 감정을 느끼고 있다는 것을 발견하는 것에는 어떤 치유력이 있다," "지난주의 토론 이후, 나는 나 자신이 '새로운' 평범함이라는 것에 대한 자신감을 찾았다… 여러분이 나의 몇 가지 걱정을 확인해 주셔서 나는 내 길을 재평가했다. 감사합니다!"

실존적 고민의 표현은 어떤 주에는 다른 주에 비해 강하게 나타났다. 따라서 첫 두 주에 더해 "새로운 평범함을 찾기," "현재를 평가하기," 그리고 "작별하며 미래를 바라보기"에 전념된 주에는 존재적 고민이 우세했다. 마지막 두 주에 여성들이 가이네갤스에서의 경험을 되새기면서 우세한 주제는 참여가 고립감을 줄이고 여성들이 새로운 "평범함"을 더 크게 받아들인다는 것이었다. 한 여성의 의견은 참여가 그녀에게 의미를 찾는 데 도움이 되었다고 시사했다. "나는 솔직히 내 암 공포를 긍정적인 경험으로 보고 있다." 어떤 여성들은 온라인 집단이라는 점의 중요성을 표현했는데, 이것이 그들에게 그들의 삶의 가까운 세부 사항에 대해 안전하게 이야기할 수 있도록 도왔다고 말했다. 이는 그들이 이전에 아무에게도 말하지 않은 것들을 공유하는 데 도움이 되었다. 다른 여성들은 얼굴을 마주하는 집단을 선호하지만 그럼에도 불구하고 이 집단이 유익하다고 말했다. 모든 여성이 참여한 것에 대한 혜택을 느끼지 못한 것은 아니지만, "이 집단 연구에 참여해서 기쁘기는 했지만, 결국 나에게는 그렇게 큰 이득이 없었다고 정말로 느끼고 있다 (불행하게도 어떤 새로운 깨달음을 주는 순간이나 경험은 없었다)… 그래서 비록 참여하려고 노력했지만, 여전히 종종 외톨이 된 것처럼 느껴졌다(아무도 나를 그런 감정으로 이끌지는 않았다고 생각한다 – 참여한 모든 사람들은 지원적이고 용감한 것으로 생각했다)." 아마도 이 여성은 이 온라인 포럼이 그녀의 존재적 고립을 개선하지 못했다는 것을 표현하고 있을 것이다.

이러한 변화에 대해서는 12주 동안 한 집단의 토론을 기반으로 하였다. 작성 시점에서 우리는 가이네갤스 집단을 22회(시범 연구 및 RCT 포함) 진행했으며 4회가 더 진행될 예정이다. 물론 집단 간에 약간의 차이가 있을 수 있습니다. 그러나 이 집단은 다른 곳에서 펼쳐질 집단들을 대표하는 것으로 볼 수 있다. 결론적으로, 이 짧은 온라인 개입은 주로 여성들이 암이 그들의 성적 생활과 가까운 관계에 미치는 영향에 대처하는 데 도움을 주기 위해 설계되었지만, 자궁암을 가진 여성으로서의 경험에서 불러일으키는 존재적인 고뇌를 공유할 수 있는 기회를 여성들에게 제공하는 추가적인 혜택이 있다.

## 사례 2: 어빈 얄롬과의 집단 슈퍼비전_오라 T. 크루그

### 소개

나는 2016년 봄까지 어빈 얄롬의 집단 슈퍼비전의 구성원이었다. 나는 동료 다섯 명과 함께 거의 매월 그의 샌프란시스코 아파트에서 만나 놀라운 경험을 했다. 도착 후, 인사가 끝나면 나는 습관적으로 얄롬의 의자 오른쪽에 있는 "내 자리"에 앉아 도시의 멋진 전망을 감상하며 다가올 만남을 기대했다. 얄롬은 항상 배려 깊은 주인으로 칵테일 테이블에 건강한 간식을 놓고 카운터 위에는 탄산음료가 준비되어 있었다. 그는 각 세션을 시작할 때마다 누가 시간을 갖기 원하는지 물었고, 우리를 존중하기 위해 우리의 요청을 기록하였다. 때로는 내담자의 꿈이나 흥미로운 현재 상황을 설명하며 시작하기도 했다. 우리 집단의 구성원이자 리더로서의 그의 의지는 모두에게 인정받았다. 얄롬은 "동행자"라고 이야기하지 않았다. 하지만 그는 동행자였을 뿐이었다.

우리는 비공식적으로 발표를 진행했고 일반적으로 2시간 동안 2~3명의 사람들이 각각 케이스를 제시했다. 만약 제 차례라면, 내 내담자, 치료 과제, 관련 꿈, 그리고 지도에서 원하는 것을 설명하며 시작했다. 종종 나는 내 생각에 갇혀 어떻게 대해야 할지 어려운 내담자의 이야기를 가지고 왔다. 나는 집단이 나, 내담자, 그리고 우리의 관계에 대해 내가 보지 못한 면을 명확하게 해줄 것을 희망했다. 집단은 기대에 부응하지 않았다. 그들의 기술, 경험, 예술성으로 인해 나의 경험 많은 동료들과 얄롬은 일관되게 나의 내담자의 성격, 우리의 관계의 본질 또는 내가 인식하지 못한 자기 방어기제 패턴에 대한 새로운 통찰력을 제공했다.

나는 얄롬과 함께 한 슈퍼비전에 대한 자세한 기록을 유지했으며, 이것들은 이 장의 자료 원천이다. 이 섹션에서는 얄롬의 가르침, 그의 과정 개입 및 그의 리더십 스타일에 중점을 둘 것이다.

### 얄롬의 교육

얄롬의 강의는 놀랍다. 그의 주제는 인식되지 않은 존재적 문제를 명명하는 방법부터 대인 과정 작업과 꿈 작업에 이르기까지 다양했다. 그러나 그가 예시를 통해 가르칠 때 더 큰 영향을 미쳤다. 그것은 얄롬이 우리 집단이 다루지 않은 대인 문제가 있다고 느낄 때 발생했다. 그럴 때 그는 항상 능숙하고 명확하게 빠르게 개입했으며, 그의 중요한 치료 원칙 중 하나를 보여주었다: 관계의 안전과 안녕은 모든 것보다 우선시된다. 다음 짧은 에피소드들은 이점을 명확히 보여준다.

## 집단 과정에 대한 주의

처음에 나는 집단 슈퍼비전이 편안하다고 생각했지만 첫 해에 내가 불규칙한 출석을 한 것은 건강한 양립의 징후로 보였다. 되돌아보면 지적으로 자극적이고 즐거웠지만, 나는 여전히 집단에 완전히 헌신적이지 않았고, 얄롬의 접근 방식을 완전히 편안하게 느끼지 않았다는 것을 이해하게 되었다. 그는 두 가지 일을 거의 동시에 했는데, 그것은 나의 집단에 대한 헌신과 그에 대한 존경을 강화시켰다. 먼저, 비공개로 나는 출석 불량이라는 문제를 직접 제기했는데 어떤 비판이나 책망이 없었다. 그는 나의 명백한 저항에 대해 탐구하지 않았지만, 집단이 여전히 가치 있게 느껴지는지 물었다. 나의 대답은 그렇다였지만, 그럼에도 불구하고 회의에 참석하는 것은 어려웠다.

한 번은 주차 공간을 찾아내지 못하고 찾아다녔다. 결국 절망 속에서 30분 후에 나는 얄롬에게 전화를 걸어 나의 상황을 알렸다. 그는 즉시 자신의 차고를 열어 게스트 주차장의 사용을 제안했다. 나의 주차문제 후, 얄롬은 우리 집단 전체에게 정기적으로 그의 차고를 사용할 수 있도록 제안했다. 그의 주차 문제에 대한 관대하고 즉각적인 대응으로 나는 그에 대한 신뢰와 집단에 대한 헌신이 커져갔다.

얄롬의 주차에 대한 이 사소한 행동을 Existential Psychotherapy(1980, p.4)에서 언급한 얄롬의 "throw-ins"에 대한 참고와 관련하여 생각해보는 것은 흥미로운 점이다. "throw-ins"은 치료자가 "치료"의 일부로 보지 않는 관대하고 배려심 있는 행위로, 치료 관계에 매우 긍정적인 영향을 미치는 것들이다. 얄롬의 주차 (그리고 다른 많은) "throw-ins"에 대한 나의 반응을 고려할 때, 나는 이러한 "존재"의 특성들이, 즉, (정의하기가 어렵고 가르치기가 더 어려운) 배려와 스스로를 확장하는 것이 성공적인 상담 관계에도 중요하다고 제안하고 싶다. 이 두 사건 이후에 나는 머무를지 떠날지에 대한 문제가 무의미해졌다. 나는 집단에 대한 더 안전하고 더 헌신적인 느낌을 받았으며, 세션을 놓치지 않게 된 사실은 이 주장을 타당하게 만든다.

몇 년 전에 다른 구성원이 세션을 놓치기 시작했다. 회의 시작 시 다른 구성원의 부재를 주목하고 얄롬은 아마도 그의 작업에 대한 그와 다른 집단 구성원의 의견으로 인해 그의 감정이 상처받았을지도 모른다고 생각했다. 우리는 그럴 수 있다고 생각해서 결석한 구성원에게 연락하여 그를 그리워한다고 알렸다. 그가 돌아왔을 때, 얄롬은 즉시 이전 세션 중에 있었던 일과 연결되어 있는지 여부를 물었다. 우리 동료(여기서 "짐"이라고 부르겠습니다)는 집단의 피드백뿐만 아니라 얄롬 피드백에 혼란스러워하고 상처받았다고 인정했다. 얄롬의 집단 기술은 분명했다. 먼저, 그는 "짐"과의 관계를 회복하기 위해 개입하면서 자신의 감정 부재를 인정하고, 그리고 "짐"에게 자신의 의도를 명확히 했다. 그런 다음 해당 상호 작용에 참여한 구성원들이 "짐"과의 관계를 비슷한 방식으로 회복하는 데 도움이 되었다. 우리가 작업을 끝낸 후에는 분위기가 환기되었다는 사실에 만족하며 우리의 대인적인 실수를 인정하는 얄롬의 노력뿐만 아니라 우리 자신에게 감사했다. 놀랍게도, 이전에 결석했던 동료는 일관되게 집단에 참석하게 되었다.

얄롬의 집단 과정에 대한 민감성은 그가 집단의 필요에 맞추도록 허용할 때 더욱 명백했다. 이는 집단의 초기에 발생한 사건이었다. 제임스 부젠탈(James Bugental)과 훈련을 받은 우리 중 한 명 (여기서 "밥"이라고 부르겠다)이 얄롬에게 역할 연습에 참여해달라고 요청했는데, 얄롬은 치료자가 되어 "밥"이 그의 내담자 중 한 명을 연기하는 연습을 할 것이라고 제안했다. 이것은 부젠탈에서 훈련받은 우리 중 일부에게는 친숙했다. 처음에 얄롬은 이 연습이 인위적이라는 생각에 가치가 있다고 확신이 안 섰다며 거절했다. 그러나 우리는 계속해서 요청했고, 내 일지에 기록된 대로, 그는 결국 동의하여 우리에게 대인 과정에 대한 그의 능숙한 접근을 경험할 수 있게 했다. 역할 연습의 가치에 대한 그의 입장을 뒤집음으로써, 얄롬은 또 다른 핵심 치료 원칙을 구현했다. 즉, 치료자는 치료를 내담자의 필요에 맞추어야 한다는 것이다. 이 경우에는 슈퍼바이저가 슈퍼바이지의 필요에 맞추어야 한다.

어느 날, 다른 구성원과 나는 직장 관련 프로젝트에 대한 어려운 대화를 마친 상태로 집단 슈퍼비전에 참석했다. 나에게 상의하지 않고 동료는 집단에서 이 문제를 다루기로 의도했다. 나는 이 문제에 대해 집단에게 솔직하게 말할 만큼 집단을 믿을 수 있는지 결정해야 했다. 내가 그 문제를 다루기에 충분한 신뢰를 가지고 있다고 인식하는 것은 좀 놀랍게 다가왔다. 얄롬의 즉각적인 지원과 가용성은 나에게 안전하다는 느낌을 주었고 내 결정에 자신감을 주었다. 이는 좋은 결정이었다. 충돌을 해결하면서 나는 너무 많은 프로젝트를 맡을 때때로 발생하는 의도하지 않은 결과에 직면해야 했다. 얄롬과 집단은 내가 그러한 결과에 직면하는 것을 도와주었다. 나의 행동과 관련된 그들의 경험을 통해 이를 이해하는 데 도움이 되었다. 듣기 쉽지 않았지만 이 행동을 직면하고 그 근본적인 역학을 탐구하는 데 상당히 가치 있었다. 얄롬은 내 감정뿐만 아니라 나에게 이로운 것이 아닌 행동의 측면에 대해 숙고하라고 제안했다. 그는 이런 조언을 존중과 배려를 기울여 말했다. 그의 피드백과 집단의 피드백 덕분에 나는 집단과 더 열린 관계를 맺게 되었다. 집단 구성원과의 가시적인 갈등을 집단에서 해결하는 도중 나는 나를 비난하거나 수치스럽게 여기지 않고도 집단으로부터 지지받고 수용되는 느낌을 받았다. 대신, 얄롬과 다른 구성원들이 나에 대한 자신들의 경험을 공유함으로써 나는 지원받았고 집단에서 받아들여졌다.

얄롬이 우리 집단과 대인 관계 과정에 주의를 기울인 것은 우리 집단 내에서 안전하고 친밀한 감정을 유발했다. 이 서술은 그가 집단 및 대인 과정 작업의 핵심 원칙을 구체화한 방식을 증언한다. 예를 들어, 동료적인 리더와 동행자가 되는 방식으로 집단과 대인 과정 작업의 핵심 원칙을 구현한 방법을 보여주었다. 서술은 또한 대인 문제에서 발생한 집단 내 문제에 신속하게 대처한 여러 가지 방법을 암시하고 있다. 특히, 그가 집단 구성원 사이에 발생한 문제를 존중하고 효과적인 방법으로 해결한 기억에 남는 사례가 있다.

## 대인 중심: 관계에서 존재감을 기르다

내 첫 집단 슈퍼비전 이후에 나는 일기에 썼다. "나는 불안정하다. 이론적인 기반이 흔들리는 느낌이다. 나는 얄롬이 말하는 것을 듣지만, 이해하지 못한다." 나는 혼란스러웠다. 왜냐하면 얄롬의 현실 중심이 내 다른 스승 제임스 부젠탈(James Bugental)과는 매우 다르기 때문이었다. 제임스 부젠탈은 거의 전적으로 자신의 내담자들의 주관적인 현재 경험에 집중했다. 부젠탈의 목표는 내담자의 "나 자신"이라는 개인 대표성을 발전시켜 자기인식을 높이고 의지를 동원하는 것이었다(Bugental 1976, p.5). 부젠탈과 대조적으로 얄롬은 대인 중심도 갖고 있다. 이는 "나 자신"의 경험을 "당신"의 경험과 연결하는 것을 목표로 한다. 얄롬이 대인 중심을 중요시하는 이유는 무엇일까? "인간의 문제는 대부분 관계적이라고 믿기 때문에"(Yalom 2002, p.48), 그는 안전하고 배려 받는 치료적인 관계에서 대인 중심이 어떻게 내담자의 관계 패턴이 치료사에게 영향을 미치고 그 반대도 어떻게 되는지를 즉시 경험하도록 돕고, 이를 통해 그들이 치료실 이외에서 더 가깝고 만족스러운 관계를 발전시킬 수 있을 것이라고 추측했다.

"지금 이 순간이 치료적인 힘의 주요 원천이며, 치료의 토석이자 치료자(따라서 내담자)의 가장 친한 친구입니다."라고 얄롬은 말한다(2002, p.46). 지금―여기(here and now)에서 작업하는 즉시성이 치료자의 가장 친한 친구로 만드는 것이다. 그는 "그때―거기서"를 "지금―여기"로 가져오도록 우리에게 충고했다. 예를 들어 내담자가 "친구를 신뢰하기 어려워서"라고 말하면, 얄롬은 우리에게 "당신은 때때로 나를 신뢰하기 어려워하는 거죠?"라고 물어볼 것을 제안했다. 그의 의도는 개인을 "치료실 외에서 자신의 삶과 관계에 대해 이야기하는" 것에서 "치료실 안에서 다른 사람과 함께 자신의 삶을 체험하는" 것으로 옮기는 것이다.

번번이 얄롬은 우리에게 "지금―여기" 등가물을 찾고, 대인적 피드백을 제공하고, 전이를 기르며, 내담자에게 우리에 대한 감정을 표현하도록 가르치도록 도전했다. 얄롬은 우리에게 내적으로나 명시적으로, 우리의 임무는 내담자와 안전하고 친밀한 치료적 관계를 기르는 것이라고 상기시켰다. 얄롬(2002)에 따르면 "치료적 친밀함"은 두 가지 요소가 갖추어져야만 가능하며, (a) 모든 것을 예상하는 안전의 기반이 있어야 하며, (b) 여기와 지금 방법을 특징으로 하는 이 심도 깊은 친밀함에서 치료자가 클라이언트를 참고 심술궂게 참여시킬 의지가 있어야 한다. 그리고 앞의 문단들이 보여주는 것처럼, 그는 본인이 집단과 대인 관계 과정에 자발적으로 참여함으로써 이를 예시로 가르쳤다.

얄롬(2002)에 따르면, 치료자와 내담자를 공동의 작업에 결합시키는 설명의 내용이 치유되는 것이 아니다. 치료자와의 일관된 안전, 수용, 이해 및 연결을 경험할 때에만 치유가 일어난다. 결과적으로 내담자는 자아와 타인에 대한 더 큰 친밀감과 수용을 느끼게 되어 이질의 중심 문제를 해결하게 된다. 나의 개인적인 경험은 이 가정을 확인한다. 얄롬이 나와 관여하려는 의지는 분명히 나에게 더 큰 자기수용과 집단 및 그와의 더 강한 연결로 이어져있다.

심리학 분야에 있어서 이는 정말로 급진적인 개념이다. 비록 연구가 변화를 유도하는 데 중요한 성분으로 치료적인 관계의 우선순위를 일관되게 지적하고 있지만 말이죠. 내 의견으로는, 얄롬이 어떻게 치료자가 지금−여기 방법을 사용하여 이러한 친밀하고 대인적인 관계를 유도할 수 있는지를 세심하게 조사한 것이 이 분야에 기여한 가운데 가장 중요한 부분 중 하나다.

대인적으로 일하는 것은 나에게 학습이 어려웠다. 나는 내 안전지대에서 벗어난 것처럼 어떤 면에서는 무방비한 트라피즈에서 날아다니는 것과 같았다. 그러나 나는 이러한 보다 개인적인 작업 방식과 더 편안해짐에 따라 나의 내담자가 새로 발견한 자아 인식뿐만 아니라 서로의 대인적인 경험에 중점을 두면서 발전한 더 가까운 치료적인 관계에서 얼마나 많은 혜택을 받았는지 보았다. 대인적인 초점을 내적 초점과 통합하는 것은 나의 선호하는 치료 방법이 되었다(자세한 내용은 Krug, 2009; Schneider and Krug, 2010 참조). 대인적으로 일하는 것은 또한 내 개인적인 삶에도 영향을 미쳤다. 나는 내 주요한 관계에서 가까움 대신 거리를 만드는 방법을 더 잘 알 수 있었고, 이를 바꾸도록 나에게 도전을 주었다.

## 꿈 작업(Working with Dreams)

"내담자에게 꿈에 대해 물어보았나요?" 얄롬은 우리에게 자주 물었다. 그는 슈퍼비전에서 꿈과 작업하는 것을 즐기며 꿈은 "내담자의 더 깊은 문제를 다른 언어로 명확하게 재표현한 것에 불과하다 − 시각적 상상의 언어"라고 믿었다(2002, p.226)." 내가 언급한 대로 그는 종종 우리 집단을 자신이나 자신의 내담자 중 한 명의 꿈을 공유하면서 시작했는데, 이는 그의 책 중 하나에 나중에 사용될 목적으로 적었다고 생각된다. 도전이 있음에도 불구하고 꿈과 작업하는 것을 배우는 것은 내 치료 기술 세트를 크게 풍부하게 만들어 주었다. 처음에 나는 "꿈 작업"에 대한 공식적인 교육이 부족하여 꿈을 작업하는 것을 꺼렸다. 나는 이를 해결하는 데 얄롬에게 감사할 따름이다. 얄롬은 꿈 작업에 대해 매우 실용적이라고 인정하며, 그의 기본 원칙은 "치료를 촉진하고 가속화하는 데 도움이 되는 모든 것을 추출하는 것"이다(2002, p.228). 나는 그것을 할 수 있을 것이라고 생각하여 내 클라이언트들에게 꿈을 꾸도록 그들을 격려하기 시작했다. 내 클라이언트들은 꿈 작업을 우리의 감각적이고 관계적인 경험의 추가 창으로 감사하게 생각한다. 그들의 꿈은 시각적 이미지로 가득 차 있어 그들의 내적 세계와 싸움을 구체적으로 나타내 준다.

## 실존적 문제

얄롬의 실존적 접근법은 종종 표면 아래에 숨어있는 실존적 딜레마에 대처하는 데 도움을 주는 것을 포함하고 있다. 그는 이 작업의 중요성을 강하게 믿으며, 역설적으로, 치료자에게 이 작업이 제시하는 어려움에도 불구하고 그 작업을 믿는다. 그는 자주 우리에게 말했으며 많은 클라이언트들의 문제의 핵심에는 인식되지 않은 존재적 고민이 있다고 말했다. 그들의 존재를 인지하고 나서, 우리는 우리의 내담자가 이를 탐험하며 일상적인 고민을 제거하는 데 도움을 주었다.

쿠퍼(Cooper, 2003)와 반 덜젠－스미스(van Deurzen-Smith, 1997)가 인정한 바에 따르면, 얄롬은 그의 글과 소설을 통해 실존적 접근을 이전 어떤 실존치료자도 할 수 없을 만큼 더 널리 알려지게 했다고 인정했다. 그렇다고 하더라도, 반 덜젠－스미스(1997)에 따르면, 얄롬은 역설적으로 생각하면 가장 실존주의적이지 않다고 했다. 왜냐하면 그가 실존주의 개념을 단순히 대립을 강화하기 위해 사용하고 있기 때문이다. 그것들이 삶의 지침이 되는 것이 아니라고 한다. 하지만 나의 경험은 반대로 보여준다.

얄롬이 우리에게 지시한 것은 우리의 내담자의 실존적 문제뿐만 아니라 우리 자신의 반응에도 주의를 기울이도록 하는 것이었다. 나는 집단 구성원이 80세 남성과의 작업을 언급했던 한 시간을 기억한다. 얄롬은 집단 멤버에게 그의 내담자의 임박한 죽음과 그와 관련된 감정이 어떻게 그에게 영향을 미치는지 생각하도록 권했다. 다른 한편으로 나는 실존적 위기에 빠진 내담자를 슈퍼바이저에게 데려왔고, 그녀가 삶의 여정을 깊이 후회하는 상태였다. "그녀는 아마도 자신이 죽을 때 아직 삶 속에 많은 것을 남겨 둔 것을 느끼는 것일지도 모릅니다." 얄롬이 제안했다. "항상 과거를 돌아보기보다는 미래에 주목하도록 도와주세요. 이 년 후에 더 많은 후회를 갖지 않도록 도와주세요."

"살지 않은 삶"은 프리드리히 니체(Friedrich Nietzsche)(얄롬이 좋아하는 실존주의 철학자 중 하나)의 개념 중 하나입니다. 니체는 이 주제에 관해 글을 쓴 적이 있다. 니체는 "영원한 되풀이"라는 그의 비전을 소개했다. 니체의 개념은 다음과 같다. "당신에게 당신의 삶을 반복해서 살아야 한다는 것을 말해준다면 당신은 기뻐할 것인가 저주할 것인가? 이러한 전망에 열광적으로 대할 수 있다면, 당신은 성공적으로 좋고 의미 있는 삶을 창조한 것이지만, 이러한 전망에 공포로 대할 경우에는 살지 않은 삶이 너무 많다는 것이다."

2004년 가을에 특별한 회의가 있었다. 얄롬이 어떻게 니체의 아이디어를 활용하여 생명을 위협하는 질병에 대처하는 데 도움을 받았던 경험을 나누었다. 그는 실제로는 그 진단이 잘못되었다는 것을 알게 되기 전 한 달 동안 이 가능성을 직면했다. 그는 "내 인생을 살아가는 방법을 내 새 책 '쇼펜하우어 치료(The Schopenhauer Cure)'의 주인공처럼 선택하기로 결정했습니다"라고 말했다(2005). 이 주인공은 샌프란시스코의 성공한 치료자로, 얄롬을 바탕으로 만들어진 것처럼 보인다. 그는 암 진단을 받고 자신의 삶이 1년만 남았다는 것을 알게 됩니다. 이 치료자는 스스로에게 묻습니다. "나는 어떻게 살 것인가?" 다시 생각해보니 그는 자신의 삶이 이미 원하는 대로 살아가고 있으며 아무런 변화를 가하지 않기로 결정했다고 말했다. 얄롬은 같은 질문을 스스로에게 던질 때 자신의 감정이 그의 캐릭터와 유사하다는 것을 깨달았다. 특히 그는 현재 자신이 원하는 대로 정확히 살아가고 있다고 느꼈다.

## 우리 자신의 실존적인 문제에 중점을 두다

내 일기를 되돌아보며, 2004년과 2005년은 우리 집단의 많은 구성원들에게는 특히 힘든 해였음을 깨달았다. 우리는 부모의 상실, 비극적인 교통사고, 종양 제거, 그리고 잘못된 암 진단과 같은 여러 어려운 경험을 함께 겪었다. 나는 얄롬이 우리 각자에게 이러한 경험에 대한 감정을 표현하도록 진술하게 초대하고 자신의 감정을 나누어 준 모습에 감동받았다. 그는 치료적 투명성의 가치를 실천함으로써 이러한 감정을 나누었다. 그의 개방적인 이야기는 언제나 나를 감동시켰다. 각 살아남은 경험마다 우리 집단은 더 깊은 연결과 친밀함의 수준으로 나아갔다. 아래는 내 일기에서 2005년 1월 25일에 기록된 나의 경험을 보여주는 일부 구절이다. 나의 아버지는 2004년 12월 28일에 사망했고, 그 주에 우리의 최근 모임이 있었다. 아버지의 사망은 전체 집단이 알고 있었지만, 가장 가까운 두 친구를 제외하고는 집단이 전체 이야기를 알지는 못했다. 나는 사실 아버지의 아파트에서 아버지의 시체를 발견했다. 그는 나머지 생을 투석기계에 묶여 살기를 원치 않아 자신을 쏴 죽인 것이었다.

미팅에 참석하면서 나는 집단에 나의 고통스러운 경험을 어떻게 공개할지 확신하지 못했다. 이 문제를 다룰 수 있는지 믿기 위해 믿음의 도약이 필요했다. 나의 신뢰는 각 집단원들의 민감하게 이해하고 사려 깊게 반응하며 지지해줘서 보상받았다. 두 명의 구성원은 각각 그들의 어머니와 아버지가 질병에 흔들린 대신에 자신의 삶을 끝낸 경험을 고백했다. 얄롬은 어머니가 죽은 후 꿈을 꾸었다고 우리에게 이야기했다(또한 1999년에 'Momma and the Meaning of Life'에 게재되었습니다). 집단은 서로에게 포옹으로 끝났으며 이 모임은 나에게 절대 잊혀지지 않을 순간이었다.

우리는 모두 동행자에 불과하다. 그 몇 년 동안 우리 집단에 닥친 가혹한 경험들을 통해 얄롬은 진취적인 진술의 불변의 진리가 언급했다. 우리는 (감독자를 포함하여) 우리 자신을 내담자들에서 분리해서는 안 된다. 그렇게 하면 우리도 존재의 가혹한 현실에 직면하고 이겨내야 한다는 것을 부인하는 것이다. 이 가혹한 현실들은 우리 동료들 사이에 견고한 친구들의 공동체를 만들 때 덜 부담스러워진다. 몇 년 동안 우리 집단이 더 가까워질수록 삶의 불가피한 변화가 문을 두드릴 때 서로를 사랑으로 지탱해주었다. 나는 우리 집단 슈퍼비전이 사랑하는 리더 없이도 계속하기로 결정해서 감사했다.

## 마무리 생각

최근에 나는 커크 J. 슈나이더(Kirk J. Schneider)와 공동 저술한 'Supervision Essentials for Existential-Humanistic Therapy'(Krug and Schneider, 2016)라는 APA 양식의 글을 완성했다. 한 장에서 커크와 나는 실존적 인간중심 치료의 감독자 및 교사로서 우리의 발전에 영향을 미친 멘토들에 대해 논했다. 놀랍지 않게도 나는 제임스 부젠탈과 어빈 얄롬을 "내 치료적 가치, 태도 및 스타일 형성에서 가장 중요한 영향을 미친 인물로 지목했다"(2016, p.111).

얄롬은 항상 우리 집단 슈퍼비전에서 그의 가치와 원칙을 구현했다. 집단 프로세스와의 관여, 개인적인 고백, 동행자적인 태도 등을 통해 얄롬은 안전하고 가까운 공간을 조성했다. 이는 나의 심리적인 변화를 양성하는 공간이었다. 최근 얄롬와 함께 한 브런치에서 나는 그와 짐이 나의 어깨에 앉아 있는 것 같다고 이야기했다. "추상적인 아이디어는 변화시키지 않지만, 실제 경험은 변화를 가져온다"고 쓸 때 그 두 사람이 저를 상기시켜줬다(p.115). 짐에게 감사드리고, 얄롬에게도 감사하다!

## 사례 3: 의미 중심 실존주의 집단 치료_마리 S. 데젤릭
## - 외상 경험 이후 인생의 의미 발견

의미 중심 치료는 빅터 프랭클의 의미치료(Logotherapy)와 실존주의 분석(LTEA)에 근거한 실존주의 치료 접근법으로, 이는 심리치료에 대한 철학적, 현상학적, 인류학적 관점을 확장하고 있다. LTEA의 기본 원칙은 차원적 존재론(Dimensional Ontology)에 묘사된 인간의 독특한 특성을 인식하는 데 있다. 이는 Soma(신체), Psyche(마음), Noös(영혼)로 구성되어 있다. 의미 치료의 3가지 주요 원칙은 의미라는 중심 개념을 중심으로 형성되었으며, 이는 프랭클의 인격 이론의 주요 기초다. 삶의 의미는 문화적 가치, 사회적 설명, 가족적 목적 등의 영향을 받아 종종 개인적이지만 세계에서의 경험에 의해 형성되는 독특한 중요성과 목적을 나타낸다. 비록 인간들이 유사한 개념, 정의, 이해를 가질 수 있지만, 의미는 그 본질적인 특성과 덕목에 따라 독특하고 경험적이며 다면적이며 비선형적이며 추상적인 인간의 창조물이다(Dezelic & Ghanoum, 2015, 2016). 프랭클은 의미는 창조되지 않고 항상 존재하며, 모든 개인이 어려운 상황에서도 삶의 모든 순간에 발견될 수 있는 잠재력을 가지고 있다고 주장했다(Frankl, 1988).

의미치료의 세 가지 주요 원칙(Dezelic 2014; Frankl 1978, 1988; Graber 2004):

- **의지의 자유:** 생활 조건에 대해 입장을 취하고 삶의 어려움에 직면할 때 태도를 변화시키는 능력; 우리에게나 주변에서 우리에게 일어나는 상황과 같은 삶의 조건으로부터 자유롭다는 의미가 아니라는 것이다.
- **의미의 의지:** 인생에서 의미와 목적을 찾아가려는 기본적인 노력; 이를 추구하는 것이나 목표가 아닌, 삶에서의 방향을 선택하는 것으로 본다.
- **삶의 의미:** 의미(독특한 중요성과 목적)는 항상 우리가 발견하고 찾을 수 있는 것; 우리는 독특한 의미를 찾고 이를 충족시키기 위해 "최종적인 의미를 향해 걸어가는" 자유가 있다.

치료자는 삶의 어려운 상황과 비극적인 상황을 다루는 내담자를 도와 그 영향을 줄이고 반응적인 대응을 중재하며 의미를 발견하고 궁극적으로는 피할 수 없는 상황과 고통에 대한 태도를 수정하는 데 도움을 줄 수 있다. 이는 로고테라피의 세 가지 주요 원칙인 의지의 자유, 의미의 의지, 그리고 삶의 의미로 다시 정렬함으로써 이루어진다. 이를 위해 창의성, 경험, 그리고 태도와 관련된 그들의 '의미 삼각형'을 활성화하는 데 도움을 주는 것이다(Dezelic 2014; Dezelic and Ghanoum 2015, 2016; Graber 2004).

빅터 프랭클에 따르면, 의미의 삼각형은 우리가 삶에서 의미와 목적을 발견할 수 있는 세 가지 구체적인 영역으로 구성되어 있다:
- **창의성:** 우리가 업무, 행동, 창조적인 추구, 목표 달성에서 우리의 타고난 재능을 통해 삶과 다른 이들에게 제공하는 창의적인 선물들로써 의미를 지니고 있는 부분.
- **경험:** 모든 종류의 관계에서 다른 이들을 만나거나 사랑, 자연, 예술, 문화, 종교 등에서 얻은 경험.
- **태도:** 우리가 상황이나 환경에 대해 취하는 태도로, 용기 있거나 자기 초월적인 행동이었던 상황이나 환경에 대한 의미 있는 발견의 태도 등(예: 고통, 외상, 비극에서의 의미 있는 태도 발견) (Dezelic 2014; Dezelic and Ghanoum 2015, 2016; Frankl 2006; Graber 2004).
- **의미 중심 치료 메뉴얼:** LTEA 브리프 치료를 위한 집단 및 개인 세션(Dezelic and Ghanoum 2015)은 고객들이 인생의 절망, 존재적 좌절과 같은 존재적 주제를 탐구하고 어려운 삶의 상황과 비극적인 상황에 직면해도 삶의 의미를 발견할 수 있도록 돕기 위한 여덟 차시의 메뉴얼화된 프로토콜을 제공한다.

**박스 28.1 세션 2, 핸드아웃 4: 인생의 의미 발견**

발달적 외상, 일회성 사건 외상 또는 외상적인 애도를 경험한 열 명의 집단 치료 환자들에게는 세션 2에서 "핸드아웃 4 – 인생의 의미 발견"(박스 28.1)이 주어져 그들의 토론을 촉진하기 위해 사용되었습니다. 현재 또는 이전에 경험한 의미 발견을 돕기 위해 환자들에게는 다음과 같은 질문에 대한 자신의 생각을 제시하도록 요청되었다:

1. 나의 재능, 작품, 행위 또는 달성한 목표를 통해 나는 다른 사람들에게 어떤 창의적인 선물을 했고, 그것은 나에게 의미가 있었나요?
2. 모든 종류의 관계에서 다른 사람들을 만나거나, 자연, 문화 또는 종교로부터 어떤 심오한 의미 있는 경험을 얻었나요?
3. 용감하게 행동하거나 운명의 일격에 대해 자기초월적인 태도를 취함으로써 내가 깨달은 태도적 가치는 무엇인가요?

또한 환자들에게는 파브리(1988)가 식별한 "의미의 원천에 대한 안내 지표"에 대해 깊이 생각하라는 요청이 있었다. 이는 그들의 독특하고 개인적인 "의미의 삼각형", "현재의 의미" 및 "궁극적인 의미"를 발견하는 데 도움이 되는 다섯 가지 영역을 강조한다.

의미의 원천에 대한 안내 지표:

- 자아 발견: 나는 누구인가? 어떤 사람이 되고 싶은가?
- 선택: 상황 변경; 태도 변경(과거)
- 독특성: 창의성; 개인적인 관계
- 책임: 자유; 운명
- 자기초월: 사람을 향해; 목적을 향해

## 특정 사례 예시(이름 및 식별 세부 정보는 익명성을 유지하기 위해 변경되었다):

사라는 어린 시절 성학대 경험이 있는 51세의 여성이다. 그녀는 불안 증세를 보이는 동시에 일상적인 일상생활에서 종종 기분 변화, 외상적인 장면의 플래시백 및 침입적인 감각을 경험했다. 사라는 개별 치료에서 과거의 외상 기억을 처리하고 있었지만, 다른 사람들과의 긍정적인 참여와 연결을 증가시키기 위해 집단 치료에도 참석하고 있었다. 사라는 외상적인 경험에도 불구하고 자신의 과거 외상에 영원히 고통받을 것 같은 느낌을 가지고 있었지만, 사라는 의미의 삼각형의 세 가지 속성에서 의미를 추출할 수 있었다. 다음은 Handout 4를 완료한 후 집단과 공유한 사라의 이야기이다:

창의성에서: 어린 시절부터 사라는 시를 쓰고 자신과 사랑하는 이들을 위한 의미 있는 메시지를 담은 책자를 만들었다. 그녀는 어린 시절부터 십대 시절까지의 모든 책자를 보관하고

있었으며, 이를 집단 치료에서 다시 살펴보면서 개인적으로 성장에 대해 반성할 수 있었다. 이 연습의 결과로 그녀의 창의성 감각이 다시 불타오르게 되었다. 그 결과로 사라는 현재의 개인 및 집단 치료에서 자신에 대해 탐험하고 발견하는 다양한 측면을 위한 노트, 시 및 주요 구절을 담은 새로운 책자를 만들기 시작했다.

*경험에서*: 사라는 특정 가족 구성원 및 남자 친구와의 사랑에 중점을 두었으며, 해변에서 해안에 밀려오는 고요한 파도와 함께 보낸 시간, 그리고 동물들과의 깊고 친밀한 연결에 주목할 수 있었다. 이제 그녀는 의미 있는 순간을 인식하기 위해 일상적인 경험을 찾아내고, 이러한 긍정적인 사건들을 그녀의 책자에 추가하기 시작했다.

*태도에서:* 사라는 "나는 성학대 피해자다"라는 태도를 "나는 어린 시절 성학대를 당한 아이이지만, 앞으로 여러 가지 선택권이 많은 여성이다. 나는 무엇이든 할 수 없는 사람이 아니라, 내성적이며 삶의 가장 어려운 문제들을 극복할 수 있는 사람이다"로 변화시키기 위해 노력했다. 사라는 자신에 관한 긍정적인 확언을 책자에 기록했다.

"의미의 출처 안내서"를 사용할 때, 사라는 각 영역에 한 페이지를 사용하고 각각에 대한 자세한 설명을 제공했다. 사라는 이 연습을 완료함으로써 어릴 때 겪은 외상에도 불구하고 그녀가 여전히 집단 치료 및 집단 구성원과의 새로운 경험을 포함하여 삶에서 의미를 찾을 수 있었다는 것을 깨달았다. 이러한 가능성을 인식하기 시작하면서 사라는 과거에 우리가 겪은 것과는 관계없이 삶에는 의미가 가득하다는 새로운 태도를 받아들였으며, 우리가 해야 할 일은 "그 의미를 찾아보는 것"뿐이라고 말했다. 이것은 사라가 자신의 변화에 대해 한 생각과 말이다: "내 삶에는 정말 놀라운 것들이 많다는 걸 믿을 수 없어요. 나는 삶이 이렇게 의미 있을 수 있다는 것을 전에는 전혀 몰랐어요! 더 이상 예전처럼 상처에 집중할 필요가 없고, 오히려 나를 더 강한 사람으로 만들어 준 것, 다른 사람들이 갖지 못한 나만의 것으로 볼 수 있어요. 나는 더 이상 그것을 바라보며 소원을 빌지 않아요. 이제 그냥 그렇게 있는 거예요. 오늘 내 삶에 내가 가진 것에 집중하고 있어요 – 그리고 그게 바로 나와 나의 의미예요!"

## 결론

인생의 의미는 종종 삶과 인간의 어렵고, 비극적이고 외상적인 측면을 경험할 때 가로막히기 쉽다. 의미 중심 치료는 진단이나 상황과 관계없이 의미의 기회를 발견하기 위한 환자에게 임상적인 접근과 방향을 제시한다. 인간의 언어 및 실존적인 측면을 탐험함으로써 우리는 우리의 유사성뿐만 아니라 삶에서의 독특한 의미와 목적을 찾을 수 있다(Dezelic 2014; Dezelic and Ghanoum 2015, 2016; Frankl 1978, 1988, 2006; Graber 2004).

## 사례 4: 실존적 환경 및 집단. 주간 그린케어 집단

_린다 안셀, 렉스 헤이그, 사라 해밀턴, 피오나 로마스, 샤론 티자드, 힐러리 웰시

이 "그린케어 집단"에 대한 설명은 2016년 9월 22일에 집단 활동 중 하나로 계획되어 작성되었다. 2018년 초에 수정되고 추가되었다.

우리는 종종 방문객들이 하루를 우리와 함께 보내도록 초대하며, 어떻게 집단 치료, 치유적인 공동체 및 원예가 결합되어 실존심리치료와 매우 유사한 모습으로 나타나는지 보여준다. 그리케어 집단은 매주 목요일마다 본래 주류 정신건강 서비스에서 지원하기 어려운 장기 감정적 문제를 겪고 있는 사람들을 지원을 위한 목적으로 지어졌지만, 실제로는 훨씬 더 많은 일을 하고 있다고 생각한다. 서로와 자연과의 연결을 통해 우리의 구성원 − 직원, 연수생 및 방문객을 포함한 −은 서로와 어떤 새로운 방식으로 존재하는 것처럼 보이거나 적어도 목격하는 것처럼 보인다. 우리는 서로와 창의적이고 활동적이며 반성적인 방식으로 살아가려고 노력하며, 이를 통해 우리 삶에서 새로운 의미와 목적을 찾고자 한다. 치료적 공동체 방법(참조: Pearce and Haigh, 2017)은 집단 속 개인들이 자기 책임과 "전체 자아"의 감각을 찾아 개방적인 과정을 강조한다(Haigh 2013). 집단에서 사람들은 자신의 삶을 탐험하면서 자신만의 권한을 찾아나가고, 어떻게 살고 싶은지를 발견한다.

환경 센터 앞에 차를 주차할 때 곧바로 새로운 사람들은 이곳이 얼마나 평온하고 고요한 장소인지를 인식한다. 실제로 런던의 M25 Motor way에서 1마일 이하 거리에 있고 거대한 변전소에 인접해 있음에도 말이다. 사실, 바람이 잘못된 방향으로 불 경우 Motor way 소리를 들을 수 있다. 비록 우리는 그것이 바다의 소리라고 속이기도 하지만 말이다.

집단 멤버 중 몇 명은 그 후에 방문객을 환경 센터의 교실 블록으로 사용되고 있는 나무 오두막 뒤로 안내한다. 그곳은 큰 연못 가장자리로 이어지는데, 이곳은 우리의 보호 대상인 대형 도롱뇽의 군집지로서, 그 중 일부는 종종 감자 밭 중간에서 동면 상태로 발견되기도 한다.

우리 집단의 유르트(몽골·시베리아 유목민들의 전통 텐트)에 가려면 우리는 허름한 나무 다리를 걸쳐 연못의 갈대 지대를 건너가야 한다. 이는 실질적이고 가상적인 내부로의 통로이며, 우리가 캔버스 아래에 보관하는 목재와 유기물로 이루어진 의자 서클, 그리고 우리가 두피 아래에 가지고 있는 속내의 소용돌이와 종종 고민되는 정신적 콘텐츠를 나타낸다. 유르트는 우리의 영적인 고향이며, 2014년에 우리가 상을 수여 받은 Norman Sartorius에 의해 "모퉁이에 숨을 곳이 없는 좋은 공간"으로 묘사되었다. 물론, 유르트는 중앙 아시아의 평야를 횡단하는 유목민의 유산을 가지고 있다. 하지만 우리의 경우에는 고정되어 있으며 매주 같은 장소로 오면서 내부에서 "움직이는" 것을 기대한다. 비록 그것이 물리적인 종류가 아니더라도.

스태프 팀은 매주 목요일 오전 9시 30분쯤 도착한다. 여기에는 항상 통합 심리치료사와

그린케어 코디네이터 겸 원예가가 포함되어 있다. 이들은 치유적 공동체의 "경험 전문가"다. 여러 다른 사람들도 참여하는데, 여기에는 박사 후 연구원, 동물 중재 치료사, 컨설턴트 의료 심리치료사 등이 포함되어 있으며, 이들은 때때로 집단에 알려진 파트타임 구성원이다. 전문 방문객은 항상 환영받으며, 충분한 시간 전에 조절하면 된다. 스태프 팀은 매월 한 번, 오래 경험 많은 초개인(Transpersonal) 치료사로부터 유르트에서 감독을 받는다.

우리 연구자는 몇 명의 일시적인 보조 심리학자들을 영국 및 아일랜드 인격장애 연구 협회(BIGSPD)의 연례 대회에서 구두 발표 및 포스터로 참여한 작은 질적 연구 프로젝트에 참여시켰다. 이 연구 프로젝트는 NHS 서비스와 관련된 것이다. 그린케어 그룹에 대한 참가자들이 그룹에 대해 어떤 가치를 더 중요하게 생각하는지 직접 묻는 포커스 그룹 연구에서 여러 테마를 식별했다. 이러한 테마들은 인간 중심적 및 실존주의 치료의 원칙에 잘 부합된다. 여기에는 평온한 안정감과 고요함을 제공하는 치료적 이점, 함께함과 사회화의 기회, 정화를 포함한다. 또한 비임상적인 환경에서 비낙인화된 안전감과 푸른 산소의 감각을 전하는 것, 그리고 선택의 자유, 보상적 성취의 기회, 그리고 공동체와 재미라는 활동이 포함된다(Jones, Maurya and Green, 2014). 이 작업의 혜택에 관한 가장 강력한 진술 중 일부는 과학적이거나 긍정주의적인 용어로 설명하기 어려운 불안정한 특성을 반영한다. 다음은 서비스의 계속을 위해 공공 지원을 모집하기 위한 일환으로 최근 토론 집단에서 수집된 샘플이다:

**서비스 이용자 L:** "Greencare는 제 삶을 유지시켰어요. 이게 없었다면 다른 서비스들은 제게 이 정도의 도움을 제공할 수 없었을 거예요. 신뢰, 지원, 충성, 가족같은 느낌으로 여기서는 나를 귀한 인간으로 대해주셨어요. 정신과 환자나 '무용지물'로 대하지 않았어요. 전혀 판단받지 않았고, 이것은 전형적인 정신 건강 그룹이 아니었어요. 임상적이지 않았고, 오히려 따뜻하고 환영받는 느낌이었어요. 여기서는 가면을 쓰지 않고 진짜 나를 표현할 수 있었습니다."

**서비스 이용자 S:** 다른 서비스를 통해 "이 그룹에 대해 알게 되었고, 어떤 기대도 없이 참여했어요. 도움이 될 만한 무언가를 원했어요. 정상적으로 느껴지길 원했어요. 그때 나는 해서는 안 될 생각들이 나를 괴롭혔고, 자살을 생각할 정도였어요. 이곳은 그것으로부터 나를 구해줬어요. 나는 받아들여졌고, 그것은 희망의 빛이었어요."

**서비스 이용자 P:** "이곳은 '영원한' 곳 같아요. 우리에게는 여기가 안전하게 느껴지고, 지배적이지 않은 구조를 가지고 있어요. 매일 갖고 다니는 모든 부담에서 벗어날 수 있는 곳이에요. 우리 문제를 혼자 안고 있지 않아요. 당신뿐만이 아니에요. 그리고 모든 일에 참여함으로써 자신감을 되찾을 수 있어요."

**자원봉사자 D:** "몇 년 동안 그린케어는 진화하고 변했지만 계속 번성해왔고, 이를 사용하는 사람들에게 많은 의미를 갖고 있어요. 제 경험상 이것은 신뢰, 지원, 성장 — 그리고 많은 웃음을 보여주는 독특한 그룹입니다."

주간 집단 자체로 돌아가 보면 나머지 회원들은 대략 오전 10:00에 도착한다. 우리가 마을에서 약 5마일 떨어진 곳에 위치하고 있기 때문에, 누가 어떠한 방법으로 차를 타고 왔는지, 그리고 버스가 얼마나 잘 운행되는지에 따라 다르다. 보통 오전 10:15경에는 모두 차나 커피 한 잔을 마시고 첫 번째 고정된 행사로 날의 "체크인"을 위해 유르트의 원형 테이블 주변에 앉아 있다.

체크인의 목적은 모두의 의견을 듣고, 각 사람이 다른 모든 사람들에게 존재한다는 느낌을 확립하는 것이다. 우리가 음료수를 들고 모두 앉아 있으면 보통 한 순간의 내적인 고요함이 있고, 그 중 한 명이 "그럼, 나부터 시작할게" 또는 유사한 말을 하기 전까지 대개 짧은 침묵이 있다. 체크인에서 누구나 일반적으로 하는 최소한의 발언은 자신의 주간 경험과 현재 기분에 대한 것이다. 때로는 더 많은 이야기가 나오며 그에는 고통과 눈물, 또는 웃음과 즐거움, 또는 그들에게 일어나고 있는 다른 여러 가지 일들이 포함될 수 있다. 집단은 이러한 문제들을 다루기 위해 설계되지 않았으며, 이에 대한 시간이나 자원이 없기 때문에 초기의 매우 어려운 미해결 기억을 자제하는 것을 배웠다. 직원들과 방문자들도 체크인에 포함되며 원한다면 개인적일 수도 있고 그렇지 않을 수도 있다. 우리가 발전시킨 절차는 첫 번째로 이야기하는 사람이 오른쪽이나 왼쪽으로 전달하고, 그런 다음 원을 따라 계속 전달되도록 하는 것이다. 한 번에 한 사람이 "자기 이야기"를 하며, 다음 사람에게 전달되기 전까지 별도의 토론 시간을 제공하지 않았다. 체크인 이후에는 집단이 일반적으로 "후속 활동"에 시간을 할당하며, 이 동안 사람들은 서로가 언급한 내용을 지원한다. 이러한 절차는 일반적으로 나머지 하루 동안과 함께 진행되며 때로는 그린케어 집단 외부에서, 다른 사람들이 참석하는 다른 치료 집단에서, 또는 이후 주의 집단에서도 이어질 수 있다. 체크인에는 고정된 시간 제한이 없지만, 대개 1시간 정도 이상 지속되면 너무 길다는 것을 인식한다.

이 집단의 토론과 "음악"은 대부분의 전통적인 집단 및 치료 지역의 치료자에게는 낯설지 않을 것이다. 이들은 울림, 공동체주의 및 보편성과 같은 이론적인 개념을 사용하여 작동한다. 그러나 여기에는 무언가 다른 것이 있다. 이는 아마도 "관계의 본질"에 관한 것으로, 말로 설명하기 매우 어렵다. 심리치료, 심리학 또는 대부분의 심리 치료의 명제 논리를 사용하여 설명하기가 어려운 특별한 특성이다. 혹은 "세계에서의 존재 방식에 대한 개인의 더 큰 인식을 촉진하고, 현실적인 육체성, 상호 작용과 관계, 자신의 정체성 또는 그 부재와의 상호 작용, 자신의 존재를 뒷받침하는 것, 그리고 흐름을 가져오고 초월, 학습 및 즐거운 전진을 다시 삶에 불러일으킬 수 있는 방법에 대한 도움"과 같은 존재주의 치료의 개념들이 이것을 포착하는 데 도움이 될 수 있다. "Deurzen(2018)의 말처럼, 우리의 핵심 가치를 포착하는 것은 사람들이 고통과 어려움을 참고 수용하며 건설적으로 대처하도록 돕는 것이다. 그리고 이는 우리가 하는 일의 본질을 포함하여 다른 어떤 언어적 표현들도 그렇다."

체크인 후, 우리는 하루 동안 무엇을 하고 싶은지에 대해 이야기하고 적어도 세 명 이상의 집단으로 나누어 결정한 대로 활동을 조직한다. 한 가지 작업은 대개 모두를 위해 점심을 준비하는 것이며, 나머지는 사람들의 성향과 날씨에 따라 달라진다. 봄과 여름에는 유기농 토지에서 많은 시간을 보낸다. 우리는 성장시키고 싶은 것들을 심고, 나중에 수확하고, 함께 요리하고 먹는다. 우리는 퇴비를 만들고, 들뜬 토지와 같은 구조물, 울타리, 정원 창고 같은 구조물을 세우며, 유르트를 돌보고 일반적인 가사와 유지보수에 상당한 시간과 노력을 투자한다. 추운 날씨에는 겨울 세션의 대부분을 실내에서 보내곤 한다. 원예 계획을 세우고, 미술과 공예 활동을 하며, 글을 쓰고, 센터의 주방에서 피클, 초콜릿, 잼을 만든다. 크리스마스와 겨울은 밖에서 할 일이 별로 없는 시기이기 때문에 보통 몇 주 동안 크리스마스 점심과 파티를 준비하고, 유르트를 화려하게 꾸미는 데 시간을 보내곤 한다. 이 행사에는 우리가 알고 있는 다른 치료 집단의 회원, 추천자, 다른 임상 직원 및 축하 행사에 함께하고 싶은 다른 모든 사람들을 초대한다.

크리스마스뿐만 아니라 우리는 연중을 통틀어 계절의 변화를 기리기 위해 몇 가지 규칙적인 특별 이벤트를 가지고 있다. 봄에는 지역 농장에서 새끼 양이 태어나는 시기에 가서 보통 회원들이 새끼 양을 안고 먹이를 주며, 때로는 새끼 양이 태어나는 것을 보는 집단 세션을 가진다. 많은 감정과 때로는 애착 문제에 대한 토론이 일반적으로 이어진다. 부활절에는 전통적인 달걀 굴리기 대회가 있으며, 종종 그날 만들어진 이상한 새로운 규칙들로 진행된다. 여름에는 파트너, 가족, 친구, 동료들을 연못과 유르트를 내려다보는 테라스에서 열리는 여름 바비큐에 초대한다. 그 후 겨울에는 어떤 종류의 외출을 하곤 하는데, 지난 시간에는 "플로팅 교실" 배를 이용한 그랜드 유니언 채널 여행, 지역 공원에서 오리엔티어링 보물찾기, 그리고 런던 운하를 따라 캠던 락까지의 산책이 포함되었다.

겨울 중순 사이에는 일반적으로 어떤 종류의 나들이를 갖는다. 과거에는 "플로팅 교실"에서의 그랜드 유니언 운하(Grand Union Canal) 여행, 지역 공원에서의 오리엔티어링 보물찾기, 그리고 런던 운하를 따라 캠던 록(Camden Lock)까지의 산책이 포함된 적이 있다.

우리의 정기 목요일 집단에서는 약 45분 동안 점심을 함께 하는 시간을 가진다. 일반적으로 유르트에서 하는데, 때로는 테라스나 연못 옆에서도 한다. 그런 다음 자원봉사자들이 설거지를 하고, 우리는 그날의 다양한 활동으로 돌아간다. 점심은 고정된 시간이 아니라 준비되었을 때와 모두가 참석할 준비가 되었을 때에만 진행된다.

함께 감정적으로 의미 있는 일을 수행하고, 우리가 앉아 있는 땅에서 자체적으로 식량을 생산하는 경험은 부족과 풍부의 계절을 통해 우리 집단의 회원들에게 제공된다. 이를 통해 그들은 이전에 경험하지 못한 창의적이고 활동적이며 반성적인 방식으로 살아가는 경험을 하게 되며, 새로운 의미와 목적을 삶에 찾아 나가는 것이다.

오후 3시 30분에는 모두 유르트로 모여 하루를 "모아봅니다." 먼저 우리가 하는 일은 블로그를 위한 단락을 함께 쓰는 것이다. 여기에는 사진 또는 두 장을 포함하고, 그런 다음 그린케어 저널을 작성합니다. 각 회원은 이를 갖고 있으며, 여기에는 그린케어에 관한 많은 정보와 사색적인 글쓰기, 사진, 평가 설문지의 공간이 포함되어 있다. 유르트에는 사진을 인쇄할 수 있는 프린터가 있어서, 회원들이 이를 인쇄하여 그날의 기억을 상기시킬 수 있다.

가장 독특한 결과 측정 지표 중 하나는 "감정의 식물" 또는 "식물 이모티콘" 척도로, 이는 우리의 연구원과 집단 회원들이 함께 개발한 것이다(Jones, 2017). 여러 세션 동안 다양한 식물의 슬라이드 쇼를 살펴보고 어떤 감정을 불러일으키는지 논의하는 것을 포함한 후, 약 50가지로 구성된 목록을 10가지로 줄인다. 각각은 그린케어 데이의 끝에서 사람들이 종종 느끼는 감정 상태를 나타낸다. 연구원은 그런 다음 10가지 식물 각각에 대한 작은 점착성 "스탬프" 시트를 출력하는데, 회원들은 이 중 자신의 하루 기분을 가장 잘 나타내는 것을 선택하여 저널에 넣는다. 직원과 방문자들도 하나를 선택하고, 일반적으로 셔츠나 점퍼에 붙인다.

사람들의 선택에 대한 짧은 토론 후, 오늘의 마지막 항목인 체크아웃을 진행한다. 체크인과 마찬가지로 이는 첫 번째로 말하고 싶은 사람부터 시작되는 라운드다. 체크인보다 훨씬 짧으며 일반적으로 각 개인당 1분 또는 2분 정도 소요된다. 모두가 자신의 하루가 어떠했는지, 집에 가는 기분은 어떤지 이야기한다. 대부분 집단의 구성원들은 "차분함"이나 "근거 있는" 기분을 느낀다고 보고하며 종종 도착했을 때보다 더 나은 상태에 있다고 언급하기도 한다. 직원과 방문객들도 참여하며 비슷한 의견을 이야기한다. 판단이나 해석 없이 이루어지며 항상 오후 4시경에 마무리된다. 일반적인 포함 기능 외에도 체크아웃은 중요한 리스크 평가 운동으로 간주되며 구성원이 홀로 집에 가는 것이 안전하지 않은 드문 경우에는 집단이 어떻게 대처할지 계획을 세운다. 이는 때로는 다른 집단 구성원들에 의한 지원(실제로 함께 있거나 전화 또는 문자로 연락을 하는 것)이나 가끔은 지역 정신 건강 서비스의 직원과 연락을 하는 것(구성원 모두가 등록된 서비스)을 포함할 수 있다. 그런 다음 회원들이 떠나고, 직원들은 간단한 회고 세션을 갖고 모두가 집으로 돌아가게 된다. 때로는 호박, 콩, 토마토와 같은 야채를 팔에 가득 가져가기도 하지만 거의 항상 다음 주에 또 참석할 의사를 갖고 간다.

이 집단이 지역 NHS 정신 건강 서비스에 등록된 사람들에게 제공되는 활동 및 집단 네트워크의 일부임을 언급하는 것이 중요하다. 그러나 이는 해당 서비스 외부에서 제공되며, 사회 기업으로 설립된 단체에 의해 커뮤니티 이익 회사로 운영된다. 다른 서비스의 네트워크에는 지역 사회 정신 건강 팀(Community Mental Health Team)에서 제공하는 그룹뿐만 아니라 최근에 형성된 회복 대학도 포함되어 있다(중요한 점은 국가적인 "조직적 변화를 통한 회복 실시"에 속하지 않으며, 이것은 너무 기업적으로 느껴진다는 것이다). 또한 지역 사회 서비스 위원회 및 다양한 자원 기구 단체들이 포함되어 있다. 이는 마을 전체에 걸쳐 실제 치료 커뮤니티를 제공하는 의도이지만 벽이 없는 형태다.

# 29

## 실존적 집단치료의 주요 도서

Simone Lee

　나는 실존적 집단 작업에 관련된 문헌들을 찾아보았다. 그러나 그 중 일부는 명시적으로 실존적 집단 치료에 관한 것이 아니었다(Mullan의 발췌문은 예외). 실존적 집단 치료의 기여자들은 주로 집단 치료 전문가, 심리 분석가 및 정신과 의사들이지만 실존적 이론과 강력한 관련성을 가지고 있다.

　독자들이 편리하게 읽을 수 있도록 문헌들은 집단의 정의; 치료자의 역할; 실존적 접근; 집단 멤버십; 건강과 대화 및 치유 요인과 같은 교차점이 많은 주제별로 구성되어 있다.

　각 작가의 간단한 이력은 그의 작품의 첫 번째 인용문 앞에 제공된다.

### 집단의 정의

#### Hora - 실존 정신의학과 그룹 - 1961

　토마스 호라 의사(Thomas Hora MD, 1914–1995)는 헝가리에서 태어났으며 "메타정신의학"을 만들기 위해 여러 영적 전통을 융합했다. 그는 "모든 [심리적 문제에 대한] 해결책은 영적인 것"이라 결론 내렸다. 그의 치료 방법은 소크라테스적 대화에 기반하고 있다. 그의 사후에도 메타정신의학 기구가 계속 활동하고 있다.

　집단 상황은 다양한 방식으로 집단 성격을 명백하게 하며 다른 집단 구성원 및 치료자와의 관계의 질을 통해 개인에 대한 더 깊은 이해를 제공한다.

집단 심리치료 경험은 참여자 모두(치료자 포함)에게 생생하고 동적인 경험이다. 치료 집단에서 구성원들은 다양한 정신적 메커니즘이나 질병 개체의 샘플로서 기능하는 것이 아니라, 인생을 경험하고 환경과 상호 작용하는 특정한 방식을 가진 구성원으로 기능한다. 즉, 개별적으로 특징적인 "존재하는 방식"으로 존재한다.[2][3] 따라서 실제로 치료 집단은 소우주나 세계의 일부를 대표하며, 이러한 성격상으로 모든 참가자에게는 실존적인 대면 상황이다. 이것은 [...] 사람들이 만나고 이 만남에서 서로에게 자신들의 특별한 존재 방식을 드러내고 이 세계에 존재하는 방법을 자기 스스로 발견한다.[4] 이들이 헤어질 때, 그들의 삶의 진행 경로는 상당 부분에서 꽤 크게 변화된다. (Hora 1961, p.58)

## 랭 - 경험의 정치학 - 미국 - 1967

로널드 데이비드 랭(Ronald David Laing, 1927-1989)은 스코틀랜드 출신의 정신과 의사이자 정신 분석가로, 정신과에 대한 비평가로서 명성을 얻었다. 그는 1965년 런던의 킹슬리 홀을 포함한 심리적 장애를 가진 사람들을 위한 대안적인 주거 프로젝트에 영감을 받아 집단 치료를 시작했다. 이러한 프로젝트에서는 랭의 대인 관계 이론을 기반으로 한 집단 치료가 사용되었다. 아래에서 랭은 집단을 만들기 위해 필요한 종합적인 접근을 정의하였다. 이 발췌문이 포함된 "Them and Us" 챕터의 각주에서 랭은 자신의 아이디어가 유래된 J. P. Sartre의 "*Critique of Dialectical Reason*"(1960)에 대한 영향에 경의를 표했다.

어떤 집단의 존재는 집단 구성원들 자체의 시각에서 매우 흥미롭다. 만약 나, 너, 그리고 그 외의 다른 사람들을 나와 함께하거나 그렇지 않은 사람들로 생각한다면, 이미 두 가지 원시적인 종합체인 '우리'와 '그들'을 형성한 것이다. 그러나 이러한 개인적인 종합체 행위 자체로는 아직 집단이 형성되지 않는다. 집단으로서 우리가 형성되기 위해서는 나, 너, 그리고 그를 '우리'로 여기는 것뿐만 아니라, 너와 그도 우리로 생각해야 한다. 나는 여러 명의 사람들을 단일 집단으로 경험하는 행위를 원시적인 집단 종합체 행위로 부를 것이다. 이 경우, 나, 너, 그와 같은 개개인의 우리, 즉 각각의 나, 너, 그는 원시적인 집단 종합체 행위를 수행한 것이다. 그러나 현재 이들은 단순히 세 개의 개인적인 집단 종합체 행위일 뿐이다. 실제로 집단이 형성되려면 나는 너와 그가 나와 너를 "우리"로 생각하는 것을 깨달아야 하며, 너와 그도

---

2) Binswanger, L. (1948). *Grundformen und Erkenntnis Menschlichen Daseins*. Max Niehans Verlag: Zurich.

3) Hora, T. (1959). Ontic perspectives in psychoanalysis. *The American Journal of Psychoanalysis* XIX, 2.

4) Heidegger, M. (1953). *Sein und Zeit*. Tuebingen: Max Niehans Verlag.

나와 너를 "우리"로 생각한다는 것을 깨달아야 한다. 나는 또한 "너"와 "그"가 "나와 너"를 함께 여기는 것을 깨달아야 하며, 너와 그도 상호간에 이 "우리"가 우리 모두 사이에 퍼져있는 것이며, 나, 너, 그 중 두 명만의 개인적인 환상이 아니라 우리 세 명 전체에게 공유되는 것이 아닌지를 확인해야 한다. [...]

먼저 집단을 그 자체 구성원들의 경험적인 시각에서 고려할 때, 집단은 공간 속에 있는 사회적 객체가 아니다. 그것은 각 개인의 종합체의 다양성으로 형성된 꽤 특이한 존재이다. 각 개인은 같은 다양성의 종합체를 '우리'로, 그리고 여러 종합체의 다양성을 종합한 것으로 형성한 꽤 특이한 존재이다. (Laing 1967, pp.71−72)


## 프리드먼 - 본질적인 우리 - 1963

모리스 S. 프리드먼(Maurice S Friedman, 1921−2012)은 미국의 대화의 효용에 관한 협력적인 철학자였다. 그는 대화적 심리치료 연구소를 공동 창립했다. "모리스 S. 프리드먼이 부버의 작업에 관한 포괄적인 조사를 발표하기 전인 1956년까지는 교수와 신학도를 제외하고는 거의 아무도 그의 이름을 들어본 적이 없었다. '마르틴 부버: The Life of Dialogue'이라는 책은 부버의 인간 중심적이고 종교적인 개념을 설명하고 널리 알리는 최초의 시도였다." (Vitello 2012)

인간과 인간 간의 관계는 직접적인 만남의 "나−너(I−Thou)" 관계뿐만 아니라 공동체의 "우리(We)"에서도 일어난다. "'원시적 나(Thou)'는 개별적 분리의 의식보다 앞서 있으며, '본질적 나(Thou)'는 이 의식을 따라 나오고 성장하는 반면, '원시적 우리(We)'는 진정한 개성과 독립성보다 앞서 있으며, '본질적 우리(We)'는 독립적인 개인들이 본질적인 관계와 직접적으로 연결되었을 때에만 실현된다." 본질적인 우리에는 잠재적으로 너가 포함되어 있으며, "진정으로 서로 '너'라고 할 수 있는 사람들만이 서로 '우리'라고 할 수 있다"고 나와 있다. 우리는 부차적이거나 단순히 수단적인 중요성이 아니라 실존에 기본적이며, 그 자체로 가치의 주요 원천이다. 부버는 Heracleitus를 인용하여 다음과 같이 말했습니다. 다시 말해, 개인은 다른 이들과 함께 언어의 공동 세계와 존재의 공통 질서를 구축해 나가야 한다. [...]

부버의 공동 언어로 만들어진 공통 세계 개념이 집단 심리치료에 미치는 중요성은 지나치게 고평가될 수 없다. 이 관점에서 말은 단순한 기능이나 도구가 아니라 현실의 본질 자체이며, 현실을 창조하거나 파괴할 수 있는 능력을 가지고 있다. "인간은 언제나 자신의 생각을 '나(I)'로 여겼지만, '우리(We)'로서 그 생각들을 언제나 실존 자체로 끌어올려 왔다. 바로 그 실존의 형태를 '사이(between)'라고 부르는 것이다." 언어는 거짓과 관습일 수 있지만, 동시에 진리의 큰 약속이기도 하다. 그가 개인주의나 집단주의에 피난을 취하든지, 자신의 존재의 본래성에 대한 책임을 피하는 사람은 다른 이의 목소리를 진정으로 들을 수 없다고 말한다. 그는 다른 사람의 목소리를 더 이상 진정으로 듣지 못하는 것이다. 다른 사람은 이제 그의 관찰 대상이 되어버렸다. 진정으로 듣고 말하는 것이 집단 심리치료에서 치유의 완전한 가능성을 가질 수 있게 되며, 단순히 집단의 단일성을 느끼는 것이 아니라, 진정한 의미에서 집단의 모든 잠재력이 실현될 것이다. "실존적으로 '너'를 알지 못하는 자는 결코 '우리'를 알 수 없을 것이다."5) 공통을 따르라는 것은 살아 있는 말, "의미를 가진 말," 그 자체가 가치라는 것이다. 가치는 말의 내용, 구성 요소뿐만 아니라 실제로 가장 현실적으로 "사이(between)," 즉 인간과 인간 간의 대화 속에서 존재한다. (Friedman 1963, pp.610−611)

## 랭과 에터슨(Esterson) - 제정신(Sanity), 광기(Madness) 그리고 가족 - 1964

아론 에터슨(Aaron Esterson, 1923−1999)은 영국의 정신과 의사이자 R.D. 랭과 함께 Philadelphia Association 을 창립한 인물이다. 이 책은 랭과 에터슨이 정신분열증 진단을 받은 가족 11가정을 연구한 결과를 기록한 것이다. 그들의 반병원주의적인 입장은 혁신적이었으며, 그들의 방법론은 가족 상호관계의 다양한 순열을 현상학적으로 조사하는 것이었다.

각 개인은 다른 사람들의 세계에서의 객체뿐만 아니라 자신이 위치한 공간과 시간의 위치이며, 자신의 세계에서 경험하고 형성하며 행동하는 지점이다. 각 개인은 자신의 중심이며 자신만의 시각을 갖고 있다. [...]

사람들은 정체성을 가지고 있다. 그러나 서로가 다름을 보면서 그들은 상당부분 변할 수도 있다. 어떤 변화나 변형을 기본적인 것으로 여기고 다른 것들을 그 변형이라고 여기는 것은 임의적이다.

한 사람은 자신의 다양한 변형에서 서로 다르게 행동할 뿐만 아니라, 자신을 다양한 방식으로 경험할 수 있다. 그는 서로 다른 것들을 기억할 수 있고, 서로 다른 태도를 표현할 수 있으며, 때로는 완전한 불협화음 조차도 경험할 수 있다. 또한 서로 다른 방식으로 상상하고 환상을 가질 수 있다. [...]

만약 축구 팀이 경기 중에 어떻게 함께 행동하거나 행동을 방해하는지를 알고 싶다면, 개별

---

5) M. Buber (1958). "What is common to All," (trans. Maurice S. Friedman), *The Review of Metaphysics*. XI(3): 378

적으로 각 팀원과 이 문제에 대해 주로 대화하는 것만으로는 충분하지 않다. 그들이 함께 어떻게 경기를 하는지를 관찰한다. [...]

인간 집단에서 일어나는 일들이 특정 행위자들이 하는 일로 연결될 때, 그것은 실천(praxis)으로 표현된다. 집단에서 벌어지는 일들은 누구에게도 의도된 것이 아닐 수 있다. 아무도 무슨 일이 일어나고 있는지 심지어 깨닫지 못할 수도 있다. 그러나 집단에서 벌어지는 일들은 무엇이 일어나고 있는지(과정)에서 누가 무엇을 하는지(실천)로 거슬러 올라갈 수 있다면 이해할 수 있다.

현상학적으로, 집단은 그 구성원들에게 기관(organism)으로 느껴질 수 있다. 집단 외부에서는 집단이 기관처럼 행동하는 것으로 보일 수 있다. 그러나 여기서 나아가, 집단이 실질적으로 기관이라고 주장하는 것은 완전히 실체화된 것이다.

따라서, 집단병리학의 개념은 혼란스러운 것으로 보인다. 그것은 개인 행동의 난해함을 집단의 난해함으로 확장시킨 것이다. 이는 생물학적 유사성6)이 이제 한 사람뿐 아니라 다양한 사람들에게 적용된다는 것이다. [...]

집단은 개인에게 전체에서 일부로, 초조체에서 유기체로 간주되는 것이 아니다. 집단은 기계가 아니다. 다만, 집단의 작용은 각 구성원이 보여주는 행동과 실천(praxis)을 통해 형성될 수 있으며, 이 과정은 각자의 행동이 어떻게 집단에 영향을 미치는지를 이해할 수 있는 결과를 만들어낸다. (Laing and Esterson 1964, pp.19-23)


## 치료자의 역할

### 루이스 B. 힐(Lewis B. Hill) - Being and Doing - 1958

루이스 B. 힐(Lewis B. Hill, M.D, 1894-1958)는 오하이오에서 태어난 정신과 의사로, 한때 미국 정신분석 협회(American Psychoanalytic Association)회장이었다(Anderson 1958). 본 논문은 그의 사망 연도에 발표되었다. 이 논문에서 힐은 "치료자는 자신의 행동으로 정의된다"라고 선포하며 치료자의 일치, 강인함, 겸손, 그리고 지속적인 자기개발의 필요성을 옹호했다. 이 논문은 명시적으로 집단 치료사들을 대상으로 쓰여진 것은 아니지만, 국제 집단 심리치료 저널에서 발표되었다.

---

6)  *See MacMurray, J. (1957). The Self as Agent. London, Faber; and Chapter 1 of Laing, R.D. (1960). *The Divided Self*. London, Tavistock Publications; Chicago, Partheon Books.

"치료에서 '되기(being)'와 '하는 것(doing)'은 사실상 구분될 수 없다. 치료자는 그가 하는 것이다. 역으로 말하면, 치료자가 하는 것은 그가 무엇인지의 표현이다. 되기와 하는 것은 떨어져 있고 상호 격리된 두 가지가 아니다. 실제로 치료에서 '되기'와 '하는 것' 사이에 실제로 선택이 있을 수 없다. "무엇을 해야 할지 선택하거나, 어떤 환자를 치료해야 할지, 어떤 목표를 세울지, 어떤 기술을 사용할지, 또는 말할지 아니면 말하지 않을지, 또는 어떤 일을 할지 말지에 대한 순간순간의 선택; 장기적인 전략의 선택 또는 순간적인 전술의 선택은 치료자가 그 자신으로서와 치료자로서의 미리 결정된 표현으로써 이루어지는 선택이다." [...]

우리는 우리 자신이 무엇인지에서 우리가 하는 일을 인위적으로 분리하려는 경향이 있다. 우리는 자주 무엇을 하는지에 대한 도움을 찾는 대신에 우리가 무엇인지에 대한 효과를 의심해 보아야 한다. [...]

"유용한 치료자가 되기는 건설적인 일을 하는 것이고, 그와 반대로 파괴적인 활동을 최소한으로 줄이는 것을 의미한다. 치료자는 자신의 갈등, 문제 및 지위를 충분히 잘 다루어 자기 해결에 치료적 상황을 사용하지 않는다. 이는 실제로 자신을 소거한다는 것이 아니다. 치료자의 주요 역할인 자신을 제시한다는 것이다. 이는 그가 환자에게 스스로를 높이 존중할 수 있는 역할이며, 환자는 그를 높이 세우는 임무를 부담할 필요가 없으며 심지어는 무서워하지 않고 쓰러뜨릴 수 있는 역할이다. [...] 치료자의 집이 정돈되어 있을 때, 그가 환자와 어떻게 상호작용하는지는 중요하지 않다고 말할 수는 없을 것이다. 그러나 그가 하는 일이 도움이 될 가능성이 높다고 말할 수 있다. 즉, 적절하고 건설적이며 진실한 것이다. 왜냐하면 그가 하는 일은 그의 맹점을 방어하는 것이 아니라, 실제로는 그의 이해와 선의의 표현이 되기 때문이다." (힐 1958, pp.117-121)

## 멀란(Mullan) - 실존 집단 치료자 - 1979

휴 멀란(Hugh Mullan, 1912-2003)은 미국의 정신과 의사이자 실존주의 철학의 영향을 받은 집단 치료의 선구자 중 한 명이었다. 그의 독특한 사고방식은 당시의 정석적인 실천 방법에 도전했으며, 그는 주류 이론을 따르지 않았다. 그는 "치료자의 개인적 주관성, 상호 노력, 정신 분석치료의 행위에서 비이성적 경험을 지향"했다(Wright 2012).

### 실존의 조건에 대한 직면

실존치료자는 환자의 삶에서 비극적이고 재미있는 순간을 모두 환영한다. 이 중점은 특히 환자와 치료자, 그리고 다른 구성원이 함께하는 집단 치료 세션에서 중요하다. 여기서도 실존치료자는 자신의 환멸과 만족을 직면하게 된다(Mullan, 1979, p.377).

환자가 자신의 인간적 상태에 직면하도록 이끄는 데 필요한 필수 투자와 어려운 과정을 이해할 수 있는 것은 오직 치료자뿐이다. 치료 기간 동안의 긴 여정, 집단 투쟁의 힘든 시간, 강렬한 감정적 격동, 그리고 절망적인 순간들을 이해할 수 있는 것도 마찬가지이다. 나는 이것이 본질적으로 중요하다고 판단하고, 그래서 환자가 치료의 깊은 곳에서 말하길 기대한다. "젠장, 이 치료를 시작하지 않았으면 좋겠어요. 내가 이 모든 것에 굴복하기 전에 내 상태가 더 좋았어요." (Mullan 1979, p.377)

## 본래성, 반 학문주의 및 겸손

모든 실존주의자에게 있어 개성은 본질적인 특징으로 돋보인다. 선택의 자유, 인간의 존엄성, 개인적인 사랑, 그리고 창의성은 그들이 좋아하는 특성으로 다양한 모습으로 나타난다. 이러한 특징은 환자가 자신 안에서 이를 발견하려면 먼저 치료자 안에서 찾아져야 한다. 실존주의 집단 치료자는 현대의 치료 기술을 무시하며 이로 인해 현대적인 접근법의 주류에서 벗어나게 된다. 데이터, 양적 분석 및 검증이 실존주의자에게 호소되지 않는다. 실존주의자는 객관성보다 주관성, 무착각보다 연결성, 지성보다 감성을 선호한다. 실존주의자는 감정, 동정, 친절 및 관심이 공식적으로 나눠질 수 없다고 믿는다. 이렇게 하는 것은 최선의 경우에는 실제적이지 않고 최악의 경우에는 거짓일 것이라고 생각한다.

치료자의 실존주의적 치료가 단지 학문적인 것일 경우 - 즉, 배웠지만 실제로 실천되지 않는 경우 - 그 결과물은 어떠한 지적 이해를 기반으로 한 접근과 유사할 것이지만 사용되는 단어만 다를 것이다. 이 경우, 방법은 충돌이 가득한 구성원들이 충돌이 없는 듯한 치료자의 지도 아래에서 현재의 문제의 과거 원인을 찾아가는 과정이 매우 분석적일 것이다. 그러나 치료자가 자신의 철학적 신념을 살아가는 경우, 전체 치료의 분위기가 변경된다.

집단 치료 전체가 실존적으로 실천될 때, 치료자의 권력과 '무한한' 지식에 대한 개념을 교정한다. 치료자가 자신을 구성원들과 별반 다르지 않게 보며(모두 함께 인생의 역설에 직면함), 각 집단 구성원에게 다른 구성원들을 돕도록 의지하며, 치료자가 치료 원형 안에서 앉아 있을 때 살펴보고, 교정하고, 해석받고, 감탄받고, 놀림당하고, 농담의 대상이 되며, 사랑받고, 미워하고 등등, 이 모든 요소들은 치료자로 하여금 희망차게 자신을 재조명하게 만든다. 결과적으로, 그의 확대된 자아 이미지는 점차적으로 왜곡이 줄어들게 된다. 전문성을 부인할 수 있는 치료자는 치료적인 통찰력과 더불어 치료 능력에서 이익을 얻는다. 그는 더 이상 영리하고 지나치게 지적이며 고립되어 있을 필요가 없다. 이러한 이유로 치료자의 자기 탐구 프로세스는 행동주의 치료자와 실존치료자 사이의 중요한 차이를 가리킨다.

## 모델링

각 치료자는 그의 집단의 분위기를 설정한다. 전통적인 치료자, 특히 행동 치료자는 뭔가를 행함으로써; 실존치료자는 누구가 되고 무엇이 되는 것으로써 분위기를 설정한다. 실존주의 집단 리더는 자신의 존재에 대한 의문을 제기하며 삶과 죽음의 의미를 끊임없이 탐구한다. 구성원들에게 더 명백하게, 그는 집단에게 (삶의) 역설에 대한 집중을 가져다주고, 집단의 (삶의) 문제를 해결하며, 함께 있음의 즉각적인 의미를 식별하기 위한 헌신을 집단에 전해준다(Mullan, 1979, pp.380-382).

## 자발성

창의성과 자유의 미묘한 성질은 심지어 집단 내에서도 치료자의 고민이어야 한다. 치료자의 치료 방법, 집단 규칙을 포함하여 그가 이를 분명히 표현하든 말든, 환자들이 이를 따르고 진지하게 수행하며 치료자의 규칙에 순응해야 한다는 필요성이 있다. 치료자가 공간에 들어와 자리에 앉으면 환자들의 경쾌한 분위기와 가벼운 농담이 갑자기 변하는 것을 누가 모를까? 게임적인 요소와 웃음이 사라지면, 치료자는 창의성이 위협받고 아마도 상실될 수 있음을 깨달을까? 치료자의 간섭에 따라 구성원들은 자발성을 포기하고 조용히 앉아 치료자의 신호를 기다린다. 그들은 "자비로운" 권위가 대신 해주거나 무엇을 해야 하는지 알려주길 기대하며, 위험 없이 기다린다. 곧이어, 그들은 일이 놀이를 대체하고 세션이 시작된다. 이러한 일상적인 상황은 치료를 촉진하거나 지체시키는 것일까? (Mullan 1979, pp.380-382)

## 집단이 치료자에게 주는 의미

나는 제안하고 싶다. 비록 특정 시기에는 집단이 모든 구성원에게 극히 중요하긴 하지만, 집단은 항상 치료자에게 가장 의미가 있는 것이다. 그렇지 않다면, 치료자는 집단에서 무엇을 하고 있는지 궁금해질 것이다. 그는 다른 곳에 있어야 하지 않을까? 또는 집단 경험을 자신에게 더 가치 있게 만들기 위해 어떤 일을 할 수 있을까? (Mullan 1963, p.600)

## 호라 - 치료자의 역할 - 1958

치료자의 사적 가치 체계는 목표적이거나 중립적이거나 비판적이려고 노력하더라도, 어떤 식으로든 집단에 영향을 미치게 될 것이다. [...]

집단치료자의 건강하지 않은 가치 체계는 집단 내에서 거짓 가치의 서브컬처를 만들어낼 수 있다. 치료자의 건강하지 않은 가치 체계는 집단 구성원들의 모든 가치 체계를 가려버릴 정도로 영향을 미칠 수 있다. 때로는 전체 집단이 치료자의 가치 체계에 대항해야 할 수도 있다. 이는 집단 상호 작용의 마비로 이어질 수 있다. 마찬가지로 강력한 구성원은 자신의 가치 체계를 전체 집단에 부과하여 집단을 움직이지 못하게 만들 수 있다. 치료자의 역할은 집단에게 영향을 미치는 힘들의 본질을 드러내고, 특정 환자로부터 나오는 건강하지 않은 가치에 굴하지 않고 용기와 이해의 모범을 제시하는 것이다. [...]

강조해야 할 점은, 교육, 이론적 지식 및 기술적 기량 외에도, 집단 치료자는 건강한 인간 가치에 충만해야 하며, 이는 치료자가 집단에 미치는 영향이 그가 하는 일뿐만 아니라 그가 어떤 사람으로서 나타내는 것까지로 이루어져야 함을 의미한다. (Hora, 1958, p.158)

## 실존주의적 접근법

### 샤퍼와 갈린스키 - 그룹치료의 실존 모델 - 1974

샤퍼(Shaffer)는 하버드 대학에서 박사학위를 받은 후 뉴욕 퀸즈 대학(Queens College, New York)에서 심리학 교수로 재직했다. 그는 갈린스키(Galinsky)와의 협동을 통해 의학, 헬스케어, 및 심리치료 분야에서 사용되는 다양한 집단 체험의 체계적인 기술을 제시하며 이 분야의 현재 상태를 보여주었다. 그들은 자신의 저서, 『집단치료모형』(*Models of Group Therapy*, 1974)에서 12가지 집단치료모형을 검토했다.

실존주의자들에 따르면, 정통적인 분석가들은 경의를 표하는 태도에서 서서히 벗어나 대신 그들의 해석이 유효하고 적절한 시기에 이루어진다면 환자를 통찰의 한 단계 가까이로 이끌 수밖에 없다고 확신하기 시작했다. 따라서 실존치료자는 평범한 정신분석가가 환자의 본질적인 자유를 쉽게 간과한다는 의혹을 품게 된다. 비록 선의로운 의도와 탁월한 실행이 있더라도 환자가 치료 노력에 저항할 권리를 간과하는 경향이 있다는 것이다. 이 모형에서는 어떠한 치료 개입에도 불구하고 환자가 자신만의 "세상에서 존재하는 방식"을 선택하는 권리를 인정하는 것이 계속된 성장과 개별화를 위한 주요 자극으로 여겨진다(Shaffer and Galinsky 1974, pp.106-107)

### 한스 W. 콘 - 접근 - 2006

영궁의 실존분석학파에서 콘(1916-2004)은 현상학적 실존치료의 제안자였다. 콘은 하이데거의 이론을 발전시킨 것으로 알려져 있다(Cooper 2003). 그는 또한 집단 분석 학회

(Group—Analytic Society)와 집단 분석 연구소(Institute of Group Analysis)의 회원이었으며, 집단 분석 학회의 공동 창립자인 S.H. '마이클' 폴크스의 이론에서 영감을 받았다. 마이클 폴크스는 노베르트 엘리아스(Norbert Elias)와 함께 집단 분석 학회를 창립한 인물이다.

다음은 집단 치료에 대한 상세한 현상학적 실존치료 접근의 구조를 제안하는 목록이다.

1. "세상에 실존하는 것"이 항상 "다른 이들과 함께 있는 것"을 의미한다면, 세계는 본질적으로 "함께 있는 세계"인 즉, 관계적인 영역이며, 그러면 "개인"은 실제로는 "추상적인 것"이며 상호 개방적 맥락에서만 이해될 수 있다.

2. 우리가 심리적인 장애물로 보는 것은 이러한 맥락에서의 장애물, 관계 및 의사소통의 방해물이다.

3. 치료적 집단은 이러한 관계 및 의사소통의 방해물을 현장에서 관찰할 수 있는 맥락을 제공한다. 관계 및 의사소통의 실패를 경험하고 다양한 관계 및 의사소통 방식의 가능성을 탐색할 수 있다.

4. 집단치료자는 특정 작업을 수행하기 위해 집단의 구성원으로서 참여한다. 중요한 것은 치료자가 자신을 집단의 "바깥"에 있거나 "위에" 있다고 보지 않는 것이다. 하이데거의 "타인"에 대한 정의는 여기에서 관련이 있다. "우리가 '타인'이라고 말할 때, 이는 모두가 아니라 나를 제외한 '나'와 대조되는 존재를 의미한다. 이들은 대부분 자신을 구별하지 않는 사람들이라기보다는 자신이 그들 사이에 속하는 사람들이다" (하이데거 1962: 154).

5. 집단에서 일어나는 사고의 해석은 기본적으로 집단 구성원들의 임무이다. 그것들을 다른 (이전) 사건으로 축소하는 것이 아니지만, 그것들을 기억하는 것은 현재 집단에서 경험되는 것을 풍부하게 만들고 명확하게 한다. 집단 현상은 물론 과거의 뿌리와 미래의 가능성이 있지만, 이들은 불가피한 현재 경험의 일부이다. 집단치료자의 주요 임무는 집단 공간을 이러한 해석이 이루어질 수 있도록 열려 있게 유지하는 것이다.

6. 현재 집단 상황에서 과거 관계를 다시 경험하는 것, 정신 분석가가 "전이"라고 하는 것은 주로 치료자에 중점을 두지 않고 집단 구성원 사이에 분산되어 있다. 이것은 시간의 다차원성의 한 예이며, 물론 이를 이해하고 명확하게 하는 것이 필요하다. 다시 말하지만, 치료자의 임무는 주 해석자보다는 조력자의 역할이다.

7. 치료자 자신의 이해와 감정이 집단 과정의 원인이 되지 않아야 할 이유는 없다. 치료자가 "자기 개발"의 수단으로 어떤 형태를 선택할 때 발생하는 질문은 항상 나타날 것이다. 치료자는 환자들을 돕고 있는 것일까? 아니면 자신을 돕고 있는 것일까?

8. 어떤 집단 치료 접근은 집단 "내부"에서 발생하는 일에 중점을 두고 "외부"에서 집단에

참여하는 구성원을 무시해야 한다고 주장한다. 이는 이미 "외부"가 항상 "내부"로 침투하는 문제를 보았기 때문이다. 이러한 맥락의 강조로 인해 현상학적 실존치료 접근에서는 이러한 분할의 가능성이 없다. 집단 구성원이 무엇을 얘기하든 그것은 집단에서 이야기되며 따라서 그에게 관련이 있다. (Cohn 1997, pp.45-57)

## 스피넬리 - 실존적 집단치료의 주요 과제 - 2015

어네스토 스피넬리(Ernesto Spinelli, 1949~)는 현상학을 실천하는 데 기여한 심리학자, 심리치료사, 코치로 알려져 있다(Cooper 2003).

실존적 집단치료의 관점에서, 실존치료자와 집단 구성원인 내담자에게 가장 중요하면서도 가장 힘든 도전은 바로 상호 관계의 복잡성이다. 의심할 여지없이, 이 복잡성은 서로 다른 참여자들의 많음에 기인한다. 그들의 자신이나 집단의 지속성, 성격적 입장, 그리고 정체성에 대한 다양한 불안감이 서로에게 영향을 미치기 때문이다. 동시에 이 집단에서 발생하는 복잡성은 명시적이고 상호 합의된 설정, 프레임, 계약 조건을 갖춘 구조화된 치료 세계 안에서 일어난다.

이러한 실존적 집단치료의 세계는 각 구성원의 폭넓은 세계적 관계에 더 가까운 구조를 제공한다. 그러나 동시에 이러한 구조는 각 구성원의 폭넓은 세계적 관계와도 충분히 다르다. 현재 유지되고 있는 각 구성원의 세계관을 드러내고 도전할 수 있게 한다.

실존적 집단치료의 목표는 치료 세계와 보다 넓은 세계 간의 "긴장을 유지"하는 것이다. 이를 통해 치료 세계 내에서 생성된 집단 구조가 해당 집단 구성원의 다양한 넓은 세계 집단 상호 작용과 너무 이질적이지 않고 너무 모호하지 않도록 한다. (Spinelli 2015, pp.243-244).

## 얄롬 - 집단심리치료의 이론과 실제 - 1995

어빈 얄롬(1931년 ~)은 미국의 심리치료자로, 그는 실존주의 심리치료로 유명하다. 그는 사망, 자유, 고립, 그리고 무의미함이라는 네 가지 궁극적인 실존적 관심사에 중점을 두고 있다(Yalom 1995). 그는 또한 『집단정신치료의 이론과 실제』라는 표준 교재를 쓰기도 했다(현재는 Molyn Leczcz와 함께 다섯 번째 판이 출간되었다). 그는 깊은 슬픔을 겪거나 말기 질병을 겪는 사람들과 상담하는 데 중점을 두고 있다.

치료 집단은 종종 인생의 비극을 묽게 만들기 쉽다. 그들의 자연스러운 통용어는 대인 관계 이론이며, 주의가 필요하지 않으면 실존주의 관심사를 집단에서 더 쉽게 이해할 수 있는 대인 관계 이슈로 전환할 수 있다(Yalom 1995: p.93).

1974년, 나는 극단적인 경험 중심에서 지속적으로 살아가는 환자들로 구성된 집단을 이끌기 시작했다. 모든 구성원은 일반적으로 전이성 암을 가진 종종 매우 심각한 상태에서 살아가고 있었으며, 모두 자신의 질병의 성격과 함의를 완전히 이해하고 있었다.

우리는 변화 과정에서 치료 관계의 품질의 중요성에 모두 익숙하다. 집단 치료에서는 치료자와 환자 간, 그리고 환자들 간에 견고하고 신뢰 있는 관계가 필수적인 중재 조건이다. 이는 신뢰, 위험 감수, 자기 고백, 피드백, 건설적인 갈등, 교차하는 문제를 중심으로 한 문제 해결 등을 증진시킨다. 그러나 이러한 중재 기능들 외에도 기본적인 친밀한 만남은 본질적으로 가치가 있으며, 그 자체로도 가치가 있다.

불가피한 것에 직면할 때 치료자가 할 수 있는 일은 무엇일까? 나는 답이 "존재"에 있다고 생각한다. 당신이 존재함으로써 환자와 함께 있음으로써, 되는 것이다. 존재가 모든 형태의 치료에서의 숨겨진 도움의 주체이다. 존재는 모든 형태의 치료에서 숨겨진 도움의 요소이다. 환자들은 자신의 치료를 돌아보아도 당신이 한 가지 해석을 기억하는 일은 드물지만 항상 당신의 존재, 당신이 함께 있었다는 사실을 기억한다. 집단에 참여하는 것은 치료자에게 많은 것을 요구하지만, 참여하지 않는 것은 위선이다. 집단 구성원은 당신, 치료자, 그리고 죽음에 처한 그들이 아니라, 우리 모두가 공통된 상황에 맞서 모이는 것이다. 집단은 단어 "분리"의 이중 의미를 잘 보여준다: 우리는 분리되어 있고, 외로우며, 일부로 나뉘어 있지만 동시에 일부로 속해 있다. 내 구성원 중 한 명은 어둠 속에서 외로운 배로 자신을 묘사할 때 매우 우아하게 표현했다. 비록 물리적인 움직임이 이루어지지 않더라도, 동일한 바다를 항해하는 다른 선박들의 불빛을 보는 것은 큰 위로였다 (Yalom 1995, p.94).

## 멀란 - 시간과 유한성 - 1979

[우리의 세션에서], 우리는 시간의 흐름에 직면하며 항상 우리의 유한함을 인식한다. 존재에 민감해지며 삶의 의미를 의문 하는 과정에서 우리의 방향이 변경된다. 우리는 선택을 통해 투쟁을 고조시키며 그 결과에 대처한다. 우리가 선택하고 이 선택에 대한 책임을 질 때, 우리는 위험을 감수한다. 우리는 기쁨과 슬픔의 감정을 받아들이며, 사랑과 미움을 표현한다. 바로 이 특별한 긴급함과 강도 아래에서 기본적이고 근본적인 성격 변화가 일어난다. (Mullan 1979, p.377)

우리의 유한함은 직면할 때 변화를 위해 즉각적인 해결책을 찾도록 우리에게 요구한다. 계속해서 등장하는 주제인 시간의 흐름은 구성원들과 인간적인 상황을 고려할 때 치료자에게도 도전이다(Mullan 1979, p.377).

## 멀란 - 지위 부인의 중요성 - 1963

정신분석 집단은 초기에는 집단 내에서의 행동이 특정 문화적으로 지정된 지위에 따라 조절되는 개인들로 구성된다. 각 개인이 그렇게 의존하는 이러한 지위는 그의 상태, 상태, 상대적 위치 및 다른 구성원 및 치료자와의 관계를 정의한다.

이 프로세스의 초기 단계에서 "정신분석적" 집단은 단순히 사회의 축소본일 뿐이다. 이는 모든 사회적 집단의 특성을 가지고 있으며 "장점"과 "단점"을 포함한다. 그 기능에서는 상당히 "비치료적"이다. 대부분은 특정 지위 및 해당 지위에 부착된 특정 역할 동역학을 중심으로 구조화되어 있다. 집단의 심리치료적 잠재력이 발전하기 위해 우리는 지정된 지위와 그와 관련된 역할들을 거부해야 한다고 믿는다(Mullan 1963, p.592).

정신분석적 집단에서 상태의 점차적인 부인과 함께 역할 행동이 감소하며 더 근본적인 관계가 형성된다. 치료자와 환자는 단순히 존재함으로써 하나가 되며, 남성과 여성은 존재함으로써 하나가 되며, 청년과 노인은 존재함으로써 하나가 되며, 약한 자와 강한 자는 존재함으로써 하나가 되며, 신경증적 상태와 건강한 상태는 존재함으로써 하나가 된다(Mullan 1963, p.592).

집단 내 개인들과의 깊은 감정적 참여에서 치료자는 주로 새로운 행동이 나타나도록 허용하는 데 관심이 있다. 특히 고정된 경우 상호작용을 통제하는 지위들은 새로운 행동이 나타나는 것을 방해한다. 따라서 대부분의 집단에서는 개인이 자신을 환자로 정의한다면, 그는 자신의 치료자 부분이나 잠재적 부분을 부인하고 있다. 이로 인해 치료자와 관련된 행동이 나타나지 않는다. 그리고 안타깝게도, 집단에서 "환자"라는 지위를 저해하지 않는 치료자는 그 자신을 "치료자" 또는 "의사"로 확립하며 이 지위에 고수함으로써 자신만이 도움과 지도가 필요하지 않다고 잘못 시사한다(Mullan 1963, p.593).

분석 집단 내에서의 지위 감소 작업은 가볍게 시작해서는 안 된다. 이것은 집단 분위기를 치료적으로 가장 중요한 방식으로 변경하기 때문에 중요하다. 첫째, 이렇게 되면 집단은 더욱 진정으로 결속력 있게 된다. 개인들은 자신과 다른 사람들을 영원의 형태로 보기 때문에 소속감을 느낀다. 집단 내에서의 우리의 관련성 행렬은 우리가 무엇이고 어떤 것이어야 하는지 또는 될 수 있는지가 아니라 우리가 무엇인지에 따라 형성된다.

둘째, 우리는 공감적 관련성이 지위 감소의 정도와 직접 비례한다는 것을 발견했다. 그래서 집단 구성원 중 한 명이 자살을 했을 때 나는 슬픔, 자문, 의심에 가득 찼고, 나의 심리치료사 또는 지도자의 지위가 소멸되었다. 나는 이 비극적인 사건 이후 추가 집단 회의를 제안했다. 이 회의 중에 "환자"들은 나의 "치료자"가 되었고, 우리를 이 위기를 통해 함께 이끌어 냈다. 깊은 공감적 관련성은 지위가 없는 관계에서만 발생할 수 있으며, 치료자와 구성원 모두가 최소한의 역할 활동을 하는 관계에서 나타난다(Mullan 1963, pp.593-594).

## 집단 내에서의 지위 부인 방법

만약 우리가 상태의 상호성을 명확히 인식한다면, 치료자와 환자가 정해진 정반대의 위치에 있다는 것을 알 수 있다. 우리의 지위(치료자의)를 변경함으로써 환자의 지위를 변경할 수 있다.

집단의 정신분석가는 문화와 집단 구성원에 의해 그에게 지정된 여러 지위를 더 쉽고 완전히 포기할 수 있기 때문에 치료자이다. 이것이 치료자의 리더십이다. 그러나 치료자는 자체 부여된 전지전능성이나 전능성에서 비롯된 중요성을 허용해서는 안 되며, 더 어렵게는 이러한 신성한 속성으로부터 비롯된 의미를 허용해서도 안 된다(Mullan 1963, p.594).
치료자의 우월한 지적 지위는 환자가 전이하거나 내포시키는 태도와 행동에 의해 지지되어 집단 내에서의 지위 부인에 가장 강력한 장애물이 될 것으로 보인다(Mullan 1963, p.595).

만약 이게 사실이라면, 집단의 정신분석가가 이 지적 능력의 의미를 의문해야 하는 근본적인 단계는 이를 달성함으로써 이루어진다. 이것은 집단에서 스스로를 완전히 경험하고 동시에 그의 해석 활동을 지적뿐만 아니라 감정과 직관에 의존하도록 하는 것이다. 집단 분석가는 구성원들보다 더 나은 삶을 살지 몰라도 사실상 그들보다 더 나은 삶을 살지 못할 것이다 (Mullan 1963, p.595).

치료자는 그의 깊은(평생) 관계에서 스스로가 주변 사람들에 의해 표현되고 느껴지는 모든 증상, "문제", 갈등, 두려움, 불안, 비정상, 감정, 방어, 저항 등을 질적으로 매치할 수 있어야 한다. 그는 그의 환자 역할을 수용하는 대로 치료자 역할을 수용해야 한다. 치료자는 다른 구성원보다 환자로서의 역할을 더 잘 수용할 수 있기 때문에 치료자이다(Mullan 1963, p.596).

## 포괄성: 거부를 피하는 요소(Inclusiveness: a factor in non-rejection)

내가 언급한 대로, 상태의 순응은 집단 심리 경험에 해로울 수 있으므로 특정 행동을 지정하는 상태는 입장 결정이나 집단 참여에 사용되어서는 안 된다. 이는 생물학적 및 문화적으로 지정된 상태에 모두 적용된다. 따라서 결혼하지 않은 처녀 여성이 할아버지와 함께하는 것이 가능하고 의사(정신과 의사)가 실업 중인 필기사와 함께하는 것도 가능하다.

사회적 위치에서 파생된 상태는 집단 형성에서 인정되어서는 안 된다. 잠재적인 집단 구성원의 사회적 위치가 집단 입장을 통제하거나 (또는 그가 배치될 집단을 결정하는 데 사용되는 경우) 이는 치료자가 이 영역에서 미해결된 문제를 가지고 있다는 것을 시인하는 것이다. 이로부터 나온 결론은 치료 집단은 기본적으로 포괄적이고 배타적이지 않아야 할 것이라는 것이다(Mullan 1963, p.596).

우리의 포괄성 증가 경향은 입장하기 전에 개인의 심리 테스트를 최소한으로 제한한다. 이 대신에 우리는 새로운 개인과의 관계를 맺음으로써 새로운 개인이 즉시 또는 가까운 미래에 단체 경험에 준비될 것이라는 희망을 가지게 된다. 일관되게 또는 간헐적으로 개인을 테스트하는 것은 암묵적으로 특정 상태를 요구하는 것이다. 이를 통해 우리는 그가 우리에게 수용되지 않는 모든 것에 관심이 있다는 것을 시사하며 적응이 아니라 창조적인 펼침에 주로 관심이 있다는 것을 나타낸다(Mullan 1963, p.596).

치료 집단을 구성할 때 큰 포괄성의 정책은 치료자가 두 가지 추가 조건을 받아들일 경우에만 합리적이다. 첫째, 치료자는 어떠한 절차도 의식화되지 않도록 방지해야 한다. 각 세션의 각 순간은 완전히 다르며 어떠한 형식의 고정된 절차로도 둔화될 수 없다. 둘째, 치료자는 집단 또는 개인이 목표 지향적인 행동을 피하도록 방지해야 한다. 미래의 성취를 향하는 행동은 중요한 즉각적인 경험을 부인한다(Mullan 1963, p.597).


## 멀란 - 집단 경험의 가치 - 1963

치료 프로젝트의 가치는 완전히 다르고 유효성과 별개이다. 가치는 전혀 결과에서 나오지 않고 오히려 순간적인 시간별, 일별 사건에서 비롯된다. 장기간에 걸쳐 지속적으로 관련이 있는 집단 구성원과 치료자에게 가치는 나의 생각에 따르면 각각의 감정적인 접촉의 순간마다 나타나야 한다. 따라서 가치는 수단의 함수이다. 이는 직접적으로 목표와 관련이 없다. 그리고 가장 중요한 것은 가치가 이론적 기준, 가치 체계 또는 문화적인 정상이 무엇인지에 관계없이 우리가 만족을 얻기 위한 우리의 필요에 엄격하게 연결되어 있다는 것이다.

가치에 관심이 있을 때, 그는 "상태가 없는 상태"에 있다. 왜냐하면 그는 주로 현재 순간을 경험하고 있으며, 현재 순간 이전이나 이후의 조건이 그의 의식에 존재하지 않기 때문이다. 그는 병과 건강을 구별하려고 하지 않으며 시도하지도 않는다. 이는 치료의 타당성과 대조적이다. (Mullan 1963, pp.599-600)

## 집단 멤버십

### Hora - 공정한 교환 - 1958

집단의 무결성은 특정한 결속력에 의존한다. 이러한 결속력은 집단의 응집력의 기초이다. 이러한 결속력의 성격은 다시 말해 본질적으로 감정적이다. 이러한 감정적인 힘들은 대다수의 집단에 의해 공유되어야 한다. 집단은 대다수의 구성원이 긍정적인 태도를 가지고 있음에 의존한다. 이는 집단이 존재하기 위해서는 구성원들이 최소한 어느 정도는 주고 적어도 일부 감정을 집단에 빌리며 공정한 보상을 기대하는 데 능숙해야 함을 의미한다.

일부 환자들은 그들의 가치 체계가 최대한 활용하는 데 중점을 두는 경우가 있다. 그들은 최소한만 주고 가능한 한 많이 가져가려고 한다. 집단의 무결성은 또한 어떤 방식으로든 집단에 참여하지 않는 구성원들에 의해 위협받을 수 있다. 집단의 생존은 그 멤버 간의 공정한 교환에 의존하며, 구성원들은 종종 집단의 무결성을 보호하기 위해 응답하는 방식으로 행동한다(Hora 1958, pp.157-158).

### 코치우나스(Kociûnas) - 개방성과 진실성 - 2000

리만타 코치우나스(Rimanta Kociûnas) 박사는 리투아니아를 기반으로 하며, 휴머니스틱 및 실존주의 심리학 연구소의 소장이자 동유럽 실존주의 치료 협회의 사무총장이다. 그는 사후 소련 지역에서 다양한 심리치료 분야에서 실존주의 실천의 기초를 구축하는 데 중요한 역할을 하고 있다.

이 집단에서는 자신에 대해 이야기할 수 있고 해야 한다. 참가자들은 개인적인 경험을 나누는 것이 우선시된다. 참가자들의 목표는 서로의 문제를 해결하는 것이 아니라 다른 이들에게 자신의 삶의 경험을 공개하는 것이다. 집단에서는 우리가 경험하는 모든 감정을 표현하는 것이 필요하며, 특히 반복되는 부정적인 감정들을 말해야 한다. (예: 짜증, 분노, 심심함 등), 이는 일반적으로 다른 사람들에게 보여주어서는 안 되는 감정들이다. 집단은 거짓말을 용납해서는 안 된다. 질문에 답하거나 구체적인 토론에 참여하지 않을 수 있지만, 무엇인가를 말할 때는 정직해야 한다. 집단에서는 자신에 대해 열린 마음으로 이야기하는 것이 중요하지만, 얼마나 개방적일지와 어떤 삶의 측면을 공개할지는 참가자가 결정하는 것이다. 집단에서의 자기 고백은 자기 알아차림의 문을 열고 다른 이들에게 스스로를 고백하도록 자극한다. 그러나 이 자기 고백은 심리적인 자기 노출을 의미하지 않는다(Kociûnas 2000, pp.99-112).

## 멀란 - 환자의 변화 - 1979

환자가 치료를 마칠 때에는 삶에 대한 다른 철학을 가지게 되거나 아니면 치료 중에 그의 삶을 더 가치 있게 만들어주는 삶의 주제를 발견할 것이다. 어떤 경우에든지, 환자는 더 진정한 존재가 되어, 시간의 소중함을 깨달으며 자유롭고 창조적인 욕구를 키우게 될 것이다. 그는 위험을 감수할 수 있어야 하며, 더 중요한 것은 이러한 위험을 감수하고 그에 따라 일어나는 행동에 대해 책임을 지는 데 있다(Mullan 1979, p.377)

변화는 환자가 그의 인간적 상태에 대한 점차적인 인식과, 그 상태를 고통스럽게 받아들이는 것에 기초한다(Mullan 1979, p.378)

치료과정 중에는 "치료자"의 중요성이 감소해야 한다. 환자가 떠날 때, 환자의 치료자에 대한 인식은 실제로 그가 누구인지와 훨씬 일치해야 한다; 치료자의 카리스마와 전능감은 과거의 일이어야 한다. 환자의 치료자에 대한 시각의 변화는 매우 중요하며, 이는 떠나는 환자의 권위 있는 인물, 영웅, 가족 구성원 및 친구에 대한 인식에서 동일한 변화를 반영한다. 따라서 떠나는 순간, 환자는 더 이상 다른 사람들에게 그들이 가지지 않은 특성이나 속성을 귀속시키지 않아야 한다.

집단 치료에서 성격 변화는 "정신적으로 건강한 여성 또는 남성 또는 갈등이 없는 여성 또는 남성"과 같은 제한된 공통분모를 향해 이루어지지 않는다. 우리의 치료는 독특한 존재를 드러내는 데 목적이 있으며, 그는 그의 유한함에 직면하게 된다. 우나무노(Unamuno)는 이와 관련하여 명확한데, 그는 선(변화)이란 간단히 "의식의 보존, 영속 및 풍요로움에 기여하는 것"이라고 주장한다([Mann 1965,] p.29). 따라서 실존적 집단치료자는 이것이 무엇인지를 확립한다. 그는 각 구성원의 의식을 향상시키기 위한 조건을 마련하고, 그들에게 자신의 인간적 상태에 대처하도록 안내한다.

이 분위기에서, 치료자는 구성원들과 큰 정서적 친밀성을 달성한다. 그는 자신의 과거나 현재 개인적 역사를 집단에 가져오지 않는다. 그는 세션 외부에서 자신의 삶에 대한 질문에 답하거나 정보를 제공하는 것을 삼가며, 이로써 고의적으로 좌절이 유발되고 불안과 갈등이 증가하며 환상이 강화된다. 최종적으로 환자들은 그들의 치료자를 그가 집단에서 어떻게 행동하고 누구인지를 통해 도출해야 한다(Mullan 1979, pp.379-381).

### 불안

치료자는 각 환자가 그의 삶의 역설적인 본질에 대면하기 위해 적은 지원만을 갖고 그와 다른 구성원들과 함께해야 한다는 것을 깨닫는다. 어려운 갈등에 직면한 환자는 기술적인 도움을 찾을 수 없다. 그러나 그는 충실하고 인내심 있는 구성원이 그를 지탱하고 고통스러운 기간을 함께 이겨내는 것을 발견한다. 따라서 불안은 실존주의 집단의 특징이며, 안정성과 조언이 풍부하게 공급되지 않는 곳이다(Mullan 1979, p.388).

## 건강과 대화, 그리고 치유적인 요소

### 호라 - 인간 가치와 정신 건강 간의 상호 관계 - 1958

건강한 인간 가치는 정신 건강의 분리할 수 없는 측면을 형성한다고 가정할 수 있다. 실제로 집단 심리치료는 인간 가치와 정신 건강 간의 상호 관계를 연구하기 위한 주목할 만한 매개체로 보인다. 환자들은 주로 자신들에게 개인적인 필요를 충족시키기 위해 설계된 가치 체계를 가지고 집단에 참여하는 것으로 일반화할 수 있다. 처음에는 다른 인간들에 대한 제한된 존경 또는 관심을 나타내지만, 다른 사람들에게 자신의 개인적인 필요를 충족시키도록 영향을 미치려는 노력에서 다양한 아동적이고 마법적인 기술을 활용합니다. 그들은 종종 다른 개인의 자율성을 이해하지 못할 수 있다. 상호 작용에서 개선되고 성장함에 따라, 그들은 서로에 대한 상호작용의 방향으로 자신의 가치 체계를 변경하기 시작한다. "나"에서 "나와 너"로 성장하며 "너와 나" 단계를 거쳐 "우리" 단계로 나아간다. 마르틴 부버의 용어로 말하면, 그들은 단일적인 존재에서 대화적인 존재로 성장한다.

"우리" 단계에서 "나"는 집단의 무형의 일부로 상실되지 않는다. 대신 개인은 자신의 무결성을 보존할 뿐만 아니라 다른 사람들과 상호 작용하여 내재된 잠재력을 창조적으로 발휘하기 위한 필요한 자극을 얻을 수 있는 능력을 갖추게 된다.

인간의 본성에는 겉으로는 모순적인 방식으로 다른 사람들의 일부가 되어 개인이 되는 경향이 내재되어 있다. 그는 자신을 잃음으로써 자기 자신을 찾게 된다. 그는 줌으로써 풍요로워진다. 또는 틸리히(1952)가 말하는 대로 "인간은 혼자 있을 용기와 함께 있을 용기가 필요하다."

집단 심리치료 과정은 윤리와 도덕의 긍정적인 원칙이 정신 건강의 조건을 기반으로 한다는 사실에 대한 풍부한 증거를 제공한다. 이러한 모든 것의 함의는 우리를 정신 건강의 개념으로 이끈다. 이를 우리는 개인이 진정한 상호 작용과 동료를 긍정함으로써 자신의 내재된 창조적인 잠재력을 충족시키는 능력에 표현과 의미를 찾는 인간 존재의 상태로 정의할 수 있다.

이렇게 마르틴 부버의 대화적 실존 철학적 개념은 우리의 정신 건강 개념과 일치한다(Hora 1958, p.159)

## 휴 멀란 - 집단은 변화의 주체이다 -1979

실존집단치료에서는 상호 작용하는 집단이 주된 변화의 주체가 되어야 하며, 개별 환자와 치료자는 상대적으로 중요성이 떨어져야 한다. 따라서 각 세션은 목적이 즉각적인 게임이나 운동 프로그램에 제한되지 않고, 전체적이고 즉흥적이며 보람찬 경험이어야 한다. 강렬한 감정적 유대가 성격 변화를 촉진하기 위해 사용되는 치료 모임은 우리 문화의 다른 어떤 것과도 달라야 한다. [...] 매일 나는 감정의 표현, 위험 감수, 밀접한 관련성을 가진 사람들에 의한 불가피한 현실에 직면하는 것과 같은, 모두가 완전히 현실적인 강도의 표현을 목격하고 참여한다. 이 대조로부터 나는 연극과 치료 집단에서 환자들이 만나는 것에 내재된 치료적인 가능성에 대한 존경을 키워왔다. 집단은 적절한 조건 하에서 숨겨진 갈등이 나타날 수 있고, 모든 참가자에게 이익을 가져다 줄 수 있는 위기에 직면할 수 있는 효과적인 수단이 되었다. 따라서 집단의 완전성은 나의 생각에서 가장 중요해졌다. (Mullan 1979, p.387)

## 어빈 얄롬 - 실존 집단 상담 - 치료적 요인 - 1995

얄롬은 집단 작업에서 "치료 요소의 상대적인 효과"를 연구했다. 12개의 일반적인 범주 내에서 무작위로 제시된 60개의 질문에 대한 조사를 실시했다. 환자들은 "치료에서 개선에 가장 중요한 것으로 여기는 것"에 대한 요인들을 순위를 매기도록 요청되었다. 얄롬은 "치료적 요소의 절대적인 순위 매기기는 불가능하다"고 인정했다. 결과에 따라 중요도순으로 살펴보면, 대인적 상호작용, 정화, 결속력, 자기이해, 대인적 산출, 실존적 요소, 보편성, 희망의 주입, 이타주의, 가족 재연극, 안내, 동일시로 나열할 수 있다. 얄롬에 따르면 "이러한 결과들은 이 치료 집단에서 실제 핵심이 감정적으로 충전된, 자아반영적인 대인적 상호 작용임을 시사한다"(1995, p.79). 이 장에서 흥미로운 것은 실존적인 요소의 범주가 어떻게 포함되었냐는 것이다.

"실존적인 요소"의 범주는 거의 마지막에 떠올랐다고 할 수 있다. 우리 동료들과 나는 먼저 11개의 주요 요소로 구성된 Q-sort [연구] 도구를 만들었다. 그것은 깔끔하고 명확해 보였지만 무언가가 빠져 있었다. 환자와 치료자 양쪽에서 표현된 중요한 감정이 대표되지 않았기 때문에 이러한 다섯 가지 항목으로 구성된 요인을 추가했다:

1. 삶이 때로는 불공평하고 불의한 측면이 있다는 것을 인식한다.
2. 궁극적으로 일부 삶의 고통이나 죽음에서는 피할 수 없음을 인식한다.

3. 다른 사람들에게 얼마나 가까이 다가가든, 여전히 나는 혼자 삶에 직면해야 한다는 것을 인식한다.

4. 내 삶과 죽음의 기본적인 문제에 직면하며, 이로써 삶을 더 정직하게 살고 사소한 일에 휘말리지 않게 된다.

5. 다른 사람들로부터 얼마나 많은 지도와 지원을 받더라도 내 삶을 어떻게 살 것인지에 대한 궁극적인 책임을 져야 한다는 것을 배운다.

이 군집에서 여러 문제가 대표적으로 나타난다: 책임, 기본적인 고립, 불확실성, 존재의 변덕, 우리의 죽음에 대한 인식 및 이로 인한 삶의 행동에 대한 결과 등이 있다. 이 카테고리에 어떤 이름을 붙여야 할까? 나는 많은 망설임을 가지고 "실존적인 요소"라는 용어를 선택했지만 나는 실존이라는 단어를 선호하지 않는다. 그것은 자체의 신비에 묻혀있는 용어이며, 모두에게 무언가를 의미하지만 누구에게도 정확한 의미가 없는 용어이다.

[...]

비록 이 범주의 유래가 별로인 것이 사실이지만, 실존적인 항목들이 환자들에게 공감을 일으키는 것은 분명하며, 많은 환자들이 이 다섯 문장 중 몇 가지를 중요하게 여기고 있다고 언급한다. 사실, 환자들은 종종 실존적인 요소의 전반적인 범주를 보편성, 이타주의, 원가족 경험의 요약, 안내, 정체감, 그리고 희망의 주입과 같이 매우 중요시되는 변화의 방식들보다 높게 평가한다. 60번 항목인 "다른 이들로부터 얼마나 많은 안내와 지원을 받더라도 내 삶을 살아가는 방식에 대한 궁극적인 책임을 져야 한다는 것을 배우는 것"은 환자들에 의해 높은 순위로 평가되었으며, 평균 점수로 보면 60개 항목 중 다섯 번째 순위로 매겨졌다.

같은 결과는 다른 연구자들에 의해도 보고되었다. 실존적인 범주를 포함하는 모든 프로젝트는 환자들이 그 범주를 적어도 상위 50% 중에서 평가한다고 보고한다. [...] 우리의 데이터를 듣는 것이 중요하다. 분명히 심리치료에서 실존적인 요소들은 일반적으로 받아들여지는 것보다 훨씬 더 많은 고려를 받아야 한다.

실존적인 요소의 범주가 거의 마지막에 후폭풍처럼 포함되었지만, 환자들에게는 그만큼 중요하게 나타났다는 것은 우연이 아니라는 것이다. 실존적인 요소는 심리치료에서 중요한 역할을 하지만 일반적으로 인식되지 않는 경향이 있다(Yalom 1995, pp.88−89)

# 30

## 실존적 집단치료에 대한 도전과 새로운 발전

Digby Tantam

이전 장에서 주요 집단심리치료 전문가들은 집단심리치료의 전성기가 1960년대 후반부터 1970년대까지라고 생각하는 것을 언급했다. 대중적 인기가 감소한 이유가 아주 명확하지는 않다. 집단에서의 인지행동치료(CBT)는 이와는 다르게 추세를 따르지 않는 것으로 나타난다. 이는 아마도 집단 내에서 이루어지는 치료가 그 원인이겠지만, 단기로 진행되거나 집단원그 자체가 치료적 중간매개가 되는 상담기간이 한정된 집단의 경우는 해당되지 않는다. 이 마지막 장에서는 후자에 해당하는 집단상담의 미래에 대해 이야기할 것이다.

### 치료 방법의 생존

인지행동치료(CBT) 집단이나 다른 능동적 치료가 제공되는 맥락인 집단들은 증상 중심이며 증상 변화를 주요 결과 측정 지표 중 하나로 사용하는 것이 적절하다. 삶의 질 측정은 증상과 쉽게 연결되므로 삶의 질 결과는 증상 중심 집단에도 적용된다. 설명한 것과 같이 의미중심 집단은 일반적으로 짧은 기간 동안 진행되며, 이는 상호작용이 상당한 시간이 지남에 따라 복잡해지지 않아 결과 연구를 간소화한다. 단기적인 결과는 또한 공통적인 상황과는 독립적인 상황에서 발생하는 일시적인 생활 사건의 영향을 줄인다. 의미 중심 집단의 가치는 잘 확립되어 있으며 집단의 결과는 단순히 지지 집단보다 나아 보이며 삶의 의미 평가 점수의 증가와 관련이 있다고 한다(Rosenfeld et al. 2018). 그럼에도 불구하고, 상징된 치료적 요소가 의미 증가로 이어져 우울 점수 감소로 이어지는지, 아니면 우울 감소가 의미감 증가로 이어지는지는 여전히 명확하지 않다.

단기 집단 치료에 참여하는 환자와 치료자들 사이에는 집단 멤버들이 증상 개선 이상의 이득을 얻는 데에 대한 합의가 있다. 이에 대한 증거는 종양 전이성 유방암과 같은 존재적 위기에 직면한 사람들의 고통을 줄이기 위한 집단에서 확인되었다(Beatty et al. 2018). 이는 그들이 관계에서 더 큰 충족감을 얻는다는 것이고, 다른 하나는 그들이 삶에서 더 큰 의미를 찾는다는 것이다. 그러나 주된 결과가 무엇인지에 대해 합의가 없다. 이로 인해 치료 과정에 대한 연구가 어려워지며 어떤 과정 요인 또는 다른 여러 요인이 좋은 결과로 이어지는지를 평가할 기준이 없는 실정이다.

치료자의 대인적 기술은 중요해 보이지만 결과와는 매우 낮은 상관관계를 갖는 것으로 보인다(Schöttke et al. 2017). 집단 심리 치료에서는 "집단응집력"이라고 불리는 치료적 동맹도 중요하다. 이것은 결과의 가장 많이 인용된 예측 변수이지만, 치료자와 내담자에 의한 평가는 때로는 상당히 차이가 난다(Mander et al. 2017).

만약 집단 치료가 장기간으로 다시 성공하려면, 그에 대한 증거와 경제 분석과 같은 현시대의 상황을 받아들일 필요가 있을 것이다(Blackmore et al. 2012). 소비주의는 또한 현시대를 반영하는 한 부분으로, 클라이언트에게 그들의 돈이 무엇을 살 수 있는지 묻게 한다. 따라서 집단 치료의 미래, 특히 집단 치료 존재적 의미뿐만 아니라, 집단 치료가 내담자들에게 어떤 특별한 치료적 결과물을 제공할 수 있는지, 가치가 무엇인지에 대한 문제를 해결하는 데 달려 있다. 이러한 부분은 어떠한 어려움과 발생하는 비용에도 불구하고 연구 일정에서 우선순위에 있어야 한다. 기금지원 기관은 쉽게 설득되지 않을 것이다. 기금지원 기관은 믿음/욕망 이론에 중점을 두고 우리의 존재의 기반을 흔들어 놓는 좁은 시각에 영향을 받을 가능성이 높기 때문이다. 이는 하이데거, 후설, 그리고 다른 학자들이 말하는 환경(Umwelt)을 무시하는 것이다(Goldie 2007).

## 결과 예측 변인과 치료 요인과 같은 것인가?

이 책에서는 "인생의 의미"가 삶의 질을 향상시키고 존재론적 접근에 의해 더 자주 대상으로 삼을 수 있는 중요한 결과 측정 항목일 수 있다는 주장이 있었다. 27장에서 반 덜젠과 나는 각 구성원들의 인생 관점과 집단 문화 간의 적합성이 결과의 중요한 결정 요인임을 언급했다(Van Zyl, 2018 참조). 의미는 많은 사람들에게 특별한 관심사일 수 있지만, 특히 위기나 한계 상황에 직면한 사람들에게 해당될 수 있다(Jaspers 1964; Mundt 2014). 그러나 결과와는 간접적으로 상관관계가 있을 수 있다. 집단 내의 지속성은 결과 연구에서 혼란을 일으키는 중요한 중간 변인이지만, 발표된 데이터 분석에서는 드물게 명시되지 않는다. 실천에서 상호주관성 채택에 대한 저항도 중요한 측정 항목이다.

인지 행동 치료자들은 집단에서 전체 집단 효과 및 다른 비특이적 치료 요인을 무시하고 부정적 자동 사고, 피하는 행동, 또는 심사숙고 같은 목표 행동에 중점을 둘 수 있다. 그러나 장기간의 집단 치료는 집단 상호 작용의 설명의 타당성에 달려 있다. 이 상호 작용 자체가 치료 효과를 전달한다고 여겨지므로 이 상호 작용에 대한 명시된 목표는 없다. 예를 들어, 예전 세대 중 장기 치료를 했던 소수의 실존치료자 중 한 명인 휴 멀란이 집단에서 주요한 치료 요인으로 묘사한 것은 다음과 같다:

(1) 여러 명의 사람들과 동시에 더 의미 있는 관계를 형성하기;

(2) 더욱 전적으로 참여하기; 그리고

(3) "치료자" 또는 "환자"의 지위에 지나치게 의존하지 않고 더 완전하게 우리 자신이 되기(Mullan 1957, p. 226).

멀란의 세 번째 치료 요인은 상호주관성에 대한 필수 요소이다. 그러나 윤리적 위반이 되는 경계 위반에 빠지지 않고 이를 실천하기는 쉽지 않다. 멀란은 트리간트 버로우(Trigant Burrow)와 샌도르 페렌치(Sandor Ferenczi)를 따라 오랜 기간 동안 퇴색되어 있던 전통을 이어 갔다. 이 전통은 환자와 치료자 간에 때때로 역할을 바꾸는 것으로, 환자가 분석자가 되고, 치료자가 환자가 되는 것이다.

버로우는 미국 정신분석협회(American Psychoanalytic Association)의 공동 창립자이자 회장으로, "집단치료"라는 용어를 만들어 낸 최초의 집단분석가로 묘사되기도 한다(Burrow, 2013). 버로우는 그의 환자 중 한 명과 결혼했으며, 페렌치는 그의 환자 중 한 명에게 프러포즈를 했다(결국 그녀의 어머니와 결혼했다). 버로우는 프로이트의 주도하에 미국 정신분석협회에서 제명당했고, 프로이트와 페렌치의 관계는 매우 불편해졌다. 지금은 경계가 없는 것으로 비난받을 이 사건은 아마 정신분석적 관계가 상호적인 영향을 수반한다는 신념의 결과로 인한 것으로 보인다. 그리고 이는 치료 과정에서 일어나는 일을 현상학적으로 이해하는 것으로 이끌어졌다. 페렌치는 오늘날에는 상호주관성 이론에 기반한 것으로 인정될 수 있을 이론을 발달시켰다(Szecsödy 2007). 비록 페렌치가 그 용어를 사용하거나 현상학적 탐구를 적용하진 않았지만, 그의 생각은 26장에서 다루었던 셸러(Scheler)와 슈타인(Stein)의 생각과 유사했다. 버로우는 인류가 근본적인 단일성이 있지만 "사회 신경증"의 역사적 발달이 우리를 분리한다고 생각했다(Galt 1995). 그는 라이프윈(Lifewynn) 재단이라는 연구 기관을 설립하고 "안구운동 카메라"를 개발하여 집단에서 사회 신경증의 영향을 연구했다.

버로우가 "사회 신경증"이라고 불렀던 것은 다른 사람들이 보기에는 사회의 구성 요소로 간주될 수 있는 것이었다. 사회적 지위와 역할을 제한하는 것은 "사회적 신경증"의 일부일 뿐이지만 대부분의 사람들에게는 사회 유기체의 기장의 뼈대와 같은 것이었다.

버로우의 생각은 치료공동체를 포함한 대안적이고 평등한 공동체를 설립한 많은 사람들의 생각과 유사한데(28장 참조), 이는 상호 주관성을 촉진하는 공동체를 발전시키기 위해서 사회 조직에서의 불평등을 폐지하는 것의 본질은 아니다. 유기체로서의 사회를 생물체에 비유한 것을 확장하면, 캄팔라(Kampala)에서 태어난 사람이 켄싱턴(Kensington)에서 태어나지 않았다고 분개하는 것은 마치 근육세포가 자신이 근육세포가 아닌 신경세포가 되지 않은 것에 분개하는 것과 같다. 실존적 접근은 모든 사람에게는 자신을 성취할 가능성이 있다고 여기며 하이데거에 따르면 이 가능성은 자기로 존재하기 위해 현존재가 가진 고유한 잠재력이며, 가능성으로 부를 것이며, 이는 존재의 우연성에 의해 제한되지 않는다. 사르트르(Sartre)와 드 보부아르(de Beauvoir) 또한 '즉자적 존재(l'être en-soi)' 즉, 우리가 존재한다는 외면할 수 없는 사실로 인한 결과와 우리의 실존적 한계를 끊임없이 벗어나, 우리 자신의 본질을 만들어 나갈 자유인 하이데거의 표현에 따르면 '대자적 존재(l'être pour-soi)'를 구별했을 것이다. 나는 치료자가 내담자의 상호주관성을 촉진하기 위해 내담자처럼 행동해야 할 필요가 있다고 생각하지는 않는다. 사실, 이는 종종 내담자가 누리는 치료적 이점에 대한 일종의 부적절한 선망인 듯하다.

## 실존집단치료를 기반으로 한 상호주관성의 발달

역사를 설명하는 장(25장)에서 이미 제시한 바와 같이 나는 우리가 성격, 특성, 개성 동인, 자율성 등으로 부르는 자아가 나타나는 데 있어서 핵심적인 역할을 수행하는 이야기하는 자아와, 항상 변하고 있는 사회적 및 정서적 환경 속에서 "상호적 뇌(interbrain)"의 연결을 통해 인접한 다른 뇌와 상호작용하는 개인의 뇌 사이에는 서로 구별되는 차이가 있다. 이러한 상호적 뇌의 연결은 의도하지 않은 사회적 학습, 정서의 조절, 상호주관성, 그리고 현재는 "정서적 공감"이라는 용어로 이름 붙여진 것을 가능하게 한다. 상호적 뇌가 상호 작용해 온 역사는 의식적 접근이 불가능한 기억에 저장되어 있다. 나는 이를 중립적으로 "캐시(Caches)"라고 지칭했는데, 어떻게 뇌에 구현되는지에 대해 전혀 모르기 때문이다. 이는 감정 연구자들이 감정 스크립트라고 명명한 장소, 즉 자기성찰에 의해 접근 가능하다고 여겨지는(Fischer, 1991) 저장장소와는 명백히 다르다.

현상학자들, 특히 셸러(Scheler)와 에디트 슈타인(Edith Stein) 같은 대안적인 존재론 이론가 집단은 이러한 상호적 뇌의 연결의 설명하기 어려운 영향을 설명하려는 데에서 선구자 역할을 해왔다. 메를로-퐁티의 상호 감시 현상학과 그의 "가역성" 개념(Stawarska, 2006)은 내가 상호적 뇌의 연결의 결과로서 최근 신경과학에서 지지를 받고 있는 의견 중 하나이다. 집단치료자들, 특히 집단 분석가들과 체계이론 중심의 심리치료자들도 이를 인정하고 있다.

앞서 언급한 바와 같이 몇 안 되는 집단치료자 중 한 명인 멀란은 명시적으로 존재론적인 아이디어를 수용한 적이 있는데, 그는 집단 치료의 기본 원칙이 둘 이상의 사람과 관련을 맺고, 전적으로 참여하는 것이라고 제안했다. 나는 여기에서 그의 "전적인 참여"라는 용어 역시 집단 멤버들과의 공유된 이야기와 그들의 관점을 이해하기 위한 지적 노력을 통해 집단과 연결되어 있다는 것을 묘사하는 또 다른 방법이라고 이해한다. 또한 공유된 주의와 감정의 전파를 통한 개방성을 통해서이기도 하다(전자는 폴크스가 "응축"이라고 부른 것과 유사하며, 후자는 그가 "공명"이라고 부른 것과 유사하다).

## 충돌하는 커뮤니케이션

상호적 뇌와 사람들 간의 이야기적 연결은 독립적이지 않으며 일반적으로 서로를 보완한다. 집단 치료전문가들이 종종 언급하는 대로, 부재중인 집단 구성원도 다른 구성원들의 마음속에 여전히 존재하지만 참석했을 때와는 다르게 즉각적인 방식으로는 존재하지 않는다. 가끔은 각기 다른 사람의 대인적인 영향이, 그들의 의도하지 않은 상호적 뇌에 의해 매개된 의사소통을 통해 발생하는 것이 우리가 의식적으로 만들어 놓은 각 사람들에 대한 이야기와 충돌할 수 있다. 충돌은 종종 심리적 고통이나 잠재력 개발의 실패의 주요 원인 중 하나로 간주된다. 내가 『상호적 뇌』(*The Interbrain*)에서 묘사한 충돌 모형은 정신 내 충돌이 아니라 의사소통 간의 충돌을 기반으로 하고 있으며, 개인이 말하는 말과 상호적 뇌를 통한 자발적인 상호작용 사이의 충돌이다. 이는 그 사람이 감정을 드러내는 방식과 그 감정을 유발하는 대상에 대한 그들의 주의의 객체 사이에서 발생한다.

폴크스의 견해는 같은 종류의 충돌이 소극적인, 치료적인 집단에서 문제화된다는 것이다. 그 환경에서 "신경증적 증상이 비밀리에 스스로 중얼거린다"라고 그와 앤서니는 쓴 적이 있다(Foulkes and Anthony 1957, p.260). 일부 분석지향의 집단 전문가들에 따르면(Dalal, 1988), 폴크스의 집단의 목표는 의사소통을 말로 전환하는 것으로 생각했다는 것이다. 그러나 달랄(Dalal)이 지적한 대로, 폴크스는 명시적인 의사소통이 의사소통 능력의 절정이라고 생각했지만, 그는 또한 집단에서 일어나는 모든 것이 의사소통의 잠재력을 가지고 있다고 생각했다.

신경분석가인 폴크스와 달랄과 같이 정신분석 접근을 지향하는 치료자들은 프로이트를 따라 일차 및 이차 과정 두 가지 종류의 인식을 구별하는데, 폴크스는 이러한 과정이 심리 내부에서가 아니라 대인 관계에서 일어난다고 생각하여 이들을 두 가지 유형의 의사소통으로 만들었습니다. 일차 의사소통과정은 증상, 예술적 창작물 및 꿈 보고서와 같은 다양한 방법 중 하나로 전달된다. 이차 과정은 자아 또는 많은 심리학자들이 말하는 대로 마음에 속한다. 이차 과정 의사소통은 주로 언어를 통해 전달된다.

일부 가정상의 내면 장치, 무의식에서의 초점을 옮겨 사르트르의 비판을 피하려는 노력은 무의식이 생각을 발생시키게 하는 것을 반자율적인 기관으로 만든다는 예리한 비판을 피하려는 노력이다. 그것이 우리 안에 있지만 우리와 독립적인, 행동을 시작할 수 있는 별도의 기관으로 생각하는 것은 직관적이지 않다. 그러나 이에는 어떤 현상학적인 의미가 있다. 정신분열증 환자는 자신의 팔이나 다른 신체 부위가 다른 무언가에 의해 움직여지는 수동적 경험을 묘사할 수 있다. 나와 폴크스는 이러한 기관 외부의 대리 에이전시 감각의 기원은 대인관계에서 찾아야 한다고 말할 것이다. 나는 이것을 대인 간의 상호적 뇌의 연결과 조현병 환자들에서 묘사된 반향동작(echopraxia)과 같은 현상과 연관시킬 것이다.

우리가 모두 상충하는 충동에 노출된다는 이론은 내적으로 뿐만 아니라 우리 사회적 세계에서도 적용된다. 우리는 부자나 종교 단체가 사회를 비밀리에 장악하는 음모론을 쉽게 받아들인다. 종종 우리는 스스로 갈등 상태에 놓이게 된다. 우리는 종종 갈등 속에 놓일 수 있다. 우리는 애매모호할 수 있고, 자신의 가장 큰 적이 되기도 하며, 생각하기 전에 말할 수도 있다. 자기 스스로를 해하려 자신의 코를 자르는 행동도 할 수 있다. 우리는 종종 꿈과 현실을 맞대고 있다. 때로는 우리의 반사적 공감과 인지적 공감 사이에 갈등이 있을 수 있다. 어린이는 다른 어린이가 처벌을 받을 때 그들의 두려움에서 물러날 수 있지만, 어린이가 청소년이 되면 이 반응을 억제하고 실제로 그들이 유죄임에도 불구하고 처벌을 받을 때 만족감의 감정으로 대체할 수 있다.

사르트르는 헤겔(Hegel)과 막스(Marx)를 따라 갈등을 사회의 조직 원칙으로 생각했다. 그는 주인-노예 관계를 대인 관계의 모형으로 삼았으며 이것이 바람직한 자원의 부족에서 비롯된 것이라고 가정했다. 역사적으로 항상 그런 불균등한 분배가 있었고 이로 인해 전쟁, 혁명 및 억압이 발생했다. 폴크스는 이 정치적 차원을 집단 생활에 고려하지 못했다. 그는 갈등 또는 적어도 그가 흥미를 가진 집단 갈등은 두려움 때문이라고 주장했다. 특정한 두려움은 다른 사람들에 의해 거부될 것이라는 요구에 대한 것이었다(들어 주기를 원하고, 돌봄을 받고, 긍정적으로 간주되고, 등등). 설리반(Morgan, 2014)은 비슷한 모형을 가졌지만 그는 문제를 아이들의 비이성적 사고에 위치시켰고 현재 초점이 되어 있는 양육의 왜곡 대신에 비이성적인 사고에 그 문제를 두었다. 폴크스는 "자폐성 의사소통"에서 요구를 숨긴다고 생각했지만 이러한 의사소통은 집단 참여가 진행됨에 따라 자유 의사소통으로 변하고 구성원들이 자신들의 요구가 충분히 수용될 수 있다는 것을 깨닫게 된다. 많은 치료자들은 그가 무엇을 의미하는지 궁금해졌다. 머릿속에 떠오르는 대로 말하는 것이 자유 의사소통이 아니다. 보부아르는 (1948/1976; 25장도 참조) "자유로움은 마음대로 할 수 있는 힘을 가지는 것이 아니라, 주어진 것을 뛰어넘어 열린 미래를 향해 나아갈 수 있는 능력을 가지는 것이다; 타인의 존재는 나의 자유를 정의하며 나 자신의 자유의 조건이 되기도 한다."

무책임하게 또는 결과 없이 말하는 것만이 폴크스가 의도한 바는 아니었을 것이다. 상호적 뇌를 통한 의사소통은 탑-다운 방식의 통제로 억압되지 않을 때 가장 자유롭다. 따라서 함께 있는 다른 사람들과의 반사적 비언어적 의사소통의 상호 교환은 억제되지 않는다. 유아기의 아동과의 상호작용에서 기쁨이자 때론 좌절이 될 수 있는 한 가지는 그들의 의사소통이 이런 의미에서 자유롭다는 것인데, 왜냐하면 그들의 마음이론(Theory of mind)이 상호적 뇌의 연결성을 억제할 정도로 충분히 발달하지 않았기 때문이다. 나이가 들면서 상호적 뇌의 연결은 일반적으로 억제되며 자발성이 점차 없어지지만 전염적인 감정이 압도적으로 되었을 때에는 예외에 해당된다. 어떤 집단 전체가 상호적 뇌로 연결하였을 때 그 집단의 외부에 있어서 집단에 방해가 될 수 있는 누군가에게 이는 두렵고 위험한 일이 될 수 있다는 사실을 기억할 필요가 있다. 마치 사르트르가 융합된 집단의 예시로, "바스티유 감옥으로!"라고 외친 사람이 누구인지 아무도 모르는 경우를 언급했던 것과 같이, 어떤 집단이 극심한 공포에 압도되는 것은 상호적 뇌에 의해 조정되는 행동의 예시라 할 수 있다.

대부분의 경우 다른 사람들의 동기나 "나"에게 좋은 것이 무엇인지에 대한 우리의 이야기가 다른 사람들에 대한 흥미를 차단하고 그들의 감정이 우리에게 미치는 영향을 차단함으로써 의사소통을 결정한다. 그래서 아마도 폴크스가 말하는 자유로운 의사소통이란 우리가 우리의 이기심에 무자비한 표현을 내놓거나, 우리가 속한 집단과 과도하게 상호적 뇌의 융합에 빠지는 것이 아니라, 이 두 가지 의사소통 방식 간에 증가하는 조화라고 할 수 있다. 이는 동료 집단 구성원에 대한 의심 없는 긍정성을 의미하는 것이 아니며, 그들과의 연결이 자기 자신에 대한 무자비한 긍정성을 향해 흘러가는 것을 의미하지도 않는다. 이는 상호적 뇌의 연결에서 왜곡이나 자기 방어적 처리를 최소화하면서 그 연결에서 흐르는 것을 수용한다는 것을 의미한다.

## 상호주관성을 향한 개방

부버와 많은 다른 학자들이 지적한 것처럼, 상호주관성은 다른 사람들과의 깊은 관계에 있어 필수적이다. 이것은 조화, 유대감, 동맹, 소속감 등과 같은 다른 중요한 사회적 상호작용에 관한 개념과 관련이 있다. 이것은 현대 심리치료에서 동정, 용서, 사랑, 긍정적이고 무조건적인 관심을 포함한 다른 영향력 있는 아이디어들에 대한 선행 조건이다.

치료자들은 서술에 많은 시간을 할애한다. 이것은 쉽게 접근 가능하며 우리의 자연스러운 매체인 것처럼 느껴진다. 그러나 치료 집단에서의 자유로운 의사소통이 목표라면 상호적 뇌의 의사소통에 대한 연구에도 동등한 주의를 기울여야 한다. 이것은 현재 침체된 분야에서 이론적 발전을 촉발할 수 있다. 현상학은 이 연구에 상당한 잠재력을 가지고 있다. 메를로-

폰티(Merleau-Ponty et al., 1968)는 슈타인과 셸러가 가설을 세운 현상을 관찰하는 기초가 될 수 있는 도구들을 제공했다. 예로 들면, 뒤바꿈(reversibility)이 있다. 뒤바꿈은 나의 얼굴이 표정을 형성하는 동안 동시에 상대방의 얼굴에서 보이는 표정으로 자신을 형성한다는 것을 의미한다. 상호적 뇌의 연결은 순차적인 과정 보다는 동시다발적인 과정에 가깝다. 반면에 발화 (어떠한 말이나 글을 나타내는 표현)는 다음과 같은 일련의 과정에 내재되어 있다: 생각, 개념 또는 아이디어가 언어로 변환되고, 그런 다음 말과 같은 의사소통 방법으로 전환된다. 이것은 그 후 전달되고, 청자에 의해 해독되어 듣는 이의 마음속에 개념이 형성된다. 이 개념은 처리되고, 그 후 언어 처리 영역에 의해 의사소통으로 번역되며, 이러한 과정이 계속 반복된다. 상호적 뇌의 의사소통은 연결된 회로에 의해 공유되는 새로운 상태로 이어지는 것에 더 가까우며 의미는 그 후에 나타난다. 드 보부아르의 초기 철학도 이에 관련이 있으며, "애매함"과 "상호 주의"라는 개념을 통해 다루고 있다(de Beauvoir, 2004).

상호적 뇌를 직접 조사하는 한 가지 문제는 언어가 없는 영역이라는 것이다. 이를 우회하는 한 가지 방법은 최근에 개발된 신경현상학(neurophenomenology)의 접근이다. 이는 현상학적 인터뷰를 신경생리학적 데이터와 통합하려는 시도이다(Bockelman, Reinerman-Jones, and Gallagher, 2013). 예를 들어 자기 및 집단 식별에 관한 연구에서 자기 공명 영상 촬영이 사용되었다(Vaughn et al., 2018). 이 중 한 가지 방법은 사회 호르몬이 치료 관계에 미치는 효과를 연구하는 것이다. 지금까지는 옥시토신 흡입이 개인 치료를 받는 내담자에 미치는 효과에 대한 연구로 제한되었다. 사회적 호르몬인 옥시토신과 같은 것들의 효과에 대해서는 충분한 지식이 없어서, 그 효과가 치료의 감정적 분위기에 영향을 받을 수 있는지 여부를 알지 못한다 (Flanagan et al. 2018). 다른 한 가지 방법은 소수의 인원으로 이루어진 집단 및 개인 치료에서 사회 응집을 향해 또는 그로부터 비의식적으로 유도되는 효과를 연구하는 것이다(Marchese, Robbins, and Morrow 2018).

다른 연구자들은 스웨트 로지, 사우나, 하맘(터키식 목욕탕) 및 기타 스팀룸의 광범위한 사용을 조사했다. 이것은 맥박 자동 조절의 동역학을 살펴볼 수 있는 기회를 제공한다. 함께 땀을 흘리면 집단의 결속력(Colmant et al., 2005)과 집단 만족도가 증가하는데, 아마도 호르몬 활성화의 결과로 추정된다. 이는 적어도 반항적인 반항장애를 가진 어린이들에 대한 소규모 연구에서 나타났다(Colmant and Merta, 2000).

현재는 더 직접적으로 상호적 뇌의 연결성을 측정하는 것이 가능해졌다. 전자뇌파(EEG) (Balconi, Gatti, and Vanutelli, 2018) 또는 기능적 근적외선 이미징(fNIRS)(Balconi et al., 2017)을 사용하는 이러한 방법은 이미 집단 식별을 연구하는 데 사용되고 있다. 아마도 Trigant Burrow 가 집단 분석의 선구자뿐만 아니라 모든 양상의 집단치료자가 치료 집단에서의 효과의 중심 원으로 고려하는 데 신경생리학적 방법을 적용한 것일지도 모른다.

미래를 위한 중요한 연구 방향 중 하나로 생각되는 것은 대상 간 상호주관성을 지원하는 무의식적 의사소통을 직접 측정하는 것이다. 이러한 측정은 결속력에 기여하는 서술적 연결을 우회하고 직접적으로 가능한 치료적 요소로 이동할 것이다. 이것은 생존주의 집단 심리치료사들에게 흥미로운 시기가 될 것이며, 그들은 자신의 기술을 배우기만 하는 것뿐만 아니라 생존주의 철학자들을 연구하고 다양한 뇌이미징 장비를 조정할 수 있어야 할 것이다.

# 역자 소개

신성만 (현) 한동대학교 상담심리학과 교수

**학력 및 주요 경력**

보스턴 대학교 재활상담학 박사 정신재활 전공
위스콘신 대학교 재활심리학 석사
현) 한동대학교 상담대학원 대학원장
현) 한국중독상담학회 학회장
전) 하버드 의대 케임브리지병원 정신과 연구원

**주요 저서 및 논문**

역서: 불안장애를 위한 동기강화상담, 정신재활, 실존치료, 중독상담, 용서치료


이상훈 (현) 더웰 심리상담센터 대표

**학력 및 주요 경력**

한동대학교 상담대학원 석사
전) 한동대학교 학생상담센터 근무
전) 유비케어 헬스케어파트 상품기획팀 근무
전) 서울시강서인터넷중독예방상담센터 근무

**주요 저서 및 논문**

역서: 실존치료의 실제, 실존 심리치료와 상담, 건강관리전문가를 위한 동기강화상담 등


김예인 (현) 미시시피대학교 임상심리학 박사과정

**학력 및 주요 경력**

한동대학교 일반대학원 심리학 석사
전) 한동대학교 상담센터 전임연구원

**주요 저서 및 논문**

역서: 실존치료의 실제

박준영 (현) 서울대학교 BK21 혁신과 공존의 교육연구사업단 박사후연구원

**학력 및 주요 경력**

서울대학교 교육학과 교육상담전공 박사
전) 한국청소년상담복지개발원 상담원

이영희 (현) 토닥토닥심리상담센터 센터장

학력 및 주요 경력

한동대학교 심리학 박사수료
한동대학교 상담심리학 석사
현) 한국중독상담학회 사례연구위원장
현) 한동대학교 외래교수
현) 대구사이버대학교 상담심리학과 외래교수
현) 대구광역시 중구청 통합사례관리 심리상담 분야 자문위원


김향미 (현) 김천대학교 상담심리학과 교수

학력 및 주요 경력

한동대학교 임상상담심리학 박사수료
한동대학교 상담심리학 석사
현) 한국상담학회 1급 수퍼바이저
전) 강서대학교 상담심리학과 외래교수
전) 한동대학교 상담대학원 외래교수

주요 저서 및 논문
저서: 심리상담의 이론과 실제


추교현 (현) 김천대학교 상담심리학과 교수

학력 및 주요 경력

한동대학교 심리학 박사수료
한동대학교 상담심리학 석사
현) 주식회사 마인드메이트 대표
전) 한동대학교 상담대학원 외래교수
전) 선린대학교 겸임교수
전) 경북도박문제예방치유센터 팀장

주요 저서 및 논문
저서: 심리상담의 이론과 실제


김병진 (현) 캘리포니아 주립대 프레스노 조교수

학력

켄터키 대학교 재활상담학 박사
한동대학교 상담심리학 석사

오성은 (현) 미시간 주립대학교 상담자 교육 박사 과정

학력 및 주요 경력

한동대학교 심리학 석사
전) 한동대학교 상담센터 전임연구원
전) 한동대학교 생명윤리위원회 행정간사

주요 저서 및 논문

오성은 외 (2021). 근로장애인의 다차원적 자아존중감이 직무만족에 미치는 영향: 자기효능감의 매개효과 – Korman의 일치성 이론을 중심으로. 장애와 고용, 31(1), 293-322.


신정미 (현) 한동대학교 상담대학원 외래 교수

학력 및 주요 경력

연세대학교 상담코칭학 박사
연세대학교 상담코칭학 석사
현) 주식회사 마인드메이트-전국민 마음투자지원사업 기관장
현) 숭실사이버대학교 외래교수
전) 숭실대학교 상담/인권센터 전임상담사

주요 저서 및 논문

상담 과정에서 나타나는 주요 은유 경험 연구
공저: 심리상담의 이론과 실제
역서: 심리치료와 상담의 핵심접근, 학교에서의 동기강화상담

실존치료
The Wiley World Handbook of EXISTENTIAL THERAPY

| | |
|---|---|
| 초판발행 | 2025년 1월 20일 |
| 지은이 | Emmy van Deurzen · Erik Craig · Alfried Längle<br>Kirk J. Schneider · Digby Tantam · Simon du Plock |
| 옮긴이 | 신성만 · 이상훈 · 김예인 · 박준영 · 이영희<br>김향미 · 추교현 · 김병진 · 오성은 · 신정미 |
| 펴낸이 | 노 현 |
| 편 집 | 전채린 · 이혜미 |
| 표지디자인 | BEN STORY |
| 제 작 | 고철민 · 김원표 |
| 펴낸곳 | ㈜ 피와이메이트<br>서울특별시 금천구 가산디지털2로 53, 210호(가산동, 한라시그마밸리)<br>등록 2014. 2. 12. 제2018-000080호 |
| 전 화 | 02)733-6771 |
| f a x | 02)736-4818 |
| e-mail | pys@pybook.co.kr |
| homepage | www.pybook.co.kr |
| ISBN | 979-11-6519-059-0   93180 |

* 파본은 구입하신 곳에서 교환해 드립니다. 본서의 무단복제행위를 금합니다.

정 가      33,000원

박영스토리는 박영사와 함께하는 브랜드입니다.